INTERNATIONAL MATHEMATICAL OLYMPIADS

IMO 50年

1985~1989　第6卷

- 主　编　佩　捷
- 副主编　冯贝叶

多解　推广　加强

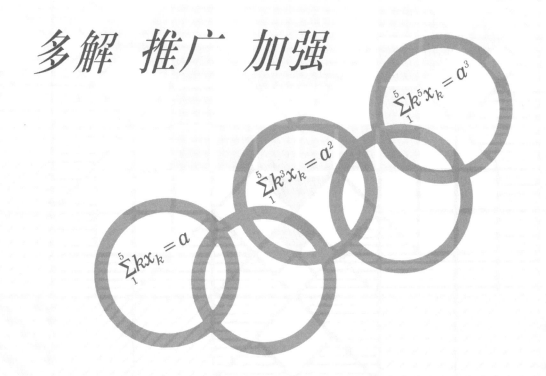

哈尔滨工业大学出版社
HARBIN INSTITUTE OF TECHNOLOGY PRESS

内 容 简 介

本书汇集了第 26 届至第 30 届国际数学奥林匹克竞赛试题及解答。本书广泛搜集了每道试题的多种解法,且注重了初等数学与高等数学的联系,更有出自数学名家之手的推广与加强。本书可归结出以下四个特点,即收集全、解法多、观点高、结论强。

本书适合于数学奥林匹克竞赛选手和教练员、高等院校相关专业研究人员及数学爱好者使用。

图书在版编目(CIP)数据

IMO 50 年. 第 6 卷,1985~1989/佩捷主编. —哈尔滨:哈尔滨工业大学出版社,2015.4(2022.3 重印)
ISBN 978-7-5603-5092-9

Ⅰ.①I… Ⅱ.①佩… Ⅲ.①中学数学课—题解 Ⅳ.①G634.605

中国版本图书馆 CIP 数据核字(2014)第 303162 号

策划编辑　刘培杰　张永芹
责任编辑　张永芹　赵新月
封面设计　孙茵艾
出版发行　哈尔滨工业大学出版社
社　　址　哈尔滨市南岗区复华四道街 10 号　邮编 150006
传　　真　0451－86414749
网　　址　http://hitpress.hit.edu.cn
印　　刷　哈尔滨博奇印刷有限公司
开　　本　787mm×1092mm　1/16　印张 26.25　字数 486 千字
版　　次　2015 年 4 月第 1 版　2022 年 3 月第 2 次印刷
书　　号　ISBN 978－7－5603－5092－9
定　　价　58.00 元

(如因印装质量问题影响阅读,我社负责调换)

前言 Foreword

法国教师于盖特·昂雅勒朗·普拉内斯在与法国科学家、教育家阿尔贝·雅卡尔的交谈中表明了这样一种观点："若一个人不'精通数学'，他就比别人笨吗"？

"数学是最容易理解的. 除非有严重的精神疾病，不然的话，大家都应该是'精通数学'的. 可是，由于大概只有心理学家才可能解释清楚的原因，某些年轻人认定自己数学不行. 我认为其中主要的责任在于教授数学的方式".

"我们自然不可能对任何东西都感兴趣，但数学更是一种思维的锻炼，不进行这项锻炼是很可惜的. 不过，对诗歌或哲学，我们似乎也可以说同样的话".

"不管怎样，根据学生数学上的能力来选拔'优等生'的不当做法对数学这门学科的教授是非常有害的."（阿尔贝·雅卡尔，于盖特·昂雅勒朗·普拉内斯.《献给非哲学家的小哲学》. 周冉，译. 广西师范大学出版社，2001:96）

这本题集不是为老师选拔"优等生"而准备的，而是为那些对 IMO 感兴趣，对近年来中国数学工作者在 IMO 研究中所取得的成果感兴趣的读者准备的资料库. 展示原味真题，提供海量解法（最多一题提供 20 余种不同解法，如第 3 届 IMO 第 2 题），给出加强形式，尽显推广空间. 是我国建国以来有关 IMO 试题方面规模最大、收集最全的一本题集，从现在看以"观止"称之并不为过.

前中国国家射击队的总教练张恒是用"系统论"研究射击训练的专家,他曾说:"世界上的很多新东西,其实不是'全新'的,就像美国的航天飞机,总共用了2万个已有的专利技术,真正的创造是它在总体设计上的新意."(胡廷楣.《境界——关于围棋文化的思考》.上海人民出版社,1999:463)本书的编写又何尝不是如此呢,将近100位专家学者给出的多种不同解答放到一起也是一种创造.

如果说这部题集可比作一条美丽的珍珠项链的话,那么编者所做的不过是将那些藏于深海的珍珠打捞起来并穿附在一条红线之上,形式归于红线,价值归于珍珠.

首先要感谢江仁俊先生,他可能是国内最早编写国际数学奥林匹克题解的先行者(1979年笔者初中毕业,同学姜三勇(现为哈工大教授)作为临别纪念送给笔者的一本书就是江仁俊先生编的《国际中学生数学竞赛题解》(定价仅0.29元),并用当时叶剑英元帅的诗词做赠言:"科学有险阻,苦战能过关."27年过去仍记忆犹新).所以特引用了江先生的一些解法.江苏师范学院(华东师范大学的肖刚教授曾在该校外语专业就读过)是我国最早介入IMO的高校之一,毛振璇、唐起汉、唐复苏三位老先生亲自主持从德文及俄文翻译1~20届题解.令人惊奇的是,我们发现当时的插图绘制者居然是我国的微分动力学专家"文化大革命"后北大的第一位博士张筑生教授,可惜天妒英才,张筑生教授英年早逝,令人扼腕(山东大学的杜锡录教授同样令人惋惜,他也是当年数学奥林匹克研究的主力之一).本书的插图中有几幅就是出自张筑生教授之手[22].另外中国科技大学是那时数学奥林匹克研究的重镇,可以说20世纪80年代初中国科技大学之于现代数学竞赛的研究就像哥廷根20世纪初之于现代数学的研究.常庚哲教授、单墫教授、苏淳教授、李尚志教授、余红兵教授、严镇军教授当年都是数学奥林匹克研究领域的旗帜性人物.本书中许多好的解法均出自他们[4,13,19,20,50].目前许多题解中给出的解法中规中矩,语言四平八稳,大有八股遗风,仿佛出自机器一般,而这几位专家的解答各有特色,颇具个性.记得早些年笔者看过一篇报道说常庚哲先生当年去南京特招单墫与李克正去中国科技大学读研究生,考试时由于单墫基础扎实,毕业后一直在南京女子中学任教,所以按部就班,从前往后答,而李克正当时是南京市的一名工人,自学成才,答题是从后往前答,先答最难的一题,风格迥然不同,所给出的奥数题解也是个性化十足.另外,现在流行的IMO题解,历经多人之手已变成了雕刻后的最佳形式,用于展示很好,但用于教学或自学却不适合,有许多学生问这么巧妙的技巧是怎么想到的,我怎么想不到,容易产生挫败感,就像数学史家评价高斯一样,说他每次都是将脚手架拆去之后再将他建筑的宏伟大厦展示给其他人.使人觉得突兀,景仰之后,备受挫折.高斯这种追求完美的做法大大延误了数学的发展,使人们很难跟上他的脚步.这一点从潘承彪教授,沈永欢教授合译的《算术探讨》中可见一斑.所以我们提倡,讲思路,讲想法,表现思考过程,甚至绕点弯子,都是好的,因为它自然,贴近读者.

中国数学竞赛活动的开展与普及与中国革命的农村包围城市,星星之火可以燎原的方式迥然不同,是先在中心城市取得成功后再向全国蔓延,而这种方式全赖强势人物推进,从华罗庚先生到王寿仁先生再到裘宗沪先生,以他们的威望与影响振臂一呼,应者云集,数学奥林匹克在中国终成燎原之势,他们主持编写的参考书在业内被奉为圭臬,我们必须以此为标准,所以引用会时有发生,在此表示感谢.

中国数学奥林匹克能在世界上有今天的地位,各大学的名家们起了重要的理论支持作用.北京大学王杰教授、复旦大学舒五昌教授、首都师范大学梅向明教授、华东师范大学熊斌教授、中国科学院许以超研究员、合肥工业大学的苏化明教授、杭州师范学院的赵小云教授、陕西师范大学的罗增儒教授等,他们的文章所表现的高瞻周览、探赜索隐的识力,已达到炉火纯青的地步,堪称为中国IMO研究的标志.如果说多样性是生物赖以生存的法则,那么百花齐放,则是数学竞赛赖以发展的基础.我们既希望看到像格罗登迪克那样为解决一批具体问题而建造大型联合机械式的宏大构思型解法,也盼望有像爱尔特希那样运用最少的工具以娴熟的技能做庖丁解牛式剖析型解法出现.为此本书广为引证,也向各位提供原创解法的专家学者致以谢意.

编者为图"文无遗珠"的效果,大量参考了多家书刊杂志中发表的解法,也向他们表示谢意.

特别要感谢湖南理工大学的周持中教授、长沙铁道学院的肖果能教授、广州大学的吴伟朝先生以及顾可敬先生.他们四位的长篇推广文章读之,使我不能不三叹而三致意,收入本书使之增色不少.

最后要说的是由于编者先天不备,后天不足,斗胆尝试,徒见笑于方家.

哲学家休谟在写自传的时候,曾有一句话讲得颇好:"一个人写自己的生平时,如果说得太多,总是免不了虚荣的."这句话同样也适合于一本书的前言,写多了难免自夸,就此打住是明智之举.

刘培杰
2014 年 9 月

目录 | Contest

第一编　第 26 届国际数学奥林匹克 …… 1

- 第 26 届国际数学奥林匹克题解 …… 3
- 第 26 届国际数学奥林匹克英文原题 …… 15
- 第 26 届国际数学奥林匹克各国成绩表 …… 17
- 第 26 届国际数学奥林匹克预选题 …… 18

第二编　第 27 届国际数学奥林匹克 …… 77

- 第 27 届国际数学奥林匹克题解 …… 79
- 第 27 届国际数学奥林匹克英文原题 …… 86
- 第 27 届国际数学奥林匹克各国成绩表 …… 88
- 第 27 届国际数学奥林匹克预选题 …… 89

第三编　第 28 届国际数学奥林匹克 …… 109

- 第 28 届国际数学奥林匹克题解 …… 111
- 第 28 届国际数学奥林匹克英文原题 …… 120
- 第 28 届国际数学奥林匹克各国成绩表 …… 122
- 第 28 届国际数学奥林匹克预选题 …… 124

第四编　第 29 届国际数学奥林匹克 …… 151

- 第 29 届国际数学奥林匹克题解 …… 153
- 第 29 届国际数学奥林匹克英文原题 …… 178
- 第 29 届国际数学奥林匹克各国成绩表 …… 180
- 第 29 届国际数学奥林匹克预选题 …… 182
- 相关链接 …… 216

第五编　第 30 届国际数学奥林匹克 …… 257

- 第 30 届国际数学奥林匹克题解 …… 259
- 第 30 届国际数学奥林匹克英文原题 …… 271
- 第 30 届国际数学奥林匹克各国成绩表 …… 273

第 30 届国际数学奥林匹克预选题 …………………………………… 275
相关链接 ……………………………………………………………… 358

附录　IMO 背景介绍　363

第 1 章　引言 ………………………………………………………… 365
　　第 1 节　国际数学奥林匹克 ……………………………………… 365
　　第 2 节　IMO 竞赛 ………………………………………………… 366
第 2 章　基本概念和事实 …………………………………………… 367
　　第 1 节　代数 ……………………………………………………… 367
　　第 2 节　分析 ……………………………………………………… 371
　　第 3 节　几何 ……………………………………………………… 372
　　第 4 节　数论 ……………………………………………………… 378
　　第 5 节　组合 ……………………………………………………… 381

参考文献　384

后记　392

第一编
第 26 届国际数学奥林匹克

第 26 届国际数学奥林匹克

芬兰,1985

1 某圆的圆心落在四边形 $ABCD$ 的 AB 边上,其他三边与该圆相切,证明
$$AD + BC = AB$$

英国命题

证法 1 如图 26.1 所示,圆心 O 位于 AB 上,点 E, F, G 为切点,将 $\triangle OFC$ 绕点 O 旋转得到 $\triangle OEH$,这里 H 位于直线 AD 上. 令 $\theta = \angle OCF = \angle OHE$,那么同样地,$\angle OCG = \theta$.

因为四边形 $ABCD$ 内接于一半圆,$\angle HAO = \pi - 2\theta$,所以
$$\angle AOH = \pi - (\theta + \pi - 2\theta) = \theta = \angle AHO$$
因此
$$OA = AH = AE + FC = AE + GC \quad \text{①}$$
用同样的方法,也就是说通过将 $\triangle OFD$ 绕点 O 旋转得到 $\triangle OGK$,K 位于线 BC 上,得到
$$OB = BK = BG + GK = BG + ED \quad \text{②}$$
式 ① 与式 ② 相加,得
$$AB = AD + BC$$

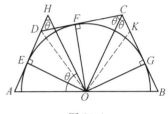

图 26.1

证法 2 如图 26.2 所示,设 $\odot O$ 的圆心 O 在凸四边形的边 AB 上,与 BC 相切于 E,与 CD 相切于 F,与 DA 相切于 G. 联结 OE, OC, OF, OD 和 OG. 设 $\angle OAG = \alpha$,$\angle OBE = \beta$,因 A, B, C, D 四点共圆,故有
$$\angle DCB = \pi - \alpha, \angle ADC = \pi - \beta$$
又因 OC, OD 分别平分 $\angle DCB, \angle ADC$,故
$$\angle ODF = \angle ODG = \frac{1}{2}(\pi - \beta)$$
$$\angle OCF = \angle OCE = \frac{1}{2}(\pi - \alpha)$$
设 $\odot O$ 的半径为 r,则由三角学知
$$OA = \frac{r}{\sin \alpha}, OB = \frac{r}{\sin \beta}$$
$$AG = r \cdot \cot \alpha, BE = r \cdot \cot \beta$$

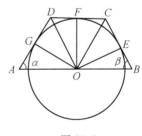

图 26.2

$$DG = r \cdot \cot \frac{\pi - \beta}{2} = r \cdot \tan \frac{\beta}{2} = r \cdot \frac{1 - \cos \beta}{\sin \beta}$$

$$CE = r \cdot \cot \frac{\pi - \alpha}{2} = r \cdot \tan \frac{\alpha}{2} = r \cdot \frac{1 - \cos \alpha}{\sin \alpha}$$

所以
$$AB = OA + OB = \frac{r}{\sin \alpha} + \frac{r}{\sin \beta}$$

$$AD + BC = AG + DG + BE + CE =$$
$$(AG + CE) + (DG + BE) =$$
$$(r \cdot \cot \alpha + r \cdot \frac{1 - \cos \alpha}{\sin \alpha}) + (r \cdot \cot \beta + r \cdot \frac{1 - \cos \beta}{\sin \beta}) =$$
$$\frac{r}{\sin \alpha} + \frac{r}{\sin \beta}$$

从而
$$AB = AD + BC$$

证法 3 如图 26.3 所示,由 $ABCD$ 四点共圆(图中未画此圆)即知 $\angle CDA' = \angle ABB'$,这点使我们发现:作适当的对称变换,图中会出现平行线. 由于 AA' 与 BB' 都与 $\odot O$ 相切,故有一条直线 OO' 使直线 AA' 与直线 BB' 关于 OO' 对称,作线段 CD 关于 OO' 的对称象 C_1D_1,则 C_1, D_1 分别在 AA' 与 BB' 上且 C_1D_1 亦与 $\odot O$ 相切. $C_1D_1 \parallel AB$ 就是前面说的出现的平行线,而且由 $C_1D = CD_1$ 可知
$$AD + BC = AC_1 + BD_1$$
因而转化为求证 $AB = AC_1 + BD_1$. 但是 $\angle BOD_1 = \angle OD_1C_1 = \angle BD_1O$, 即 $\triangle BOD_1$ 为等腰三角形,故得 $BO = BD_1$. 同理可得 $AO = AC_1$. 此题获证.

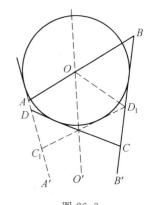

图 26.3

❷ 设 n 与 k 是已知的两个素数,$k < n$. 在集合 $M = \{1, 2, \cdots, n-1\}$ 中的每一个元素都被涂上蓝色或白色,并且

(1) 对于所有的 $i \in M$,i 与 $n - i$ 具有同种颜色;

(2) 对于所有的 $i \in M$,$i \neq k$,i 与 $|i - k|$ 具有同种颜色,

证明 M 中的所有元素都具有同种颜色.

澳大利亚命题

解法 1 要证明所有元素具有同种颜色,我们采用一种方法(它保留了给定的条件),对这些元素进行置换——这种置换不改变元素的颜色.

考虑 k 的前 $n-1$ 个倍数并且用模 n 简化它们,令
$$m_r \equiv rk \pmod{n}, r = 1, 2, \cdots, n-1$$
因此 $(n, k) = 1$,$rk \not\equiv 0$,且因 $ik \equiv jk \pmod{n}$ 当且仅当 $i = j$ 时成立,集合 $\{m_1, m_2, \cdots, m_{n-1}\}$ 为 M 的一个排列.

现有

ⅰ 当 $m_{r-1}+k<n$ 时,$m_r=m_{r-1}+k$;

ⅱ 当 $m_{r-1}+k>n$ 时,$m_r=m_{r-1}+k-n$.

在情况 ⅰ 中,m_r 与 $|m_r-k|=m_{r-1}$ 的颜色相同(由(2));在情况 ⅱ 中,m_r 与 $|m_r-k|=n-m_{r-1}$ 的颜色相同(由(2)),并由(1)知 m_r,$n-m_{r-1}$ 及 m_{r-1} 的颜色相同.

解法 2 根据欧几里得除法,因 $(n,k)=1$,有

$$\begin{cases} n=m_1k+r_1,0<r_1<k,(k,r_1)=1 \\ k=m_2r_1+r_2,0<r_2<r_1,(r_1,r_2)=1 \\ \vdots \\ r_{i-2}=m_ir_{i-1}+1 \end{cases} \quad ③$$

用 $x\sim y$ 表示 M 中数 x 与 y 同色. 今任取 $i\in M$,若 $i>k$,则由带余除法,可令

$$i=mk+r,0\leqslant r<k$$

则由条件(2)知

$$i\sim i-k\sim i-2k\sim\cdots\sim i-mk=r$$

所以要证明 M 中的数都同色,只要证明 $1,2,\cdots,k-1,k$ 都同色就可以了. 又因

$$n=m_1k+r_1,0<r_1<k$$
$$k\sim n-k\sim n-2k\sim\cdots\sim n-m_1k=r_1$$

所以要证明 $1,2,\cdots,k$ 都同色,又只要证明集合 $M_1=\{1,2,\cdots,k-1\}$ 中的数都同色就可以了.

因为 $(k,r_1)=1,0<r_1<k$. 不难验证,对于 k,r_1 与集合 $M_1=\{1,2,\cdots,k-1\}$ 来说,仍满足题目中的条件(1)和(2). 即仍然有

ⅰ 任取 $i\in M_1$,i 与 $k-i$ 同色;

ⅱ 任取 $i\in M_1$,且 $i\neq r_1$,则 i 与 $|r_1-i|$ 同色.

我们来证明 ⅰ 与 ⅱ.

任取 $i\in M_1$,则 $i\in M$ 且 $i\neq k$,由(2)$i\sim|k-i|=k-i$. 即 ⅰ 成立.

又任取 $i\in M_1$,若 $i<r_1$,则由条件(1)及已证

$$|r_1-i|=r_1-i\sim n-(r_1-i)=mk+r_1-r_1+i=$$
$$mk+i\sim i$$

即当 $i<r_1$ 时,ⅱ 成立.

若 $i>r_1$,则由(2)有

$$|r_1-i|=i-r_1\sim|k-(i-r_1)|=(k+r_1)-i\sim n-$$
$$((k+r_1)-i)=mk+r_1-k-r_1+i=$$

$$(m-1)k+i \sim i$$

即当 $i > r_1$ 时，ⅱ 也成立. 故 ⅱ 成立.

因此，类似地可以证明，要证 $M_1 = \{1, 2, \cdots, k-1\}$ 中的数都同色，又只要证 $M_2 = \{1, 2, \cdots, r_1 - 1\}$ 中的数都同色. 如此继续，最后只要证明数 1 同色就可以了. 这是必然的，从而命题得证.

> **❸** 对以所有整数为系数构成的多项式 $P(x) = a_0 + a_1 x + \cdots + a_k x^k$，用 $w(P)$ 表示该多项式中奇数系数的数目. 对 $i = 0, 1, \cdots$，使 $Q_i(x) = (1+x)^i$. 求证：如果 $i_1, i_2, \cdots, i_n$ 为整数，并且 $0 \leqslant i_1 < i_2 < \cdots < i_n$，那么
> $$w(Q_{i_1} + Q_{i_2} + \cdots + Q_{i_n}) \geqslant w(Q_{i_1})$$

荷兰命题

证法 1 首先注意到在 $k = 2^m$ 的特殊情况下，在 $(1+x)^k$ 的二项式扩展中除第一项和最后一项外，其他所有项的系数都为偶数，所以

$$(1+x)^k \equiv 1 + x^k \pmod{2} \qquad ①$$

其次，设 R 与 S 表示任意的整系数多项式，且若 $\deg(R) < k$，那么

$$w(R + x^k S) = w(R) + w(S) \qquad ②$$

这是因为 R 中各项的 x 的幂次都低于 $x^k S$ 各项的幂次，且三角不等式

$$w(R + S) \leqslant w(R) + w(S)$$

成立，这是因为 R, S 中 x 的同幂次项中的奇系数之和在 $R + S$ 中产生偶系数，而偶系数之和不会产生新的奇系数.

我们将用数学归纳法，来证明所需的结果. 当 $i_n = 0$ 时，结果成立. 当 $i_n = 1$ 时，n 为 2 或 1，结果同样也成立.

现假设 $i_m > 1$，选择 m 使得

$$k = 2^m \leqslant i_n < 2^{m+1}$$

并用 Q 表示 $Q_{i_1} + Q_{i_2} + \cdots + Q_{i_n}$，则或 $i_1 < k$，或 $i_1 \geqslant k$.

ⅰ 选择 r 使得 $i_r < k \leqslant i_{r+1}$，并令

$$Q = Q_{i_1} + Q_{i_2} + \cdots + Q_{i_r} + Q_{i_{r+1}} + \cdots + Q_{i_n} = R + (1+x)^k S$$

其中，R 为前 r 个 Q_i 之和，$\deg(R)$ 和 $\deg(S)$ 都小于 k，现在

$$w(Q) = w(R + (1+x^k)S) = w(R + S + x^k S) =$$
$$w(R + S) + w(S)$$

因为 $R = R + S - S, w(-S) = w(S)$

由三角不等式得

$$w(R) \leqslant w(R + S) + w(S)$$

故 $$w(Q) \geqslant w(R)$$

由归纳假设,$w(R) \geqslant w(Q_{i_1})$,因此,在情况 i 下有
$$w\Big(\sum_{j=1}^{n} Q_{i_j}\Big) \geqslant w(Q_{i_1})$$

ii $i_1 \geqslant k = 2^m$,所以
$$Q_{i_1} = (1+x)^k R, Q = (1+x)^k S$$

因为 $i_n < 2^{m+1}$,$\deg(R)$ 和 $\deg(S)$ 都小于 k,再运用式①和式②得到
$$w(Q) = w(S + x^k S) = 2w(S)$$

由归纳假设,$w(S) \geqslant w(R)$,故
$$w(Q) \geqslant 2w(R) = w(R + x^k R) = w(Q_{i_1})$$

证毕.

证法 2 将自然数 i 用二进制表示为
$$i = a_0 + a_1 \cdot 2 + a_2 \cdot 2^2 + \cdots, a_i \in \{0, 1\}$$

或将其简记为向量 $(a_0, a_1, a_2, \cdots)$,其中只有有限多个 $a_j \neq 0$. 设有两个向量
$$\boldsymbol{k}_1 = (a_0, a_1, a_2, \cdots), \boldsymbol{k}_2 = (b_0, b_1, b_2, \cdots)$$

若对每一个 i,都有 $b_i \leqslant a_i$,则称 $\boldsymbol{k}_2$ 前于 $\boldsymbol{k}_1$,或 $\boldsymbol{k}_1$ 后于 $\boldsymbol{k}_2$,记作 $\boldsymbol{k}_2 \prec \boldsymbol{k}_1$. 用 $S(i)$ 表示 i 的"数字和",即
$$S(i) = a_0 + a_1 + a_2 + \cdots$$

则前于 i 的向量恰有 $2^{S(i)}$ 个,根据初等数论,$i!$ 中因数 2 的幂指数为
$$\left[\frac{i}{2}\right] + \left[\frac{i}{2^2}\right] + \cdots = i - S(i)$$

所以 C_i^k 中因数 2 的幂指数为
$$(i - S(i)) - (k - S(k)) - ((i-k) - S(i-k)) =$$
$$S(k) - S(i) + S(i-k) \geqslant 0$$

最后一步由二进制的加法立即得出. 并且由二进制的加法还可以看出等号当且仅当 $k \prec i$ 时成立,故 C_i^k 为奇数的充要条件是 k 前于 i,于是 $(1+x)^i$ 中系数 C_i^k 为奇数的个数是前于 i 的向量的个数,也就是 $2^{S(i)}$.

现在考虑
$$Q = (1+x)^{i_1} + (1+x)^{i_2} + \cdots + (1+x)^{i_n}$$

中奇系数的个数,要证明它不小于 $2^{S(i_1)}$.

设 $\boldsymbol{k} = (b_0, b_1, b_2, \cdots) \prec i_1$,如果 $i_1, i_2, \cdots, i_n$ 中有奇数个 $j_1 = i_1, j_2, \cdots, j_m (m = 2u - 1)$ 在 $\boldsymbol{k}$ 之后,那么 $(1+x)^{i_1}$,$(1+x)^{i_2}, \cdots, (1+x)^{i_n}$ 中有奇数个 $(1+x)^{j_1}, (1+x)^{j_2}, \cdots, (1+x)^{j_m}$,它们的展开式中 x^k 的系数 $C_{i_j}^k (j = 1, 2, \cdots, m)$ 是奇数,所以 Q 中 x^k 的系数是奇数.

如果 $i_1, i_2, \cdots, i_n$ 中有偶数个在 k 之后，设 $j_1 = i_1, j_2, \cdots, j_m$ ($m = 2u$) 在 k 之后，记
$$i_1 = (a_0, a_1, a_2, \cdots)$$
将表示 j_t 的向量
$$j_t = (c_0, c_1, c_2, \cdots)$$
中的下标 t 满足 $a_t = 1$ 的分量 c_t 删去，得到的向量记为 j'_t ($t = 2, 3, \cdots, m$). 考虑这些 j'_t，如果 j'_u 不在其他与之不等的 j'_t 之后，则称 j'_u 为极大的. 现在取一个极大的 j'_u，如果 $j'_2, \cdots, j'_m$ 中只有奇数个与 j'_u 相同，那么将 j_u 中的在 j'_u 时删去的 c_i 换成 k 的分量 b_i，这时得到的向量记为 k'，则 k' 在 $j_1, \cdots, j_m$ 奇数个之后，从而也在 $i_1, i_2, \cdots, i_n$ 中奇数个之后，于是在 Q 中 $x^{k'}$ 的系数为奇数.

如果在 $j'_2, \cdots, j'_m$ 中有偶数个与 j'_u 相同，将这偶数个去掉，考虑剩下的向量，如果其中又有偶数个相同的极大向量，再将它们去掉，这样继续下去. 由于 $m - 1$ 是奇数，最后总能得到奇数个相同的极大向量. 按照上述的做法得到 k'，k' 在 $i_1, i_2, \cdots, i_n$ 中奇数个之后，Q 中 $x^{k'}$ 的系数为奇数.

综上所述，对于 i_1 的每一个在前的 k，在 Q 中有一项 $x^{k'}$ (k' 可能与 k 相同，也可能不同)，它的系数为奇数，并且不同的 k 所对应的 k' 也不相同. 因此 Q 中奇系数的个数不小于 $2^{S(i_1)}$.

❹ 已知由 1 985 个互不相同的正整数构成的集合 M，其中的任何一个元素都不能被一个大于 26 的素数整除. 证明：M 中至少包括一个由 4 个互不相同的元素构成的子集，该 4 个元素的积是一个整数的 4 次方幂.

蒙古命题

证明 因为只有 9 个素数小于 26，M 的 1 985 个元素中的任一个数的素数分解中最多只有 9 个不同的素数
$$m = p_1^{k_1} p_2^{k_2} \cdots p_9^{k_9}, k_i \in \mathbb{Z}, k_i \geqslant 0, m \in M \qquad ①$$
对每个 M 中的元素，我们给出一个 9 元素与之对应（即矢量）
$$(x_1, x_2, \cdots, x_9)$$
其中，若式 ① 中 p_i 的指数 k_i 为偶数，$x_i = 0$；若 k_i 为奇数，$x_i = 1$.

这样可有 2^9 个不同矢量. 根据抽屉原理，任何由 $2^9 + 1$ 个 M 的元素构成的子集必然包含至少两个不同的整数，比如 a_1 和 b_1，其指数矢量相同. 并可推出其积为完全平方，即 $a_1 b_1 = c_1^2$.

当我们从集合 M 中去掉这一对数时，还剩下
$$1\,985 - 2 > 2^9 + 1$$
个数，再次应用抽屉原理，并且再次去掉这样的数对，只要 M 中还剩下多于 $2^9 + 1$ 个数，就一直进行下去.

因为
$$1\,985 > 3(2^9+1) = 1\,539$$
我们可以去掉 2^9+1 对数 a_i, b_i,还留有
$$1\,985 - 2(2^9+1) = 959 > 2^9+1 = 513$$
个数在 M 中.

现在看看那些被去掉的 2^9+1 对数并取其积的平方根 c_i,即
$$a_i b_i = c_i^2, c_i = \sqrt{a_i b_i}$$
c_i 除素因子 $p_1 p_2 \cdots p_q$ 外不可能还有其他素因子,因此至少存在一对 c_i, c_j,其指数矢量相同,且对某整数 $d, c_i c_j = d^2$,可推出对 M 中的某些 a_i, a_j, b_i, b_j 有
$$d^4 = c_i^2 c_j^2 = a_i b_i a_j b_j$$
成立.

注 同样道理可推出更普遍的结论:如果 M 的素数因子仅限于 n 个不同的素数,且 M 中包括至少 $3(2^n+1)$ 个不同元素,那么 M 中有一个由 4 个元素构成的子集,其积为某一整数的 4 次方.

❺ 以 O 为圆心的圆通过 $\triangle ABC$ 的两顶点 A, C,并与 AB,BC 两边分别相交于 K, N 两点,$\triangle ABC$ 和 $\triangle KBN$ 的外接圆相交于 B, M 两点. 证明:$\angle OMB$ 为直角.

苏联命题

证法 1 如图 26.4 所示,三个圆两两相交,直线 AC, KN 和 BM 是它们的三条根轴. $\triangle ABC$ 的外接圆的圆心和点 O 都在 AC 的垂直平分线上. 由于 $\triangle ABC$ 和 $\triangle BKN$ 的外接圆交于两个不同的点,因此,$\triangle BKN$ 的外接圆圆心不在此垂直平分线上. 由于可知三条根轴必交于一点 P——称为根心. 它对于三个圆的幂是相等的. 易知,$\angle PMN = \angle BKN = \angle NCA$. 因此,$PMNC$ 是一个圆内接四边形. 由圆幂定理有
$$BM \cdot BP = BN \cdot BC = BO^2 - r^2 \quad ①$$
$$PM \cdot PB = PN \cdot PK = PO^2 - r^2 \quad ②$$
其中,$r = OC$ 为圆的半径. 由式 ② $-$ ① 得
$$PO^2 - BO^2 = BP(PM - BM) = PM^2 - BM^2 \quad ③$$
即 OM 为 $\triangle OBP$ 的高.

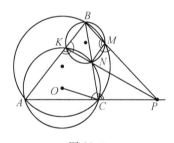

图 26.4

证法 2 先叙述一个关于三角形外心且下面将用到的性质: 设 P 是 $\triangle ABC$ 的外心,则

$$\angle PBC = \begin{cases} \dfrac{\pi}{2} - \angle A, & \angle A \leqslant \dfrac{\pi}{2} \\ \angle A - \dfrac{\pi}{2}, & \angle A > \dfrac{\pi}{2} \end{cases}$$

证明简单,略.

下面只画出本题有关线段,图 26.5 中是 $\angle A > \dfrac{\pi}{2}$ 的情形,其他情形证明相同.

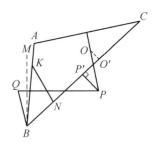

图 26.5

如图 26.5 所示,令 P,Q 分别是 $\triangle ABC$ 与 $\triangle BKN$ 的外心,那么 PQ 是线段 BM 的中垂线.因此,要证 $\angle OMB = 90°$,只要证明 $OM \parallel PQ$ 就可以了,换言之,只要证明点 O 与 B 到直线 PQ 等距离就可以了;对此,能证明 OP 与 BQ 平行且相等就足够了,下面证明此点.

O 与 P 都在线段 AC 的中垂线上,O 与 P 在 BC 上的投影 O' 与 P' 分别为 NC 与 BC 的中点. A,K,N,C 四点共圆说明 $\triangle NBK \backsim \triangle ABC$. 设相似比为 λ. 再设 $\triangle ABC$ 的三角与所对三边分别为 $\alpha = \angle A, \beta = \angle B, \gamma = \angle C$ 与 a,b,c. 那么马上可算出 OP 与 BC 交角等于 $\dfrac{\pi}{2} - \gamma$,且

$$\angle QBN = \angle QBK + \angle KBN = (\alpha - \dfrac{\pi}{2}) + \beta = \dfrac{\pi}{2} - \gamma$$

故知 $OP \parallel BQ$. 为计算 OP 先算出

$$O'P' = \dfrac{a}{2} - \dfrac{a - \lambda c}{2} = \dfrac{\lambda c}{2}$$

于是

$$OP = \dfrac{O'P'}{\cos(\dfrac{\pi}{2} - \gamma)} = \dfrac{\lambda c}{2\sin \gamma} = \lambda \cdot r_1 = r_2 = BQ$$

其中,r_1 为 $\triangle ABC$ 的外接圆半径,r_2 为 $\triangle NBK$ 的外接圆半径.

证法 3 首先 AC,KN,BM 相交于一点 F,如图 26.6 所示,这是一个熟知的结论,可证明如下.

设 AC 与 KN 相交于 F,FB 交 $\odot KBN$ 于 B 及另一点 M',则由割线定理

$$FB \times FM' = FN \times FK = FC \times FA$$

所以 M' 在 $\odot ABC$ 上,从而 M' 为 $\odot ABC$ 与 $\odot KBN$ 的交点,即 M' 与 M 重合.

此证法属于仲翔

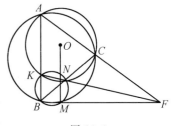

图 26.6

现在我们集中注意 $\odot O$ 及有关线段,如图 26.7 所示. 这时

$$FM \times FB = FN \times FK = F \text{ 对 } \odot O \text{ 的幂}$$

另一方面,由于

$$\angle FMN = \angle BKN = \angle ACB$$

所以 M,N,C,F 四点共圆,从而
$$BM \times BF = BN \times BC = B \text{ 对 } \odot O \text{ 的幂}$$
于是
$$BO^2 - OF^2 = (BO^2 + \odot O \text{ 半径的平方}) -$$
$$(OF^2 + \odot O \text{ 半径的平方}) = (B \text{ 对 } \odot O \text{ 的幂}) -$$
$$(F \text{ 对 } \odot O \text{ 的幂}) = BM \times BF - FM \times BF =$$
$$(BM - FM) \times BF = BM^2 - FM^2$$
所以 $\angle OMB$ 是直角.

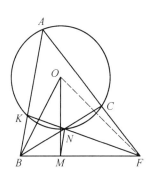

图 26.7

瑞典命题

❻ 对任一实数 x_1,按下式构成数列 $x_1, x_2, \cdots$
$$x_{n+1} = x_n \left(x_n + \frac{1}{n} \right), n \geq 1$$
证明:存在且只存在一个值 x_1,使得
$$0 < x_n < x_{n+1} < 1 \text{(对所有 } n\text{)}$$

证法 1 设 $P_1(x) = x$,定义
$$P_{n+1}(x) = P_n(x) \left(P_n(x) + \frac{1}{n} \right), n = 1, 2, \cdots \quad ①$$

从这个递归定义中,可得到

(1) P_n 为 2^{n-1} 次多项式;

(2) P_n 系数为正,且对于 $x \geq 0$,是一个凸的上升函数;

(3) $P_n(0) = 0, P_n(1) \geq 1$;

(4) $P_n(x_1) = x_n$.

因为条件 $x_{n+1} > x_n$ 等价于
$$x_n > 1 - \frac{1}{n}$$

我们可以将这个题重新组织为:证明存在唯一的正实数 t,满足
$$1 - \frac{1}{n} < P_n(t) < 1 \text{(对所有 } n\text{)}$$

因为 P_n 是连续的,当 $0 \leq x \leq 1$ 时,P_n 值从 0 增大到大于等于 1 的某值. 因此存在唯一的 a_n, b_n, 使
$$a_n < b_n, P_n(a_n) = 1 - \frac{1}{n}, P_n(b_n) = 1 \quad ②$$

根据 ① 有
$$P_{n+1}(a_n) = \left(1 - \frac{1}{n}\right)\left(1 - \frac{1}{n} + \frac{1}{n}\right) = 1 - \frac{1}{n}$$

以及
$$P_{n+1}(a_{n+1}) = 1 - \frac{1}{n+1}$$

因此
$$a_n < a_{n+1} \quad ③$$

因为
$$P_{n+1}(b_n) = 1 + \frac{1}{n}, P_{n+1}(b_{n+1}) = 1$$
所以
$$b_n > b_{n+1} \qquad ④$$
因为 P_n 为凸函数,$P_n(x)$ 在 $0 \leqslant x \leqslant b_n$ 上的图形位于弦 $y = \frac{1}{b_n}x$ 之下,从而
$$P_n(x) \leqslant \frac{x}{b_n}, 0 \leqslant x \leqslant b_n$$
特别有
$$P_n(a_n) = 1 - \frac{1}{n} \leqslant \frac{a_n}{b_n}$$
据此及事实 $b_n \leqslant 1$,可发现
$$b_n - \frac{b_n}{n} \leqslant a_n, b_n - a_n \leqslant \frac{b_n}{n} \leqslant \frac{1}{n}(\text{对所有 } n)$$
这样,得到两个有界的无限序列 $\{a_n\}, \{b_n\}$. 前者递增,后者递减,$a_n < b_n$,当 n 接近增加时,它们的第 n 个元素之间的差也接近于 0. 从而得出结论:它们都趋向于一共同值 t
$$a_n < t < b_n (\text{对所有 } n)$$
这个值唯一满足
$$1 - \frac{1}{n} < P_m(t) < 1(\text{对所有 } n)$$

证法 2 证明本题需要一条定理:单调有界数列必有极限.

先证唯一性. 如果有这样的 x_1 存在,因为
$$0 < x_1 < x_2 < \cdots < x_n < \cdots < 1$$
则数列 $\{x_n\}$ 必有极限 x,在递推公式
$$x_{n+1} = x_n\left(x_n + \frac{1}{n}\right) \qquad ⑤$$
两边取极限便得
$$x = x^2 \qquad ⑥$$
由于 $\{x_n\}$ 是递增数列,$x \neq 0$,所以 $x = 1$.

若又有 $0 < x'_1 < x'_2 < \cdots < x'_n < \cdots < 1$ 满足同样的递推关系,则也有 $x'_n \to 1$. 所以,$x_n - x'_n \to 0$.

注意由式 ⑤ 及 $x_n < x_{n+1}$,可得 $x_n + \frac{1}{n} > 1$,即
$$x_n > 1 - \frac{1}{n} \qquad ⑦$$
所以,利用 ⑥ 得
$$|x_{n+1} - x'_{n+1}| = |x_n(x_n + \frac{1}{n}) - x'_n(x'_n + \frac{1}{n})| =$$

$$|(x_n - x'_n)(x_n + x'_n + \frac{1}{n})| \geq$$
$$|x_n - x'_n| \geq \cdots \geq |x_1 - x'_1|$$

于是由 $x_n - x'_n \to 0$,得 $x_1 = x'_1$.

现在证明 x_1 的存在性. 对每个自然数 n,如果取
$$x_{n+1} \in (1 - \frac{1}{n+1}, 1)$$
那么由 ⑤ 可得
$$x_n = \frac{-\frac{1}{2} + \sqrt{\frac{1}{n^2} + 4x_{n+1}}}{2} \in (1 - \frac{1}{n}, 1) \qquad ⑧$$

从而可逐步由 ⑤ 求出 $x_n, x_{n-1}, \cdots, x_1$,满足
$$0 < x_1 < x_2 < \cdots < x_n < x_{n+1} < 1 \qquad ⑨$$
及关系 ⑤. 并且在 ⑧ 中取 $n=1$ 及 $n=2$,有
$$x_1 = \frac{-1 + \sqrt{1 + 4x_2}}{2} \in \left(\frac{-1+\sqrt{3}}{2}, \frac{-1+\sqrt{5}}{2}\right) \qquad ⑩$$

形如 ⑨ 的数列. 如果能依关系 ⑤ 推至无穷,并且每一项都大于前一项,且小于 1. 那么,x_1 即为所求. 否则,就会使下列两种情况之一发生:对某一自然数 m

ⅰ $x_m \geq x_{m+1}$;

ⅱ $x_m > 1$.

为不使记号复杂,不妨设对每个 $n, m = n+2$. 于是对每个自然数 n,存在一个长为 $n+1$ 的数列 ⑨,其中 x_1 是由 x_{n+1} 依公式 ⑤ 逐步确定的,我们把它记为 $x_1^{(n)}$,下面证明 $\{x_1^{(n)}\}$ 有一个收敛子列.

上述两种情况,必有一种对无限多个 n 出现,不妨设均是第一种情况. 由递推公式 ⑤ 也就是
$$x_{n+2} \leq 1 - \frac{1}{n+2}$$
于是 $\qquad x_1^{(n)} < x_1^{(n+1)}$

(因为后者对应于满足 $x_{n+2} > 1 - \frac{1}{n+2}$ 的 x_{n+2}),从而 $\{x_1^{(n)}\}$ 递增,而且有界(由于 ⑩),故有极限 x_1 存在. 由这个 x_1,可依递推公式 ⑤ 逐步作出 $x_2, x_3, \cdots$. 现在证明这个 x_1 即为所求,不然的话将有 m,使得 $x_m \geq x_{m+1}$ 或 $x_m > 1$.

不妨设有 $x_m \geq x_{m+1}$,对这个 m,可取定一个 $n > m$ 并且 $x_1^{(n)}$ 与 x_1 相差很小,从而 $x_m^{(n)}$ 与 $x_m, x_{m+1}^{(n)}$ 与 x_{m+1} 均相差很小,但 $x_m^{(n)} < x_{m+1}^{(n)}$,所以 $x_m \geq x_{m+1}$ 不可能成立. 同理可证 $x_m > 1$ 不可能,于是 x_1 即为所求.

证法 3 首先注意到对任何 n, x_n 是 x_1 的首项系数为 1 的非

负系数多项式函数,故在 $x_1 \in [0, +\infty)$ 时,x_n 及其导函数 x'_n 都是增函数.以下讨论中总把 x_n 看作定义在 $[0, +\infty)$ 上的 x_1 的函数.

题目要求 $0 < x_n < x_{n+1} < 1 (n=1,2,\cdots)$,即是要求
$$\begin{cases} 0 < x_n < x_n(x_n + 1/n) \\ x_n < 1 \end{cases}, n = 1, 2, \cdots$$

解得
$$1 - \frac{1}{n} < x_n < 1, n = 1, 2, \cdots \quad \text{⑪}$$

而 $x_n(0) = 0, x_n(1) \geqslant 1$,由 x_n 为增函数知 ⑪ 的解为
$$0 \leqslant a_n < x_1 < b_n \leqslant 1, n = 1, 2, \cdots \quad \text{⑫}$$

其中,a_n 与 b_n 分别是 $x_n = 1 - \frac{1}{n}$ 与 $x_n = 1$ 在 $[0, +\infty)$ 中的解.本题即是要证使 ⑫ 成立的 x_1 的值存在且唯一.由 $x_n(b_n) = 1$ 知
$$x_{n+1}(b_n) = x_n(b_n)(x_n(b_n) + \frac{1}{n}) > 1$$

而 x_{n+1} 为增函数,故 $x_{n+1}(x_1) = 1$ 的解 $b_{n+1} < b_n$.所以 $b_1, b_2, \cdots$ 是递减序列.

同理得 $a_1, a_2, \cdots$ 是递增序列.但始终有 $a_n < b_n$,因而 $a_1, a_2, \cdots$ 有极限 a;$b_1, b_2, \cdots$ 有极限 b.且 $a \leqslant b$.为使 ⑫ 成立,必须且仅需 $a \leqslant x_1 \leqslant b$,欲证此种 x_1 值存在且唯一,剩下只需指出 $a = b$.但 $0 \leqslant b - a < b_n - a_n$,所以只需证明 $b_n - a_n \to 0$.根据中值定理,存在 $\xi \in (a_n, b_n)$ 使
$$(b_n - a_n)x'_n(\xi) = 1 - (1 - \frac{1}{n}) = \frac{1}{n} \quad \text{⑬}$$

对 $x'_n(\xi)$ 的值作如下估计.因
$$x'_n = (x_{n-1}(x_{n-1} + \frac{1}{n-1}))' = (2x_{n-1} + \frac{1}{n-1})x'_{n-1}$$
$$\xi \in (a_n, b_n) \subseteq (a_{n-1}, b_{n-1})$$

故在 $n > 2$ 时恒有
$$2x_{n-1}(\xi) + \frac{1}{n-1} > 2(1 - \frac{1}{n-1}) + \frac{1}{n-1} > 1$$

从而 $x'_n(\xi) > x'_{n-1}(\xi)$

递推得,$n > 2$ 时,因 $\xi > a_n > a_2$,所以
$$x'_n(\xi) > x'_2(\xi) > x'_2(a_2)$$

但 $x'_2(a_2)$ 是正值常数(注意 $a_2 > a_1 \geqslant 0$),回到式 ⑬ 就得
$$0 < b_n - a_n = \frac{1}{x'_n(\xi)} \cdot \frac{1}{n} < \frac{1}{x'_2(a_2)} \cdot \frac{1}{n}$$

由此即知 $b_n - a_n \to 0$.本题全部证完.

第 26 届国际数学奥林匹克英文原题

The twenty-sixth International Mathematical Olympiad was held from June 25th to July 11th 1985 in the cities of Heinola, Joutsa and Helsinki.

❶ A circle has centre on the side AB of the cyclic quadrilateral $ABCD$. The other three sides are tangent to the circle. Prove that
$$AD+BC=AB$$

(United Kingdom)

❷ Let n and k be given relatively prime natural numbers $0<k<n$. Each number in the set $M=\{1,2,\cdots,n-1\}$ is coloured either blue or white. It is given that

(i) for each $i\in M$, both i and $n-i$ have the same colour, and

(ii) for each $i\in M, i\neq k$, both i and $|i-k|$ have the same colour.

Prove that all numbers in M must have the same colour.

(Australia)

❸ For any polynomial
$$P(X)=a_0+a_1X+\cdots+a_kX^k$$
With integer coefficients a_i, the number of coefficients which are odd is denoted by $w(P)$. For $i=0,1,2,\cdots$ let $Q_i(X)=(1+X)^i$. Prove that if $i_1,i_2,\cdots,i_n$ are integers such that $0\leqslant i_1<i_2<\cdots<i_n$, then
$$w(Q_{i_1}+Q_{i_2}+\cdots+Q_{i_n})\geqslant w(Q_{i_1})$$

(Netherlands)

❹ Let M be a set of 1 985 distinct positive integers, none of which has a prime divisor greater than 26. Prove that M contains at least one subset of four distinct elements whose product is the fourth power of an integer.

(Mongolia)

❺ A circle with centre O passes through the vertices A and C of triangle ABC and intersects the segments AB and BC again at distinct points K and N, respectively. The circumscribed circles of the triangles ABC and KBC intersect at exactly two points B and M. Prove that $\angle OMB$ is a right angle.

(USSR)

❻ For every real number x_1, construct the sequence $x_1, x_2, \cdots$ by setting

$$x_{n+1} = x_n \left(x_n + \frac{1}{n} \right)$$

for each $n \geq 1$. Prove that there exists exactly one value of x_1 for which $0 < x_n < x_{n+1} < 1$, for every n.

(Sweden)

第26届国际数学奥林匹克各国成绩表

1985，芬兰

名次	国家或地区	分数	奖牌			参赛队
		（满分252）	金牌	银牌	铜牌	人数
1.	罗马尼亚	201	3	3	—	6
2.	美国	180	2	4	—	6
3.	匈牙利	168	2	2	2	6
4.	保加利亚	165	2	3	—	6
5.	越南	144	1	3	1	6
6.	苏联	140	1	2	2	6
7.	德意志联邦共和国	139	1	1	4	6
8.	德意志民主共和国	136	—	3	3	6
9.	法国	125	—	2	3	6
10.	英国	121	—	2	3	6
11.	澳大利亚	117	1	1	2	6
12.	加拿大	105	—	1	4	6
13.	捷克斯洛伐克	105	—	3	1	6
14.	波兰	101	—	1	4	6
15.	巴西	83	—	—	2	6
16.	以色列	81	—	1	—	6
17.	奥地利	77	—	—	3	6
18.	古巴	74	—	—	2	6
19.	荷兰	72	—	—	1	6
20.	希腊	69	—	1	1	6
21.	南斯拉夫	68	—	—	2	6
22.	瑞典	65	—	—	1	6
23.	蒙古	62	—	1	—	6
24.	比利时	60	1	—	1	6
25.	摩洛哥	60	—	—	2	6
26.	哥伦比亚	54	—	—	2	6
27.	土耳其	54	—	—	2	6
28.	突尼斯	46	—	—	2	4
29.	阿尔及利亚	36	—	—	—	6
30.	挪威	34	—	—	—	6
31.	伊朗	28	—	1	—	1
32.	中国	27	—	—	1	2
33.	塞浦路斯	27	—	—	1	6
34.	芬兰	25	—	—	—	6
35.	西班牙	25	—	—	—	4
36.	意大利	20	—	—	—	5
37.	冰岛	13	—	—	—	2
38.	科威特	7	—	—	—	5

第 26 届国际数学奥林匹克预选题

捷克斯洛伐克,1984

❶ 集 $M=\{1,2,\cdots,n-1\}$,$n\geqslant 3$,M 中每一个数染上红或黑两种颜色中的一种,使得

(1) 对每个 $i\in M$,i 与 $n-i$ 同色;

(2) 对每个 $i\in M$,$i\neq k$ 有 i 与 $|k-i|$ 同色. 这里 k 是 M 中的一个固定的数,它与 n 互质.

证明 M 中所有的数同色.

解 我们证明 M 中的每一个数与 k 同色.

首先,在 $l<n-k$ 时,$l+k$ 必与 $l=(l+k)-k$ 同色. 于是
$$k, k+k, \cdots, k+k+\cdots+k \qquad ①$$
同色,① 中每项比前一项多 k,最后一项在 $n-k$ 与 n 之间. 注意若有
$$k+k+\cdots+k=uk$$
被 n 整除,则由于 k 与 n 互质,$n\mid u$. 因此 ① 中最后一项一定大于 $n-k$,小于 n.

其次,在 $n-k<l<n$ 时,l 与 $n-l(<k)$ 同色,$n-l$ 又与 $k-(n-l)=l+k-n$ 同色. 所以 l 与 $l+k-n$ 同色. 这样 ① 中的数与
$$(k+k+\cdots+k)+k-n, (k+k+\cdots+k)+k-n+k, \cdots \qquad ②$$
同色. ② 中每项比前一项多 k,并且当某一项大于 $n-k$ 而小于 n 时,它的后一项等于这项加上 $k-n$. 这样继续下去直到 ①,② 共有 $n-1$ 项. 由于最后一项中有 $n-1$ 个 k,所以除这项外,其余各项中 k 的个数小于等于 $n-2$,因而根据前面所说的理由,它们都不会等于 $n-k$,也不会等于 n. 最后一项也不会等于 n.

①,② 中的数都在集 M 中,并且仍然根据前面的理由每两个数都不相等(不然的话将有 $uk=vn$,其中 u,v 为整数,并且 $0<u<n$),因此 ①,② 中的数也就是 M 中全部的 $n-1$ 个数. 所以 M 中的数全部(与 k)同色.

❷ 已知 $\triangle ABC$ 与三个矩形 R_1, R_2, R_3, 矩形的边平行于两个固定的方向. 矩形的并集覆盖 AB, BC, CA, 即 $\triangle ABC$ 的周界上的每一点至少在一个矩形的内部或边上. 证明这三角形内的每一点也被矩形 R_1, R_2, R_3 的并集覆盖.

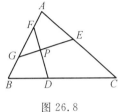

图 26.8

解 如图 26.8, 设 P 为 $\triangle ABC$ 的内点, 过 P 作两条互相垂直的直线与矩形 R_1 的边平行, 交 $\triangle ABC$ 的周界于 D, E, F, G 四点. 这四点被三个矩形 $R_i (i = 1, 2, 3)$ 覆盖, 其中必有两点属同一矩形.

如果 $D, F \in R_1$, 那么 P 显然属于 R_1.

如果 $D, E \in R_1$, 那么由于 PD, PE 与 R_1 的边平行, 所以 P 也属于 R_1.

❸ 函数 f 具有以下性质: 若 $k > 1, j > 1, (k, j) = m$, 则
$$f(kj) = f(m)\left(f\left(\frac{k}{m}\right) + f\left(\frac{j}{m}\right)\right)$$
问 $f(1\,984), f(1\,985)$ 取什么值?

解 函数
$$f(n) = \frac{1}{2}, n = 1, 2, 3, \cdots \qquad ①$$
及
$$f(n) = 0, n = 2, 3, 4, \cdots \qquad ②$$
显然满足题中所给条件, 因此 $f(1\,984), f(1\,985)$ 的值可为 0 或 $\frac{1}{2}$. 下面证明只有这两种可能.

ⅰ 如果 $f(1) = 0$, 那么对于
$$n = b \cdot c, b > 1, c > 1, (b, c) = 1$$
有
$$f(n) = f(1)(f(b) + f(c)) = 0 \qquad ③$$
因此 $f(1\,984) = f(1\,985) = 0$.

ⅱ 如果 $f(1) = a \neq 0$, 那么对 $n > 1$
$$f(n^2) = f(n)(f(1) + f(1)) = 2af(n) \qquad ④$$
从而
$$4a^2 f(n) = 2af(n^2) = f(n^4) = f(n)(f(1) + f(n^2)) =$$
$$f(n)(a + 2af(n)) = af(n)(1 + 2f(n)) \qquad ⑤$$
$$4af(n) = f(n)(1 + 2f(n))$$
所以在 $f(n) \neq 0$ 时, 由 ⑤

$$f(n) = 2a - \frac{1}{2} \qquad ⑥$$

这时,由 ④,$f(n^2)$ 也不为 0,所以

$$f(n^2) = 2a - \frac{1}{2} f(n) \qquad ⑦$$

由 ④,⑦

$$a = \frac{1}{2}$$

从而由 ⑥,在 $f(n) \neq 0$ 时

$$f(n) = \frac{1}{2} \qquad ⑧$$

这就证明 $f(1\,984), f(1\,985)$ 为 0 或 $\frac{1}{2}$.

我们还可以证得更多一些,即函数 f 一定是 ① 或 ② 这两种类型.

在 $f(1) = 0$ 时,对每个质数 p,取质数 q, r 不同于 p,则对自然数 α

$$0 = f(p^{3\alpha} q r) = f(p^\alpha)(f(p^\alpha) + f(qr)) = (f(p^\alpha))^2$$

所以 $f(p^\alpha) = 0$,f 为 ② 形的函数.

在 $f(1) \neq 0$ 时,$f(n) = 0$ 或 $\frac{1}{2}$. 如果 f 不是 ② 形函数,必有 $k > 1$,使 $f(k) = \frac{1}{2}$,并且有 $f(1) = \frac{1}{2}$. 这时对 $n > 1$

$$f(nk^2) = f(k \cdot nk) = f(k)(f(1) + f(n)) = \frac{1}{2}\left(\frac{1}{2} + f(n)\right)$$

括号中的和为 $\frac{1}{2}$ 或 1,因 $f(nk^2) \neq 0$,从而为 $\frac{1}{2}$,这就导出 $f(n) = \frac{1}{2}$,即 f 是 ① 形的函数.

❹ 设 x, y, z 为实数且不等于 ± 1,$x + y + z = xyz$. 证明

$$x(1-y^2)(1-z^2) + y(1-x^2)(1-z^2) + z(1-x^2)(1-y^2) = 4xyz$$

解 左边 $= xyz - xy(x+y) - yz(y+z) - zx(z+x) + xyz(xy + yz + zx) =$
$xyz + xy(xyz - x - y) + yz(xyz - y - z) + zx(xyz - z - x) =$
$xyz + xyz + xyz + xyz = 4xyz$

❺ 作一个正三角形,使它的三个顶点分别在三个已知圆周上.请讨论!

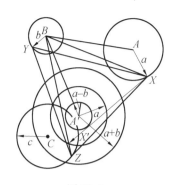

图 26.9

解 如图 26.9,设已知的圆为 $\odot(A,a)$,$\odot(B,b)$,$\odot(C,c)$. 将 A 绕 B 旋转 $60°$ 得 A',如果 $\odot(A',a+b)$ 与 $\odot(A',a-b)$ 之间的环形部分(包括两个圆周在内)或者这环关于直线 AB 的对称图形与 $\odot(C,c)$ 的圆周有公共部分,问题有解,否则无解.

事实上,设点 Z 属于上述公共部分,则可确定出图中的点 X',将 X' 绕 B 旋转 $60°$ 即得 $\odot(A,a)$ 上的点 X,再绕 X 旋转 $60°$,则 X' 变为 B,Z 变为 $\odot(B,b)$ 上一点 Y. $\triangle XYZ$ 是正三角形.

反过来,如果正 $\triangle XYZ$ 的顶点分别在三个已知圆上,那么 X 绕 B 旋转 $60°$、BX 旋转 $60°$ 都得到 X',所以 $X'A'=a$,$X'Z=b$,从而

$$a-b \leqslant ZA' \leqslant a+b$$

即 Z 必须落入所述的环内.

❻ 在单行道上,一个无穷多辆汽车(宽为 a,长为 b)组成的序列以速度 v 通过,汽车间的距离为 c.一个步行者以速度 w 垂直穿过街道,没有注意这列汽车.问:

(1) 这步行者穿过街道未撞上汽车的概率是多少?

(2) 如果他依其他方向穿过街道,上述概率能否得到改进?

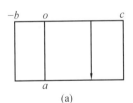

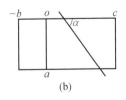

图 26.10

解 (1) 如图 26.10,人穿过街道需要时间 $\dfrac{a}{w}$,在这时间内汽车前进 $\dfrac{a}{w}v$. 所以人必须在汽车前方 $\dfrac{a}{w}v$ 至 c 这段区间内穿过街道不致被撞,其概率为

$$\max\left\{\dfrac{c-\dfrac{a}{w}v}{c+b}=\dfrac{cw-av}{w(b+c)},0\right\}$$

(2) 如图 26.11,如果 $w>v$(通常不会有这种情况),则取 $\alpha=\arccos\dfrac{v}{w}$,人可以在汽车前方任一点穿过街道,由于他在水平方向的分速度 $w\cos\alpha=v$,因此不会被汽车撞到,这时概率最大,为 $\dfrac{c}{b+c}$.

如果 $v>w$,人穿过街道时间为 $\dfrac{a}{w\sin\alpha}$,这段时间内汽车前进

$\frac{a}{w\sin\alpha}v$，人在水平方向前进 $\frac{a}{w\sin\alpha}w\cos\alpha$，所以人应当在汽车前 $\frac{a}{w\sin\alpha}(v-w\cos\alpha)$ 至 c 这段区间内穿过街道. 这概率为

$$\max\left[\frac{c-\frac{a}{w\sin\alpha}(v-w\cos\alpha)}{b+c},0\right]$$

括号中的前一式在 $\alpha=\arccos\frac{w}{v}$ 时取得最大值. 这值当然大于 $\alpha=90°$（即垂直穿过街道）的值.

如果 $w=v$，概率与 $w>v$ 时相同，也等于 $\frac{c}{b+c}$. 人可以从 $(0,c)$ 中任一点穿过街道，只要选择的角度 α 足够小就不致被汽车撞到.

❼ 有 m 个盒子，每个盒子中有一些球，设 $n<m$ 为一已知自然数，施行下面的运算：从这些盒子中取 n 个，在取定的盒子中各放入 1 个球. 证明

(1) 若 m 与 n 互质，则可以施行有限次运算，使所有的盒子中含相等的球.

(2) 若 m 与 n 不互质，则这些盒子中的球数，存在着一种初始的分布，使得不可能经过上面的运算（任意多次）达到全相等.

解 (1) 由于 m,n 互质，根据斐蜀恒等式，存在自然数 u,v 使
$$un=vm+1=v(m-1)+(v+1)$$
即可以将 un 个球放入盒中，使 $m-1$ 个盒子各增加 v 个，一个盒子增加 $v+1$ 个. 这就相当于将一个盒子增加一个，其余的盒子不增加，因此重复这一过程至足够多次，就可使盒中的球数全相等.

(2) $d=(m,n)>1$. 如果开始时球的总数为 $m+1$ 个球，则 k 次后总数为 $m+1+kn$，它不是 d 更不是 m 的倍数.

❽ 设 a,b 为整数，n 为正整数，证明 $b^{n-1}a(a+b)(a+2b)\cdots(a+(n-1)b)/n!$ 是整数.

解 设 $p\leqslant n$ 为质数，熟知 p 在 $n!$ 中的幂指数为 $\left[\frac{n}{p}\right]+\left[\frac{n}{p^2}\right]+\cdots<\frac{n}{2}+\frac{n}{2^2}+\cdots=n$. 如果 $p\mid b$，则 p 在分子中的次数大于等于 $n-1$，因此分母中的因数 p 可以约去.

如果 $p\nmid b$，则 p 必整除 $a,a+b,\cdots,a+(p-1)b$ 中的一个. 因

此 n 个 $a, a+b, \cdots, a+(n-1)b$ 中至少有 $\left[\dfrac{n}{p}\right]$ 个数被 p 整除. 同样, 至少有 $\left[\dfrac{n}{p^2}\right]$ 被 p^2 整除. 所以 p 在 $a(a+b)\cdots(a+(n-1)b)$ 中的次数大于等于 $\left[\dfrac{n}{p}\right]+\left[\dfrac{n}{p^2}\right]+\cdots$, 因此分母中的因数 p 可以约去.

❾ 一凸四边形内接于一个半径为 1 的圆, 证明它的周长与对角线的和之间的差大于 0, 小于 2.

解 如图 26.11, $AB+BC>AC$, $CD+AD>AC$, 所以
$$AC<\frac{1}{2}(AB+BC+CD+AD)$$
同样
$$BD<\frac{1}{2}(AB+BC+CD+AD)$$

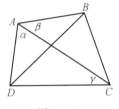

图 26.11

相加即得
$$AC+BD<AB+BC+CD+AD$$

为了证明后一个论断, 不妨设 $\alpha\leqslant\delta$, 由正弦定理, 结论等价于
$$\sin\alpha+\sin\beta+\sin\gamma+\sin(\alpha+\beta+\gamma)-$$
$$\sin(\alpha+\beta)-\sin(\alpha+\gamma)<1$$

我们可以证明更强的结论
$$\sin\alpha+\sin\beta+\sin\gamma+\sin(\alpha+\beta+\gamma)<$$
$$\sin(\alpha+\beta)+\sin(\alpha+\gamma)+\sin(\beta+\gamma)\Leftrightarrow$$
$$\sin\left(\alpha+\frac{\beta+\gamma}{2}\right)\cos\frac{\beta+\gamma}{2}+\sin\frac{\beta+\gamma}{2}\cos\frac{\beta-\gamma}{2}<$$
$$\sin\left(\alpha+\frac{\beta+\gamma}{2}\right)\cos\frac{\beta+\gamma}{2}+\sin\frac{\beta+\gamma}{2}\cos\frac{\beta+\gamma}{2}\Leftrightarrow$$
$$\sin\left(\alpha+\frac{\beta+\gamma}{2}\right)\left(\cos\frac{\beta-\gamma}{2}-\cos\frac{\beta+\gamma}{2}\right)>$$
$$\sin\frac{\beta+\gamma}{2}\left(\cos\frac{\beta-\gamma}{2}-\cos\frac{\beta+\gamma}{2}\right)\Leftrightarrow$$
$$\sin\left(\alpha+\frac{\beta+\gamma}{2}\right)>\sin\frac{\beta+\gamma}{2}$$

由于 $\alpha+\dfrac{\beta+\gamma}{2}\leqslant\dfrac{\alpha+\beta+\gamma+\delta}{2}=90°$, 所以最后一个不等式成立.

❿ K 为 $xy-$ 平面上的凸集, 关于原点对称, 面积大于 4. 证明 K 中存在一个点 $(m,n)\neq(0,0)$, 其中 m,n 为整数.

解 这就是著名的闵可夫斯基定理.

将平面分为边长为 2 的正方形, 这些正方形的边与坐标轴平行. 再将含有集 K 的点的正方形平移到一个正方形上, 由于 K 的面积大于 4, 这正方形中必有一点被 K 覆盖了两次. 这句话是说凸集 K 中有两个点 $A \neq B$, 它们的坐标的差是 2 的倍数. A 关于点 O 的对称点属于 K, 并且 A' 的坐标与 B 的坐标的和是 2 的倍数, 所以线段 $A'B$ 的中点 $P \neq 0$ 是 K 中的整点.

> **⑪** 一个多面体有 12 个面, 并且
> (1) 所有面都是等腰三角形;
> (2) 所有棱的长为 x 或 y;
> (3) 每个顶点处有三条或六条棱相会;
> (4) 所有的二面角都相等.
> 求比 $\dfrac{x}{y}$.

解 棱共有 $\dfrac{12 \times 3}{2} = 18$ (条). 由欧拉公式, 顶点共有 $18 + 2 - 12 = 8$ (个). 设引出三条棱的顶点有 v_3 个, 引出六条棱的顶点有 v_6 个, 有
$$3v_3 + 6v_6 = 36, v_3 + v_6 = 8$$
因此 $v_3 = 4, v_6 = 4$.

如图 26.12(a), 设在点 A 有三条棱 AE, AF, AG. 由于二面角 $F-AE-G, E-AG-F, G-AF-E$ 相等, 所以在顶点 A 处的三个面角相等, 设为 α.

又设 $AE = AF = x$. 我们证明 $AG = x$. 如果 $AG \neq x$, 设 $AG = y$. 这时 $\alpha \neq 60°$, 从而 $EF = y \neq x$. $EG = y \neq x$ (如果 $EG = x$, 则 $\triangle EAG \cong \triangle AEF, \angle AEF = \angle EAG = \alpha, EF = AF, y = x$), $FG = y \neq x$. 于是有
$$y = 2x \sin \dfrac{\alpha}{2}, x = 2y \sin \dfrac{\pi - 2\alpha}{2}$$
记 $\lambda = \dfrac{y}{x}$, 则
$$\lambda = 2 \sin \dfrac{\alpha}{2}, \dfrac{1}{\lambda} = 2 \cos \alpha = 2 \left(1 - 2 \sin^2 \dfrac{\alpha}{2}\right)$$
解得 $\lambda = \dfrac{\sqrt{5} - 1}{2}, \sin \dfrac{\alpha}{2} = \dfrac{\sqrt{5} - 1}{4}, \alpha = 36°$, 这时
$$\angle AGE = \angle AGF = 108°, \angle EGF = 60°$$
由球面三角公式, 记二面角 $E-FG-A$ 为 β, 则
$$\cos 108° = \cos 108° \cos 60° + \sin 108° \sin 60° \cos \beta$$

从而 $\cos\beta < 0$,β 是钝角. 但另一方面,二面角 $F-AE-G$ 是锐角(也可以用球面三角公式算出它应为 $\arccos\dfrac{\sqrt{5}}{5}$). 这与已知条件矛盾!

因此 $AE=AF=AG=x$,从而 $EF=FG=GE$. 点 A 不与其他顶点相连,所以 E,F,G 都与其他顶点相连,它们各引出 6 条棱. 如图 26.12(b) 设 H 是引出 6 条棱的第四个顶点,B,C,D 是引出三条棱的顶点. 那么 B,C,D 引出的棱都等于 x. 四面体 $EFGH$ 是正四面体,棱长为 y,A,B,C,D 为在面 EFG,EFH,FGH,GEH 上的正棱锥的顶点.

设 F 在平面 ABC 上的投影为 O,易知平面 FOC 平分二面角 $G-FC-H$,FOG 平分二面角 $C-FG-A$,$\cdots$. 因此

二面角 $\quad G-FC-H = C-FG-A = \cdots$

从而 $\angle CFO = \angle GFO = \cdots$.

设平面 ABC 分别交 EF,HF,GF 于 E',H',G'. 则 $OC = OG' = OA = OE' = OB = OH'$,六边形 $AE'BH'CG'$ 为正六边形.

如图 26.12(c),由于 $\angle GFE = 60°$,所以 $G'E' = FG' = FA = x$,从而 $AE' = \dfrac{x}{\sqrt{3}}$.

在等腰 $\triangle AEF$ 中,$AE=AF=FE'=x$,$AE' = \dfrac{x}{\sqrt{3}}$,$FE=y$,所以

$$y = 2x\cos\alpha = 2x\left(1 - 2\sin^2\dfrac{\alpha}{2}\right)$$

$$\dfrac{x}{\sqrt{3}} = 2x\sin\dfrac{\alpha}{2}$$

从而(和前面一样)得

$$\lambda = \dfrac{y}{x} = \dfrac{5}{3}$$

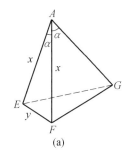

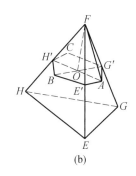

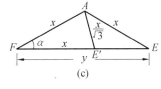

图 26.12

⑫ 求 $\sin^2\theta_1 + \sin^2\theta_2 + \cdots + \sin^2\theta_n$ 的最大值,其中 $0 \leqslant \theta_i \leqslant \pi (i=1,2,3,\cdots,n)$,$\theta_1 + \theta_2 + \cdots + \theta_n = \pi$.

解 令 $\alpha_i = 2\theta_i$,问题等价于求

$$\dfrac{1}{2}(n - \cos\alpha_1 - \cos\alpha_2 - \cdots - \cos\alpha_n)$$

$$\alpha_1 + \alpha_2 + \cdots + \alpha_n = 2\pi, 0 \leqslant \alpha_i \leqslant 2\pi$$

的最大值.

如果 $n \geqslant 4$,一定存在 $\alpha_1 + \alpha_2 \leqslant \pi$,这时

$$\cos \alpha_1 + \cos \alpha_2 = 2\cos \frac{\alpha_1 + \alpha_2}{2} \cos \frac{\alpha_1 - \alpha_2}{2} \geqslant$$
$$2\cos^2 \frac{\alpha_1 + \alpha_2}{2} = \cos(\alpha_1 + \alpha_2) + \cos 0$$

因此总可假定 $\alpha_1 = 0$,将问题化为 $n < 4$ 的情况.

如果 $n = 2$
$$\frac{1}{2}(2 - \cos \alpha_1 - \cos \alpha_2) = \frac{1}{2}(2 - 2\cos \alpha_1) \leqslant 2$$

即最大值为 2.

如果 $n = 3$,总有两角和大于等于 π,设 $\alpha_1 + \alpha_2 \geqslant \pi$
$$\frac{1}{2}(3 - \cos \alpha_1 - \cos \alpha_2 - \cos \alpha_3) =$$
$$2 - \cos \frac{\alpha_1 + \alpha_2}{2} \cos \frac{\alpha_1 - \alpha_2}{2} - \cos^2 \frac{\alpha_1 + \alpha_2}{2} \leqslant$$
$$2 - \cos \frac{\alpha_1 + \alpha_2}{2} - \cos^2 \frac{\alpha_1 + \alpha_2}{2} =$$
$$2 + \left(-\cos \frac{\alpha_1 + \alpha_2}{2}\right)\left(1 + \cos \frac{\alpha_1 + \alpha_2}{2}\right) \leqslant$$
$$2 + \left(\frac{1}{2}\right)^2 = \frac{9}{4}$$

因此最大值为 $\frac{9}{4}$,在 $\alpha_1 = \alpha_2 = \alpha_3 = \frac{2\pi}{3}$ 时取得.

❸ 求 $(a_1 - a_2)^2 + (a_2 - a_3)^2 + \cdots + (a_{n-1} - a_n)^2$ 的平均值. 这里 $(a_1, a_2, \cdots, a_n)$ 取遍 $(1, 2, \cdots, n)$ 的所有排列.

解 平均值

$$\frac{1}{n!} \sum_{(a_1, a_2, \cdots, a_n)} \sum_{i=1}^{n-1} (a_i - a_{i+1})^2 =$$
$$\frac{1}{n!} \sum_{i=1}^{n-1} \sum_{(a_1, \cdots, a_n)} (a_i - a_{i+1})^2 =$$
$$\frac{1}{n!} \sum_{i=1}^{n-1} \sum_{\gamma=1}^{n} \sum_{\substack{s=1 \\ s \neq \gamma}}^{n} (s - \gamma)^2 \times (n-2)! =$$

(s, γ 排为 a_i, a_{i+1} 有 $(n-2)!$ 种可能)

$$\frac{1}{n} \sum_{\gamma=1}^{n} \sum_{\substack{s=1 \\ s \neq \gamma}}^{n} (s - \gamma)^2 =$$
$$\frac{1}{n} \sum_{\gamma=1}^{n} \sum_{s=1}^{n} (s - \gamma)^2 =$$
$$\frac{1}{n}\left(n \sum_{s=1}^{n} s^2 + n \sum_{\gamma=1}^{n} \gamma^2 - 2 \sum_{\gamma=1}^{n} \gamma \times \sum_{s=1}^{n} s\right) =$$

$$2\sum_{s=1}^{n}s^2 - \frac{2}{n}\left(\sum_{s=1}^{n}s\right)^2 =$$
$$2 \times \frac{n(n+1)(2n+1)}{6} - \frac{2}{n} \times \left(\frac{n(n+1)}{2}\right)^2 =$$
$$2 \times \frac{n(n+1)(2n+1)}{6} - \frac{n(n+1)^2}{2} =$$
$$\frac{n(n+1)(n-1)}{6}$$

⑭ k 为固定正整数. $u_0 = 0, u_1 = 1$
$$u_n = ku_{n-1} - u_{n-2}, n \geqslant 2$$
证明对每一个 $n, u_1^3 + u_2^3 + \cdots + u_n^3$ 是 $u_1 + u_2 + \cdots + u_n$ 的倍数.

解 由循环数列的理论可得
$$u_n = \frac{y^n - y^{-n}}{\sqrt{k^2 - 4}}$$

其中 $y = \frac{k + \sqrt{k^2 - 4}}{2}$ 即 $k = y + \frac{1}{y}$.

于是
$$u_1 + u_2 + \cdots + u_n = \frac{1}{\sqrt{k^2-4}} \times \frac{(y^n - 1)(y^{n+1} - 1)}{(y-1)y^n}$$

$$u_1^3 + u_2^3 + \cdots + u_n^3 = \frac{1}{(k^2-4)^{\frac{3}{2}}} \times \frac{(y^{3n+3} - 1)(y^{3n} - 1)}{(y^3 - 1)y^{3n}} - \frac{3\sum u_n}{(k^2-4)}$$

经过化简可得
$$\frac{u_1^3 + u_2^3 + \cdots + u_n^3}{u_1 + u_2 + \cdots + u_n} =$$
$$\frac{(y^{n+1} + 1 + y^{-(n+1)})(y^2 + 1 + y^{-n}) - 3(y + y^{-1})}{(k+1)(k^2-4)}$$

分子是 $k = y + \frac{1}{y}$ 的多项式,在 $k = 2, -2, -1$ 时为 0,因而被分母整除.

⑮ 超级象棋盘在 12×12 的棋盘上进行. 超级马每步从 3×4 的矩形的一角走到对角. 问它是否能够走过棋盘中每个方格恰好一次,然后加到出发点?

解 如果能,我们考虑棋盘上的白格与黑格,马的每一步由一种颜色的格子跳到另一种颜色的格子,因此在马走的路线中黑色与白色的格子相间,也就是说第 $1, 3, 5, \cdots$ 步在白格(黑格),第

$2,4,6,\cdots$ 步在黑格(白格).

如果考虑棋盘的第一、二、六、七、十一、十二行所成的集合 A 及其余各行所成的集合 B,那么马的每一步由 A 跳到 B 或者 B 跳到 A,因此和上面同样,可以推出马的第 $1,3,5,\cdots$ 步在集 A(集 B)中.

但集 A(集 B)中的格子并非同色,矛盾!所以马不可能走过每个格子恰好一次.

❶⑥ $x_1,x_2,\cdots,x_n$ 为正数,证明
$$\frac{x_1^2}{x_1^2+x_2x_3}+\frac{x_2^2}{x_2^2+x_3x_4}+\cdots+\frac{x_{n-1}^2}{x_{n-1}^2+x_nx_1}+\frac{x_n^2}{x_n^2+x_1x_2}\leqslant n-1$$

解 令 $y_i=\dfrac{x_i^2}{x_{i+1}x_{i+2}}$, $x_{n+1}=x_1$, $y_1y_2\cdots y_n=1$

原不等式即
$$\sum\frac{y_i}{1+y_i}\leqslant n-1\Leftrightarrow\sum(1+y_i)^{-1}=n-\sum\frac{y_i}{1+y_i}\geqslant 1$$

在 $n\geqslant 2$ 时
$$\frac{1}{1+y_1}+\frac{1}{1+y_2}=\frac{1}{1+y_1}+\frac{1}{1+1/y_1}=1$$

假设在 $y_1y_2\cdots y_k=1$ 时
$$(1+y_1)^{-1}+(1+y_2)^{-1}+\cdots+(1+y_k)^{-1}\geqslant 1$$

那么在 $y_1y_2\cdots y_{k+1}=1$ 时,由归纳假设
$$(1+y_1)^{-1}+\cdots+(1+y_k\cdot y_{k+1})^{-1}\geqslant 1$$

而显然
$$(1+y_k)^{-1}+(1+y_{k+1})^{-1}>(1+y_ky_{k+1})^{-1}$$

所以
$$(1+y_1)^{-1}+\cdots+(1+y_{k-1})^{-1}+(1+y_k)^{-1}+(1+y_{k+1})^{-1}>1$$
结论对一切自然数 n 成立.

❶⑦ T 为三维空间中所有整点的集.点 (x,y,z) 与 (u,v,w) 称为相邻的,当且仅当 $|x-u|+|y-v|+|z-w|=1$.证明存在集 $S\subset T$,使对每个点 $P\in T$,在 P 与 P 的相邻点中恰好有一个属于 S.

解 $S=\{(x,y,z)\mid x+2y+3z$ 被 7 整除$\}$ 即为所求的集.因为任一点 $P(u,v,w)$ 六个相邻点 $(u\pm 1,v,w),(u,v\pm 1,w),(u,$

$v, w \pm 1$). 在七个连续整数 $u+2v+3w \pm 1+2v+3w, u+2v+w \pm 2, u+2v+3w \pm 3$ 中恰有一个被 7 整除. 所以 P 相邻点中恰有一个属于 S.

⑱ 设 A 为正整数的集, A 中任意两个元素 x, y 满足 $|x-y| \geqslant \dfrac{xy}{25}$, 证明 A 中至多有 9 个元素. 举出一个有 9 个元素的这种集.

解 令
$$A = \{x_1, x_2, \cdots, x_m\}$$
$$d_i = x_{i+1} - x_i > 0, i = 1, \cdots, n-1$$
如果 A 中的两个元 $x > y \geqslant 25$, 那么
$$x - y = |x - y| \geqslant \frac{xy}{25} \geqslant x$$
矛盾! 所以 A 中至多有一个元大于等于 25, 从而 $x_{n-1} \leqslant 24$.

由于 $d_i = x_{i+1} - x_i \geqslant \dfrac{x_i x_{i+1}}{25}$, 所以 $25 d_i \geqslant x_i(x_i + d_i)$
$$d_i \geqslant \frac{x_i^2}{25 - x_i}$$
于是由 $x_5 \geqslant 5$ 得 $d_5 \geqslant \dfrac{25}{20} > 1, x_6 \geqslant 7, d_6 \geqslant \dfrac{49}{18} > 2, x_7 \geqslant 10, d_7 \geqslant \dfrac{100}{15} > 6, x_8 \geqslant 17, d_8 \geqslant \dfrac{289}{8} > 36, x_9 \geqslant 54$, 因此 $n \leqslant 9$.

显然 $\{1, 2, 3, 4, 5, 7, 10, 17, 54\}$ 是满足要求的集.

⑲ $n \geqslant 3$. 正整数 $x_1 < x_2 < \cdots < x_n < 2x_1$. 令 $p = x_1 x_2 \cdots x_n$. 证明若 r 为质数, k 为正整数并且 $r^k \mid p$, 则 $\dfrac{p}{r^k} \geqslant n!$.

解 由 $r^k \mid p$ 可知存在整数 $k_i \geqslant 0, r^{k_i} \mid x_i (i = 1, \cdots, n)$, 并且
$$k_1 + k_2 + \cdots + k_n = k$$
令 $y_i = \dfrac{x_i}{r^{k_i}}$, 由于 $x_1 < x_i < 2x_1 (i = 1, 2, \cdots, n)$, 所以 y_i 各不相同. 从而
$$\frac{p}{r^k} = y_1 y_2 \cdots y_n \geqslant n!$$

❷⓿ $N = \{1, 2, 3, \cdots\}$. 对实数 x, y, 令
$$S(x, y) = \{s \mid s = [nx + y], n \in N\}$$
证明若 $r > 1$ 为有理数, 则存在实数 u, v, 使得
$$S(r, 0) \cap S(u, v) = \varnothing, S(r, 0) \cup S(u, v) = N$$

解 设 $r = \dfrac{p}{q}$, p 与 q 都是自然数, $p > q$. 则 $u = \dfrac{p}{p-q}$ 及适合 $-\dfrac{1}{p-q} \leqslant v < 0$ 的 v 即为所求.

ⅰ 如果 $S(r, 0) \cap S(u, v) \neq \varnothing$, 则有
$$[nr] = [mu + v] = k$$
从而
$$np = kq + c, 0 \leqslant c \leqslant q - 1$$
$$mp + v(p-q) = k(p-q) + d, 0 \leqslant d < p - q$$
相加得 $(m+n)p + v(p-q) = kp + c + d$
由于 $v(p-q) < 0, c + d \geqslant 0$, 所以
$$k < m + n \qquad ①$$
但另一方面
$$v(p-q) \geqslant -1, c + d < p - 1$$
所以
$$k > m + n - 1 \qquad ②$$
①, ② 矛盾, 因此 $S(r, 0) \cap S(u, v) = \varnothing$.

ⅱ 在 $n > m$ 时, $[nr] > [mr], [nu + v] > [mu + v]$. 所以 $S(u, v)$ 中没有相同的元素, $S(u, v) \cap \{1, 2, \cdots, k-1\}$ 的元素个数等于满足 $[mu + v] < k$ 的 m 的最大值 m_1. 由 $m_1 u + v < k$ 及 $(m_1 + 1)u + v \geqslant k$ 解得
$$\frac{k-v}{u} - 1 \leqslant m_1 < \frac{k-v}{u}$$
即
$$\frac{v+u-k}{u} \geqslant -m_1 > -\frac{k-v}{u}$$
所以
$$m_1 = -\left[\frac{u+v-k}{u}\right]$$
同样 $S(r, 0) \cap \{1, 2, \cdots, k-1\}$ 的元素个数为
$$n_1 = -\left[\frac{r-k}{r}\right]$$
因为
$$-m_1 - n_1 \leqslant \frac{u+v-k}{u} + \frac{r-k}{r} = 2 - k + \frac{v(p-q)}{p} < 2 - k$$

所以 $m_1+n_1>k-2$,即 $m_1+n_1\geqslant k-1$.结合 i 便得
$$(S(u,v)\bigcup S(r,0))\bigcap\{1,2,\cdots,k-1\}=\{1,2,\cdots,k-1\}$$
上式对所有 k 均成立,所以
$$S(u,v)\bigcup S(r,0)=N$$

㉑ 令 $A_n=\sum\limits_{k=1}^{n}\dfrac{k^6}{2^k}$,求 $\lim\limits_{n\to\infty}A_n$.

解 令 $l_p=\lim\limits_{n\to+\infty}\sum\limits_{k=1}^{n}\dfrac{k^p}{2^k}=\sum\limits_{k=1}^{\infty}\dfrac{k^p}{2^k}$,则
$$2l_p=\sum_{k=1}^{\infty}\dfrac{k^p}{2^{k-1}}=1+\sum_{k=2}^{\infty}\dfrac{k^p}{2^{k-1}}=1+\sum_{k=1}^{\infty}\dfrac{(k+1)^p}{2^k}=$$
$$1+\sum_{k=1}^{\infty}\dfrac{1}{2^k}\sum_{m=0}^{p}C_p^m k^m=1+\sum_{m=0}^{p}C_p^m\sum_{k=1}^{\infty}\dfrac{k^m}{2^k}=1+\sum_{m=0}^{p}C_p^m l_m$$
所以
$$l_p=1+\sum_{m=0}^{p-1}C_p^m l_m$$
由于 $l_0=1$,逐步推得
$$l_1=2,l_2=6,l_3=26,l_4=150,l_5=1\ 082,l_6=9\ 366$$

㉒ $\odot(O_1,r_1)$ 与 $\odot(O_2,r_2)$ 外切于 A,$r_1>r_2$,外公切线切 $\odot(O_1,r_1)$ 于 B,切 $\odot(O_2,r_2)$ 于 C.直线 O_1O_2 交 $\odot(O_2,r_2)$ 于 $D\neq A$,交 BC 于 E.若 $BC=6DE$.证明
(1)$\triangle O_1BE$ 的边长成等差数列.
(2)$AB=2AC$.

解 (1)如图 26.13,过 A 作两圆的公切线交 BC 于 G.过 O_2 作直线 $O_2F\parallel CB$ 交 O_1B 于 F.则
$$BC=FO_2=\sqrt{O_1O_2^2-O_1F^2}=$$
$$\sqrt{(r_1+r_2)^2-(r_1-r_2)^2}=$$
$$2\sqrt{r_1r_2}$$
$$DE=\dfrac{1}{6}BC=\dfrac{1}{3}\sqrt{r_1r_2}$$

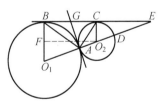

图 26.13

由以上二式及
$$\dfrac{O_2E}{O_2C}=\dfrac{O_2O_1}{O_1F}$$
得
$$r_1^3-2r_2r_1^2+r_2^2r_1-36r_2^3=0$$
这个 r_1 的三次方程仅有一个实数 $r_1=4r_2$,于是

$$\frac{O_1B}{O_1E} = \frac{4r_2}{6r_2 + \frac{2r_2}{3}} = \frac{3}{5}$$

从而 $\triangle O_1BE$ 三边之比为 $3:4:5$，所以三边成等差数列.

（2）易知

$$CG = GA = GB = \frac{1}{2}BC = \sqrt{r_1 r_2} = \frac{r_1}{2} = \frac{O_1A}{2}$$

$$\angle CGA = \angle BO_1A$$

$$\triangle O_1AB \sim \triangle GCA$$

所以
$$AC = \frac{1}{2}AB$$

㉓ 解联立方程组

$$\sqrt{x} - \frac{1}{y} - 2w + 3z = 1$$

$$x + \frac{1}{y^2} - 4w^2 - 9z^2 = 3$$

$$x\sqrt{x} - \frac{1}{y^3} - 8w^3 + 27z^3 = -5$$

$$x^2 + \frac{1}{y^4} - 16w^4 - 81z^4 = 15$$

解 令 $X = \sqrt{x}, Y = -\frac{1}{y}, W = 2w, Z = -3z$，则

$$X + Y = W + Z + 1 \qquad ①$$

$$X^2 + Y^2 = W^2 + Z^2 + 3 \qquad ②$$

$$X^3 + Y^3 = W^3 + Z^3 - 5 \qquad ③$$

$$X^4 + Y^4 = W^4 + Z^4 + 15 \qquad ④$$

① 平方并利用 ② 得

$$XY = -1 + W + Z + WZ \qquad ⑤$$

① $\times$ ② 并利用 ③，⑤ 得

$$WZ = 3 + W + Z \qquad ⑥$$

② 平方并利用 ④ 得

$$X^2Y^2 = -3 + 3W^2 + 3Z^2 + W^2Z^2 \qquad ⑦$$

再由 ⑤ 得

$$3WZ = 1 - W - Z \qquad ⑧$$

由 ⑥，⑧ 得

$$W = Z = -1$$

由 ①，⑤ 得

$$X = -2, Y = 1 \text{ 或 } X = 1, Y = -2$$

由于 $X = \sqrt{x} \geq 0$，所以 $X = -2$ 应舍去. 答案为

$$x=1, y=\frac{1}{2}, w=\frac{1}{2}, z=\frac{1}{3}$$

㉔ 设 M 为一个八面体的棱长的集,这八面体的面为全等的四边形,证明 M 至多有三个元素.

解 这八面体有棱 $\frac{4\times 8}{2}=16$(条). 由欧拉公式,有顶点 $16-8+2=10$(个).

设 U_i 为引出 i 条棱的顶点数,则
$$U_3+U_4+\cdots=10 \qquad ①$$
$$3U_3+4U_4+\cdots=2\times 16 \qquad ②$$

从而消去 U_3 得
$$U_4+2U_5+3U_6+\cdots=2$$
因此 $U_4\leqslant 2, U_5\leqslant 1, U_j=0(j\geqslant 6)$. 于是
$$U_3=10-U_4-U_5>0$$

如图 26.14,如果 M 中有四个不同的元素 a,b,c,d. 设在顶点 A 处有三条棱相会,$ABCD$,$ADEF$,$AFGB$ 为对应的面,又设 $AB=a, BC=b, CD=c, AD=d$. 由于四边形 $ABCD$ 与 $AFGB$ 全等,$AF=b$ 或 d. 而由四边形 $ABCD$ 与 $ADEF$ 全等,$AF=a$ 或 c,矛盾!

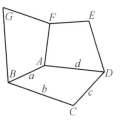

图 26.14

㉕ 设一个八面体的各面为全等的四边形,证明这些四边形中的每一个有两条相等的边交于一个公共顶点.

解 如图 26.14,b,c 中必有一个与 a 或 d 相等. AF 就等于这个值.

㉖ 四位数 $(xyzt)_B$ 称为 B 进制中的稳定数,如果
$$(xyzt)_B=(dcba)_B-(abcd)_B$$
其中 $a\leqslant b\leqslant c\leqslant d$ 是由 x,y,z,t 依递增顺序排列而得. 试在 B 进制中确定所有的稳定数.

解 如果 $c>b$,由 $(dcba)_B-(abcd)_B$ 得
$$a+B-d=t \qquad ①$$
$$b-1+B-c=z \qquad ②$$
$$c-1-b=y \qquad ③$$
$$d-a=x \qquad ④$$

如果 $c=b$,则 ③,④ 应改为

$$c + B - 1 - b = y \qquad \text{⑤}$$
$$d - 1 - a = x \qquad \text{⑥}$$

在 $c = b$ 时，由 ②，⑤ 得 $y = z = B - 1$，因而 $d = B - 1, c = b = B - 1$ ($d \geq c = b$ 是 x, y, z, t 中最大的三个)，由 ⑥ $x < d = c = b$，所以 $x = a$，并且由 ⑥ 得 $2a = B - 2$. 而由 ① 得 $a = t - 1 = B - 2$，从而 $a = 0 = x$，这与已知 $(xyzt)_B$ 为四位数矛盾.

于是 $c > b$. 如果 $a = b, c = d$，那么由 ③，④ 可知 $x = y + 1$，所以 $x = d, y = a$. 从而由 ④ $a = 0$，由 ③ $c = 1$. 再由 ①，② 得 $B = 2$. 于是得到一解

$$(1100)_2 - (0011)_2 = (1001)_2$$

如果 $a < b$ 或 $c < d$，这时 $c - b + 1 \leq d - a$. 由 ③，④ 得 $x \geq y + 2$. 于是 $x \neq a$. 如果 $x = d$，则由 ④ 得 $a = 0$，由 ①，② $z \geq t > 0$，所以 $y = a = 0$，由 ③，$c - b = 1$. 由 ②，$z = B - 2$，于是 $c = z = B - 2, t = b = B - 3$. 由 ①，$d = 3$. 所以 $B - 2 = c \leq 3, B \leq 5$. 由 $B = 4$ 得解

$$(3210)_4 - (0123)_4 = (3021)_4$$

由 $B = 5$ 得解

$$(3320)_4 - (0233)_5 = (3032)_5$$

如果 $x = c$，由于 $z \geq t$，所以 $t = d$. 由 ①，$t > a$，所以 $y = a, t = b$. ①—④ 可解出

$$c = \frac{3B}{5}, d = \frac{4B}{5} - 1, b = \frac{2B}{5}, a = \frac{B}{5} - 1$$

在 $5 \mid B$ 时给出需要的解.

最后 $x = b$，则 $y = a, z = d, t = c$，这时 ③，④ 矛盾，无解.

㉗ 同一问题，其中 $B = 1\,985$.

㉘ 假设同前，试确定进制的基数 $B \leq 1\,985$，使在该进制中有稳定数.

㉙ 将集 $M = \{(x, y) \mid x = 0, 1, \cdots, kn - 1; y = 0, 1, \cdots, ln - 1\}$ 染上 n 种颜色. 如果每一种颜色在每一行出现 k 次，在每一列出现 l 次，并且没有边平行于坐标轴的长方形顶点属于 M 并且颜色全相同，就称染色 f 为允许的. 证明每一种允许的染色 f 必满足

$$kl \leq n(n + 1)$$

解 不妨设 $k \leq l$. 固定一种颜色 c，考虑集合

$$M_j = \{(p,q) \mid 0 \leq p < q \leq kn-1, (j,p) \text{ 与 } (j,q) \text{ 染 } c \text{ 色}\}$$
$$j = 0, 1, \cdots, ln-1$$

则 M_j 有 $\dfrac{k(k-1)}{2}$ 个元素(因为第 j 行有 k 个元素染上 c 色),并且 $M_j \cap M_i = \varnothing, 0 \leq i < j \leq ln-1$(因为没有边平行坐标轴,顶点属于 M 的长方形,它的四个顶点 $(j,p), (j,q), (i,p), (i,q)$ 同色). 于是 $\bigcup\limits_{j=0}^{ln-1} M_j$ 共有 $ln \times \dfrac{k(k-1)}{2}$ 个点. 但形如 $(p,p), 0 \leq p < q \leq kn-1$ 的点共 $\dfrac{kn(kn-1)}{2}$ 个. 所以

$$ln \times \frac{k(k-1)}{2} \leq \frac{kn(kn-1)}{2}$$

从而

$$k \leq l \leq \frac{kn-1}{k-1} = n + \frac{n-1}{k-1} \qquad ①$$

从 ① $k \leq n, kl \leq kn + \dfrac{k(n+1)}{k-1} \leq n(n+1)$(因为 $kn + \dfrac{k(n-1)}{k-1}$ 随 k 递增).

㉚ 平面上是否有 100 条不同的直线恰好有 1 985 个不同的交点?

解 $1985 = 73 \times 26 + 99 - 12$. 99 条直线 $x = k(k = 1, 2, \cdots, 73), y = h(h = 1, 2, \cdots, 26)$ 相交得 73×26 个交点. 直线 $y = x + 14$ 与这 99 条直都相交,但其中有 $(1,15), (2,16), \cdots, (12,26)$ 这 12 个点是前面已有的交点.

㉛ 证明角为 α, β, γ,外接圆半径为 R,面积为 Δ 的三角形满足

$$\tan \frac{\alpha}{2} + \tan \frac{\beta}{2} + \tan \frac{\gamma}{2} \leq \frac{9R^2}{4\Delta}$$

解 $\tan \dfrac{\alpha}{2} = \dfrac{r}{s-a}, \Delta = rs = \sqrt{s(s-a)(s-b)(s-c)}$

原不等式即

$$\sum \frac{4r^2 s}{s-a} \leq 9R^2 \Leftrightarrow$$

$$4 \sum (s-a)(s-b) \leq 9R^2 (r^2 s = (s-a)(s-b)(s-c)) \Leftrightarrow$$

$$a^2 + b^2 + c^2 - (a-b)^2 - (b-c)^2 - (c-a)^2 \leq 9R^2$$

于是只要证明 $a^2 + b^2 + c^2 \leq 9R^2$ 即可. 由正弦定理,这等价于

$\sin^2 A + \sin^2 B + \sin^2 C \leqslant \frac{9}{4}$，也就是第 12 题.

㉜ 设整数 $d \geqslant 1$，不是整数的平方. 证明对每个整数 $n \geqslant 1$
$$(n\sqrt{d} + 1) \cdot |\sin(n\pi\sqrt{d})| \geqslant 1$$

解 取整数 k 满足
$$k < n\sqrt{d} < k+1$$
平方得
$$k^2 + 1 \leqslant n^2 d \leqslant k^2 + 2k$$
如果 $k < n\sqrt{d} \leqslant k + \frac{1}{2}$，则
$$|\sin(n\pi\sqrt{d})| \geqslant |\sin(\pi(1+k^2)^{\frac{1}{2}})| = \sin(\pi((1+k^2)^{\frac{1}{2}} - k)) =$$
$$\sin\frac{\pi}{\sqrt{1+k^2}+k} \geqslant \sin\frac{\pi}{2(k+1)} > \frac{1}{1+k} > \frac{1}{1+n\sqrt{d}}$$
（我们利用了著名的不等式 $\sin x > \frac{2}{\pi} x, x \in (0, \frac{\pi}{2})$）

如果 $k + \frac{1}{2} < n\sqrt{d} < k+1$，则
$$|\sin(n\pi\sqrt{d})| > |\sin \pi(k^2+2k)^{\frac{1}{2}}| =$$
$$\sin(\pi(k+1-(k^2+2k)^{\frac{1}{2}})) = \sin\frac{\pi}{k+1+\sqrt{k^2+2k}} >$$
$$\sin\frac{\pi}{2(k+1)} > \frac{1}{1+k} > \frac{1}{1+n\sqrt{d}}$$

㉝ 求八个正整数 $n_1, n_2, \cdots, n_8$，具有性质：对每个整数 k，$-1985 \leqslant k \leqslant 1985$，有八个整数 $a_1, a_2, \cdots, a_8$，每个属于 $\{-1, 0, 1\}$，使得 $k = \sum_{i=1}^{\infty} a_i n_i$.

解 取 $n_i = 3^i, i = 0, 1, \cdots, 7$. 用归纳法易知区间 $[\frac{-(3^{k+1}-1)}{2}, \frac{3^{k+1}-1}{2}]$ 中的每一个整数都可以表为 $\sum_{i=1}^{k} a_i \cdot 3^i$ 的形式，$a_i \in \{-1, 0, 1\}$.

㉞ K, K' 为同一平面上的两个正方形，边长相等. 是否可以将 K 分为有限多个无公共内部的三角形 $T_1, T_2, \cdots, T_n$，并且找到 n 个平移 $t_1, t_2, \cdots, t_n$，使得
$$K' = \bigcup_{i=1}^{n} t_i(T_i)$$

解 如图 26.15(a),可设两个正方形为 $ABCD$, $AB'C'D'$, 后者由前者绕点 A 旋转 $\phi \leqslant \dfrac{\pi}{4}$ 而得到.

设 CB 交 $D'C'$ 于 E, 交 $B'C'$ 于 H. 过 D' 作 DC 的平行线交 BC 于 G. 在 AB 上取 $AG' = D'G$, 在 AB' 上取 $AE' = D'E$. 在 AD 上取 $AE'' = HE$. 过 E'' 作直线平行于 EC' 交 AD' 于 C''. 过 D' 作 $DI \perp DC$, 垂足为 I. 过 E' 作 $E'G' \perp AB$, 垂足为 G'. 在 $E'G'$ 上取 $E'K = E''D$. 在 HB 上取 $HJ = D'I$, 则图中各阴影部分均可由对应的图形经平移得到. 只需证明下面的结论:

如果两个矩形的面积相等, 边互相平行, 那么总可以将两个矩形分成若干三角形, 这些三角形可由对应的三角形经过平移得到.

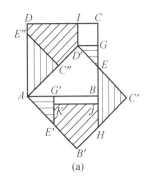

设 $ABCD$ 与 $DFB'E'$ 是两个所说的矩形(如图 26.15(b)), 不妨设 $AB < 2E'B'$, $AB > E'B'$, 则比较图中的矩形 $AE'B'H$ 与 $HBCF$). 在 AB 上取 $BE = B'E'$. 过 E 作 $EG \perp AB$, 交 AF 于 G. AF 交 BC 于 G'. 将 $\triangle AEG$ 平移为 $\triangle FCG'$, 然后再将梯形 $GEBG'$ 沿 AG' "下滑" 与梯形 $AE'B'F$ 重合, 这可证明上面的结论.

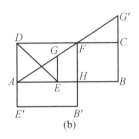

图 26.15

> **㉟** O 为坐标原点 $\boldsymbol{i}$, $\boldsymbol{j}$ 为互相垂直的坐标向量, C 为以 O 为圆心的单位圆. 对每个实数 t 与非负整数 n, 令 M_n 为 C 上的点
> $$\overrightarrow{OM_n} = \cos(2^n t) \cdot \boldsymbol{i} + \sin(2^n t) \cdot \boldsymbol{j}$$
> k 为一给定的小于等于 2 的整数. 求所有的 $t \in [0, 2\pi]$, 满足下列条件:
> (1) $M_0 = M_k$.
> (2) 从 M_0 出发, 依正向绕 C 一周时, 顺次通过 M_0, M_1, $\cdots$, M_{k-2}, M_{k-1}.

解 如果 $M_0 = M_k$, 则
$$t \cdot 2^k = t \cdot 2^0 + 2m\pi, \quad m \in \mathbf{Z}$$
即
$$t = \dfrac{2\pi 2^n}{2^k - 1}, \quad m \in \mathbf{Z} \qquad ①$$

如果 $t = \dfrac{2\pi 2^n}{2^k - 1}$ $(0 \leqslant n \leqslant k-1)$, 则 M_0, M_1, $\cdots$, M_{k-1} 的幅角依次为 $2\pi \cdot \dfrac{2^n}{2^k - 1}$, $\dfrac{2^{n+1}}{2^k - 1}$, $\cdots$, $\dfrac{2^{k-1}}{2^k - 1}$, $\dfrac{1}{2^k - 1}$, $\cdots$, $\dfrac{2^{n-1}}{2^k - 1}$, 所以从 M_0 发出绕 C 依正向前进依次通过 M_0, M_1, $\cdots$, M_{k-1}.

另一方面, 设 t 为 ① 形的数, 并且 (2) 成立, 又设 M_0, M_1, $\cdots$, M_{k-1} 的幅角小的为 u_m, 则 $0 < u_m < u_{m+1} < \cdots < u_{k+m-1} < 2\pi$ (这里 $u_{k+j} = u_j$ 为 M_j 的幅角, $j = 0, 1, \cdots$). 显然

$$u_{j+1} = 2u_j \text{ 或 } u_{j+1} = 2u_j - 2\pi$$

但后一种情况导致 $u_{j+1} - u_j = u_j - 2\pi < 0$ 矛盾，所以一定有 $u_{j+1} = 2u_j$. 从而 $u_m = \dfrac{u_{k+m}}{2^{k-1}} \cdot \dfrac{2\pi}{2^{k-1}}$. 因为 $\dfrac{2}{2^k-1} > \dfrac{1}{2^k-1}$ 所以 $u_m = \dfrac{2\pi}{2^k-1}$. 这就说明 t 一定是上面所说的那 k 个 $\dfrac{2\pi \times 2^n}{2^k-1}(0 \leqslant n \leqslant k-1)$ 中的某一个.

❸⓺ 平面上的点 (x,y) 称为有理点，如果 x,y 都是有理数. 设 A, B, A', B' 为四个不同的有理点. 点 P 满足

$$\frac{A'B'}{AB} = \frac{B'P}{BP} = \frac{PA'}{PA}$$

即 $\triangle ABP, \triangle A'B'P$ 为同向或反向相似，证明一般说来 P 是有理点，并找出 A', B' 关于 A, B 的，使 P 不为有理点的例外位置.

解 采用复数. 将点 $A, B, \cdots$ 的复数表示也记为 $A, B, \cdots, \overline{A}, \overline{B}, \cdots$ 表示它们的共轭复数

由同向相似得 P 应满足

$$P - A = \lambda(P - A'), \lambda = \frac{A-B}{A'-B'} \qquad ①$$

于是

$$(1-\lambda)P = A - \lambda A' \qquad ②$$

若 $\lambda \neq 1$，② 有唯一解而且解是有理点（即复数 P 的实部与虚部都是有理数），$\lambda = 1$ 时无解.

如果反向相似，即 $\triangle \overline{AB}\overline{P}$ 与 $\triangle A'B'P'$ 同向相似，则

$$\overline{P} - \overline{A} = \lambda(P - A'), \lambda = \frac{\overline{A}-\overline{B}}{A'-B'} \qquad ③$$

取共轭得

$$P - A = \overline{\lambda}(\overline{P} - \overline{A'})$$

消去 $\overline{P}$ 得

$$(1 - |\lambda|^2)P = A - \overline{\lambda}(\overline{A} - \overline{A'}) - |\lambda|^2 A'$$

在 $|\lambda| \neq 1$ 时有唯一的有理解. 在 $|\lambda| = 1$ 时，又由 $\triangle PAB \backsim \triangle PA'B'$ 可知 P 在 AA'（与 BB' 的共同）的垂直平分线上. 这垂直平分线上一定有有理数，这些有理点就是解.

❸⓻ E_1, E_2, E_3 为同一平面上的三个两两相交的椭圆，焦点分别为 $F_2, F_3; F_3, F_1; F_1, F_2$，这三个焦点不在同一条直线上，证明每一对椭圆的公共弦交于一点.

解 设焦点为 $F_i(x_i, y_i)$. 记 $r_i = \sqrt{(x-x_i)^2 + (y-y_i)^2}$. E_1 的方程为 $r_2 + r_3 = a$，E_2 的方程为 $r_1 + r_3 = b$，E_3 的方程为 $r_1 + r_2 = c$. 则

$$r_3^2 = a^2 - 2ar_2 + r_2^2 = b^2 - 2br_1 + r_1^2 \qquad ①$$

考虑表达式

$$L_3 = (a-b)r_3^2 - ar_1^2 + br_2^2 + ab(a-b)$$

由于其中 x^2 的系数为 $(a-b) - a + b = 0$，y^2 的系数为 0，所以 $L_3 = 0$ 是一条直线.

另一方面，E_1, E_2 的交点满足 ①，即有

$$br_3^2 = a^2 b - 2abr_2 + br_2^2, \quad ar_3^2 = ab^2 - 2abr_1 + ar_1^2$$

从而将交点坐标代入 L_3 中得

$$L_3 = 2ab(r_2 - r_1) + 2ab(b-a) = $$
$$2ab(r_2 + r_3 - a + b - r_1 - r_3) = 0$$

于是 $L_3 = 0$ 是 E_1, E_2 的公共弦. 同样

$$L_1 = cr_3^2 + (b-c)r_1^2 - br_2^2 + bc(b-c) = 0 \qquad ②$$
$$L_2 = -cr_3^2 + ar_1^2 + (c-a)r_2^2 + ca(c-a) = 0 \qquad ③$$

为另两条公共弦. 由于

$$c(a+b+c)L_3 + a(b+c-a)L_1 + b(c+a-b)L_2 \equiv 0$$

所以上述公共弦互相平行或相交于一点. 前一种情况不会发生，因为 ②，③ 中一次项的系数所成行列式为

$$-2 \begin{vmatrix} cx_3 - bx_2 + (b-c)x_1 & cy_3 - by_2 + (b-c)y_1 \\ -cx_3 + ax_1 + (c-a)x_2 & -cy_3 + ay_1 + (c-a)y_2 \end{vmatrix} =$$
$$-2(a+b-c)c \cdot \begin{vmatrix} x_3 - x_1 & y_3 - y_1 \\ x_1 - x_2 & y_1 - y_2 \end{vmatrix}$$

由于 $a + b = r_2 + r_3 + r_1 + r_3 > r_2 + r_1 = c > 0$，$\dfrac{y_3 - y_1}{x_3 - x_1} \neq \dfrac{y_1 - y_2}{x_1 - x_2}$（$F_1, F_2, F_3$ 不共线），所以上面的行列式不为 0，三条公共弦一定相交于一点.

㊳ n 个不同的字每个字出现两次. 将它们配成 n 对，每对中含两个字，可能相同也可能不同. 配对的种数记为 u_n（配对时，各对间的顺序不同或同一对中两个字的顺序不同，不认为是不同的配对）. 证明

$$u_{n+1} = (n+1)u_n - \frac{n(n-1)}{2} u_{n-2}$$

解 考虑 $2(n+1)$ 个元 $a_1, a_1, a_2, a_2, \cdots, a_n, a_n, b, b$. 对于 $a_1, a_1, a_2, a_2, \cdots, a_n, a_n$ 的 u_n 种配对中的每一种，添上

(b,b) 后就得 $a_1,a_1,\cdots,a_n,a_n,b,b$ 的一种配对;将其中的某一对 (a_i,a_j) 换成 $(a_i,b),(a_j,b)$ 后得列 $a_1,a_1,\cdots,a_n,a_n,b,b$ 的一种配对;由于 (a_i,a_j) 有 n 对,所以共得到
$$u_n + n \times u_n = (n+1)u_n$$
种配对.其中有一些重复,因为在原来的配对中,如果有两个对 $(a_i,a_j),(a_i,a_j)(i \neq j)$ 同时出现,那么在上述 $(n+1)u_n$ 种新配对中得到的是两种相同的配对.

由于有 $C_n^2 = \dfrac{n(n-1)}{2}$ 种方法选择 (a_i,a_j),而其余的 $2(n-2)$ 个数 $a_1,a_1,\cdots,a_n,a_n$(其中无 a_i,a_j) 有 u_{n-2} 种配对方法,所以
$$u_{n+1} = (n+1)u_n - \dfrac{n(n-1)}{2} u_{n-2}$$

❸❾ $2n$ 张扑克中有 n 张不同,每张出现两次,将它分发给 n 名牌手,每人两张.设 P_n 为每个人的两张牌都相同的概率,证明
$$\dfrac{1}{P_{n+1}} = \dfrac{n+1}{P_n} - \dfrac{n(n-1)}{2P_{n-2}}$$

解 $P_n = u_n^{-1}$.

❹❶ 定义 x,y,z 的多项式序列 $P_m(x,y,z)$ 为
$$P_0(x,y,z) = 1$$
$$P_m(x,y,z) = (x+z)(y+z)P_{m-1}(x,y,z+1) - z^2 P_{m-1}(x,y,z), m > 0$$
证明每个 $P_m(x,y,z)$ 是对称的,即对 x,y,z 的任意排列,它的值不改变.

解 采用归纳法.假设 $m = n-1$ 时,$p_m(x,y,z)$ 是对称的,并且
$$(x+y)p_m(x,z,y+1) - (x+z)p_m(x,y,z+1) = (y-z)p_m(x,y,z) \qquad ①$$
则在 $m=n$ 时,由已知及 $p_{n-1}(x,y,z)$ 的对称性得
$$p_n(x,y,z) = p_n(y,x,z)$$
而
$$p_n(x,z,y) - p_n(x,y,z) =$$
$$(y+z)((x+y)p_{n-1}(x,z,y+1) - (x+z)p_{n-1}(x,y,z+1)) -$$
$$(y^2 - z^2)p_{n-1}(x,y,z) =$$
$$(y+z)(y-z)p_{n-1}(x,y,z) - (y^2 - z^2)p_{n-1}(x,y,z) = 0$$
所以 $p_n(x,y,z)$ 是对称的.从而

$$(x+y)p_n(x,z,y+1)-(x+z)p_n(x,y,z+1)=$$
$$(x+y)p_n(y+1,z,x)-(x+z)p_n(z+1,y,x)=$$
$$(x+y)[(y+x+1)(z+x)p_{n-1}(y+1,z,x+1)-$$
$$x^2 p_{n-1}(y+1,z,x)]-$$
$$(x+z)[(x+z+1)(x+y)p_{n-1}(z+1,y,x+1)-$$
$$x^2 p_{n-1}(z+1,y,x)]=$$
$$(x+y)(x+z)[(x+y+1)p_{n-1}(x+1,z,y+1)-$$
$$(x+z+1)p_{n-1}(x+1,y,z+1)]-$$
$$x^2[(x+y)p_{n-1}(y+1,z,x)-(x+z)p_{n-1}(z+1,y,x)]=$$
$$(x+y)[(x+z)(y-z)p_{n-1}(x+1,z,y)-$$
$$x^2(y-z)p_{n-1}(x,y,z)]=$$
$$(y-z)p_n(x,y,z)$$

即 ① 成立.

上面所说的对称性及式 ① 在 $m=0$ 时显然成立,因此对一切自然数 m 成立.

❹ 一个圆的圆心在四边形 $BCDE$ 的边 ED 上,并与其他三边相切. 如果四边形 $BCDE$ 内接于另一个圆,证明 $EB+CD=ED$.

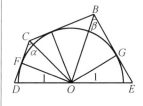

图 26.16

解 如图 26.16,设 $\odot O$ 半径为 1,切 CD 于 F、切 BE 于 G,则 $OF=OG=1$. 设 $\angle DCO=\alpha$,$\angle OBE=\beta$,则
$$\angle DCB=2\alpha,\angle CBE=2\beta$$
由于四边形 $BCDE$ 内接于圆,所以
$$\angle ODC=\pi-2\beta,\angle OEB=\pi-2\alpha$$
由直角三角形得
$$DF=\frac{1}{\tan(\pi-2\beta)}=-\frac{1}{\tan 2\beta},OD=\frac{1}{\sin 2\beta},FC=\frac{1}{\tan\alpha}$$
$$EG=-\frac{1}{\tan 2\alpha},OE=\frac{1}{\sin 2\alpha},GB=\frac{1}{\tan\beta}$$
所以
$$EB+CD=EG+GB+DF+FC=$$
$$\frac{1}{\tan\alpha}-\frac{1}{\tan 2\alpha}+\frac{1}{\tan\beta}-\frac{1}{\tan 2\beta}=$$
$$\frac{2\cos^2\alpha-\cos 2\alpha}{\sin 2\alpha}+\frac{2\cos^2\beta-\cos 2\beta}{\sin 2\beta}=$$
$$\frac{1}{\sin 2\alpha}+\frac{1}{\sin 2\beta}=OE+DO=DE$$

❹❷ 锐角 $\triangle ABC$ 的外接圆在 B,C 处的切线相交于 X, M 为 BC 的中点. 证明

(1) $\angle BAM = \angle CAX$.

(2) $\dfrac{AM}{AX} = \cos\angle BAC$.

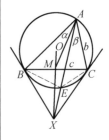

图 26.17

解 (1) 如图 26.17, 显然 $XB = XC$, $\angle XBC = A$, 并且
$$d = XC = \frac{MC}{\cos A} = \frac{a}{2\cos A}$$

记 $XA = c$, 则由 $\triangle AXC$
$$c^2 = b^2 + \left(\frac{a}{2\cos A}\right)^2 + \frac{ab\cos B}{\cos A}, A+C = \pi - B$$

故由中线 $AM = m$ 的计算公式
$$4m^2 = 2(b^2 + c^2) - a^2$$

及正弦定理 $a\sin B = b\sin A$ 得
$$c^2\cos^2 A = b^2\cos^2 A + \frac{a^2}{4} + ab\cos B\cos A =$$
$$b^2\cos^2 A + \frac{a^2}{4} + ab[\cos(A+B) + \sin A\sin B] =$$
$$b^2\cos^2 A + \frac{a^2}{4} + b^2\sin^2 A - ab\cos C =$$
$$b^2 + \frac{a^2}{4} - ab\cos C =$$
$$b^2 + \frac{a^2}{4} + \frac{c^2}{2} - \frac{b^2}{2} - \frac{a^2}{2} =$$
$$\frac{b^2}{2} + \frac{c^2}{2} - \frac{a^2}{4} = m^2$$

即(2)成立.

由 $\triangle ABM$ 得
$$\sin\alpha = \frac{\frac{a}{2}\cdot\sin B}{m}$$

由 $\triangle AXC$ 得
$$\sin\beta = \frac{d\sin B}{c} = \frac{a\sin B}{2c\cos A} = \frac{a\sin B}{2m}$$

所以 $\alpha = \beta$.

(2) 设 AX 与外接圆相交于 E, 联结 EB, EC, 由于 $\angle XBE = \angle XAB$, 所以 $\triangle XBE \sim \triangle XAB$
$$\frac{EB}{AB} = \frac{XB}{XA}$$

同理

$$\frac{EC}{AC} = \frac{XC}{XA} = \frac{EB}{AB}, \frac{XA}{XC} = \frac{CA}{EC} \qquad ①$$

所以
$$EC \times AB = EB \times AC \qquad ②$$

由托勒密定理及 ②
$$2BM \times AE = EC \times AB + EB \times AC = 2EC \times AB$$

所以
$$\frac{BM}{EC} = \frac{AB}{AE}$$

又
$$\angle ABM = \angle AEC$$

所以 $\triangle ABM \backsim \triangle AEC$，$\angle BAM = \angle CAX$.
$$\frac{CA}{EC} = \frac{MA}{BM} \qquad ③$$

由 ①，③
$$\frac{XA}{XC} = \frac{CA}{EC} = \frac{AM}{BM}$$

所以
$$\frac{XA}{AM} = \frac{XC}{BM} = \frac{2XC}{BC} = \frac{2\sin\angle BAC}{\sin 2\angle BAC} = \frac{1}{\cos\angle BAC}$$

$$\frac{AM}{AX} = \cos\angle BAC$$

㊸ 已知 $\triangle ABC$ 及形外的点 X, Y, Z
$\angle BAZ = \angle CAY, \angle CBX = \angle ABZ, \angle ACY = \angle BCX$
证明 AX, BY, CZ 共点.

解 如图 26.18，由正弦定理或面积易知 $\dfrac{BX'}{X'C} = \dfrac{c\sin\alpha_1}{b\sin\alpha_2}$（$X'$,
Y', Z' 分别为 AX, BY, CZ 与 BC, CA, AB 的交点）及
$$\frac{\sin\alpha_1}{\sin\alpha_2} = \frac{BX \cdot \sin(B+\beta)}{CX \cdot \sin(C+\gamma)} = \frac{\sin\beta \cdot \sin(B+\beta)}{\sin\gamma \cdot \sin(C+\gamma)}$$

于是
$$\frac{BX'}{X'C} \cdot \frac{CY'}{Y'A} \cdot \frac{AZ'}{Z'B} = 1$$

由 Ceva 定理知 AX, BY, CZ 共点.

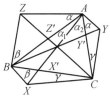

图 26.18

44 $x_1, x_2, \cdots, x_n$ 为 $+1$ 或 -1,并且
$$x_1x_2x_3x_4 + x_2x_3x_4x_5 + x_3x_4x_5x_6 + \cdots + x_{n-3}x_{n-2}x_{n-1}x_n +$$
$$x_{n-2}x_{n-1}x_nx_1 + x_{n-1}x_nx_1x_2 + x_nx_1x_2x_3 = 0$$
证明 n 被 4 整除.

解 由于 $x_1x_2x_3x_4, x_2x_3x_4x_5, \cdots, x_nx_1x_2x_3$ 都是 $+1$ 或 -1,总和为 0,所以 n 一定是偶数 $2m$.

将上面的 n 个数相乘,一方面其中 $+1, -1$ 各有 m 个,所以乘积为 $(-1)^m$. 另一方面,在积中 $x_1, x_2, \cdots, x_n$ 都作为因数出现两次,所以乘积为 $+1$.于是 m 是偶数,n 被 4 整除.

45 1985 个点分布在一圆的圆周上,每个点标上 $+1$ 或 -1. 一个点称为"好的",如果从这点开始,依任一方向绕圆周前进到任何一点时,所经过的各数的和都是正的. 证明如果标有 -1 的点少于 662 时,圆周上至少有一个好点.

解 仅需证明在 -1 的个数为 661 时有好点,更一般地,我们用归纳法证明在 $3n+2$ 个点中有 n 个 -1 时,好点一定存在.

$n=0$ 是显然的. 假设命题在 $n=k$ 时成立. 在 $n=k+1$ 时,任取一个 -1,在它的两边各有一个距它最近的 $+1$,将这三个数同时去掉. 在剩下的 $3k+2$ 个点中有 k 个 -1,因而有一个好点 P 存在. 将上面的三个数放回原位,则 P 仍然是好点(因为 P 是 $+1$,而且在前进中一定先遇到添回的一个 $+1$,然后才遇到添回的 -1).

46 证明三角形两边之积大于内切圆与外接圆的直径的乘积.

解 $ab = \dfrac{2\Delta}{\sin B} = r(a+b+c) \times \dfrac{2R}{C} \geqslant r \times 2C \times \dfrac{2R}{C} = 2r \times 2R$.

47 设单位立方体内有 $1\,985$ 个点,证明可以从中取出 32 个点,使以它们为顶点的每一个闭多边形(可能有退化的)的周长小于 $8\sqrt{3}$.

解 用平行平面将立方体分为 64 个小立方体,每个的棱长为 $\dfrac{1}{4}$. 因为
$$31 \times 64 = 1\,984 < 1\,985$$

所以有32个点在同一个小立方体内,每两点连线之长小于等于$\frac{1}{4}\sqrt{3}$,所成多边形的周长小于$32 \times \frac{1}{4}\sqrt{3} = 8\sqrt{3}$.

❽ 对什么整数$n \geqslant 3$,平面上有一正n边形,它的顶点全是整点?

解 当且仅当$n=4$时,有一正n边形顶点全是整点. 这一结论是显然的. 现在设有一正n边形P,顶点全是整点. 如果$n > 6$,将P的各边平移,使得一个端点为原点O,这时另一个端点仍然为整点,并且构成一个正n边形P'. 如果P的边长为a,那么P'的边长$a' = 2a\sin\frac{\pi}{n} < a$. 这一过程可以无限次重复下去,而不超过$a$的,整点间的距离只有有限多种,矛盾! 如果$n=3$或5,将$P'$绕原点旋转$90°$,旋转三次得出一个正12边形或正20边形,顶点为整点,根据上面所证,这是不可能的. 最后,如果$n=6$,那么P的三个相邻的顶点构成正三角形. 所以,只能是$n=4$.

❾ X, Y两人掷骰,如果点数为$1, 2$,则X胜这局,其余情况Y胜这局. 连胜两局者赢得比赛. 求出X与Y在5局之内赢得比赛的概率,在局数不限时赢得比赛的概率.

解 X胜一局的概率$p = \frac{1}{3}$,Y胜一局的概率为$q = \frac{2}{3}$.

如果X在第n局赢得比赛,他应当在第n局,第$n-1$局胜,前$n-2$局两人的胜负交错并且Y胜第$n-2$局,因此X在第n局赢得比赛的概率

$$p(X, n) = \begin{cases} p^2 q (pq)^{\frac{n-2}{2}}, & n \text{为偶数} \\ p^2 (pq)^{\frac{n-3}{2}}, & n \text{为奇数} \end{cases}$$

X在5局之内赢的概率是
$$P(X, 2) + P(X, 3) + P(X, 4) + P(X, 5) =$$
$$p^2(1 + p + pq + pq^2) = \frac{55}{243}$$

X赢得比赛的概率是
$$p^2(1 + q + pq + pq^2 + p^2q^2 + \cdots) = \frac{p^2(1+q)}{(1-pq)} = \frac{5}{21}$$

(50) C 为曲线 $y=x^3$，P 为 C 上一点，l 为点 P 处的切线，交 C 于另一点 Q. 当 P 在 C 上变动时，求 PQ 的中点 M 的轨迹 L 的方程. 问将 P 变为 M 的变换是否与 $C\to L$ 的一一对应？求将 C 变为 L 的相似变换.

解 $y=x^3$ 在 $P(t,t^3)$ 处的切线交曲线于点 $Q(-2t,-8t^3)$，所以点 $M\left(-\frac{t}{2},-\frac{7}{2}t^3\right)$，直线 L 的方程为 $y=28x^3$. 显然 $(t,t^3)\to(-\frac{t}{2},-\frac{7}{2}t^3)$ 为一一对应，$(x,y)\to\left(\frac{x}{\sqrt{28}},\frac{x^3}{\sqrt{28}^3}\right)$ 是将 C 变为 L 的相似变换.

(51) F 是将点 $P=(x,y)$ 与 $P'=(x'y')$ 结合的对应，满足

$$x'=ax+b,y'=ay+2b \qquad ①$$

证明若 $a\neq 1$，则所有直线 PP' 共点. 求在 $b=a^2$ 时，与 $P=(1,1)$ 对应的点集的方程. 最后，证明两个 ① 形的映射的组合（积）仍为同一类型.

解 如果 $a\neq 1$，由方程

$$\begin{cases}x=ax+b\\y=ay+2b\end{cases}$$

可以求出“不动点”$(x,y)=\left(\frac{b}{1-a},\frac{2b}{1-a}\right)$，由于

$$\frac{b}{1-a}=\frac{1}{1-a}\left(ax+b-\frac{a}{1-a}x\right)$$

$$\frac{2b}{1-a}=\frac{1}{1-a}(ay+2b)-\frac{a}{1-a}y$$

故这个不动点 $F=\frac{1}{1-a}\times P'-\frac{a}{1-a}P$ 在所有直线 PP' 上.

如果 $b=a^2$，$P=(1,1)$，由方程

$$\begin{cases}x=a\cdot 1+b=a+a^2\\y=a\cdot 1+2b=a+2a^2\end{cases}$$

消去 a 得 $y-x=(2x-y)^2$，即与 P 对应的点集的方程.

最后的断言成立，因为

$$a(cx+d)+b=acx+(ad+b)$$

$$a(cy+2d)+2b=acy+2(ad+b)$$

❺❷ 一个国家的居民不是骑士就是无赖,骑士不说谎,无赖永远说谎. 我们遇到该国三名居民 A, B, C, A 说:"如果 C 是骑士,那么 B 是无赖". C 说:"A 和我不同,一个是骑士,一个是无赖". 这三个人中谁是骑士,谁是无赖?

解 如果 A 为骑士,在 C 为骑士时,根据 C 的话 C 与 A 应当不同,矛盾! 在 C 为无赖时,C 的话应当不成立,仍然矛盾. 因此 A 一定是无赖. A 的话应当是假的. 但 A 的陈述在前提为假时永远为真,所以前提必须为真,即 C 是骑士,从而 B 不是无赖,即 B 也是骑士.

❺❸ 已知 1 985 个正整数的集 M,M 中每个数的质因数不大于 26,证明 M 中有 4 个互不相同的元素,它们的几何平均是整数.

解 小于等于 26 的质数有 9 个,即 2,3,5,7,11,13,17,19,23. 因此 M 中的每个数可以写成
$$2^{a_1} \cdot 3^{a_2} \cdots \cdot 23^{a_9} \quad ①$$
其中 $a_1, a_2, \cdots, a_9$ 都是非负整数. 我们把①简记为向量,也就是有序的数组 $(a_1, a_2, \cdots, a_9)$.

a_i 可能是奇数也可能是偶数 ($1 \leqslant i \leqslant 9$),因此至多有 $2^9 = 512$(个)$(a_1, a_2, \cdots, a_9)$. 每两个之间总有对应分量具有不同的奇偶性. 换句话说,如果有 513 个向量,其中一定有 $(a_1, a_2, \cdots, a_9)$ 与 $(a'_1, a'_2, \cdots, a'_9)$ 满足
$$a_i + a'_i = 偶数\ 2\beta_i, 1 \leqslant i \leqslant 9 \quad ②$$
从 $1\,985 > 3 \times 152 + 1$ 个向量中可以选出一对满足②的向量,在剩下的向量中再选一对满足②,$\cdots$,直到选出 513 对满足②的向量.

这时,在 513 对向量 $(\beta_1, \beta_2, \cdots, \beta_9)$ 中一定可以选出两对 $(\beta_1, \beta_2, \cdots, \beta_9)$ 与 $(\beta'_1, \beta'_2, \cdots, \beta'_9)$ 满足
$$\beta_i + \beta'_i = 偶数\ 2r_i, 1 \leqslant i \leqslant 9$$
于是 M 中有 4 个数,其相应的向量满足 $a_i + a'_i + a''_i + a'''_i = 2\beta_i + 2\beta'_i = 4r_i (1 \leqslant i \leqslant 9)$,即几何平均数是整数.

> **54** 在正 n 边形的每一个顶点各有一辆汽车，同时开出，绕周界依同一方向匀速前进（彼此速度未必相同），证明若在同一时刻所有汽车都在顶点 A 相会，则它们不可能再在其他顶点全部相遇．它们能在点 A 再次全部相遇吗？

解 设汽车在 $t=0$ 时出发，全部相遇于同一顶点是在 $t=T$ 时首次发生，设这个顶点是 B. 显然各车在 $T-t$ 与 $T+t$ 时的位置关于 B 对称，所以在 $t=2T$ 时，又和开始一样，每个顶点一辆汽车．这样周期地重复下去．

如果汽车又在另一个顶点 $C \neq B$ 全部相遇，在 $T+S$ 时第一次发生这样的事，那么 $S < T$. 由于对称，汽车在 $T-S(<T)$ 时也在点 C 全部相遇，这与 T 的定义矛盾．因此如果汽车全在顶点 A 相遇，它们不会在其他顶点全相遇，但在 A 相遇无穷多次．

> **55** 设 $f_1 = (a_1, a_2, \cdots, a_n)$ 为一个长为 $n(n>2)$ 的整数序列，从 f_1 可以作出 $f_2, f_3, \cdots$，做法是：若 $f_K = (c_1, c_2, \cdots, c_n)$，则 $f_{K+1} = (c_{i_1}, c_{i_2}, c_{i_3}+1, c_{i_4}+1, \cdots, c_{i_n}+1), (c_{i_1}, c_{i_2}, \cdots, c_{i_n})$ 是 $(c_1, c_2, \cdots, c_n)$ 的一个排列，给出 f_1 所满足的充分必要条件，使得能对某个 K 有 $f_K = (b_1, b_2, \cdots, b_n), b_1 = b_2 = \cdots = b_n$.

解 可以认为所述的做法等同于从 $a_1, a_2, \cdots, a_n$ 中取出两个数各减去 1.

如果 n 是偶数，$a_1+a_2+\cdots+a_n$ 是奇数，那么施行所述的做法，$a_1+a_2+\cdots+a_n$ 永远是奇数，因此不能得出所有各项全相等的序列 $(b, b, \cdots, b)$，后者的总和 nb 是偶数．

如果 $n=2m+1$，施行上面的做法，每次将两项各减去 1，这样进行 m 次直至 $n-1$ 项各被减去 1，也就相当于将某一项加上 1，其余各项不变，因此重复这一运算可使各项全都相等．

如果 $n=2m$，$a_1+a_2+\cdots+a_n$ 是偶数，将它们分为两组，每组 m 个数，由于两组的差（与和 $a_1+a_2+\cdots+a_n$ 的奇偶性相同）是偶数，所以可在一组中减去两个 1，这样进行若干次后两组的和相等．然后再从每组中各减去 1，如此进行若干次使两组中的数全都相等．

❺❻ 在 $\triangle ABC$ 中，B_1 在 AC 上，E 在 AB 上，G 在 BC 上，$EG \parallel AC$ 并且 EG 与 $\triangle ABB_1$ 的内切圆相切，交 BB_1 于 F，设 γ, γ_1 与 γ_2 分别为 $\triangle ABC, \triangle ABB_1$ 与 $\triangle BFG$ 的内切圆的半径，证明 $\gamma = \gamma_1 + \gamma_2$.

解 首先证明一个引理.

引理：设 r_b 为 $\triangle ABC$ 与 B 相对的旁切圆的半径

$$\frac{r}{r_b} = \tan\frac{A}{2}\tan\frac{C}{2}$$

这由 $\dfrac{r}{\tan\dfrac{A}{2}} = s-b = r_b \tan\dfrac{C}{2}$ 立即得出.

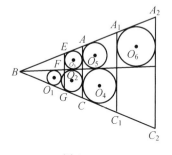

图 26.19

如图 26.19，现在设 $\odot O_1, \odot O_2, \odot O_3$ 分别为 $\triangle BFG$，$\triangle BCB_1$ 的内切圆，$\odot O_4$ 为 $\triangle BCB_1$ 与 B 相对的旁切圆.

以 B 为中心做位似变换 h, h'

$$h: O_1 \to O_2$$
$$h': O_1 \to O_4$$

这时 $h(EG) = AC$. 设 $h(O_3) = O_5$，则 $\odot O_5$ 与 AC 相切，因此是 $\triangle ABB_1$ 的旁切圆.

设 E, A, G, C, O_3 经过变换 h' 变为 A_1, A_2, C_1, C_2, O_6，则由于 $O_1 O$ 经变换 h, h' 分别变为 $O_2 O_5, O_4 O_6$，所以 $O_2 O_5 \parallel O_4 O_6$，从而 $S_{\triangle BO_4 O_3} = S_{\triangle BO_2 O_6}$.

$$\frac{S_{\triangle BO_2 O_3}}{S_{\triangle BO_4 O_5}} = \frac{S_{\triangle BO_2 O_3}}{S_{\triangle BO_2 O_6}} = \frac{BO_3}{BO_6} \qquad ①$$

另一方面，设 R_i 为 $\odot O_i (i=1,2,\cdots,6)$ 的半径，则

$$\frac{S_{\triangle BO_2 O_3}}{S_{\triangle BO_4 O_5}} = \frac{BO_2 \times BO_3}{BO_4 \times BO_5} = \frac{R_2 \times R_3}{R_4 \times R_5} \qquad ②$$

由引理上式

右端 $= \tan\dfrac{C}{2} \times \tan\dfrac{\angle CB_1 B}{2} \times \tan\dfrac{A}{2} \times \tan\dfrac{\angle AB_1 B}{2} =$

$\tan\dfrac{C}{2} \times \tan\dfrac{A}{2} = \dfrac{\gamma}{\gamma_6}$

结合 ② 得

$$\frac{BO_3}{BO_6} = \frac{\gamma}{\gamma_6}$$

即 $\triangle ABC$ 与 B 相对的旁切圆是内切圆在变换 h' 下的象，因此它与 $h'(AC) = A_2 C_2$ 相切.

由于 $\odot O_3$ 与 BE, AC 相切，所以 $\odot O_6$ 与 $A_1 C_1, A_2 C_2$ 相切. 又 $\odot O_4$ 与 AC, AE 相切，所以

$$\gamma_b = R_4 + R_6$$

回到变换 h' 前的原象即得

$$\gamma = \gamma_1 + \gamma_2$$

㊼ 对 $\triangle ABC$ 内每一点 p，令 $A(p), B(p), C(p)$ 分别为直线 Ap, Bp, Cp 与 A, B, C 的对边的交点. 试确定 p 使得 $\triangle A(p)B(p)C(p)$ 面积为最大.

解 如图 26.20，先设 $\triangle ABC$ 为正三角形，边长为 1，$BC_{(P)} = x, CB_{(P)} = y, AB_{(P)} = z$. 则由 Ceva 定理

$$xyz = (1-x)(1-y)(1-z) \qquad \text{①}$$

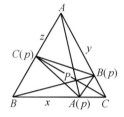

图 26.20

由式 ①

$$S_{\triangle A_{(P)}B_{(P)}C_{(P)}} = \frac{\sqrt{3}}{4}(1 - x(1-z) - y(1-x) - z(1-y)) =$$

$$\frac{\sqrt{3}}{4} \cdot 2xyz = \frac{\sqrt{3}}{2}((1+\frac{1-x}{x})(1+\frac{1-y}{y})(1+\frac{1-z}{z}))^{-1} \leqslant$$

$$\frac{\sqrt{3}}{2} \cdot \frac{1}{8}(\frac{1-x}{x} \cdot \frac{1-y}{y} \cdot \frac{1-z}{z})^{-\frac{1}{2}} =$$

$$\frac{\sqrt{3}}{16} = \frac{1}{4}S_{\triangle ABC}$$

因此在 $x = y = z = \frac{1}{2}$ 即 P 为 $\triangle ABC$ 的重心时，$S_{\triangle A_{(P)}B_{(P)}C_{(P)}}$ 取得最大值 $\frac{1}{4}S_{\triangle ABC}$.

一般情况可由正三角形经过仿射变换而得，由仿射变换下的中点不变性，上述结论仍成立.

㊽ 以棱长为 1 的正四面体的各棱为直径作球，S 是所作的 6 个球的交集. 证明 S 中含有两个距离为 $\frac{1}{\sqrt{6}}$ 的点.

解 如图 26.21，四面体的高 AG 属于以 AB, AC, AD 为直径的球，$AG = \sqrt{1-(\frac{1}{\sqrt{3}})^2} = \frac{2}{\sqrt{6}}$，取 AG 中点 P，则 $PG = \frac{1}{\sqrt{6}}$，并且 $PG \in S$，事实上 P 与 BC 中点 E 的距离为

$$\sqrt{(\frac{1}{\sqrt{6}})^2 + (\frac{1}{2\sqrt{3}})^3} = \frac{1}{2}$$

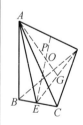

图 26.21

❺❾ 假设同上，证明 S 中没有一对点的距离大于 $\dfrac{1}{\sqrt{6}}$.

解 如图 26.22，容易知道三组对棱中点的连线交于一点 O，这点将 AG 分为 $3:1$，因而 $OG = \dfrac{1}{2\sqrt{6}}$. 以 O 为心，$\dfrac{1}{2\sqrt{6}}$ 为半径作球，则 S 中的点全在这球内（若 Q 不在球内，不妨设它在三面角 $O-ECG$ 内）. 设球 O 交 OE，OC 于 E''，G'. 则

$$E'E'' = E'O + OG > E'G = \dfrac{AD}{2} = \dfrac{1}{2}$$

$$E'G' = (E'O^2 + OG'^2 + 2 \times E'O \times OG' \times \dfrac{OE}{OC})^{\frac{1}{2}} =$$

$$((\dfrac{\sqrt{2}}{4})^2 + (\dfrac{1}{2\sqrt{6}})^2 + 2 \times \dfrac{\sqrt{2}}{4} \times \dfrac{1}{2\sqrt{6}} \times \dfrac{\sqrt{2}}{4} \div \dfrac{3}{2\sqrt{6}})^{\frac{1}{2}} = \dfrac{1}{2}$$

因而由 $\angle QOE' > \angle G'OE = \angle GOE$，$E'Q > \dfrac{1}{2}$，$Q \in S$，每两点距离小于等于 $\dfrac{1}{\sqrt{6}}$.

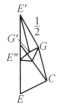

图 26.22

❻⓪ 证明存在无限多对正整数 (K,N) 使得

$$1+2+\cdots+K = (K+1)+(K+2)+\cdots+N$$

解 原式可化为 $2K(K+1) = N(N+1)$，即

$$2(2K+1)^2 = (2N+1)^2 + 1 \qquad ①$$

令 $x = 2N+1$，$y = 2K+1$ 得

$$x^2 - 2y^2 = -1 \qquad ②$$

pell 方程 ① 有无穷组解，事实上 $x = y = 1$ 是 ② 的一组解

$$x_n = \dfrac{1}{2}((1+\sqrt{2})^{2n+1} + (1-\sqrt{2})^{2n+1})$$

$$y_n = \dfrac{1}{2\sqrt{2}}((1+\sqrt{2})^{2n+1} - (1-\sqrt{2})^{2n+1}), n = 1, 2, \cdots$$

也都是 ① 的解，因为

$$x_n^2 - 2y_n^2 = (x_n + \sqrt{2}\, y_n)(x_n - \sqrt{2}\, y_n) =$$

$$(1+\sqrt{2})^{2n+1}(1-\sqrt{2})^{2n+1} = -1$$

② 的解 x, y 都是奇数（因为如果 x, y 中有一个是偶数，则 $x^2 - 2y^2$ 除以 4 所得余数为 0，$+2$ 或 1，② 不可能成立），所以 ① 也有无穷多组解.

(61) 整系数多项式 $P(x)=\sum_{i=1}^{n}a_ix^i$ 的权 $w(p)$ 定义为它的奇系数的个数.证明对任一有限序列 $0\leqslant i_1<i_2<\cdots<i_n$,$i_1$,$i_2$,$\cdots$,$i_n$ 都是整数

$w((1+x)^{i_1}+(1+x)^{i_2}+\cdots+(1+x)^{i_n})\geqslant w((1+x)^{i_1})$

解法 1 首先注意在 $l=2^m$ 时

$$(1+x)^l=1+x^l+(\text{系数为偶数的项})$$

因此在 $p(x)$ 的次数小于 l 时

$$w(P\cdot(1+x)^l)=2w(P) \qquad ①$$

对 i_n 施行归纳,$i_n=1$ 结论显然,设在 $i_n<2^m$ 时命题成立,考虑满足 $2^m\leqslant i_n<2^{m+1}$ 的 i.

如果 $i_1\geqslant 2^m$,那么

$$\begin{aligned}&w((1+x)^{i_1}+(1+x)^{i_2}+\cdots+(1+x)^{i_n})=\\&w((1+x)^l((1+x)^{i_1-1}+\cdots+(1+x)^{i_n-1}))=\\&2w((1+x)^{i_1-1}+\cdots+(1+x)^{i_n-1})\geqslant \quad (\text{利用 ①})\\&2w((1+x)^{i_1-1})= \quad (\text{归纳假设})\\&w((1+x)^{i_1}) \quad (\text{利用 ①})\end{aligned}$$

如果 $i_1<2^m$,那么

$$\begin{aligned}&(1+x)^{i_1}+(1+x)^{i_2}+\cdots+(1+x)^{i_n}=\\&a_0+a_1x+\cdots+a_{l-1}x^{l-1}+(1+x)^l(b_0b_1x+\cdots+b_{i-1}x^{l-1})=\\&a_0+a_1x+\cdots+a_{l-1}x^{l-1}+b_0+b_1x+\cdots+b_{l-1}x^{l-1}+\\&x^l(b_0\times b_1x+\cdots+b_{l-1}x^{l-1})+(\text{偶数系数的项})\end{aligned}$$

上式中,如果某个系数 a_1 与 b_1 同为奇数,则有一个奇系数的项 b_ix^{i+1}"补偿"损失掉的奇数项 a_ix^i,因此仍有

$$w((1+x)^{i_1}+\cdots+(1+x)^{i_n})\geqslant w((1+x)^{i_1})$$

解法 2 将自然数 i 用二进制表示为

$$i=a_0+a_1\times 2+a_2\times 2^2+\cdots,a_j\in\{0,1\}$$

或简化为向量$(a_0,a_1,a_2,\cdots)$,其中只有有限多个 $a_j\neq 0_3$.如果在 $a_j=0$ 时,$b_j=0(j=0,1,2,\cdots)$,我们称 $\boldsymbol{k}=(b_0,b_1,b_2,\cdots)$ 为 $\boldsymbol{i}=(a_0,a_1,a_2,\cdots)$ 的螟蛉.

又用 $S(i)$ 表示 i 的"数字和",即

$$S(i)=a_0+a_1+a_2+\cdots$$

则 i 的螟蛉恰有 $2^{S(i)}$ 个.根据初等数论,$i!$ 中 2 的幂指数为 $i-S(i)$,所以 C_i^k 中 2 的幂为

$$i-S(i)-(k-s(k))-(i-k-s(i-k))=$$

$$s(k)+s(i-k)-s(i)\geqslant 0$$

最后一步由二进制的加法（逐位相加）立即得出.并且由二进制的加法还可以看出等号在仅在 k 是 i 的螟蛉时成立.于是 $(1+x)^i$ 中系数 C_i^k 为奇数的个数是 $2^{s(i)}$.

现在考虑 $f=(1+x)^{i_1}+(1+x)^{i_2}+\cdots+(1+x)^{i_n}$ 中系数为奇数的个数,我们要证明不小于 $2^{s(i_1)}$.

设 $\boldsymbol{k}=(b_0,b_1,b_2,\cdots)$ 是 $\boldsymbol{i}_1$ 是螟蛉,如果 $i_1,i_2,\cdots,i_n$ 中有奇数个以 $\boldsymbol{k}$ 为其螟蛉,那么 $(1+x)^{i_1},(1+x)^{i_2},\cdots,(1+x)^{i_n}$ 中有奇数个,它们的展开式中 x^k 的系数 $C_{i_1}^k$ 是奇数,所以 f 中 x^k 的系数是奇数.

如果 $i_1,i_2,\cdots,i_n$ 中有偶数个,设为 $j_1=i_1,j_2,\cdots,j_m$（m 是偶数）以 $\boldsymbol{k}$ 为螟蛉,记

$$\boldsymbol{i}_1=(a_0,a_1,a_2,\cdots)$$

将表 $\boldsymbol{j}_h$ 的向量

$$\boldsymbol{j}_h=(c_0,c_1,c_2,\cdots)$$

中的下标 l 满足 $a_l=1$ 的分量 c_l 删去,得到的向量记为 $\boldsymbol{j}'_h$（$h=2,3,\cdots,m$）.考虑这些 $\boldsymbol{j}_h$,如果 $\boldsymbol{j}'_t$ 不是其他与它不等的 $\boldsymbol{j}'_h$ 的螟蛉,称 $\boldsymbol{j}'_t$ 为极大的.现在取一个极大的 $\boldsymbol{j}'_t$.如果 $\boldsymbol{j}'_2,\cdots,\boldsymbol{j}'_m$ 中只有奇数个与 $\boldsymbol{j}'_t$ 相同,那么将 $\boldsymbol{j}_t$ 中的、在变为 $\boldsymbol{j}'_t$ 时删去的 c_l 换为 $\boldsymbol{k}$ 的份量 b_l,这时得到的向量记为 $\boldsymbol{k}'$,则 $\boldsymbol{k}'$ 是 $\boldsymbol{j}_1,\cdots,\boldsymbol{j}_m$ 中,从而也是 $i_1,\cdots,i_m$ 中奇数个的螟蛉,于是在 f 中 $x^{k'}$ 的系数为奇数.

如果在 $\boldsymbol{j}'_2,\cdots,\boldsymbol{j}'_m$ 中有偶数个与 $\boldsymbol{j}'_t$ 相同,将这偶数个去掉,考虑剩下的向量,如果其中又有偶数个相同的极大向量,再将它们去掉,这样继续下去,由于 $m-1$ 是奇数,最后总能得到奇数个相同的极大向量.按照上面的做法得到 $\boldsymbol{k}'$,$\boldsymbol{k}'$ 是 $i_1,i_2,\cdots,i_n$ 中奇数个的螟蛉,从而在 f 中 $x^{k'}$ 的系数为奇数.

综上所述,对于 $\boldsymbol{i}_1$ 的每一个子集 $\boldsymbol{k}$,在 f 中有一项 $x^{k'}$（$\boldsymbol{k}'$ 可能与 $\boldsymbol{k}$ 相等,也可能不相等）,它的系数为奇数,并且不同的 $\boldsymbol{k}$ 对应的 $\boldsymbol{k}'$ 也不相同,因此 f 中奇数系的个数至少为 $2^{s(i_1)}$.

❻❷ 求序列 $S_n=\sum_{k=1}^n \sin k$（$n=1,2,\cdots$）的一个上界与一个下界.

解 $\left|\sum_{k=1}^n \sin k\right|=\left|\dfrac{\cos(n+\dfrac{1}{2})-\cos\dfrac{1}{2}}{2\sin\dfrac{1}{2}}\right|\leqslant\dfrac{1}{\sin\dfrac{1}{2}}$

63 集 $A=\{0,1,2,\cdots,9\}$，$B_1,B_2,\cdots,B_k$ 为 A 的一族非空子集，并且 $i\neq j$ 时，$B_i\cap B_j$ 至多有两个元素，求 K 的最大值．

解 $\max k=175$．首先由 A 的至多含三个元素的子集所成的族符合条件，其中子集的个数为 $C_{10}^1+C_{10}^2+C_{10}^3=175$．其次若 C 为满足条件的子集族，其中子集 B 的元素多于 3．设 $b\in B$，则由于 $B\cap(B/\{b\})$ 的元素多于 2，所以 $B/\{b\}$ 不在 C 中，将 B 换成 $B/\{b\}$，则族中子集的个数不变，并且每两个的交至多含两个元素，按此办理，可将每个子集都改为元素小于等于 3 的集．所以 C 的元素小于等于 175．

64 一个大圆盘钉在一个竖直的墙上，每分钟绕它的中心顺时针旋转一周．一个昆虫飞上圆盘，并立即垂直向上爬，速度为每秒 $\frac{\pi}{3}$cm（相对于圆盘）．试描绘昆虫的路线．

(1) 相对于圆盘．
(2) 相对于墙．

解 设昆虫速度为 v，盘的速度为 w，建立坐标如图 26.23(a)，设昆虫飞到圆盘的点为 (x_0,y_0)．

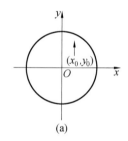

(1) 对于关于圆盘静止的坐标，如图 26.23(b) 将 v 分解得昆虫运动的微分方程为
$$x'_{(t)}=-v\sin wt$$
$$y'_{(t)}=v\cos wt$$
解为
$$x_{(t)}=\frac{v}{w}\cos wt+a$$
$$y_{(t)}=\frac{v}{w}\sin wt+b$$
由初始条件 $a=x_0-\frac{v}{w},b=y_0$，因此这运动轨迹为圆，半径为 $\frac{v}{w}=10$ cm，圆心在 (x_0,y_0) 左 10 cm．

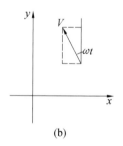

(2) 如图 26.23(c) 对于关于墙静止的坐标，运动的方程为
$$x'_{(t)}=rw\sin\alpha=wy_{(t)}$$
$$y'_{(t)}=v-wx_{(t)}$$
解为 $x_{(t)}=\frac{v}{w}-A\cos(w_t+\phi),y_{(t)}=A\sin(w_t+\phi)$，其中 $A^2=\left(x_0-\frac{v}{w}\right)^2+y_0^2,\phi=\arcsin\frac{y_0}{A},\frac{v}{w}=10$ cm. 因此轨迹是以

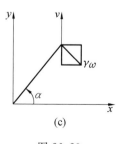

图 26.23

$\left(\dfrac{v}{w}, 0\right)$ 为圆心，A 为半径的圆.

⑥⑤ 设 $x_n = \sqrt{2+\sqrt[3]{3+\cdots+\sqrt[n]{n}}}$，证明 $x_{n+1} - x_n < \dfrac{1}{n!}$，$n = 2, 3, \cdots$.

解 令 $a_i = \sqrt[i]{i + \sqrt[i+1]{i+1} + \cdots + \sqrt[n+1]{n+1}}$

$b_i = \sqrt[i]{i + \sqrt[i+1]{i+1} + \cdots + \sqrt[n]{n+1}}$，$i = 2, 3, \cdots$

$c_i = a_i^{i-1} + a_i^{i-2} b_i + \cdots + a_i b_i^{i-2} + b_i^{i-1} > i b_i^{i-1} > i^{1+\frac{i-1}{i}}$

则 $a_i^i - b_i^i = a_{i+1} - b_{i+1} = \dfrac{a_{i+1}^{i+1} - b_{i+1}^{i+1}}{c_{i+1}}$，$i = 2, 3, \cdots, n-1$. 相乘得

$$a_2^2 - b_2^2 = \dfrac{a_n^n - b_n^n}{c_3 c_4 \cdots c_n}$$

$$x_{n+1} - x_n = a_2 - b_2 = \dfrac{a_2^2 - b_2^2}{c_2} = \dfrac{a_n^n - b_n^n}{c_2 c_3 \cdots c_n}$$

由于 $c_i > i^{1+\frac{i-1}{i}} > i^{1+\frac{i-1}{i+n}}$，所以

$$x_{n+1} - x_n \leqslant \dfrac{(n+1)^{\frac{1}{n+1}}}{n! \cdot n^{(n-1)/(n+1)}}$$

在 $n > 2$ 时，$\dfrac{n+1}{n^{n-1}} \leqslant \dfrac{2n}{n^2} < 1$，所以 $x_{n+1} - x_n \leqslant \dfrac{1}{n!}$，在 $n = 2$ 时，显然 $x_3 - x_2 = \sqrt{2+\sqrt[3]{3}} - \sqrt[2]{2} \leqslant \dfrac{1}{2!}$.

⑥⑥ 设 p 为素数. k 为什么数时，集合 $\{1, 2, \cdots, k\}$ 可以分拆为 p 个元素和相等子集？

解 设 $k_i \geqslant 0$ 是使得 $p^{k_i} \mid x_i$，$i = 1, \cdots, n$ 的最大整数，而 $y_i = \dfrac{x_i}{p^{k_i}}$. 又设 $k = k_1 + \cdots + k_n$. 所有的 y_i 必是不同的. 否则如果 $y_i = y_j$ 并且 $k_i > k_j$，那么

$$x_i \geqslant p x_j \geqslant 2 x_i \geqslant 2 x_1$$

这不可能，由此就得出

$$y_1 y_2 \cdots y_n = \dfrac{p}{p^k} \geqslant n!$$

如果等号成立，对某些 i, j, k 我们必须有 $y_i = 1$，$y_j = 2$ 和 $y_k = 3$. 那样 $p \geqslant 5$，这蕴含 $\dfrac{y_i}{y_j} \leqslant \dfrac{1}{2}$ 或 $\dfrac{y_i}{y_j} \geqslant \dfrac{5}{2}$，这不可能，因此不等式是严格的.

❻❼ 定义自然数集 $\mathbf{N} \to \mathbf{N}$ 的函数 f, F 为
$$f(n) = \left[\frac{n(3-\sqrt{5})}{2}\right], F(K) = \min\{n \in \mathbf{N} \mid f^K(n) > 0\}$$
其中 $f^K = f \circ f \circ \cdots \circ f$ 为 f 复合 K 次. 证明
$$F(K+2) = 3F(K+1) - F(K)$$

证明 首先注意 $0 < \frac{3-\sqrt{5}}{2} < 1$，因此 $f(n)$ 是 n 的增函数，并且

$$f(n+1) - f(n) = \left[\frac{(n+1)(3-\sqrt{5})}{2}\right] - \left[\frac{n(3-\sqrt{5})}{2}\right] \leqslant$$
$$\left[1 + \frac{n(3-\sqrt{5})}{2}\right] - \left[\frac{n(3-\sqrt{5})}{2}\right] = 1 \quad ①$$

定义: $G(m) = \min\{n \in \mathbf{N} \mid f(n) \geqslant m\}$，则一方面由 $G(m)$ 的定义，$f(G(m)) \geqslant m$. 另一方面，由 $G(m)$ 的定义，$f(G(m)-1) < m$，从而由 ①，$f(G(m)) \leqslant f(G(m)-1) + 1 < m+1$. 所以
$$f(G(m)) = m \qquad ②$$

由 $G(m)$ 的定义
$$\frac{3-\sqrt{5}}{2}(G(m)-1) < m < \frac{3-\sqrt{5}}{2}G(m)$$

即
$$\frac{2}{3-\sqrt{5}}m < G(m) < \frac{2}{3-\sqrt{5}}m + 1$$

$$G(m) = \left[\frac{2}{3-\sqrt{5}}m + 1\right] = \left[\frac{3+\sqrt{5}}{2}m + 1\right] =$$
$$\left[3m - \frac{3-\sqrt{5}}{2}m + 1\right] =$$
$$\left[3m - f(m) + f(m) + 1 - \frac{3-\sqrt{5}}{2}m\right] =$$
$$3m - f(m) \qquad ③$$

如果能够证明对 $K \in \mathbf{N}$
$$F(K+1) = G(F(K)) \qquad ④$$

那么
$$F(K+2) = G(F(K+1)) = 3F(K+1) - f(F(K+1)) =$$
$$\text{(由 ③)}$$
$$3F(K+1) - f(G(F(K))) = \text{(由 ④)}$$
$$3F(K+1) - F(K) \quad \text{(由 ②)}$$

④ 是成立的,因为由 G 及 F 的定义
$$f^{K+1}(G(F(K))) = f_0^K f(G(F(K))) = f^K(F(K)) > 0, 而$$
$$f^{K+1}(G(F(K)) - 1) = f_0^K f(G(F(K)) - 1) \leqslant$$
$$f^K(F(K) - 1) \leqslant 0$$

> **68** C 为圆周,D 为圆内部,点 $A \in C$,函数 $f : D \to \mathbf{R}$(实数集合)定义为
> $$f(M) = \frac{|MA|}{|MM'|}, M' = AM \cap C, M \in D$$
> 证明 f 是严格凸的,即对所有 $M_1, M_2 \in D, M_1 \neq M_2$
> $$f(P) < \frac{1}{2}(f(M_1) + f(M_2))$$
> P 为线段 M_1M_2 的中点.

解 如图 26.24,以 A 为原点,过 A 的直径为 x 轴,设 C 的直径为 1.

容易看出 $f(M) = m$ 的轨迹是一个圆,与 $\odot C$ 内切于 A,交 x 轴于 $x = \frac{m}{1+m}$.

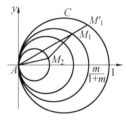

图 26.24

M_1, M_2 的坐标为 $(x_1, y_1), (x_2, y_2), f(M_1) = m_1, f(M_2) = m_2, f(P) = p$. 则点 P 坐标为 $\left(\frac{x_1+x_2}{2}, \frac{y_1+y_2}{2}\right)$,由于
$$(x_1 + x_2)(x_2 y_1^2 + x_1 y_2^2) - x_1 x_2 (y_1 + y_2)^2 =$$
$$x_1^2 y_2^2 + x_2^2 y_1^2 - 2 x_1 x_2 y_1 y_2 \geqslant 0$$
所以
$$\frac{1}{2}\left(\frac{y_1^2}{x_1} + \frac{y_2^2}{x_2}\right) \geqslant \frac{1}{2} \cdot \frac{(y_1 + y_2)^2}{x_1 + x_2} = \frac{\left(\frac{y_1+y_2}{2}\right)^2}{\frac{x_1+x_2}{2}}$$

$$\frac{1}{2}\left(\frac{x_1^2 + y_1^2}{x_1} + \frac{x_2^2 + y_2^2}{x_2}\right) \geqslant \frac{\left(\frac{x_1+x_2}{2}\right)^2 + \left(\frac{y_1+y_2}{2}\right)^3}{\frac{x_1+x_2}{2}}$$

即 $$\frac{p}{1+p} \leqslant \frac{1}{2}\left(\frac{m_1}{1+m_1} + \frac{m_2}{1+m_2}\right)$$

(过 M_1、与 $\odot C$ 内切于 A 的圆交 x 轴于 $\frac{x_1^2 + y_1^2}{x_1}$,即 $\frac{x_1^2 + y_1^2}{x_1} = \frac{m_1}{1+m_1}$) 从而
$$p \leqslant \left(\frac{1}{2}\left(\frac{1}{1+m_1} + \frac{1}{1+m_2}\right)\right)^{-1} - 1 =$$

$$\frac{2(1+m_1+1+m_2)}{1+\frac{1+m_2}{1+m_1}+1+\frac{1+m_1}{1+m_2}}-1\leqslant$$

$$\frac{2(1+m_1+1+m_2)}{4}-1=\frac{1}{2}(m_1+m_2).$$

❻❾ 设 $k\geqslant 2$, $n_1,n_2,\cdots,n_k\geqslant 1$ 为自然数,满足
$$n_2\mid(2^{n_1}-1),n_3\mid(2^{n_2}-1),\cdots,n_k\mid(2^{n_{k-1}}-1),$$
$$n_1\mid(2^{n_k}-1),$$
证明 $n_1=n_2=\cdots=n_k=1$.

解 由费尔马小定理,$2^{p-1}\equiv 1(\bmod\ p)$. 如果 $n>1$, $2^n\equiv 1(\bmod\ p)$,那么由裴蜀(Bezout)恒等式,n 与 $p-1$ 的最大公约数 $d=xn+y(p-1)$,其中 x,y 是整数,所以 $2^d\equiv 1(\bmod\ p),d>1$. 从而 n 的最小素因数 $m(n)\leqslant d\leqslant p-1<p$.

如果 $n_1,n_2,\cdots,n_k$ 中有大于 1 的,比如 $x_1>1$,那么 $n_k>1$, $n_{k-1}>1,\cdots,n_2>1$.

由于 $n_2\mid(2^{n_1}-1)$,所以 $m(n_2)\mid(2^{n_1}-1)$,根据开始所证 $m(n_2)>m(n_1)$ 同理,$m(n_1)<m(n_3)<\cdots<m(n_1)$ 矛盾!所以 $n_1=n_2=\cdots=n_k=1$.

❼⓪ 证明由 $a_n=[n\sqrt{2}]$ 定义的序列 $\{a_n\}$ 中含有无限多个 2 的整数幂.

解 用 $\{x\}=x-[x]$ 表示正实数 x 的分数部分,如果 $\{x\}<\frac{1}{2}$,那么 $\{2x\}=2\{x\}$.

因此,如果 $\left\{\frac{2^k}{\sqrt{2}}\right\}\leqslant 1-\frac{1}{\sqrt{2}}<\frac{1}{2}$,那么
$$\left\{\frac{2^{k+1}}{\sqrt{2}}\right\}=2\left\{\frac{2^k}{\sqrt{2}}\right\},\left\{\frac{2^{k+2}}{\sqrt{2}}\right\}=2\left\{\frac{2^{k+1}}{\sqrt{2}}\right\}=4\left\{\frac{2^k}{\sqrt{2}}\right\},\cdots$$

继续下去必有 $k'>k$, $\left\{\frac{2^{k'}}{\sqrt{2}}\right\}>1-\frac{1}{\sqrt{2}}$. 记 $n=\left(\frac{2^{k'}}{\sqrt{2}}\right)+1$,则
$$\frac{2^{k'}}{\sqrt{2}}\leqslant n<\frac{2^{k'}}{\sqrt{2}}+\frac{1}{\sqrt{2}},[n\sqrt{2}]=2^{k'}.$$

这样就能得到无限多个自然数 $k_1>k_2>\cdots$ 及 $n_1>n_2>\cdots$,满足 $[n_1\sqrt{2}]=2^{k'}$.

71 设 A, B 为平面上的两个有限点集，无公共元素，并且 $A \cup B$ 中任意三个不同的不共线. 如果 A, B 中至少有一个的点数大于等于 5，证明存在一个三角形，它的顶点全在 A 中或全在 B 中，它的内部不含另一个集中的点.

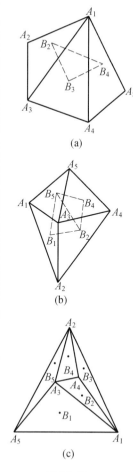

图 26.25

解 设 A 中含有五个点 $A_1, A_2, \cdots, A_5$. 可以认为五边形 $A_1 A_2 \cdots A_5$ 内部没有集 A 的点（否则用更小的五边形来代替）.

如图 26.25(a)，如果五边形 $A_1 A_2 A_3 A_4 A_5$ 凸. 考虑 $\triangle A_1 A_2 A_3, \triangle A_1 A_3 A_4, \triangle A_1 A_4 A_5$. 如果其中有一个不含集 B 的点，则这个三角形即为所求. 如果它们分别含有 B 的点 B_2, B_3, B_4，则 $\triangle B_2 B_3 B_4$ 即为所求.

如图 26.25(b)，如果某个点 A_3 在凸四边形 $A_1 A_2 A_4 A_5$ 内部，考虑 $\triangle A_3 A_1 A_2, \triangle A_3 A_2 A_4, \triangle A_3 A_4 A_5, \triangle A_3 A_5 A_1$. 如果四个三角形分别含 B 的点 B_1, B_2, B_4, B_5，那么 $\triangle B_2 B_4 B_5, \triangle B_1 B_2 B_5$ 中必有一个不含 A_3，这个三角形即为所求. 其余与前一种情况相同.

如图 26.25(c)，如果两个点 A_3, A_4 在 $\triangle A_1 A_2 A_5$ 内. 考虑五个三角形 $\triangle A_1 A_3 A_4, \triangle A_1 A_2 A_4, \triangle A_2 A_3 A_4, \triangle A_2 A_3 A_5, \triangle A_1 A_3 A_5$，如果其中各有一点属于 B（否则结论已经成立），那么必有三点是在直线 $A_3 A_4$ 的一侧，这三点构成的三角形即为所求.

72 C 由一族自然数集 $\mathbf{N} \to \mathbf{N} \cup \{0\}$ 的函数 f 组成，如果 $S(x) = x + 1$ 及 $E(x) = x - [\sqrt{x}]^2$ 属于 C 并且对每对函数 $f, g \in C$ 有 $f + g, f \cdot g, f \circ g \in C$. 证明函数 $\max(f(x) - g(x), 0)$ 在 C 中.

解 首先 $f_0 = 0 = E((x+1)^2) \in C$. 从而 $f_1 = 1 = S \circ f_0 \in C$.

令 $F_{f,g} = E((f + g + 1)^2 + f - g) = E((f+g)^2 + 3f + g + 1)$ 如果 $f, g \in C$，那么 $F_{f,g} \in C$ 并且在 $f(x) \geqslant g(x)$ 时，$(f+g+1)^2 \leqslant (f+g+1)^2 + f - g \leqslant (f+g)^2 + 3f + g + 1$，所以这里有 $F_{f,g} = f - g$. 在 $f(x) < g(x)$ 时
$$(f+g)^2 \leqslant (f+g+1)^2 + f - g < (f+g+1)^2$$
这时
$$F_{f,g} = (f+g+1)^2 + f - g - (f+g)^2 = 3f + g + 1$$
特别地，取 $f = (x+1)^2 + 2, g = 2(x+1)$ 得
$$f_2 = f - g = x^2 + 1$$
及

$$f_3 = E(f_2(x)) = \begin{cases} 0, x=0 \\ 1, x>0 \end{cases}$$

$$f_4 = f_1 - f_3 = \begin{cases} 1, x=0 \\ 0, x>0 \end{cases}$$

均属于 C.

对 $f, g \in C, \varphi_{(x)} = F_{f,g(x)} \cdot f_4(F_{h,f(x)}) \in C$,其中 $h = F_{f,g} + g$. 我们来证明 $\varphi_{(x)} = \max(f(x) - g(x), 0)$:

如果 $f \geqslant g$,那么 $h = f - g + g = f, F_{h,f} = 0, f_4(F_{h,f(x)}) = 1$, $\varphi_{(x)} = f - g$.

如果 $f < g$,那么 $h = 3f + 2g + 1 > f, F_{h,f} > 0, f_4(F_{h,f}) = 0, \varphi_{(x)} = 0$.

❼❸ 对每个整数 $r > 1$,确定最小的整数 $h(r) > 1$,具有如下的性质:

对于将集 $\{1, 2, \cdots, h(r)\}$ 分为 r 类的任一分拆,存在整数 $a \geqslant 0, 1 \leqslant x \leqslant y$,数 $a+x, a+y, a+x+y$ 属于这个分拆的同一类中.

解 $h(r) = 2r$.

首先,将 $\{1, 2, \cdots, 2r\}$ 分为 r 个类时,$r, r+1, \cdots, 2r$ 这 $r+1$ 个数中有两个在同一类中,设为 $u < v$. 令 $a = 2u - v \geqslant 0, x = y = v - u \geqslant 1$,则

$$a + x = a + y = u, a + x + y = v$$

在同一类中,所以 $h(r) \leqslant 2r$.

其次,$\{1, 1+r\}, \{2, 2+r\}, \cdots, \{r-1, 2r-1\}, \{r\}$ 是集 $\{1, 2, \cdots, 2r-1\}$ 的分拆. $a+x, a+y, a+x+y$ 当然不会全在 $\{r\}$ 中,如果全在 $\{k, k+r\}$ 中,那么

$$a + x = a + y = k, a + x + y = k + r$$

从而 $x = y = r, a = k - r < 0$. 所以 $h(r) > 2r - 1$.

❼❹ 是否有整数 m, n 使得
$$5m^2 - 6mn + 7n^2 = 1\,985$$

解 原方程可化为
$$(5m - 3n)^2 + 26n^2 = 5 \times 1\,985 \equiv 6 \pmod{13} \qquad ①$$

但对于 $x = 0, \pm 1, \pm 2, \pm 3, \pm 4, \pm 5, \pm 6$
$$x^2 \equiv 0, 1, 4, 9, 3, 12, 10 \pmod{13}$$

因此 ① 无整数解,原方程也无整数解.

❼❺ 两个正三角形内接于一个半径为 r 的圆,公共部分的面积为 S,证明 $2S \geqslant r^2\sqrt{3}$.

解 如图 26.26,由于整个图形绕点 O 旋转 $60°$ 并不改变,所以三块阴影部分的面积相等,即
$$S = S_{\triangle ABC} - 3S_{\triangle A'PQ}$$
又图形关于 OP,OQ 对称,所以
$$A'Q = AQ, A'P = BP$$
$$\triangle A'PQ \text{ 的周长} = AB = r\sqrt{3}$$
$$S_{\triangle A'PQ} \leqslant \frac{\sqrt{3}}{4} \times \left(\frac{r\sqrt{3}}{3}\right)^2$$
$$S \geqslant \frac{\sqrt{3}}{4}(r\sqrt{3})^2 \times \left(1 - \frac{3}{9}\right) = \frac{\sqrt{3}}{2}r^2, 2S \geqslant \sqrt{3}r^2$$

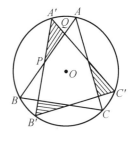

图 26.26

❼❻ 由 $f_1(x) = x$,$f_{n+1}(x) = f_1(x)(f_n(x) + \frac{1}{n})$ 定义出一个 $x > 0$ 上的函数序列 $f_1, f_2, \cdots, f_n, \cdots$. 证明存在一个唯一的正数 a 使得
$$0 < f_n(a) < f_{n+1}(a) < 1, n = 1, 2, \cdots$$

解法 1 问题等价于存在一个唯一的 a,$0 < a < 1$,使得
$$1 - \frac{1}{n} < f_n(a) < 1, n = 1, 2, 3, \cdots \quad \text{①}$$

由于 $f_n(x)$ 是正系数的多项式,因此是增函数,下凸,并且在 $f_n(x) \geqslant 1$ 时,$f_{n+1}(x) \geqslant f_n(x)$.

定义 x_n 满足 $f_n(x) = 1 - \frac{1}{n}$,y_n 满足 $f_n(y) = 1$,则由于
$$1 = f_1(1) \leqslant f_2(1) \leqslant f_3(1) \leqslant \cdots \leqslant f_n(1)$$
所以 $y_n \leqslant 1$. 由于 $f_n(x)$ 是增函数,$x_n \leqslant y_n$.

又 $f_n(0) = 0$,因此由凸性
$$\frac{f_n(y_n) - f_n(x_n)}{y_n - x_n} \geqslant \frac{f_n(y_n) - f_n(0)}{y_n - 0} = \frac{1}{y_n} \geqslant 1$$
从而
$$0 < y_n - x_n \leqslant f_n(y_n) - f_n(x_n) = \frac{1}{n} \quad \text{②}$$
因为
$$f_{n+1}(x_n) = \left(1 - \frac{1}{n}\right) \cdot 1 < 1 - \frac{1}{n+1}$$
所以

$$x_n < x_{n+1} \qquad ③$$

因为
$$f_{n+1}(y_n) = 1 + \frac{1}{n} > 1$$

所以
$$y_{n+1} < y_n \qquad ④$$

根据②,③,④可知单调数列$\{x_n\}$与$\{y_n\}$有共同的极限a. 对所有的n
$$x_n < a < y_n$$

因此式①成立.

另一方面,如果$b \neq a$,则存在$x_n > b$或者$y_n < b$,从而$f_n(b) < 1 - \frac{1}{n}$或$f_n(b) > 1$. 所以满足①的a是唯一的.

解法 2 取$a_{n+1} \in \left(1 - \frac{1}{n+1}, 1\right)$,由方程
$$a_{n+1} = a_n\left(a_n + \frac{1}{n}\right) \qquad ⑤$$

可解出
$$a_n = \frac{1}{2}\left(-\frac{1}{n} + \sqrt{\frac{1}{n^2} + 4a_{n+1}}\right)$$

显然
$$a_n > \frac{1}{2}\left(-\frac{1}{n} + \sqrt{\frac{1}{n^2} + 4\left(1 - \frac{1}{n}\right)}\right) = \frac{1}{2}\left(-\frac{1}{n} + 2 - \frac{1}{n}\right) = 1 - \frac{1}{n}$$

$$a_{n+1} > a_n\left(1 - \frac{1}{n} + \frac{1}{n}\right) = a_n \qquad ⑥$$

将⑤中n改为$n-1$,又可由a_n解得$a_{n-1}, \cdots$,这样得到一个数列
$$0 < a_1 < a_2 < \cdots < a_n \qquad ⑦$$
$$1 - \frac{1}{k} < a_k < 1, k = 1, 2, \cdots, n \qquad ⑧$$

当然也可将⑦"延长",即由⑤导出a_{n+1}, a_{n+2},等等,但这时⑧不一定成立,我们假定⑦已经延长到顶,即再加一项时⑧已经不成立.

由于在作⑦时,n可以取任意大的数,所以我们可以作出无限多个形如⑧的数列,这些数列都延长到顶,不妨假定数列为
$$0 < a_1^{(j)} < a_2^{(j)} < \cdots < a_{n_j}^{(j)} \qquad ⑨$$
$$1 - \frac{1}{k} < a_k^{(j)} < 1, k = 1, 2, \cdots, n_j \qquad ⑩$$
$$a_{n_j+1}^{(j)} \leqslant 1 - \frac{1}{n_j + 1} \qquad ⑪$$
$$n_j < n_{j+1}, j = 1, 2, \cdots$$

如果 $a_1^{(j)} \geqslant a_1^{(j+1)}$,那么 $a_2^{(j)} \geqslant a_2^{(j+1)}, \cdots$
$$a_{n_j+1}^{(j)} \geqslant a_{n_j+1}^{(j+1)} > 1 - \frac{1}{n_j+1} \text{（因为 } n_{j+1} \geqslant n_j+1\text{）}$$
与 ⑪ 矛盾,所以 $a_1^{(j)}$ 随 j 递增,从而 $a_1^{(j)}$ 在 j 趋于无穷时有极限 a（如果将 ⑪ 改为 $a_{n_j+1}^{(j)} \geqslant 1$,则 $a_1^{(j)}$ 递减有极限 a）.

我们证明 a 即为所求. 一方面 $a > a_1^{(j)}$,对任意的 n,取 j 使 $n_j > n$,则
$$f_n(a) > a_n^{(j)} > 1 - \frac{1}{n} \qquad ⑫$$
另一方面,对于 n,在 j 足够大时, $n_j > n$,而
$$f_n(a_1^{(j)}) = a_n^{(j)} < 1$$
所以
$$f_n(a) = \lim_{j \to \infty} f_n(a_1^{(j)}) \leqslant 1$$
等号是不会成立的,因为 $f_n(a) < f_{n+1}(a) \leqslant 1$. 所以 a 确实满足条件（⑫ 说明 $f_n(a) < f_{n+1}(a)$）.

如果有 $b \neq a$ 也满足条件,不妨设 $b > a$. 由于 $f_n(a)$ 随 n 递增,又有上界 1,因而必有极限,这极限小于等于 1. 而由 ⑫,这极限大于等于 1,因此极限为 1.

同理 $\lim_{n \to +\infty} f_n(b) = 1$,从而 $\lim_{n \to +\infty} f_n(b) - f_n(a) = 0$

但另一方面
$f_{n+1}(b) - f_{n+1}(a) =$
$f_n(b)(f_n(b) + \frac{1}{n}) - f_n(a)(f_n(a) + \frac{1}{n}) =$
$(f_n(b) - f_n(a))(f_n(b) + f_n(a) + \frac{1}{n}) >$
$f_n(b) - f_n(a) > $ （利用 ⑫）
$f_{n-1}(b) - f_{n-1}(a) > \cdots >$
$f_1(b) - f_1(a) = b - a$

所以 $\lim_{n \to +\infty}(f_{n+1}(b) - f_{n+1}(a)) \geqslant b - a > 0$ 矛盾! 所以满足条件的 a 是唯一的.

77 设 a, b, c 为实数,满足
$$(bc - a^2)^{-1} + (ca - b^2)^{-1} + (ab - c^2)^{-1} = 0$$
证明 $a(bc - a^2)^{-1} + b(ca - b^2)^{-1} + c(ab - c^2)^{-1} = 0$

证明 $0 = (a(bc - a^2)^{-1} + b(ca - b^2)^{-1} + c(ab - c^2)^{-1}) \cdot$
$((bc - a^2)^{-1} + (ca - b^2)^{-1} + (ab - c^2)^{-1}) =$
$a(bc - a^2)^{-2} + b(ca - b^2)^{-2} + c(ab - c^2)^{-2} +$
$(bc - a^2)^{-1}(ca - b^2)^{-1}(ab - c^2)^{-1}(a(ab - c^2) +$

$$a(ac-b^2)+b(bc-a^2)+b(ab-c^2)+$$
$$c(bc-a^2)+c(ca-b^2))=$$
$$a(bc-a^2)^{-2}+b(ca-b^2)^{-2}+c(ab-c^2)^{-2}$$

❼⑧ 已知边 AB，外心 O 与垂心 H 的距离 OH，并设 $OH \parallel AB$. 试作 $\triangle ABC$.

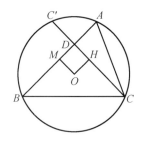

图 26.27

解 如图 26.27，首先作出线段 AB 及其中点 M，在 AB 上取 D 使 $MD=OH$，过 D 作 AB 的垂线 $C'C$，设 $DH=x$，则应有 $HC'=2x$，所以 $R^2=OH^2+(2x)^2$，因此 x 可以定出，$H,O,\odot O$，C',C 都可逐一作出，完成作图.

❼⑨ 设 A_1A_2，B_1B_2，C_1C_2 为正 $\triangle ABC$ 的边上的三条相等线段，证明在直线 B_2C_1，C_2A_1，A_2B_1 组成的三角形中，线段 B_2C_1，C_2A_1，A_2B_1 与含它们的边成比例.

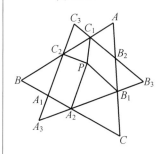

图 26.28

解 如图 26.28，设 $A_1A_2PC_2$ 为平行四边形，则 $\triangle PC_1C_2$ 为正三角形，从而 $PC_1 \underline{\underline{\parallel}} B_1B_2$，$PB_1 \underline{\underline{\parallel}} C_1B_2$，$\triangle A_2PB_1 \backsim \triangle A_3C_3B_3$，所述结论成立.

❽⓪ 求满足 $\dfrac{1}{x}+\dfrac{1}{y}+\dfrac{1}{z}=\dfrac{4}{5}$ 的正整数 x,y,z.

解 设 $x \leqslant y \leqslant z$，则 $\dfrac{3}{x} \geqslant \dfrac{4}{5}$，$\dfrac{1}{x} < \dfrac{4}{5}$，所以 $2 \leqslant x \leqslant 3$.

如果 $x=2$，那么 $\dfrac{2}{y} \geqslant \dfrac{3}{10}$，$\dfrac{1}{y} < \dfrac{3}{10}$，所以 $4 \leqslant y \leqslant 6$. 从而得两组解 $x=2,y=4,z=20$；$x=2,y=5,z=10$.

如果 $x=3$，同样可得 $3 \leqslant y \leqslant 4$，这时无适合方程的整数 z.

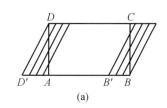

(a)

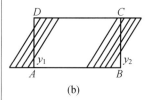

(b)

图 26.29

如图 26.29，如果这族平行线中有一条过 D、一条过 C，那么
$$L \cdot d = S_{\square D'B'CD} = S_{\square ABCD} = ab$$
从而
$$L=\dfrac{ab}{d} \qquad \text{①}$$
同样如果这族平行线中有一条过 D、一条过 A ① 也成立. 并且在这两种情况中，在平行线平移时 L 不变.

设这族平行线中与 AD 有公共点为 n_1 条，与 BC 有公共点的为 n_2，每两条在 AD 上截得的线段长为 d'（定长），则
$$|n_1-n_2| \leqslant 1$$

$$(n_1, n_2 \text{ 都在} \left[\frac{b}{d'}\right] \text{与} \left[\frac{b}{d'}\right]+1 \text{之间})$$

如果 $n_1=n_2+1$. 设 AD 上各截点距 A 为 $y_1, y_1+d', \cdots, y_1+(n_1-1)d'$, BC 上截点距 B 为 $y_2, y_2+d', \cdots, y_2+(n_2-1)d'$ 则

$$(y_2+(y_2+d')+\cdots+(y_2+(n_2-1)d'))-$$
$$(y_1+(y_1+d')+\cdots+(y_1+(n_1-1)d'))=l$$

在平行线向右平移时增加(这时 y_2, y_1 都减少 Δ,所以 $l'-l=(n_2y'_2-n_1y'_1+d)-(n_2y_2-n_1y_1+d)=(n_1-n_2)\Delta=\Delta$),因而 L 增加. 类似地, $n_1=n_2$ 时,平行线向右移动 L 不变, $n_1=n_2-1$ 时, L 减少. 因此 $n_1=n_2$ 是 L 为常数的充分必要条件. 这时总可经平移化为开始的两种情况(若有一条过 D 不过 A, C,左移导致 $n_1<n_2$).

(81) 设 $ABCD$ 为长方形, $AB=a$, $BC=b$. 一族平行线,每两条相邻的距离为 d,与 AB 成固定角 ϕ, $0<\phi<90°$. 这族平行线被长方形截得的线段长的和为 L. 求出

(1) L 的变化情况(如果直线向右平移).

(2) L 为常数的充分必要条件.

(3) 上述常数的值.

(82) 将 $5^{1985}-1$ 分解为三个整数之积,每一个都大于 5^{100}.

解 $x^5-1=(x-1)((x^2+3x+1)^2-5x(x+1)^2)$

令 $x=5^{897}$,则后面的括号为两数平方差,可以分解为两个因数之积. 易知这样得到的三个因数都大于 5^{100}.

(83) 国际数学奥林匹克的评议会有 34 个国家参加,每个国家有两名与会:领队与副领队,会前某些与会者握了手,但领队与他的副手不握手. 会后,某国领队问每个与会者,他们的握手次数是多少,各人的回答都不相同. 这个国家的副领队与多少人握了手?

解 每人至多握 32 次手. 除某国领队外,33 个人的握手次数各不相同,所以他们的握手次数分别为 $0,1,2,\cdots,32$ 次,设握手次数为 k 次的人为 $t_k(k=0,1,2,\cdots,32)$.

首先考察 t_{32},他与其他国家的代表都握过手,只有 t_0 没有和他握手,所以 t_{32} 与 t_0 必为同一国家的代表.

除去 t_{32} 与 t_0 后,各国代表的握手次数恰好都减少 1,仍然(除

某国领队外）互不相同.因此根据上面的推理 t_{31} 与 t_1 属同一国.继续下去可知 t_{30} 与 t_2，t_{29} 与 t_3，…，t_{17} 与 t_{15} 同属一国，所以某国的副领队握了 16 次手.

(84) 找一个算法，由 $p(x)=0$ 的根经过不超过 15 次加法与 15 次乘法，算出

$$p(x)=x^6+a_1x^5+\cdots+a_6$$

的系数.

解 用 $\delta_{q,k}$ 表示从 $\alpha_1,\alpha_2,\cdots,\alpha_k$ 中取 q 个相乘的所有积的和，显然

$$\delta_{q,k}=\delta_{q-1,k-1}\cdot\alpha_k+\delta_{q,k-1}$$

如果 $-\alpha_1,\cdots,-\alpha_6$ 是根，则由韦达(vieta)定理 $\delta_{1,6},\delta_{2,6},\cdots,\delta_{6,6}$ 是 $P(x)$ 的系数，它们可以从下表算出（其中 ↓ 是加法，→ 是乘法）：

$$\begin{array}{ccccccccccc}
\alpha_1 & \rightarrow & \delta_{2,2} & \rightarrow & \delta_{3,3} & \rightarrow & \delta_{4,4} & \rightarrow & \delta_{5,5} & \rightarrow & \delta_{6,6}\\
\downarrow & & \downarrow & & \downarrow & & \downarrow & & \downarrow & & \\
\delta_{1,2} & \rightarrow & \delta_{2,3} & \rightarrow & \delta_{3,4} & \rightarrow & \delta_{4,5} & \rightarrow & \delta_{5,6} & & \\
\downarrow & & \downarrow & & \downarrow & & \downarrow & & & & \\
\delta_{1,3} & \rightarrow & \delta_{2,4} & \rightarrow & \delta_{3,5} & \rightarrow & \delta_{4,6} & & & & \\
\downarrow & & \downarrow & & \downarrow & & & & & & \\
\delta_{1,4} & \rightarrow & \delta_{2,5} & \rightarrow & \delta_{3,6} & & & & & & \\
\downarrow & & \downarrow & & & & & & & & \\
\delta_{1,5} & \rightarrow & \delta_{2,6} & & & & & & & & \\
\downarrow & & & & & & & & & & \\
\delta_{1,6} & & & & & & & & & &
\end{array}$$

(85) 已知 6 个数，找一个算法，经过不超过 15 次加法与 14 次乘法，算出这些数的和，这些数每次取两个的乘积的和，每次取三个、四个、五个的乘积的和.

(86) 如图 26.30，四面体 $ABCD$ 的内切球分别切面 ABD，DBC 于 K,M，证明 $\angle AKB=\angle DMC$.

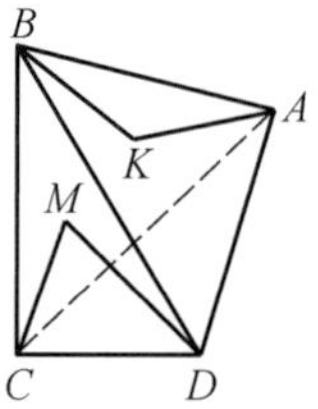

图 26.30

证明 引理：如图 26.31(a)，设球 O 与三面角 $S-PQR$ 的面 PSQ,QSR,RSP 分别相切于 X,Y,Z，$\angle PSQ=\alpha$，$\angle QSR=\beta$，

$\angle RSP = \gamma$,则 $\angle XSP = \dfrac{\alpha-\beta+\gamma}{2}$.

如图 26.31(b),$OX,OZ \perp PS$,所以平面 $OXZ \perp PS$. 设平面 OXZ 交 PS 于 P,则由于切线 $SZ = SX$,所以 $\angle XSP = \angle ZSP$,记这角为 ϕ,则同理有
$$\angle ZSR = \angle YSR = \gamma - \phi$$
$$\angle YSQ = \angle XSQ = \alpha - \phi$$
所以 $\quad \beta = \angle YSR + \angle YSQ = \alpha + \gamma - 2\phi$

从而引理成立.

由引理
$$\angle AKB = \pi - (\angle KAB + \angle KBA) =$$
$$\pi - \dfrac{1}{2}(\angle BAD + \angle BAC - \angle DAC + \angle ABD +$$
$$\angle ABC - \angle DBC) =$$
$$\pi - \dfrac{1}{2}(\pi - \angle ADB + \pi - \angle ACB - \angle DAC -$$
$$\angle DBC) =$$
$$\dfrac{1}{2}(\angle ADB + \angle ACB + \angle DAC + \angle DBC)$$

同理上式也等于 $\angle DMC$.

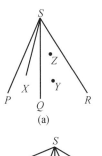

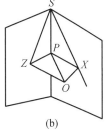

图 26.31

❽❼ ⊙O 过 $\triangle ABC$ 的顶点 A,C 分别交边 AB,BC 于 K,N. $\triangle ABC$ 的外接圆与 $\triangle KBN$ 的外接圆交于两个不同的点 B 与 M,证明 $\angle OMB = 90°$.

解 如图 26.32,熟知三圆的公共弦 BM,KN,AC 相交于一点或互相平行(例如利用与切线和割线有关的圆幂定理来证),后一种情况不可能发生,因为在 $KN /\!/ AC$ 时,$\angle ACB$ 与 $\angle BCA$ 相等(它们所对的弧 $\overset{\frown}{AN}$ 与 $\overset{\frown}{CK}$ 相等),$\triangle BAC$ 是等腰三角形. $BM /\!/ AC$,因而 BM 一定是 $\triangle BAC$ 的外接圆的切线,与外接圆只有一个公共点 $B = M$,和已知 B,M 不同矛盾.

设 BM,KN,AC 相交于 D,由于
$$\angle DCN = \angle AKN = \angle BMN$$
所以 D,C,N,M 四点共圆. 从而
$$BM \times BD = BN \times BC = BO^2 - \gamma^2 \quad (\gamma \text{ 为 } \odot O \text{ 半径})$$
又 $\quad DM \times DB = DN \times DK = DO^2 - \gamma^2$

所以
$$DM^2 - MB^2 = (DM + MB)(DM - MB) =$$
$$DB \times DM - DB \times MB =$$

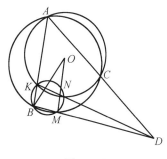

图 26.32

$$DN \times DK - BN \times BC =$$
$$(DO^2 - \gamma^2) - (BO^2 - \gamma^2) =$$
$$DO^2 - BO^2$$

从而 $OM \perp BD$,即 $\angle OMB = 90°$.

> **88** $E\{1,2,\cdots,16\}$. M 为 4×4 的矩阵的集合,各矩阵的元素恰为 E 中的 16 个数. $K \in E$,从 M 中随机选出一个矩阵 $A = (a_{ij})_{4\times 4}$,求
> $$\max_i \times \min_j a_{ij} = K$$
> 的概率 $P(K)$,并进而确定 $l \in E$,使
> $$P(l) = \max\{P(K) \mid K \in E\}$$

解 显然 $K < 4$ 或 $K > 13$ 时,$P(k) = 0$.

设 $4 \leqslant K \leqslant 13$,$M$ 中使 $K = \min\limits_j a_{ij}$ 对某个 i 成立的矩阵 $(a_{ij})_{4\times 4}$ 的个数为

$$16 \times C_{16-k}^3 \times 3! \times 12! = m(k)$$

(K 可在 16 个位置中任选一个,与它同行的三个元素是从大于 K 的 $16-K$ 个元素中选出).

如果 $K \geqslant 10$,$K = \min\limits_j a_{ij}$,则
$$K = \max_i \min_j a_{ij}$$

因此
$$P(k) = \frac{m(k)}{16!} = \frac{(16-k)(15-k)(14-k)}{15 \times 14 \times 13}$$

如果 $6 \leqslant K < 10$,对某个 i,$K = \min\limits_j a_{ij}$,但 $K < \max\limits_i \min\limits_j a_{ij}$,则大于 K 的 $16-K$ 个数中有 3 个与 K 在同一行并且其余的 $13-K$ 个中有 4 个在其他三行中某一行上,这种矩阵的总数为

$$16 \times C_{16-k}^3 \times 3! \times 3 \times C_{13-k}^4 \times 4! \times 8! = q(k)$$

所以
$$P(k) = \frac{m(k) - q(k)}{16!} =$$
$$\frac{(16-k)! \times 8! \times (12 \times 11 \times 10 \times 9 - 3)}{15! \times (13-k)!} \times$$
$$\frac{(13-k)(12-k)(11-k)(10-k)}{15! \times (13-k)!} \quad ①$$

如果 $K = 4$,$1,2,3,4$ 四个数应当分据四行
$$m_1(k) = 16 \times 12 \times 8 \times 4 \times 12!$$
$$P(k) = \frac{m_1(k)}{16!} = \frac{16 \times 12 \times 8 \times 4 \times 12!}{16!} = \frac{64}{455}$$

如果 $K = 5.5$ 有 16 种放法,$1,2,3,4$ 应放在其他三行,某一行

放两个,另两行各放一个,因此

$$P(k)=\frac{16\times C_4^2\times 3!\ \times 4\times 3\times 4^2\times 11!}{16!}=\frac{96}{455}$$

容易知道 $P(13)<P(12)<P(11)<P(10)=\frac{4}{91}<P(9)<P(8)<P(7)<P(6)<P(5)=\frac{96}{455}$(式 ① 在 $K\geqslant 5$ 时递增,而 $P(5)$ 显然大于式 ① 在 $K=5$ 时的值),所以 $P(5)=\frac{96}{455}$ 为最大.

(89) 已知 $\triangle ABC$ 的边 a 及该边的高 h_a,求 a 与 h_a 的关系,使得能用圆规直尺作 $\triangle ABC$,它的三条高构成一个以 h_a 为斜边的直角三角形.

解 设 BC 边的中点 M 与 D(AD 是高)的距离为 x,则由勾股定理

$$a^2=h_a^2+\left(\frac{a}{2}+x\right)^2 \qquad ①$$

$$b^2=h_a^2+\left(\frac{a}{2}-x\right)^2 \qquad ②$$

又

$$h_a^2=h_b^2+h_c^2$$

即

$$\frac{1}{a^2}=\frac{1}{b^2}+\frac{1}{c^2} \qquad ③$$

将 ①,② 代入 ③ 得

$$\frac{1}{a^2}=\frac{1}{h_a^2+\left(\frac{a}{2}+x\right)^2}+\frac{1}{h_a^2+\left(\frac{a}{2}-x\right)^2}$$

解得

$$x^2=\frac{5}{4}a^2-h_a^2\pm a\sqrt{2a^2-h_a^2} \qquad ④$$

在 $2h_a\leqslant\sqrt{7}a$ 时 ④ 有实数解,从而 $\triangle ABC$ 可用尺规作图.

(90) 求出所有以有理数 a,b,c 为根的三次多项式

$$x^3+ax^2+bx+c$$

解 由韦达定理可得

$$2a+b+c=0 \qquad ①$$

$$ab+bc+ac=b \qquad ②$$

$$abc=-c \qquad ③$$

如果 $a=0$(或 $b=0$),则由 ③$c=0$,由 ①$b=0$(或 $a=0$),这时方程 $x^2=0$ 以 $a=b=c=0$ 为根.

如果 $a\neq 0,b\neq 0,c=0$,则可解得 $a=1,b=-2$,方程 $x^3+x^2-2x=0$ 确实有根 $1,-2,0$.

如果 a,b,c 均不为 0,由 ③ 得 $a=-\frac{1}{b}$,由 ①,② 消去 c 并以此式代入得

$$b^4+b^3-2b^2+2=0$$

它仅有一个有理根 $b=-1$,从而 $a=+1,c=-1$,方程 $x^3+x^2-x-1=0$ 以 $1,-1,-1$ 为根.

(91) $\odot\Gamma_i(i=0,1,2,\cdots)$ 半径为 γ_i,内切于大小为 2α 的角,并且 Γ_i 与 Γ_{i+1} 外切,$\gamma_{i+1}<\gamma_i$. 证明 $\odot\Gamma_i(i=0,1,2,\cdots)$ 的面积之和等于半径为

$$\gamma=\frac{1}{2}\gamma_0(\sqrt{\sin\alpha}+\sqrt{\operatorname{cec}\alpha})$$

的圆的面积.

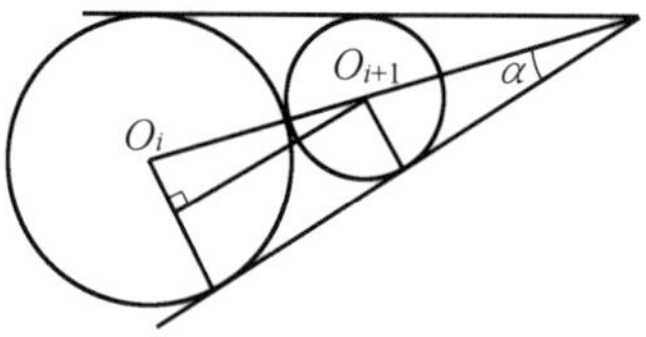

图 26.33

解 如图 26.33,易知$\frac{\gamma_i-\gamma_{i+1}}{\gamma_i+\gamma_{i+1}}=\sin\alpha,\gamma_i=\gamma_0\left(\frac{1-\sin\alpha}{1+\sin\alpha}\right)^i$,因此 $\odot\Gamma_i(i=0,1,2,\cdots)$ 的面积之和为

$$\pi(\gamma_0^2+\gamma_1^2+\gamma_2^2+\cdots)=\frac{\pi\gamma_0^2}{1-\left(\frac{1-\sin\alpha}{1+\sin\alpha}\right)^2}=$$

$$\frac{\pi\gamma_0^2(1+\sin\alpha)^2}{4\sin\alpha}=\frac{1}{4}\pi\gamma_0^2(\sqrt{\sin\alpha}+\sqrt{\csc\alpha})^2$$

(92) 求最小的正整数 n,满足

(1)n 恰有 144 个不同的正因数.

(2) 在 n 的正因数中有 10 个连续整数.

解 10 个连续整数中必有数被 $2^3,3^2,5,7$ 整除,所以 $n=2^{a_1}\cdot 3^{a_2}\cdot 5^{a_3}\cdot 7^{a_4}\cdot 11^{a_5}\cdot\cdots,\alpha_1\geqslant 3,\alpha_2\geqslant 2,\alpha_3\geqslant 1,\alpha_4\geqslant 1$,$n$ 的因数个数为

$$(a_1+1)(a_2+1)(a_3+1)\cdots=144$$

由于$(a_1+1)(a_2+1)(a_3+1)(a_4+1)\geqslant 48$,所以$(a_5+1)\cdots\leqslant 3$,即至多有一个 $a_j(j>4)$ 为正(并且等于 1 或 2),对最小的 n,考虑

$$(a_1+1)(a_2+1)(a_3+1)(a_4+1)(a_5+1)=144$$

的各种组合得出答案为 $n=2^5\times 3^2\times 5\times 7\times 11=110\ 880$.

(93) CD 为 $\odot K$ 的直径，AB 为平行于 CD 的弦，弦 $AE /\!/ CB$，F 为 AB，DE 的交点 $FG /\!/ CB$，G 在 DC 上. GA 是否与 $\odot K$ 相切于 A?

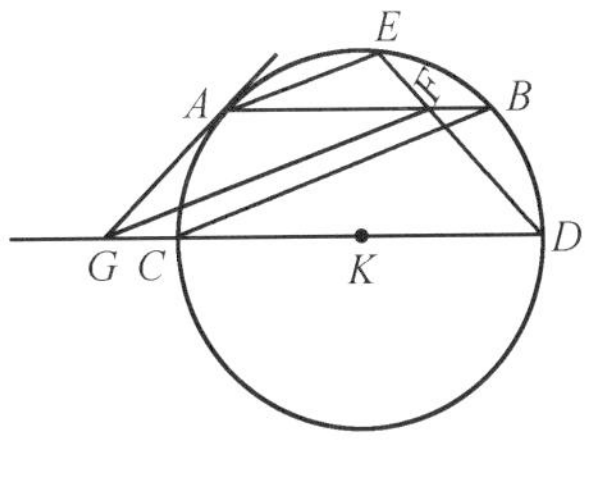

图 26.34

解　如图 26.34，由于 $CA=BD$，$GC=FB$，$\angle GCA=\angle FBD$，所以 $\triangle GCA \cong \triangle FBD$，从而 $\angle GAC=\angle FDB=\angle EAB=\angle ABC$，$GA$ 与 $\odot K$ 相切于 A.

(94) l 表示所有内接于三角形 T 的长方形的对角线中最小的长. 对所有的三角形 T，求 $\dfrac{l^2}{T\text{ 的面积}}$ 的最大值.

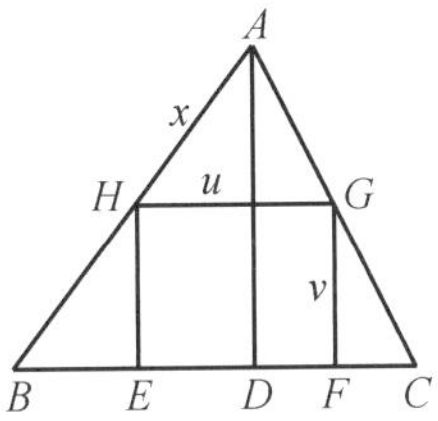

图 26.35

解　如图 26.35，设内接矩形 $EFGH$ 的边 EF 在 BC 上，$EF=u$，$FG=v$，$AH=x$，则 $u=\dfrac{ax}{c}$，$v=\dfrac{h_a(c-x)}{c}$，对角线平方

$$l_a^2=\left(\frac{ax}{c}\right)^2+\left(\frac{h_a(c-x)}{c}\right)^2$$

$$\min l_a^2=\frac{a^2h_a^2}{a^2+h_a^2}=\frac{4T^2}{a^2+4T^2a}=2(T\text{ 表示三角形面积})$$

同样
$$\min l_b^2=\frac{4T^2}{b^2+4T^2b}=2$$

如果 $a\geqslant b$，那么由于 $ab\geqslant 2T$

$a^2+4T^2a^{-2}-(b^2+4T^2b^{-2})=(a^2-b^2)(1-4T^2a^{-2}b^{-2})\geqslant 0$

所以 l 是在矩形的边 EF 在三角形的最大边上时达到的最小值.

不失一般性，假定 a 边最大，$T=\dfrac{1}{2}ah_a=\dfrac{1}{2}$. 由于 $B\leqslant 60^\circ$（或 $c\leqslant 60^\circ$），$\dfrac{h_a}{a}=\dfrac{c\sin B}{a}\leqslant \sin B\leqslant \dfrac{\sqrt{3}}{2}$. 所以 $a^2\geqslant \dfrac{2}{\sqrt{3}}$.

由于 $x+\dfrac{1}{x}$ 在 $x>1$ 时增，所以

$$a^2+4T^2a^{-2}=a^2+a^{-2}\geqslant\left(\frac{2}{\sqrt{3}}\right)+\left(\frac{2}{\sqrt{3}}\right)^{-1}=\frac{7}{2\sqrt{3}}$$

$$\max\frac{l^2}{T}=\frac{2\sqrt{3}}{7}\div\frac{1}{2}=\frac{4\sqrt{3}}{7}$$

(95) 四面体 T 内接于中心为 O 的单位球，球 S 过 T 的每一个面的重心，求 S 的半径，将 O 与球 S 中心的距离表为 T 的棱长的函数.

解 设 O 为原点，A, B, C, D 为各顶点的位置矢量，则各面的重心分别为 $\frac{1}{3}(A+B+C)$，$\frac{1}{3}(B+C+D)$ 等等，它们与 $P = \frac{1}{3}(A+B+C+D)$ 的距离都是 $\frac{1}{3}\left(=\frac{|D|}{3}=\frac{|A|}{3}\text{等等}\right)$，所以 P 是球 S 的中心，球 S 的半径是 $\frac{1}{3}$。

由于 $AB^2 = (B-A)(B-A) = 2 - 2A \cdot B$，所以
$$P^2 = \frac{1}{2}(A+B+C+D)^2 = \frac{1}{9}[16 - 2(AB^2 + BC^2 + AC^2 + AD^2 + BD^2 + CD^2)]$$

96 实数 x, y, z, w 满足
$$x + y + z + w = x^7 + y^7 + z^7 + w^7 = 0$$
求 $w(w+x)(w+y)(w+z)$ 的值。

解 设 x, y, z, w 为
$$t^4 - at^3 + bt^2 - ct + d = 0$$
的根，其中 $a = \sum x = 0, b = \sum xy, c = \sum xyz, d = xyzw$。

令 $S_n = \sum x^n$，则
$$S_0 = 4, S_1 = 0$$
$$S_2 = S_1^2 - 2\sum xy = -2b$$

又 $\sum \left(x^3 - ax^2 + bx - c + \frac{d}{x} \right) = 0$，即
$$S_3 + 2ab - 4c + c = 0$$
从而 $\qquad S_3 = 3c$

由于 $\qquad S_{n+4} = -bS_{n+2} + cS_{n+1} - dS_n$

所以
$$S_4 = -bS_2 + cS_1 - 4d = 2b^2 - 4d$$
$$S_5 = -bS_3 + cS_2 - 4dS_1 = -5bc$$
$S_7 = -bS_5 + cS_4 - dS_3 = 5b^2c + 2b^2c - 4dc - 3dc = 7c(b^2 - d)$
由 $S_7 = 0$ 得 $c = 0$ 或 $b^2 = d$。

如果 $b^2 = d$，则 $S_4 = -2b^2$，另一方面 x, y, z, w 为实数，$S_4 \geq 0$，所以，$S_4 = 0, x = y = z = w = 0$。

如果 $c = 0$，则 x, y, z, w 为 $t^4 + bt^2 + d = 0$ 的根，而它的根是 $\pm u, \pm v$，所以 w 与 x, y, z 中的某一个绝对值相同、符号相反，$(w+x)(w+y)(w+z) = 0$。

综上所述，总有 $w(w+x)(w+y)(w+z) = 0$。

97 由 n 个元素 $a_1, a_2, \cdots, a_n$ 组成 n 个元素为 $P_1, P_2, \cdots, P_n$,当且仅当 (a_i, a_j) 为其中的一个元素对时,元素对 (P_i, P_j) 有公共元,证明每一个元恰好属两个元素对.

解 设 a_K 属于 d_K 个数对 $(K=1,2,\cdots,n)$,则
$$d_1 + d_2 + \cdots + d_n = 2n(每个对被计算两次)$$

另一方面,在 d_K 个数对中任取两个 P_i, P_j,则 $P_i \cap P_j = \{a_K\}$,这样的数对的对 (P_i, P_j),共有 $C_{d_K}^2$ 个. 和 $C_{d_1}^2 + C_{d_2}^2 + \cdots + C_{d_n}^2$ 是满足 $P_i \cap P_j \neq \varnothing$ 的数对的对 (P_i, P_j) 的个数. 根据已知,它等于数对 P_i 的个数,即
$$C_{d_1}^2 + C_{d_2}^2 + \cdots + C_{d_n}^2 = n$$
从而
$$d_1^2 + d_2^2 + \cdots + d_n^2 = 2n + (d_1 + d_2 + \cdots + d_n) = 4n = \frac{1}{n}(d_1 + d_2 + \cdots + d_n)^2 \leqslant d_1^2 + d_2^2 + \cdots + d_n^2 (柯西不等式)$$
$$d_1 = d_2 = \cdots = d_n = \frac{2n}{n} = 2$$

即每一个元素恰好属于两个元素对.

98 证明对正四面体面上的每一点 M,存在点 M',使得在面上至少有三条不同的线联结 M 与 M',它们的长等于面上联结 M, M' 的曲线中最短的长.

解 如图 26.36,设正四面体一面的中心为点 A,则对面的中心可作为 M'.

将四面体铺开,考虑下面的图形:

我们设 M 在面 BCD 内,图中 6 个 M 构成一个六边形,每两条对边平行并且相等. 边的中点是 B, C, D 等点,作各边的垂直平分线. 图中 C_2M' 在 $\angle B_2C_2D_2$ 内,B_1M' 在 $\angle D_1B_1C_1$ 内,因而这两条垂直平分线一定相交,交点 M' 即为所求,因为 M' 到图中三个 M 的距离是相等的.

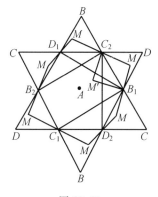

图 26.36

99 证明对正四面体的棱上的每一点 M,在这四面体的面上有且仅有一点 M',使得面上至少有三条联结 M 与 M' 的折线,它们的长等于面上联结 M 与 M' 的曲线中最短的长,这最短的长为 d_M,确定 M 的位置,使 d_M 取得极值.

解 如图 26.32,不妨设 M 在 BD 上,这时前面得到的点 M' 也在过点 D 的垂直平分线上,即它是三条垂直平分线的交点,因此它也是唯一的满足要求的点.

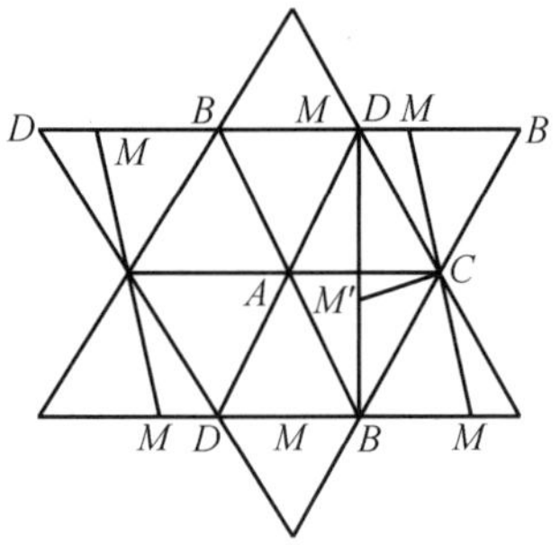

图 26.37

设 $DM=a$,则 $BM=1-a$(设棱长为 1)

$$\sqrt{d_M^2-a^2}+\sqrt{d_M^2-(1-a)^2}=BD=\sqrt{3} \qquad ①$$

由于

$$(d_M^2-a^2)-(d_M^2-(1-a)^2)=(1-a)^2-a^2=1-2a$$

除以 ① 得

$$\sqrt{d_M^2-a^2}-\sqrt{d_M^2-(1-a)^2}=\frac{1-2a}{\sqrt{3}}$$

从而可得

$$1=\frac{2}{\sqrt{3}}\cdot\sqrt{1-\frac{1}{4}}\leqslant d_M=\sqrt{a^2+\frac{(2-a)^2}{3}}=$$

$$\frac{2}{\sqrt{3}}\cdot\sqrt{a^2-a+1}\leqslant\frac{2}{\sqrt{3}}$$

在 $a=1$,即 M 为顶点时 d_M 最大,M 为棱的中点时 d_M 最小.

(100) 求所有满足下列条件函数 $f:\mathbf{R}\to\mathbf{R}$.

(1) $f(x+y)+f(x-y)=2f(x)f(y),\forall x,y\in\mathbf{R}$.

(2) $\lim\limits_{x\to+\infty}f(x)=0$.

解 对任一 $a\in\mathbf{R}$,令 $y=x-a$. 由(1),

$$f(2x-a)+f(a)=2f(x)f(x-a)$$

由(2),在 $x\to+\infty$ 时,$f(2x-a),f(x),f(x-a)\to 0$,所以 $f(a)=0$.

(101) 在平面上已知一半径为 R、中心为 O 的圆及一直线 a,O 与 a 的距离为 d,$d>0$ 在 a 上取点 M 与 N,使得以 MN 为直径的圆与 $\odot O$ 外切. 证明在这平面上存在一点 A,线段 MN 对 A 的张角相等.

解 如图 26.38,以直线 a 为 x 轴,设点 O 为 $(0,d)$,并且中心为 $(x,0)$、半径为 r 的圆与 $\odot O$ 外切,于是

$$x^2+d^2=(R+r)^2$$

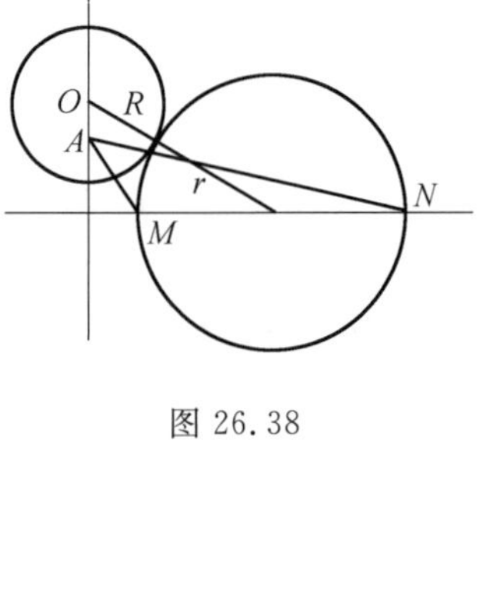

图 26.38

由于对称性,如果点 A 存在,它一定在 y 轴上,设 A 为 $(0,h)$. M 为 $(x-r,0)$,N 为 $(x+r,0)$,所以 AM 的斜率为 $-\dfrac{h}{x-r}$,AN 的斜率为 $-\dfrac{h}{x+r}$

$$\tan\angle MAN=\frac{-\frac{h}{x+r}+\frac{h}{x-r}}{1+\frac{h^2}{x^2-r^2}}=\frac{2hr}{x^2-r^2+h^2}=$$

$$\frac{2hr}{(r+R)^2-d^2-r^2+h^2}=$$

$$\frac{2hr}{R^2+h^2+2Rr-d^2}$$

当且仅当 $R^2+h^2=d^2$ 时上式为常数，因此点 A 是存在的，其坐标为 $(0,\sqrt{d^2-R^2})$.

(102) 设 $S_n=\sum_{k=1}^{n}(k^5+k^7)$. 求 S_n 与 S_{3n} 的最大公约数.

解 由归纳法易知 $S_n=2\left(\frac{n(n+1)}{2}\right)^4$，所以

$$S_{3n}=2\left(\frac{3n(3n+1)}{2}\right)^4$$

如果 $n=2k$，$S_n=2k^4(2k+1)^4$，$S_{3n}=2\times 3^4k^4(6k+1)^4$.

由于 $k\cdot(2k+1)-(6k+1)=2$，所以 $2k+1$ 与 $6k+1$ 互质，S_n 与 S_{3n} 的最大公约数 $d=2k^4((2k+1)^4,3^4)$.

ⅰ $k=3n+1$，$d=2\times 3^4\times k^4=\frac{81}{8}n^4$.

ⅱ $k\neq 3n+1$，$d=2k^4=\frac{1}{8}n^4$.

如果 $n=2k+1$，$S_n=2(2k+1)^4(k+1)^4$，$S_{3n}=2\times 3^4(2k+1)^4(3k+2)^4$.

由于 $3k+2$ 与 $2k+1$，$k+1$ 互质，所以

$$d=(S_n,S_{3n})=2(2k+1)^4(3,k+1)^4$$

ⅰ $k=3n+2$，$d=2(2k+1)^4\times 3^4=162n^4$

ⅱ $k\neq 3n+2$，$d=2(k+1)^4=2n^4$.

(103) 在直线 d 上顺次取定 A,B,C 三点，$AB=4BC$，动点 M 在 d 的过 C 点的垂线上. MT_1，MT_2 为以 A 为心，AB 为半径的圆的切线，试求 $\triangle MT_1T_2$ 的垂心的轨迹.

解 如图 26.39，T_1，T_2，C 在以 AM 为直径的圆上. 设 T_1T_2 交 AC 于 K，则 $\triangle AT_1K\backsim\triangle ACT_1$（$\angle AT_1T_2=\angle AT_2T_1=\angle ACT_1$）

$$AK=\frac{AT_1^4}{AC}=\frac{4}{5}AB$$

所以 K 为 d 上一定点,与 M 的位置无关.

如果 H 是 $\triangle MT_1T_2$ 的垂心,则四边形 AT_1HT_2 是菱形,它的中心 L 是 $\angle T_1AT_2$ 的平分线 AM 与 T_1T_2 的交点. L 在以 AK 为直径的圆上,因此 H 在一个相似的圆上,相似比为 $2:1$,相似中心为 A,即 H 在以 K 为中心的、通过 A 点的圆 Γ 上.

反过来,对 $\odot\Gamma$ 上每一点 $H \neq A$, AH 与 d 的过点 C 的垂线交于点 M,由此确定的 $\triangle MT_1T_2$ 必以 H 为垂心.

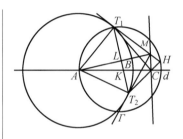

图 26.39

104 菱形 $ABCD$ 中,$\angle A = 60°$,E 为直线 AD 上一点不同于 D,直线 CE 与 AB 交于 F,直线 DF 与 BE 交于 M. 将 $\angle BMD$ 表为 E 在 AD 上的位置的函数.

解 如图 26.40,设 E 在 A,D 之间,我们证明
$$\angle DMB = 60°$$
或者换成一个等价的命题,设 BE 交 $\triangle ABD$ 的外接圆于 M,DM 交 BA 于 F,我们证明 F,E,C 三点共线.

过 C 作直线平行于 BM,与 AB 交于 H,与 MD 交于 G,问题化为证明
$$\frac{BE}{HC} = \frac{EM}{CG} \qquad ①$$

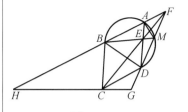

图 26.40

由于
$$\angle CGD = 180° - \angle BMD = 180° - 60° = 120° = \angle DMA$$
$$\angle GDC = 180° - \angle CDA - \angle MDA =$$
$$60° - \angle MDA = \angle MAD$$
$$AD = DC$$

所以 $\triangle GDC \cong \triangle MAD$,$GC = MD$

又由 $\triangle AEB \sim \triangle MED$,$\triangle AEB \sim \triangle BCH$,得
$$\frac{AE}{AB} = \frac{EM}{MD}, \frac{AE}{AB} = \frac{AE}{BC} = \frac{BE}{HC}$$

所以
$$\frac{BE}{HC} = \frac{EM}{MD} = \frac{EM}{CG}$$

如果 A 在 E,D 之间,$\angle DMB = 60°$ 仍然成立. 如果 D 在 A,E 之间,$\angle DMB = 120°$. 证明与上面类似.

第二编
第27届国际数学奥林匹克

第 27 届国际数学奥林匹克

波兰,1986

联邦德国命题

1 设正整数 d 不等于 $2,5,13$. 证明:在集合 $\{2,5,13,d\}$ 中可以找到两个不同元素 a,b,使 $ab-1$ 不是完全平方数.

证法 1 用反证法. 设有正整数 d,使得
$$2d-1=x^2 \qquad ①$$
$$5d-1=y^2 \qquad ②$$
$$13d-1=z^2 \qquad ③$$
其中,x,y,z 均为整数.

则显然 x 为奇数,于是有
$$x^2=8u+1, d=4u+1$$
即 d 为奇数,从而 y,z 均为偶数.

由 ③ 与 ②,得
$$8d=z^2-y^2=(z-y)(z+y) \qquad ④$$
因 y,z 均为偶数,故可令 $y=2y',z=2z'$,代入式 ④,便得
$$2d=(z'-y')(z'+y') \qquad ⑤$$
因 $z'-y'$ 与 $z'+y'$ 有相同的奇偶性,必须都为偶数,于是得 d 为偶数,与已证 d 为奇数矛盾. 这个矛盾证明了本题的结论成立.

证法 2 我们证明 $2d-1,5d-1,13d-1$ 中至少有一个不是完全平方数.

(1) 当 $d\equiv 0,2\pmod 4$,则 $2d-1\equiv 3\pmod 4$,所以 $2d-1$ 不是平方数.

(2) 当 $d\equiv 1\pmod 4$,则令 $d=4h+1$,以下分两种情形讨论.

ⅰ 若 $h\equiv 1,2\pmod 4$,则有
$$5d-1=20h+4=4(5h+1)$$
因为
$$5h+1\equiv 2,3\pmod 4$$
故 $5h+1$ 非平方数,从而 $5d-1$ 非平方数.

ⅱ 若 $h\equiv 0,3\pmod 4$,则因
$$13d-1=52h+12=4(13h+3)$$
于是
$$13h+3\equiv 3,2\pmod 4$$

故 $13h+3$ 非平方数,从而 $13d-1$ 非平方数.

(3) 当 $d \equiv 3 \pmod 4$,则
$$5d-1 \equiv 2 \pmod 4$$
所以 $5d-1$ 非平方数.

综上所述,不论 d 为何种正整数,$2d-1,5d-1,13d-1$ 中至少有一个非整数的平方,从而命题得证.

❷ 平面上给定 $\triangle A_1 A_2 A_3$ 及点 P_0,定义 $A_s = A_{s-3}$,$s \geqslant 4$,构造点列 $P_0,P_1,P_2,\cdots$ 使得 P_{k+1} 为绕中心 A_{k+1} 顺时针旋转 $120°$ 时 P_k 所到达的位置,$k=0,1,2,\cdots$,若 $P_{1986} = P_0$,证明:$\triangle A_1 A_2 A_3$ 为等边三角形.

中国命题

证明 我们利用复数来解此题. 令 $u = \mathrm{e}^{\frac{\mathrm{i}\pi}{3}}$,根据点列 $P_0,P_1,P_2,\cdots$ 的构造,用点同时表示它们在复平面上所代表的复数,则有

$$P_1 = (1+u)A_1 - uP_0 \quad ①$$
$$P_2 = (1+u)A_2 - uP_1 \quad ②$$
$$P_3 = (1+u)A_3 - uP_2 \quad ③$$

① $\times u^2$ + ② $\times (-u)$ 得
$$P_3 = (1+u)(A_3 - uA_2 + u^2 A_1) + P_0 = W + P_0$$
W 为与 P_0 无关的常数,同理得
$$P_6 = W + P_3 = 2W + P_0, \cdots$$
终得
$$P_{1986} = 662W + P_0 = P_0$$
故 $W = 0$. 从而
$$A_3 - uA_2 + u^2 A_1 = 0$$
由 $u^2 = u - 1$,得
$$A_3 - A_1 = (A_2 - A_1)u$$
这表明 $\triangle A_1 A_2 A_3$ 为正三角形.

❸ 正五边形的五个顶点每个对应一个整数,使得这五个整数的和为正. 若其中三个相连顶点相应的整数依次为 x,y,z,而中间的 $y < 0$,则要进行如下的调整:整数 x,y,z 分别换为 $x+y,-y,z+y$,只要所得的五个整数中至少还有一个为负数时,这种调整就继续进行,问是否这种操作进行有限次以后必定终止.

民主德国命题

解法1 操作有限次后必定终止. 证明如下.
设五个顶点上的数顺次为 x_1,x_2,x_3,x_4,x_5. 构造目标函数

$$f(x_1,x_2,x_3,x_4,x_5)=(x_1-x_3)^2+(x_2-x_4)^2+(x_3-x_5)^2+$$
$$(x_4-x_1)^2+(x_5-x_2)^2$$

不妨设 $x_1<0$,则 x_1,x_2,x_3,x_4,x_5 在操作后,变为 $-x_1,x_1+x_2,x_3,x_4,x_5+x_1$. 这时,目标函数的改变量为

$$f(-x_1,x_1+x_2,x_3,x_4,x_5+x_1)-f(x_1,x_2,x_3,x_4,x_5)=$$
$$(-x_1-x_3)^2+(x_1+x_2-x_4)^2+(x_3-x_5-x_1)^2+$$
$$(x_4+x_1)^2+(x_5-x_2)^2-((x_1-x_3)^2+(x_2-x_4)^2+$$
$$(x_3-x_5)^2+(x_4-x_1)^2+(x_5-x_2)^2)=$$
$$2x_1(x_1+x_2+x_3+x_4+x_5)<0$$

这表明,每经一次操作,目标函数 f 的值至少要减少 2,但因 f 为整数且 $f\geqslant 0$,故操作只能进行有限次.

解法 2 设五个顶点对应的整数依次为 x_1,x_2,x_3,x_4,x_5,构造目标函数

$$f(x_1,x_2,x_3,x_4,x_5)=|x_1|+|x_2|+|x_3|+|x_4|+|x_5|+$$
$$|x_1+x_2|+|x_2+x_3|+|x_3+x_4|+|x_4+x_5|+|x_5+x_1|+$$
$$|x_1+x_2+x_3|+|x_2+x_3+x_4|+|x_3+x_4+x_5|+$$
$$|x_4+x_5+x_1|+|x_5+x_1+x_2|+|x_1+x_2+x_3+x_4|+$$
$$|x_2+x_3+x_4+x_5|+|x_3+x_4+x_5+x_1|+$$
$$|x_4+x_5+x_1+x_2|+|x_5+x_1+x_2+x_3|$$

若 $x_2<0$ 时,按题设就要求作一次操作,这时上述函数变为
$$f(x_1+x_2,-x_2,x_2+x_3,x_4,x_5)=$$
$$|x_1+x_2|+|x_2|+|x_2+x_3|+|x_4|+|x_5|+$$
$$|x_1|+|x_3|+|x_2+x_3+x_4|+|x_4+x_5|+|x_5+x_1+x_2|+$$
$$|x_1+x_2+x_3|+|x_3+x_4|+|x_2+x_3+x_4+x_5|+$$
$$|x_4+x_5+x_1+x_2|+|x_5+x_1|+|x_2+x_3+x_4|+$$
$$|x_3+x_4+x_5|+|x_1+2x_2+x_3+x_4+x_5|+$$
$$|x_4+x_5+x_1|+|x_5+x_1+x_2+x_3|$$

于是
$$f(x_1+x_2,-x_2,x_2+x_3,x_4,x_5)-f(x_1,x_2,x_3,x_4,x_5)=$$
$$|x_1+2x_2+x_3+x_4+x_5|-|x_1+x_3+x_4+x_5|=$$
$$\begin{cases}x_1+2x_2+x_3+x_4+x_5-(x_1+x_3+x_4+x_5)\\-(x_1+2x_2+x_3+x_4+x_5)-(x_1+x_3+x_4+x_5)\end{cases}=$$
$$\begin{cases}2x_2\leqslant-2\\-2(x_1+x_2+x_3+x_4+x_5)\leqslant-2\end{cases}$$

这意味着,每经一次操作,函数 f 的值严格减少,且减少的值不小于 2. 因为 f 在开始时的值是有限数,所以经过有限次操作必停止.

❹ 以点 O 为中心的正 n 边形 ($n>5$) 的两个相邻顶点记为 A,B，$\triangle XYZ$ 与 $\triangle OAB$ 全等，最初令 $\triangle XYZ$ 与 $\triangle OAB$ 重叠，然后在平面上移动 $\triangle XYZ$，使点 Y 和 Z 都沿着多边形周界移动一周，而点 X 保持在多边形内移动，求 X 的轨迹.

冰岛命题

解法 1 如图 27.1 所示，设 A,B,C 是正 n 边形连续的三个顶点. Y 在 AB 上，Z 在 BC 上，则因
$$\angle YXZ = \angle AOB = \frac{2\pi}{n}, \angle YBZ = \frac{n-2}{n}\pi$$
所以
$$\angle YXZ + \angle YBZ = \pi$$
从而，X,Y,B,Z 四点共圆. 联结 BX，则
$$\angle YBX = \angle YZX = \angle YBO$$
所以，X 在 B 与 O 决定的直线上，而且在 BO 的延长线上.

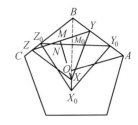

图 27.1

下面证明：当 Y 与 Z 关于 OB 对称时，即 Y 取 Y_0，Z 取 Z_0 的位置时，OX_0 最大. 设 Y_0Z_0 的中点为 M_0，YZ 的中点为 M，则易知 M 在 $\triangle BY_0Z_0$ 内部，设 XC 与 Y_0Z_0 相交于 N，则
$$XN \leqslant XM = X_0M_0$$
但 $XN \geqslant XM_0$，所以 $XM_0 \leqslant X_0M_0$，即得 $OX_0 \geqslant OX$.

综上所述，并根据对称关系，本题的轨迹是由 n 条以点 O 为中心，分别垂直于多边形的边，长度为 $a(1-\cos\frac{\pi}{n}) \Big/ \sin\frac{2\pi}{n}$ (a 为多边形的边长) 的 n 条线段组成的"星形"，如图 27.2 中的实线段 $OA_0, OB_0, OC_0, \cdots$ 组成的图形.

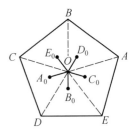

图 27.2

解法 2 将 O 作为复平面的原点. 设 A,B,C 是这正 n 边形连续的三个顶点，并依逆时针方向排列. 设在移动过程中的某一时刻，Y 在线段 AB 上，Z 在线段 BC 上，依定比分点公式得
$$Y = (1-\lambda)A + \lambda B, 0 \leqslant \lambda \leqslant 1$$
$$Z = (1-\mu)B + \mu C, 0 \leqslant \mu \leqslant 1$$
令 $t = e^{\frac{i2\pi}{n}}$，于是 $B = \mathrm{i}A, C = tB = t^2 A$. 显然应有
$$(Y-X)t = Z-X$$
由上式解出 X，得
$$X = \frac{Z-Yt}{1-t} = \frac{1}{1-t}(\mu-\lambda)(C-B) =$$
$$\frac{1}{1-t}(\mu-\lambda)(tB-B)$$
即
$$X = (\lambda-\mu)B$$
由于 $\lambda-\mu$ 为实数，上式表明点 X 总在 O 与 B 所决定的直线上. 其

次，由
$$|A| = |Y - X|$$
得出 $|A| = |(1-\lambda)A + \mu B| = |1 - \lambda + \mu t||A|$
可见 $|1 - \lambda + \mu t| = 1$
由此得 $1 \leqslant |1-\lambda| + |\mu t| = 1 - \lambda + \mu$
此即 $\mu \geqslant \lambda$. 则可知 X 只能在从 B 到 O 的延长线上移动. 由对称性与连续性可知，当线段 YB 与 ZB 等长时，X 离 O 最远，由此可得
$$\lambda + \mu = 1$$
或 $1 - \lambda = \mu$
于是由 $|1 - \lambda + \mu t| = 1$
得 $\mu|1 + t| = 1$
由此解出 $2\mu = (\cos\frac{\pi}{n})^{-1}$

从而 X 与 O 的最远距离为
$$(\mu - \lambda)|B| = (2\mu - 1)|B| = (1 - \cos\frac{\pi}{n})(\cos\frac{\pi}{n})^{-1}|B|$$
用 a 表示正 n 边形之边长，我们有
$$|B| = a(2\sin\frac{\pi}{n})^{-1}$$
从而 X 到 O 的最远距离为
$$a(1 - \cos\frac{\pi}{n})(\sin\frac{2\pi}{n})^{-1} \qquad ①$$

由此得出结论：所求轨迹为以 O 为中心的"星形"，即从 O 出发，将 O 与每一顶点的连线，向与顶点相反的方向上取线段长如式 ①，见图 27.2.

❺ f 为定义在非负实数上的且取非负实数值的函数，求所有满足下列条件的 f：
(1) $f(xf(y))f(y) = f(x+y)$；
(2) $f(2) = 0$；
(3) $f(x) \neq 0$，当 $0 \leqslant x < 2$.

英国命题

解 如果 $u > 2$，那么在(1)中取 $y = 2, x = u - 2$，则有
$$f(u) = f((u-2) + 2) = f((u-2)f(2))f(2) = 0$$
又由(3)知 $f(x) = 0 \Leftrightarrow x \geqslant 2$
在(1)中，令 $x \geqslant 0, 0 \leqslant y < 2$，则
$$f(xf(y))f(y) = 0 \Leftrightarrow xf(y) \geqslant 2$$
$$f(x+y) = 0 \Leftrightarrow x + y \geqslant 2$$
因此，当 $x > 0, 0 \leqslant y < 2$ 时，有
$$xf(y) \geqslant 2 \Leftrightarrow x + y \geqslant 2$$

即等价于
$$f(y) \geqslant \frac{2}{x} \Leftrightarrow x \geqslant 2-y$$
$$f(y) < \frac{2}{x} \Leftrightarrow x < 2-y$$

固定 y,让 x 从左、右两边趋向于 $2-y$,由上两式可得
$$f(y) = \frac{2}{2-y}$$

于是,所求的 f 为
$$f(y) = \begin{cases} \dfrac{2}{2-y}, & 0 \leqslant y < 2 \\ 0, & y \geqslant 2 \end{cases}$$

函数 f 显然满足条件(2),(3),下面验证它也满足条件(1).
对 $x+y$ 与 $xf(y)$ 进行讨论,有且仅有以下四种情况.

ⅰ $x+y < 2, xf(y) < 2$. 此时
$$0 \leqslant y < 2, f(y) = \frac{2}{2-y}$$
$$f(xf(y)) = \frac{2}{2-xf(y)} = \frac{2}{2-\frac{2x}{2-y}} = \frac{2-y}{2-(x+y)}$$

所以
$$f(xf(y))f(y) = \frac{2-y}{2-(x+y)} \cdot \frac{2}{2-y} = \frac{2}{2-(x+y)} = f(x+y)$$

ⅱ $x+y \geqslant 2, xf(y) \geqslant 2$. 此时式(1)两边都等于 0,因而相等;

ⅲ $x+y \geqslant 2, xf(y) < 2$. 这时如果 $y < 2$,由
$$xf(y) = \frac{2x}{2-y} < 2$$
得出 $x+y < 2$ 与所给条件矛盾. 故必 $y \geqslant 2$,这时
$$f(xf(y))f(y) = 0 = f(x+y)$$

ⅳ $x+y < 2, xf(y) \geqslant 2$. 因为此时 $0 \leqslant y < 2$,于是
$$xf(y) = x(\frac{2}{2-y}) \geqslant 2$$
即 $x+y \geqslant 2$,这与 $x+y < 2$ 矛盾.

所以,f 确定满足所给的三个条件.

❻ 平面上有有限个点构成一个集合,其中每个点的坐标为整数,可不可以把此集合中某些点染红色,而其余的点染白色,使得与纵、横坐标轴平行的每一条直线 l 上所包含的红、白点的个数至多相差一个.

民主德国命题

解 可以. 我们用归纳法证明这个结论. 令题设的点集为 A,

它包含 n 个点. 为方便计, 称平行于横轴的直线为行, 平行于纵轴的直线为列.

当 $n=1$, 命题的结论显然成立.

设命题的结论当 $n=k$ 时成立, 考虑 $n=k+1$ 的情形.

(1) 设至少有一行(列)包含 A 中奇数个点, 不妨设为行 l, 删去 l 中的一点 P, $P \in A$, 把 A 中余下的 k 个点染色, 使之符合题目要求. 记点 P 所在的列为 l', 若 l' 红白点各一半, 则 P 可任意染色; 不然, 则不妨设 l' 上红点比白点多一个, 则把 P 染白即可. 至于 P 所在的行 l 上, 因除 P 外为偶数个点, 必然红白各半, 对 P 的染色方法不影响结论的成立.

(2) 设每行每列均包含 A 中偶数个点, 任取一点 $P \in A$, 设 P 所在的行和列分别为 l 和 l', 去掉点 P, 把余下的 k 个点染色, 使之符合要求. 不妨设 l 中红点比白点多一个, 则易证 l' 中也必然是红点比白点多一个. 事实上, 我们把 l 上的点(P 除外)称为 $\overline{A}$ 类, l' 列上的点(P 除外)称为 $\overline{B}$ 类, 其余的点称为 $\overline{C}$ 类. 因为除 l' 列外, 其余各列均为偶数个点(红点与白点各半), 故 $\overline{A}$ 类与 $\overline{C}$ 类两类中红点与白点必然各半, 今 $\overline{A}$ 类中红点比白点多一个, 故 $\overline{C}$ 类中白点比红点多一个. 完全类似地可证, 除第 l 行, 其余各行均有偶数个点, 因此, $\overline{B}$ 类与 $\overline{C}$ 类两类中红点与白点也各半. 今 $\overline{C}$ 类中白点比红点多一个, 故 $\overline{B}$ 类中红点比白点多一个. 这样, 我们只要把点 P 染成白色即可.

根据归纳原理, 本题要求的结论成立.

第 27 届国际数学奥林匹克英文原题

The twenty-seventh International Mathematical Olympiad was held from July 4th to July 15th 1986 in the capital city of Warsaw.

❶ Let d be any positive integer not equal to 2, 5 or 13. Show that one can find distinct a, b in the set $\{2, 5, 13, d\}$ such that $ab-1$ is not a perfect square.
(F. R. Germany)

❷ A triangle $A_1 A_2 A_3$ and a point P_0 are given in the plane. We define $A_s = A_{s-3}$ for all $s \geq 4$. We construct a sequence of points $P_0, P_1, P_2, \cdots$ such that P_{k+1} is the image of P_k under rotation with centre A_{k+1} through angle $120°$ clockwise ($k = 0, 1, 2, \cdots$). Prove that if $P_{1986} = P_0$ then the triangle $A_1 A_2 A_3$ is equilateral.
(China)

❸ To each vertex of a regular pentagon an integer is assigned in such a way that the sum of all five numbers is positive. If three consecutive vertices are assigned the numbers x, y, z respectively and $y < 0$, then the following operation is allowed: the numbers x, y, z are replaced by $x+y, -y, z+y$, respectively. Such an operation is performed repeatedly as long as at least one of the five numbers is negative. Determine whether this procedure necessarily comes to an end after a finite number of steps.
(East Germany)

❹ Let A, B be adjacent vertices of a regular n-gon ($n \geq 5$) in the plane having centre O. A triangle XYZ, which is congruent to and initially coincides with OAB moves in the plane in such a way that Y and Z each trace out the whole boundary of the polygon, X remaining inside the polygon. Find the locus of X.
(Iceland)

❺ Find all functions f, defined on the real numbers and taking non-negative real values such that:

a) $f(xf(y))f(y) = f(x+y)$ for $x, y \geq 0$;

b) $f(2) = 0$;

c) $f(x) \neq 0$ for $0 \leq x < 2$.

(United Kingdom)

❻ We are given a finite set of points in the plane, each point having integer coordinates. It is always possible to colour some of the points red and the remaining points white in such a way that, for any straight line L paralled to either one of the coordinates axes, the difference (in absolute value) between the number of white points and red points on L is not greater than 1?

Justify your answer.

(East Germany)

第 27 届国际数学奥林匹克各国成绩表

1986,波兰

名次	国家或地区	分数（满分252）	金牌	银牌	铜牌	参赛队人数
1.	美国	203	3	3	—	6
2.	苏联	203	2	4	—	6
3.	德意志联邦共和国	196	2	4	—	6
4.	中国	177	3	1	1	6
5.	德意志民主共和国	172	1	3	2	6
6.	罗马尼亚	171	2	2	1	6
7.	保加利亚	161	1	3	2	6
8.	匈牙利	151	1	2	2	6
9.	捷克斯洛伐克	149	—	3	3	6
10.	越南	146	1	2	2	6
11.	英国	141	—	2	3	6
12.	法国	131	1	1	2	6
13.	奥地利	127	—	2	2	6
14.	以色列	119	—	2	2	6
15.	澳大利亚	117	—	—	5	6
16.	加拿大	112	—	2	1	6
17.	波兰	93	—	—	3	6
18.	摩洛哥	90	—	1	2	6
19.	突尼斯	85	—	—	1	6
20.	南斯拉夫	84	—	—	2	6
21.	阿尔及利亚	80	—	—	2	6
22.	比利时	79	—	1	2	6
23.	西班牙	78	—	1	2	4
24.	巴西	69	1	—	—	6
25.	挪威	68	—	1	—	6
26.	希腊	63	—	—	2	6
27.	芬兰	60	—	—	1	6
28.	哥伦比亚	58	—	—	—	6
29.	瑞典	57	—	—	1	6
30.	土耳其	55	—	—	—	6
31.	蒙古	54	—	—	—	6
32.	塞浦路斯	53	—	1	—	6
33.	古巴	51	—	—	—	6
34.	意大利	49	—	—	2	3
35.	科威特	48	—	—	—	5
36.	冰岛	37	—	—	—	4
37.	卢森堡	22	—	—	—	2

第 27 届国际数学奥林匹克预选题

波兰,1986

❶ 设 k 是 $2,3$ 或 4,并设 $n=2^k-1$. 对所有的 $b\geqslant 0$,证明不等式
$$1+b^k+b^{2k}+\cdots+b^{nk}\geqslant(1+b^n)^k$$

❷ 设 $ABCD$ 是凸四边形. DA 和 CB 相交于 F,而 AB 和 DC 相交于 E. $\angle DFC$ 和 $\angle AED$ 的平分线互相垂直. 证明这两条角平分线分别平行于直线 AC 和 BD 所夹的两个角的平分线.

❸ 一条平行于 $\triangle ABC$ 的边 BC 的直线交 AB 于 F,交 AC 于 E. 证明以 BE 和 CF 为直径的圆将交于一个点,这个点位于 $\triangle ABC$ 的从 A 到 BC 的高线上.

❹ 求出 27^{1986} 的二进制表示数字的最后 8 位数.

❺ 设 $\triangle ABC$ 和 $\triangle DEF$ 都是锐角三角形. 记 $d=EF, e=FD, f=DE$. 证明在 $\triangle ABC$ 内存在一点 P 使得表达式 $d \cdot AP+e \cdot BP+f \cdot CP$ 的值达到最小.

❻ 在一个缸子里有 1 个标号为 1 的球,2 个标号为 2 的球,$\cdots$,n 个标号为 n 的球. 从这个缸子中不放回地连续抽出两个球,求这两个球编号相同的概率.

❼ 设 $f(n)$ 是具有以下性质的平面上不同的点的最小数目,使得对 $k=1,2,\cdots,n$,都存在一条直线,在它上面恰好有 k 个点. 求出 $f(n)$ 的明显表达式.

简单版本:证明 $f(n)=\left[\dfrac{n+1}{2}\right]\left[\dfrac{n+2}{2}\right]$(其中 $[x]$ 表示不超过 x 的最大整数).

证明 设 X 是平面上的一个有限点集,而 l_k 是恰含 X 中 k 个点的直线($k=1,\cdots,n$). 那么 l_n 包含 n 个点,l_{n-1} 包含至少 $n-2$ 个不在 l_n 上的点,l_{n-2} 包含至少 $n-4$ 个不在 l_n 或 l_{n-1} 上的点,等等. 由此得出

$$|X| \geqslant g(n) = n + (n-2) + (n-4) + \cdots + \left(n - 2\left[\frac{n}{2}\right]\right)$$

因此 $$f(n) \geqslant g(n) = \left[\frac{n+1}{2}\right]\left[\frac{n+2}{2}\right]$$

其中最后的等式易于用归纳法证明.

我们断言 $f(n) = g(n)$. 为了证明这点, 我们将归纳地构造一个具有所需性质的元素个数为 $g(n)$ 的集合 X_n.

对 $n \leqslant 2$, 单点集和二点集就满足要求. 假设 X_n 是一个有 $g(n)$ 个点的集合, 而 l_k 是恰含 X_n 中 k 个点的直线 ($k=1,\cdots,n$). 考虑任意与 l_k 不平行并且不含 X_n 中任意点也不含任意 l_k 的交点的直线 l. 设 l 与 l_k 交于点 $P_k(k=1,\cdots,n)$ 并设 P_{n+1}, P_{n+2} 是 l 上两个不同于 $P_1,\cdots,P_n$ 的点. 我们定义 $X_{n+2} = X_n \cup \{P_1,\cdots,P_{n+2}\}$. 集合 X_{n+2} 包含 $g(n)+(n+2) = g(n+2)$ 个点. 由于直线 $l,l_n,\cdots,l_2,l_1$ 分别与 X_n 交于 $n+2, n+1, \cdots, 3, 2$ 个点 (并且显然有一条只含 X_{n+2} 中一个点的直线), 因此这个集合就符合要求.

❽ 给了一个四面体 $ABCD$ 使得 $AD=BC=a$; $AC=BD=b$; $AB \cdot CD = c^2$. 设 $f(P) = AP + BP + CP + DP$, 其中 P 是空间中任意一点, 计算 $f(P)$ 的最小值.

解 设 M 和 N 分别是线段 AB 和 CD 的中点. 所给的条件蕴含 $\triangle ABD \cong \triangle BAC$ 以及 $\triangle CDA \cong \triangle DCB$; 因此 $MC=MD$ 以及 $NA=NB$. 由此得出 M 和 N 都在 AB 和 CD 的垂直平分线上, 而因此点 B, C 和 A, D 关于 MN 对称. 现在如果 P 是空间中一点, 而 P' 是 P 关于 MN 的对称点, 那么我们有 $BP=AP', CP=DP'$, 那样 $f(P) = AP + AP' + DP + DP'$. 设 PP' 交 MN 于点 Q, 那么 $AP+AP' \geqslant 2AQ$ 以及 $DP+DP' \geqslant 2DQ$, 由此得出 $f(P) \geqslant 2(AQ+DQ) = f(Q)$, 剩下的事就是当 Q 沿直线 MN 移动时极小化 $f(Q)$.

现在让我们围绕 MN 把点 D 旋转到属于 AMN 平面上 MN 上和 A 相对的点 D' 处, 那么 $f(Q) = 2(AQ + D'Q) \geqslant AD'$ 并且等号在 Q 是 AD' 和 MN 的交点时成立. 那样 $\min f(Q) = AD'$. 我们注意

$$4MD^2 = 2AD^2 + 2BD^2 - AB^2 = 2a^2 + 2b^2 - AB^2$$

以及 $$4MN^2 = 4MD^2 - CD^2 = 2a^2 + 2b^2 - AB^2 - CD^2$$

现在 $$AD'^2 = (AM + D'N)^2 + MN^2$$

上式联合 $$AM + D'N = \frac{a+b}{2}$$

给出 $$AD'^2 = \frac{a^2 + b^2 + AB \cdot CD}{2} = \frac{a^2 + b^2 + c^2}{2}$$

由此推出 $$\min f(Q) = \sqrt{\frac{a^2+b^2+c^2}{2}}$$

❾ 在 $\triangle ABC$ 中,$\angle BAC = 100°$,$\angle ABC$ 的角平分线交 AC 于点 D,证明 $AD + DB = BC$.

❿ 把 n 个标准的骰子摇完后随机地放在一条直线上. 设 $n < 2r$ 及 $r < s$. 并设出现一串至少有 r 个,但不多于 s 个连续的 1 的骰子的概率是 $\dfrac{P}{6^{s+2}}$,求 P 的明显表达式.

⓫ 证明一个四面体每个顶点的面角之和都等于平角的充分必要条件是它是一个正四面体.

证明 如果四面体 $ABCD$ 的面都是全等的三角形,那么我们就必须有 $AB = CD$,$AC = BD$ 和 $AD = BC$. 而在点 A 处的角度之和是
$\angle BAC + \angle CAD + \angle DAB = \angle BDC + \angle CBD + \angle DCB = 180°$
我们在平面 ABC 上构造 $\triangle BCD'$,$\triangle CAD''$,$\triangle ABD'''$ 和 ABC 外切,使得 $\triangle BCD' \cong \triangle BCD$,$\triangle CAD'' \cong \triangle CAD$ 以及 $\triangle ABD''' \cong \triangle ABD$. 那样,根据假设,$A \in D''D'''$,$B \in D'''D'$ 以及 $C \in D'D''$. 另一方面,由于 $D''A = D'''A = DA$ 等等,A,B,C 就分别是线段 $D''D'''$,$D'''D'$,$D'D''$ 的中点. 那样 $\triangle ABC$,$\triangle BCD'$,$\triangle CAD''$,$\triangle ABD'''$ 是全等的. 命题得证.

⓬ 设 O 是四面体 $A_1A_2A_3A_4$ 内部的一点. 设 S_1,S_2,S_3,S_4 分别是以 A_1,A_2,A_3,A_4 为球心的球面,并设 U,V 都是以 O 为球心的球面. 设对 $i,j = 1,2,3,4$,$i \neq j$,球面 S_i 和 S_j 在位于 A_iA_j 棱上的点 B_{ij} 相切,又设 U 和所有的棱 A_iA_j 相切而 V 和所有的球 S_1,S_2,S_3,S_4 相切. 证明 $A_1A_2A_3A_4$ 是一个正四面体.

⓭ 设 $N = \{1,2,\cdots,n\}$,$n \geq 3$. 对每一对 N 的元素 i,j,$i \neq j$,指定一个数 $f_{ij} \in \{0,1\}$,使得 $f_{ij} + f_{ji} = 1$. 设 $r(i) = \sum\limits_{j \neq i} f_{ij}$,并令 $M = \max\limits_{i \in N} r(i)$,$m = \min\limits_{i \in N} r(i)$. 证明对任意使得 $r(w) = m$ 的 $w \in N$,都存在 $u,v \in N$,使得 $r(u) = M$ 并且 $f_{uv}f_{vw} = 1$.

❹ 设 A, B, C 是平面上固定的点. 一个人从某个点 P_0 出发, 向着点 A 行走, 到达点 A 后, 他左转 $60°$ 后走到 P_1 使得 $P_0 A = AP_1$, 当他按照 $A, B, C, A, B, C\cdots$ 的顺序完成上述动作 1 986 次后, 他又回到了原点. 证明 $\triangle ABC$ 是等边的, 且 A, B, C 是按逆时针方向布置的.

解法 1 我们利用复数表示平面上的点. 为方便起见, 分别把 $A_1, A_2, A_3, A_4, A_5, \cdots$ 写成 $A, B, C, A, B, \cdots$, 并设 P_0 是原点. 经过第 k 步后, 点 P_k 的位置将是
$$P_k = (1-u)(A_k + uA_{k-1} + u^2 A_{k-2} + \cdots + u^{k-1} A_1)$$
条件 $P_0 \equiv P_{1986}$ 等价于
$$A_{1986} + uA_{1985} + \cdots + u^{1984} A_2 + u^{1985} A_1 = 0$$
注意到 $A_1 = A_4 = A_7 = \cdots, A_2 = A_5 = A_8 = \cdots, A_3 = A_6 = A_9 = \cdots$
由此就得出
$$662(A_3 + uA_2 + u^2 A_1) = (1 + u^3 + \cdots + u^{1983})$$
$$(A_3 + uA_2 + u^2 A_1) = 0$$
因而 $$A_3 - A_1 = u(A_1 - A_2)$$
这就得出所要证明的.

解法 2 设 f_P 表示以点 P 为中心, 顺时针旋转 $120°$ 的动作. 又设 $f_1 = f_A$. 那么 $f_1(P_0) = P_1$. 设 $B' = f_1(B), C' = f_1(C)$ 以及 $f_2 = f_{B'}$, 那么 $f_2(P_1) = P_2$, 且 $f_2(AB'C') = A'B'C'$. 最后设 $f_3 = f_{C''}$ 和 $f_3(A'B'C'') = A''B''C''$, 那么 $g = f_3 f_2 f_1$ 是把 P_0 变成 P_3, 把 C 变成 C'' 的变换. 现在 $P_{1986} = P_0$ 蕴含 g^{662} 是恒同变换, 因而 $C = C''$.

设 K 使得 ABK 是等边的和正向定向的, 那么可看出 $f_2 f_1(K) = K$, 因此变换 $f_2 f_1$ 满足对 $P \neq K, f_2 f_1(P) \neq P$. 因此 $f_2 f_1(C) = C'' = C$ 蕴含 $K = C$.

❺ 设 $B_1 \cup \cdots \cup B_q = \mathbf{N}$ 是全体正整数 $\mathbf{N}$ 的一个分划, 并设 $l \in \mathbf{N}$ 是一个给定的正整数. 证明存在一个包含 l 个数的有限集合 $X \subset \mathbf{N}$, 一个无限集合 $T \subset \mathbf{N}$ 和一个正整数 $k, 1 \leqslant k \leqslant q$ 使得对任意 $t \in T$ 和任意有限集合 $Y \subset X$, 都有和 $t + \sum_{y \in Y} y$ 属于 B_k.

❻ 给了一个正整数 k,求出最小的整数 n_k,使得对它存在 5 个具有以下性质的集合 S_1, S_2, S_3, S_4, S_5:
$$|S_j| = k, j = 1, \cdots, 5, \left|\bigcup_{j=1}^{5} S_j\right| = n_k$$
$$|S_i \cap S_{i+1}| = 0 = |S_5 \cap S_1|, i = 1, 2, 3, 4$$

❼ 称一个四面体是直面的,如果它的每一个面都是直角三角形.

(1) 证明每个正交的平行六面体都可以划分成六个直四面体;

(2) 证明顶点为 A_1, A_2, A_3, A_4 是直四面体的充分必要条件是存在四个不同的实数 c_1, c_2, c_3 和 c_4 使得对 $1 \leqslant j \leqslant k \leqslant 4$,棱 $A_j A_k$ 的长度是 $A_j A_k = \sqrt{|c_j - c_k|}$.

❽ 设 n 是一个正整数,而 $p > 3$ 是一个素数. 求出至少 $3(n+1)$(简单版本:$2(n+1)$))个满足方程
$$xyz = p^n(x+y+z)$$
的正整数 x, y, z 的组,对仅次序不同的组不加区别.

解 设 $x = p^\alpha x', y = p^\beta y', z = p^\gamma z'$,且 $p \nmid x'y'z'$ 以及 $\alpha \geqslant \beta \geqslant \gamma$.有所给的方程得出
$$p^n(x+y) = z(xy - p^n)$$
因此 $z' \mid x+y$,由于也有 $p^\gamma \mid x+y$,因此我们有 $z \mid x+y$,即 $x+y = qz$. 所给的方程联合最后一个条件给出
$$xy = p^n(q+1), x+y = qz \quad \text{①}$$
因此,① 的每一个解就给出原方程组的一个解.

对 $q = 1$ 和 $q = 2$,我们得出以下两个 $n+1$ 个解的类
$$q = 1: (x, y, z) = (2p^i, p^{n-i}, 2p^i + p^{n-i}), i = 1, 2, \cdots, n$$
$$q = 2: (x, y, z) = \left(3p^j, p^{n-j}, \frac{3p^j + p^{n-j}}{2}\right), j = 1, 2, \cdots, n$$

对 $n = 2k$,这两类解有一个公共解 $(2p^k, p^k, 3p^k)$;对其他情况,这些解都是不同的. 对 $p > 3$,一个不包括在上两类中的另外的解是 $(x, y, z) = \left(1, \frac{p^n(p^n+3)}{2}, p^2 + 2\right)$,这样,我们就找到了 $2(n+1)$ 个解.

如果我们令 $q = p^k + p^{n-k}$,则可获得另一类解如下
$$(x, y, z) = (p^k, p^n + p^{n-k} + p^{2n-2k}, p^{n-k} + 1), k = 0, 1, \cdots, n$$
对 $k < n$,这些解的确是新的. 到此为止,我们已经找到了 $3(n+$

1) -1 个或者 $3(n+1)$ 个解. 还有一个解可由 $(x,y,z)=(p, p^n+p^{n-1}, p^{n-1}+p^{n-2}+1)$ 给出.

❶⑨ 设 $f:[0,1]\to[0,1]$ 满足 $f(0)=0, f(1)=1$, 并且对所有的 $x,y\geqslant 0, (x-y, x+y)\in[0,1]$, 满足
$$f(x+y)-f(x)=f(x)-f(x-y)$$
证明对所有的 $x\in[0,1], f(x)=x$.

❷⓪ 对任意角 $\alpha, 0<\alpha<180°$, 称平面上的一个闭凸集合为 α-集, 如果它的边界由夹角为 α 的圆弧或夹角为 α 的直线段和圆弧组成. 给了一个闭三角形 T. 求出最大的 α 角, 使得 T 中任意两点都被包含在一个 α-集 $S\subset T$ 中.

❷① 设 AB 是具有单位长的线段, 而 C,D 是这个线段上的可变动的点. 求出六条不同的以集合 $\{A,B,C,D\}$ 中的点为端点的线段的长度的乘积的最大值.

❷② 设 a_n 是由关系 $a_0=0, a_1=1, a_{n+2}=4a_{n+1}+a_n, n\geqslant 0$ 定义的整数序列, 求 a_{1986} 和 a_{6891} 的最大公因数.

❷③ 设 I 和 J 分别是 $\triangle ABC$ 的 $\angle BAC$ 的内切圆心和旁切圆心. 对三角形所在平面上任意一个不在 BC 上的点 M, 分别用 I_M 和 J_M 表示 $\triangle BCM$ 的内切圆心和(与边 BC 相切的)旁切圆心. 求出使得 II_MJJ_M 为一个矩形的点 M 的轨迹.

❷④ 在平面上给了两组平行线, 一组有 15 条平行线, 另一组有 11 条平行线. 每组平行线相邻两条线之间的距离都是单位长. 第一组的平行线和第二组的平行线互相垂直. 设 V 是这两组平行线的 165 个交点的集合. 证明至少存在 1 986 个以 V 中的点为顶点的不同的正方形.

❷⑤ 设实数 $x_1, x_2, \cdots, x_n$ 满足 $0<x_1<x_2<\cdots<x_n<1$, 并设 $x_0=0, x_{n+1}=1$. 设这些数满足以下方程组
$$\sum_{j=0, j\neq i}^{n+1}\frac{1}{x_i-x_j}=0, i=1,2,\cdots,n \qquad ①$$
证明对 $i=1,2,\cdots,n, x_{n+1-i}=1-x_i$.

证明 设 $P(x)=(x-x_0)(x-x_1)\cdots(x-x_n)(x-x_{n+1})$. 那么
$$P'(x)=\sum_{j=0}^{n+1}\frac{P(x)}{x-x_j}, P''(x)=\sum_{j=0}^{n+1}\sum_{k\neq j}\frac{P(x)}{(x-x_j)(x-x_k)}$$

因此 $P''(x_i) = 2P'(x_i) \sum_{j \neq i} \dfrac{1}{x_i - x_j}, i = 0, 1, \cdots, n+1$

而所给的条件蕴含
$$P''(x_i) = 0, i = 1, 2, \cdots, n$$
所以 $\quad x(x-1)P''(x) = (n+2)(n+1)P(x) \quad$ ①

易于看出,只有唯一的次数为 $n+2$ 的一元多项式满足微分方程 ①. 另一方面,多项式 $Q(x) = (-1)^n P(1-x)$ 也满足这个微分方程,它也是一元的,次数也是 $n+2$. 所以
$$Q(x) = (-1)^n P(1-x) = P(x)$$
由此即可得出所要的结果.

❷⑥ 集合 $S = \{2, 5, 13\}$ 具有性质:对每一对 $a, b \in S, a \neq b$,数 $ab - 1$ 是一个完全平方数. 证明对每一个不在 S 中的正整数 d,集合 $S \cup \{d\}$ 都不具有上述性质.

证明 假设对每个 $a, b \in \{2, 5, 13, d\}, a \neq b$,数 $ab - 1$ 都是一个完全平方数. 特别,对某三个整数 x, y, z,我们有
$$2d - 1 = x^2, 5d - 1 = y^2, 13d - 1 = z^2$$
x 显然是奇数,由于 $4 \nmid x^2 + 1$,故 $d = \dfrac{x^2 + 1}{2}$ 也是奇数,由此得出 y 和 z 都是偶数. 不妨设 $y = 2y_1$ 和 $z = 2z_1$. 因此 $(z_1 - y_1) \cdot (z_1 + y_1) = \dfrac{z^2 - y^2}{4} = 2d$. 但是在这种情况下,$z_1 - y_1$ 和 $z_1 + y_1$ 中必须就一个是奇数,另一个是偶数,这是不可能的.

❷⑦ 在一个罐子里,共有 n 个标着数码 $1, 2, \cdots, n$ 的球,现在一个接一个的不放回地随机地抽出这些球,并把球上的数码记录下来而得到一个数列. 问得到一个只有一个局部最大值的数列的概率是多少?数列中的一个项是一个局部最大值的意思是它比两边相邻两项的值都大.

❷⑧ 一个粒子按照抛掷一枚公平的硬币的结果来决定从 $(0, 0)$ 通向 (n, n) 的走法. 如果得出的是人头,则它向东走一步,如果得出的是麦穗,则它向北走一步,但是如果在 $(n, y), y < n$ 处得出人头,则它在此位置等待一次,而如果在 $(x, n), x < n$ 处得出麦穗,则它也在此等待一步. 设 k 是一个固定的正整数,求粒子恰经过 $2n + k$ 次抛掷后到达 (n, n) 的概率.

解 考虑无限多个整数格点并假设粒子按照游戏的规则经

过连续的向东和向北已经到达了点 (x,n) 或 (n,y). 所求的概率 p_k 等于不经过 $(n,n+k-1)$ 或 $(n+k-1,n)$ 而到达点 $E_1(n,n+k)$ 或 $E_2(n+k,n)$ 的概率. 那样 p 就等于经过 $D_1(n-1,n+k)$ 到达 $E_1(n,n+k)$ 的概率 p_1 加上经过 $D_2(n+k,n-1)$ 到达 $E_2(n+k,n)$ 的概率 p_2. 易于看出 p_1 和 p_2 都等于

$$\frac{\binom{2n+k-1}{n-1}}{2^{2n+k}}$$

因此
$$p=\frac{\binom{2n+k-1}{n-1}}{2^{2n+k-1}}$$

㉙ 我们定义一个关于平面上点的二元操作的法则 $*$ 如下: 给了平面上的两个点 A 和 B, 则 $C=A*B$ 是顺时针定向的等边 $\triangle ABC$ 的第三个顶点. 如果
$$I*(M*O)=(O*I)*M$$
那么 I,M,O 三点在平面上的相互位置是怎样的?

㉚ 证明各面都是等边三角形的凸多面体至多有 30 条棱.

㉛ 设 P 和 Q 是 $\triangle ABC$ 所在的平面上的不同的点, 使得
$$\frac{AP}{AQ}=\frac{BP}{BQ}=\frac{CP}{CQ}$$
证明 PQ 通过三角形的外心.

㉜ 求出方程 $\frac{1}{x}+\frac{2}{y}-\frac{3}{z}=1$ 的所有正整数解, 并证明你的结论.

㉝ 求出所有定义在非负实数集上并且函数值也为非负实数的函数 f, 使得 f 满足以下函数方程
(1) $f[xf(y)]f(y)=f(x+y)$,
(2) $f(2)=0$ 但是对 $0\leqslant x<2, f(x)\neq 0$.
并证明你的结果.

证明 如果 $w>2$, 那么在 (1) 中令 $x=w-2, y=2$ 即得
$$f(w)=f((w-2)f(w))f(2)=0$$
由此得出当且仅当 $x\geqslant 2$ 时, $f(x)=0$.

现在如果 $0\leqslant y<2, x\geqslant 0$, 那么当且仅当 $xf(y)\geqslant 2$ 时, 式 ① 的左边是 0, 而当且仅当 $x+y\geqslant 2$ 时, 右边为 0. 这就得出当且

仅当 $x \geqslant 2-y$ 时，$x \geqslant \dfrac{2}{f(y)}$. 因而

$$f(y) = \begin{cases} \dfrac{2}{2-y}, & 0 \leqslant y < 2 \\ 0, & y \geqslant 2 \end{cases}$$

反过来，验证 f 满足所给的条件是显然的.

❸❹ 设 $F_n(x)$ 是 x 的 n 次多项式，其中 n 是非负整数. 证明如果

$$F_n(2x) = \sum_{r=0}^{n} (-1)^{n-r} \binom{n}{r} 2^r F_r(x)$$

则对每个 n 和所有的 t 成立

$$F_n(tx) = \sum_{r=0}^{n} \binom{n}{r} t^r (1-t)^{n-r} F_r(x)$$

❸❺ 估计和 $|a|+|b|+|c|$ 的最大值和最小值，其中 a,b,c 是实数，使得 $|ax^2+bx+c|$ 在 $-1 \leqslant x \leqslant 1$ 上的最大值是 1.

❸❻ 证明或否定以下命题：在平面上任意给出了一个整点（即坐标都是整数的点）的有限集合，则必可用某种方式把其中的点都染成红色或白色，使得任意平行于坐标轴的直线 L 上的红点和白点至多差一.

解法 1 我们将对点的数目使用归纳法. $n=1$ 的情况是平凡的. 假设命题对正整数 $1,2,\cdots,n-1$ 都成立，而我们现在有一个 n 个点的集合 T.

如果存在一条平行于坐标轴的直线 L，它上面只有一个 T 中的点 P，那么根据归纳法假设，我们可以把集合 $T \setminus \{P\}$ 按要求染色，然后把 P 染成任意一种颜色即可得出集合 T 的符合要求的染色. 因此可假设所有平行于坐标轴的直线 L 上都至少包含两个 T 中的点. 由此得出，从任意一个点 $P_0 \in T$ 开始，我们可选择点 P_1，$P_2,\cdots$ 使得当 k 是偶数时，$P_k P_{k+1}$ 平行于 x 轴，而当 k 是奇数时，$P_k P_{k+1}$ 平行于 y 轴. 最后，我们到达一个具有同样奇偶性的整数对 $(r,s), 0 \leqslant r < s$，使得直线 $P_r P_{r+1}$ 和 $P_s P_{s+1}$ 重合，因此闭多边形 $P_{r+1} P_{r+2} \cdots P_s P_{r+1}$ 的边长的数目是偶数. 那样，我们就可把这个多边形折线上的点任意染色，而对集合 T 中其余的点应用归纳法假设. 这就完成了归纳法.

解法 2 设 $P_1, P_2, \cdots, P_k$ 是平行于坐标轴的直线 L 上的点.

我们用线段连接 P_1 和 P_2,P_3 和 P_4,…,一般的,P_{2i-1} 和 P_{2i}. 对每一条平行于坐标轴的直线都如此进行之后,我们就得到一个线段的集合,这些线段构成一些多边折线. 如果这些多边折线中有一条是闭的,那么这个闭多边形必有偶数个顶点. 那样,我们可以对每条多边折线上的点交替地染色.(那些不在多边折线上的点可以任意染色).这样所得的染色就满足条件.

❸❼ 证明可把集合 $\{1,2,\cdots,1\,986\}$ 划分成 27 个不相交的集合,使得其中每个集合中任意三个数都不能构成等差数列.

❸❽ 在五边形的每个顶点 $P_i(i=1,\cdots,5)$ 处,写上一个整数 x_i,使得和 $s=\sum x_i$ 是正的,但至少要有一个 x_i 是负的. 现在进行以下操作:首先选择一个负的 x_i,将它换成 $-x_i$,并将 x_i 加到与 P_i 相邻的两个点顶点上所写的数上(其余两个顶点处的数不变).

反复进行上述操作,直至所有的负数都消失为止. 确定此操作是否必能有个尽头(即在有限次操作后结束).

解 我们定义 $f(x_1,\cdots,x_5)=\sum\limits_{i=1}^{5}(x_{i+1}-x_i)^2$, $(x_0=x_5,x_6=x_1)$. 假设 $x_3<0$,根据规则,格点向量 $\boldsymbol{X}=(x_1,x_2,x_3,x_4,x_5)$ 将变为 $\boldsymbol{Y}=(x_1,x_2+x_3,-x_3,x_4+x_3,x_5)$,那么
$$f(\boldsymbol{Y})-f(\boldsymbol{X})=(x_2+x_3-x_5)^2+(x_1+x_3)^2+(x_2-x_4)^2+\\(x_3+x_5)^2+(x_1-x_3-x_4)^2-(x_2-x_5)^2-\\(x_3-x_1)^2-(x_4-x_2)^2-(x_5-x_3)^2-\\(x_1-x_4)^2=\\2x_3(x_1+x_2+x_3+x_4+x_5)=2x_3S<0$$

那样,每经过一步,f 都是严格递减的. 而由于 f 只取正整数值,因此步数就必须是有限的.

注 作为对比,可以研究函数 $g(x)=\sum\limits_{i=1}^{5}\sum\limits_{j=1}^{5}|x_i+x_{i+1}+\cdots+x_{j-1}|$ 的行为. 可以验证
$$g(\boldsymbol{Y})-g(\boldsymbol{X})=|S+x_3|-|S-x_3|>0$$

❹❾ 设 S 是一个 k — 元素集

(1) 求出具有以下性质的映射 $f:S \to S$ 的数目：
对 $x \in S$, 1) $f(x) \neq x$, 2) $f(f(x)) = x$；

(2) 去掉(1)中的条件 1)，解决同样的问题.

❹⓿ 求出量 $2m + 7n$ 的最大值，使得

$$\sum_{i=1}^{m} x_i + \sum_{j=1}^{n} y_j = 1\,986$$

其中 $x_i(1 \leqslant i \leqslant m)$ 是不相等的正的偶数而 $y_j(1 \leqslant j \leqslant n)$ 是不相等的正的奇数.

❹❶ 设 M, N, P 分别是 $\triangle ABC$ 的边 BC, CA, AB 的中点. 又设直线 AM, BN, CP 分别交 $\triangle ABC$ 的外接圆于点 A', B', C'. 证明如果 $A'B'C'$ 是等边三角形，则 $\triangle ABC$ 也是.

❹❷ 把整数 $1, 2, \cdots, n^2$ 填入一个 $n \times n(n > 2)$ 的方格表中，使得任何两个有公共边或公共顶点的方格中所填的数的差至多是 $n + 1$, 问共有多少种填法？

❹❸ 三个人 A, B, C 同玩以下游戏：每次从以相同的概率随机地选取 $\{1, \cdots, 1\,986\}$ 的一个 k — 元素的子集，其中 k 是一个小于或等于 $1\,986$ 的固定的整数，根据所选的数的和除以 3 所得的余数是 $0, 1$ 或 2 来决定每次的赢家是 A, B 或 C. 问 k 是什么数时，这个游戏才是公平的(如果这三种结果出现的概率是相同的，则认为此游戏是公平的)？

证明 把集合 $X = \{1, \cdots, 1\,986\}$ 分成三元组 $T_1, \cdots, T_{662}$, 其中 $T_j = \{3j-2, 3j-1, 3j\}$. 设 Φ 是所有具有以下性质的 k — 元素子集 P 的族，使得对某个指标 j, $|P \cap T_j| = 1$ 或 2. 设 j_0 是那种 j 中的最小者，我们定义 P' 是用 $P \cap T_{j_0}$ 中一个在 T_{j_0} 中的轮换代替 P 中元素的集合. 设 $s(P)$ 表示 P 的元素在模 3 下的和，那么 $s(P), s(P'), s(P'')$ 是不同的，而 $P''' = P$. 那样，运算 $'$ 就给出使得 $s(P) = 0$ 的集合 $X \in \Phi$, 使得 $s(P) = 1$ 的集合 $X \in \Phi$ 和使得 $s(P) = 2$ 的集合 $X \in \Phi$ 之间的一个 1—1 对应.

如果，$3 \nmid k$, 那么 X 的每个 k 元素子集都属于 Φ, 而游戏是公平的. 如果 $3 \mid k$, 那么不属于 Φ 的 k 元素子集是一些三元组的并. 由于每个那种子集的元素之和可被 3 整除，这就得出玩家 A 具有优越性.

❹❹ △ABC 的内切圆和 BC, CA, AB 边分别切于点 D, E, F. 又设 X, Y, Z 分别是 EF, FD, DE 的中点. 证明 △ABC 内切圆的圆心, △XYZ 的外接圆的圆心和 △ABC 的外接圆的圆心共线.

证明 我们将利用以下简单事实:

引理: 如果 k 是 $\odot k$ 在中心为点 Z 的反演下的像, 而 O_1, O_2 分别是 $\odot k$ 和 $\odot k$ 的圆心, 那么点 O_1, O_2 和 Z 共线.

引理的证明: 结果可从关于直线 ZO_1 的对称性立即得出.

设 I 是内切 $\odot i$ 的圆心. 由于 $IX \cdot IA = IE^2$, 因此关于 i 的反演把 A 变成 X, 同理, 把 B, C 分别映为 Y, Z. 因此从引理就得出, $\odot ABC$ 的圆心, $\odot XYZ$ 的圆心和点 I 共线.

❹❺ 给了 n 个实数 $a_1 \leqslant a_2 \leqslant \cdots \leqslant a_n$, 定义
$$M_1 = \frac{1}{n}\sum_{i=1}^{n} a_i, M_2 = \frac{2}{n(n-1)}\sum_{1 \leqslant i < j \leqslant n} a_i a_j, Q = \sqrt{M_1^2 - M_2}$$
证明
$$a_1 \leqslant M_1 - Q \leqslant M_1 + Q \leqslant a_n$$
且当且仅当
$$a_1 = a_2 = \cdots = a_n$$
时, 等号成立.

❹❻ 我们希望构造一个 19 行 86 列的矩阵, 其元素为
$$x_{ij} \in \{0,1,2\}, 1 \leqslant i \leqslant 19, 1 \leqslant j \leqslant 86$$
并且使得

(1) 每列恰有 k 个等于 0 的元素;

(2) 对任意不同的 $j, k \in \{1, \cdots, 1\,986\}$, 都存在 $i \in \{1, \cdots, 19\}$, 使得 $x_{ij} + x_{ik} = 3$.

对 k 的哪些值, 构造这种矩阵才是可能的?

❹❼ 设 A, B 是平面上的正 n 边形的相邻的顶点, 又设此正 n 边形的中心是 O. 现在让点 A 和 B 在多边形的外周上滑动一圈, 描述 △ABO 的顶点 O 的轨迹.

证明 如图 27.3, 设 Z 是多边形的中心.

设在某个时刻我们有 $A \in P_{i-1}P_i$ 和 $B \in P_iP_{i+1}$, 其中 P_{i-1}, P_i, P_{i+1} 是多边形的三个相邻的顶点. 由于 $\angle AOB = 180° - \angle P_{i-1}P_iP_{i+1}$, 因此 A, P_i, B, O 是共圆的. 因此 $\angle AP_iO = \angle ABO =$

$\angle AP_iZ$,这表示 $O \in P_iZ$.

另外,从 $OP_i = 2r\sin\angle P_iAO$ 得出 $ZP_i \leqslant OP_i \leqslant \dfrac{ZP_i}{\cos\dfrac{\pi}{n}}$,其中 r 是圆 AP_iBO 的半径. 那样,当 A 和 B 分别沿 $P_{i-1}P_i$ 和 P_iP_{i+1} 移动时,O 就描出一条线段 ZZ_i,其中 Z_i 是在射线 P_iZ 上使得 $P_iZ_i\cos\dfrac{\pi}{n} = P_iZ$ 的点. 当 A,B 沿着多边形的整个外周移动时,O 就描出一个由顶点指向 Z 并从 Z 发出的 n 个相等的线段组成的星号状图形.

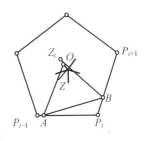

图 27.3

㊽ 设 P 是平面上的凸 1 986 边形,A,D 是 P 的两条不同的边上的内点,而 B,C 又是线段 AD 上的两个不同的内点. 从 P 的边界上的任意一个点 Q_1 开始,回归地定义一个点的序列 Q_n 如下,设 Q_nB 和 P 的边界相交于点 R_n,R_nC 又和 P 的边界交于 Q_{n+1}. 证明当 n 充分大时,Q_n 都在 P 的一个包含 A 或 D 的边上.

㊾ 设 C_1, C_2 都是半径等于 $\dfrac{1}{2}$ 的互相外切的圆,且都内切于半径为 1 的圆 C. C_1 和 C_2 是一个不同的圆 C_n 的无穷序列的头两项. 这里 C_n 可归纳地定义如下:C_{n+2} 外切于 C_n 与 C_{n+1} 并且内切于 C. 证明 C_n 的半径是一个整数的倒数.

㊿ 设 D 是 $\triangle ABC$ 的 $\angle A$ 的平分线与 BC 边的交点,I 是 $\triangle ABC$ 的内心.

(1) 在 AB 和 AC 边上分别做一个点 P 和 Q 使得 PQ 平行于 BC,且 $\triangle APQ$ 的周长等于 kBC,其中 k 是一个给定的有理数.

(2) 设 R 是 PQ 与 AD 的交点,对 k 的什么值,成立 $AR = RI$;

(3) 在什么情况下成立 $AR = RI = ID$?

51 设 a,b,c,d 是外接于一个圆的四边形的各边的长度,其面积为 S. 证明
$$S \leqslant \sqrt{abcd}$$
并找出等号成立的条件.

(52) 解方程组

$$\tan x_1+\cot x_1=3\tan x_2,$$
$$\tan x_2+\cot x_2=3\tan x_3,$$
$$\vdots$$
$$\tan x_n+\cot x_n=3\tan x_1$$

(53) 设 r,v,n 是给定的正数，令 $S(r,v,n)$ 表示满足方程和条件

$$x_1+\cdots+x_n=r,x_i\leqslant v,i=1,\cdots,n$$

的非负整数的 $n-$ 元组的个数，证明

$$S(r,v,n)=\sum_{k=0}^{m}(-1)^k\binom{n}{k}\binom{r-(v+1)k+n-1}{n-1}$$

其中 $m=\min\left\{n,\left[\frac{r}{v+1}\right]\right\}$.

(54) 求出具有以下性质的最小整数 n：对平面上无三点共线的任意8个点的集合 V，以及以 V 中的点为端点的 n 条直线段的集合 E，都可以找到一条直线. 使得它和 E 中至少 4 条线段相交于这些线段的内点.

(55) 给了一个整数 $n\geqslant 2$，确定所有可被

$$M_1=\overline{a_2a_3\cdots a_na_1},M_2=\overline{a_3a_4\cdots a_na_1a_2},\cdots,M_{n-1}=\overline{a_na_1a_2\cdots a_{n-1}}$$

整除的 n 位数

$$M_0=\overline{a_1a_2\cdots a_n},a_i\neq 0,i=1,2,\cdots,n$$

(56) 设 $A_1A_2A_3A_4A_5A_6$ 是一个内接于圆心为 O 的圆的六边形. 考虑端点是 A_1,A_6 但不包括 A_2 的圆弧. 对那段弧上的任意一点 M，用 h_i 表示从 M 到直线 $A_iA_{i+1}(1\leqslant i\leqslant 5)$ 的距离. 构造 M 使得 $h_1+h_2+h_3+h_4+h_5$ 最大.

(57) $\triangle ABC$ 的内切圆分别与 BC,CA,AB 边切于点 A',B',C'；$\angle A$ 的旁切圆和它的边切于 A_1,B_1,C_1，类似地，$\angle B$ 的旁切圆和它的边切于 A_2,B_2,C_2，$\angle C$ 的旁切圆和它的边切于 A_3,B_3,C_3 点. 证明，$\triangle ABC$ 是直角三角形的充分必要条件是在

$$(A',B_3,C'),(A_3,B',C_3),(A',B',C_2),(A_2,B_2,C')$$
$$(A_2,B_1,C_2),(A_3,B_3,C_1),(A_1,B_2,C_1),(A_1,B_1,C_3)$$

这 8 个组中，有某一组中的三点共线.

(58) 求出四个不超过 70 000 的正整数，使得其中每个数的因子都多于 100 个.

证明 有 5 个那种数：

$69\ 300=2^2\cdot 3^2\cdot 5^2\cdot 7\cdot 11$，共有 $3\cdot 3\cdot 3\cdot 2\cdot 2=108$ 个因数；

$50\ 400=2^5\cdot 3^2\cdot 5^2\cdot 7$，共有 $6\cdot 3\cdot 3\cdot 2=108$ 个因数；

$60\ 480=2^6\cdot 3^3\cdot 5\cdot 7$，共有 $7\cdot 4\cdot 2\cdot 2=112$ 个因数；

$55\ 440=2^4\cdot 3^2\cdot 5\cdot 7\cdot 11$，共有 $5\cdot 3\cdot 2\cdot 2\cdot 2=120$ 个因数；

$65\ 520=2^4\cdot 3^2\cdot 5\cdot 7\cdot 13$，共有 $5\cdot 3\cdot 2\cdot 2\cdot 2=120$ 个因数；

(59) 设 $ABCD$ 是一个凸四边形，其顶点不都在一个圆上. 设四边形 $A'B'C'D'$ 的顶点 A',B',C',D' 分别是 $\triangle BCD$，$\triangle ACD$，$\triangle ABD$ 和 $\triangle ABC$ 的外接圆心. 定义 $T(ABCD)=A'B'C'D'$. 类似地，可定义 $T(T(ABCD))=T(A'B'C'D')=A''B''C''D''$ 等等.

(1) 证明 $ABCD$ 和 $A''B''C''D''$ 是相似的；

(2) 相似比依赖于 $ABCD$ 的角，确定这个比.

证明 (1) 由于 $A''B''\perp C'D'$ 以及 $C'D'\perp AB$，因而 $A_2B_2\parallel AB$. 类似的 $A''C''\parallel AC$，$A''D''\parallel AD$，$B''C''\parallel BC$，$B''D''\parallel BD$ 以及 $C''D''\parallel CD$，因此 $\triangle A''B''C''\backsim\triangle ABC$ 以及 $\triangle A''D''C''\backsim\triangle ADC$. 由此即可得出结果.

(2) 如果 S 是 AC 的中点，则我们有

$$B'S=AC\ \frac{\cos\angle D}{2\sin\angle D},D'S=AC\ \frac{\cos\angle B}{2\sin\angle B}$$

$$B'D'=AC\left|\frac{\sin(\angle B+\angle D)}{2\sin\angle B\sin\angle D}\right|$$

这些公式对 $\angle B>90^\circ$ 或 $\angle D>90^\circ$ 也是对的. 类似地，我们得到

$$A''C''=B'D'\left|\frac{\sin(\angle A'+\angle C')}{2\sin\angle A'\sin\angle C'}\right|$$

因此

$$A''C''=AC\ \frac{\sin^2(\angle A+\angle C)}{4\sin\angle A\sin\angle B\sin\angle C\sin\angle D}$$

60 对所有的实数 a,b,c,证明不等式
$$(-a+b+c)^2 (a-b+c)^2 (a+b-c)^2 \geqslant$$
$$(-a^2+b^2+c^2)(a^2-b^2+c^2)(a^2+b^2-c^2)$$

61 给了正整数 n,求出具有以下性质的最大整数 p:对任意函数 $f:P(X) \to C$,其中 X 和 C 分别是变量 n 与 p 的集合,都存在两个不同的集合 $A,B \in P(X)$,使得 $f(A) \cup f(B) = f(A \cup B)$(其中 $P(X)$ 是集合 X 的所有子集的族).

62 确定所有满足方程 $p^x - y^3 = 1$ 的正整数对 (x,y),其中 p 是一个给定的素数.

63 设 AA', BB', CC' 是 $\triangle ABC$ 的角平分线 ($A' \in BC, B' \in CA, C' \in AB$),证明 $A'B', B'C', C'A'$ 中每条线都交内切圆于两点. (译者注:不太理解出题者的意图,这或者是一个废话,或者就是要做题者练习严密的语言表达能力,即使是一个似乎很明显的事实也需严密论证?)

64 设由循环关系 $a_1 = a_2 = 1, a_{n+2} = 7a_{n+1} - a_n - 2$ 定义了整数的序列 a_n. 证明对每个 n, a_n 都是一个完全平方数.

65 设 $A_1 A_2 A_3 A_4$ 是 $\odot C$ 的内接四边形,证明在 C 上存在一个点 M 使得
$$MA_1 - MA_2 + MA_3 - MA_4 = 0$$

66 在平面上任意选定了 100 个点染成红色,又任意选定了 100 个点染成蓝色.所选的点中无三点共线.证明可把这些点一对一对地连接成不相交的线段,使得所有线段两端的颜色都不相同.

67 设 $f(x) = x^n$,其中 n 是一个固定的正整数.是否对任意 n,小数表达式 $a = 0.f(1)f(2)f(3)\cdots$ 都是有理数?

a 的小数表达式的含义如下:如果 $f(x) = d_1(x) d_2(x) \cdots d_{r(x)}(x)$ 是 $f(x)$ 的十进表达式,那么 $a = 0.1 d_1(2) d_2(2) \cdots d_{r(2)}(2) d_1(3) \cdots d_{r(3)}(3) d_1(4) \cdots$.

证明 实际上,对任意正整数 n, a 都不可能是有理数.注意 $f(10^m)$ 中有 mn 个 0,而 m 可以充分大,因此在 a 的小数表达式中可以有任意多个 0,因此不可能是周期的.这就说明任意正整数 n, a 都不可能是有理数.

❻❽ 考虑实系数方程 $x^4+ax^3+bx^2+ax+1=0$. 当 a,b 变动时,确定其不同的实根的数目和重数. 在 (a,b) 平面上图示你的结果.

❻❾ 设 AX,BY,CZ 是三条在 $\triangle ABC$ 的内点 D 共点的 Cevian(西瓦) 线,证明如果三个四边形 $DYAZ,DZBX$, $DXCY$ 中有两个是共圆的,则第三个也是.

证明 如图 27.4,我们将利用下面的判断一个四边形是否是外接于一个圆的准则:

引理:四边形 $AYDZ$ 当且仅当 $DB-DC=AB-AC$ 时外接于一个圆.

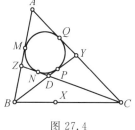

图 27.4

引理的证明:设 $AYDZ$ 外接于一个圆,且其内切圆分别切 AZ,ZD,DY,YA 于 M,N,P,Q 点. 那么 $DB-DC=PB-NC=MB-QC=AB-AC$. 反过来,如果 $DB-DC=AB-AC$,并设 $\triangle ACZ$ 的内切圆分别和 CZ 和 CA 相切于 $D'\neq Z$ 和 $Y'\neq A$. 根据引理第一部分的结果,我们有 $D'B-D'C=AB-AC$,由此得出 $|D'B-DB|=|D'C-DC|=DD'$,此式蕴含 $D'\equiv D$.

设 $DZBX$ 和 $DXCY$ 是外接于圆的,由引理得出
$$DC-DA=BC-BA, DA-DB=CA-CB$$
将此两式相加得出 $DC-DB=AC-AB$,由引理即得所要证的.

❼⓪ 设 $ABCD$ 是一个四面体,其每一条棱和其相对的棱的长度之和都等于 1. 证明
$$r_A+r_B+r_C+r_D \leqslant \frac{\sqrt{3}}{3}$$
其中 r_A,r_B,r_C,r_D 是各面的内切圆半径. 等号仅在四面体是正的时成立.

证明 由于 $ABCD$ 的各条棱长之和是 3,因此要证的命题就是以下命题的直接推论:

引理:设 r 是边长为 a,b,c 的三角形的内切圆半径. 那么
$$a+b+c \geqslant 6\sqrt{3}r$$
等号当且仅当三角形是等边时成立.

引理的证明:设 S 和 p 分别表示三角形的面积和半周长,那么由海伦公式和算术-几何平均不等式,我们有

$$pr = S = \sqrt{p(p-a)(p-b)(p-c)} \leqslant$$
$$\sqrt{p\left(\frac{(p-a)+(p-b)+(p-c)}{3}\right)^3} =$$
$$\sqrt{\frac{p^4}{27}} = \frac{p^2}{3\sqrt{3}}$$

即 $\qquad p \geqslant 3\sqrt{3}\, r$

这等价于引理中的断言.

❼① 两条互相垂直的直线和三角形一条边的交点对称于这条边的中点. 证明这两条直线的交点必位于这个三角形的九点圆上.

❼② 一个有两种结局的单人游戏的玩法如下:在玩完每一局后,玩家得到 a 分或 b 分,其中 a 和 b 是适合条件 $0 < b < a < 1986$ 的整数. 游戏可按玩者自己的愿望玩多少次都行. 玩完后计算各局所得的分数之和即总分. 已知所有小于或等于 1986 的整数都可能是一个总分,但 1985 和 663 不可能. 确定 a 和 b 的值.

❼③ 设 a_i 是一个严格递增的正实数的序列,使得对每个 i 都有 $\frac{a_{i+1}}{a_i} \leqslant 10$ 并且当 $i \to \infty$ 时, $a_i \to +\infty$. 证明对每个正整数 k, 都存在无穷多对 (i,j), 使得
$$10^k \leqslant \frac{a_i}{a_j} \leqslant 10^{k+1}$$

❼④ 从 n 个人的集合中,选出 q 个不同的二人队,并给以编号 $1, \cdots, q$(没有标签). 设 m 是大于或等于 $\frac{2q}{n}$ 的最小整数. 证明可以列出 m 个不同的队的表,使得(1) 表中相继的队中有一个共同的成员;(2) 表中的队是按大小排序的.

另一种表述:设 A 是空间中 n 个点的集合,从所有端点属于 A 的线段的族中选出 q 个线段并将其染成黄色. 设所有的黄色线段的长度都不同. 证明存在一个由 m 条按长度大小排列的黄色线段连成的多边形,其中 $m \geqslant \frac{2q}{n}$.

证法 1 我们将使用题目的第二种表述来解决问题.

设 $L_G(v)$ 表示在所给的图 G 中,边的有向链中从顶点 v 出发的最长的长度,并设已将它们按编号递减的顺序排列好了. 根据

抽屉原理,只需证明 $\sum_v L(v) \geqslant 2q$ 即可. 我们将对 q 做归纳法.

对 $q=1$,这是显然的. 我们假设结论对 $q-1$ 成立并考虑一个有 q 条边的图 G,并设已将这些边编成了 $1,\cdots,q$ 号. 设第 q 号边连接了顶点 u 和 w. 将此边去掉,我们得到图 G',它有 $q-1$ 条边. 我们有
$$L_G(u) \geqslant L_{G'}(w)+1, L_G(w) \geqslant L_{G'}(u)+1, L_G(v) \geqslant L_{G'}(v)$$
其中 v 是不同于 u 和 w 其他点. 根据归纳法假设,我们有
$$\sum L_{G'}(v) \geqslant 2(q-1)$$
由此就得出
$$\sum L_G(v) \geqslant 2(q-1)+2 = 2q$$
这就是所要证的.

证法 2 在图的每一个顶点处放一个蜘蛛. 把边按照编号递增的顺序列出来并同时交换端点处的两个蜘蛛的位置. 这样,我们将恰移动 $2q$ 次蜘蛛(每个边两次. 因此必有一只蜘蛛被移动了至少 $\dfrac{2q}{n}$ 次. 剩下的全部事情就是注意每个蜘蛛的路径都是由编号递增的边组成

注 不一定存在题目中说的所有顶点都有不同的长度链这种情况. 例如按照下列次序编号的点
$$ab, cd, ac, bd, bc$$
的 $n=4, q=6$ 的情况.

❼❺ 连接三角形重心和垂心的线段之长等于 4,且其中点是三角形的内心. 确定此三角形的最大面积是多少.

❼❻ 设 A, B, C 是一圆形池塘边上的三点,且 B 在 C 的正西,而 $\triangle ABC$ 是边长等于 86 m 的等边三角形. 一个男孩从 A 游向 B,游了 x m 后,他转身向西游了 y m 后到达岸边. 如果 x 和 y 都是正整数,确定 y.

解 如图 27.5,设 E 是小孩向西的转折点,在点 D 到岸. 设直线 DE 交 AC 于点 F 并再次交岸边于点 G. 那么 $EF=AE=x$(由于 $\triangle AEF$ 是等边三角形),而 $FG=DE=y$. 由 $AE \cdot EB = DE \cdot EG$,我们得出
$$x(86-x) = y(x+y)$$
如果 x 是奇数,那么 $x(86-x)$ 是奇数,但 $y(x+y)$ 是偶数,矛盾.

因此 x 必须是偶数,从而 y 也必须是偶数. 设 $y=2y_1$, 那么上述方程经配方后可重新写成
$$(x+y_1-43)^2+(2y_1)^2=(43-y_1)^2$$
由于 $y_1 < 43$, 故 $(2y_1, 43-y_1)=1$, 因而 $(|x+y_1-43|, 2y_1, 43-y_1)$ 是互素的勾股数对. 因而存在整数 $a > b > 0$, 使得 $y_1 = ab$, $43-y_1 = a^2+b^2$, 那样我们得出
$$a^2+b^2+ab=43$$
而这个不定方程只有唯一的正整数解 $a=6, b=1$. 因此 $y=12$ 而 $x=2$ 或 72.

注 不定方程 $x(86-x)=y(x+y)$ 也可以直接解. 通过配方可知 $x(344-3x)=(2y+x)^2$ 是一个完全平方,而由于 x 是偶数,,故我们有 $(x, 344-3x)=2$ 或 4, 因此 $x, 344-3x$ 都是平方数或者都是平方数的 2 倍, 剩下的事就容易了.

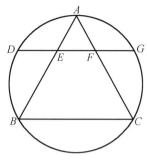

图 27.5

---

❼❼ 求出满足方程
$$x^3+y^3+z^3=x+y+z=8$$
的所有整数 x, y, z.

❼❽ 如果 T 和 T_1 是两个三角形, 其角度分别为 x, y, z 和 x_1, y_1, z_1. 证明不等式
$$\frac{\cos x_1}{\sin x}+\frac{\cos y_1}{\sin y}+\frac{\cos z_1}{\sin z} \leqslant \cot x + \cot y + \cot z$$

❼❾ 设 AA_1, BB_1, CC_1 是锐角 $\triangle ABC$ 的高. K 和 M 分别是线段 A_1C_1 和 B_1C_1 上的点. 证明如果 $\angle MAK$ 和 $\angle CAA_1$ 相等, 则 AK 平分 $\angle C_1KM$.

❽⓿ 设 $ABCD$ 是内心在 O 的四面体, 又设直线 OD 垂直于 AD. 求平面 DOB 和平面 DOC 之间的夹角.

第三编
第28届国际数学奥林匹克

第 28 届国际数学奥林匹克

古巴,1987

> **❶** 令 $p_n(k)$ 是集 $\{1,2,\cdots,n\}$ 的保持 k 个点不动的排列的数目. 求证
> $$\sum_{k=0}^{n} k p_n(k) = n!$$

联邦德国命题

证法 1 对于任意的自然数 n,均有
$$p_n(0) + p_n(1) + p_n(2) + \cdots + p_n(n) = n! \quad ①$$

记 $p(m)$ 为 m 个数的排列中没有一个数保持不动的排列数,则对于任意的 $k(1 \leqslant k \leqslant n)$,有
$$p_n(k) = C_n^k p(n-k) \quad ②$$

将 ② 代入 ①,有
$$\sum_{k=0}^{n} C_n^k p(n-k) = C_n^0 p(n) + C_n^1 p(n-1) + \cdots + C_n^n p(0) = n!$$

于是
$$\sum_{k=0}^{n} k p_n(k) = \sum_{k=0}^{n} k C_n^k p(n-k) =$$
$$\sum_{k=1}^{n} k \frac{n(n-1)\cdots(n-k+1)}{k!} p(n-k) =$$
$$n \sum_{k=1}^{n} \frac{(n-1)\cdots(n-k+1)}{k-1!} p(n-k) =$$
$$n \sum_{k=1}^{n} C_{n-1}^{k-1} p((n-1)-(k-1)) =$$
$$n \sum_{k=0}^{n-1} C_{n-1}^{k} p((n-1)-k) = n(n-1)! = n!$$

证法 2 我们用数学归纳法证明.

当 $n=1$ 时,命题显然成立.

假定命题对 $n-1$ 时成立,即有
$$\sum_{k=0}^{n-1} k p_{n-1}(k) = (n-1)!$$

又对自然数 $n-1$,显然有

$$\sum_{k=0}^{n-1} p_{n-1}(k) = (n-1)!$$

考虑自然数 n 的情况：$1,2,\cdots,(n-1),n$ 的任一个保持 k 个数位置不变的排列可以从 $1,2,\cdots,(n-1)$ 的排列按下法得到.

(1) 将 $p_{n-1}(k-1)$ 个保持 $k-1$ 个数不变的排列每一个在最后加上 n，即得 $p_n(k)$ 中的一个排列，这样的排列的个数为
$$p_{n-1}(k-1)$$

(2) 将 $p_{n-1}(k)$ 个保持 k 个数不变的排列的每一个中不在原来位置的 $n-k-1$ 个数中任一个换成 n，并把这个数附在最后做第 n 个，就得到 $p_n(k)$ 中一个排列，这样得的排列个数为
$$C_{n-k-1}^1 p_{n-1}(k) = (n-k-1) p_{n-1}(k)$$

(3) 将 $p_{n-1}(k+1)$ 个保持 $k+1 (k \leqslant n-2)$ 个数不变位置的排列中任何一个把原来位置不变的一个数换成 n，并把这个数附在第 n 位，即得 $p_n(k)$ 中的一个排列，这样可得到的排列的个数为
$$C_{k+1}^1 p_{n-1}(k+1) = (k+1) p_{n-1}(k+1)$$

所以
$$p_n(k) = p_{n-1}(k-1) + (n-(k+1)) p_{n-1}(k) + (k+1) p_{n-1}(k+1) \quad ③$$

在 ③ 中，顺次令 $k=0,1,\cdots,n$，并分别乘以 k，便得到

$$0 p_n(0) = 0(n-1) p_{n-1}(0) + 0 \cdot 1 p_{n-1}(1)$$
$$1 p_n(1) = 1 p_{n-1}(0) + 1(n-2) p_{n-1}(1) + 1 \cdot 2 p_{n-1}(2)$$
$$2 p_n(2) = 2 p_{n-1}(1) + 2(n-3) p_{n-1}(2) + 2 \cdot 3 p_{n-1}(3)$$
$$3 p_n(3) = 3 p_{n-1}(2) + 3(n-4) p_{n-1}(3) + 3 \cdot 4 p_{n-1}(4)$$
$$\vdots$$
$$(n-2) p_n(n-2) = (n-2) p_{n-1}(n-3) + (n-2)(n-(n-1)) \cdot p_{n-1}(n-2) + (n-2)(n-1) p_{n-1}(n-1)$$
$$(n-1) p_n(n-1) = (n-1) p_{n-1}(n-2) + (n-1)(n-2) p_{n-1}(n-1)$$
$$n p_n(n) = n p_{n-1}(n-1)$$

把以上各式相加，即得

$$\sum_{k=0}^n k p_n(k) = \sum_{k=0}^{n-1} (k+1) p_{n-1}(k) + \sum_{k=0}^{n-1} k(n-k-1) p_{n-1}(k) +$$
$$\sum_{k=1}^{n-1} (k-1) k p_{n-1}(k) =$$
$$\sum_{k=0}^{n-1} ((k+1) + k(n-k+1) + (k-1)k) p_{n-1}(k) =$$
$$\sum_{k=0}^{n-1} (kn-k+1) p_{n-1}(k) =$$

$$\sum_{k=0}^{n-1}(n-1)kp_{n-1}(k) + \sum_{k=0}^{n-1}p_{n-1}(k) =$$
$$(n-1)(n-1)! + (n-1)! = n!$$

证法 3 把概率技术应用到组合问题有时是很有效的. 我们只限于最简单的概率模型. 设 S 是一有限集合, $A \subseteq S$ A 的概率 (probability) 是 $\text{Prob}(A) = \frac{|A|}{|S|}$. 特别是对每个 $\sigma \in S$, $\text{Prob}(\{\sigma\}) = \frac{1}{|S|}$. 设 $X : S \to R$ 是一个函数. 在这我们称 X 是一个随机变量 (random variable). X 的平均 (average) 或期望值 (expected value) 由下式给出, 即
$$E(X) = \frac{1}{|S|} \sum_{\sigma \in S} X(\sigma)$$
也许期望值最有用的性质是它的线性性 (linearity), 即
$$E(cX) = cE(X)$$
及 $E(X_1 + X_2 + \cdots + X_n) = E(X_1) + E(X_2) + \cdots + E(X_n)$
X 的 k 阶矩 (moment) 定义为 $\mu_k = E(X^k)$, k 阶阶乘矩 (factorial moment) 定义为 $E_k(X) = E(X^k)$. 在许多重要的应用中
$$X = X_1 + \cdots + X_n$$
其中, X_i 是某子集 $P_i \subseteq S$ 的特征函数 (charateristic function), 即 X_i 满足: 如果 $\sigma \in P_i$, 则 $X_i(\sigma) = 1$; 如果 $\sigma \notin P_i$, 则 $X_i(\sigma) = 0$. 那么 $E(X_i) = \text{Prob}(P_i)$. X 的 k 阶阶乘矩为
$$E_k(X) = \frac{k!}{|S|} \sum_{\sigma \in S} \binom{X(\sigma)}{k} \quad \text{④}$$
$$E_k(X) = \frac{k!}{|S|} \sum_{[n]^k} \sum_{\sigma \in S} X_{i_1}(\sigma) X_{i_2}(\sigma) \cdots X_{i_k}(\sigma) \quad \text{⑤}$$
在 ⑤ 中外层的和是对 $[n]$ 的所有的 k 元求和. 要说明 ④ 与 ⑤ 相等, 只需注意恰好属于 $P_1, P_2, \cdots, P_n$ 中 r 个集合的元素 $\sigma \in S$ 对每个和的贡献是 $\binom{r}{k}$.

令 S_n 表示 $[n]$ 的所有的排列 π 组成的集合, X_i 是集合 $\{\pi \mid \pi(i) = i\}$ 的特征函数. 那么
$$\sum_{k=0}^{n} kp_n(k) = \sum_{\pi \in S_n} \sum_{i=1}^{n} X_i(\pi) = \sum_{i=1}^{n} \sum_{\pi \in S_n} X_i(\pi) = n(n-1)! = n!$$
用概率的语言, $E(X) = 1$, 其中 $X(\pi)$ 是 π 的不动点数; 随机排列的不动点的期望值是 1.

❷ 锐角 $\triangle ABC$ 的顶点 A 的内角平分线交 BC 边于 L，又交三角形的外接圆于 N，过 L 分别作 AB 和 AC 边的垂线 LK 和 LM，垂足是 K 和 M，求证：四边形 $AKNM$ 的面积等于 $\triangle ABC$ 的面积.

苏联命题

证明 如图 28.1 所示，设 $\varphi = \dfrac{1}{2}\angle A$，则

$$AK = AM = AL \cdot \cos \varphi$$

于是 $\triangle AKN \cong \triangle AMN$，所以

$$S_{AKNM} = 2S_{\triangle AKN} = AK \cdot AN \cdot \sin \varphi =$$
$$AL \cdot AN \cdot \cos \varphi \cdot \sin \varphi = \dfrac{1}{2} AL \cdot AN \cdot \sin A \quad ①$$

$$S_{\triangle ABC} = \dfrac{1}{2} AB \cdot AC \cdot \sin A \quad ②$$

联结 BN，在 $\triangle ABN$ 和 $\triangle ALC$ 内，有 $\angle BAN = \angle LAC$，$\angle BNA = \angle LCA$，所以，$\triangle ABN \sim \triangle ALC$. 从而有

$$AB : AL = AN : AC$$

即

$$AB \cdot AC = AL \cdot AN \quad ③$$

由 ①，②，③ 即知

$$S_{AKNM} = S_{\triangle ABC}$$

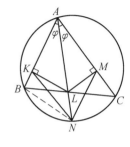

图 28.1

❸ 令 $x_1, x_2, \cdots, x_n$ 是实数，满足条件 $x_1^2 + x_2^2 + \cdots + x_n^2 = 1$，求证：对于每一整数 $k \geqslant 2$，存在不全为 0 的整数 $a_1, a_2, \cdots, a_n$，对于所有的整数 i 使得 $|a_i| \leqslant k-1$，并且有

$$|a_1 x_1 + a_2 x_2 + \cdots + a_n x_n| \leqslant \dfrac{(k-1)\sqrt{n}}{k^n - 1}$$

联邦德国命题

证明 由柯西不等式得

$$(|x_1| + |x_2| + \cdots + |x_n|)^2 \leqslant$$
$$(1^2 + 1^2 + \cdots + 1^2)(x_1^2 + x_2^2 + \cdots + x_n^2) = n$$

即得

$$|x_1| + |x_2| + \cdots + |x_n| \leqslant \sqrt{n}$$

所以，当 $0 \leqslant a_i \leqslant k-1$ 时，我们有

$$a_1 |x_1| + a_2 |x_2| + \cdots + a_n |x_n| \leqslant$$
$$(k-1)(|x_1| + |x_2| + \cdots + |x_n|) \leqslant (k-1)\sqrt{n}$$

把区间 $[0, (k-1)\sqrt{n}]$ 等分成 $k^n - 1$ 个小区间，每个小区间的长度为 $\dfrac{(k-1)\sqrt{n}}{k^n - 1}$. 由于每一个 a_i 只能在 $0, 1, \cdots, k-1$ 这 k 个整数中

取值. 因此
$$a_1 \mid x_1 \mid + a_2 \mid x_2 \mid + \cdots + a_n \mid x_n \mid$$
共能取 k^n 个正数值, 因此必有二数会落在同一个小区间之内, 设它们分别是 $\sum_{i=1}^{n} a'_i \mid x_i \mid$ 与 $\sum_{i=1}^{n} a''_i \mid x_i \mid$, 因此有
$$\left| \sum_{i=1}^{n} (a'_i - a''_i) \mid x_i \mid \right| \leqslant \frac{(k-1)\sqrt{n}}{k^n - 1} \quad ①$$
显然, 对 $i = 1, 2, \cdots, n$, 有
$$\mid a'_i - a''_i \mid \leqslant k - 1$$
现在取
$$a_i = \begin{cases} a'_i - a''_i, x_i \geqslant 0 \\ a''_i - a'_i, x_i < 0 \end{cases}$$
其中, $i = 1, 2, \cdots, n$. 于是式 ① 可表示为
$$\left| \sum_{i=1}^{n} a_i x_i \right| \leqslant \frac{(k-1)\sqrt{n}}{k^n - 1}$$
其中, a_i 为整数, 适合 $\mid a_i \mid \leqslant k - 1, i = 1, 2, \cdots, n$.

❹ 求证: 不存在这样一个函数 $f: N_0 \to N_0, N_0 = \{0, 1, 2, 3, \cdots, n, \cdots\}$, 使得对于任何 $n \in \mathbf{N}$.
$$f(f(n)) = n + 1\,987$$
成立.

越南命题

证明 如果存在这样的函数, 则
$$f(n + 1\,987) = f(f(f(n))) = f(n) + 1\,987 \quad ①$$
对于所有的 $n \in N_0$ 成立.

利用数学归纳法可以证明: 对任意的 $n, k \in N_0$, 有
$$f(n + 1\,987k) = f(n) + 1\,987k \quad ②$$

因为当 $k = 1$ 时, 式 ① 已保证 ② 成立. 假定
$$f(n + 1\,987(k-1)) = f(n) + 1\,987(k-1)$$
则 $f(n + 1\,987k) = f((n + 1\,987(k-1)) + 1\,987) =$
$$f(n + 1\,987(k-1)) + 1\,987 =$$
$$f(n) + 1\,987(k-1) + 1\,987 =$$
$$f(n) + 1\,987k$$

设 $r \in N_0$, 且 $r \leqslant 1\,986$, 并令
$$f(r) = 1\,987k + l \quad ③$$
其中, $l, k \in N_0, l \leqslant 1\,986$.

根据定义, 有
$$f(f(r)) = r + 1\,987$$
又 $f(f(r)) = f(1\,987k + l) = f(l) + 1\,987k$
即得

$$r + 1\,987 = f(l) + 1\,987k \qquad ④$$

由 $r \leqslant 1\,986$ 知 $k=0$ 或 $k=1$.

若 $k=1$, 则由式 ③ 和式 ④ 有
$$f(r) = 1\,987 + l$$
$$f(l) = r < 1\,987 + l$$

所以
$$r \neq l \qquad ⑤$$

若 $k=0$, 则由 ③ 与 ④ 得
$$f(r) = l, f(l) = r + 1\,987 > l$$

仍有 $r \neq l$, 即式 ⑤ 普遍成立.

因此, 数集 $\{0,1,2,\cdots,1\,986\}$ 中的数总是两两配对, 使得
$$f(l) = r, f(r) = 1\,987 + l$$
或
$$f(r) = l, f(l) = 1\,987 + r$$
而且 $r \neq l$. 但是数集 $\{0,1,2,\cdots,1\,986\}$ 中一共有 $1\,987$ 个数, 两两配对后总有一对数相同, 与 $r \neq l$ 矛盾. 因此题目中要求的函数不存在.

---

❺ 证明: 对于任意的自然数 $n \geqslant 3$, 在欧氏平面上存在一个含 n 个点的集, 使得每一对点之间的距离是无理数, 并且每三点构成一个非退化三角形, 具有有理面积.

民主德国命题

证法 1 如图 28.2 所示, 设 O 是圆心, 在圆周上顺次取 n 个点 $P_i (i=1,2,\cdots,n)$, 记 $\varphi_i = \angle P_i O P_{i+1}$, 且 $\angle P_i O P_{i+1}$ 为正. 设圆的半径为 r.

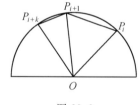

图 28.2

计算同半圆上 P_i 与 P_{i+k} 的距离为 $d_{i,i+k}$. 显然有
$$d_{i,i+k} = 2r \cdot \sin\left(\sum_{j=i}^{i+k-1} \frac{\varphi_j}{2}\right) = r D_{i,i+k} \qquad ①$$

根据加法定理, 若所有的 $\sin\dfrac{\varphi_i}{2}$ 与 $\cos\dfrac{\varphi_i}{2}$ 都是有理数, 则式 ① 中的
$$D_{i,i+k} = 2\sin\left(\sum_{j=i}^{i+k-1} \frac{\varphi_j}{2}\right) \qquad ②$$
也是有理数.

设 a 是一个有理数, 因为
$$\left(\frac{a^2-1}{a^2+1}\right)^2 + \left(\frac{2a}{a^2+1}\right)^2 = 1 \qquad ③$$

$$\lim_{a \to \infty} \frac{2a}{a^2+1} = 0 \qquad ④$$

由于式 ④, 对于每一个正数 $\delta > 0$, 存在有理数 a, 使
$$0 < \frac{2a}{a^2+1} < \delta \qquad ⑤$$

因为 $y=\sin x$ 是连续函数,根据式 ③,对每个有理数 a 都有一个角 x,使 $\sin x=\dfrac{2a}{a^2+1}$. 由于在 $\left(0,\dfrac{\pi}{2}\right)$ 内,$y=\sin x$ 严格单调,故相当小的非负数 $\dfrac{2a}{a^2+1}$ 所对应的角 x 是一个相当小的正数.

当 $\sin x=\dfrac{2a}{a^2+1}$ 时,根据式 ③,如果 $\sin x$ 是有理数,则 $\cos x$ 也是有理数. 今选择 $\delta=\sin\dfrac{\pi}{2(n+1)}$,则根据上述推导,可得

$$0<x<\dfrac{\pi}{2n+1} \qquad ⑥$$

使得 $\sin x$ 与 $\cos x$ 都是有理数.

今取
$$\dfrac{\varphi_1}{2}=\dfrac{\varphi_2}{2}=\cdots=\dfrac{\varphi_n}{2}=x$$

则因
$$\sum_{i=1}^{n}\dfrac{\varphi_i}{2}=nx=n\dfrac{\pi}{2n+1}<\dfrac{\pi}{2}$$

故有 $\sum_{i=1}^{n}\varphi_i<\pi$,即 n 个点都在同一半圆上.

根据式 ② 和 φ_i 的取法,易知 $D_{i,i+k}$ 为有理数,故取 $r=\sqrt{2}$,则由 ①,任意两点间的距离

$$d_{i,i+k}=\sqrt{2}D_{i,i+k}=\text{无理数}$$

但 $\triangle OP_iP_{i+k}$ 的面积 $S_{i,i+k}$ 为

$$S_{i,i+k}=\dfrac{1}{2}|OP_i||OP_{i+k}|\sin\angle P_iOP_{i+k}=$$
$$\dfrac{1}{2}\sqrt{2}\cdot\sqrt{2}\sin\left(\sum_{j=i}^{i+k-1}\varphi_j\right)=\sin\left(\sum_{j=i}^{i+k-1}\varphi_j\right)$$

因 $\sin\dfrac{\varphi_j}{2}$ 与 $\cos\dfrac{\varphi_j}{2}$ 为有理数,故 $\sin\varphi_j$ 为有理数,$\cos\varphi_j$ 为有理数,从而 $\sin\left(\sum_{j=i}^{i+k-1}\varphi_j\right)$ 为有理数,即 $S_{i,i+k}$ 为有理数.

于是,对于任意的三点 $P_i,P_{i+j},P_{i+k}(j<k)$,它们所构成的 $\triangle P_iP_{i+j}P_{i+k}$ 的面积

$$S=S_{i,i+j}+S_{i+j,i+k}-S_{i,i+k}$$

为三个有理数之代数和,必为一有理数.

故本题的结论是肯定的.

证法 2 在抛物线 $y=x^2$ 上取点列 $\{P_i\}$,即
$$P_i(i\sqrt[3]{2},i^2\sqrt[3]{4}),i=1,2,\cdots,n$$

则显然 $P_1,P_2,\cdots,P_n$ 中任何三点都不在同一直线上.

其中任两点的距离 d_{ij} 为

$$d_{ij} = |P_iP_j| = \sqrt{(i\sqrt[3]{2}-j\sqrt[3]{2})^2+(i^2\sqrt[3]{4}-j^2\sqrt[3]{4})^2} = \sqrt{(i-j)^2\sqrt[3]{4}+2(i^2-j^2)^2\sqrt[3]{2}} \qquad ⑦$$

易见 d_{ij} 为一无理数.

又任意三点 P_i, P_j, P_k 所成的 $\triangle P_iP_jP_k$ 的面积为

$$S = \frac{1}{2}\begin{vmatrix} 1 & 1 & 1 \\ i\sqrt[3]{2} & j\sqrt[3]{2} & k\sqrt[3]{2} \\ i^2\sqrt[3]{4} & j^2\sqrt[3]{4} & k^2\sqrt[3]{4} \end{vmatrix} = \frac{1}{2}\sqrt[3]{2}\sqrt[3]{4}\begin{vmatrix} 1 & 1 & 1 \\ i & j & k \\ i^2 & j^2 & k^2 \end{vmatrix} = (j-i)k^2+(k-j)i^2+(i-k)j^2$$

S 显然为一有理数.

故本题的结论是成立的.

❻ 已知 $n > 2$, 求证: 如果 k^2+k+n 对于整数 $k, 0 \leqslant k \leqslant \sqrt{n/3}$, 都是素数, 则 k^2+k+n 对于所有整数 $k, 0 \leqslant k \leqslant n-2$, 都是素数.   苏联命题

证法 1 用反证法. 若本题结论不成立, 则存在满足 $\sqrt{\frac{n}{3}} < x \leqslant n-2$ 的整数使 x^2+x+n 为合数, 不妨设其最小的数为 k, 即

$$k^2+k+n = \alpha\beta \qquad ①$$

其中, α 是 k^2+k+n 的最小素因子. 因为 $k > \sqrt{\frac{n}{3}}, n^2 < 3k^2$, 所以

$$\alpha\beta = k^2+k+n < 4k^2+k < 2k(2k+1)$$

所以 $\alpha \leqslant 2k$, 又当 $k=0$ 时, n 为素数, 因此, α 与 k 互质, 所以 $\alpha < 2k$ 且 $\alpha \neq k$. 又因

$$k^2+k+n \leqslant (n-2)^2+(n-2)+n = n^2-2n+2 < n^2$$

所以, $\alpha < n$.

现在分两种情况讨论.

ⅰ 若 $\alpha < k$, 令 $k = p\alpha+t$, 此处 p, t 为正整数, $1 \leqslant t \leqslant \alpha$. 则

$$n+k^2+k = n+(p\alpha+t)^2+(p\alpha+t) = n+t^2+t+\alpha(p^2\alpha+2pt+p) = \alpha\beta$$

或 $\qquad \alpha\beta - \alpha(p^2\alpha+2pt+p) = n+t^2+t$

即 $\qquad n+t^2+t = \alpha(\beta-p^2\alpha-2pt-p) = \alpha\beta_1$

若 $\beta_1 = 1$, 则 $n+t^2+t = \alpha$, 与 $\alpha < n$ 矛盾. 若 $\beta_1 > 1$, 则因 $t < \alpha < k$, 与 k 的最小性定义矛盾.

ⅱ 若 $k < \alpha < 2k$, 不妨设 $\alpha = k+t, 1 \leqslant t \leqslant k-1$. 则

$$n+k^2+k = n+(\alpha-t)^2+(\alpha-t) = \alpha\beta$$
$$\alpha\beta = (n+t^2-t)+\alpha(\alpha-2t+1)$$

或 $\qquad n+(t-1)^2+(t-1) = \alpha(\beta+2t-\alpha-1)$

因为 $\alpha \leqslant \beta, t \geqslant 1$,故
$$\beta + 2t - \alpha - 1 \geqslant 1$$

若 $\beta + 2t - \alpha - 1 > 1$,则 $n + (t-1)^2 + (t-1)$ 为一合数,因 $0 < t - 1 < k$,与 k 的最小性的定义矛盾.

若 $\beta + 2t - \alpha - 1 = 1$,则 $t = 1, \beta = \alpha$. 这时式 ① 变为
$$n + (\alpha - 1)^2 + (\alpha - 1) = \alpha^2$$
或
$$n = \alpha$$
与 $\alpha < n$ 矛盾.

综上所述,知当 $\left[\sqrt{\dfrac{n}{3}}\right] < k \leqslant n - 2$ 时,$k^2 + k + n$ 恒为素数,又由题设条件,已有当 $0 \leqslant k \leqslant \left[\sqrt{\dfrac{n}{3}}\right]$ 时,$n + k^2 + k$ 为素数.因此,对一切满足 $0 \leqslant k \leqslant n - 2$ 的 $k, n + k^2 + k$ 都是素数.

证法 2 若本题结论不成立.则有满足条件 $\sqrt{\dfrac{n}{3}} < x \leqslant n - 2$ 的正整数存在,使得 $x^2 + x + n$ 为合数,不妨设其最小者为 x,则
$$x^2 + x + n = \alpha\beta$$
其中,$1 < \alpha \leqslant \beta, \alpha$ 是 $x^2 + x + n$ 的最小质因子.

因为 $\sqrt{\dfrac{n}{3}} < x$,所以 $n < 3x^2$,从而
$$x^2 + x + n < 4x^2 + x < 2x(2x + 1)$$
所以 $\alpha \leqslant 2x$.因为
$$(x^2 + x + n) - (k^2 + k + n) = (x - k)(x + k + 1)$$
顺次令 $k = 0, 1, 2, \cdots, x - 1$,则得
$$x - k = 1, 2, \cdots, x$$
$$x + k + 1 = x + 1, x + 2, \cdots, 2x$$
因为 $\alpha \leqslant 2x$,故必存在某一个 k,使 $\alpha = x - k$ 或 $\alpha = x + k + 1$,总之有
$$\alpha \mid (x - k)(x + k + 1) = (x^2 + x + n) - (k^2 + k + n)$$
因为 $\alpha \mid x^2 + x + n$,而 $k^2 + k + n$ 为素数,必然
$$\alpha = k^2 + k + n$$
但
$$x - k \leqslant n - 2 < n + k + k^2 = \alpha$$
$$x + k + 1 \leqslant (n - 2) + k + 1 < n + k + k^2 = \alpha$$
与 $\alpha \mid (x - k)(x + k + 1)$ 矛盾.

这个矛盾证明了不存在满足 $\sqrt{\dfrac{n}{3}} < x \leqslant n - 2$ 的 x,使 $x^2 + x + n$ 为合数.故本题结论成立.

第 28 届国际数学奥林匹克英文原题

The twenty-eighth International Mathematical Olympiad was held from July 5th to July 16th 1987 in the city of Havana.

❶ Let $S = \{1, 2, \cdots, n\}, n \geq 1$. Let $p_n(k)$ be the number of permutations of S which have exactly k fixed points. Prove that
$$\sum_{k=0}^{n} k p_n(k) = n!$$

(F. R. Germany)

❷ Let ABC be an acute triangle. The interior bisector from vertex A intersects the side BC in L and the circumcircle of the triangle in N. Let K and M be the perpendicular projection of L on AB and AC, respectively. Show that the areas of the quadrilateral $AKNM$ and the triangle ABC are equal.

(USSR)

❸ Let $x_1, x_2, \cdots, x_n$ be real numbers such that
$$x_1^2 + x_2^2 + \cdots + x_n^2 = 1$$
and let k be an integer number, $k \geq 2$. Show that there exist integer numbers $a_1, a_2, \cdots, a_n$, not all zero, such that $|a_i| \leq k-1$, for all i and
$$|a_1 x_1 + a_2 x_2 + \cdots + a_n x_n| \leq \frac{(k-1)\sqrt{n}}{k^n - 1}$$

(F, R, Germany)

❹ Show that doesn't exist a function $f, f: \mathbf{N} \to \mathbf{N}$, such that
$$f(f(n)) = n + 1987$$
for all $n \in \mathbf{N}(\mathbf{N} = \{0, 1, 2, \cdots\})$.

(Vietnam)

❺ Show that for any positive integer $n, n \geq 3$, there exists a n-points set in the plane such that the distance between

(East Germany)

any two points of the set is an irrational number and any three points determine a non-degenerate triangle having rational area.

❻ Let n be an integer number, $n \geqslant 2$. Show that if $k^2 + k + n$ is a prime number for any integer number $k, 0 \leqslant k \leqslant \sqrt{\dfrac{n}{3}}$, then $k^2 + k + n$ is a prime number for any $k, 0 \leqslant k \leqslant n-2$.

(USSR)

第 28 届国际数学奥林匹克各国成绩表

1987,古巴

名次	国家或地区	分数		奖牌		参赛队
		(满分 252)	金牌	银牌	铜牌	人数
1.	罗马尼亚	250	5	1	—	6
2.	德意志联邦共和国	248	4	2	—	6
3.	苏联	235	3	3	—	6
4.	德意志民主共和国	231	2	3	1	6
5.	美国	220	2	3	1	6
6.	匈牙利	218	—	5	1	6
7.	保加利亚	210	1	3	2	6
8.	中国	200	2	2	2	6
9.	捷克斯洛伐克	192	—	4	2	6
10.	英国	182	1	2	2	6
11.	越南	172	—	1	5	6
12.	法国	154	—	3	2	6
13.	奥地利	150	—	2	3	6
14.	荷兰	146	—	1	4	6
15.	澳大利亚	143	—	3	—	5
16.	加拿大	139	1	1	1	6
17.	瑞典	134	—	2	2	6
18.	南斯拉夫	132	—	1	3	6
19.	巴西	116	1	—	2	6
20.	希腊	111	—	—	4	6
21.	土耳其	94	—	—	2	6
22.	西班牙	91	—	—	3	6
23.	摩洛哥	88	—	—	3	6
24.	古巴	83	—	—	2	6
25.	比利时	74	—	—	1	6
26.	伊朗	70	—	—	1	6
27.	芬兰	69	—	—	2	6

续表

名次	国家或地区	分数（满分252）	奖牌 金牌	银牌	铜牌	参赛队 人数
28.	挪威	69	—	—	—	6
29.	哥伦比亚	68	—	—	1	6
30.	蒙古	67	—	—	—	6
31.	波兰	55	—	—	2	3
32.	冰岛	45	—	—	—	4
33.	塞浦路斯	42	—	—	—	6
34.	秘鲁	41	—	—	—	6
35.	意大利	35	—	—	1	4
36.	阿尔及利亚	29	—	—	—	6
37.	科威特	28	—	—	—	6
38.	卢森堡	27	—	—	1	1
39.	乌拉圭	27	—	—	—	4
40.	墨西哥	17	—	—	—	5
41.	尼加拉瓜	13	—	—	—	6
42.	巴拿马	7	—	—	—	6

第28届国际数学奥林匹克预选题

古巴,1987

❶ 设 $x_1, x_2, \cdots, x_n$ 是 n 个整数. 设 $n = p + q$, 其中 p 和 q 是正整数. 对 $i = 1, 2, \cdots, n$, 令
$$S_i = x_i + x_{i+1} + \cdots + x_{i+p-1}$$
以及
$$T_i = x_{i+p} + x_{i+p+1} + \cdots + x_{i+n-1}$$
(假定对所有的 i 都有 $x_{i+n} = x_i$). 再设 $m(a,b)$ 是那种下标 i 的数目, 其中 i 使得当用 3 去除时, S_i 的余数是 a, 而 T_i 的余数是 b, 这里 $a, b \in \{0, 1, 2\}$. 证明当用 3 去除时, $m(1,2)$ 和 $m(2,1)$ 有相同的余数.

❷ 假设我们有一摞牌, 其中的牌的顺序是 $1, 2, \cdots, 2n$. 一个完美的洗牌法可以把这些牌的次序改成 $n+1, 1, n+2, 2, \cdots, n-1, 2n, n$, 也就是把原来开始的 n 张牌移到了第 $2, 4, \cdots, 2n$ 处, 而剩下的 n 张牌落到了奇数 $1, 3, \cdots, 2n-1$ 的位置处.

假设开始时牌的顺序是 $1, 2, \cdots, 2n$, 现在连续对其实行完美洗牌法, n 必须满足什么条件才能使这一摞牌最终可以回到原来的顺序?

注 此问题是平凡的. 代替它可问至少要实行多少次完美洗牌法才能使这一摞牌回到原来的顺序?

❸ 一个镇子中有一个为了公共汽车用的完全由单行线组成的路网. 沿着这些线路已建立了公共汽车站. 如果单行线的线路牌允许公共汽车从 X 站开往 $Y \neq X$ 站, 则称可从 X 到达 Y. 如果每个从 X 可以到达的汽车站也是一个从 Y 可以达到的汽车站, 并且每个从 Y 可以到达的汽车站也是一个从 X 可以到达的汽车站, 则称 Y 来自 X. 一位访问者发现在这个镇子中陈述"可从 X 到达 Y"与陈述"Y 来自 X"的含义完全相同.

设 A 和 B 是两个汽车站, 证明在下面的,

(1) "从 A 可到达 B" 和 (2) "从 B 可到达 A" 两句话之中, 恰只有一句是对的.

❹ 设 $a_1, a_2, a_3, b_1, b_2, b_3$ 都是正实数. 证明
$$(a_1b_2 + a_2b_1 + a_1b_3 + a_3b_1 + a_2b_3 + a_3b_2)^2 \geqslant$$
$$4(a_1a_2 + a_2a_3 + a_3a_1)(b_1b_2 + b_2b_3 + b_3b_1)$$
并证明等号当且仅当
$$\frac{a_1}{b_1} = \frac{a_2}{b_2} = \frac{a_3}{b_3}$$
时成立.

❺ 设给定了三个圆心分别在 O_1, O_2, O_3 的圆 K_1, K_2, K_3, 它们相交于一个公共点 P. 又设 $K_1 \cap K_2 = \{P, A\}, K_2 \cap K_3 = \{P, B\}, K_3 \cap K_1 = \{P, C\}$. 在 K_1 上给出一个任意的点 X, 联结 X 与 A, 并设此连线再交 K_2 于 Y, 联结 X 与 C, 并设此连线再交 K_3 于 Z.
(1) 证明 Z, B, Y 三点共线；
(2) 证明 $\triangle XYZ$ 的面积必小于或等于 4 倍的 $\triangle O_1O_2O_3$ 的面积.

❻ 设 f 是满足以下条件的函数：
(1) 如果 $x > y$ 以及 $f(y) - y \geqslant v \geqslant f(x) - x$, 那么对某个介于 x 和 y 之间的 z, 成立 $f(z) = v + z$；
(2) $f(x) = 0$ 至少有一个解, 并且在这个方程的所有解中, 存在一个不小于其他所有解的解；
(3) $f(0) = 1$；
(4) $f(1\,987) \leqslant 1\,988$；
(5) $f(x)f(y) = f(xf(y) + yf(x) - xy)$；
求 $f(1\,987)$.

解 由(2)知 $f(x) = 0$ 至少有一个解, 并且其中有一个最大者, 比如说 x_0. 那么由(5)可知, 对任意 x 成立
$$0 = f(x)f(x_0) = f(xf(x_0) + x_0f(x) - x_0x) = f(x_0(f(x) - x)) \qquad ①$$
由此得出 $\qquad x_0 \geqslant x_0(f(x) - x)$
假设 $x_0 > 0$. 由于 $f(x_0) - x_0 < 0 < f(0) - 0$, 因此由(1)和(3)可知在 0 和 x_0 之间就存在一个数 z, 使得 $f(z) = z$. 由 ① 得 $0 = f(x_0(f(z) - z)) = f(0) = 1$, 矛盾. 因此必须有 $x_0 < 0$. 现在, 不等式 $x_0 \geqslant x_0(f(x) - x)$ 给出对所有的 x, 成立 $f(x) - x \geqslant 1$. 因此 $f(1\,987) \geqslant 1\,988$, 再由(4)即得 $f(1\,987) = 1\,988$.

❼ 设函数 $f:(0,+\infty) \to \mathbf{R}$ 具有性质：对所有的 $x > 0$，$f(x) = f\left(\dfrac{1}{x}\right)$. 证明存在一个函数 $u:[1,+\infty) \to \mathbf{R}$ 使得对所有的 $x > 0, f(x) = u\left[\dfrac{x+\dfrac{1}{x}}{2}\right]$.

❽ 确定最小的自然数 n，使得 $n!$ 恰以 1 987 个 0 结尾.

❾ 在 21 个元素 $\{1,2,3,4,5,6,7,8,9,0,A,B,C,D,J,K,L,U,X,Y,Z\}$ 的集合中，我们已经随机的获得了 28 个序列. 问在这些序列中，序列 CUBA JULY 1987 出现的概率是多少？

❿ 在一个直角坐标系中，$\odot C_1$ 的圆心坐标为 $O_1(-2,0)$，半径是 3. 用 A 表示点 $(1,0)$，O 表示原点. 证明存在一个常数 $c > 0$，使得对每个在 C_1 之外的点 X，都有
$$OX - 1 \geqslant c\min\{AX, AX^2\}$$
求出 c 的最大值.

⓫ 设 $S \subset [0,1]$ 是一个 5 个点的集合，使得 $\{0,1\} \subset S$. 实函数 $f:[0,1] \to [0,1]$ 的图像是连续的和递增的，并且在 $[0,1]$ 的每个使得 I 的端点在 S 内但内点不在 S 内的子区间 I 上是线性的，如果我们想用一个计算机计算函数 $g(x,t) = \dfrac{f(x+t)-f(x)}{f(x)-f(x-t)}$ 的极值，其中 $x-t, x+t \in [0,1]$. 必须在多少个点处用计算机计算 $g(x,t)$ 的值？

⓬ 是否存在二元二次多项式 $p(x,y)$，使得每个非负整数 n 都等于一个有序的非负整数对且仅等于一个有序的非负整数对 k,m 的函数值 $p(k,m)$.

解 是.

设 $p(k,m) = k + [1 + 2 + \cdots + (k+m)] = \dfrac{(k+m)^2 + 3k + m}{2}$

显然是所需的类型.

❸ A 是一个无限多个正整数的集合使得每个 $n \in A$ 都是至多 1 987 个素数的积. 证明存在一个无限集合 $B \subset A$ 和一个数 p 使得 B 中任意两个不同的数的最大公因数都是 b.

❹ 给了 n 个实数 $0 < t_1 \leqslant t_2 \leqslant \cdots \leqslant t_n < 1$,证明
$$(1-t_n^2)\left(\frac{t_1}{(1-t_1^2)^2}+\frac{t_2^2}{(1-t_2^3)^2}+\cdots+\frac{t_n^n}{(1-t_n^{n+1})^2}\right)<1$$

❺ 设 $a_1, a_2, a_3, b_1, b_2, b_3, c_1, c_2, c_3$ 是 9 个严格正的实数,又设
$$S_1 = a_1 b_2 c_3, S_2 = a_2 b_3 c_1, S_3 = a_3 b_1 c_2$$
$$T_1 = a_1 b_3 c_2, T_2 = a_2 b_1 c_3, T_3 = a_3 b_2 c_1$$
设集合 $\{S_1, S_2, S_3, T_1, T_2, T_3\}$ 至多有两个元素,证明
$$S_1 + S_2 + S_3 = T_1 + T_2 + T_3$$

❻ 设 ABC 是一个三角形. 对每个属于 BC 边的点 M, 分别用 B', C' 表示点 M 在 AC 和 AB 边上的正交投影, 求使得 $B'C'$ 的长度最小的点 M 的位置.

❼ 设 α 表示在小数点后面连续写上 $1, 1\,987, 1\,987^2, \cdots$ 的十进数字表示式所得的小数, 证明 α 是一个无理数.

❽ 设 $ABCDEFGH$ 是一个平行六面体, 其中 $AE \parallel BF \parallel CG \parallel DH$. 证明
$$AF + AH + AC \leqslant AB + AD + AE + AG$$
等号在什么情况下成立?

证法 1 设 $x_1 = \overrightarrow{AB}, x_2 = \overrightarrow{AD}, x_3 = \overrightarrow{AE}$, 我们必须证明
$(\|x_1\| + \|x_2\| + \|x_3\|)^2 - \|x_1 + x_2 + x_3\|^2 =$
$2 \sum_{1 \leqslant i < j \leqslant 3} (\|x_i\| \|x_j\| - \langle x_i, x_j \rangle) =$
$\sum_{1 \leqslant i < j \leqslant 3} [(\|x_i\| + \|x_j\|)^2 - \|x_i + x_j\|^2] =$
$\sum_{1 \leqslant i < j \leqslant 3} (\|x_i\| + \|x_j\| + \|x_i + x_j\|)(\|x_i\| + \|x_j\| - \|x_i + x_j\|)$

下面的两个不等式是显然的
$$\|x_i\| + \|x_j\| - \|x_i + x_j\| \geqslant 0 \quad \text{①}$$
$$\|x_i\| + \|x_j\| + \|x_i + x_j\| \leqslant$$
$$\|x_1\| + \|x_2\| + \|x_3\| + \|x_1 + x_2 + x_3\| \quad \text{②}$$

由此得出
$$(\|x_1\| + \|x_2\| + \|x_3\|)^2 - \|x_1 + x_2 + x_3\|^2 \leqslant$$
$$\left(\sum_{i=1}^{3} \|x_i\| + \|\sum_{i=1}^{3} x_i\|\right)\left(2\sum_{i=1}^{3} \|x_i\| - \sum_{1 \leqslant i<j \leqslant d} \|x_i + x_j\|\right)$$

上式两边都除以整数 $\sum_{i=1}^{3} \|x_i\| + \|\sum_{i=1}^{3} x_i\|$ 就得出

$$\sum_{i=1}^{3} \|x_i\| - \|\sum_{i=1}^{3} x_i\| \leqslant 2\sum_{i=1}^{3} \|x_i\| - \sum_{1 \leqslant i<j \leqslant 3} \|x_i + x_j\|$$

不等式已得证.

现在让我们分析等号成立的条件. 如果其中的一个向量是零向量, 那么等号显然成立. 现在设此向量是非零的. 即设 $x_i \neq 0$ ($i = 1, 2, 3$.) 对每个 i, j, ①, ② 中至少有一个中的等号成立. 式 ① 等号成立的充分必要条件是 x_i 和 x_j 共线而式 ② 等号成立的充分必要条件是 $-x_k$ 和 $x_1 + x_2 + x_3$ 共线. 如果不是所有的向量都共线, 那么至少存在两个不同的对 $x_i, x_j, i < j$, 对它们式 ② 是一个等式. 因此至少有两个 x_i 和 $x_1 + x_2 + x_3$ 共线, 然而那样第三个就也和 $x_1 + x_2 + x_3$ 共线. 因而 $x_1 + x_2 + x_3$ 必须是零. 那样等号成立的条件就是:

(1) 向量是共线的;

(2) 向量是共线的, 其中两个有相同的方向, 比如说 x_i 和 x_j 并且 $\|x_k\| \geqslant \|x_i\| + \|x_j\|$;

(3) 向量之一是 **0**;

(4) 向量之和为 **0**.

证法 2 下面的技巧, 尽管不太初等, 但在证明一阶的几何不等式时, 例如这里的一维问题, 却是经常使用的有效手段.

设 σ 是一个中心在 O 处的固定球面. 对空间中的任意线段 d 和直线 l, 我们用 $\pi_l(d)$ 表示 d 在直线 l 上的投影的长度. 当 P 在球面上移动时, 考虑 OP 在所有可能的方向上的投影的长度的积分. $\int_\sigma \pi_{OP}(d) \mathrm{d}\sigma$. 显然这个积分的值只依赖于 d 的长度 (由于对称性); 因此

$$\int_\sigma \pi_{OP}(d) \mathrm{d}\sigma = c |d| \qquad ①$$

其中 $c \neq 0$ 是某个常数.

注意在一位情况下, 对任意点 $P \in \sigma$ 都有
$$\pi_{OP}(x_1) + \pi_{OP}(x_2) + \pi_{OP}(x_3) + \pi_{OP}(x_1 + x_2 + x_3) \geqslant$$
$$\pi_{OP}(x_1 + x_2) + \pi_{OP}(x_1 + x_3) + \pi_{OP}(x_2 + x_3)$$

对上式两边积分即得

$$c(\|x_1\| + \|x_2\| + \|x_3\| + \|x_1 + x_2 + x_3\|) \geqslant$$
$$c(\|x_1 + x_2\| + \|x_1 + x_3\| + \|x_2 + x_3\|)$$

❶❾ 用字母表$\{0,1,2,3,4\}$中的符号组成一个由 n 个数字构成的单词,并且要求相邻的数字之差为 1,问一共能组成多少个单词?

解 设 x_n 是长度为 n 的单词的总数,而 y_n, z_n, u_n, z_n, y_n 分别是以 0,1,2,3,4 开头的长度为 n 的单词的总数(实际上,由对称性可知,以 0 开头的单词数目就等于以 4 开头的单词数目,等等). 显然有以下关系:

(1) $y_n = z_{n-1}$; (2) $z_n = y_{n-1} + u_{n-1}$;
(3) $u_n = 2z_{n-1}$; (4) $x_n = 2y_n + 2z_n + u_n$.

从(1),(3),(4) 得出
$$z_n = z_{n-2} + 2z_{n-2} = 3z_{n-2}, z_1 = 1, z_2 = 2$$

由此得出 $\qquad z_{2n} = 2 \cdot 3^{n-1}; z_{2n+1} = 3^n$

那样 (1),(3),(4) 显然就蕴含 $x_1 = 5$
$$y_{2n} = 3^{n-1}; y_{2n+1} = 2 \cdot 3^{n-1}$$
$$u_{2n} = 2 \cdot 3^{n-1}; u_{2n+1} = 4 \cdot 3^{n-1}$$
$$x_{2n} = 8 \cdot 3^{n-1}; x_{2n+1} = 14 \cdot 3^{n-1}$$

❷⓿ 设 $x_1, x_2, \cdots, x_n$ 是使得 $x_1^2 + x_2^2 + \cdots + x_n^2 = 1$ 的实数. 证明对任意整数 $k > 1$,都存在不全为零的整数 e_i,使得 $|e_i| \leqslant k$,并且
$$|e_1 x_1 + e_2 x_2 + \cdots + e_n x_n| \leqslant \frac{(k-1)\sqrt{n}}{k^n - 1}$$

解 由于 $x_1^2 + x_2^2 + \cdots + x_n^2 = 1$,故由 Cauchy-Schwarz(柯西－许瓦兹)不等式得出
$$|x_1| + |x_2| + \cdots + |x_n| \leqslant \sqrt{n(x_1^2 + x_2^2 + \cdots + x_n^2)} = \sqrt{n}$$
因此所有 k^n 个形如 $e_1 x_1 + e_2 x_2 + \cdots + e_n x_n, e_i \in \{0, 1, 2, \cdots, k-1\}$ 的和都必位于某个长度为 $(k-1)\sqrt{n}$ 的闭区间 $\mathfrak{J}$ 内. 这个区间可以被 $k^n - 1$ 个长度为 $\frac{k-1}{k^n - 1}\sqrt{n}$ 的子区间覆盖. 由抽屉原则知必有两个和在同一子区间中. 它们的差具有形式
$$e_1 x_1 + e_2 x_2 + \cdots + e_n x_n, e_i \in \{0, \pm 1, \pm 2, \cdots, \pm k - 1\}$$
满足

$$|e_1 x_1 + e_2 x_2 + \cdots + e_n x_n| \leqslant \frac{(k-1)\sqrt{n}}{k^n - 1}$$

㉑ 设 S 是一个 n 个元素的集合,我们用 $p_n(k)$ 表示 S 的恰有 k 个不动点的排列的数目. 证明

(1) $\sum\limits_{k=0}^{n} k p_n(k) = n!$;

(2) $\sum\limits_{k=0}^{n} (k-1)^2 p_n(k) = n!$.

解 设 $S = \{1, 2, \cdots, n\}$,显然有

$$\sum_{k=0}^{n} p_n(k) = n! \qquad ①$$

(1) 对 S 的每个置换 π,我们让它对应一个向量 $(e_1, e_2, \cdots, e_n)$,其中如果 i 是 π 的不动点,则令 $e_i = 1$,否则令 $e_i = 0$. 由 $p_n(k)$ 和 e_i 的定义可知 $p_n(k)$ 就等于有 k 个分量都等于 1 的向量的数目. 因此所考虑的和 $\sum\limits_{k=0}^{n} k p_k(n)$ 就是在数所有 $n!$ 个对应的向量中一共要出现多少个 1. 但是对每个 i,$1 \leqslant i \leqslant n$,恰有 $(n-1)!$ 个置换使得 i 不动;即恰有 $(n-1)!$ 个使得 $e_i = 1$ 的向量. 因此,一共要有 $n \cdot (n-1)! = n!$ 个 1 出现,这蕴含

$$\sum_{k=0}^{n} k p_k(n) = n! \qquad ②$$

(2) 在这种情况下,对 S 的每个置换 π,我们让它对应一个向量 $(d_1, d_2, \cdots, d_n)$,其中如果 i 是 π 的不动点,则令 $d_i = k$,否则令 $e_i = 0$. 而 k 是 π 的不动点的数目.

现在让我们对所有的 $n!$ 个置换计算所有的分量 d_i 的和 Z. 一共有 $p_n(k)$ 个恰有 k 个分量等于 k 的向量,而分量的和等于 k^2. 那样 $Z = \sum\limits_{k=0}^{n} k^2 p_k(n)$. 另一方面,我们可以对固定的 i 先计算所有分量 d_i 的和. 事实上,值 $d_i = k > 0$ 将恰出现 $p_{n-1}(k-1)$ 次,因此 d_i 的和就是

$$\sum_{k=1}^{n} k p_{n-1}(k-1) = \sum_{k=0}^{n-1} (k+1) p_{n-1}(k) = 2(n-1)!$$

将此式对 i 求和得出

$$Z = \sum_{k=0}^{n} k^2 p_n(k) = 2n! \qquad ③$$

从 ①,②,③ 我们得出

$$\sum_{k=0}^{n}(k-1)^2 p_n(k) = \sum_{k=0}^{n} k^2 p_n(k) - 2\sum_{k=0}^{n} k p_n(k) + \sum_{k=0}^{n} p_n(k) = n!$$

注 在 IMO 中只提出了这个问题的第一部分.

㉒ 在锐角 $\triangle ABC$ 内求出并证明使得 $BL^2 + CM^2 + AN^2$ 最小的点 P,其中 L,M,N 分别是从点 P 向 BC,CA,AB 边所引的垂足.

解 设 $a = \overline{BC}, b = \overline{AC}, c = \overline{AB}; x = \overline{BL}, y = \overline{CM}, z = \overline{AN}$,由勾股定理得出

$$(a-x)^2 + (b-y)^2 + (c-z)^2 = x^2 + y^2 + z^2 = \frac{x^2 + (a-x)^2 + y^2 + (b-y)^2 + z^2 + (c-z)^2}{2}$$

由于
$$x^2 + (a-x)^2 = \frac{a^2}{2} + \frac{(a-2x)^2}{2} \geqslant \frac{a^2}{2}$$

类似地
$$y^2 + (b-y)^2 \geqslant \frac{b^2}{2}, \quad z^2 + (c-z)^2 \geqslant \frac{c^2}{2}$$

我们就得出
$$x^2 + y^2 + z^2 \geqslant \frac{a^2 + b^2 + c^2}{4}$$

等号当且仅当点 P 是 $\triangle ABC$ 的外接圆圆心时成立,即 $x = \frac{a}{2}, y = \frac{b}{2}, z = \frac{c}{2}$ 时成立.

㉓ 一个灯罩是一个对称轴是竖直直线的正圆锥的一部分的表面形成的曲面,它的上边缘和下边缘是两个水平的圆.在上面的小圆中选两个点,在下面的大圆中选四个点.这六个点中每个点都有三个距离它最近的点,这三个点到它的距离都等于 d.灯罩上两个点的距离的含义是指这在灯罩上连接这两个点的最短的曲线的长度.

证明灯罩的面积是 $d^2(2\theta + \sqrt{3})$,其中 $\cot\frac{\theta}{2} = \frac{3}{\theta}$.

㉔ 证明如果 $x^4 + ax^3 + bx + c = 0$ 的所有的根都是实根,则 $ab \leqslant 0$.

㉕ 设 m,n 是整数,$0 \leqslant m \leqslant n$,由以下关系定义了数 $d(m,n)$:

对所有的 $n \geqslant 0, d(n,0) = d(n,n) = 0$ 以及对所有的 $0 < m < n, md(n,m) = md(n-1,m) + (2n-m)d(n-1,m-1)$.

证明所有的 $d(m,n)$ 都是整数.

❷❻ 证明如果 x,y,z 是使得 $x^2+y^2+z^2=2$ 的实数,则
$$x+y+z \leqslant xyz+2$$

❷❼ 求出具有以下性质的最小实数 c,并证明你的结论.

设 $\{x_i\}$ 是对 $n=1,2,3,\cdots$ 使得 $x_1+x_2+\cdots+x_n \leqslant x_{n+1}$ 的正实数的无限序列,而 c 满足,对 $n=1,2,3,\cdots$,$\sqrt{x_1}+\sqrt{x_2}+\cdots+\sqrt{x_n} \leqslant c\sqrt{x_1+x_2+\cdots+x_n}$.

❷❽ 在一次象棋比赛中共有 $n \geqslant 5$ 个参赛者,并已进行过 $\left[\dfrac{n^2}{4}\right]+2$ 局比赛(每对参赛者至多比赛一次).

(1) 证明已有 5 个参赛者 a,b,c,d,e 按照以下名单 ab, ac, bc, ad, ae, de 进行过比赛;

(2) 如果已进行过 $\left[\dfrac{n^2}{4}\right]+1$ 局比赛,上述结论是否仍然成立.

❷❾ 是否有可能把 1 987 个点布置在直角坐标系中,使得每对点之间的距离是无理数而每三个点确定了一个非退化的三角形,其面积是有理数.

解 我们断言点 $P_i(i,i^2)(i=1,2,\cdots,1\,987)$ 就满足条件. 事实上:

(1) $\overline{P_iP_j}=\sqrt{(i-j)^2+(i^2-j^2)^2}=|i-j|\sqrt{1+(i+j)^2}$.
由于
$$(i+j)^2 < 1+(i+j)^2 < (i+j+1)^2$$
因此 $1+(i+j)^2$ 不是一个完全平方数,因而 $\overline{P_iP_j}=|i-j| \cdot \sqrt{1+(i+j)^2}$ 是一个无理数.

(2) 对不同的 i,j,k,$\triangle P_iP_jP_k$ 的面积 A 由下式给出
$$A=\left|\dfrac{i^2+j^2}{2}(i-j)+\dfrac{j^2+k^2}{2}(j-k)+\dfrac{k^2+i^2}{2}(k-i)\right|=\left|\dfrac{(i-j)(j-k)(k-i)}{2}\right| \in \mathbf{Q}\setminus\{0\}.$$

这也同时证明了这个三角形是非退化的.

㉚ 考虑中心为 O 的正 1 987 边形 $A_1 A_2 \cdots A_{1987}$. 证明 $M = \{OA_j \mid j = 1, 2, \cdots, 1\,987\}$ 的任意真子集中的向量和是非零的.

㉛ 给了 $\triangle ABC$ 的一条边 $a = BC$, 外接圆半径 $R(2R \geqslant a)$ 及差 $\dfrac{1}{k} = \dfrac{1}{c} - \dfrac{1}{b}$, 其中 $c = AB, b = AC$. 作这个三角形.

㉜ 解方程 $28^x = 19^y + 87^z$, 其中 x, y, z 是整数.

㉝ 证明如果 a, b, c 是三角形三边的长度, 且设 $2s = a + b + c$, 则
$$\frac{a^n}{b+c} + \frac{b^n}{c+a} + \frac{c^n}{a+b} \geqslant \left(\frac{2}{3}\right)^{n-2} s^{n-1}, n \geqslant 1$$

证明 不失一般性, 可设 $a \geqslant b \geqslant c$. 那么 $\dfrac{1}{b+c} \geqslant \dfrac{1}{a+c} \geqslant \dfrac{1}{a+b}$. 由 Chebyshev(切比雪夫)不等式得

$$\frac{a^n}{b+c} + \frac{b^n}{a+c} + \frac{c^n}{a+b} \geqslant \frac{1}{3}(a^n + b^n + c^n)\left(\frac{1}{b+c} + \frac{1}{a+c} + \frac{1}{a+b}\right)$$
①

再由 Cauchy-Schwarz(柯西－许瓦兹)不等式就有

$$2(a+b+c)\left(\frac{1}{b+c} + \frac{1}{a+c} + \frac{1}{a+b}\right) \geqslant 9$$

由平均不等式得

$$\frac{a^n + b^n + c^n}{3} \geqslant \left(\frac{a+b+c}{3}\right)^n$$

最后从 ① 就得出

$$\frac{a^n}{b+c} + \frac{b^n}{a+c} + \frac{c^n}{a+b} \geqslant \left(\frac{a+b+c}{3}\right)^n \left(\frac{1}{b+c} + \frac{1}{a+c} + \frac{1}{a+b}\right) \geqslant$$
$$\frac{3}{2}\left(\frac{a+b+c}{3}\right)^{n-1} = \left(\frac{2}{3}\right)^{n-2} S^{n-1}$$

㉞ (1) 设 $(m, k) = 1$, 证明存在整数 $a_1, a_2, \cdots, a_m$ 和 $b_1, b_2, \cdots, b_k$ 使得在模 mk 下, 乘积 $a_i b_j (i = 1, 2, \cdots, ; j = 1, 2, \cdots, k)$ 是两两不同余的(即被 mk 除时, 余数两两不同);

(2) 设 $(m, k) > 1$, 证明对任意整数 $a_1, a_2, \cdots, a_m$ 和 $b_1, b_2, \cdots, b_k$ 必存在两个乘积 $a_i b_j$ 和 $a_s b_t ((i,j) \neq (s,t))$ 对模 mk 同余.

证明 （1）考虑
$$a_i = ik+1, i=1,2,\cdots,m; \quad b_j = jm+1, j=1,2,\cdots,k$$
假设
$$mk \mid a_i b_j - a_s b_t = (ik+1)(jm+1) - (sk+1)(tm+1) = km(ij-st) + m(j-t) + k(i-s)$$

由于 m 可整除上面的和，故我们得出 $m \mid k(i-s)$，但 $(k,m)=1$，因而 $i=s$. 同理可得 $j=t$，这就证明了第(1)部分.

（2）假设结论不成立，即所有的余数都是不同的. 那么，必然出现余数0，比如说在去除 $a_1 b_1$ 时出现：$mk \mid a_1 b_1$ 因而对某个 a' 和 b' 有 $a' \mid a_1, b' \mid b_1$ 以及 $a'b' = mk$. 假设对某个 $i, s \neq i, a' \mid a_i - a_s$，我们就得出 $mk = a'b' \mid a_i b_1 - a_s b_1$，矛盾. 这就说明 $a' \geq m$. 同理 $b' \geq k$. 而那样，从 $a'b' = mk$ 就得出 $a' = m, b' = k$. 我们同时也得出：（*）所有的 a_i 在模 $a' = m$ 下给出不同的余数，而所有的 b_j 在模 $k = b'$ 下也给出不同的余数.

现在设 p 是 m 和 k 的一个公共的素因数. 由（*）可知，恰有 $\frac{p-1}{p}m$ 个 a_i 和 $\frac{p-1}{p}k$ 个 b_j 不能被 p 整除. 所以恰有 $\frac{(p-1)^2}{p^2}mk$ 个乘积 $a_i b_j$ 不能被 p 整除. 而由假设可知，这些乘积都给出不同的余数，由此得出所有那种乘积的个数是
$$\frac{p-1}{p}mk \neq \frac{(p-1)^2}{p^2}mk$$

矛盾. 这就证明了第(2)部分.

㉟ 在通常的欧氏空间中，是否存在一个集合 M 使得对任意一个平面 λ，$M \cap \lambda$ 都是有限的并且是非空的？

解 答案是对. 考虑曲线
$$C = \{(x,y,z) \mid x=t, y=t^3, z=t^5, t \in \mathbf{R}\}$$
任何一个由形如 $ax+by+cz+d=0$ 的方程确定的平面和曲线 C 交于点 (t, t^3, t^5)，其中 t 满足方程 $ct^5 + bt^3 + at + d = 0$，这个方程至少有一个解，但只有有限个解.

㊱ 一个游戏的玩法是沿着一系列排成一条直线的正方形 $S_0, S_1, S_2, \cdots$ 去推一块平放的石块. 开始时，石块放在 S_0 上. 当石块停在 S_k 上时，按同样的方向再推它，直到它到达 S_{1987} 或被推出 S_{1987} 之外为止. 每次推石头时，它恰向前通过 n 个正方形的概率是 $\frac{1}{2^n}$，确定石块恰好停在 S_{1987} 处的概率是多少.

㊲ 从集合 $\{1,\cdots,n\}$ 中随机地连续抽出 5 个不同的数,证明开头三个数和全部 5 个数都构成等差数列的概率必大于 $\dfrac{6}{(n-2)^3}$.

㊳ 设 S_1 和 S_2 是两个互相外切的半径不同的球面. 这两个球面又位于一个锥 C 内,并且每个球面又和锥相切于一个整圆. 在锥内部有 n 个排成一个环状的附加的固体球体使得每个固体球都和 C,S_1 和 S_2 外切,同时相邻的固体球也互相外切. 问 n 可能等于什么值?

证明 如图 28.3,分别用 r,R 表示球面 S_1,S_2 的半径(不失一般性,取 $r<R$),用 A,B 表示球面 S_1,S_2 的球心. 设 s 是环中球面的共同半径,C 是其中之一比如说 S 的球心. D 是从 C 向 AB 所作垂线的垂足. 环中球面的球心形成一个以 D 为中心的正 n 边形,因而 $\sin\dfrac{\pi}{n}=\dfrac{s}{CD}$. 在 $\triangle ABC$ 中应用 Heron(海伦) 公式,我们得出 $(r+R)^2 CD^2=4rRs(r+R+s)$,因而

$$\sin^2\dfrac{\pi}{n}=\dfrac{s^2}{CD^2}=\dfrac{(r+R)^2 s}{4(r+R+s)rR} \qquad ①$$

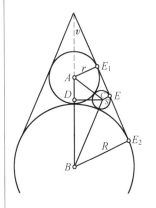

图 28.3

为简明起见,选择适当的长度单位,使得 $r+R=2$,然后把 ① 写成

$$\dfrac{1}{\sin^2\dfrac{\pi}{n}}=rR\left(1+\dfrac{2}{s}\right)$$

现在设 v 是锥的顶角的一半,那么显然由 $R-r=(R+r)\sin v=2\sin v$ 就得出

$$R=1+\sin v, r=1-\sin v$$

由此得出

$$\dfrac{1}{\sin^2\dfrac{\pi}{n}}=\left(1+\dfrac{2}{s}\right)\cos^2 v \qquad ②$$

我们需要把 s 表示成 R 和 r 的函数. 设 E_1,E_2 和 E 分别是 S_1,S_2 和 S 和锥面的共线的切点. 显然 $E_1 E_2=E_1 E+E_2 E$,这也就是

$$2\sqrt{rs}+2\sqrt{Rs}=2\sqrt{Rr}=(R+r)\cos v=2\cos v$$

因此

$$\cos^2 v=s(\sqrt{R}+\sqrt{r})^2=s(R+r+2\sqrt{Rr})=s(2+2\cos v)$$

把上式代入 ② 得出

$$2 + \cos v = \frac{1}{\sin \frac{\pi}{n}}$$

因此 $$\frac{1}{3} < \sin \frac{\pi}{n} < \frac{1}{2}$$

而我们得出 n 只可能是 $7, 8$ 或 9.

❸❾ 设 A 是一个满足以下条件的实系数多项式的集合:

(1) 如果 $f \in A$, 并且 $\deg f \leqslant 1$, 那么 $f(x) = x - 1$;

(2) 如果 $f \in A$, 并且 $\deg f \geqslant 2$, 那么或者存在 $g \in A$, 使得
$$f(x) = x^{2+\deg g} + xg(x) - 1$$
或者存在 $g, h \in A$, 使得 $f(x) = x^{1+\deg g} g(x) + h(x)$;

(3) 对每个 $f, g \in A$, 多项式 $x^{2+\deg f} + xf(x) - 1$ 和多项式 $x^{1+\deg f} + f(x) + g(x)$ 也属于 A.

设 $R_n(f)$ 是多项式 $f(x)$ 除以 x^n 所得的余式. 证明对所有的 $f \in A$ 和所有的自然数 $n \geqslant 1$, 我们有 $R_n(f)(1) \leqslant 0$ 以及 $R_n(f)(1) = 0 \Rightarrow R_n(f) \in A$.

❹⓿ 在 $\triangle ABC$ 中从外接圆圆心向 $\angle C$ 的平分线所引的垂线把 $\angle C$ 的平分线分成了两个线段, 其长度之比为 λ. 设 $a = BC$, $b = AC$, 求 c 边的长度.

❹❶ 在平面上任意给出了 n 个点, 其中无三点共线. 把这些点中的每两点之间连一个线段, 并把其中某些线段染成红色. 问最少要把多少线段染成红色才可能使得在任意四点中必有一个红色的三角形.

❹❷ 求出下列方程的整数解
$$[\sqrt{2} m] = [(2 + \sqrt{2})n]$$

❹❸ 在平面上任意给出了 $2n + 3$ 个点, 使得它们之中无三点共线, 无四点共圆. 证明: 过其中三点, 且内部又恰含 n 个点的圆的个数不少于 $\frac{1}{3}\binom{2n+3}{2}$.

❹❹ 设 $\theta_1, \theta_2, \cdots, \theta_n$ 是使得 $\sin \theta_1 + \cdots + \sin \theta_n = 0$ 的实数. 证明
$$|\sin \theta_1 + 2\sin \theta_2 + \cdots + n\sin \theta_n| \leqslant \left[\frac{n^2}{4}\right]$$

❹❺ 在一个固定的圆中考虑一个有 $2n(n \in \mathbf{N})$ 条边的可变的多边形,使得其 $2n-1$ 条边分别通过 $2n-1$ 个位于一条直线 Δ 上的固定的点. 证明,其第 $2n$ 条边也必通过一个位于 Δ 上的固定的点.

❹❻ 任给 5 个实数 u_0, u_1, u_2, u_3, u_4,证明必存在 5 个实数 v_0, v_1, v_2, v_3, v_4,使得

(1) $u_i - v_i \in \mathbf{N}$;

(2) $\sum\limits_{0 \leqslant i < j \leqslant 4} (v_i - v_j)^2 < 4.$

证明 首先证明以下引理:

引理 1:设 u 是任意实数,则存在实数 z,使得:

(1) $u - z \in \mathbf{N}$;

(2) $0 \leqslant z < 1$.

引理 1 的证明:只需取 $z = \{u\}$,其中 $\{u\}$ 表示 u 的分数部分.

引理 2:设 u 是任意实数,$0 \leqslant z < 1$,则存在实数 w,使得:

(1) $u - w \in \mathbf{N}$;

(2) $w \in \left[z - \dfrac{1}{2}, z + \dfrac{1}{2}\right]$.

引理 2 的证明:根据引理 1,首先存在实数 s,使得

(1) $u - s \in \mathbf{N}$;

(2) $0 \leqslant s < 1$.

如果 $s < z - \dfrac{1}{2}$,则一方面 $s + 1 < z + \dfrac{1}{2}$,另一方面由于 $0 \leqslant z < 1, 0 \leqslant s < 1$,故 $z - s < 1 < \dfrac{3}{2}$,因此 $z - \dfrac{1}{2} < s + 1$,于是令 $w = s + 1$,则显然 w 就满足引理的要求;

如果 $z - \dfrac{1}{2} \leqslant s \leqslant z + \dfrac{1}{2}$,则 s 本身已符合引理的要求,因此取 $w = s$ 即可;

如果 $s > z + \dfrac{1}{2}$,则一方面 $z - \dfrac{1}{2} < s - 1$,另一方面由于 $0 \leqslant z < 1, 0 \leqslant s < 1$,故 $s - z < 1 < \dfrac{3}{2}$,因此 $s - 1 < z + \dfrac{1}{2}$,于是令 $w = s - 1$,则显然 w 就满足引理的要求;

引理 3:对所有的实数 v 成立以下不等式

$$\sum_{0\leqslant i<j\leqslant 4}(v_i-v_j)^2 \leqslant 5\sum_{i=0}^{4}(v_i-v)^2 \qquad ①$$

实际上 $\sum_{0\leqslant i<j\leqslant 4}(v_i-v_j)^2 = \sum_{0\leqslant i<j\leqslant 4}[(v_i-v)-(v_j-v)]^2 =$
$$5\sum_{i=0}^{4}(v_i-v)^2 - \Big(\sum_{i=0}^{4}(v_i-v)\Big)^2 \leqslant 5\sum_{i=0}^{4}(v_i-v)^2$$

下面证明本题的结论：

我们先取 v_i 满足条件(1), 因此不失一般性, 可设 $v_0 \leqslant v_1 \leqslant v_2 \leqslant v_3 \leqslant v_4 \leqslant 1+v_0$, 我们看出差 $v_{j+1}-v_j, j=0,1,2,3,4$ 中之一, 例如 $v_{k+1}-v_k$ 至多是 $\dfrac{1}{5}$. 取 $v = \dfrac{v_{k+1}+v_k}{2}$, 按照引理 2, 在区间 $\left[v-\dfrac{1}{2}, v+\dfrac{1}{2}\right]$ 之中存在三个满足条件(1) 的实数, 为行文简单起见, 仍把这三个数记为 $v_j, j \neq k$. (但是现在的 5 个 v_i 已不一定满足关系 $v_0 \leqslant v_1 \leqslant v_2 \leqslant v_3 \leqslant v_4 \leqslant 1+v_0$ 了, 如需它们满足这一关系, 就需重新排列并改变脚标.) 现在我们有 $|v-v_k| \leqslant \dfrac{1}{10}$, $|v-v_{k+1}| \leqslant \dfrac{1}{10}$, 以及 $|v-v_j| \leqslant \dfrac{1}{2}$, 其中 j 是任意与 $k, k+1$ 不同的脚标. 那样所得的 v_i 就有所要的性质. 事实上, 利用不等式 ①, 我们得出

$$\sum_{0\leqslant i<j\leqslant 4}(v_i-v_j)^2 \leqslant 5\left(2\left(\dfrac{1}{10}\right)^2 + 3\left(\dfrac{1}{2}\right)^2\right) = 3.85 < 4$$

注 对右边最好的估计是 2.

译者注 根据二次函数的知识易知, 当 $v = v^* = \dfrac{v_0+v_1+v_2+v_3+v_4}{5}$ 时, 函数 $f(v) = 5\sum_{i=0}^{4}(v_i-v)^2$ 取得最小值, 但当 v_i 都在 $[0,1)$ 区间时, 这个最小值却不一定小于 4. 例如当 $v_0=0.1, v_1=0.2, v_2=0.5, v_3=0.8, v_4=0.9$ 时, $v^*=0.5$, $f(v^*)=6.25$. 问题的实质在于这个最小值是依赖于 v_0, v_1, v_2, v_3, v_4 的, 而这里的分成两部分估计的方法采用了新的分点, 所得的结果更好. 要达到最佳估计, 则需要更为细致的处理.

㊼ 过 $\triangle ABC$ 内一点 P 分别作 AP, BP, CP 的垂线 l, m, n. 又设 l 交 BC 于点 Q, m 交 AC 于点 R, n 交 AB 于点 S. 证明 Q, R, S 三点共线.

㊽ 求把集合$\{1,2,\cdots,n\}$分成三个满足以下条件的子集A_1,A_2,A_3的方法的数目,其中有些子集可能是空集:

(1) 把每个子集中的元素按递增的次序排好后.任何子集中两个相邻的元素的奇偶性不同,

(2) 如果A_1,A_2,A_3都不是空集,那么它们之中恰有一个的最小元素是偶的.

解 设A_1是包含1的集合,并设A_2的最小元素要小于A_3的最小元素.我们将通过向一些都是符合要求的子集不断添加数的方法来构造一个具有所需性质的分划.数1必在A_1中;我们证明,对每一个后面的数只有两种可能.实际上,如果A_2和A_3都是空集,那么每个后继数可以将添加到A_1或A_2中去.当A_2不再空时,我们对所放的数m实行归纳法:如果m可以放进A_i或A_j,但不能放进A_k,设它能放进A_i,那么$m+1$就可放进A_i或A_k但是不能放进A_j.归纳法完成.这立即给我们以最后的答案就是2^{n-1}.

㊾ 在平面上的坐标系中考虑一个凸多边形W和由方程$x=k$及$y=m$所确定的直线,其中k,m都是整数.这些直线确定了一些铺满平面的单位正方形.如果W的边界包含了某个单位正方形的内点,则我们称W的边界与这个单位正方形相交.证明W的边界至多和$4\lceil d\rceil$个单位正方形相交,其中d是属于W的点的最大距离(即W的直径)而$\lceil d\rceil$是不小于d的最小整数.

㊿ 设P,Q,R是满足关系$P^4+Q^4=R^2$的实系数多项式.证明存在实数p,q,r和一个多项式S使得$P=pS,Q=qS$以及$R=rS^2$.

变化问题:(1) $P^4+Q^4=R^4$;(2)$(P,Q)=1$;(3)$\pm P^4+Q^4=R^2$或R^4.

(51) 函数F是把平面映到自身的1—1的变换.它把矩形映为矩形(矩形是闭的,不假设连续性).证明F把正方形映为正方形.

(52) 给了不等边$\triangle ABC$,其顶点按逆时针定向排列.求等边$\triangle A'B'C'$(顶点按逆时针定向排列)中心的轨迹,其中A,B',C';A',B,C'和A',B',C分别是共线的.

证明 如图 28.4.首先声明,下面所有的角都是有定向的,并按逆时针方向度量.

注意 $\angle CA'B = \angle AB'C = \angle BC'A = \frac{\pi}{3}$,又设在 $\triangle A'B'C'$ 中,a',b',c' 分别表示 $\angle A',\angle B',\angle C'$ 的内平分线. a',b',c' 交于 $\triangle A'B'C'$ 的内心 X 处,并且

$$\angle(a',b') = \angle(b',c') = \angle(c',a') = \frac{2\pi}{3}$$

现在设 K,L,M 是使得

$$KB = KC, LC = LA, MA = MB$$

并且

$$\angle BKC = \angle CLA = \angle AMB = \frac{2\pi}{3}$$

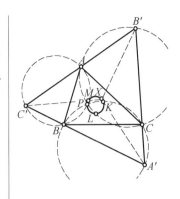

图 28.4

的点. 再设 C_1,C_2,C_3 分别是 $\triangle BKC,\triangle CLA$ 和 $\triangle AMB$ 的外接圆,这些圆具有特征:$C_1 = \left\{ Z \mid \angle BZC = \frac{2\pi}{3}\right\}$,等等. 因此我们推出它们必相交于一点 P 使得

$$\angle BPC = \angle CPA = \angle APB = \frac{2\pi}{3}$$

(Torricelli(托里拆利)点). 点 A',B',C' 分别滚过 $C_1 \setminus P, C_2 \setminus P,C_3 \setminus P$. 我们看出 $K \in a', L \in b', M \in c'$,并且除了 KP,LP,MP 之外,它们分别可取所有可能的方向.(如果 $K = P$,那么我们假设 KP 是对应于在点 K 和圆相切).那样,由于 $\angle KXL = \frac{2\pi}{3}$,$X$ 跑过圆 $\left\{ Z \mid \angle KZL = \frac{2\pi}{3}\right\}$,但是同理,$X$ 也跑过圆 $\left\{ Z \mid \angle LZM = \frac{2\pi}{3}\right\}$,由此推出,这两个圆是相同的,都恒同于 KLM 的外接圆. 因而 $\triangle KLM$ 是等边的(这无论如何是一个众所周知的事实). 因此,点 X 的轨迹就是 KLM 的外接圆再去掉点 P.

> **❺❸** 证明存在四色集合 $M = \{1,2,\cdots,1\,987\}$(即把集合 $M = \{1,2,\cdots,1\,987\}$ 中的元素都染成了四种颜色之一).使得集合 M 中任意构成等差数列的 10 个元素不是单色的.
>
> 替换问题:设 $M = \{1,2,\cdots,1\,987\}$.证明在 M 的每个构成等差数列的 10 个元素组成的集合上,存在一个非常数的函数 $f:M \to \{1,2,3,4\}$.

证明 四色集合 M 的数目等于 $4^{1\,987}$. 设 A 是由 M 中的 10 个元素组成的等差数列的数目. 由 M 中的 10 个元素组成的单色等差数列的数目要小于 $4A \cdot 4^{1\,987}$,因此如果 $A < 4^9$,则存在具有所需性质的四色集合.

现在来估计 A 的值. 设 10 项的等差数列的首项是 k,公差是

d,那么 $1 \leqslant k \leqslant 1\ 978, d \leqslant \left[\frac{1\ 987-k}{9}\right]$;因此

$$A=\sum_{k=1}^{1\ 978}\left[\frac{1\ 987-k}{9}\right]<\frac{1\ 986+1\ 985+\cdots+9}{9}=\frac{1\ 995 \cdot 1\ 987}{18}<4^{9}$$

(54) 设 n 是一个自然数,求出以下方程的整数解

$$x^{n}+y^{n}=(x-y)^{n+1}$$

(55) 两个物体 M_1, M_2 在共面的两条直线上分别做匀速运动,描述所有直线 M_1M_2 的并集的形象.

(56) 对任意整数 $r \geqslant 1$,确定最小的整数 $h(r) \geqslant 1$ 使得对任意把集合 $\{1,2,\cdots,h(r)\}$ 分成 r 类的划分,都存在整数 $a \geqslant 0$, $1 \leqslant x \leqslant y$,使得 $a+x, a+y, a+x+y$ 属于同一类.

解 首先注意,命题某个 $a+x, a+y, a+x+y$ 都属于一个类 C 等价于以下命题:

(1) 存在正整数 $p, q \in C$ 使得 $p<q \leqslant 2p$.

实际上,给出 p, q,简单地可取 $x=y=q-p, a=2p-q$;反过来,如果存在 $a, x, y(x \leqslant y)$,使得 $a+x, a+y, a+x+y \in C$,那么取 $p=a+y, q=a+x+y$,显然就有 $p<q \leqslant 2p$.

我们将证明 $h(r)=2r$. 设 $\{1,2,\cdots,2r\}=C_1 \cup C_2 \cup \cdots \cup C_r$ 是任意一个分成 r 类的分划. 由抽屉原理可知,在 $r+1$ 个数 $r, r+1, \cdots, 2r$ 中至少有两个将属于同一类,比如说 $i, j \in C_k$. 不失一般性,可设 $i<j$,那么显然 $i<j \leqslant 2i$. 那么由(1) 可知 C_k 就具有所需的性质.

另一方面,我们考虑分划

$$\{1,2,\cdots,2r-t\}=\bigcup_{k=1}^{r-t}\{k, k+r\} \cup\{r-t+1\} \cup \cdots \cup\{r\}$$

并证明(1) 不成立,因而分划没有所需的性质. 事实上,由于 $k+r>2k$,因此在分划中不存在任何包含 p, q 在内并具有性质 $p<q \leqslant 2p$ 的类.

(57) $\triangle ABC$ 的 $\angle B$，$\angle C$ 的角平分线分别交对边于 B'，C' 点，证明直线 $B'C'$ 交内切圆于两个不同的点.

(58) 求出方程

$$3z^2 = 2x^3 + 385x^2 + 256x - 58\ 195$$

的所有整数解，并证明你的结论.

(59) 设 a_{11}，a_{22} 是实数，x_1，x_2，a_{12}，b_1，b_2 是复数，并且 $a_{11}a_{22} = a_{12}\overline{a_{12}}$（其中$\overline{a_{12}}$ 表示 a_{12} 的共轭）. 考虑以下关于 x_1，x_2 的方程组

$$\overline{x_1}(a_{11}x_1 + a_{12}x_2) = b_1$$

$$\overline{x_2}(a_{12}x_1 + a_{22}x_2) = b_2$$

（1）给出一个方程组相容的条件；

（2）给出一个使得 $\arg x_1 - \arg x_2 = 98°$ 的条件.

(60) 设 $x = -2\ 272$，$y = 10^3 + 10^2c + 10b + a$ 以及 $z = 1$ 满足方程 $ax + by + cz = 1$，其中 a，b，c 都是正整数，$a < b < c$，求 y.

(61) 设 PQ 是按照 B，P，Q，C 的顺序取自 $\triangle ABC$ 的 BC 边上的长度恒等于 λ 的线段，又设通过 P，Q 并平行于三角形侧边的直线分别交 AC 于 P_1，Q_1，交 AB 于 P_2，Q_2. 证明梯形 PQQ_1P_1 和梯形 PQQ_2P_2 的面积之和不依赖于 PQ 在 BC 上的位置.

(62) 设 l，l' 是三维空间中的两条直线，并设 A，B，C 是 l 上的三个点，B 是线段 AC 的中点. 如果 a，b，c 分别是 A，B，C 到 l' 的距离，证明

$$b \leqslant \sqrt{\frac{a^2 + c^2}{2}}$$

等号当且仅当 $l \parallel l'$ 时成立.

(63) 计算 $\sum\limits_{k=0}^{2n}(-1)^k a_k^2$，其中 a_k 是以下展开式中的系数

$$(1 - \sqrt{2}x + x^2)^n = \sum_{k=0}^{2n} a_k x^k$$

64 设 $r > 1$ 是一个实数,而 n 是小于 r 的最大整数. 考虑一个任意的实数 x, $0 \leqslant x \leqslant \dfrac{n}{r-1}$. 称 $x = \dfrac{a_1}{r} + \dfrac{a_2}{r^2} + \dfrac{a_3}{r^3} + \cdots$ 是 x 的一个基为 r 的表达式,其中 a_i 是一个整数,满足 $0 \leqslant a_i < r$.

你可以不加证明地认为每个 x, $0 \leqslant x \leqslant \dfrac{n}{r-1}$ 都至少有一个基为 r 的表达式.

证明如果 r 不是一个整数,那么必存在一个数 p, $0 \leqslant p \leqslant \dfrac{n}{r-1}$, 使得它有无穷多个基为 r 的表达式.

65 一个十进位数字的单调段是指组成它的数字的最长的一个连续增加或减少的段,例如 024379 有三个单调段:024,43,379. 确定集合 $\{d_1 d_2 \cdots, d_n \mid d_k \neq d_{k+1}, k = 1, 2, \cdots, n\}$ 中十进数字单调段数目的平均值.

66 n 对夫妇一起参加一个聚会. 在聚会中,除了各自的配偶外,每个人都和参加聚会的其他人交谈过. 谈话通过参加 k 个交际圈 $C_1, C_2, \cdots, C_k$ 中自己感兴趣的交际圈进行,这些圈子具有如下性质:每对夫妇都不属于同一圈子,但是对其他任何两个人来说,恰有一个这两个人都参加的圈子. 证明如果 $n \geqslant 4$,则 $k \geqslant 2n$.

证明 首先证明以下引理:

引理 1:参加聚会的每个人至少都加入了两个交际圈.

引理的证明:设 a 是任意一个参加聚会的人,那么 a 必须加入至少一个交际圈,比如说,C,否则他或她将无法与别人交谈. C 中除了 a 之外,至少还要有一个人,比如说 b,设 b 的配偶是 $\bar{b}$,按照条件 a 和 $\bar{b}$ 必须都通过某一个交际圈 D 进行交谈,然而由于 b 和 $\bar{b}$ 不在同一个交际圈内,因此 D 和 C 不相同,这就说明 a 至少加入了两个交际圈 C 和 D.

引理 2:如果参加聚会的某个人 a 只加入了两个交际圈,比如说 C 和 D,那么
$$|C| = |D| = n$$
且 C, D 的组成为
$$C = \{a, a_2, \cdots, a_n\}$$
$$D = \{a, \overline{a_2}, \cdots, \overline{a_n}\}$$

其中 $\bar{x}$ 表示 x 的配偶.

引理 2 的证明:设 a 只加入了两个交际圈 C 和 D, $C^* = C\setminus\{a\}$, $D^* = D\setminus\{a\}$, a 的配偶是 $\bar{a}$. 由于 a 与所有参加聚会的人都交谈过, 而 a 只加入了两个交际圈 C 和 D, 因此反过来可知除了 a 和 $\bar{a}$ 外, 参加聚会的人全都在 C^* 或 D^* 内,因而
$$|C^*| + |D^*| = 2n - 2$$
又由于任何一个参加聚会的人和其配偶不能在同一个交际圈内, 因此如果一个人在 C^* 内,则其配偶必然在 D^* 内. 这样就建立了一个 C^* 与 D^* 之间的 1—1 对应 $x \to \bar{x}$. 这就说明
$$|C^*| = |D^*|$$
由此就得出 $\quad\quad |C^*| = |D^*| = n-1$

因而 $\quad\quad\quad\quad |C| = |D| = n$

且
$$C = \{a, a_2, \cdots, a_n\}$$
$$D = \{\bar{a}, \bar{a_2}, \cdots, \bar{a_n}\}$$

以下分两种情况证明本题的结论:

情况 1:参加聚会的某个人 a 只加入了两个交际圈,比如说 C 和 D.这时由引理 2 可知
$$|C| = |D| = n$$
且 C, D 的组成为
$$C = \{a, a_2, \cdots, a_n\}$$
$$D = \{\bar{a}, \bar{a_2}, \cdots, \bar{a_n}\}$$

由 $a_2, \cdots, a_n$ 和 $\bar{a_2}, \cdots, \bar{a_n}$ 共可组成 $(n-1)(n-2)$ 个不是夫妻的对子,其中每一对必属于某个交际圈. 现在证明, 这些交际圈是两两不同的. 任意考察两个对子, 不妨设其为 (b, c) 和 $(\bar{b}, d)$,并设它们分别属于交际圈 E 和 F,如果 $E = F$,那就说明 b, c, d 属于同一个交际圈,而参加聚会的人除了 a 和 $\bar{a}$ 外,全都在 C^* 或 D^* 内. 如果 b, c, d 全在 C^* 内,则得出 c, d 和 $\bar{c}, \bar{d}$ 都在 C 内,如果 b, c, d 全在 D^* 内,则得出 b 和 $\bar{b}$ 都在 D 内. 无论怎样都和夫妻不在同一交际圈内的假设矛盾,这就说明 $E \neq F$,因而上述 $(n-1)(n-2)$ 个对子所属的交际圈都是两两不同的.再加上 C, D 两个交际圈就可知至少要有 $(n-1)(n-2) + 2$ 个交际圈.因而
$$k \geq (n-1)(n-2) + 2$$
易证当 $n \geq 4$ 时, $k \geq (n-1)(n-2) + 2 \geq 2n$.

因此在这种情况下,命题成立.

情况 2:没有一个参加聚会的人只加入了两个交际圈,那么由

引理 1 可知,每个参加聚会的人都至少加入了三个交际圈.

首先把参加聚会的人都编上号,分别用 $1,2,\cdots,2n$ 代表.设 d_i 表示第 i 个人参加的交际圈的数目.用反证法,假设 $k<2n$.

对第 i 个人指定一个未知数 $x_i, i=1,2,\cdots,2n$.又设 $y_j=\sum\limits_{i\in C_j}x_i, j=1,2,\cdots,k$.

考虑线性方程组

$$\sum_{i\in C_j}x_i=y_j, j=1,2,\cdots,k$$

由线性代数可知,当 $k<2n$(也就是齐次线性方程组的方程的个数小于未知数的个数)时,上述齐次线性方程组必有非零解.即必存在不全为零的 $x_1,x_2,\cdots,x_{2n}$ 使得 $y_1=y_2=\cdots=y_k=0$.

设 M 是互为配偶的人的对子的集合,而 M' 是互相不是配偶的人的对子的集合,那么

$$\begin{aligned}0=\sum_{j=1}^{k}y_j^2=\sum_{i=1}^{2n}d_ix_i^2+\sum_{(i,j)\in M'}x_ix_j=\\ \sum_{i=1}^{2n}(d_i-2)x_i^2+(x_1+x_2+\cdots+x_{2n})^2+\\ \sum_{(i,j)\in M}(x_i-x_j)^2\geqslant\\ \sum_{i=1}^{2n}x_i^2>0\end{aligned}$$

矛盾,所得的矛盾就说明假设 $k<2n$ 不成立,因而必须有 $k\geqslant 2n$.

注 条件 $n\geqslant 4$ 是实质性的.下面的反例说明当没有这一条件时,结论可不成立:

对 $n=3$,可设三对夫妇是 $(1,4),(2,5),(3,6)$,而交际圈是 $(1,2,3),(3,4,5),(5,6,1),(2,4,6)$,显然除了 $n\geqslant 4$ 以外,问题中的其他条件都满足、这时 $k=4$,结论不成立.

(67) 如果 a,b,c,d 是使得 $a^2+b^2+c^2+d^2\leqslant 1$ 的实数,求表达式

$$\begin{aligned}(a+b)^4+(a+c)^4+(a+d)^4+\\ (b+c)^4+(b+d)^4+(c+d)^4\end{aligned}$$

的最大值.

(68) 设 α,β,γ 是使得

$$\alpha+\beta+\gamma<\pi,\alpha+\beta>\gamma,\beta+\gamma>\alpha,\gamma+\alpha>\beta$$

的正实数. 证明我们可做出一个以 $\sin\alpha,\sin\beta,\sin\gamma$ 为边长的三角形,并且其面积不大于

$$\frac{1}{8}(\sin 2\alpha+\sin 2\beta+\sin 2\gamma)$$

原题:设已给定了正实数 α,β,γ,使得 $\alpha+\beta+\gamma<\pi,\alpha+\beta>\gamma,\beta+\gamma>\alpha,\gamma+\alpha>\beta$.

证明可以做出一个以 $\sin\alpha,\sin\beta,\sin\gamma$ 为边长的三角形. 此外,证明其面积要小于

$$\frac{1}{8}(\sin 2\alpha+\sin 2\beta+\sin 2\gamma).$$

证明 问题所给的事实允许我们去作一个在顶点处,三个角各为 $2\alpha,2\beta,2\gamma$,侧棱长度等于 $\frac{1}{2}$ 的正的三棱锥. 底面是一个边长恰为 $\sin\alpha,\sin\beta,\sin\gamma$ 的三角形,其面积不超过侧面的面积之和,这个和就等于 $\frac{\sin 2\alpha+\sin 2\beta+\sin 2\gamma}{8}$.

(69) 设 $f(x)=x^2+x+p,p\in\mathbf{N}$. 证明如果数 $f(0)$, $f(1),\cdots,f\left(\left[\sqrt{\frac{p}{3}}\right]\right)$ 都是素数,则 $f(0),f(1),\cdots,f(p-2)$ 都是素数.

证明 设 y 是使得 $y\leqslant p-2$ 并且 $f(y)$ 是一个复合数的最小的非负整数. 用 q 表示 $f(y)$ 的最小素因数. 我们断言 $y<q$.

假设不然,那么 $y\geqslant q$. 设 r 是使得 $y\equiv r\pmod q$ 的正整数. 那么 $f(y)\equiv f(r)\equiv 0\pmod q$,而由于 $q\leqslant y\leqslant p-2\leqslant f(r)$,我们就推出 $q\mid f(r)$,这和 y 的最小性矛盾.

现在,我们证明 $q>2y$. 假设不然,则 $q\leqslant 2y$. 由于

$$f(y)-f(x)=(y-x)(y+x+1)$$

我们看出 $$f(y)-f(q-1-y)=(2y-q+1)q$$

由此得出 $f(q-1-y)$ 可被 q 整除. 但是由假设又有 $q-1-y<y$,这蕴含 $f(q-1-y)$ 是素数,因而等于 q. 这是不可能的,由于

$$f(q-1-y)=(q-1-y)^2+(q-1-y)+p>$$
$$q+p-y-1\geqslant q$$

因此 $q\geqslant 2y+1$. 现在,由于 $f(y)$ 是一个复合数,因而不可能等于

q，并且 q 是最小的素因数，我们就得出 $f(y)\geqslant q^2$. 因此

$$y^2+y+p\geqslant q^2\geqslant(2y+1)^2=4y^2+4y+1$$

由此推出 $3(y^2+y)\leqslant p-1$，而由此易于得出 $y<\sqrt{\frac{p}{3}}$，这与条件矛盾. 这样，所有的数

$$f(0),f(1),\cdots,f(p-2)$$

就都必须是素数.

(70) 在锐角 $\triangle ABC$ 中，角平分线 $AL(L\in BC)$ 的延长线交外接圆于点 N. 从点 L 分别向 AB 边和 AC 边作垂线 LK 和 LM. 证明 $\triangle ABC$ 的面积等于四边形 $AKNM$ 的面积.

证明 如图 28.5.

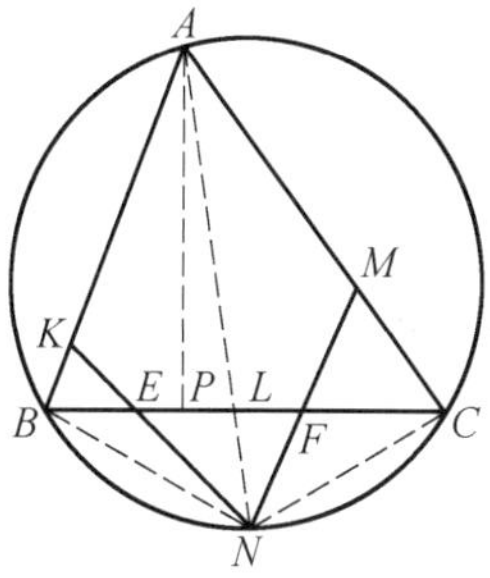

图 28.5

设 P 是线段 BC 和 $AKLM$ 的内切圆的第二个交点. 用 E 表示 KN 和 BC 的交点并用 F 表示 MN 和 BC 的交点. 那么由于相等的弧所对的圆周角相等，故 $\angle BCN=\angle BAN$ 以及 $\angle MAL=\angle MPL$. 由于 AL 是角平分线，故 $\angle BCN=\angle BAL=\angle MAL=\angle MPL$，因此 $PM\ /\!/\ NC$，同理 $KP\ /\!/\ BN$. 这就说明四边形 $BKPN$ 和 $NPMC$ 都是梯形. 因此

$$S_{BKE}=S_{NPE}$$

以及

$$S_{NPF}=S_{CMF}$$

由此就得出

$$S_{ABC}=S_{AKNM}$$

(71) 对每一个自然数 $k,k\geqslant 2$，有一个根据下列法则得出的数列与其对应

$$a_0=k,a_n=\tau(a_{n-1}),n\geqslant 1$$

其中 $\tau(a)$ 是 a 的不同的因数的个数. 求出所有的 k，使得与其对应的数列 $a_n(k)$ 中不含整数的平方.

(72) 是否可能用 3 格 L 形纸片（由三个单位正方形构成的 L 形纸片）覆盖一个 $m\times n$ 矩形？如果

(1) $m\times n=1\ 985\times 1\ 987$；

(2) $m\times n=1\ 987\times 1\ 989$？

(73) 设 $f(x)$ 是定义在 $\mathbf{R}$ 上的周期为 $T>0$ 的周期函数，其一阶导数在 $\mathbf{R}$ 上连续. 证明存在 $x,y\in[0,T),x\neq y$ 使得

$$f(x)f'(y)=f(y)f'(x)$$

(74) 是否存在函数 $f:\mathbf{N}\to\mathbf{N}$，使得对每个自然数 n 都成立 $f(f(n))=n+1\ 987$？

解 假设存在那种函数 f，那么我们得出对所有的 $n\in\mathbf{N}$，有

$$f(n+1\ 987)=f(f(f(n)))=f(n)+1\ 987$$

以此为起点，通过归纳法可得对所有的 $n,t\in\mathbf{N}$，有 $f(n+1\ 987t)=f(n)+1\ 987t$. 此外对任意 $r\in\{0,1,\cdots,1\ 986\}$，设 $f(r)=1\ 987k+l,k,l\in\mathbf{N},l\leqslant 1\ 986$，我们有

$$r+1\ 987=f(f(r))=f(l+1\ 987k)=f(l)+1\ 987k$$

至此，以下将有两种可能性：

(1)$k=1\Rightarrow f(r)=l+1\ 987$，以及 $f(l)=r$；

(2)$k=0\Rightarrow f(r)=l$，以及 $f(l)=r+1\ 987$；

在这两种情况下都有 $r\neq l$，这样，集合$\{0,1,\cdots,1\ 986\}$将分成一对一对的$\{a,b\}$，使得

$f(a)=b$ 和 $f(b)=a+1\ 987$ 或者 $f(b)=a$ 和 $f(a)=b+1\ 987$

但是集合$\{0,1,\cdots,1\ 986\}$有奇数个元素，因此不可能分解成上述的对子，矛盾.

(75) 设 a_k 是使得 $a_1\geqslant 1,a_{k+1}-a_k\geqslant 1(k=1,2,\cdots)$ 的正数. 证明对每个 $n\in\mathbf{N}$，

$$\sum_{k=1}^{n}\frac{1}{a_{k+1}\sqrt[1\ 987]{a_k}}<1\ 987$$

(76) 给了两个正数的数列$\{a_k\}$和$\{b_k\}(k\in\mathbf{N})$，使得

(1)$a_k<b_k$，

(2) 对所有的 $k\in\mathbf{N}$ 和 $x\in\mathbf{R}$，$\cos a_kx+\cos b_kx\geqslant-\frac{1}{k}$.

证明存在极限$\lim\limits_{k\to\infty}\frac{a_k}{b_k}$，并求出此极限.

(77) 对任意 $a\in[0,1]$ 和任意自然数 n，求出使得以下不等式成立的最小的自然数 k

$$a^k(1-a)^n<\frac{1}{(n+1)^3}$$

78 证明对每个自然数 $k(k \geqslant 2)$,存在一个无理数 r,使得对每个自然数 m,成立
$$[r^m] \equiv -1 \pmod{k}$$

注 一个较容易的问题是:求出一个整系数二次方程的无理根 r,使其满足以上关系.

证明 如果我们已经证明了存在 $p, q \in \mathbf{N}$,使得方程
$$f(x) = x^2 - kpx + kq = 0$$
的根 r, s 都是无理的实数,其中 $0 < s < 1$(因此 $r > 1$),那么结论已经成立.由于从 $r + s, rs \equiv 0 \pmod{k}$ 我们得出 $r^m + s^m \equiv 0 \pmod{k}$ 以及 $0 < s^m < 1$. 这就得出了结论.

为了证明那种自然数 p, q 的存在性,我们可以取得使下式满足
$$f(0) > 0 > f(1)$$
即
$$kq > 0 > k(q - p) + 1 \Rightarrow p > q > 0$$

r 的无理性可通过取 $q = p - 1$ 而得出.由于这时判别式
$$D = (kp)^2 - 4kp + 4k$$
而
$$(kp - 2)^2 < D < (kp - 1)^2$$
因而当 $p \geqslant 2$ 时,D 不是一个完全平方数.

第四编
第29届国际数学奥林匹克

第 29 届国际数学奥林匹克

澳大利亚,1988

❶ 考虑平面上半径为 R 和 $r(R>r)$ 的两个同心圆. 设 P 是小圆圆周上的一个固定的点,B 是大圆圆周上的动点. 直线 BP 交大圆周于另一点 C. 过 P 与 BP 垂直的直线 l 与小圆周交于另一点 A(如果 l 与小圆相切于 P,则 $A=P$).

(1) 求 $BC^2+CA^2+AB^2$ 的取值的集合;

(2) 求线段 AB 中点的轨迹.

卢森堡命题

解法 1 (1) 令 $I=BC^2+CA^2+AB^2$,来求 I 取值的集合. 我们逐一分析图 29.1 ~ 29.4 的情形.

在图 29.1 的情形,因 B,P,O 共线,$A=P$,有
$$BC^2=4R^2,\ AB^2=(R-r)^2,\ AC^2=(R+r)^2$$
于是
$$I=4R^2+(R-r)^2+(R+r)^2=6R^2+2r^2$$

在图 29.3 的情形,因 BP 与 OP 垂直,A,O,P 共线并且 BP 与小圆相切. 这时有
$$AB^2=CA^2=BP^2+4r^2,\ BC^2=4BP^2,\ BP^2=R^2-r^2$$
于是
$$I=6BP^2+8r^2=6R^2+2r^2$$

在图 29.2 或图 29.4 的一般情形(图 29.4),设 D 为 BC 与小圆的另一交点. 因 BP 与 AP 垂直,A,O,D 共线,即 AD 为小圆的直径. 又此时明显有 $BD=CP$. 令 $PD=a,BD=CP=b$,我们有
$$AB^2=BP^2+AP^2=(a+b)^2+AD^2-PD^2=4r^2+2ab+b^2$$
$$AC^2=AP^2+PC^2=AD^2-PD^2+PC^2=4r^2-a^2+b^2$$
$$BC^2=(a+2b)^2=a^2+4ab+4b^2$$
于是
$$I=8r^2+6ab+6b^2=8r^2+6b(a+b)$$

作 BH 与小圆相切,设切点为 H. 有
$$BH^2=BD\cdot BP=b(a+b)$$
又显然有 $BH^2=R^2-r^2$,于是
$$R^2-r^2=b(a+b)$$
代入上式得 $I=8r^2+6(R^2-r^2)=6R^2+2r^2$

因此,对于所有的情形都有 $I=6R^2+2r^2$,即 I 所取值的集合为 $\{6R^2+2r^2\}$.

(2) 为求 AB 中点 M 的轨迹,首先我们注意到当 B 在大圆周

此解法属于杨晓兰

分析 设两同心圆的圆心为 O,OP 延长线与大圆的交点为 E. 设想动点 B 由 E 出发在大圆周上沿逆时针方向旋转. 图 29.1 ~ 29.4 画出了当 B 在上半圆周运动到各种不同位置时的图形. 其中图 29.1 表示 $B=E$ 的情形,这时 $A=P$;图 29.3 是 BP 与 OP 垂直时的情形;图 29.2 和图 29.4 是一般情形. 当 B 运动到下半圆周时,虽然图中并未画出,但由于点 B 和点 C 的位置是对称的,我们可在上述诸图中对调 B,C 两点的位置以得到相应的图形. 在所有这些图中,我们以 G 表示 OP 的中点,M 和 M_1 分别表示 AB 和 AC 的中点.

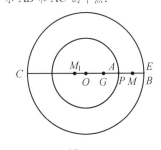

图 29.1

上变动时，M 与 OP 中点 G 的距离 MG 是个常量，它等于 $\dfrac{R}{2}$. 为证明这点，我们只考虑图 29.4 中的一般情形，其他简单的情形留给读者.

在图 29.4 中联结 MO 和 M_1O. 因 M, O, M_1 分别为 AB, AD, AC 的中点，有 $MO \parallel BC, M_1O \parallel BC$，从而 M, O, M_1 共线. 于是 $\angle AOM_1 = \angle ADC$. 因 $AP \perp BC$，有 $AP \perp M_1O$，于是 $\angle AOM_1 = \angle POM_1$. 由此得 $\angle POM_1 = \angle ADC$，又得 $\angle ADB = \angle MOG$. 考虑 $\triangle MOG$ 和 $\triangle BDO$. 由

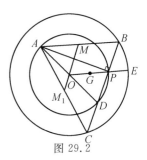

图 29.2

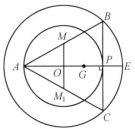

图 29.3

$$OG = \frac{1}{2}OP = \frac{1}{2}OD, OM = \frac{1}{2}BD, \angle ADB = \angle MOG$$

得 $\triangle MOG \sim \triangle BDO$，且相似比为 $\dfrac{1}{2}$. 这就得到了 $MG = \dfrac{1}{2}OB = \dfrac{1}{2}R$.

至此我们已经可以看出，AB 中点 M 的轨迹应为以 G 为圆心，$\dfrac{R}{2}$ 为半径的一个圆. 事实上，刚才已经证明，AB 中点 M 一定在这个圆上；另一方面，当 B 从点 E 出发沿大圆周转一圈时，$\angle BPE$ 由 $0°$ 连续变到 $360°$，同时 $\angle MOG$ 也由 $0°$ 连续变到 $360°$，因此 M 的轨迹为整个圆周（更详细的证明留给读者）.

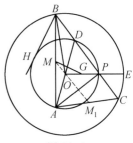

图 29.4

解法 2 (1) 如图 29.5 所示，设两圆的圆心为 O，直线 BC 交小圆周于另一点 D，设 E 是 BC 的中点，则 E 也是 DP 的中点，且 $OE \perp BC$.
因为 $AP \perp BD$，所以 AD 是小圆的直径.

又因 E 是 PD 中点，所以 $OE = \dfrac{1}{2}AP$. 根据勾股定理有

$$AB^2 = AP^2 + PB^2 \qquad ①$$
$$AC^2 = AP^2 + PC^2 \qquad ②$$
$$BC^2 = (2BE)^2 = 4BE^2 = 4(OB^2 - OE^2) = 4R^2 - 4OE^2 \qquad ③$$

又
$$PB^2 + PC^2 = (BE \pm PE)^2 + (CE \mp PE)^2 =$$
$$(BE + PE)^2 + (BE - PE)^2 =$$
$$2BE^2 + 2PE^2 = 2(R^2 - OE^2) +$$
$$2(r^2 - OE^2) = 2R^2 + 2r^2 - 4OE^2 \qquad ④$$

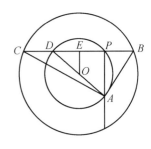

图 29.5

又
$$AP^2 = 4OE^2 \qquad ⑤$$

由 ①，②，③，④，⑤ 诸式得
$$BC^2 + CA^2 + AB^2 = 6R^2 + 2r^2 \qquad ⑥$$

(2) 如图 29.6 所示,设 OP 的中点为 O',AB 的中点为 M,由三角形的中线定理,得知在 $\triangle OAB$ 内
$$OM^2 = \frac{1}{2}(OA^2 + OB^2) - AM^2 \quad ⑦$$
在 $\triangle MPO$ 内
$$O'M^2 = \frac{1}{2}(OM^2 + PM^2) - O'P^2 \quad ⑧$$
因为 PM 是 $Rt\triangle APB$ 斜边 AB 上的中线,所以
$$PM^2 = AM^2 \quad ⑨$$
将⑦,⑨代入⑧,并注意到
$$OA = r, OB = R, O'P = \frac{1}{2}OP = \frac{1}{2}r$$
就有
$$O'M^2 = \frac{1}{4}R^2$$
即
$$O'M = \frac{1}{2}R$$

所以,AB 的中点的轨迹是以 OP 的中点 O' 为圆心,$\frac{R}{2}$ 为半径的圆.

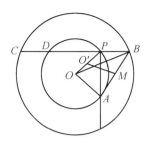

图 29.6

解法 3 (1) 首先由 $AP \perp BC$ 得到
$$AC^2 = AP^2 + PC^2, AB^2 = AP^2 + PB^2$$
$$BC^2 + CA^2 + AB^2 = 2(AP^2 + PC^2 + PB^2) + 2PC \cdot BP$$
(以下我们必须利用点 O 的性质). 利用 $OP = OA, OC = OB$ 以反映点 O 的几何属性似乎利少弊多,为了真正联系到距离的平方,产生出构造直角三角形这一非常自然的想法.

过点 O 作直线 m 垂直于 AP,交 AP 于中点 L;作点 B 关于直线 m 的对称点 B',如图 29.7 所示.因为
$$AP \perp BC, m \perp AP$$
所以 $BP \parallel m$
故 $AB' \parallel m$ 且 $AB' = PB$,$\angle APB = 90°$,所以 $PBB'A$ 是一个矩形.
因为
$$\angle PBB' = 90°, BB' = AP$$
所以 $BC^2 + AP^2 = B'C^2 = 4R^2$
亦即 $AP^2 + BP^2 + CP^2 = 4R^2 - 2PC \cdot BP$
再由圆内幂 $PC \cdot BP = R^2 - r^2$
于是
$$BC^2 + CA^2 + AB^2 = 2(AP^2 + BP^2 + CP^2) + 2PC \cdot BP = $$
$$8R^2 - 2R^2 + 2r^2 = 6R^2 + 2r^2$$

(2) 欲求 AB 中点轨迹,仍需要将 A,B 与点 P 联系起来,因为

分析 题目条件比较强,思路也比较多. 经过探索,我们发现:点 P 是整个平面的一个关键点,欲寻求 A,B,C 三点间关系,须将点 P 与之联系起来. 点 O 是图形的另一个关键点,是图形的对称中心,它能够提供许多有关的信息和证题需要的条件.

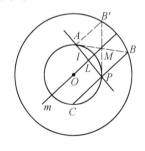

图 29.7

A,B 都是动点而 P 是定点.

我们寻求 AB 中点 M 与点 P 的关系,不难发现 M 为 PB' 的中点,B' 在大圆周上,因此点 M 在以 P 为位似中心,位似比为 $\frac{1}{2}$ 的变换下大圆的像上,即一半径为 $\frac{R}{2}$ 的圆 Q 上.

反之,对于以 OP 的中点为圆心的圆上任一点 K,联结 PK 并延长交大圆于 B',则 K 为 PB' 的中点. 作点 B' 关于 OK 的对称点 B,B 必在大圆周上,且由作法知点 K 就是得到的 AB 的中点.

综上可知,AB 中点轨迹是以 OP 中点为圆心,$\frac{R}{2}$ 为半径的圆周.

解法 4 (1) 设 BC 弦心距为 x,如图 29.8 所示. 由题意知
$$BC^2 + CA^2 + AB^2 = BC^2 + AP^2 + PC^2 + BP^2 + AP^2 =$$
$$BC^2 + 2AP^2 + (BP + CP)^2 - 2BP \cdot CP =$$
$$2(2BD)^2 + 2(2OD)^2 - 2PE \cdot PF =$$
$$8(R^2 - x^2) + 8x^2 - 2(R-r)(R+r) =$$
$$6R^2 + 2r^2$$

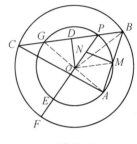

图 29.8

(2) 设 AB 中点为 M,OP 中点为 N,则在 $\triangle ONM$ 与 $\triangle OGB$ 中
$$ON = \frac{1}{2}OP = \frac{1}{2}OG, OM = \frac{1}{2}BG$$
$$\angle NOM = \angle OPG = \angle OGB$$
所以 $\triangle ONM \sim \triangle OGB$,相似比为 $1:2$. 于是
$$NM = \frac{1}{2}OB = \frac{1}{2}R$$

则 M 在以 OP 中点为圆心,半径为 $\frac{R}{2}$ 的圆上. 因此当 B 在大圆上变动一周时,M 就在该圆上变动一周.

解法 5 (1) 如图 29.9 所示,延长 PA 交大圆分别于 M,N,设 $MP = u, BP = x, PN = v, PC = y$.

因为 $MN \perp BC$,所以
$$u^2 + v^2 + x^2 + y^2 = (2R)^2 \quad ⑩$$

设 $AP = m$,在 $\text{Rt}\triangle APC$ 与 $\text{Rt}\triangle APB$ 中应用勾股定理得
$$AC^2 = m^2 + y^2, AB^2 = m^2 + x^2$$
所以
$$S = 2m^2 + x^2 + y^2 + (x+y)^2 = 2(u-v)^2 +$$
$$2(x^2 + y^2) + 2xy = 2(u^2 + v^2 + x^2 + y^2) - 4uv + 2xy$$
因为 $xy = uv$,所以
$$S = 2(u^2 + v^2 + x^2 + y^2) - 2xy$$

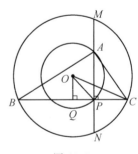

图 29.9

在 Rt$\triangle POQ$ 与 Rt$\triangle QOC$ 中(其中, $OQ \perp BC$ 于 Q)
$$R^2 = OQ^2 + (\frac{x+y}{2})^2, r^2 = OQ^2 + (\frac{x-y}{2})^2$$

所以
$$R^2 - r^2 = (\frac{x+y}{2})^2 - (\frac{x-y}{2})^2$$

所以
$$xy = R^2 - r^2 \qquad ⑪$$

将 ⑩,⑪ 分别代入 S 的表达式,则
$$S = 2(2R)^2 - 2(R^2 - r^2) = 6R^2 + 2r^2$$

所以 S 所取值的集合是一个单点集 $\{6R^2 + 2r^2\}$.

(2) 过 A 作 BC 的平行线,交大圆分别于 B', C',联结 BB',由圆的对称性知:四边形 $PABB'$ 为矩形,如图 29.10 所示. 因此求 AB 中点的轨迹问题转化为求矩形 $PAB'B$ 的中心轨迹,也即求 $B'P$ 的中点轨迹. 注意到 P 是小圆上的定点,B' 是大圆上的动点,因此以 P 为相似中心,对大圆进行相似比为 $\frac{1}{2}$ 的相似变换,所得的图形仍为圆,此圆即为 BA 中点的轨迹.

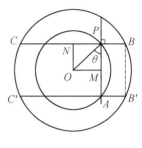

图 29.10

> ❷ 设 n 为一正整数,且 $A_1, A_2, \cdots, A_{2n+1}$ 是某个集合 B 的子集. 设
> (1) 每一个 A_i 恰含有 $2n$ 个元素;
> (2) 每一个 $A_i \cap A_j (1 \leqslant i \leqslant j \leqslant 2n+1)$ 恰含有一个元素;
> (3) B 中每一个元素至少属于两个子集 A_i.
> 问对怎样的值 n,可以对 B 中的每一元素贴一张写有 0 或 1 的标签,使得每个 A_i 中恰含有 n 个贴上了写有 0 的标签的元素?

捷克斯洛伐克命题

解法 1 当且仅当 n 为偶数时上述要求可以满足.

此解法属于徐明曜

为解此题,先把它转化为一个图论问题.

以 $V = \{A_1, A_2, \cdots, A_{2n+1}\}$ 为顶点集合作一个 $2n+1$ 个点的完全图* G,它的边集合是
$$E = \{\{A_i, A_j\} \mid 1 \leqslant i < j \leqslant 2n+1\}$$

边数 $\qquad |E| = C_{2n+1}^2 = n(2n+1)$

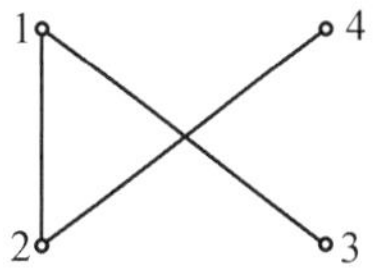

图 29.11

---

* 一个非空有限集合 V 和 V 的全体二元子集的集合 $V^{(2)}$ 的一个子集 E 在一起叫做一个图 G,记做 $G = (V, E)$;V 叫做图 G 的顶点集合,E 叫做图 G 的边集合. 例如,取 $V = \{1,2,3,4\}$,$E = \{\{1,2\},\{1,3\},\{2,4\}\}$,则图 $G = (V, E)$ 可用图 29.11 所示来表示:任取四个点代表 G 的四个顶点 1,2,3,4. 对每条边,即 V 的一个二元子集,它属于 E,则用一条线联结该二元子集中的两个顶点,代表这条边. 如图 29.11 所示.

称图 $G = (V, E)$ 为完全图,如果 $E = V^{(2)}$,即 V 的任意二点之间都有一条边相连. 四点完全图如图 29.12 所示.

我们如下建立集合 E 到 B 的一个映射 φ：因为由条件(2)，对于任意的 $A_i, A_j, i \neq j, A_i \cap A_j$ 恰含一个元素，我们记这个元素为 b_{ij}，并规定
$$\varphi(\{A_i, A_j\}) = b_{ij}, 1 \leqslant i < j \leqslant 2n+1$$
这就确定了 E 到 B 的一个映射 φ. 下面来证明 φ 是一一映射. 首先，由条件(3)，φ 为满射，并且对任意的 $i, 1 \leqslant i \leqslant 2n+1$，有
$$A_i = \{b_{ij} \mid 1 \leqslant j \leqslant 2n+1, j \neq i\} \quad ①$$
再根据条件(1)，A_i 含 $2n$ 个元素，因此对任意的 i 有
$$b_{ij} \neq b_{ik}, j \neq k \quad ②$$
至此容易证明 φ 也是单射：对于 E 中任两个不同的边 $\{A_i, A_j\}$ 和 $\{A_s, A_t\}$，若它们在 φ 之下的象相同，即有 $b_{ij} = b_{st}$，则必有
$$\{b_{ij}\} = A_i \cap A_j \cap A_s \cap A_t$$
因为 $\{A_i, A_j\}$ 和 $\{A_s, A_t\}$ 是两个不同的边，故在 i, j, s, t 中至少有三个两两都不相同，譬如设 i, j, s 两两不同，这将推出
$$A_i \cap A_j = A_i \cap A_s$$
由此得 $b_{ij} = b_{is}$，与 ② 矛盾.

图 29.12

这样，映射 φ 建立了集合 B 和图 G 的边集合 E 之间的一一对应，由 ① 可得这个对应还满足下述性质：集合 A_i 的全部 $2n$ 个元素恰对应于图 G 中以 A_i 为一个端点的 $2n$ 条边.

至此，题目的要求就转化为给图 G 的每条边贴一个 0 或 1 的标签，使得从图中任一点 A_i 出发的 $2n$ 条边中恰有 n 条边贴有 0 的标签. 问这是否可能？这就变成了一个图论的问题.

因为图 G 有 $n(2n+1)$ 条边，如果上述贴标签的要求能够实现，显然边数必为偶数，于是推出 n 必为偶数，必要性得证.

反过来，如果 $n = 2m$ 是偶数，我们把图 G 中的边 $\{A_i, A_{i+k}\}$，$1 \leqslant i \leqslant 2n+1, k \in \{\pm 1, \pm 2, \cdots, \pm m\}$，全标上 0，其余的边标上 1，则得一题目要求的贴标签方法（注意，上式中的加法模 $2n+1$ 进行）. 这是很容易看出的：首先这样的标法是有意义的，即同一条边 $\{A_i, A_j\}$ 的标签是确定的. 这因为
$$i - j \in \{\pm 1, \cdots, \pm m\} \Leftrightarrow j - i \in \{\pm 1, \cdots, \pm m\}$$
另外，显然每点出发 n 条标有 0 的边. 于是充分性也得到证明.

解法 2 先寻求必要条件，即染色法存在，n 应满足什么条件. 因每点恰有 n 条线染红色，所以总共应有 $\dfrac{n(2n+1)}{2}$ 条线染红色，故 n 必为偶数（我们再也没有发现不满足条件的偶数 n 了）. 下面对偶数 n 进行构造，关键仍是数对 (i, j). 取 $i - j \equiv b_{ij} \pmod{2n+1}$，$|b_{ij}| \leqslant n$. b_{ij} 为奇数时，a_{ij} 染红色，即元素 a_{ij} 标上 1；b_{ij} 为偶数时，a_{ij} 染蓝色，即元素 a_{ij} 标上 0.

此解法属于何宏宇

分析条件 因条件(2)最强，故从条件(2)入手. 令
$$A_i \cap A_j = \{a_{ij}\}$$
$$a_{ij} = a_{ji}$$
$$i \neq j, i, j = 1, 2, \cdots, 2n+1 \quad ③$$
由条件(3)：对 A_i 中任一元

不难发现，每个 $i \leqslant 2n+1$ 的自然数，有 n 个元素 $a_{ij}(j \neq i)$ 标上 1，n 个元素标上 0. 即每个 A_i 恰含 n 个元素贴有标 0 的标签.

于是，n 为偶数时，命题成立.

解法 3　（此解法属于王健梅）先证 B 中每一个元素恰属于两个子集. 由条件(3) 知，B 中每个元素在 A_i 中至少出现两次，所以有
$$2|B| \leqslant (2n+1)|A_i| = 2n(2n+1)$$
得出
$$|B| \leqslant n(2n+1)$$

另一方面，由容斥原理得
$$|B| = \sum_{i=1}^{2n+1}|A_i| - \sum_{i \neq j}|A_i \cap A_j| +$$
$$\sum_{i \neq j \neq k}|A_i \cap A_j \cap A_k| - \cdots \geqslant \sum_{i=1}^{2n+1}|A_i| -$$
$$\sum_{i \neq j}|A_i \cap A_j| = 2n(2n+1) - C_{2n+1}^2 = n(2n+1)$$

（这里用了条件(2)），所以等号成立. 而这当且仅当对 $\forall i,j,k$，$A_i \cap A_j \cap A_k = \varnothing$ 才可能，所以 B 中每个元素恰属于两个子集.

考虑所有 A_i 中贴 0 的元素，共有 $n(2n+1)$ 个（可以重复计算）. 由于 B 中每一个贴 0 的元素恰属于两个子集，所以共有 $\dfrac{n(2n+1)}{2}$ 个不同的元素贴 0，由此知 n 为偶数. 若 n 为偶数，可用归纳法证明存在符合要求的贴标签方法.

当 $n=2$ 时，不妨设五个子集为 $(a,b,c,d),(a,e,f,g),(b,e,h,l),(c,f,h,m),(d,g,l,m)$. 把元素 a,b,f,l,m 贴 0，易验证符合要求.

设 $n=k$ 时成立，则当 $n=k+2$ 时，共 $2(k+2)+1$ 个子集，每个子集含 $2(k+2)$ 个元素. 将 $A_1 \cap A_i, A_2 \cap A_i$ 中元素贴 $0(i=5,6,\cdots,k+5)$，$A_3 \cap A_i, A_4 \cap A_i$ 中元素贴 $0(i=k+6,k+7,\cdots,2k+5)$，其余 $A_i \cap A_j$ 中元素贴 $1(1 \leqslant i \leqslant 4, 5 \leqslant j \leqslant 2k+5)$，$A_1 \cap A_2$ 中元素贴 1，$A_1 \cap A_3$ 贴 1，$A_1 \cap A_4$ 贴 0，$A_2 \cap A_3$ 贴 0，$A_2 \cap A_4$ 贴 1，$A_3 \cap A_4$ 贴 0，则易验证 A_1, A_2, A_3, A_4 每个集合中恰好 $k+2$ 个元素贴了 0，$A_5, A_6, \cdots, A_{2k+5}$ 中每个子集有两个贴 0，两个贴 1. 去掉集合 A_1, A_2, A_3, A_4 及 $A_5, A_6, \cdots, A_{2k+5}$ 每个集合中已贴标签的元素，剩下 $2k+1$ 个集合，每个集合中有 $2k$ 个元素，且符合条件(1),(2),(3)，由归纳假设，存在符合要求的贴标签方法，所以当 $n=k+2$ 时也存在符合要求的贴标签方法.

所以对所有偶数 n，存在符合要求的贴法.

素 $x \in B$，至少属于另一子集 $A_j(j \neq i)$，于是由 ③ 知，$x = a_{ij}$，即得
$$A_i \subseteq \{a_{ij} \mid j \neq i,$$
$$j = 1,2,\cdots,2n+1\}$$
$$i \in \{1,2,\cdots,2n+1\} \quad ④$$
又由 ③ 知
$$\{a_{ij} \mid j \neq i, j = 1,2,\cdots,$$
$$2n+1\} \subseteq A_i$$
故对任意 $i, A_i = \{a_{ij} \mid i \neq i, j = 1,2,\cdots,2n+1\}$. 再由 (1) 知 $|A_i| = 2n$，故对给定 $i, a_{ij}(j \neq i)$ 两两不同. 又由于条件(2) 有
$$B = \bigcup_{i=2}^{2n+1} A_i = \{a_{ij} \mid j < i,$$
$$i = 2,3,\cdots,2n+1\}$$
且 B 中任意两个元素 $a_{i_1 j_1}$，$a_{i_2 j_2}$ 当且仅当 $i_1 = i_2, j_1 = j_2$ 时相同. 事实上根据 ③ 知 $a_{i_1 j_1} = a_{i_2 j_2}$，有 $a_{i_1 j_1} = a_{i_1 j_2}$，故 $j_1 = j_2$，类似地 $i_1 = i_2$. 因由条件 (1) 有 $|A_i| = 2n$，于是
$$|B| = \frac{2n(2n+1)}{2} = n(2n+1)$$

分析结论　（暂缓确定 n，下设 n 满足条件）.

ⅰ 我们要么构造出具体的标法，要么用逻辑证明，证明标法的确存在. 但是由于集合元素已经非常确定，所以用构造法具有很大的优越性.

ⅱ 构造仅与 i,j 有关，抓住这一关键，我们可以进行直观的描述：将 i,j 用点表示；a_{ij} 用联结 $i,j (i \neq j)$ 的线段表示. 下面只需将 a_{ij} 来染色，使从每一点 i 出发的 $2n$ 条线段中恰有 n 条染红色，n 条染蓝色.

解法 4 由条件(2)与(3)知,B 中每一元素恰属于两个子集 A_i, A_j. 假如有某元素同属于 A_1, A_2, A_3,则由(2)知,A_1 和 A_2, $A_3, \cdots, A_{2n+1}$ 的公共元素至多有 $2n-1$ 个. 又由(1)可知,A_1 中还有一个元素只属于 A_1,和条件(3)矛盾. 故 B 中每一元素恰属于两个子集. 又由条件(2)知,集合 $A_1, A_2, \cdots, A_{2n+1}$ 中公共元素的个数为

$$C_{2n+1}^2 = \frac{2n(2n+1)}{2}$$

现在,我们将 B 的 $\frac{2n(2n+1)}{2}$ 个元素作如下之排列,即

$$
\begin{array}{llllll}
b_{11} & & & & & \\
b_{21} & b_{22} & & & & \\
b_{31} & b_{32} & b_{33} & & & \\
b_{41} & b_{42} & b_{43} & b_{44} & & \\
\vdots & \vdots & & \vdots & & \\
b_{2n-1,1} & b_{2n-1,2} & \cdots & b_{2n-1,2n-1} & & \\
b_{2n,1} & b_{2n,2} & \cdots & \cdots & b_{2n,2n-1} & b_{2n,2n}
\end{array}
$$

按下面的办法构造子集,即

$$A_1 = \{b_{11}, b_{21}, b_{31}, b_{41}, \cdots, b_{2n1}\}$$
$$A_2 = \{b_{21}, b_{22}, b_{32}, b_{42}, \cdots, b_{2n2}\}$$
$$A_3 = \{b_{31}, b_{32}, b_{33}, b_{43}, \cdots, b_{2n3}\}$$
$$A_4 = \{b_{41}, b_{42}, b_{43}, b_{44}, \cdots, b_{2n4}\}$$
$$\vdots$$
$$A_{2n} = \{b_{2n,1}, b_{2n,2}, b_{2n,3}, b_{2n,4}, \cdots, b_{2n,2n}\}$$
$$A_{2n+1} = \{b_{1,1}, b_{2,2}, b_{3,3}, b_{4,4}, \cdots, b_{2n,2n}\}$$

A_i 的这种取法,显然符合题设的条件(1),(2),(3).

取 n 为偶数,令 $n=2k$,则 $2n=4k$,将 B 的元素划分成 k 个 4×4 的矩阵. 对于每一个三角形阵,按下法贴上 0 或 1 的标签

$$T_2 = \begin{pmatrix} 0 & & & \\ 1 & 0 & & \\ 0 & 1 & 1 & \\ 1 & 0 & 0 & 1 \end{pmatrix}$$

而对于每一个 4×4 的方阵,则按下法贴上 0 或 1 的标签

$$T_1 = \begin{pmatrix} 0 & 1 & 0 & 1 \\ 1 & 0 & 1 & 0 \\ 0 & 1 & 1 & 0 \\ 1 & 0 & 0 & 1 \end{pmatrix}$$

不难直接验证,每一个子集 A_i 中贴 0 或 1 标签的元素各占一半.

注 因为 B 中元素为 $n(2n+1)$,要使每个 A 贴 0 和 1 的个数各占一半,当且仅当 n 为偶数,令 $n=2k$,则 $2n=4k$,因此可把集合 B 对应的矩阵 $\boldsymbol{B}$(按虚线)全部分成 4×4 阶矩阵.

$$\boldsymbol{B} = \begin{bmatrix} b_{11} & & & & & & & \\ b_{21} & b_{22} & & & & & & \\ b_{31} & b_{32} & b_{33} & & & & & \\ b_{41} & b_{42} & b_{43} & b_{44} & & & & \\ b_{51} & b_{52} & b_{53} & b_{54} & b_{55} & & & \\ b_{61} & b_{62} & b_{63} & b_{64} & b_{65} & b_{66} & & \\ b_{71} & b_{72} & b_{73} & b_{74} & b_{75} & b_{76} & b_{77} & \\ b_{81} & b_{82} & b_{83} & b_{84} & b_{85} & b_{86} & b_{87} & b_{88} \\ \vdots & \vdots & \vdots & & & & & \vdots \\ b_{2n,1} & b_{2n,2} & b_{2n,3} & \cdots & \cdots & \cdots & \cdots & b_{2n,2n} \end{bmatrix}$$

将 $\boldsymbol{B}$ 中每一个三角阵都放一个矩阵 T_2,使之重叠;再将 $\boldsymbol{B}$ 中每一个 4 阶方阵放一个矩阵 T_1,使之重叠. 于是 $\boldsymbol{B}$ 中的每一元素都贴上了 0 或 1 的标签,并且满足每一 A 中贴 0 和贴 1 的元素的个数各占一半.

---

❸ $\mathbf{N}^+$ 为正整数集. 在 $\mathbf{N}^+$ 上定义函数 f 如下:$f(1)=1$, $f(3)=3$,且对 $n\in \mathbf{N}^+$ 有

$$f(2n)=f(n) \quad ①$$
$$f(4n+1)=2f(2n+1)-f(n) \quad ②$$
$$f(4n+3)=3f(2n+1)-2f(n) \quad ③$$

问有多少个 $n\in \mathbf{N}^+$ 且 $n\leqslant 1988$ 使得 $f(n)=n$.

英国命题

解法 1 为找出 $f(n)$ 和 n 的关系,通常先对于较小的 n 值计算出 $f(n)$,并试图找出规律. 经计算得到下表.

n	1	2	3	4	5	6	7	8	9	10	11	12	13	14	15	16	17	18
$f(n)$	1	1	3	1	5	3	7	1	9	5	13	3	11	7	15	1	17	9

但从上表计算中似乎也看不到什么规律. 这时我们再来分析题目所给出的递推关系:为计算 $f(4n+1)$,需知 $f(2n+1)$ 和 $f(n)$,而 $2n+1$ 又可能是 $4m+1$ 型或 $4m+3$ 型,因此在使用递推关系时,光知道一个数是 $4m+1$ 型或 $4m+3$ 型是不够的,还应知道 $2n+1$ 以至 n(如是奇数的话)是 $4m+1$ 型或 $4m+3$ 型的,以便应用不同的递推关系式. 为了解决这个困难,我们会看到如果先把数 n 表示成二进制,即令

$$n=\sum_{i=0}^{k}a_i 2^{k-i},\ a_0=1,a_i=0\ \text{或}\ 1,i>0 \quad ④$$

此解法属于王鲁燕

分析 $[x]$ 表示不超过 x 的最大整数,利用题目的条件证明:对任意正整数 n 有

$$f(2n+1)-f(2n)=2\left(f\left(2\left[\dfrac{n}{2}\right]+1\right)-f\left(2\left[\dfrac{n}{2}\right]\right)\right)$$

反复应用这一结论,由上式及题目条件可推出

$$f(2n+1)-f(2n)=2^{k+1}$$

其中,k 是适合条件 $2^k\leqslant n<2^{k+1}$ 的整数. 由此及题

计算起来可能会容易应用递推关系式,因而也便于寻找 $f(n)$(当然 $f(n)$ 也用二进制表示)与 n 的关系.

在把数表示成二进制后,上表变成

n	1	10	11	100	101	110	111	1000	1001
$f(n)$	1	01	11	001	101	011	111	0001	1001

n	1010	1011	1100	1101	1110	1111	10000	10001	10010
$f(n)$	0101	1101	0011	1011	0111	1111	00001	10001	01001

稍经观察即可发现 $f(n)$ 似应为由 n 表示成二进制后颠倒诸位数字后得到的(当然得到的是 $f(n)$ 的二进制表达式). 于是我们猜想若设 n 表示成二进制式 ③,则应有

$$f(n) = \sum_{i=0}^{k} a_i 2^i \qquad ⑤$$

中式 ①,我们就容易想到要用二进制来解本题,并看出应有解答中的式 ⑤ 成立.

下面用对 n 的归纳法证明式 ⑤. 上表说明式 ⑤ 对于较小的 n 成立,因此可假定对比 n 小的值式 ⑤ 已经成立,来证式 ⑤ 对 n 也成立. 分以下三种情形讨论.

ⅰ n 是偶数. 这时 $a_k = 0$. 由题中式 ① 得

$$f(n) = f\left(\frac{n}{2}\right) = f\left(\sum_{i=0}^{k-1} a_i 2^{k-1-i}\right) = \sum_{i=0}^{k-1} a_i 2^i$$

故式 ④ 成立.

ⅱ $n \equiv 1 \pmod{4}$. 这时 $a_k = 1, a_{k-1} = 0$. 由题中式 ② 得

$$f(n) = 2f\left(\frac{n+1}{2}\right) - f\left(\frac{n-1}{4}\right) =$$

$$2f\left(\sum_{i=0}^{k-2} a_i 2^{k-1-i} + 1\right) - f\left(\sum_{i=0}^{k-2} a_i 2^{k-2-i}\right) =$$

$$2\left(2^{k-1} + \sum_{i=0}^{k-2} a_i 2^i\right) - \sum_{i=0}^{k-2} a_i 2^i = 2^k + \sum_{i=0}^{k-2} a_i 2^i$$

故式 ④ 成立.

ⅲ $n \equiv 3 \pmod{4}$. 这时 $a_k = a_{k-1} = 1$. 由题中式 ③ 得

$$f(n) = 3f\left(\frac{n-1}{2}\right) - 2f\left(\frac{n-3}{4}\right) =$$

$$3f\left(\sum_{i=0}^{k-1} a_i 2^{k-1-i}\right) - 2f\left(\sum_{i=0}^{k-2} a_i 2^{k-2-i}\right) =$$

$$3\sum_{i=0}^{k-1} a_i 2^i - 2\sum_{i=0}^{k-2} a_i 2^i = 3a_{k-1} 2^{k-1} + \sum_{i=0}^{k-2} a_i 2^i =$$

$$2^k + 2^{k-1} + \sum_{i=0}^{k-2} a_i 2^i$$

故式 ⑤ 成立. 证毕.

有了式 ⑤,就很容易求出满足 $f(n)=n$ 且 $n\leqslant 1988$ 的解的个数了. 先将 1 988 化成二进制得
$$11111000100$$
它是一个十一位数. 明显地,在所有的 t 位二进制数中,颠倒数字后值仍不变的恰有 $2^{\left[\frac{t-1}{2}\right]}$ 个,这里 $[x]$ 表示不超过 x 的最大整数. 故在一位数到十位数中,满足 $f(n)=n$ 的值的个数为
$$\sum_{t=1}^{10} 2^{\left[\frac{t-1}{2}\right]} = 2\sum_{i=0}^{4} 2^i = 2(2^5-1) = 62$$
在十一位数中有 $2^{\left[\frac{10}{2}\right]} = 2^5 = 32$ 个,但其中有且仅有两个大于 1 988,它们是
$$11111011111, 11111111111$$
故所求的满足 $f(n)=n$ 且 $n\leqslant 1988$ 的 n 值的个数为
$$62+32-2=92$$

解法 2 (1) 继续探索. 麻烦的关键是在于条件将 $4n+1$ 与 $4n+3$ 区分开来,为了避免这一点,就应该寻求它们之间共同的属性,进行统一处理. 再回到条件中有
$$f(4n+3) - f(2n+1) = 2(f(2n+1) - f(2n))$$
$$f(4n+1) - f(2n) = 2(f(2n+1) - f(2n))$$
这样就达到了统一,使条件更宜于迭代. 从而
$$f((n_t n_{t-1} \cdots n_2 n_1 1)_2) - f((n_t n_{t-1} \cdots n_1)_2) =$$
$$2(f((n_t n_{t-1} \cdots n_2 1)_2) - f((n_t n_{t-1} \cdots n_2 0)_2)) =$$
$$2^2(f((n_t n_{t-1} \cdots 1)_2) - f((n_t n_{t-1} \cdots 0)_2)) = \cdots =$$
$$2^{t-1}(f((11)_2) - f((10)_2)) = 2^t n_t$$
注意到 $n_t=1$,为了避免分情况讨论最好将偶数情况统一起来,即
$$f((n_t n_{t-1} \cdots n_2 n_1 n_0)_2) = f((n_t n_{t-1} \cdots n_2 n_1)_2) + 2^t n_0$$
这样,再进行迭代最后得到
$$f(\overline{n_t n_{t-1} \cdots n_2 n_1 n_0}) = n_0 \cdot 2^t + n_1 \cdot 2^{t-1} + \cdots + n_{t-2} \cdot 2^2 +$$
$$f(\overline{1 n_{t-1}}) = n_0 \cdot 2^t + n_1 \cdot 2^{t-1} + \cdots +$$
$$n_{t-2} \cdot 2^2 + n_{t-1} \cdot 2 + 1 =$$
$$(n_0 n_1 n_2 \cdots n_{t-1} n_t)_2$$

(2) 进行归纳证明(略).

(3) 求 $F(1\ 988)$, $1\ 988 = (11111000100)_2$.
$$f(n)=n \Leftrightarrow n_t=n_0, n_{t-1}=n_1, \cdots, n_{t-i}=n_i, i=0,1,\cdots,t$$
对于 $n\leqslant 1988$,当 t 是奇数 $2k-1$ 时,$n_{2k-1}=n_0=1,\cdots,n_k=n_{k-1}$. 这样的数有 $2^{k-1}(k=1,2,3,4,5)$ 个. 所以总共有

此解法属于何宏宇

分析结论 设个数为 $F(1\ 988)$. 一种想法是直接计算 $f(n)$,再利用 $f(n)$ 求 $F(1\ 988)$. 另一种想法是不求 $f(n)$ 确定出 $F(1\ 988)$,或讨论 $F(n)$ 的属性. 但后一种想法缺乏基础,什么条件都用不上,都得借助 $f(n)$,因此应该求出 $f(n)$.

分析条件 (怎样求 $f(n)$) 只能用条件①,②,③ 三式不断迭代讨论奇偶性. 这一点抽象出来即用数学概念反映出来就是 2 或 4 进制. 事实上,2 或 4 进制具有一定的等同性,所以,可以假设
$$n = (n_t n_{t-1} \cdots n_1 n_0)_2$$
$$n_i = 0, 1$$
下一步怎么办?不断迭代仍很麻烦.

$\sum_{k=1}^{5} 2^{k-1} = 2^5 - 1$ 个数,n 小于等于 1 988 且满足 $f(n) = n$.

当 t 为偶数 $2k$ 时,则
$$n_{2k} = n_0 = 1, \cdots, n_{k+1} = n_{k-1}, n_k = 0 \text{ 或 } 1$$
这样的数共有 2^{k-1} 个. 故 $k \leqslant 5$ 时满足 $f(n) = n$ 的数有
$$\sum_{k=0}^{5} 2^k = 2^6 - 1$$
在这些数中大于 1 988 的有两个数即
$$(11111011111)_2, (11111111111)_2$$
所以 $\quad F(1\ 988) = 2^5 - 1 + 2^6 - 1 - 2 = 92$

解法 3 首先证明:$f(2^k) = 1$,由已知 $f(2n) = f(n)$ 得
$$f(2^k) = f(2^{k-1}) = f(2^{k-2}) = \cdots = f(2) = f(1) = 1$$
下面用数学归纳法证明 $f(2^k + 1) = 2^k + 1$.
(1) $k = 1$ 时,$f(2^1 + 1) = f(3) = 3 = 2^1 + 1$ 成立.
(2) 假设 $k = m$ 时,$f(2^m + 1) = 2^m + 1$ 成立,则
$$f(2^{m+1} + 1) = f(4 \cdot 2^{m-1} + 1) = 2f(2^m + 1) -$$
$$f(2^{m-1}) = 2(2+1) - 1 = 2^{m+1} + 1$$
这就是说 $k = m + 1$ 时,命题也成立.
综合 (1) 与 (2),命题对所有的自然数 k 都成立.
同理可证:$f(2^k - 1) = 2^k - 1$.
下证 $f(n)$ 是 n 写成二进制数后,反序所成的二进制数.
当 n 是奇数时,分为两类:一类是 $n = 4m + 1$,一类是 $n = 4m + 3$. 当 $n = 4m + 1$ 时,用二进制数表示为
$$n = 4m + 1 = 1 + \sum_{j=1}^{k} 2^j a_j$$
其中,a_j 等于 0 或 1,显然 $a_1 = 0, m = \sum_{j=2}^{k} a_j 2^{j-2}$,所以
$$2m + 1 = 1 + \sum_{j=2}^{k} a_j 2^{j-1}$$

先证 $f(n)$ 是 $n = 4m + 1$ 写成二进制数后,反序所成的二进制数.(用数学归纳法)

ⅰ $n = 1$ 时,$f(1) = 1$;$n = 2$ 时,$f(2) = 1$;$n = 3$ 时,$f(3) = f(2 + 1) = 1 + 2$;$n = 4$ 时,$f(4) = 1$. 命题皆成立.

ⅱ 假设 $n < 4m + 1$ 时,命题成立. 则
$$f(2m + 1) = \sum_{j=2}^{k} a_j 2^{(k-1)-(j-1)} + 2^{k-1}$$
(因为 $2m + 1 < 4m + 1$)
$$f(m) = \sum_{j=2}^{k} a_j 2^{(k-2)-(j-2)}$$
(因为 $m < 4m + 1$),所以

$$f(4m+1) = 2f(2m+1) - f(m) = 2 + \sum_{j=2}^{k} a_j 2^{k-j}$$

这就是说 $n=4m+1$ 时,命题成立.

综合 i 与 ii 命题得证.

同理可证 $f(n)$ 是 $n=4m+3$ 当写成二进制数时,反序所成的二进制数.

其次证明 $f(n)$ 是 $n=2m$ 写成二进制数后,反序所成的二进制数.

设 m 为奇数,将 m 写成二进制数

$$m = \sum_{j=0}^{m} a_j 2^j = a_m a_{n-1} \cdots a_1 a_0, a_j = 0 \text{ 或 } 1$$

则
$$2m = \sum_{j=0}^{m} a^j 2^{j+1} = a_m a_{n-1} \cdots a_1 a_0 0$$

所以 $f(2m) = f(m) = a_0 a_1 \cdots a_m = 0 a_0 a_1 \cdots a_m$

结论成立.

设 m 为偶数时,不妨设 $m=2m'$,则 $f(2m)=f(2m')=f(m')$,若 m' 是奇数,已证;若 m' 为偶数,又可设 $m'=2m''$,重复上面过程,即可得到结论正确.

下面求 $n \leqslant 1988$ 时,使 $f(n)=n$ 的 n 的个数.

因为 $n \leqslant 1988 < 2048 = 2^{11}$,所以 n 写成二进制数后最多是 11 位,又 1988 的二进制数是 11111000100,所以根据已知及上面证得的结论,我们有:

1 位的二进制数只有数字 1,所以 1 位数的二进制数的个数是 1;2 位的二进制数只有 11,所以它的个数为 1;3 位的二进制数只有 101 和 111,所以它的个数为 2^1;4 位数的二进制数的形式是 1××1,只有一个方格的数字待定,4 位数的个数为 2^1;5 位数的二进制数的形式是 ×××,只有两个 ×× 中的数字待定,所以它的个数为 2^2;同理,6 位,7 位,8 位,9 位,10 位数的二进制数的个数分别为 $2^2, 2^3, 2^3, 2^4, 2^4$,11 位数的二进制数的个数为 2^5-2(因为在 2^5 个二进制数中,11111111111 和 11111011111 都大于 11111000100,所以 11 位数的个数为 2^5-2).

所以满足题设条件的 n 的个数为
$$1+1+2+2+2^2+2^2+2^3+2^3+2^4+2^4+(2^5-2)=92$$

❹ 证明:满足不等式

$$\sum_{k=1}^{70} \frac{k}{x-k} \geqslant \frac{5}{4}$$

的实数 x 的集合是互不相交的区间的并集,并且这些区间长度的总和等于 1988.

爱尔兰命题

证法 1 首先指出这样一基本事实:在 O-xy 坐标平面上,如果一条连续曲线有一头在 x 轴的上方,另一头在 x 轴的下方,那么这条连续曲线必定要与 x 轴相交.这一基本事实合乎人们的直观经验,容易为大家所接受(在大学的数学分析课程里,将给出这一事实的严格数学证明).我们承认这一基本事实,并将在下面的解题过程中用到它.事实上,我们在中学数学讨论求根问题时经常用到这一点.

此证法属于张筑生

考查函数
$$f(x) = \sum_{k=1}^{70} \frac{k}{x-k} - \frac{5}{4}$$

设 $l \in \{1, 2, \cdots, 69\}, x \in (l, l+1)$.我们把函数 f 的表示式写成
$$f(x) = \sum_{k=1}^{l} \frac{k}{x-k} + \sum_{k=l+1}^{70} \frac{k}{x-k} - \frac{5}{4}$$

容易看出,当 x 在开区间 $(l, l+1)$ 内增大变化时,$\sum_{k=1}^{l} \frac{k}{x-k}$ 与 $\sum_{k=l+1}^{70} \frac{k}{x-k}$ 都减小(前者保持正值并减小,后者保持负值但绝对值增大).函数 f 在 $(l, l+1)$ 中是严格单调下降的.对于 $x \in (l, l+1)$,当 $x \to l$ 时 $f(x) \to +\infty$,当 $x \to l+1$ 时 $f(x) \to -\infty$.我们断定:存在惟一的 $\xi_l \in (l, l+1)$,使得 $f(\xi_l) = 0$.同样容易看出,函数 f 在 $(70, +\infty)$ 也是严格单调下降的.在 $(70, +\infty)$ 范围内,当 $x \to 70$ 时 $f(x) \to +\infty$,当 $x \to +\infty$ 时 $f(x) \to -\frac{4}{5}$.仿照上面的讨论又可断定:函数 f 在 $(70, +\infty)$ 范围内也只有惟一的零点 ξ_{70}.另外,还容易看出,对于 $x < 1$,应有 $f(x) < 0$.

通过以上的讨论,我们得知,使得 $f(x) \geqslant 0$ 的实数 x 的集合是
$$(1, \xi_1], (2, \xi_2], \cdots, (69, \xi_{69}], (70, \xi_{70}]$$

这些互不相交的区间的并集,这些区间的长度总和
$$S = \sum_{k=1}^{70}(\xi_k - k) = \sum_{k=1}^{70} \xi_k - \sum_{k=1}^{70} k$$

另一方面,我们注意到,方程 $f(x) = 0$ 与以下的方程同解
$$(x-1)(x-2)\cdots(x-70) - \frac{4}{5}\sum_{k=1}^{70} \frac{k(x-1)(x-2)\cdots(x-70)}{x-k} = 0 \quad \text{①}$$

上式左边是一个 70 次的多项式,它的所有各根之和应为
$$\xi_1 + \xi_2 + \cdots + \xi_{70} = -a_1$$

其中,a_1 是式 ① 左边多项式中 x^{69} 的系数.通过计算,我们得到

$$a_1 = -\sum_{k=1}^{70} k - \frac{4}{5}\sum_{k=1}^{70} k = -\frac{9}{5}\sum_{k=1}^{70} k$$

由此又得到 $S = \sum_{k=1}^{70} \xi_k - \sum_{k=1}^{70} k = -a_1 - \sum_{k=1}^{70} k =$

$$\frac{9}{5}\sum_{k=1}^{70} k - \sum_{k=1}^{70} k = \frac{4}{5}\sum_{k=1}^{70} k =$$

$$\frac{4}{5} \times \frac{70 \times 71}{2} = 4 \times 7 \times 71 = 28 \times 71 = 1\ 988$$

证法 2 由分析,在 $(j, j+1)$ 中有惟一的一个 x_j 使得 $f(x_j) = \frac{5}{4}$,而在 $(j, j+1)$ 上,使 $f(x) \geqslant \frac{5}{4}$ 的 x 即是区间 $(j, x_j)(j=1,2,3,\cdots,69)$. 如图 29.13 所示,在 $(70, +\infty)$ 上,存在惟一的一个 x_{70} 使得 $f(x_{70}) = \frac{5}{4}$,而在 $(70, +\infty)$ 上,使 $f(x) \geqslant \frac{5}{4}$ 的 x 即是区间 $(70, x_{70}]$. 于是 $\{x \mid f(x) \geqslant \frac{5}{4}\} = \bigcup_{k=1}^{70}(k, x_k]$,所以满足 $f(x) \geqslant \frac{5}{4}$ 的 x 的集合是 70 个互不相交的区间的并集. 它们长度和

$$D = \sum_{k=1}^{70}(x_k - k) = \sum_{k=1}^{70} x_k - \sum_{k=1}^{70} k$$

x_k 是方程 $f(x) = \frac{5}{4}$ 的根即是

$$5(x-1)(x-2)\cdots(x-70) = 4((x-2)\cdots(x-70) + 2(x-1)(x-3)\cdots(x-70) + \cdots + 70(x-1)(x-2)\cdots(x-69))$$

的根. 此多项式恰是 70 次,有 70 个根 $x_1, x_2, \cdots, x_{70}$. 故

$$\sum_{k=1}^{70} x_k = -\frac{a_{69}}{5} = -\left(5\sum_{i=1}^{70}(-i) - 4\sum_{i=1}^{70}(+i)\right)/5 = \frac{9}{5}\sum_{i=1}^{70} i$$

于是

$$D = \frac{9}{5}\sum_{i=1}^{70} i - \sum_{k=1}^{70} k = \frac{4}{5}\sum_{i=1}^{70} i = \frac{4}{5} \times \frac{70 \times 71}{2} = 1\ 988$$

证法 3 当 $x < 1$ 时,有

$$f(x) = \sum_{k=1}^{70} \frac{k}{x-k} - \frac{5}{4} < 0$$

$$\lim_{x \to n^-} f(x) = -\infty, \lim_{x \to n^+} f(x) = +\infty, n = 1, 2, \cdots, 70$$

此证法属于何宏宇

分析条件 观察函数 $f(x) = \sum_{k=1}^{70} \frac{k}{x-k}$ 的性质.

$f'(x) = \sum_{k=1}^{70} \frac{-k}{(x-k)^2} < 0, x \neq k.$

(1) $x \in (-\infty, 1)$ 时,易见 $f(x) < 0$.

(2) $x \in (j, j+1)(j=1,2,\cdots,69)$ 时,当 $x > j$ 且 $x \to j$ 时,$f(x) \to +\infty$;当 $x < j+1$ 且 $x \to j+1$ 时,$f(x) \to -\infty$. $f(x)$ 在区间 $(j, j+1)$ 上单调递减.

(3) $x \in (70, +\infty)$ 时,易见 $f(x) > 0$,且当 $x > 70$ 且 $x \to 70$ 时,$f(x) \to +\infty$;当 $x \to +\infty$ 时,$f(x) \to 0$. $f(x)$ 在区间 $(70, +\infty)$ 上单调递减.

(上面的讨论已给函数一个非常精确的描述,剩下的是一些技巧性的步骤,不再涉及路子是否正确.)

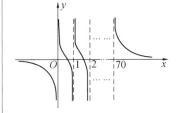

图 29.13

此证法属于王健梅

$$\lim_{x \to +\infty} f(x) = -\frac{5}{4}$$

由 $f(x)$ 连续性知, $f(x)$ 在每个区间 $(1,2),(2,3),\cdots,(69,70)$, $(70,+\infty)$ 中有一根, 记为 $x_1,x_2,\cdots,x_{70}$. $f(x)$ 的根即为

$$g(x) = (x-1)(x-2)\cdots(x-70)f(x)$$

的根, 而 $g(x)$ 为 70 次多项式, 首项系数为 $-\dfrac{5}{4}$, 则

$$g(x) = -\frac{5}{4}(x-x_1)(x-x_2)\cdots(x-x_{70})$$

x^{69} 次项系数为

$$(1+2+\cdots+70) + \frac{5}{4}(1+2+\cdots+70) = \frac{9}{4}(1+2+\cdots+70)$$

由韦达定理

$$x_1+x_2+\cdots+x_{70} = -\frac{9}{4}(1+2+\cdots+70)/(-\frac{5}{4}) =$$

$$\frac{9}{5}(1+2+\cdots+70)$$

$f(x) \geqslant 0$ 的解集为 $(1,x_1] \cup (2,x_2] \cup \cdots \cup (70,x_{70}]$, 区间长度总和为

$$d = \sum_{i=1}^{70}(x_i - i) = \sum_{i=1}^{70} x_i - \sum_{i=1}^{70} i =$$

$$(\frac{9}{5} - 1)(1+2+\cdots+70) = 1\ 988$$

❺ 在 Rt△ABC 中, AD 是斜边 BC 上的高. 联结 △ABD 的内心与 △ACD 的内心的直线分别与边 AB 及边 AC 相交于 K 及 L 两点. △ABC 与 △AKL 的面积分别记为 S 与 T. 求证: $S \geqslant 2T$.

希腊命题

证法 1 记 △ABD 及 △ACD 的内心分别为 O_1 及 O_2, 记它们的内切圆半径分别为 r_1 及 r_2, 记 $AC = b, AB = c, \angle ABC = \alpha$, $\tan \alpha = \dfrac{b}{c}$.

此证法属于杨晓兰

注意到 △$CAD \backsim$ △ABD, 相似比是 $b:c$, 于是

$$\frac{r_2}{r_1} = \frac{b}{c} = \tan \alpha$$

(1) 先讨论 $\alpha = 45°$ 这一简单情形, 如图 29.14 所示.

设 AD 与直线 O_1O_2 相交于 M, 作 $O_2G \perp AC$. 易知 $AG = AM$, $LG = r_2 = MD$, 于是 $AL = AD = \dfrac{b}{\sqrt{2}}$. 得到

$$T:S = AL^2:AC^2 = 1:2, S = 2T$$

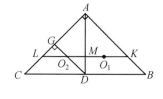

图 29.14

(2) 一般情形, 不妨设 $0° < \alpha < 45°$, 如图 29.15 所示.

设直线 O_1O_2 与 BC 的延长线相交于 N. 记 $\angle O_1NB=\beta$,有
$$\tan\beta=\frac{r_1-r_2}{r_1+r_2}$$

又有
$$\cot(90°-\beta)=\tan\beta=\frac{1-r_2/r_1}{1+r_2/r_1}=$$
$$\frac{1-\tan\alpha}{1+\tan\alpha}=\cot(45°+\alpha)$$

由此推出两个锐角 $90°-\beta$ 和 $45°+\alpha$ 相等,即 $\alpha+\beta=45°$, $\angle AKL=45°$,$\triangle AKL$ 是等腰直角三角形.

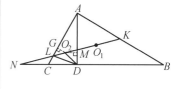

图 29.15

我们不难证明仍有 $AL=AD$. 作 $O_2M\perp AD$,$O_2G\perp AC$,如图 29.15 所示. 有 $LG=r_2=MD$,又有 $AG=AM$,导出
$$AL=AD=b\cdot\cos\alpha$$
$$T=\frac{1}{2}(AL)^2=\frac{1}{2}b^2\cdot\cos^2\alpha$$
$$S=\frac{1}{2}bc=\frac{1}{2}b^2\cdot\cot\alpha$$

由 $0°<\alpha<45°$,有 $2\sin\alpha\cdot\cos\alpha=\sin 2\alpha<1$. 由此推出 $2\cos^2\alpha<\cot\alpha$,因此 $2T<S$.

证法 2 以 D 为原点,DC 为 x 轴的正向建立坐标系,如图 29.16 所示. 并设 $|AB|=1$,$\angle ABC=\varphi$,则 $|BD|=\cos\varphi$,$|AD|=\sin\varphi$,$|AC|=\tan\varphi$,$|DC|=\tan\varphi\cdot\sin\varphi$. 所以,各点的坐标为
$$A(0,\sin\varphi),B(-\cos\varphi,0),C(\tan\varphi\cdot\sin\varphi,0)$$

设 O_1,O_2 分别为 $\triangle ABD$,$\triangle ACD$ 的内心,令 O_1 到 BC 的距离为 r,则因
$$\frac{1}{2}r(\sin\varphi+\cos\varphi+1)=\frac{1}{2}\sin\varphi\cdot\cos\varphi$$

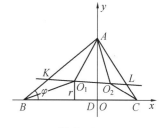

图 29.16

所以
$$r=\frac{\sin\varphi\cdot\cos\varphi}{\sin\varphi+\cos\varphi+1}=\frac{1}{2}(\sin\varphi+\cos\varphi-1) \quad ①$$

O_1 的坐标为 $(-r,r)$,类似可得 O_2 的坐标为 $(r\cdot\tan\varphi,r\cdot\tan\varphi)$. 于是,直线 O_1O_2 的斜率为
$$m=\frac{\tan\varphi-1}{\tan\varphi+1} \quad ②$$

所以 O_1O_2 的方程为
$$y-r=m(x+r) \quad ③$$

又 AB 的方程为
$$x\cdot\sin\varphi-y\cdot\cos\varphi+\sin\varphi\cdot\cos\varphi=0 \quad ④$$

求 ③ 与 ④ 的交点,得 K 的横坐标为

$$\frac{(m+1)r - \sin\varphi}{\tan\varphi - m}$$

所以 $|AK| : |AB| = \dfrac{(m+1)r - \sin\varphi}{\tan\varphi - m} : (-\cos\varphi)$

因为 $AB = 1$,故得
$$|AK| = \frac{(m+1)r - \sin\varphi}{\cos\varphi(m - \tan\varphi)} \qquad ⑤$$

同理可得
$$|AL| = -\frac{(m+1)r - \sin\varphi}{\sin\varphi(m + \cot\varphi)} \qquad ⑥$$

又 $T = \dfrac{1}{2}|AL||AK|$

将 ⑤,⑥ 及 ①,② 代入可得
$$T = \frac{1}{2}\sin^2\varphi \qquad ⑦$$
$$S = \frac{1}{2}\tan\varphi \qquad ⑧$$

因 φ 为锐角,易证 $\tan\varphi \geqslant 2\sin^2\varphi$,所以有
$$S \geqslant 2T$$

证法 3 设 $\triangle ABC$ 的三边为 $AB = c, AC = b, BC = a$,内切圆半径为 r. $\triangle ABD$ 与 $\triangle ABC$ 的内心分别为 O_1, O_2;内切圆半径分别为 r_1, r_2. 则由
$$\triangle ABD \backsim \triangle CBA, \triangle ACD \backsim \triangle BCA$$

有 $\qquad r_1 : r = c : a, r_2 : r = b : a$

或 $\qquad r_1 = \dfrac{rc}{a}, r_2 = \dfrac{rb}{a}$

因为 $\angle O_1 DA = \angle O_2 DA = 45°$,所以 $\triangle O_1 D O_2$ 为一个直角三角形. 有
$$DO_1 = \sqrt{2} r_1 = \sqrt{2}\frac{rc}{a}, DO_2 = \sqrt{2} r_2 = \sqrt{2}\frac{rb}{a}$$

所以 $\qquad DO_1 : DO_2 = c : b$

从而 $\qquad \triangle O_1 D O_2 \backsim \triangle BAC$

在四边形 $BDO_2 K$ 内,因为 $\angle O_1 O_2 D = \angle C$,所以
$$\angle O_1 O_2 D + \angle B = 90°, \angle O_2 DB = 135°, \angle O_2 KB = 135°$$

因此,$\angle AKL = 45°, AK = AL$,即 $\triangle AKL$ 是等腰直角三角形.

过 O_1 作 AB 的垂线,垂足为 E. 因 $\angle BKL = 135°$,即有 $O_1 E = EK = r_1 = \dfrac{rc}{a}$. 设 $s = \dfrac{1}{2}(a+b+c)$,则 $r = s - a$. 我们有
$$EK = \frac{(s-a)c}{a}$$

由于 $\triangle ABD \backsim \triangle CBA$ 及内切圆的性质知
$$\frac{AE}{s-c} = \frac{r_1}{r}$$

即
$$AE = \frac{r_1}{r}(s-c) = \frac{(s-c)c}{a}$$

$$AK = AE + EK = \frac{(2s-a-c)c}{a} = \frac{bc}{a}$$

$$S_{\triangle AKL} = \frac{1}{2}AK^2 = \frac{1}{2}\left(\frac{bc}{a}\right)^2$$

$$S_{\triangle ABC} = \frac{1}{2}bc$$

所以
$$\frac{S_{\triangle ABC}}{S_{\triangle AKL}} = \frac{a^2}{bc} = \frac{b^2+c^2}{bc} \geqslant 2$$

即
$$S \geqslant 2T$$

证法 4 如图 29.17 所示，由 △CDA 经过旋转相似变换变为 △ADB，点 P 变为点 Q. 故
$$DP:DQ = DA:DB$$
或
$$DP:DA = DQ:DB$$
以及
$$\angle PDQ = \angle CDA = 90°$$
从而 △PDQ ∽ △ADB. 再注意到 P,Q 是内心就有
$$\angle PDA = \angle QDB = \angle PKA = 45° = \angle ADQ, \angle DAQ = \angle KAQ$$
故 △ADQ ≌ △AKQ. 从而有 AK = AD. 这样
$$T = \frac{1}{2}AD^2 = \frac{AC^2 \cdot AB^2}{2BC^2} = \frac{AC^2 \cdot AB^2}{2(AC^2+AB^2)} \leqslant \frac{1}{4}AB \cdot AC$$
即
$$S \geqslant 2T$$

证法 5 如图 29.18 所示，设 N,M 分别是 △ABD 及 △ACD 的内心，在 AC 上取点 L'，使得 AL' = AD，则在 △ADM 和 △AL'M 中
$$AD = AL', AM = AM, \angle DAM = \angle MAL'$$
则
$$\triangle ADM \cong \triangle AL'M, \angle AL'M = \angle ADM = 45°$$
设 L'M 交 AB 于 K'，则
$$\angle AK'M = 90° - \angle AL'M = 45°$$
故
$$AK' = AL' = AD$$
设 ∠K'AD 平分线交 L'K 于 N'，联结 N'D，则在 △K'AN' 和 △DAN' 中
$$K'A = DA, AN' = AN', \angle K'AN = \angle N'AD$$
所以有 △K'AN ≌ △DAN'，∠ADN' = ∠AK'N' = 45°
于是 DN' 是 ∠ADB 的平分线，N' 为 △ABD 的内心，N' 与 N 重合. K' 与 K 重合，L' 与 L 重合.

设 G 为 BC 中点，则 $AG = \frac{1}{2}BC$，我们有

此证法属于何宏宇

分析 设 Q,P 分别为 △ABD，△ACD 的内心. 由于题目条件相对于结论是很强的，所以用解析的方法恐怕有些繁琐. 用平面几何的方法就必须抓住 D,P,Q 三个关键点，PQ,AD 两条关键的线及 △DPQ. 因为要达到结论，必须了解有关 K,L 的属性；要利用条件，必须注意到点 P,Q,D 的特性；要证明问题又必须从条件推出结论. 所以，我们必须首先考查 △PDQ，将 P,Q 两点真正地联系起来.

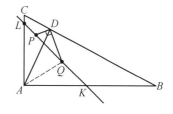

图 29.17

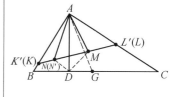

图 29.18

$$T = \frac{1}{2}AK \cdot AL = \frac{1}{2}AK' \cdot AL' = \frac{1}{2}AD^2$$

$$S = \frac{1}{2}BC \cdot AD = AG \cdot AD \geq AD^2 = 2T$$

❻ 正整数 a 与 b,使得 $ab+1$ 整除 a^2+b^2.求证:$\dfrac{a^2+b^2}{ab+1}$ 是某个正整数的平方. 联邦德国命题

证法 1 为方便,记
$$f(a,b) = \frac{a^2+b^2}{ab+1} \qquad ①$$

不妨设 $a \geq b > 0$,并令
$$a = nb - r, n \geq 1, 0 \leq r < b \qquad ②$$

将 ② 代入 ①,有
$$f(a,b) = \frac{n^2b^2 - 2nbr + r^2 + b^2}{nb^2 - br + 1} \qquad ③$$

若 $f(a,b) \leq n-1$,则有
$$nb(b-r) + r^2 + b^2 \leq br + n - 1$$

因为 $n \geq 1, b > r \geq 0$,所以
$$nb(b-r) \geq n, r^2 + b^2 \geq 2br \geq br$$

与上式矛盾,故 $f(a,b) \geq n$.

若 $f(a,b) \geq n+1$,则有
$$r^2 + b^2 \geq nb^2 + (n-1)br + (n+1)$$

当 $r=0$,因 $n \geq 1$,上式不成立.若 $r>0$,则由 ② 知 $n \geq 2$,仍与上式矛盾,故 $f(a,b) \leq n$.从而
$$f(a,b) = n \qquad ④$$

现在分两种情况进行讨论.

ⅰ 若 $r=0$,则 $a=nb$,由 ③ 与 ④ 得
$$f(a,b) = \frac{n^2b^2 + b^2}{nb^2 + 1} = n$$

即得
$$n = b^2 \qquad ⑤$$

这时有
$$f(a,b) = f(b^3, b) = b^2 \qquad ⑥$$

ⅱ 若 $r>0$,则由 ③ 与 ④ 得
$$f(a,b) = \frac{n^2b^2 - 2nrb + r^2 + b^2}{nb^2 - br + 1} = n$$

$$n^2b^2 - 2nbr + r^2 + b^2 = n^2b^2 - nbr + n$$

解出 n,得

$$n = \frac{b^2 + r^2}{br + 1} = f(b, r) \qquad ⑦$$

欲证 n 为完全平方数,可对 $f(b,r)$ 继续上述讨论. 由于 a,b 是有限的正整数,必存在自然数 $m(m \geq 2)$,使

$$\left.\begin{aligned} a &= nb - r \\ b &= nr - s \\ &\vdots \\ u &= nv - y \\ v &= ny \end{aligned}\right\} \text{共 } m \text{ 个等式} \qquad ⑧$$

这时,我们有

$$n = f(a, b) = f(b, r) = f(r, s) = \cdots = f(v, y) \qquad ⑨$$

在式 ⑨ 中,已有 $v = ny$,从而

$$f(a, b) = f(v, y) = f(ny, y) = f(y^3, y) = y^2$$

$f(a, b)$ 必是完全平方数.

证法 2　设 $\dfrac{a^2 + b^2}{ab + 1} = n$,假设 n 不是完全平方数. 则因

$$a^2 + b^2 - nab - n = 0 \qquad ⑩$$

设 (a, b) 是满足式 ⑩ 所有正整数对中使 $a + b$ 最小的. 不妨设 $a \geq b$,固定 b, n,则式 ⑩ 可看做关于 a 的二次方程.

设 a' 是方程 ⑩ 的另一个根,则有

$$a + a' = nb, \quad aa' = b^2 - n$$

由此可知,a' 也是整数,且

$$a' = \frac{b^2 - n}{a} \qquad ⑪$$

若 $a' < 0$,则 $n > b^2 > 0$,和

$$a'^2 + b^2 - na'b - n = 0$$

矛盾. 所以 $a' \geq 0$.

又由假设 $n \neq b^2$,所以 $a' > 0$. 即 (a', b) 也是满足式 ⑩ 的正整数对. 于是

$$a' + b \geq a + b$$

即 $a' \geq a$,代入式 ⑪ 得

$$\frac{b^2 - n}{a} \geq a$$

或

$$b^2 - n \geq a^2$$

这和所设 $a \geq b$ 矛盾. 所以 n 必是一个完全平方数.

证法 3　由于 $\dfrac{a^2 + b^2}{ab + 1}$ 与 $\dfrac{b}{a}$ 或 $\dfrac{a}{b}$ 有关,不妨设 $b \geq a$,我们需要

分析　考查 $\dfrac{a^2 + b^2}{ab + 1}$

大致确定出 $\frac{a^2+b^2}{ab+1}$ 的范围. 为了精确起见, 令 $b = p_1 a + q_1$ $(0 < q_1 \leqslant a)$, 这样就有

$$S_1 = \frac{a^2+b^2}{ab+1} = \frac{p_1^2 a^2 + 2p_1 q_1 a + q_1^2 + a^2}{p_1 a^2 + q_1 a + 1} =$$

$$p_1 + \frac{p_1 q_1 a + q_1^2 + a^2 - p_1}{p_1 a^2 + q_1 a + 1} =$$

$$p_1 + 2 - \frac{p_1 a(a-q_1) + q_1(a-q_1)}{p_1 a^2 + q_1 a + 1} +$$

$$\frac{(p_1-1)a^2 + p_1 + 2 + q_1 a}{p_1 a^2 + q_1 a + 1}$$

注意到 $\qquad 0 < q_1 \leqslant a, p_1 \geqslant 1$

可得 $\qquad p_1 < S_1 < p_1 + 2, q_1 > 0$

由 S_1 是整数, 故 $S_1 = p_1 + 1$, 即

$$b = S_1 a - (a - q_1)$$

这时 $\quad (S_1 a - (a-q_1))^2 + a^2 = (a(S_1 a - (a-q_1)) + 1) S_1$

即 $\qquad S_1 = \frac{a^2 + (a-q_1)^2}{a(a-q_1)+1}$

再令 $a_1 = a - q_1$, 则

$$\frac{a^2+b^2}{ab+1} = S_1 = \frac{a^2+a_1^2}{1+aa_1}$$

类似地令 $\qquad a = S_2 a_1 - a_2, a_1 = S_3 a_2 - a_3, \cdots$

最终必有 $a_{t-1} = a_t S_{t+1}$, 所以有

$$\frac{a^2+b^2}{ab+1} = S_1 = \frac{a^2+a_1^2}{1+aa_1} = S_1 = \cdots =$$

$$\frac{a_{t-2}^2 + a_{t-1}^2}{1 + a_{t-2} a_{t-1}} = S_t = \frac{a_t^2 + a_{t-1}^2}{1 + a_t a_{t-1}} = S_{t+1}$$

事实上, 将 $a_{t-1} = S_{t+1} a_t$ 代入得

$$\frac{a_t^2 + a_{t-1}^2}{1 + a_t a_{t-1}} = \frac{a_t^2(S_{t+1}^2 + 1)}{1 + a_t^2 S_{t+1}} = S_{t+1}$$

解出 S_{t+1} 有 $\qquad S_{t+1} = a_t^2$

故 $\qquad S_1 = S_2 = \cdots = S_{t+1} = a_t^2$

由此可知 $\frac{a^2+b^2}{ab+1}$ 为一个平方数, 不难发现, a_t 正是 a, b 两数的最大公约数(辗转相除原理). 命题获证.

证法 4 因 a, b 是对称的, 故不妨设 $b \geqslant a$. 由带余数除法知, 存在惟一的一对整数 m, r_1, 使得

$$b = am + r_1, \quad -\frac{a}{2} < r_1 \leqslant \frac{a}{2} \qquad ⑫$$

由于 $b \geqslant a \geqslant 1$, 故必有 $m \geqslant 1$. 由上式得

这一个整数. 面临一个障碍就是 a^2+b^2 与 $ab+1$ 都是 a, b 的二次多项式, 很难用同余、整除的方法将它们联系起来. 这实际上表明 $\frac{a^2+b^2}{ab+1}$ 这个量很难描述, 为此我们利用不等式的方法来描述它.

分析 解本题的基本思想是利用整除性质: 若 s 整除 t(以下写为 $s | t$), 则必有 $|s| \leqslant |t|$ 或 $t = 0$. 为了在具体问题中能应用这一

$$2 \leqslant ab+1 = a^2m + ar_1 + 1$$
$$a^2 + b^2 = m(ab+1) + a^2 + amr_1 + r_1^2 - m$$

这样，$(ab+1) \mid (a^2+b^2)$ 就等价于
$$a^2m + ar_1 + 1 \mid a^2 + amr_1 + r_1^2 - m \qquad ⑬$$

直观地看，除数似应比被除数的绝对值大，所以猜测式 ⑬ 应等价于
$$a^2 + amr_1 + r_1^2 - m = 0 \qquad ⑭$$

我们设法来证明这一点．从式 ⑭ 推出式 ⑬ 是显然的．下面来证明：从式 ⑬ 可推出式 ⑭．分 $m > 1$ 和 $m = 1$ 两种情形来讨论．

容易算出
$$a^2 + amr_1 + r_1^2 - m = -(a^2m + ar_1 + 1) + (m+1)(a^2 + ar_1 - 1) + r_1^2 + 2 > -(a^2m + ar_1 + 1) \qquad ⑮$$
$$a^2 + amr_1 + r_1^2 - m = (a^2m + ar_1 + 1) - (m-1)(a^2 - ar_1 + 1) + r_1^2 - 2 \qquad ⑯$$

当 $m > 1$ 时，利用 $a^2 - ar_1 + 1 \geqslant 2$ 及 $a^2 - ar_1 + 1 > r_1^2 - 2$，从式 ⑮ 和 ⑯ 推出
$$\mid a^2 + amr_1 + r_1^2 - m \mid < a^2m + ar_1 + 1$$
因此由整除性质知，从式 ⑬ 可推出式 ⑭．

当 $m = 1$ 时，若式 ⑬ 成立，则由式 ⑯ 可推出
$$a^2 + ar_1 + 1 \mid r_1^2 - 2 \qquad ⑰$$

由于 $0 \leqslant \mid r_1 \mid \leqslant \dfrac{a}{2}$，所以当 $r_1 \neq 0$ 时恒有
$$a^2 + ar_1 + 1 \geqslant \dfrac{a^2}{2} + 1 \geqslant 2r_1^2 + 1 > \mid r_1^2 - 2 \mid > 0$$

因而当式 ⑰ 成立时必有 $r_1 = 0$，进而由式 ⑰ 推出 $a = 1$．这样，$m = 1$ 时必有 $r_1 = 0, a = 1$，显见式 ⑭ 也成立．

显见，当 $r_1 \geqslant 1$ 时式 ⑭ 不可能成立．因此，式 ⑬ 成立时必有
$$-\dfrac{a}{2} < r_1 \leqslant 0 \qquad ⑱$$

而这时式 ⑭ 可改写为
$$m = \dfrac{\mid r_1 \mid^2 + a^2}{\mid r_1 \mid a + 1}$$

综合以上讨论，我们证明了：若 $ab + 1 \mid a^2 + b^2, b \geqslant a \geqslant 1$，则必有
$$m = \dfrac{a^2 + b^2}{ab + 1} = \dfrac{\mid r_1 \mid^2 + a^2}{\mid r_1 \mid a + 1} \qquad ⑲$$

其中，r_1, m 由式 ⑫ 给出，且满足式 ⑰．此外，当 $r_1 = 0$ 时，$m = a^2 = (a,b)^2$，即当 $r_1 = 0$ 时所要的结论已证明．当 $r_1 \neq 0$ 时，$\mid r_1 \mid, a$ 满足和 a, b 相同的条件，且有式 ⑲ 成立．继续对 $\mid r_1 \mid, a$ 进行同

性质常常要利用带余数除法．本题答案是 $\dfrac{a^2+b^2}{ab+1}$ 等于 a 和 b 的最大公约数（以下记做 (a,b)）的平方，即 $(a,b)^2$．

样的讨论. 这样不断进行下去,即利用式 ⑫ 形式的辗转相除法,最后可得一组数列
$$\{b,a\},\{|r_1|,a\},\{|r_2|,|r_1|\},\cdots,\{|r_l|,|r_{l-1}|\}$$
它们由下列式子给出,即

$$\begin{cases} b=am+r_1, -\dfrac{a}{2}<r_1\leqslant -1 \\ a=|r_1|m+r_2, -\dfrac{|r_1|}{2}<r_2\leqslant -1 \\ \vdots \\ |r_{l-2}|=|r_{l-1}|m+r_l, -\dfrac{|r_{l-1}|}{2}<r_l\leqslant -1 \\ |r_{l-1}|=|r_l|m \end{cases} \qquad ⑳$$

满足
$$m=\dfrac{a^2+b^2}{ab+1}=\dfrac{|r_1|^2+a^2}{|r_1|a+1}=\cdots=\dfrac{|r_l|^2+|r_{l-1}|^2}{|r_l||r_{l-1}|+1}=|r_l|^2$$

这就证明了所要的结论. 如果注意到最大公约数
$$(a,b)=(r_1,a)=(r_2,r_1)=\cdots=(r_l,r_{l-1})=|r_l|$$
就推出 $m=(a,b)^2$.

利用式 ⑳ 及 $m=|r_l^2|$,以及循环数列的知识,可以证明满足本题条件的全部正整数解 $a_k,b_k(b_k\geqslant a_k)$,即
$$a_k=\dfrac{d}{\sqrt{d^4-4}}\left(\left(\dfrac{d^2+\sqrt{d^4-4}}{2}\right)^k-\left(\dfrac{d^2-\sqrt{d^4-4}}{2}\right)^k\right)$$
$$b_k=a_{k+1},k=1,2,\cdots$$
其中,d 是任意给定的正整数(d^2 相当于 m).

证法 5 用 x,y 代替 a,b,得到一族双曲线
$$x^2+y^2-qxy-q=0 \qquad ㉑$$

对每个 q 有一条双曲线,所有双曲线关于 $y=x$ 都是对称的. 固定 q,设有一个格点 (x,y) 在这双曲线 H_q 上,则关于 $y=x$ 对称的点 (y,x) 也在其上,当 $x=y$ 时,易得 $x=y=q=1$. 因此可设 $x<y$. 如图 29.19 所示,如果 (x,y) 是格点,则固定 y 时,关于 x 的二次方程有两个解 x,x_1,其中,$x+x_1=qy,x_1=qy-x$,所以 x_1 也是整数. 即 $B(qy-x,y)$ 是 H_q 的下支的一个格点. B 关于 $y=x$ 的对称点是格点 $C(y,qy-x)$,从 (x,y) 出发,利用变换
$$T:(x,y)\to(y,qy-x)$$
可以产生出 H_q 的上支的无限多个格点.

再从点 A 出发,固定 x,㉑ 是 y 的二次式,有两个解 y 和 y_1,其中,$y+y_1=qx,y_1=qx-y$. 因而 y_1 是整数,$D(x,qx-y)$ 是 H_q 的下支上的格点. D 关于 $y=x$ 的对称点是点 $E(qx-y,x)$. 从点

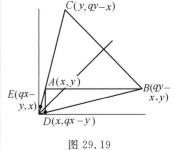

图 29.19

$A(x,y)$ 出发,可以由变换
$$S:(x,y) \to (qx-y,x)$$
得到双曲线 H_q 上支中在点 A 下面的点. 但这样的点只有有限个. 实际上,每次用变换 S 后,两个坐标都严格减小,当 y 是正的时,x 会是负的吗? 不会. 这时 ㉑ 成为
$$x^2+y^2+q|xy|-q>0$$
所以在最后会要求 $x=0$,而由 ㉑ 有 $q=y^2$,这就是要证明的.

在图 29.19 中,画了 $q=4$ 的双曲线. 事实上,我们是用它的渐近线代替它,因为对大的 x 或 y,双曲线与其渐近线的偏差是可以忽略的.

至此我们并未证明 H_q 上有格点. 并不要求证明存在性. 即使在双曲线上没有格点,定理仍有效. 但对于每个完全平方数 q,易证格点的存在性. 点 $(x,y,q)=(c,c^3,c^2)$ 就是一个格点,因为
$$\frac{x^2+y^2}{xy+1}=q \Rightarrow \frac{c^2+c^6}{c^4+1}=c^2$$

证法 6 如果 $ab=0$,结果是清楚的. 如 $ab>0$,由对称性可设 $a \leqslant b$. 设结果对于较小的乘积 ab 是成立的. 现我们要找整数 c 满足
$$q=\frac{a^2+c^2}{ac+1}, 0 \leqslant c < b$$
因为 $ac<ab$,由归纳假设,$q=\gcd(a,c^2)$. 为找到 c,解
$$\frac{a^2+b^2}{ab+1}=\frac{a^2+c^2}{ac+1}=q$$
把分子、分母都相减,我们得到
$$\frac{b^2-c^2}{a(b-c)}=q \Rightarrow \frac{b+c}{a}=q \Rightarrow c=aq-b$$

注意 c 是整数且 $\gcd(a,b)=\gcd(a,c)$. 如果能证明 $0 \leqslant c < b$ 就完成了证明. 为证明这点,注意到
$$q=\frac{a^2+b^2}{ab+1} < \frac{a^2+b^2}{ab}=\frac{a}{b}+\frac{b}{a}$$
$$aq<\frac{a^2}{b}+b \leqslant \frac{b^2}{b}+b=2b \Rightarrow aq-b<b \Rightarrow c<b$$
为证明 $c \geqslant 0$,我们做估计
$$q=\frac{a^2+c^2}{ac+1} \Rightarrow ac+1>0 \Rightarrow c>\frac{-1}{a} \Rightarrow c \geqslant 0$$
这就完成了证明.

第 29 届国际数学奥林匹克英文原题

The twenty-ninth International Mathematical Olympiad was held from July 9th to July 21st 1988 in the capital city of Canberra.

❶ Consider two coplanar circles of radii R and $r(R>r)$ with the same centre. Let P be a fixed point on he smaller circle and B a variable point on the larger circle. The line BP meets the larger circle again at C. The perpendicular l to BP at P meets the smaller circle again at A (if l is tangent to the circle at P then $A=P$).

(i) Find the set of values of $BC^2+CA^2+AB^2$;

(ii) Find the locus of the midpoint of AB.

(Luxembourg)

❷ Let n be a positve integer and let $A_1, A_2, \cdots, A_{2n+1}$ be subsets of a set B. Suppose that

(a) each A_i has exactly $2n$ elements;

(b) each $A_i \cap A_j (1 \leqslant i < j \leqslant 2n+1)$ contains exactly one element, and

(c) every element of B belongs to at least two of A_i.

For which values of n can one assign to every element of B one of the numbers 0 and 1 in such a way that each A_i has 0 assigned to exactly n of its elements?

(Czechoslovakia)

❸ A function f is defined on the positive integers by
$$f(1)=1, f(3)=3$$
$$f(2n)=f(n)$$
$$f(4n+1)=2f(2n+1)-f(n)$$
$$f(4n+3)=3f(2n+1)-2f(n)$$
for all positive integers n. Determine the number of positve integers n, less than or equal to 1998, for which $f(n)=n$.

(United Kingdom)

❹ Show that the set of real numbers x which satisfy the inequality

$$\sum_{k=1}^{70} \frac{k}{x-k} \geq \frac{5}{4}$$

is a union of disjoint intervals, the sum of whose lengths is 1 998.

(Ireland)

❺ ABC is a triangle right-angled in A, and D is the foot of the altitude from A. The straight line joining the incenters of the triangles ABD, ACD intersects the sides AB, AC at the points K, L respectively. S and T denote the areas of the triangles ABC and AKL respectively. Show that $S \geq 2T$.

(Greece)

❻ Let a and b be positive integers such that $ab+1$ divides a^2+b^2. Show that $\dfrac{a^2+b^2}{ab+1}$ is the square of an integer.

(F. R. of Germany)

第29届国际数学奥林匹克各国成绩表

1988,澳大利亚

名次	国家或地区	分数（满分252）	金牌	银牌	铜牌	参赛队人数
1.	苏联	217	4	2	—	6
2.	中国	201	2	4	—	6
3.	罗马尼亚	201	2	4	—	6
4.	德意志联邦共和国	174	1	4	1	6
5.	越南	166	1	4	—	6
6.	美国	153	—	5	1	6
7.	德意志民主共和国	145	1	4	—	5
8.	保加利亚	144	—	4	2	6
9.	法国	128	1	1	3	6
10.	加拿大	124	1	1	2	6
11.	英国	121	—	3	2	6
12.	捷克斯洛伐克	120	—	2	2	6
13.	以色列	115	1	—	4	6
14.	瑞典	115	1	—	4	6
15.	奥地利	110	1	1	1	6
16.	匈牙利	109	—	2	2	6
17.	澳大利亚	100	1	—	1	6
18.	新加坡	96	—	2	2	6
19.	南斯拉夫	92	—	—	4	6
20.	伊朗	86	—	1	3	6
21.	荷兰	85	—	—	3	6
22.	韩国	79	—	—	3	6
23.	比利时	76	—	—	3	6
24.	中国香港	68	—	—	2	6
25.	突尼斯	67	—	—	3	4
26.	哥伦比亚	66	—	—	3	6
27.	芬兰	65	—	—	2	6
28.	希腊	65	—	—	1	6
29.	土耳其	65	—	—	3	6
30.	卢森堡	64	—	1	2	3

续表

名次	国家或地区	分数（满分252）	金牌	银牌	铜牌	参赛队人数
31.	摩洛哥	62	—	—	2	6
32.	秘鲁	55	—	—	1	6
33.	波兰	54	—	1	—	3
34.	新西兰	47	—	1	—	6
35.	意大利	44	—	—	1	4
36.	阿尔及利亚	42	—	1	—	5
37.	墨西哥	40	—	—	1	6
38.	巴西	39	—	—	—	6
39.	冰岛	37	—	—	1	4
40.	古巴	35	—	—	—	6
41.	西班牙	34	—	—	—	6
42.	挪威	33	—	—	—	6
43.	爱尔兰	30	—	—	—	6
44.	菲律宾	29	—	—	1	5
45.	阿根廷	23	—	—	—	3
46.	科威特	23	—	—	—	6
47.	塞浦路斯	21	—	—	—	6
48.	印尼	6	—	—	—	3
49.	厄瓜多尔	1	—	—	—	1

第29届国际数学奥林匹克预选题

澳大利亚,1988

❶ 由关系
$$a_0 = 0, a_1 = 1, a_n = 2a_{n-1} + a_{n-2}, n > 1$$
定义了整数的序列. 证明当且仅当 2^k 整除 n 时, 2^k 整除 a_n.

解法 1 假设 p 和 q 是实数, 而 $b_0, b_1, b_2, \cdots$ 是对所有 $n > 1$ 使得 $b_n = pb_{n-1} + qb_{n-2}$ 的序列. 从等式
$$b_n = pb_{n-1} + qb_{n-2}$$
$$b_{n+1} = pb_n + qb_{n-1}$$
和
$$b_{n+2} = pb_{n+1} + qb_n$$
中消去 b_{n+1} 和 b_n, 我们得出 $b_{n+2} = (p^2 + 2q)b_{n+1} - q^2 b_n$. 因此序列 $b_0, b_2, b_4, \cdots$ 具有性质
$$b_{2n} = Pb_{2n-2} + Qb_{2n-4}$$
其中
$$P = p^2 + 2q, Q = -q^2 \qquad ①$$

我们将用归纳法证明这个问题的结果. 在所给的序列 a_n 中, $p = 2, q = 1$, 因此 $P = 6, Q = -1$.

设 $k = 1$, 那么 $a_0 = 0, a_1 = 1$, 而 a_n 和 a_{n-2} 具有相同的奇偶性, 即当且仅当 n 是偶数时, a_n 才是偶数.

如果 $k \geq 1$. 我们设 $n = 2^k m$, 并假设当且仅当 m 是偶数时, a_n 可被 2^k 整除但不能被 2^{k+1} 整除. 我们也假设序列 $c_0, c_1, \cdots$, 其中 $c_m = a_{m \cdot 2^k}$ 满足条件 $c_n = pc_{n-1} - c_{n-2}$, 其中 $p \equiv 2 \pmod{4}$ (对 $k = 1$, 这是对的). 我们将对 $k + 1$ 证明这些命题.

根据 ①, $c_{2n} = Pc_{2n-2} - c_{2n-4}$, 其中 $P = p^2 - 2$. 显然 $P \equiv 2 \pmod{4}$. 由于对某个整数 s 有 $P = 4s + 2$ 以及
$$c_{2n} = 2^{k+1} d_{2n}, c_0 = 0, c_1 \equiv 2^k \pmod{2^{k+1}}, c_2 = pc_1 \equiv 2^k \pmod{2^{k+1}}$$
我们有
$$c_{2n} = (4s+2)2^{k+1} d_{2n-2} - c_{2n-4} \equiv c_{2n-4} \pmod{2^{k+2}}$$
即 $0 \equiv c_0 \equiv c_4 \equiv c_8 \equiv \cdots$ 以及 $2^{k+1} \equiv c_2 \equiv c_6 \equiv \cdots \pmod{2^{k+2}}$ 这就证明了命题.

解法 2 所给的递推关系的解为

$$a_n = \frac{1}{2\sqrt{2}}((1+\sqrt{2})^n - (1-\sqrt{2})^n) = \binom{n}{1} + 2\binom{n}{3} + 2^2\binom{n}{5} + \cdots$$

设 $n = 2^k m$,其中 m 是奇数;那么在上面的和式中,看 $p > 0$ 的一般项就是

$$2^p\binom{n}{2p+1} = 2^{k+p}m\frac{(n-1)\cdots(n-2p)}{(2p+1)!} = 2^{k+p}\frac{m}{2p+1}\binom{n-1}{2p}$$

由于分母 $2p+1$ 是奇数,故一般项可被 2^{k+p} 整除,因此对某个整数 N 有

$$a_n = n + \sum_{p>0} 2^p\binom{n}{2p+1} = 2^k m + 2^{k+1} N$$

而因此那样 a_n 恰可被 2^k 整除.

解法 3 易于用归纳法证明 $a_{2n} = 2a_n(a_n + a_{n+1})$,所要的结论易于再次用归纳法得出.

❷ 设 $a_n = [\sqrt{(n+1)^2 + n^2}]$,$n = 1, 2, \cdots$ 其中 $[x]$ 表示 x 的整数部分. 证明:
(1) 存在无穷多个正整数 m 使得 $a_{m+1} - a_m > 1$;
(2) 存在无穷多个正整数 m 使得 $a_{m+1} - a_m = 1$.

❸ 设 n 是一个正整数,求多项式
$$u_n(x) = (x^2 + x + 1)$$
的奇系数的个数.

解 对整系数多项式 $f(x), g(x)$,我们用记号 $f(x) \sim g(x)$ 表示 $f(x) - g(x)$ 的系数都是偶数. 设 $n = 2^s$,那么由归纳法可直接得出 $(x^2 + x + 1)^{2^s} \sim x^{2^{s+1}} + x^{2^s} + 1$,因而对 $n = 2^s$,所求的数是 3.

当 $n = 2^s - 1$ 时. 如果 s 是奇数,那么 $n \equiv 1 \pmod 3$,而当 s 是偶数时,$n \equiv 0 \pmod 3$. 考虑多项式

$$S_s(x) = \begin{cases} (x+1)(x^{2n-1} + x^{2n-4} + \cdots + x^{n+3}) + \\ x^{n+1} + x^n + x^{n-1} + (x+1)(x^{n-4} + x^{n-7} + \cdots + 1), 2 \nmid s \\ (x+1)(x^{2n-1} + x^{2n-4} + \cdots + x^{n+3}) + \\ x^n + (x+1)(x^{n-3} + x^{n-6} + \cdots + 1), 2 \mid s \end{cases}$$

易于验证 $(x^2 + x + 1)R_s(x) \sim x^{2^{s+1}} + x^{2^s} + 1 \sim (x^2 + x + 1)^{2^s}$,因此 $R_s(x) \sim (x^2 + x + 1)^{2^s - 1}$. 在这种情况下,奇系数的个数是

$$\frac{2^{s+2}-(-1)^s}{3}.$$

现在过渡到一般情况,设 n 在 2 进位制下的表达式为

$$\underbrace{11\cdots1}_{a_k}\underbrace{00\cdots0}_{b_k}\underbrace{11\cdots1}_{a_{k-1}}\underbrace{00\cdots0}_{b_{k-1}}\underbrace{11\cdots1}_{a_1}\cdots\underbrace{00\cdots0}_{b_1}$$

其中 $b_i > 0, b_1 \geqslant 0, a_i > 0 (i > 1)$. 那么 $n = \sum_{i=1}^{k} 2^{s_i}(2^{a_i}-1)$,其中

$$s_i = b_1 + a_1 + b_2 + a_2 + \cdots + b_i$$

因而

$$u_n(x) = (x^2+x+1)^n = \prod_{i=1}^{k}(x^2+x+1)^{2^{s_i}(2^{a_i}-1)} \sim \prod_{i=1}^{k} R_{a_i}(x^{2^{s_i}})$$

设 $R_{a_i}(x^{2^{s_i}}) \sim x^{r_{i,1}} + \cdots + x^{r_{i,d_i}}$;显然 $r_{i,j}$ 可被 2^{s_i} 整除,并且 $r_{i,j} \leqslant 2^{s_i+1}(2^{a_i}-1) < 2^{s_i+1}$. 因此对任意 $j, r_{i,j}$ 只在某个位置 $t, s_i \leqslant t \leqslant s_{i+1}-1$ 处可有非零的二进数字,所以

$$\prod_{i=1}^{k} R_{a_i}(x^{2^{s_i}}) \sim \prod_{i=1}^{k}(x^{r_{i,1}}+\cdots+x^{r_{i,d_i}}) = \sum_{i=1}^{k}\sum_{p_i=1}^{d_i} x^{r_{1,p_1}+r_{2,p_2}+\cdots+r_{k,p_k}}$$

所有的指数 $r_{1,p_1}+r_{2,p_2}+\cdots+r_{k,p_k}$ 都是不同的,因此 $u_n(x)$ 中奇系数的数目就是

$$\prod_{i=1}^{k} d_i = \prod_{i=1}^{k} \frac{2^{a_i+2}-(-1)^{a_i}}{3}$$

❹ $\triangle ABC$ 内接于一个圆中,$\angle A, B, C$ 的内角平分线分别与此圆交于 A', B', C' 点. 证明 $\triangle A'B'C'$ 的面积大于或等于 $\triangle ABC$ 的面积.

解法 1 设 R 是外接圆半径,r 是内切圆半径,s 是半周长,Δ 是 $\triangle ABC$ 的面积而 Δ' 是 $\triangle A'B'C'$ 的面积. $\triangle A'B'C'$ 的角是

$$A' = 90° - \frac{A}{2}, B' = 90° - \frac{B}{2}, C' = 90° - \frac{C}{2}$$

因此

$$\Delta = 2R^2 \sin A \sin B \sin C$$

而 $\Delta' = 2R^2 \sin A' \sin B' \sin C' = 2R^2 \cos\frac{A}{2}\cos\frac{B}{2}\cos\frac{C}{2}$

因此 $\dfrac{\Delta}{\Delta'} = \dfrac{\sin A \sin B \sin C}{\cos\frac{A}{2}\cos\frac{B}{2}\cos\frac{C}{2}} = 8\sin\frac{A}{2}\sin\frac{B}{2}\sin\frac{C}{2} = \dfrac{2r}{R}$

其中我们用到了 $r = AI \sin\dfrac{A}{2} = \cdots = 4R\sin\dfrac{A}{2}\sin\dfrac{B}{2}\sin\dfrac{C}{2}$. Euler(欧拉)公式 $2r \leqslant R$ 表明 $\Delta \leqslant \Delta'$.

解法 2 引理 1:设 $\triangle ABC$ 是锐角三角形. H 是 $\triangle ABC$ 的垂心,而 A_H, B_H, C_H 分别是 H 关于 BC, CA, AB 的对称点. 则

(1) A_H, B_H, C_H 都在 $\triangle ABC$ 的外接圆上;

(2) H 是 $\triangle A_H B_H C_H$ 的内心;

(3) 六边形 $AC_H BA_H CB_H$ 的面积是 $\triangle ABC$ 面积的两倍.

引理 1 的证明:如图 29.20,(1) 由 $CF \perp AB$ 和 $BE \perp AC$,我们可设 $\angle BAA_H = \angle 1, \angle CAA_H = \angle 2$,而 $\angle 4$ 和 $\angle 3$ 分别是 $\angle 1$ 和 $\angle 2$ 所在三角形中和它们互余的角.

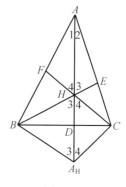

图 29.20

由对顶角定理可知
$$\angle BHA_H = \angle 3, \angle CHA_H = \angle 4$$

再由 $AA_H \perp BC$ 以及 A_H 是 H 关于 BC 的对称点可知 $\triangle BHC$ 和 $\triangle BH_AC$ 全等,因此有
$$\angle BA_H A = \angle 3, \angle CA_H A = \angle 4$$
从而 $\angle A + \angle BA_H C = \angle 1 + \angle 2 + \angle 3 + \angle 4 =$
$$(\angle 1 + \angle 4) + (\angle 2 + \angle 3) =$$
$$90° + 90° = 180°$$
因此 A, B, C, A_H 四点共圆,即 A_H 在 $\triangle ABC$ 的外接圆上,同理可证 B_H, C_H 在 $\triangle ABC$ 的外接圆上.

(2) 如图 29.21,在(1)中已证 A_H, B_H, C_H 都在 $\triangle ABC$ 的外接圆上以及 $\angle HCB = \angle 1$,因此由圆周角定理立即得出

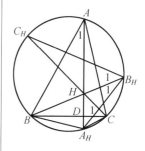

图 29.21

$$\angle C_H B_H B = \angle C_H CB = \angle 1$$
$$\angle BB_H A_H = \angle BAA_H = \angle 1$$
因此 $\quad \angle C_H B_H B = \angle BB_H A_H = \angle 1$
这就说明 BB_H 平分 $\angle C_H B_H A_H$,同理可证 AA_H 平分 $\angle B_H A_H C_H$,CC_H 平分 $\angle A_H C_H B_H$,即 H 是 $\triangle A_H B_H C_H$ 的内心.

(3) 如图 29.22,由垂心和 A_H, B_H, C_H 的意义易知:$\triangle BHC$ 和 $\triangle BA_H C$ 全等;$\triangle CHA$ 和 $\triangle CB_H A$ 全等;$\triangle AHB$ 和 $\triangle AC_H B$ 全等. 而六边形 $AH_C BH_A CH_B = \triangle ABC + \triangle BA_H C + \triangle CB_H A + \triangle AC_H B$ 因而

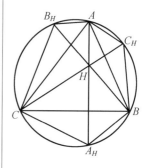

图 29.22

六边形 $AH_C BH_A CH_B$ 的面积 $= \triangle ABC$ 的面积 $+$
$\triangle BA_H C$ 的面积 $+$
$\triangle CB_H A$ 的面积 $+$
$\triangle AC_H B$ 的面积 $=$
$\triangle ABC$ 的面积 $+$
$\triangle BHC$ 的面积 $+$
$\triangle CHA$ 的面积 $+$
$\triangle AHB$ 的面积 $=$

$\triangle ABC$ 的面积 $+$
$\triangle ABC$ 的面积 $=$
$\triangle ABC$ 的面积的两倍

引理 2：设 $\triangle ABC$ 是锐角三角形，I 是它的内心．设 $\angle A$，$\angle B$，$\angle C$ 的平分线分别交 $\triangle ABC$ 的外接圆于 A'，B'，C' 点．证明 I 是 $\triangle A'B'C'$ 的垂心．

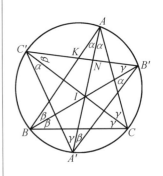

图 29.23

引理 2 的证明：见图 29.23.

设 $\angle A = 2\alpha$，$\angle B = 2\beta$，$\angle C = 2\gamma$．那么
$$2\alpha + 2\beta + 2\gamma = 180°$$
$$\alpha + \beta + \gamma = 90°$$
根据角平分线的条件和圆周角定理易知
$$\angle ABB' = \beta, \angle BB'C' = \gamma$$
设 AB，$B'C'$ 交于 K，AA'，$B'C'$ 交于 N．那么 $\angle BKB' = 180° - \beta - \gamma$，因而
$$\angle AKB' = 180° - (180° - \beta - \gamma) = \beta + \gamma$$
于是 $\quad \angle ANC' = 180° - \alpha - (\beta + \gamma) = 90°$
这说明 $\quad AA' \perp B'C'$
因而 AA' 是 $B'C'$ 边上的高线．同理可证 BB' 是 $A'C'$ 边上的高，CC' 是 $A'B'$ 边上的高．这就证明了 I 是 $\triangle A'B'C'$ 的垂心．

让我们对 $\triangle A'B'C'$ 应用类似的结果．由于它的垂心就是 $\triangle ABC$ 的内心，而 I 关于 $B'C'$ 的对称点就是 A，因此由（1）的结果可知六边形 $AC'BA'CB'$ 的面积是 $\triangle A'B'C'$ 的面积的两倍．

但是显然 $\triangle CA_HB$ 的面积小于或等于 $\triangle CA'B$ 的面积，等等．因此六边形 $AC_HBA_HCB_H$ 的面积不超过六边形 $AC'BA'CB'$ 的面积．由此立即就可得出结论．

❺ 设 k 是一个正整数而 M_k 是在 $2k^2 + k$ 和 $2k^2 + 3k$ 之间（包括这两个数本身）的所有整数的集合．是否能够把 M_k 分成两个子集合 A 与 B 使得
$$\sum_{x \in A} x^2 = \sum_{x \in B} x^2$$

❻ 把 $1, 2, \cdots, n^2$ 这 n^2 个正整数填到一个 $n \times n$ 国际象棋盘中（每个数只填一次）．证明存在两个相邻的方格（有共同的边）使得其中两数之差至少是 n．

证明 用反证法，假设结论不真，那就是说，任意两个相邻方

格中的数字之差至多为 $n-1$. 对 $k=1,2,\cdots,n^2-n$, 设 A_k,B_k 和 C_k 分别表示写着数 $1,2,\cdots,k$ 的方格的集合, 写着数 $k+n,k+n+1,\cdots,n^2$ 的方格的集合和写着数 $k+1,\cdots,k+n-1$ 的方格的集合. 由开始所做的假设可知, 集合 A_k 中的方格和集合 B_k 中的方格没有公共边. 由于 C_k 中只有 $n-1$ 个元素, 因此对每一个 k 都存在一行或一列, 其中的方格都属于 A_k 或 B_k.

对 $k=1$, 由于 $A_1=\{1\}$ 只有一个元素, 故上述的这一行或一列必须都属于 B_k, 而对 $k=n^2-n$, 则由于 $B_{n^2-n}=\{n^2\}$ 只有一个元素, 故上述的这一行或一列必须都属于 A_k. 设 k 最小的使得 A_k 包含一整行或一整列的下标, 那么根据 k 的最小性的条件可知 A_{k-1} 将不可能包含一整行或一整列, 因此这一整行或一整列就必属于 B_{k-1}. 这就是说 B_{k-1} 和 A_k 至少有两个公共方格, 这是不可能的.

❼ 设 n 是一个偶的正整数. 设 $A_1,A_2,\cdots,A_{n+1}$ 都是 n 元素的集合, 其中任两个集合恰有一个公共元素, 而这些集合的并之中的每个元素至少属于两个集合. 对什么 n, 可让这些集合的并之中的每个元素对应 0 或 1, 使得每个集合中恰有 $\frac{n}{2}$ 个 0.

解 设 $n=2k$ 并设 $A=\{A_1,\cdots,A_{2k+1}\}$ 表示一族具有所需性质的集合. 由于它们的并 B 中的元素至少属于 A 中的两个集合, 这就得出对每个 $1\leqslant j\leqslant 2k+1, A_j=\bigcup_{i\neq j} A_i\cap A_j$. 由于和中的每个交集至多有一个元素和 A_j 有 $2k$ 个元素, 这就得出 A_j 的每个元素, 一般来说, B 中的每个元素恰是两个集合的成员.

现在我们证明, k 是偶数. 假设存在问题中所描述的对应. 我们已经证明了对每两个下标 $1\leqslant j\leqslant 2k+1$ 和 $i\neq j$, 存在一个唯一的被 A_i 和 A_j 包含的元素. 在 $2k\times 2k$ 矩阵的第 i 列和第 j 行, $i\neq j$ 中标出那些 $A_i\cap A_j$ 中属于 B 的元素的成员. 在第 i 行和列中标出 $A_i\cap A_{2k+1}$. 从标记的条件可知, 在所有做标记的行中, 每行中必有偶数个 0, 因此矩阵中所有 0 的个数必是偶数. 这个矩阵关于其主对角线是对称的, 因此主对角线上的 0 的个数也是偶数. 而这个数就等于 A_{2k+1} 中元素的个数, 其中标记 0 的元素个数就是 k, 因此 k 是偶数. 设

$$Q=\begin{pmatrix} 0 & 1 & 0 & 1 \\ 1 & 0 & 1 & 0 \\ 0 & 1 & 1 & 0 \\ 1 & 0 & 0 & 1 \end{pmatrix}$$

对偶数的 k, 我们注意 4 可整除 $2k \times 2k$, 用上面的 4×4 矩阵拼成整个矩阵, 我们即获得了一个确实符合问题中所有条件的标记.

因此我们已经证明当且仅当 k 是偶数时, 所说的对应才是可能的.

> ❽ 设 K 和 L 分别是四面体 $ABCD$ 的棱 AB 和 CD 的中点. 证明每个包含线段 KL 的平面把四面体分成两个体积相等的部分.

解法 1 设 ω 是通过 AB 并平行于 CD 的平面. 定义一个空间中的点的变换 $f: X \mapsto X'$ 如下: 如果 $X \in KL$, 那么 $X' = X$; 否则设 ω_X 是通过 X 并且平行于 ω 的平面, 而 X' 是 X 关于 KL 和 ω_X 的交点的对称点. 显然 $f(A) = B, f(B) = A, f(C) = D, f(D) = C$; 因此 f 把四面体映成它自身.

我们证明, f 是保积的(即保持体积不变的)映射. 设 $s: X \mapsto X''$ 表示关于 KL 的对称, 而 g 是把 X'' 映为 X' 的变换, 那么 $f = g \circ s$. 如果点 $X''_1 = s(X_1)$ 和 $X''_2 = s(X_2)$ 使得 $X''_1 X''_2 \parallel KL$, 那么线段 $X''_1 X''_2$ 和线段 $X'_1 X'_2$ 的长度相同, 并且位于同一直线上. 那样, 由 Cavalieri(卡瓦列里)原理(国内称祖暅原理)可知 g 是保积的, 因而 f 也是保积的.

现在如果 α 是任意包含直线 KL 的平面, 那么被 α 分割开的四面体的两部分在映射 f 下互相变换为另一部分, 因而具有相同的体积.

解法 2 如图 29.24, 不失一般性, 设通过 KL 的平面 α 交棱 AC 和 BD 的内部于点 X 和点 Y. 那么可设
$$\overrightarrow{AX} = \lambda \overrightarrow{AC}, \overrightarrow{BY} = \mu \overrightarrow{BD}, 0 \leqslant \lambda, \mu \leqslant 1$$

向量 $\overrightarrow{KX} = \lambda \overrightarrow{AC} - \frac{1}{2}\overrightarrow{AB}, \overrightarrow{KY} = \mu \overrightarrow{BD} + \frac{1}{2}\overrightarrow{AB}$ 和 $\overrightarrow{KL} = \frac{1}{2}\overrightarrow{AC} + \frac{1}{2}\overrightarrow{BD}$ 是共面的, 即存在不全为零的实数 a, b, c, 使得
$$a\overrightarrow{KX} + b\overrightarrow{KY} + c\overrightarrow{KL} = \left(\lambda a + \frac{c}{2}\right)\overrightarrow{AC} + \left(\mu b + \frac{c}{2}\right)\overrightarrow{BD} + \frac{b-a}{2}\overrightarrow{AB}$$

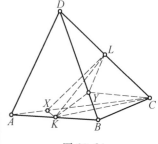

图 29.24

由于 $\overrightarrow{AC}, \overrightarrow{BD}, \overrightarrow{AB}$ 是线性无关的, 我们必须有 $a = b$ 和 $\lambda = \mu$. 我们需要证明四面体 $KXLYBC$ 的体积, 它是四面体 $ABCD$ 的被 α 分成的两部分中的一部分, 等于 $ABCD$ 的体积的一半. 实际上
$$V_{KXLYBC} = V_{KXLC} + V_{KBYLG} = \frac{1-\lambda}{4}V + \frac{1+\mu}{4}V = \frac{1}{2}V$$

这就证明了本题的结论.

❾ 如果 a_0 是一个正实数,考虑由关系
$$a_{n+1} = \frac{a_n^2 - 1}{n+1}, n \geq 0$$
定义的数列 $\{a_n\}$,证明存在实数 $a > 0$,使得当 $n \to \infty$ 时,

(1) 对所有实数 $a_0 \geq a, a_n \to \infty$;

(2) 对所有实数 $a_0 < a, a_n \to 0$.

❿ 设 a 是方程 $x^3 - 3x^2 + 1 = 0$ 的最大正根. 证明 $[a^{1788}]$ 和 $[a^{1988}]$ 都可被 17 整除,其中 $[x]$ 表示 x 的整数部分.

解法 1 方程 $x^3 - 3x^2 + 1 = 0$ 有 3 个实根 β, γ, a,它们分别位于以下区间中
$$-0.6 < \beta < -0.5, 0.6 < \gamma < 0.7, \sqrt{8} < a < 3$$
对所有的整数 n,定义
$$u^n = \beta^n + \gamma^n + a^n$$
那么成立关系式
$$u_{n+3} = 3u_{n+2} - u_n$$
显然对所有的 $n \geq 2, 0 < \beta^n + \gamma^n < 1$,并且我们看出对 $n \geq 2$,$u_n - 1 = [a^n]$. 现在的问题是 $u_{1788} - 1$ 和 $u_{1988} - 1$ 是否都能被 17 整除?

在模 17 下,我们得出 $u_0 \equiv 3, u_1 \equiv 3, u_2 \equiv 9, u_3 \equiv 7, u_4 \equiv 1, \cdots, u_{16} \equiv 3, u_{17} \equiv 3, u_{18} \equiv 9$. 因而在模 17 下,$u_n$ 是周期的,且周期为 16. 由于 $1788 = 16 \cdot 111 + 12, 1988 = 16 \cdot 124 + 4$,由此得出 $u_{1788} \equiv u_{12} \equiv 1, u_{1988} \equiv u_4 \equiv 1$. 所以 $[a^{1788}]$ 和 $[a^{1988}]$ 可被 17 整除.

解法 2 多项式 $x^3 - 3x^2 + 1$ 在模 17 下可以有因式分解式 $(x-4)(x-5)(x+6)$. 由此易于看出 $u_n \equiv 4^n + 5^n + (-6)^n$. 由 Fermat(费尔马)定理得出当 $16 \mid n$ 时有 $4^n \equiv 5^n \equiv (-6)^n \equiv 1$. 由此易于得出所需的结果.

注 事实上 $x^3 - 3x^2 + 1 = 0$ 的根是 $\frac{1}{2\sin 10°}, \frac{1}{2\sin 50°}$ 和 $-\frac{1}{2\sin 70°}$.

❶❶ 设 $u_1, u_2, \cdots, u_m$ 是平面上的 m 个向量，其长度都小于或等于 1，并且其和是 0. 证明可把 $u_1, u_2, \cdots, u_m$ 重新安排成序列 $v_1, v_2, \cdots, v_m$，使得所有的部分和 $v_1, v_1+v_2, v_1+v_2+v_3, \cdots, v_1+v_2+\cdots+v_m$ 的长度都小于或等于 $\sqrt{5}$.

解 首先考虑向量都在同一条直线上的情况. 那么如果 e 是单位向量，我们可写 $u_1 = x_1 e, \cdots, u_n = x_n e$，其中 x_i 是总和为 0 的数量，$|x_i| \leqslant 1$. 容易把 $x_1, x_2, \cdots, x_n$ 排列成 $z_1, z_2, \cdots, z_n$ 使得 $|z_1| \leqslant 1, |z_1+z_2| \leqslant 1, \cdots, |z_1+z_2+\cdots+z_{n-1}| \leqslant 1$. 实际上，不失一般性，可设 $z_1 = x_1 \geqslant 0$，那么我们可从负的 x_i 中选 $z_2, \cdots, z_r$ 直到第一次到达一个 r 使得 $x_1+x_2+\cdots+x_r \leqslant 0$；然后再在正的 x_i 中选一些项直到第一次使得所得的部分和是正的，等等. 容易验证 $|z_1+z_2+\cdots+z_j| \leqslant 1$，对 $j = 1, 2, \cdots, n$.

现在考虑一般情况. 设 s 是可从 $u_1, u_2, \cdots, u_m$ 的子集的和中可以得出的最长的向量，并且不失一般性，可设 $s = u_1+u_2+\cdots+u_p$. 此外，设 δ 和 δ' 分别是通过点 O，取 s 的方向的直线和与之垂直的直线，而 e 和 e' 分别是 δ 和 δ' 上的单位向量. 令 $u_i = x_i e + y_i e'$，$i = 1, 2, \cdots, m$. 由 δ 和 δ' 的定义，我们有 $|x_i|, |y_i| \leqslant 1$

$$x_1+\cdots+x_m = y_1+\cdots+y_m = 0$$
$$y_1+\cdots+y_p = y_{p+1}+\cdots+y_m = 0$$

此外还有 $\qquad x_{p+1}, \cdots, x_m \leqslant 0$

（否则，如果有某个 $x_i > 0$，就有 $|s+v_i| > |s|$）. 最后假设在一维情况下，我们已经把 $y_1, \cdots, y_p$ 和 $y_{p+1}, \cdots, y_m$ 排列的使得 $y_1+\cdots+y_i$ 和 $y_{p+1}+\cdots+y_{p+i}$ 的绝对值都小于等于 1.

我们对 $x_1, \cdots, x_m$ 应用一维情况的构造. 像上面那样，从 $x_1, x_2, \cdots, x_p$ 中取正的 z_i 并从 $x_{p+1}, \cdots, x_m$ 中取一个负的 z_i，但是保持它们原来的次序. 这样我们就得到了一个排列 $x_{\sigma_1}, x_{\sigma_2}, \cdots, x_{\sigma_m}$. 显然每个和 $y_{\sigma_1}+y_{\sigma_2}+\cdots+y_{\sigma_m}$ 可以分解为两部分

$$(y_1+y_2+\cdots+y_l) + (y_{p+1}+\cdots+y_{p+n})$$

（由于保持次序），并且每个这种和的绝对值都要小于或等于 1. 那样，每个和 $u_{\sigma_1}+\cdots+u_{\sigma_k}$ 就可分解成一个长度至多是 2 的向量和一个与之垂直的长度至多为 1 的向量，因而它本身的长度至多是 $\sqrt{5}$.

❷ 证明在三维空间中不可能存在 27 条从原点发出的半直线或射线,使得每两条射线之间的夹角都大于或等于 $\frac{\pi}{4}$.

❸ 设 T 是一个内接于 $\odot C$ 的三角形. 一个边长为 a 的正方形也内接于这个圆内,证明正方形位于三角形 T 内部的边的长度至少是 $2a$.

❹ 设 a 和 b 是两个使得 $ab+1$ 整除 a^2+b^2 的正整数. 证明 $\frac{a^2+b^2}{ab+1}$ 是一个完全平方数.

解 设 $\frac{a^2+b^2}{ab+1}=k\in\mathbf{N}$. 那么我们有 $a^2-kab+b^2=k$. 设 k 不是一个完全平方数,那么 $k\geqslant 2$. 现在,我们看出使得 $a^2-kab+b^2=k$ 成立的最小的对 (a,b). 不失一般性,可设 $a\geqslant b$. 如果 $a=b$, 则 $k=(2-k)a^2\leqslant 0$; 因此我们必须有 $a>b$.

我们看出二次方程 $a^2-kab+b^2-k=0$ 有一个根 a, 设另一个根是 a_1. 由于 $a+a_1=kb$, 这就得出 $a_1\in\mathbf{Z}$. 由于 $a>kb$ 蕴含 $k>a+b^2>kb$ 以及 $a=kb$ 蕴含 $k=b^2$, 因此 $a<kb$ 从而 $b^2>k$. 由于 $aa_1=b^2-k>0$ 以及 $a>0$, 故 $a_1\in\mathbf{N}$. 并且有
$$a_1=\frac{b^2-k}{a}<\frac{a^2-1}{a}<a$$
这样,我们就找到了另外一个满足原来方程的整数对 (a_1,b), 其中 $0<a_1<a$. 这与 (a,b) 的最小性相矛盾. 因此 k 必须是一个完全平方数.

❺ 设 $1\leqslant k<n$, 考虑所有和等于 n 的正整数数列. 求项数为 k 的数列的数目 $T(n,k)$.

❻ 证明如果 n 跑过所有的正整数,那么 $f(n)=\left[n+\sqrt{\frac{n}{3}}+\frac{1}{2}\right]$ 跑过所有那些被数列 $a_n=3n^2-2n$ 的项所跳过去的正整数.

❼ 证明如果 n 跑过所有的正整数,那么 $f(n)=\left[n+\sqrt{3n}+\frac{1}{2}\right]$ 跑过所有那些被数列 $a_n=\left[\frac{n^2+2n}{3}\right]$ 的项所跳过去的正整数.

❶❽ 称一个正整数是一个两段数,如果它的数字表示是由两段完全相同的不以 0 开头的数字段所组成. 例如 360 360 就是一个两段数,但是 36 036 不是. 证明存在无限多个是完全平方数的两段数.

证明 我们看出 $1\,001 = 7 \cdot 143$,即 $10^3 = -1 + 7a, a = 143$. 因此由二项式定理得 $10^{21} = (-1 + 7a)^7 = -1 + 7^2 b$,其中 b 是某个整数. 因而对任意奇整数 $n > 0$,我们有 $10^{21n} \equiv -1 \pmod{49}$. 所以 $N = \dfrac{9}{49}(10^{21n} + 1)$ 是一个有 $21n$ 个数字的整数. 而 $N(10^{21n} + 1) = \left(\dfrac{3}{7}(10^{21n} + 1)\right)^2$ 是一个两段数,同时也是一个完全平方数.

❶❾ 一个定义在正整数集合上并取正整数值的函数定义如下
$$f(1) = 1, f(3) = 3$$
$$f(2n) = f(n)$$
$$f(4n+1) = 2f(2n+1) - f(n)$$
$$f(4n+3) = 3f(2n+1) - 2f(n)$$
确定所有小于或等于 1 988 并使得 $f(n) = n$ 的正整数的数目, 并证明你的结论.

证明 在本题中,上划线特别表示一个整数的二进表示. 我们将用归纳法证明,如果 $n = \overline{c_k c_{k-1} \cdots c_0} = \sum_{i=0}^{k} c_i 2^i (c_i \in \{0, 1\})$ 是 n 的二进表示,那么 $f(n) = \overline{c_0 c_1 \cdots c_k} = \sum_{i=0}^{k} c_i 2^{k-i}$ 是那样一个数,其二进表示是 n 的二进表示的反写数(即把 n 的二进表示从最后一位起按照从左到右的顺序写出). 对 $n = 1, 2, 3$,这显然成立. 现在假设命题对小于或等于 $n-1$ 的自然数都成立,并且证明它对 $n = \overline{c_k c_{k-1} \cdots c_0}$ 也成立. 分三种情况讨论:

(1) $c_0 = 0 \Rightarrow n = 2m \Rightarrow f(n) = f(m) = \overline{0 c_1 \cdots c_k} = \overline{c_0 c_1 \cdots c_k}$;

(2) $c_0 = 1, c_1 = 0 \Rightarrow n = 4m + 1$
$\Rightarrow f(n) = 2f(2m+1) - f(m) =$
$2 \cdot \overline{1 c_2 \cdots c_k} - \overline{c_2 \cdots c_k} = 2^k + 2 \cdot \overline{c_2 \cdots c_k} - \overline{c_2 \cdots c_k} =$
$\overline{10 c_2 \cdots c_k} = \overline{c_0 c_1 c_2 \cdots c_k}$;

(3) $c_0 = 1, c_1 = 1 \Rightarrow n = 4m + 3$
$\Rightarrow f(n) = 3f(2m+1) - 2f(m) =$

$$3 \cdot \overline{1c_2\cdots c_k} - 2 \cdot \overline{c_2\cdots c_k} =$$
$$2^k + 2^{k-1} + 3 \cdot \overline{c_2\cdots c_k} - \overline{c_2\cdots c_k} =$$
$$\overline{11c_2\cdots c_k} = \overline{c_0c_1c_2\cdots c_k}.$$

那样我们必须求出小于 $1\,998 = \overline{11111000100}$ 的数的二进表示的反写数. 我们注意对所有的 $m \in \mathbf{N}, 2m$ 和 $(2m-1)$ 个数字的二进反写数都等于 2^{m-1}. 我们还要注意 $\overline{11111011111}$ 和 $\overline{11111111111}$ 是仅有的两个反写数大于 $1\,998$ 的 11 个数字的数. 因此我们写出所有有 11 个数字的数的反写数, 并且去掉两个最大的数. 那么所有使得 $f(n) = n, n \leqslant 1\,998$ 的数的数目就等于 $1 + 1 + 2 + 2 + 4 + 4 + 8 + 8 + 16 + 16 + 32 - 2 = 92$(个).

❷⓿ 把所有的正整数划分成两个不相交的集合 A 与 B 使得

(1) 1 在 A 中;

(2) A 中没有两个不同的数使得它们的和具有 $2^k + 2(k = 0, 1, 2, \cdots)$ 的形式;

(3) B 中没有两个不同的数使得它们的和具有 $2^k + 2(k = 0, 1, 2, \cdots)$ 的形式;

证明以上划分的方式是唯一的并确定 $1\,987, 1\,988$ 和 $1\,989$ 各属于哪个集合.

❷❶ 设 $\triangle ABC$ 是锐角三角形. L 是三角形所在平面上的任意一条直线. u, v, w 分别是从 A, B, C 向 L 所作的垂线的长度, 证明

$$u^2 \tan A + v^2 \tan B + w^2 \tan C \geqslant 2\Delta$$

其中 Δ 是三角形的的面积. 并确定使得等号成立的 L 的位置.

证明 建立坐标系如下: 取 BC 为 x 轴, 原点是从 A 向 BC 所引垂线的垂足. 设 $\triangle ABC$ 各顶点的坐标为 $A(0, \alpha), B(-\beta, 0), C(\gamma, 0)$, 其中 $\alpha, \beta, \gamma > 0$ (由于 $\triangle ABC$ 是锐角三角形). 那么

$$\tan B = \frac{\alpha}{\beta}, \tan C = \frac{\alpha}{\gamma} \text{ 以及 } \tan A = -\tan(B+C) = \frac{\alpha(\beta+\gamma)}{\alpha^2 - \beta\gamma}$$

由于 $\tan A > 0$, 因此 $\alpha^2 > \beta\gamma$. 设 L 的方程是 $x\cos\theta + y\sin\theta + p = 0$. 那么

$$u^2 \tan A + v^2 \tan B + w^2 \tan C =$$
$$\frac{\alpha(\beta+\gamma)}{\alpha^2 - \beta\gamma}(\alpha\sin\theta + p)^2 + \frac{\alpha}{\beta}(-\beta\cos\theta + p)^2 +$$
$$\frac{\alpha}{\gamma}(\gamma\cos\theta + p)^2 =$$

$$(\alpha^2 \sin^2\theta + 2\alpha p \sin\theta + p^2)\frac{\alpha(\beta+\gamma)}{\alpha^2-\beta\gamma} +$$

$$\alpha(\beta+\gamma)\cos^2\theta + \frac{\alpha(\beta+\gamma)}{\beta\gamma}p^2 =$$

$$\frac{\alpha(\beta+\gamma)}{\beta\gamma(\alpha^2-\beta\gamma)}(\alpha^2 p^2 + 2\alpha p\beta\gamma\sin\theta + \alpha^2\beta\gamma\sin^2\theta +$$

$$\beta\gamma(\alpha^2-\beta\gamma)\cos^2\theta) =$$

$$\frac{\alpha(\beta+\gamma)}{\beta\gamma(\alpha^2-\beta\gamma)}[(\alpha p + \beta\gamma\sin\theta)^2 + \beta\gamma(\alpha^2-\beta\gamma)] \geqslant \alpha(\beta+\gamma) = 2\Delta$$

当且仅当 $\alpha p + \beta\gamma\sin\theta = 0$ 时,也就是当且仅当 L 通过三角形的垂心 $\left(0, \frac{\beta\gamma}{\alpha}\right)$ 时成立.

㉒ 由以下关系定义了整数序列 a_n

$$a_1 = 2, a_2 = 7, -\frac{1}{2} < a_{n+1} - \frac{a_n^2}{a_{n-1}} \leqslant \frac{1}{2}, n > 2$$

证明对所有的 $n > 1, a_n$ 都是奇数.

证明 这个序列是被条件唯一确定的,并且 $a_1 = 2, a_2 = 7$, $a_3 = 25, a_4 = 89, a_5 = 317, \cdots$;对 $n = 3, 4, 5$,它满足 $a_n = 3a_{n-1} + 2a_{n-2}$. 我们证明序列 $b_1 = 2, b_2 = 7, b_n = 3b_{n-1} + 2b_{n-2}$ 有同样的不等式性质,即 $b_n = a_n$;对 $n > 2$

$$b_{n+1}b_{n-1} - b_n^2 = (3b_n + 2b_{n-1})b_{n-1} - b_n(3b_{n-1} + 2b_{n-2}) =$$
$$-2(b_b b_{n-2} - b_{n-1}^2)$$

上式给出,对所有的 $n \geqslant 2, b_{n+1}b_{n-1} - b_n^2 = (-2)^{n-2}$. 但是那样一来就有

$$\left|b_{n+1} - \frac{b_n^2}{b_{n-1}}\right| = \frac{2^{n-2}}{b_{n-1}} < \frac{1}{2}$$

由于容易证明对所有的 $n, b_{n-1} > 2^{n-1}$. 这样显然就得出对 $n > 1$, $a_n = b_n$ 是奇数的.

㉓ 设 $N = \{1, 2, \cdots, N\}, n \geqslant 2, N$ 的子集 $A_i \subset N, i = 1, 2, \cdots, t$ 的一个集族 $F = \{A_1, \cdots A_t\}$ 称为是分离的,如果对每一对 $\{x, y\} \subset N$ 存在一个集合 $A_i \in F$,使得 $A_i \cap \{x, y\}$ 只含一个元素. 一个集族 $F = \{A_1, \cdots A_t\}$ 称为是一个覆盖如果 N 的每个元素至少属于一个集合 $A_i \in F$. 设 $F = \{A_1, \cdots A_t\}$ 既是分离的又是一个覆盖,问 t 的最小值 $f(n)$ 是什么?

解法 1 我们断言,如果族 $\{A_1, \cdots, A_t\}$ 分隔 n 元素集 N,那么

$2^t \geqslant n$. 我们用归纳法证明.

$t=1$ 的情况是显然的, 现在假设断言对于 $t-1$ 成立. 由于 A_t 不分隔它自己的或它的余集的元素, 因此 $\{A_1,\cdots,A_{t-1}\}$ 对 A_t 和 $N\setminus A_t$ 都是分隔, 因而 $|A_t|$, $|N\setminus A_t|\leqslant 2^{t-1}$, 那样 $|N|\leqslant 2\cdot 2^{t-1}=2^t$, 这正是我们所要证的.

此外还有, 如果集合 N, $|N|=2^t$ 被 $\{A_1,\cdots,A_t\}$ 分隔, 那么 (确切地说) N 的一个元素不能被覆盖. 为了证明这点, 我们再次使用归纳法. 对 $t=1$ 这是平凡的, 因此设 $t>1$. 由于 $A_1,\cdots,A_{t-1}$ 分隔 A_t 和 $N\setminus A_t$, $N\setminus A_t$ 必须恰有 2^{t-1} 个元素, 因而它有一个元素不能被 $A_1,\cdots,A_{t-1}$ 覆盖, 同时也不能被 A_t 覆盖. 这样我们就推出, 仅当 $n\leqslant 2^t-1$ 时, 一个 t 子集的族才可能既是一个分隔又是一个覆盖.

我们现在对 N 构造一个那样的子集, 如果 $2^{t-1}\leqslant n\leqslant 2^t-1$, $t\geqslant 1$. 对 $t=1$, 取 $A_1=\{1\}$. 在从 t 到 $t+1$ 的步骤中, 设 $N=N'\cup N''\cup\{y\}$, 其中 $|N'|$, $|N''|\leqslant 2^{t-1}$; 设 $A'_1,\cdots,A'_t$ 覆盖并分隔 N', 而 $A''_1,\cdots,A''_t$ 覆盖并分隔 N'', 那么子集 $A_i=A'_i\cup A''_i$, ($i=1,\cdots,t$) 以及 $A_{t+1}=N''\cup\{y\}$ 显然覆盖并且分隔 N.

所以答案是 $t=[\log_2 n]+1$.

解法 2 设集合 $A_1,\cdots,A_t$ 覆盖并分隔 N. 对每个 $x\in N$ 对应一个由 0 和 1 组成的字符串 $(x_1 x_2\cdots x_t)$, 其中当 $x\in A_i$ 时, $x_i=1$, 否则是 0. 由于 A_i 是分隔的, 因此这些串都是不同的, 又由于它们是覆盖, 因此串 $(00\cdots 0)$ 不出现. 由此得出 $n<2^t-1$. 反过来, 对 $2^{t-1}\leqslant n<2^t$, 把 N 的元素表示成以 2 为基长度是 t 的数字. 对 $1\leqslant i\leqslant t$, 取 A_i 是 N 中的那些数的集和. 其中这些数的二进表示中的第 i 位是 1. 显然这些集合是分隔和覆盖.

㉔ 设 $Z_{m,n}$ 是所有有序对 (i,j), $i\in\{1,2,\cdots,m\}$, $j\in\{1,2,\cdots,n\}$, 又设 $a_{m,n}$ 是 $Z_{m,n}$ 中所有那种子集的数目, 这种子集不含有两个使得 $|i_1-i_2|+|j_1-j_2|=1$ 成立的有序对 (i_1,j_1), (i_2,j_2). 证明对所有的正整数
$$a_{m,2k}^2\leqslant a_{m,2k-1}a_{m,2k+1}$$

㉕ 一个保险柜的锁由三圈转轮组成，其中每个转轮都可设定八个位置．保险柜的机械使得只要三个转轮中有两个转到正确的位置上，就可打开保险柜的门．问为了打开保险柜的门最少需要试验多少次位置的组合（假设不知道"正确的组合"）．

解 答案是32．把组合写成三元有序组 $k=(x,y,z)$，$0 \leqslant x$，$y,z \leqslant 7$．定义集合 $K_1 = \{(1,0,0),(0,1,0),(0,0,1),(1,1,1)\}$，$K_2 = \{(2,0,0),(0,2,0),(0,0,2),(2,2,2)\}$，$K_3 = \{(0,0,0),(4,4,4)\}$ 以及 $K = \{k = k_1 + k_2 + k_3 \mid k_i \in K_i, i=1,2,3\}$．在 K 中共有 32 个组合．我们证明，这个组合在任何情况下都可打开保险柜．

设 (a,b,c) 是保险柜的密码．如果 a,b,c 中至少有两个数小于 4，则设 $k_3 = (0,0,0)$ 否则设 $k_3 = (4,4,4)$．在这两种情况下，差 $t - k_3$ 都包含两个不大于 3 的非负元素．选择合适的 k_2，可使 $t - k_3 - k_2$ 只包含两个元素 0 和 1，因此存在 k_1 使得 $t - k_3 - k_2 - k_1 = t - k$，$k \in K$ 包含两个 0．这就证明了 32 是充分的．

现在假设 K 是一个至多有 31 个组合的集合．我们称 $k \in K$ 覆盖组合 k_1，如果 k 和 k_1 至多有一个位置不同．在 8 集合族 $M_i = \{(i,y,z) \mid 0 \leqslant y, z \leqslant 7\}$，$i = 0,1,\cdots,7$ 中必有 1 个集合至多包含 3 个 K 中的元素，不失一般性，可设它是 M_0．进一步，在 8 集合族 $N_j = \{(0,j,z) \mid 0 \leqslant z \leqslant 7\}$，$j = 0,1,\cdots,7$ 中至少要有 5 个集合，不失一般性，不妨设其为 $N_0, \cdots, N_4$ 不含任何 K 中的组合．

在集合族 $N = \{(0,y,z) \mid 0 \leqslant y \leqslant 4, 0 \leqslant z \leqslant 7\}$ 的 40 个元素中，至多有 $5 \cdot 3 = 15$ 个可被 $K \cap M_0$ 覆盖，而至少有 25 个不能．因此 K 和 $L = \{(x,y,z) \mid 1 \leqslant x \leqslant 7, 0 \leqslant y \leqslant 4, 0 \leqslant z \leqslant 7\}$ 的交至少包含 25 个元素．所以 K 至多有 $31 - 25 = 6$ 个元素在集合 $P = \{(x,y,z) \mid 0 \leqslant x \leqslant 7, 5 \leqslant y \leqslant 7, 0 \leqslant z \leqslant 7\}$ 中．这蕴含对某个 $j \in \{5,6,7\}$，不失一般性，比如说 $j = 7$，K 至多包含两个集合 $Q_j = \{(x,y,z) \mid 0 \leqslant x, z \leqslant 7, y = j\}$ 中的元素，用 l_1, l_2 表示这两个元素．在 Q_7 的 64 个元素之中，至多有 30 个可被 l_1 和 l_2 所覆盖．那就是说，还剩下 34 个不能被 Q_7 覆盖的元素，这些元素必须要被 $K \backslash Q_7$ 所覆盖，但它连本身都算上，至多有 29 个元素．矛盾．

㉖ 设 AB 和 CD 是圆心为 O,半径为 r 的圆中的两条互相垂直的弦,并用 X,Y,Z,W 表示圆面上按照圆的方向(顺时针或逆时针)被那两条弦所分成的四部分图形. 求 $\dfrac{A(Z)}{A(Y)+A(W)}$ 的最大值和最小值,其中 $A(U)$ 表示 U 的面积.

㉗ 在 $\triangle ABC$ 中,选择任意点 $K \in BC, L \in AC, M \in AB$, $N \in LM, R \in MK, F \in KL$,如果用 $E_1, E_2, E_3, E_4, E_5, E_6$ 和 E 分别表示 $\triangle AMR$, $\triangle CKR$, $\triangle BKF$, $\triangle ALF$, $\triangle BNM$, $\triangle CLN$ 和 $\triangle ABC$ 的面积,证明
$$E \geqslant 8\sqrt[6]{E_1 E_2 E_3 E_4 E_5 E_6}$$

证明 设 $E(XYZ)$ 表示 $\triangle XYZ$ 的面积,那么我们有
$$\frac{E_1}{E} = \frac{E(AMR)}{E(AMK)} \cdot \frac{E(AMK)}{E(ABK)} \cdot \frac{E(ABK)}{E(ABC)}$$
$$\Rightarrow \left(\frac{E_1}{E}\right)^{\frac{1}{3}} \leqslant \frac{1}{3}\left(\frac{MR}{MK} + \frac{AM}{AB} + \frac{BK}{BC}\right)$$

同理得出 $\left(\dfrac{E_2}{E}\right)^{\frac{1}{3}} \leqslant \dfrac{1}{3}\left(\dfrac{KR}{MK} + \dfrac{BM}{AB} + \dfrac{CK}{BC}\right)$

所以 $\left(\dfrac{E_1}{E}\right)^{\frac{1}{3}} + \left(\dfrac{E_2}{E}\right)^{\frac{1}{3}} \leqslant 1$,或 $\sqrt[3]{E_1} + \sqrt[3]{E_2} \leqslant \sqrt[3]{E}$

同理 $\sqrt[3]{E_3} + \sqrt[3]{E_4} \leqslant \sqrt[3]{E}, \sqrt[3]{E_5} + \sqrt[3]{E_6} \leqslant \sqrt[3]{E}$

因此 $8\sqrt[6]{E_1 E_2 E_3 E_4 E_5 E_6} = 2(\sqrt[3]{E_1}\sqrt[3]{E_2})^{\frac{1}{2}} \cdot 2(\sqrt[3]{E_3}\sqrt[3]{E_4})^{\frac{1}{2}} \cdot$
$$2(\sqrt[3]{E_5}\sqrt[3]{E_6})^{\frac{1}{2}} \leqslant$$
$$(\sqrt[3]{E_1} + \sqrt[3]{E_2}) \cdot (\sqrt[3]{E_3} + \sqrt[3]{E_4}) \cdot$$
$$(\sqrt[3]{E_5} + \sqrt[3]{E_6}) \leqslant E$$

㉘ 设在直角三角形 ABC 中,AD 是斜边上的高. 并设连接三角形 ABD 和 ACD 内心的直线分别交 AB, AC 边于点 K, L. 如果用 E 和 E_1 分别表示三角形 ABC 和 AKL 的面积,证明
$$\frac{E}{E_1} \geqslant 2$$

证明 如图 29.25,设 $AB = c, AC = b, \angle CBA = \beta, BC = a$ 以及 $AD = h$.

设 r_1 和 r_2 分别是 $\odot ABD$ 和 $\odot ADC$ 的内切圆半径,而 O_1 和 O_2 分别是它们的内心. 显然有 $\dfrac{r_1}{r_2}=\dfrac{c}{b}$. 我们还有 $DO_1=\sqrt{2}\,r_1$, $DO_2=\sqrt{2}\,r_2$ 以及 $\angle O_1DA=\angle O_2DA=45°$. 所以 $\angle O_1DO_2=90°$ 以及 $\dfrac{DO_1}{DO_2}=\dfrac{b}{c}$. 由此得出 $\triangle O_1DO_2 \backsim \triangle BAC$.

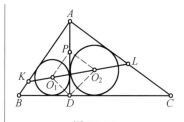

图 29.25

现在设 P 点是 $\triangle O_1DO_2$ 的外接圆和 DA 的交点. 用与上面类似的论证, 我们有
$$\angle DPO_2=\angle DO_1O_2=\beta=\angle DAC$$

由此得出 $PO_2 \parallel AC$,而由 $\angle O_1PO_2=90°$ 我们又得出 $PO_1 \parallel AB$. 我们还有 $\angle PO_1O_2=\angle PO_2O_1=45°$;因此 $\angle LKA=\angle KLA=45°$,因而 $AK=AL$. 从 $\angle O_1KA=\angle O_1DA=45°$,$O_1A$ 和 $\angle O_1KA=\angle O_1DA$ 我们得出 $\triangle O_1KA \cong \triangle O_1DA$. 因而 $AL=AK=AD=h$,那样就有
$$\frac{E}{E_1}=\frac{\dfrac{ah}{2}}{\dfrac{h^2}{2}}=\frac{a}{h}=\frac{a^2}{ah}=\frac{b^2+c^2}{bc}\geqslant 2$$

注 对任意使得 $AK=AL$ 的三角形,上式成立的充分必要条件是
$$AB=AC \text{ 或 } \angle BAC=90°$$

㉙ 求出方程
$$x_1^2+x_2^2+\cdots+x_{29}^2=29x_1x_2\cdots x_{29}$$
的正整数解,其中至少要有一个整数大于 $1\,988$.

㉚ 对 $0\leqslant x\leqslant 100$,求出函数
$$f(x)=[x]+[2x]+\left[\frac{5x}{3}\right]+[3x]+[4x]$$
所取的不同的整数值的总数.

㉛ 圆 $x^2+y^2=r^2$ 交坐标轴于 $A=(r,0), B=(-r,0), C=(0,r)$ 和 $D=(0,-r)$. 设 $P=(u,v)$ 和 $Q=(-u,v)$ 是圆上的两点,N 是 PQ 和 y 轴的交点,而 M 是从点 P 向 x 轴所作垂线的垂足. 如果 r^2 是奇数,$u=p^m>q^n=v$,其中 p 和 q 都是素数,而 m,n 都是自然数,证明
$$|AM|=1,|BM|=9,|DN|=8,|PQ|=8$$

㉜ 设方程 $x^3+px^2+qx+r=0$ 的所有的根都是正的,求出 p,q,r 之间的关系,它构成这三个根恰是三角形的三个角的余弦的必要条件.

33 求出使得方程
$$x^n + (2+x)^n + (2-x)^n = 0$$
有实根的关于 n 的充分必要条件.

34 把 1 988 表示成一些正整数的和,使得它们的乘积最大.

35 在三角形 ABC 中,设 D, E, F 分别是三边的中点, X, Y, Z 是三个高线的垂足, H 是垂心而 P, Q, R 分别是 H 和三个顶点连线的中点. 证明 9 个点 $D, E, F, P, Q, R, X, Y, Z$ 共圆.

36 对 n 的哪些值,存在 $n \times n$ 的表,其元素是 $-1, 0$ 或 1,使得各行和各列相加所得的 $2n$ 都不相同?

解 考虑任意具有所给性质的表格 $[a_{ij}]$,并分别用 r_i 和 c_j 表示其行和和列和. 在 r_i 和 c_j 中, $-n$ 或 n 之一是不出现的,因此至少有 n 个非负的和及 n 个非正的和. 通过排列行和列,我们可得出一个使得 $r_1, \cdots, r_k$ 和 $c_1, \cdots, c_{n-k}$ 都是非负的表. 显然

$$\sum_{i=1}^{n} |r_i| + \sum_{j=1}^{n} |c_j| \geqslant \sum_{r=-n}^{n} |r| - n = n^2$$

但是另一方面

$$\sum_{i=1}^{n} |r_i| + \sum_{j=1}^{n} |c_j| = \sum_{i=1}^{k} r_i - \sum_{i=k+1}^{n} r_i + \sum_{j=1}^{n-k} c_j - \sum_{j=n-k+1}^{n} c_j =$$
$$\sum_{i \leqslant k} a_{ij} - \sum_{i > k} a_{ij} + \sum_{j \leqslant n-k} a_{ij} - \sum_{j > n-k} a_{ij} =$$
$$2 \sum_{i=1}^{k} \sum_{j=1}^{n-k} a_{ij} - 2 \sum_{i=k+1}^{n} \sum_{j=n-k+1}^{n} a_{ij} \leqslant 4k(n-k)$$

由此得出 $n^2 \leqslant 4k(n-k)$,即 $(n-2k)^2 \leqslant 0$,因而 n 必须是偶数. 我们进一步用归纳法证明对任意偶数 n,存在所给类型的表格. 对 $n = 2$,图 29.26(a) 中的表就符合要求.

现在设对某个偶的 $n \geqslant 2$ 已给出了一个 $n \times n$ 的表使得
$$c_1 = n, c_2 = n-1, c_3 = n-2, \cdots, c_{n-1} = 2, c_n = -1$$
以及 $r_1 = n-1, r_2 = -n+2, \cdots, r_{n-1} = 1, r_n = 0$.

给这个表按图 29.26(b) 所示的方法加上两行两列:

那么正和将增加 2,负和将减少 2,而缺失的和 $-1, 0, 1, 2$ 将出现在新的行和列中. 因此所得的 $(n+2) \times (n+2)$ 表具有同样的性质.

图 29.26

37 在球面上给定了 n 个点，证明可把球面分成 n 个全等的区域，使得每个区域中只含一个给定的点.

38 一组学生参加一次多项选择测验，共有 4 道选择题，每题有 3 个答案可选，测验结果表明对任意三个学生来说都有一道题三人的选择不同. 问最多可有多少个学生参加测验？

39 设 ABC 是锐角三角形. H 是从点 A 向 BC 边所作垂线的垂足. 设以 AH 为直径的圆 S_A 分别交 AB，AC 于不同于点 A 的点 M，N，定义直线 L_A 是经过点 A 并垂直于 MN 的直线，类似的可定义直线 L_B 和 L_C. 证明 L_A，L_B 和 L_C 共点.

证明 根据对 L_A 的描述，我们有 $\angle AMN=\angle AHN=90^\circ-\angle HAC=\angle C$，同理 $\angle ANM=\angle B$. 由于 $\triangle ABC$ 是锐角三角形，因此直线 L_A 位于 $\angle A$ 之内. 因此如果 $P=L_A\cap BC$ 以及 $Q=L_B\cap AC$，那么 $\angle BAP=90^\circ-\angle C$；因此 AP 通过 $\triangle ABC$ 的外接圆心 O. 同理，L_B 和 L_C 也包含外接圆心 O. 这就得出 L_A，L_B 和 L_C 交于点 O.

注 不用证明交点的同一性，我们也可使用 Ceva(赛瓦) 定理，以常用的三角形式去证明三条直线是共点的.

40 数列 a_n，$n=1,2,\cdots$，定义如下

$$a_1=\frac{1}{2},a_n=\left(\frac{2n-3}{2n}\right)a_{n-1},n\geqslant 2$$

证明对所有的 $n\geqslant 1$，$\sum\limits_{k=1}^{n}a_k<1$.

41 (1) 设在 $\triangle ABC$ 中，$AB=12$，$AC=16$. 设 M 是 BC 边的中点. 又设分别在边 AC 和边 AB 上选定了点 E 和 F 使得 $AE=2AF$. 设 EF 和 AM 交于点 G，求 $\frac{EG}{GF}$.

(2) 设 E 是圆外一点，两条弦 EAB 和 ECD 的夹角是 40°. 又设 $AB=BC=CD$，求 $\angle ACD$ 的大小.

42 (1) 一个每条棱的长度都等于 s 的四面体外接于四个互相外切，半径都等于 1 的球，其中三个球位于四面体的底面，第四个球位于其他三个球之上，求 s 的值.

(2) 设 $ABCD$ 和 $EFGH$ 是一个长方体的两个相对的面，$\angle DHC=45^\circ$，$\angle FHB=60^\circ$，求 $\angle BHD$ 的余弦.

㊸ (1) 多项式 $x^{2k}+1+(x+1)^{2k}$ 不能被 x^2+x+1 整除，求 k 的值；

(2) 设 p,q,r 是方程 $x^3-x^2+x-2=0$ 的不同的根，求 $p^3+q^3+r^3$ 的值；

(3) 设 r 是 1 059, 1 417 和 2 312 除以 d 所得的余数，其中 d 是一个大于 1 的整数，求 $d-r$ 的值；

(4) 求使得 $2^{\frac{1}{7}}, 2^{\frac{3}{7}}, \cdots, 2^{\frac{2n+1}{7}}$ 的乘积大于 1 000 的最小的正的奇整数.

㊹ (1) 设 $g(x)=x^5+x^4+x^3+x^2+x+1$，求多项式 $g(x^{12})$ 被 $g(x)$ 去除所得的余式；

(2) 设 k 是一个正整数，而 f 是使得对所有的正数 x，$f(x^2+1)^{\sqrt{x}}=k$ 的函数，对正数 y，求 $f\left(\dfrac{9+y^2}{y^2}\right)^{\sqrt{\frac{12}{y}}}$.

(3) 函数 f 对每一对实数 x,y 满足 $f(x)+f(y)=f(x+y)-xy-1$，如果 $f(1)=1$，求使得 $f(n)=n$ 的整数 n 的个数.

㊺ (1) $\odot K$ 以 AB 为直径，$\odot L$ 和 AB 及 K 相切，而 $\odot M$ 和 $\odot K$，$\odot L$ 及 AB 相切，计算 $\odot K$ 的面积和 $\odot M$ 的面积的比；

(2) 在 $\triangle ABC$ 中，$AB=AC$，$\angle CAB=80°$. 点 D，E 和 F 分别位于边 BC，AC 和 AB 上，并且有 $CE=CD$ 以及 $BF=BD$，求 $\angle EDF$ 的度数.

㊻ (1) 计算 $\dfrac{(11+6\sqrt{2})\sqrt{11-6\sqrt{2}}-(11-6\sqrt{2})\sqrt{11+6\sqrt{2}}}{(\sqrt{\sqrt{5}+2}+\sqrt{\sqrt{5}-2})-\sqrt{\sqrt{5}+1}}$；

(2) 设 x 是正数，$k=\dfrac{\left(x+\dfrac{1}{x}\right)^6-\left(x^6+\dfrac{1}{x^6}\right)-2}{\left(x+\dfrac{1}{x}\right)^3+\left(x^3+\dfrac{1}{x^3}\right)}$，计算 k 的最小值.

㊼ 证明不等式

$$\sum_{k=1}^{70}\dfrac{k}{x-k}\geq\dfrac{5}{4}$$

的解集合是一些长度之和等于 1 988 的不相交的区间的并.

证明 设 $f(x)=\sum\limits_{k=1}^{70}\dfrac{k}{x-k}$. 对所有的整数 $i=1,\cdots,70$，我们有当 x 在大于 i 的方向向后趋于 i 时，$f(x)$ 趋于正无穷大，当 x 在

小于 i 的方向向前趋于 i 时,$f(x)$ 趋于负无穷大,而当 x 趋于无穷大时,$f(x)$ 趋于 0. 因此就得出存在 $x_1,x_2,\cdots,x_{70}$ 使得 $1<x_1<2<x_2<\cdots<x_{69}<70<x_{70}$ 并且对所有的 $i=1,\cdots,70$ 有 $f(x_i)=\dfrac{5}{4}$. 那样不等式的解就由 $S=\bigcup\limits_{i=1}^{70}(i,x_i]$ 给出.

对使得 $f(x)$ 有定义的那些数 x,等式 $f(x)=\dfrac{5}{4}$ 等价于

$$p(x)=\prod_{j=1}^{70}(x-j)-\frac{5}{4}\sum_{k=1}^{70}k\prod_{j=1,j\neq k}^{70}(x-j)=0$$

那样,数 $x_1,x_2,\cdots,x_{70}$ 都是这个多项式的零点,而和 $\sum\limits_{i=1}^{70}x_i$ 就等于 p 中 x^{69} 的系数的相反数,也就是 $\sum\limits_{i=1}^{70}\left(i+\dfrac{4}{5}i\right)$,最后

$$|S|=\sum_{i=1}^{70}(x_i-i)=\frac{4}{5}\cdot\sum_{i=1}^{70}i=\frac{4}{5}\cdot\frac{70\cdot 71}{2}=1\,988$$

❹❽ 求出平面上所有内接圆半径等于 1,且边长为整数值的三角形.

❹❾ 设 $-1<x<1$,证明

$$\sum_{k=0}^{6}\frac{1-x^2}{1-2x\cos\left(\dfrac{2k\pi}{7}\right)+x^2}=\frac{7(1+x^7)}{1-x^7}$$

并推出

$$\csc^2\frac{\pi}{7}+\csc^2\frac{2\pi}{7}+\csc^2\frac{3\pi}{7}=8$$

❺⓪ 设 $g(n)$ 由下式定义
$$g(1)=0,g(2)=1$$
$$g(n+2)=g(n+1)+g(n)+1,n\geqslant 1$$
证明如果 $n>5$ 是一个素数,则 n 整除 $g(n)(g(n)+1)$.

❺❶ 设 $A_1,A_2,\cdots,A_{29}$ 是 29 个不同的正整数的数列. 对 $1\leqslant i<j\leqslant 29$ 和任意自然数 x,定义 $N_i(x)$ 是数列 A_i 中小于或等于 x 的元素的数目,而 $N_{ij}(x)$ 是 $A_i\bigcap A_j$ 中小于或等于 x 的元素的数目.

已知对所有的 $1\leqslant i\leqslant 29$ 和任意自然数 x 都成立 $N_i(x)\geqslant\dfrac{x}{\mathrm{e}}$,其中 $\mathrm{e}=2.718\,28\cdots$ 是自然对数的底.

证明至少存在一对 $i,j(1\leqslant i<j\leqslant 29)$,使得 $N_{ij}(1\,988)>200$.

52 在凸五边形 $ABCDE$ 中，$BC=CD=DE$，此外，每条对角线都平行于一条边（AC 平行于 DE，BD 平行于 AE，等等）. 证明 $ABCDE$ 是正五边形.

解法 1 设 AC 和 AD 分别交 BE 于 R,S. 那么由问题的条件可知
$$\angle AEB = \angle EBD = \angle BDC = \angle DBC = \angle ADB = \angle EAD = \alpha$$
$$\angle ABE = \angle BEC = \angle ECD = \angle CED = \angle ACE = \angle BAC = \beta$$
$$\angle BCA = \angle CAD = \angle ADE = \gamma$$
由于 $\angle SAE = \angle SEA$，所以 $AS=SE$，同理 $BR=RA$. 但是 $BSDC$ 和 $REDC$ 是平行四边形；因此 $BS=CD=RE$，由此得出 $BR=SE$ 和 $AR=AS$，从而也有 $AC=AD$. 由于 $RS \parallel CD$，我们得出 $2\beta = \angle ACD = \angle ADC = 2\alpha$，即 $\alpha = \beta$.

现在只需证明 $\alpha = \gamma$ 即可，由于这将蕴含 $\alpha = \beta = \gamma = 36°$. 我们有 $\triangle ACD$ 的内角和是 $4\alpha + \gamma = 180°$，以及
$$\frac{\sin \gamma}{\sin \alpha} = \frac{AE}{DE} = \frac{AE}{CD} = \frac{AE}{RE} = \frac{\sin(2\alpha + \gamma)}{\sin(\alpha + \gamma)}$$
也就是 $\cos \alpha - \cos(\alpha + 2\gamma) = 2\sin \gamma \sin(\alpha + \gamma) =$
$$2\sin \alpha \sin(2\alpha + \gamma) = \cos(\alpha + \gamma) - \cos(3\alpha + \gamma)$$
从 $4\alpha + \gamma = 180°$ 我们得出 $-\cos(3\alpha + \gamma) = \cos \alpha$，因此
$$\cos(\alpha + \gamma) + \cos(\alpha + 2\gamma) = 2\cos \frac{\gamma}{2} \cos \frac{2\alpha + 3\gamma}{2} = 0$$
因而 $2\alpha + 3\gamma = 180°$，这就得出 $\alpha = \gamma$.

解法 2 我们有 $\angle BEC = \angle ECD = \angle DEC = \angle ECA = \angle CAB$ 并且因此梯形 $BAEC$ 是圆内接四边形，因而 $AE=BC$，同理 $AB=ED$，而 $ABCD$ 也是圆内接四边形，那样 $ABCDE$ 是圆内接的因而所有的边都是相等的，故它是正多边形.

53 设 $x=p, y=q, z=r, w=s$ 是线性方程组
$$x + a_i y + a_i^2 z + a_i^3 w = a_i^4, i=1,2,3,4$$
的唯一解，用 p,q,r 和 s 表出以下方程组的解
$$x + a_i^2 y + a_i^4 z + a_i^6 w = a_i^8, i=1,2,3,4$$
假设它的解是唯一的.

> **54** 设 p 是两个大于 2 的相继整数的乘积. 证明不存在满足以下方程的非负整数 $x_1, x_2, \cdots, x_p$
> $$\sum_{i=1}^{p} x_i^2 - \frac{4}{4p+1}\left(\sum_{i=1}^{p} x_i\right)^2 = 1$$
> 替换问题:证明仅存在两个使得以上等式成立的整数 p.

证明 设 $X = \sum_{i=1}^{p} x_i$. 不失一般性,可设 $X \geqslant 0$ (如果 $(x_1, \cdots, x_p)$ 是一个解,那么 $(-x_1, \cdots, -x_p)$ 也是一个解). 由于对所有的整数,$x^2 \geqslant x$,这就得出 $\sum_{i=1}^{p} x_i^2 \geqslant X$.

如果上面的不等式成为等式,那么所有的 x_i 必须都是 0 或 1,那样在等式中取 a 个 1 就得出 $4p+1 = 4(a+1) + \frac{4}{a-1}$,此式迫使 $p = 6, a = 5$.

如果不是这样,那就有 $X + 1 \leqslant \sum_{i=1}^{p} x_i^2 = \frac{4}{4p+1} X^2 + 1$,因此 $X \geqslant p+1$. 由 Cauchy-Schwarz(柯西—许瓦兹)不等式又可得出 $X^2 \leqslant p \sum_{i=1}^{p} x_i^2 = \frac{4p}{4p+1} X^2 + p$,因此 $X^2 \leqslant 4p^2 + p$ 从而 $X \leqslant 2p$. 所以 $1 \leqslant \frac{X}{p} \leqslant 2$. 然而
$$\sum_{i=1}^{p} \left(x_i - \frac{X}{p}\right)^2 = \sum x_i^2 - \frac{2X}{p} \sum x_i + \frac{X^2}{p} =$$
$$\sum x_i^2 - p\frac{X^2}{p^2} = 1 - \frac{X^2}{p(4p+1)} < 1$$

这样我们就得出,对所有的 i,成立 $-1 < x_i - \frac{X}{p} < 1$. 这最终给出 $x_i \in \{1, 2\}$. 假设有 b 个 2,那么 $3b + p = \frac{4(b+p)^2}{4p+1} + 1$,因此 $p = \frac{b+1}{4b-3}$,由此得出 $p = 2, b = 1$.

这样,我们最终得出对任何 $p \notin \{2, 6\}$ 问题无解.

注 条件 $p = n(n+1), n \geqslant 3$ 是不必要的(其唯一的作用只是为了简化证明 $X \neq p - 1$).

㊺ 求出所有的正整数 x 使得 x 的十进制表示中的所有数字之积就等于 $x^2 - 10x - 22$.

㊻ 由下式定义了 Fibonacci(斐波那契)数列
$$a_{n+1} = a_n + a_{n-1}(n \geqslant 1), a_0 = 0, a_1 = a_2 = 1$$
求出 Fibonacci(斐波那契)数列的 1 960 项和 1 988 项的最大公因数.

㊼ 设 C 是一个边长等于 2 的立方体. 把 C 的 8 个顶角都切掉而构造一个 14 面体, 切掉顶角时要使得新的面和立方体的对角线垂直并使得所有新形成的面都全等, 并且使得 14 面体的所有的面的面积都相等. 求这个 14 面体每个面的面积.

㊽ 对每一对正整数 k 和 n, 设 $S_k(n)$ 是 n 的在以 k 为基底时的数字表示下的各位数字之和. 证明至多存在两个小于 20 000 的素数 p, 使得 $S_{31}(p)$ 是一个复合数.

㊾ 考虑两个半径为 R 和 $r(R > r)$ 的以 O 为圆心的同心圆. 在小圆上固定一点 P 并考虑小圆的可变的弦 PA. 点 B 和 C 位于大圆之上; B, P, C 三点共线并且 $BC \perp AP$.

(1) 当 $\angle OPA$ 取什么值时, 和 $BC^2 + CA^2 + AB^2$ 取得最大值?

(2) 当 $\angle OPA$ 变化时, BA 的中点 U 和 AC 的中点 V 可能处于什么位置?

解 (1) 定义 $\angle APO = \varphi, S = AB^2 + AC^2 + BC^2$. 我们来计算 $PA = 2r\cos\varphi, PB, PC = \sqrt{R^2 - r^2 \cos^2\varphi} \pm r\sin\varphi$. 我们也有 $AB^2 = PA^2 + PB^2, AC^2 = PA^2 + PC^2$ 和 $BC = BP + PC$. 联合以上结果就有
$$S = AB^2 + AC^2 + BC^2 = 2(PA^2 + PB^2 + PC^2 + PB \cdot PC) =$$
$$2(4r^2\cos^2\varphi + 2(R^2 - r^2\cos^2\varphi + r^2\sin^2\varphi) + R^2 - r^2) =$$
$$6R^2 + 2r^2$$
这就是说 S 是一个常数, 换句话说, 它不依赖于 φ.

(2) 设 B_1 和 C_1 分别是使得 $APBB_1$ 和 $APCC_1$ 为矩形的点. 显然 B_1 和 C_1 位于大圆上并且 $\overrightarrow{PU} = \frac{1}{2}\overrightarrow{PB_1}, \overrightarrow{PV} = \frac{1}{2}\overrightarrow{PC_1}$. 同样显然的是, 我们可在大圆上任意安排相对于 B_1 和 C_1 的点. 因此 U 和 V 的轨迹就等于大于相对于点 P 以 $\frac{1}{2}$ 为收缩因子而得出的圆.

❻⓿ 设 $f(n)$ 是定义在所有正整数集上并在同一集合上取值的函数. 设对所有的正整数 $m,n, f(f(m)+f(n))=m+n$. 求 $f(1\,988)$ 的所有可能的值.

解法 1 我们将证明对每一个 n 成立 $f(n)=n$(从而也有 $f(1\,988)=1\,988$).

设 $f(1)=r, f(2)=s$. 我们分别得出以下等式
$$f(2r)=f(r+r)=2; f(2s)=f(s+s)=4$$
$$f(4)=f(2+2)=4r; f(8)=f(4+4)=4s$$
$$f(5r)=f(4r+r)=5; f(r+s)=3$$
$$f(8)=f(5+3)=6r+s$$
由此得出 $4s=6r+s$, 这说明 $s=2r$.

现在我们用归纳法证明对每个 $n\geqslant 4$ 成立 $f(nr)=n$ 和 $f(n)=nr$.

首先我们有 $f(5)=f(2+3)=3r+s=5r$, 因此对 $n=4$ 和 $n=5$, 命题成立. 假设命题对 $n-1$ 和 n 成立, 那么 $f(n+1)=f(n-1+2)=(n-1)r+2r=(n+1)r$, 而 $f((n+1)r)=f((n-1)r+2r)=(n-1)+2=n+1$, 这就完成了归纳法.

由于 $4r\geqslant 4$, 我们有 $f(4r)=4r^2$ 以及 $f(4r)=4$, 因而 $r=1$. 而因此对每一个自然数 n 有 $f(n)=n$.

解法 2 $f(f(1)+n+m)=f(f(1)+f(n)+f(m))=1+f(n)+f(m)$, 因此 $f(n)+f(m)$ 是 $n+m$ 的函数. 因此 $f(n+1)+f(1)=f(n)+f(2), f(n+1)-f(n)=f(2)-f(1)$, 这蕴含 $f(n)=An+B$, 其中 A,B 是常数. 易于验证仅有的可能是 $A=1, B=0$.

❻❶ 定义 A 是用 2×1 矩形覆盖 $2\times n$ 矩形的方式的数目, B 是用 1 或 2 相加得出 n 的方法的数目或元素是 1 或 2, 和数等于 n 的数列的数目, C 是

$$\begin{cases}\binom{m}{0}+\binom{m+1}{2}+\cdots+\binom{2m}{2m} & n=2m \\ \binom{m+1}{1}+\binom{m+2}{3}+\cdots+\binom{2m+1}{2m+1} & n=2m+1\end{cases}$$

证明, 数 A, B 和 C 是相等的.

❻❷ 正整数 n 具有如下性质：在任意从 $1,2,\cdots,1\,988$ 中选出 n 个数所构成的集合中，必有 29 个数构成等差数列．证明 $n>1\,788$．

❻❸ 设 $ABCD$ 是一个四边形，$A'BCD'$ 是 $ABCD$ 对 BC 的反射，$A''B'CD'$ 是 $A'BCD'$ 对 CD' 的反射，$A''B''C'D'$ 是 $A''B'CD'$ 对 $D'A''$ 的反射．证明如果 $AA'' /\!/ BB''$，则 $ABCD$ 是圆内接四边形．

❻❹ 给出 n 个点 $A_1, A_2, \cdots, A_n$，其中无三点共线．证明当且仅当
$$A_1A_2 \cdot A_3A_n \cdots A_{n-1}A_n + A_2A_3 \cdot A_4A_n \cdots A_{n-1}A_n \cdot A_1A_n + \cdots + A_{n-1}A_{n-2} \cdot A_1A_n \cdots A_{n-3}A_n = A_1A_{n-1} \cdot A_2A_n \cdots A_{n-2}A_n$$
时，n 边形 $A_1A_2\cdots A_n$ 可以内接于一个圆．

❻❺ 求出具有以下性质的最小的自然数 n，如果把集合 $\{1, 2, \cdots, n\}$ 任意分成两个不相交的子集合，那么其中必有一个子集合包含三个不同的数使得其中任意两数之积就等于第三个数．

解 假设 $A_n = \{1, 2, \cdots, n\}$ 被分成了 B_n 和 C_n 并且 B_n 和 C_n 都不包含 3 个不同的数，使得其中一个数等于其他两个数之积．如果 $n \geq 96$，那么 96 的因数必须被拆开．不失一般性，可设 $2 \in B_n$，那么可能出现四种情况

(1) $3 \in B_n, 4 \in B_n$，那么 $6, 8, 12 \in C_n \Rightarrow 48, 96 \in B_n$ 矛盾，由于 $96 = 2 \times 48$；

(2) $3 \in B_n, 4 \in C_n$，那么 $6 \in C_n, 24 \in B_n, 8, 12, 48 \in C_n$，矛盾，由于 $48 = 6 \times 8$；

(3) $3 \in C_n, 4 \in B_n$，那么 $8 \in C_n, 24 \in B_n, 6, 48 \in C_n$，矛盾，由于 $48 = 6 \times 8$；

(4) $3 \in C_n, 4 \in C_n$，那么 $12 \in B_n, 6, 24 \in C_n$，矛盾，由于 $24 = 4 \times 6$.

如果 $n = 95$，那么 A_n 有很多分解方法．例如
$$B_n = \{1, p, p^2, p^3q^2, p^4q, p^2qr\}$$
$$C_n = \{p^3, p^4, p^5, p^6, pq, p^2q, p^3q, p^2q^2, pqr\}$$
其中 p, q, r 是不同的素数．因而
$$B_n = \{1, 2, 3, 4, 5, 7, 9, 11, 13, 17, 19, 23, 25, 19, 31, 37, 41,$$
$$\quad 43, 47, 48, 49, 53, 59, 60, 61, 67, 71, 72, 73, 79, 80, 83, 84,$$

89,90}

66 设 $\alpha_i > 0, \beta_i > 0, 1 \leqslant i \leqslant n(n>1)$,以及
$$\sum_{i=1}^n \alpha_i = \sum_{i=1}^n \beta_i = \pi$$

证明 $\sum_{i=1}^n \dfrac{\cos \beta_i}{\sin \alpha_i} \leqslant i = \sum_{i=1}^n \cot \alpha_i$

67 在平面上给出一个 1 988 个点的集合,其中无三点共线. 把其中任意一个有 1 788 个点的子集染成蓝色,而把其余的 200 个点染成红色. 证明平面上必存在一条直线,它把平面分成两部分,使得每一部分中都包含 894 个蓝点和 100 个红点.

68 设 $S = \{a_i \mid 1 \leqslant i \leqslant 7, a_i = 0 \text{ 或 } 1\}$ 是一个 7 项数列的集合. S 中的两个元素 $\{a_i\}$ 和 $\{b_i\}$ 之间的距离定义为 $\sum_{i=1}^7 |a_i - b_i|$. 设 T 是 S 的一个子集,其中任意两个元素的距离都大于或等于 3. 证明 T 至多包含 16 个元素并给出一个包含 16 个元素的例子.

69 设 P 是一个多边形,而 P' 是以 P 的各边的中点为顶点的多边形. 设 $n \geqslant 3$,对所有的 n 边形,确定比 $\dfrac{S(P')}{S(P)}$ 的最佳的界,其中 $S(P)$ 表示 P 的面积.

70 在三维空间中给了一个点 O 和一个总长度为 1 988 的线段的有限集合 A,证明存在一个不与 A 相交的平面,使得 O 到它的距离不超过 574.

71 给了整数 $a_1, a_2, \cdots, a_{10}$,证明存在一个非零的数列 $(x_1, \cdots, x_{10})$,其中 $x_i \in \{-1, 0, 1\}, i = 1, 2, \cdots, 10$,而数 $\sum_{i=1}^{10} x_i a_i$ 可被 1 001 整除.

72 有 49 个学生参加一个测验,共有三道测验题,每题的得分从 0 到 7 之间的一个整数. 证明对每一个问题,都存在两个学生 A 和 B,使得 A 的得分至少和 B 一样多.

证明 设 X 是所有有序的三元组 $a = (a_1, a_2, a_3), a_i \in \{0, 1, \cdots, 7\}$ 的集合. 我们定义 $a \prec b$,如果 $a_i \leqslant b_i, i = 1, 2, 3, a \neq b$. 称一个子集 $Y \subset X$ 是独立的,如果不存在 $a, b \in Y$ 使得 $a \prec b$. 我们将证明一个独立集至多包含 48 个元素.

对 $j=0,1,\cdots,21$, 设 $X_j=\{(a_1,a_2,a_3)\in X\mid a_1+a_2+a_3=j\}$. 如果对某个 j 有 $x\prec y, x\in X_j, y\in X_{j+1}$, 那么我们称 y 是 x 的后继, 而 x 是 y 的前驱.

引理: 如果 A 是 X_j 的一个 $m-$元素的子集并且 $j\leqslant 10$. 那么至少有 m 个不同的 A 的元素的后继.

引理的证明: 对 $k=0,1,2,3$, 设
$$X_{j,k}=\{(a_1,a_2,a_3)\in X_j\mid \min(a_1,a_2,a_3,\\7-a_1,7-a_2,7-a_3)=k\}$$

易于验证 $X_{j,k}$ 的每个元素至少有两个在 $X_{j+1,k}$ 中的后继, 而 $X_{j+1,k}$ 中的每个元素至多有两个在 $X_{j,k}$ 中的前驱. 因此 $A\cap X_{j,k}$ 中的元素数目不大于它们的后继的数目. 由于 X_j 是 $X_{j,k}, k=0,1,2,3$ 的不相交的并, 因此就得出引理.

同理可证, 每个 $X_j, j\geqslant 11$ 的 $m-$元素的子集的元素至少有 m 个前驱.

现在设 Y 是一个独立集, 并设 p,q 是使得 $p<10<q$ 的正整数. 由于 $Y=(Y\cap Y_p)\cup(Y\cap Y_q)$, 并且 $Y\cap Y_p$ 和 $Y\cap Y_q$ 不相交, 因此我们可对 Y 进行如下变换: 把 $Y\cap Y_p$ 中的元素都换成它们的后继, 而把 $Y\cap Y_q$ 中的元素都换成它们的前驱. 经过这个变换后, Y 仍将是独立的并且根据引理, 其元素的数目将不会减少. 那样, 每个独立集最终都可变换成 X_{10} 的一个子集, 而 X_{10} 恰有 48 个元素.

❼❸ 在一个由 n 个人组成的人群中, 每个人都恰认识 3 个其他人. 他们围绕一个圆桌而坐. 称一个座次是完美的, 如果每一个人都认识在他两边就座的人. 证明如果对一个人群存在一个完美的座次 S, 那么总存在另一个完美的座次, 而这个座次不能通过 S 的旋转或反射而得到.

❼❹ 设 Q 是 $\triangle ABC$ 的内切圆的圆心, 证明对任意的点 P
$$aPA^2+bPB^2+cPC^2=aQA^2+bQB^2+cQC^2+\\(a+b+c)PQ^2$$
其中 $a=BC, b=CA, c=AB$.

解法 1 用 R 表示 AQ 和 BC 的交点. 我们知道
$$\frac{BR}{RC}=\frac{c}{b}, \text{而} \frac{AQ}{QR}=\frac{b+c}{a}$$
对 $\triangle PBC$ 和 $\triangle PAR$ 应用 Stewart(斯特瓦特) 定理得出
$$a\cdot AP^2+b\cdot BP^2+c\cdot CP^2=aPA^2+(b+c)PR^2+$$

$$(b+c)RB \cdot RC =$$
$$(a+b+c)QP^2 + (b+c)RB \cdot RC +$$
$$(a+b+c)QA \cdot QR \qquad ①$$

另一方面，在式 ① 中令 $P=Q$，我们得到
$$a \cdot AQ^2 + b \cdot BQ^2 + c \cdot CQ^2 =$$
$$(b+c)RB \cdot RC + (a+b+c)QA \cdot QB$$
由此即可得出所需的结论.

解法 2 选定适当的单位后，可在顶点 A,B,C 处分别放置重量等于 a,b,c 的砝码.那样，Q 是系统的重心.而等式的左边是系统关于通过点 P 并垂直于 ABC 平面的轴的惯性力矩，另一方面，根据平行轴定理可知，等式右边也表示这个量.

其他解法 解析几何.事实上，所有的可变线段都出现平方通常意味着这是一个好的方法.首先假设各点的坐标为 $A(x_a, y_a), B(x_b, y_b), C(x_c, y_c)$ 和 $P(x,y)$，然后利用 $(a+b+c)Q = aA + bB + cC$ 并进行计算.或者微分
$$f(x,y) = a \cdot AP^2 + b \cdot BP^2 + c \cdot CP^2 - (a+b+c)QP^2$$
并证明它是一个常数.

❼❺ 设 ABC 是一个三角形，其内切圆半径为 r 而外接圆半径为 R.证明
$$\sin\frac{A}{2}\sin\frac{B}{2} + \sin\frac{B}{2}\sin\frac{C}{2} + \sin\frac{C}{2}\sin\frac{A}{2} \leq \frac{5}{8} + \frac{r}{4R}$$

❼❻ $A_1A_2A_3A_4$ 是圆内接四边形，又设 $a_1=A_1A_2, a_2=A_2A_3, a_3=A_3A_4$ 和 $a_4=A_4A_1$.设和边 a_{i-1}, a_i, a_{i+1} $(a_0=a_4)$ 外切的圆的圆心和半径分别是 I_i 和 ρ_i.证明
$$\prod_{i=1}^{4} \frac{a_i}{\rho_i} = 4(\csc A_1 + \csc A_2)^2$$

❼❼ 考虑 n 个国际象棋盘.把每个棋盘中的方格都填上从 1 到 64 的自然数使得无论用何种方式重合其中任意两个棋盘，处于相同位置上的方格内的数都不相同.问 n 的最大值是多少？

❼⑧ 两个人按下述规则玩一种游戏.把9个盒子放在一个3×3棋盘上,开始时,盒子都是空的,以后双方都可以往里面放白石子或黑石子.在每一步,每方可把3个石子(不一定是同色的),放进3个水平方向的盒子中或3个竖直方向的盒子中.每个盒子中不允许有不同颜色的石子.例如,如果你把一个白石子放进一个放黑石子的盒子中,那么就必须将此白石子和盒子中的一个黑石子都拿出来.当中心和四角的盒子中都只有1个黑石子而其余的盒子都是空的时,游戏结束.假设在某一步,有x个只含一个黑石子的盒子,而其余的盒子都是空的,确定x可能取得的值.

❼⑨ 设$\{a_n\}$是一个非负的实数叙列使得
$$a_n - 2a_{n+1} + a_{n+2} \geq 0, \sum_{j=1}^n a_j < 1, n=1,2,\cdots$$
证明对$n=1,2,\cdots$有
$$0 \leq a_n - a_{n+1} < \frac{2}{n^2}$$

证明 第一个条件意味着$a_k - a_{k+1}$是递减的.特别,如果$a_k - a_{k+1} = -\delta < 0$,那么$a_k - a_{k+m} = (a_k - a_{k+1}) + \cdots + (a_{k+m-1} - a_{k+m}) < -m\delta$,这蕴含$a_{k+m} > a_k + m\delta$,因而对充分大的$m$有$a_{k+m} > 1$,矛盾.这样,我们得出对所有的$k$都有$a_k - a_{k+1} \geq 0$.

假设$a_k - a_{k+1} > \frac{2}{k^2}$,那么对所有的$i < k, a_i - a_{i+1} > \frac{2}{k^2}$,因此$a_i - a_{k+1} > \frac{2(k+1-i)}{k^2}$,即$a_i > \frac{2(k+1-i)}{k^2}, i=1,2,\cdots,k$.但是这蕴含
$$a_1 + a_2 + \cdots + a_k > \frac{2}{k^2} + \frac{4}{k^2} + \cdots + \frac{2k}{k^2} = \frac{k(k+1)}{k^2}$$
这是不可能的.因此对所有的k都有$a_k - a_{k+1} \leq \frac{2}{k^2}$.

❽⓪ 设 S 是一个无限的整数集合(假设已按照大小排好了先后次序,因此我们可以像自然数那样.谈到这个集合中两个"相继"的数的概念),S 包含 0 和并且其任意两个相继的数之间的距离不超过一个给定的数.考虑以下手续:给了一个整数的集合 X,我们构造一个新的集合,其元素是所有形如 $x \pm s$, $x \in X, s \in S$ 的数.

从 $S_0 = \{0\}$ 开始,我们可用上述手续相继构造集合 S_1, $S_2, S_3, \cdots$. 证明经过有限步之后,我们就不可能再获得新的集合了,即必可找到一个自然数 n_0,使得当 $n > n_0$ 时就有 $S_n = S_{n_0}$.

❽① 在一个工厂中有 $n \geq 3$ 个岗位按照工资从低到高的顺序排为第 1 到第 n 个向社会公开招聘,有 n 个求职者,按其能力从低到高的顺序分别被编成 1 至 n 号.当且仅当 $i \geq j$ 时,认为第 i 个求职者对于岗位 j 是合格的.求职者到达的时间是随机的.每个人依次被他或她所合格的最高级岗位所雇用.一旦某个岗位已被人占据,那么后面的人按同样的法则在比这个岗位更低的岗位范围内被聘用.(按照这一规则,当岗位 1 被人占据后,招聘结束).

证明第 n 个求职者和第 $n-1$ 个求职者被聘用的机会是相等的.

❽② 在 $\triangle ABC$ 中,C 是直角. AC 上的点 P 使得 $\triangle PBA$ 和 $\triangle PBC$ 的内切圆全等,用 $a = PC, b = CA, c = AB$ 表出长度 $x = PC$.

❽③ 一些信号灯以相等的距离分布在一条单向铁路的沿线,其标号为 $1, 2, \ldots, N(N \geq 2)$. 作为一条安全规则,如果一列火车正在一个信号灯和其下一个信号灯之间的区间内运行,那么其他任何火车将不允许通过这个信号灯.然而,在一个信号灯处不动的停下的火车数量是没有限制的(假设火车的长度是 0).

有一系列 K 个货运列车必须从第 1 个信号灯开到第 N 个信号灯处.在整个运行期间,每列货车在不违反安全规则的情况下都以不同的均速运行.

证明无论货车的次序如何安排,从第一列车离开第一个信号灯到最后一列车到达第 N 个信号灯之间的时间都是相等的

证明 设在 0 时刻第一列货车从 1 号信号灯处开出,并设 t_j 是第 j 列货车从一个信号灯开到下一个信号灯处所需的时间. 我们对 k 实行归纳法以证明货车 k 在时刻 $s_k+(n-2)m_k$ 到达信号灯 n,其中 $s_k=t_1+\cdots+t_k$, $m_k=\max\limits_{j=1,2,\cdots,k} t_j$.

对 $k=1$,命题是显然的. 我们现在假设命题对每个 n 都对 k 成立并在这些货车之后在信号灯 1 处增添 $k+1$ 列货车. 考虑两种情况:

(1) $t_{k+1} \geqslant m_k$, 即 $m_{k+1}=t_{k+1}$. 那就是说当所有其他的货车到达信号灯 2 时, 货车 $k+1$ 离开信号灯 1, 由归纳法, 这发生在时刻 s_k. 由于根据归纳法假设,货车 k 在时刻 $s_k+(i-1)m_k \leqslant s_k+(i-1)t_{k+1}$ 到达信号灯 $i+1$, 因此货车 $k+1$ 从未被迫停止过, 而运行在时刻 $s_k+(n-1)t_{k+1}=s_{k+1}+(n-2)m_{k+1}$ 结束.

(2) $t_{k+1} < m_k$, 即 $m_{k+1}=m_k$. 货车 $k+1$ 在时刻 s_k 离开信号灯 1 而在时刻 s_k+t_{k+1} 到达信号灯 2, 但是必需一直等到所有其他货车到达信号灯 3, 即等到时刻 s_k+m_k (根据归纳法假设). 因此它在时刻 $s_k+m_k+t_{k+1}$ 到达信号灯 3. 同理, 它在时刻 $s_k+2m_k+t_{k+1}$ 到达信号灯 4 等等. 因而整个运行将在时刻 $s_k+(n-2)m_k+t_{k+1}=s_{k+1}+(n-2)m_{k+1}$ 结束.

❽❹ 在 $\triangle ABC$ 的 AC 边上选一点 M 使得 $\triangle ABM$ 和 $\triangle BMC$ 的内接圆半径相等. 证明
$$BM^2 = \Delta \cot \frac{B}{2}$$
其中 Δ 是 $\triangle ABC$ 的面积.

证明 设 Δ_1, s_1, r' 分别表示 $\triangle ABM$ 的面积,半周长和内切圆半径, Δ_2, s_2, r' 分别表示 $\triangle MBC$ 的面积,半周长和内切圆半径,而 Δ, s, r 分别表示 $\triangle ABC$ 的面积,半周长和内切圆半径. 又设 P' 和 Q' 分别表示 $\triangle ABM$ 的内切圆和边 AB 的切点以及 $\triangle MBC$ 的内切圆和 BC 边的切点, 而 P, Q 分别是 $\triangle ABC$ 的内切圆和 AB, BC 边的切点. 我们有
$$\Delta_1 = s_1 r', \Delta_2 = s_2 r', \Delta = sr$$
因而 $sr=(s_1+s_2)r'$, 那样
$$s_1+s_2 = s+BM \Rightarrow \frac{r'}{r} = \frac{s}{s+BM} \qquad ①$$
另一方面,从相似三角形得出
$$\frac{AP'}{AP} = \frac{CQ'}{CQ} = \frac{r'}{r}$$
根据熟知的公式我们求出

$$AP = s - BC, CQ = s - AB, AP' = s_1 - BM, CQ' = s_2 - BM$$

因此得出

$$\frac{r'}{r} = \frac{s_1 - BM}{s - BC} = \frac{s_2 - BM}{s - AB} \Rightarrow \frac{r'}{r} = \frac{s_1 + s_2 - 2BM}{2s - AB - BC} = \frac{s - BM}{AC} \quad ②$$

从 ①,② 得出

$$\frac{s - BM}{AC} = \frac{s}{s + BM}$$

因此有 $\qquad s^2 - BM^2 = s \cdot AC$

最后 $\quad BM^2 = s(s - AC) = s \cdot BP = s \cdot r\cot\frac{B}{2} = \Delta\cot\frac{B}{2}$

❽❺ 偶数个人围绕一张圆形桌子进行讨论. 休息之后, 他们按不同次序重新围绕圆形桌子而坐进行下一轮讨论. 证明至少有两个人使得在休息前和休息后坐在两人之间的人数是相等的.

证明 用 $2n$ 表示参加者的数目, 并且把座位编为 $1, 2, \cdots, 2n$ 号. 设休息前坐在第 k 号座位的人后来移到 $\pi(k)$ 号座位. 只需证明对集合 $\{1, 2, \cdots, 2n\}$ 的每个排列 π, 都存在不同的 i, j 使得 $\pi(i) - \pi(j) = \pm(i - j)$ 即可, 这里的差是在模 $2n$ 下计算的.

如果存在不同的 i, j 使得 $\pi(i) - i \equiv \pi(j) - j \pmod{2n}$, 那么命题已经得证.

假设在模 $2n$ 下, 所有的差 $\pi(i) - i$ 都是不同的, 那么它们的值必取遍 $0, 1, \cdots, 2n - 1$ 这 $2n$ 个数, 因而

$$\sum_{i=1}^{2n} (\pi(i) - i) = 0 + 1 + \cdots + (2n - 1) \equiv n(2n - 1) \pmod{2n}$$

但另一方面, $\sum_{i=1}^{2n}(\pi(i) - i) = \sum \pi(i) - \sum i = 0$, 矛盾. 由于 $n(2n - 1)$ 不被 $2n$ 整除.

注 如果参加者的人数是奇数, 那么这一命题不再成立. 例如, 在模 $2n + 1$ 下 $(1, 2, \cdots, 2n + 1)$ 的排列 $(a, 2a, \cdots, (2n + 1)a)$ 当 $(a^2 - 1, 2n + 1) = 1$ 时就不满足这一命题, 验证那种 a 总是存在的.

❽❻ 设 a,b,c 都是不等于零的整数. 已知方程 $ax^2 + by^2 + cz^2 = 0$ 有一组非零解 (x,y,z). 证明 $ax^2 + by^2 + cz^2 = 1$ 有有理数解.

❽❼ 把所有分子分母之积小于 1 988 的不可约正有理数按递增次序写出. 证明任意两个相邻的分数 $\frac{b}{a} < \frac{d}{c}$ 都满足等式 $ad - bc = 1$.

❽❽ 在一个大圆中有 6 个圆,每个圆都和大圆以及相邻的两个小圆相切. 如果 6 个圆和大圆之间的切点依次为 A_1, A_2, A_3, A_4, A_5 和 A_6, 证明
$$A_1A_2 \cdot A_3A_4 \cdot A_5A_6 = A_2A_3 \cdot A_4A_5 \cdot A_6A_1$$

❽❾ 把坐标平面上的集合 M 按照下述法则对应于集合 M^*: 元素 $(x^*, y^*) \in M^*$ 的充分必要条件是 $xx^* + yy^* \leqslant 1$, 其中 $(x,y) \in M$. 求出所有使得 Y^* 是 Y 关于原点的反射的三角形 Y.

❾⓿ 是否存在数 $\alpha (0 < \alpha < 1)$ 使得正数的无穷序列 a_n 满足
$$1 + a_{n+1} \leqslant a_n + \frac{\alpha}{n}a_n, n = 1, 2, \cdots$$

❾❶ 一个边长为 a 的正 14 边形内接于一个半径为 1 的圆. 证明
$$\frac{2-a}{2a} > \sqrt{3\cos\frac{\pi}{7}}$$

❾❷ 设 $p \geqslant 2$ 是一个自然数. 证明存在一个整数 n_0 使得
$$\sum_{i=1}^{n_0} \frac{1}{i\sqrt[p]{i+1}} > p$$

❾❸ 给了自然数 n. 求出所有次数小于 n 并满足以下条件的多项式 $P(x)$
$$\sum_{i=0}^{n} P(i)(-1)^i \binom{n}{i} = 0$$

❾❹ 设给了 $n+1$ 个正整数. 对每个整数, 所有可整除这个整数的素数都是一个包含 n 个素数的集合的子集. 证明在这 $n+1$ 个整数中必可找到一些数(也可能只有 1 个), 使得它们的积是一个完全平方数.

相关链接

邓寿才

1 神话如谜

在世界各国，每年都有多姿多彩的人类竞赛活动在举行，有的竞赛体能，有的竞赛技能，气象紧张热烈，都要求竞赛选手不仅有勇气，还要具备智慧！其中 IMO 就是全球在校高中学生中数学优秀者参加的数学竞赛活动.

1987 年的 IMO 的澳大利亚的首都堪培拉举办，当时 IMO 奥委会收到了一道非常简洁美妙的题目：

如果正整数 a,b 使得 $(ab+1) \mid (a^2+b^2)$. 那么 $\dfrac{a^2+b^2}{ab+1}$ 必定是完全平方数.

当时，IMO 委员会非常喜欢这道妙题，有意将它作为赛题，但却没有解答，于是他们委托澳大利亚三位最知名的数论专家（其中有两位是夫妻）提供参考解答. 但是，出人意料的是，三天之后，大赛在即，这三位数论专家（还有国际奥委会）对此题目无可奈何，一筹莫展. 因此国际奥委会委员们开会讨论是否采用此题：如果采用，至今却没有参考解答；如果舍去，由于此题太美太妙太迷人，令人偏爱，奥委会委员们又不愿忍痛割爱，觉得弃之可惜. 最后，再度出人意料的是，奥委会们决定"漂洋过海"—— 大胆地冒险决定采用此题，期望出现奇迹 —— 有选手出奇制胜地巧解难题，了却奥委会委员们的心愿. 果然，又出人意料的是，赛后奥委会在阅卷时惊叹不已 —— 在四百多名参赛选手中，居然有十三位选手巧妙地正确解答了此题. 真是"长江后浪推前浪，一代新人胜旧人"，真是后生可敬可畏，大千世界，无奇不有！

2 最简证明

分析 如果存在 $a,b \in \mathbf{N}^+$，使得 $(ab+1) \mid (a^2+b^2)$. 那么必存在 $k \in \mathbf{N}^+$，使得

$$k = \frac{a^2+b^2}{ab+1} \qquad ①$$

当 $a=b$ 时
$$k=\frac{2a^2}{a^2+1}=2-\frac{2}{a^2+1}$$
于是必有 $(a^2+1)\mid 2$, 则有 $a=b=1$, 这时 $k=1^2$ 命题成立.

当 $a\neq b$ 时, 由对称性不妨设 $a<b$, 并将式 ① 变形为
$$a^2-kba+(b^2-k)=0$$
将此式看作一个关于 a 的二次方程, 则 $a\in \mathbf{N}^+$ 是它的一个根, 此外, 它还有另一根, 设为 a', 由韦达定理知
$$a'=kb-a=\frac{b^2-k}{a}$$
则
$$a'=kb-a\in \mathbf{Z}$$
此外, 如果 $a'<0$, 则由
$$a'b<0\Rightarrow k=\frac{a'^2+b^2}{a'b+1}<0<\frac{a^2+b^2}{ab+1}=k$$
矛盾, 因此 $a'>0$, 即 $a'\in \mathbf{N}^+$.

于是, 我们又找到正整数 a',b, 使
$$\frac{a'^2+b^2}{a'b+1}=k$$
如果我们能在 a,b 与 a',b 之间建立某种递降关系, 那么本题就不难解决了.

证明 用反证法, 假设 k 不是完全平方数, 由于
$$k=\frac{a^2+b^2}{ab+1}\Rightarrow a^2-kb\cdot a+(b^2-k)=0 \qquad ②$$
如果
$$ab<0\Rightarrow ab\leqslant -1$$
$$\Rightarrow a^2+b^2=k(ab+1)\leqslant 0$$
$$\Rightarrow a=b=0 \text{ 与 } ab<0$$
矛盾.

今令 (a,b) 是方程 ② 中满足 $a,b\in \mathbf{N}^+$, 且使 $a+b$ 最小的那个解, 根据对称性, 不妨设 $a\geqslant b$, 固定 k 与 b, 把 ② 视为以 a 为元的一元二次方程, 它有一个根为 a, 设另一个根为 a', 由韦达定理有
$$\begin{cases} a+a'=kb & ③ \\ aa'=b^2-k & ④ \end{cases}$$
从 ③ 知 $a'\in \mathbf{Z}$, 从 ④ 知 $a'\neq 0$ (因假定了 k 不是完全平方数).

又 $ab,a'b\in \mathbf{N}^+$, $a'\neq 0$, $a'>0$, 所以 $a'\in \mathbf{N}^+$. 这时有
$$a'=\frac{b^2-k}{a}\leqslant \frac{b^2-1}{a}\leqslant \frac{a^2-1}{a}<a$$
$$\Rightarrow a'+b'<a+b$$
而这时 (a',b) 也是方程 ② 的正整数解, 与假设 $a+b$ 为最小矛盾, 这表明假设不成立, 因此, k 必为完全平方数.

事实上,虽然此 IMO 妙题有一定难度,却非常美妙趣味,更令人惊喜的是,在哈尔滨工业大学出版社出版的,由刘培杰老师主编的红色巨著《历届 IMO 试题的多解与加强和推广》一书中,收集了此妙题的精彩优美的五种解法,读后让人倍感眼界大开!

3 "大海捕鱼[1]"

其实,细读此 IMO 妙题,它的意思非常简单明朗:如果有一对正整数 (a,b) 使得 $(ab+1)$ 能整除 (a^2+b^2),那么其商 $(a^2+b^2) \div (ab+1)$ 必定是一个完全平方数.

众所周知,美妙趣味的问题,最能激发人们强烈的好奇心,因此,也许有人会问:"实践是检验真理的唯一标准,且许多事物是耳听为虚,眼见为实,试问,存在满足题目的正整数对吗?如果存在,有多少对呢?"

从前面的"神话如谜"与解答可知,要回答此问题并非易事,必须"智取华山"——找到破敌之妙计.

假设存在正整数对 (a,b) 与完全平方数 m^2(其中 $m \in \mathbf{N}^+$),使得

$$\frac{a^2+b^2}{ab+1} = m^2 \Rightarrow a^2+b^2 = m^2(ab+1) \quad \text{①}$$

根据对称性,我们不妨设 $a < b$,且首先考虑 a 与 b 同奇偶的特殊情况,并设

$a = x-y, b = x+y$,其中 $x, y \in \mathbf{N}^+$,且 $x > y$,代入式 ① 得

$$(x-y)^2 + (x+y)^2 = m^2[(x-y)(x+y)+1]$$
$$\Rightarrow (m^2+2)y^2 - (m^2-2)x^2 = m^2 \quad \text{②}$$

这是拓展型的 Pell 方程,欲求解,须首先找出初始解 $(x,y) = (x_1, y_1)$,才能找到突破口,往下才能昂首阔步向前进,为此,我们须对 m 分奇、偶两种情况进行讨论,以投石问路.

(1) 当 m 为偶数时,设 $m = 2k (k \in \mathbf{N}^+)$,代入式 ② 得

$$(2k^2+1)y^2 - (2k^2-1)x^2 = 2k^2$$
$$\Rightarrow x^2 = y^2 - 1 + \frac{2y^2-1}{2k^2-1} \in \mathbf{N}^+$$

须令

$$2y^2 - 1 = p(2k^2-1), p \in \mathbf{N}^+$$
$$\Rightarrow y^2 = kp^2 - \frac{p-1}{2} \in \mathbf{N}^+$$

再令

$$p = 2t+1, t \in \mathbf{N}^+$$
$$\Rightarrow y^2 = k^2(2t+1) - t = (2k^2-1)t + k^2$$

$$\Rightarrow x^2 = (2k^2-1)t + k^2 - 1 + (2t-1) = (2k^2+1)t + k^2$$

所以

$$\Rightarrow \begin{cases} x^2 = (2k^2+1)t + k^2 \\ y^2 = (2k^2-1)t + k^2 \end{cases}$$

$$\Rightarrow \begin{cases} x^2 = \left(\dfrac{m^2+2}{2}\right)t + \dfrac{m^2}{4} \\ y^2 = \left(\dfrac{m^2-2}{2}\right)t + \dfrac{m^2}{4} \end{cases}, m \text{ 为偶数} \quad ③$$

(2) 当 m 为奇数时,由式 ② 得

$$x^2 = y^2 - 1 + \dfrac{2(2y^2-1)}{m^2-2} \quad ④$$

令

$$2y^2 - 1 = p(m^2-2), p \in \mathbf{N}^+$$

$$\Rightarrow y^2 = \dfrac{m^2-3}{2}p + \dfrac{p+1}{2} \in \mathbf{N}^+$$

令 $p = 2t - 1, t \in \mathbf{N}^+$

$$\Rightarrow y^2 = \dfrac{m^2-3}{2}(2t-1) + t = (m^2-2)t - \dfrac{m^2-3}{2}$$

$$\Rightarrow x^2 = \left[(m^2-2)t - \dfrac{m^2-3}{2}\right] - 1 + 2(2t-1) = (m^2+2)t - \dfrac{m^2-3}{2}$$

$$\Rightarrow \begin{cases} x^2 = (m^2+2)t - \dfrac{m^2+3}{2} \\ y^2 = (m^2-2)t - \dfrac{m^2-3}{2} \end{cases}, m \text{ 为奇数} \quad ⑤$$

有趣的是,式 ③ 与式 ⑤ 可统一成

$$\begin{cases} x^2 = \dfrac{2(m^2+2)}{3+(-1)^m}t + \dfrac{(-1)^m \cdot m^2}{3+(-1)^m} - \dfrac{3[1-(-1)^m]}{4} \\ y^2 = \dfrac{2(m^2-2)}{3+(-1)^m}t + \dfrac{(-1)^m \cdot m^2}{3+(-1)^m} + \dfrac{3[1-(-1)^m]}{4} \end{cases} \quad ⑥$$

$$t \in \mathbf{N}^+$$

但是,至今我们还没有求出方程 ② 的一个初始解来往下对于已知的 m. 须在式 ⑥ 中取特殊值 $t=1,2,\cdots$,直到第一个 $t=t_0$ 使 x^2, y^2 均为完全平方数为止,这样,我们就找到了使这时的 m 赋值方程 ② 的初始解.

如当 $m=2$ 时,由式 ③ 有

$$\begin{cases} x^2 = 3t+1 \\ y^2 = t+1 \end{cases}, t \in \mathbf{N}^+ \quad ⑦$$

取 $t=1,2,\cdots$,经计算知,只有当 $t=8$ 时

$$x^2 = 25, y^2 = 9 \quad (x,y) = (5,3)$$

这时
$$\begin{cases} a = x - y = 2 \\ b = x + y = 8 \end{cases} \Rightarrow (a,b) = (2,8)$$

而
$$\frac{a^2 + b^2}{ab + 1} = \frac{2^2 + 8^2}{2 \times 8 + 1} = \frac{68}{17} = 4 = 2^2$$

当取 $m = 3$ 时,代入式 ⑤ 得
$$\begin{cases} x^2 = 11t - 6 \\ y^2 = 7t - 3 \end{cases}, t \in \mathbf{N}^+ \qquad ⑧$$

取 $t = 1, 2, \cdots$,当 $t = 21$ 时
$$\begin{cases} x^2 = 225 = 15^2 \\ y^2 = 144 = 12^2 \end{cases} \Rightarrow (x, y) = (5, 12)$$

$$\Rightarrow \begin{cases} a = x - y = 3 \\ b = x + y = 27 \end{cases} \Rightarrow (a, b) = (3, 27)$$

通过上述两例知道,对一个已知的 $m > 1 (m \in \mathbf{N}^+)$ 为常数,若取 $t = t_1, t_2, \cdots$,均使得
$$\begin{cases} x^2 = x_1^2, x_2^2, \cdots \\ y^2 = y_1^2, y_2^2, \cdots \end{cases}$$

均为完全平方数,就会得无穷多的对正整数对
$$(a, b) = (a_1, b_1), (a_2, b_2), \cdots$$

(其中 a, b 同奇偶) 使得
$$\frac{a^2 + b^2}{ab + 1} = m^2$$

4 "大海捕鱼[2]"

但是,我们不能太乐观,因为我们刚才构造的方法有局限性:第一,只考虑了正整数对 (a, b) 同奇偶的情形;第二,利用前面的公式 ⑦ 寻找最小正整数对 $(a, b) = (a_1, b_1)$ 是可行的,但随着 t 值的增大,虽然在理论上可以证实存在无穷多对正整数 (a_n, b_n) 满足问题,而真正要求出它们来却不现实,好比从理论上知道大海中有无穷多条鱼,而要捕获它们不容易一样.

当 a 与 b 同奇偶时,我们在前面作代换
$$\begin{cases} a = x - y \\ b = x + y \end{cases}, x > y, \text{且 } x, y \in \mathbf{N}^+$$

得到关于 x, y 的二次不定方程
$$(m^2 + 2)y^2 - (m^2 - 2)x^2 = m^2 \qquad ①$$

并利用前面的公式 ⑥ 求得了:

当 $m = 2$ 时,方程 ① 的初始解为
$$(x, y) = (5, 3) \Rightarrow (a, b) = (2, 8)$$

当 $m = 3$ 时,方程 (2) 的初始解为

$$(x,y)=(15,12) \Rightarrow (a,b)=(3,27)$$

自然,余下的问题是:有了这些初始解,又应当怎样才能求出方程 ② 的通解呢? 从而进一步求得满足问题的无穷多对正整数

$$(a,b)=(a_n,b_n), n=1,2,\cdots$$

呢?

确定,在许多相关的数论教材或参考书,只有在知道不定方程

$$x^2 - Dy^2 = M, D, M \in \mathbf{N}^+, \sqrt{D} \notin \mathbf{N}^+$$

有初始解

$$(x,y)=(x_1,y_1)$$

时的求解公式,而当 $a,b,c \in \mathbf{N}^+$,且 $(a,b,c)=1, \sqrt{a}, \sqrt{b} \notin \mathbf{N}^+$ 时,形如

$$ax^2 - by^2 = c \qquad ②$$

的拓展了的 Pell 方程却没有求解公式.

但是,当知道或求出了方程 ② 有初始解后,我们可寻找求方程 ② 通解的方法,从而利用此法完全解决前面的两个特例来.

分析 (1) 首先,我们设方程 ② 的特解(初始解)为 $(x,y)=(x_1,y_1)$ 即 (x_1,y_1) 为正整数对,且满足

$$ax_1^2 - by_1^2 = c \qquad ③$$

它有无穷多对正整数解,它的通解为

$$(x,y)=(x_n,y_n), n=1,2,\cdots \qquad ④$$

于是有

$$ax_n^2 - by_n^2 = c \qquad ⑤$$

$$ax_{n+1}^2 - by_{n+1}^2 = c \qquad ⑥$$

我们再设正整数列 $\{x_n\}$ 与 $\{y_n\}$ 具有交叉线性关系

$$\begin{cases} x_{n+1} = px_n + qy_n \\ y_{n+1} = \lambda x_n + \mu y_n \end{cases}, n \in \mathbf{N}^+ \qquad ⑦$$

其中 $p,q,\lambda,\mu \in \mathbf{Z}$ 为待定系数,于是有

$$\begin{cases} x_2 = px_1 + qy_1 \\ y_2 = \lambda x_1 + \mu y_1 \end{cases} \qquad ⑧$$

因此,只要我们求出了系数 p,q,λ,μ 就能求出方程 ② 的第二对正整数解 (x_2,y_2) 来.

现在,我们将式 ⑦ 代入式 ⑥ 有

$$a(px_n + qy_n)^2 - b(\lambda x_n + \mu y_n)^2 = c$$
$$\Rightarrow (ap^2 - b\lambda^2)x_n^2 - (b\mu^2 - aq^2)y_n^2 +$$
$$2(apq - b\lambda\mu)x_n y_n = c \qquad ⑨$$

将式 ⑤ 与式 ⑨ 作对比,得(即将式 ⑨ 与式 ⑤ 视为等价形式)

$$\begin{cases} apq = b\lambda\mu \\ ap^2 - b\lambda^2 = a \\ b\mu^2 - aq^2 = b \end{cases} \qquad \text{⑩}$$

往下,有两种思路可走,哪种可行,我们就选哪种:

思路 1 由式 ⑩ 得
$$\begin{cases} acp^2 - bc\lambda^2 = ac \\ bc\mu^2 - acq^2 = bc \end{cases}$$

由式 ③ 得
$$\begin{cases} a^2 x_1^2 - ab y_1^2 = ac \\ ab x_1^2 - b^2 y_1^2 = bc \end{cases}$$

将以上两组做对比有(暂均取正)

$$acp^2 = a^2 x_1^2 \Rightarrow |p| = \frac{x_1}{\sqrt{c}}$$

$$bc\lambda^2 = ab y_1^2 \Rightarrow |\lambda| = \frac{ay_1}{\sqrt{ac}}$$

$$bc\mu^2 = ab x_1^2 \Rightarrow |\mu| = \frac{ax_1}{\sqrt{ac}}$$

$$acq^2 = b^2 y_1^2 \Rightarrow |q| = \frac{by_1}{\sqrt{ac}}$$

但因为 $p, q, \lambda, \mu \in \mathbf{Z}$(否则,由式 ⑦ 知, x_n, y_n 不一定是正整数),且 $\sqrt{b}, \sqrt{a} \notin \mathbf{N}^+$,所以 $q, \lambda, \mu \notin \mathbf{Z}$,可见这种思路行不通(但当 $a = c = 1$ 或 $\sqrt{ac} \in \mathbf{N}^+$ 还是可行的).

思路二 由式 ⑩ 有
$$(b\lambda\mu)^2 = (apq)^2 = (a + b\lambda^2)(b - b\mu^2) =$$
$$ab - ab\mu^2 + b^2\lambda^2 - b^2\lambda^2\mu^2$$
$$\Rightarrow b(a - a\mu^2 + b\lambda^2) = 0$$
$$\Rightarrow \begin{rcases} a\mu^2 - b\lambda^2 = a \\ ap^2 - b\lambda^2 = a \end{rcases} \Rightarrow ap^2 = a\mu^2$$
$$\Rightarrow |p| = |\mu| \Rightarrow p = \pm\mu$$

当 $p = \mu$ 时,代入式 ⑩ 得
$$aq = b\lambda \Rightarrow (\lambda, q) = (at, bt), t \in \mathbf{N}^+$$

代入 $ap^2 - b\lambda^2 = a$ 得
$$p^2 - abt^2 = 1 \qquad \text{⑪}$$

这是 Pell 方程,它有无穷多对正整数解,设基本解为 $(p, t) = (p_1, t_1)$,即
$$p_1^2 - abt_1^2 = 1 \qquad \text{⑫}$$

于是 $\mu = p = p_1, \lambda = at_1, q = bt_1$

即 $(\lambda, \mu, p, q) = (at_1, p_1, p_1, bt_1) \qquad \text{⑬}$

(2) 其次，我们将作归化

$$x_{n+2} = px_{n+1} + qy_{n+1} = px_{n+1} + q(\lambda x_n + \mu y_n) =$$
$$px_{n+1} + \lambda qx_n + \mu(qy_n) = px_{n+1} + \lambda qx_n + \mu(x_{n+1} - px_n) =$$
$$(p+\mu)x_{n+1} + (\lambda q - \mu p)x_n \Rightarrow x_{n+2} =$$
$$2p_1 x_{n+1} + (abt_1^2 - p_1^2)x_n$$

$$y_{n+2} = \lambda x_{n+1} + \mu y_{n+1} = \lambda(px_n + qy_n) + \mu y_{n+1} =$$
$$p(\lambda x_n) + \mu y_{n+1} + \lambda qy_n = p(y_{n+1} - \mu y_n) + \mu y_{n+1} + \lambda qy_n =$$
$$2p_1 y_{n+1} + (abt_1^2 - p_1^2)y_n$$

$$\begin{cases} x_{n+2} = 2p_1 x_{n+1} + (abt_1^2 - p_1^2)x_n \\ y_{n+2} = 2p_1 y_{n+1} + (abt_1^2 - p_1^2)y_n \end{cases}, n=1,2,\cdots \quad ⑭$$

可见，数列$\{x_n\}$与$\{y_n\}$的初始值（首项）不一样，但递归关系却一样，这点真奇怪，原因何在？我们将在下一节解密．

因此，数列$\{x_n\}$与$\{y_n\}$的特征方程相同，为
$$h^2 = 2p_1 h + (abt_1^2 - p_1^2)$$
$$\Rightarrow \begin{cases} h_1 = p_1 + \sqrt{ab}\, t_1 \\ h_2 = p_1 - \sqrt{ab}\, t_1 \end{cases} \quad ⑮$$

设 A, B 为待定系数，数列$\{x_n\}$的通项公式为
$$x_n = Ah_1^{n-1} + Bh_2^{(n-1)}, n \in \mathbf{N}^+ \quad ⑯$$

取 $n=1,2$ 得到关于 A, B 的二元一次方程组
$$\begin{cases} A + B = x_1 \\ h_1 A + h_2 B = x_2 \end{cases} \Rightarrow \begin{cases} A = \dfrac{x_2 - x_1 h_2}{2\sqrt{ab}\, t_1} \\ B = \dfrac{x_1 h_1 - x_2}{2\sqrt{ab}\, t_1} \end{cases} \quad ⑰$$

将式 ⑰ 代入式 ⑯ 即得数列$\{x_n\}$的通项．

同理可得数列$\{y_n\}$的通项公式为
$$y_n = A'h_1^{n-1} + B'h_2^{n-1}, n \in \mathbf{N}^+ \quad ⑱$$
$$\begin{cases} x_2 = p_1 x_1 + bt_1 y_1 \\ y_2 = p_1 y_1 + bt_1 x_1 \end{cases} \quad ⑲$$

其中 $\quad A' = \dfrac{y_2 - y_1 h_2}{2\sqrt{ab}\, t_1}, B' = \dfrac{y_1 h_1 - y_2}{2\sqrt{ab}\, t_1} \quad ⑳$

这样有
$$\begin{cases} a = a_n = x_n - y_n = (A - A')h_1^{n-1} + (B - B')h_2^{n-1} \\ b = b_n = x_n + y_n = (A + A')h_1^{n-1} + (B + B')h_2^{n-1} \end{cases} \quad ㉑$$
$$n = 1, 2, \cdots$$

当 $p = -\mu$ 时，可令 $(\lambda, q) = (at, -bt)$ $(t \in \mathbf{N}^+)$ 代入 $ap^2 - b\lambda^2 = a$ 同样可得
$$p^2 - abt^2 = 1$$
于是 $(\lambda, \mu, p, q) = (at_1, -p_1, p_1, bt_1)$

$$\begin{cases} x_2 = p_1 x_1 + b t_1 y_1 \\ y_2 = a t_1 x_1 - p_1 y_1 \end{cases} \quad ㉒$$

由于 $\lambda + \mu = 0$,这时数列 $\{x_n\}$ 与 $\{y_n\}$ 的递推关系均为
$$x_{n+2} = (p+\mu)x_{n+1} + (\lambda\mu - p\mu)x_n = (abt_1^2 + p_1^2)x_n$$

特征方程为 $\quad y_{n+2} = (abt_1^2 + p_1^2)y_n$
$$f^2 = abt_1^2 + p_1^2 = 2p_1^2 - 1$$
$$\Rightarrow f_1 = -f_2 = \sqrt{2p_1^2 - 1} \quad ㉓$$

设 C, D 为待定系数,这时数列 $\{x_n\}$ 的通项公式为
$$x_n = Cf_1^{n-1} + Df_2^{n-1} = [C + D(-1)^{n-1}]f_1^{n-1} \quad ㉔$$

$$\Rightarrow \begin{cases} C + D = x_1 \\ (C-D)f_1 = x_2 \end{cases} \Rightarrow \begin{cases} C = \dfrac{1}{2}\left(x_1 + \dfrac{x_2}{f_1}\right) \\ D = \dfrac{1}{2}\left(x_1 - \dfrac{x_2}{f_1}\right) \end{cases} \quad ㉕$$

同理,数列 $\{y_n\}$ 的通项为
$$y_n = [C' + D'(-1)^{n-1}]f_1^{n-1} \quad ㉖$$

其中 $\quad C' = \dfrac{1}{2}\left(y_1 + \dfrac{y_2}{f_1}\right), D' = \dfrac{1}{2}\left(y_1 - \dfrac{y_2}{f_1}\right) \quad ㉗$

顺便指出:

如果 $a = c = 1$,前面的方程 ③ 代为
$$x^2 - by^2 = 1 \quad ㉘$$
及 $\quad x_1^2 - by_1^2 = 1 \quad ㉙$

这时我们可取(均取正号)
$$(p, q, \lambda, \mu) = (x_1, by_1, y_1, x_1)$$

代入在前面得到的结果
$$x_2 = 2x_1^2 - 1, y_2 = 2x_1 y_1$$
$$x_{n+2} = (p+\mu)x_{n+1} + (\lambda q - \mu p)x_n = 2x_1 x_{n+1} + (by_1^2 - x_1^2)x_n = 2x_1 x_{n+1} - x_n$$
$$\Rightarrow x_{n+2} = 2x_1 x_{n+1} - x_n \quad ㉚$$

同理 $\quad y_{n+2} = 2x_1 y_{n+1} - y_n \quad ㉛$

它们的特征方程均为
$$l^2 = 2x_1 l - 1$$

判别式 $\quad \Delta = (-2x_1)^2 - 4 = 4(x_1^2 - 1) = 4by_1^2$

故这时两特征根为
$$l_1 = x_1 + \sqrt{b}y_1, l_2 = x_1 - \sqrt{b}y_1$$

再设 A, B 为待定系数,数列 $\{x_n\}$ 的通项为
$$x_n = Al_1^{n-1} + Bl_2^{n-1}, n \in \mathbf{N}^+$$

$$\Rightarrow \begin{cases} A+B=x_1 \\ l_1A+l_2B=x_2=2x_1^2-1 \end{cases}$$

$$\Rightarrow A=\frac{x_1+\sqrt{b}y_1}{2}, B=\frac{x_1-\sqrt{b}y_1}{2}$$

$$\Rightarrow x_n=\frac{1}{2}\left[(x_1+\sqrt{b}y_1)^n+(x_1-\sqrt{b}y_1)^n\right] \quad \text{㉜}$$

同理可得

$$y_n=\frac{1}{2\sqrt{b}}\left[(x_1+\sqrt{b}y_1)^n-(x_1-\sqrt{b}y_1)^n\right], n=1,2,\cdots \quad \text{㉝}$$

这即为标准 Pell 方程(其中 $b\in\mathbf{N}^+$,但 $x^2-by^2=1$, $\sqrt{b}\notin\mathbf{N}^+$)的通解公式.

5 "大海捕鱼[3]"

我们在前面不辞辛劳,但只研究了当 a 与 b 同奇偶时,IMO 原问题的求解方法,试问"还有更简洁有效的方法求正整数对 (a,b) 吗?"

其实,只要更新思路,也许可行.

分析 在原问题的等式

$$\frac{a^2+b^2}{ab+1}=m^2 \quad (*)$$

中,令 $x=a\in\mathbf{N}^+$ 得

$$x^2-m^2bx+(b^2-m^2)=0 \quad \text{①}$$

显然方程 ① 有一个根为 $a\in\mathbf{N}^+$,设它的另一个根为 a',由韦达定理有

$$a+a'=m^2b\Rightarrow a'=m^2b-a\in\mathbf{N}^+ \quad \text{②}$$

且知正整数对 (b,a') 与 (a,b) 均满足 $(*)$(我们在前面已证:$a'\in\mathbf{N}^+$,且由对称性设 $a<b\Rightarrow a<b<a'$).

现在,我们设正整数对 $(a_n,b_n)(n\in\mathbf{N}^+)$ 也满足 $(*)$,即

$$(a,b)=(a_n,b_n), n=1,2,\cdots \quad \text{③}$$

是方程 ① 的通解,那么由式 ② 知

$$b_n=a_{n+1}, n\in\mathbf{N}^+ \quad \text{④}$$

且数列 $\{a_n\}$ 的递推关系为

$$a_{n+2}=m^2a_{n+1}-a_n, n\in\mathbf{N}^+ \quad \text{⑤}$$

其特征方程为

$$x^2=m^2x-1\Rightarrow\begin{cases}x_1=\frac{1}{2}(m^2+\sqrt{m^4-4})\\x_2=\frac{1}{2}(m^2-\sqrt{m^4-4})\end{cases} \quad \text{⑥}$$

设 A, B 为待定系数，数列 $\{a_n\}$ 的通项为
$$a_n = A x_1^{n-1} + B x_2^{n-1}, n \in \mathbf{N}^+ \qquad ⑦$$
$$\Rightarrow \begin{cases} A + B = a_1 \\ x_1 A + x_2 B = a_2 \end{cases} \Rightarrow \begin{cases} A = \dfrac{a_2 - a_1 x_2}{\sqrt{m^4 - 4}} \\ B = \dfrac{a_1 x_1 - a_2}{\sqrt{m^4 - 4}} \end{cases} \qquad ⑧$$

将 ⑥,⑧ 代入式 ⑦ 即得数列 $\{a_n\}$ 的通项公式
$$a_n = \frac{1}{\sqrt{m^4 - 4}} \left[(a_2 - a_1 x_2) \left(\frac{m^2 + \sqrt{m^4 - 4}}{2} \right)^{n-1} - \right.$$
$$\left. (a_2 - a_1 x_1) \left(\frac{m^2 - \sqrt{m^4 - 4}}{2} \right)^{n-1} \right], n = 1, 2, \cdots \qquad ⑨$$

从而满足问题的所有正整数对 (a, b) 的通解
$$(a, b) = (a_n, b_n) = (a_n, a_{n+1}), n \in \mathbf{N} \qquad ⑩$$
因此，只要求出了初解
$$(a, b) = (a_1, b_1) = (a_1, a_2)$$
就可确定相应的 m 之值，从而通项随之确定，所以对每确定了的 (a_1, b_1) 与 m，从通项知，有无穷多对
$$(a_n, b_n) = (a_n, a_{n+1}) = (a, b)$$
满足式 ①，这真是太美妙，太趣味，太迷人了。

但是，问题的关键是：怎样确定 a_1, b_1 与 m 呢？若有，又有多少类(组)(a_1, b_1, m) 呢？它是空中楼阁吗？

由 $\dfrac{a^2 + b^2}{ab + 1} = m^2 (m \in \mathbf{N}^+)$
$$\Rightarrow 4a^2 - 4m^2 ab + 4b^2 = 4m^2$$
$$\Rightarrow (2a - m^2 b)^2 - (m^4 - 4) b^2 = 4m^2 \qquad (A)$$

当 $a = b = 1$ 时，$m = 1$(唯一)。

当 $m \geqslant 2$ 时，$m^4 - 4 > 0$。这时，方程(A)是否有解，需看 m 的取值情况而定。

下面我们取特殊值为例。

(1) 取 $m = 2$ 时，式(A)代为
$$(2 - 4b)^2 - 12 b^2 = 16$$
$$(a - 2b)^2 - 3b^2 = 4 \qquad ⑪$$

作代换，令
$$\begin{cases} x = a - 2b \\ y = b \end{cases} \Rightarrow \begin{cases} a = x + 2y \\ b = y \end{cases}$$
$$\Rightarrow x^2 - 3y^2 = 4 \qquad ⑫$$

这是 Pell 型方程，观察知，它有初始解 $(4, 2)$ 而 Pell 方程 $x^2 - 3y^2 = 1$ 又有基本解 $(2, 1)$，设方程 ② 的通解为

$$(x,y) = (x_n, y_n), n \in \mathbf{N}^+$$

则 $x_n \pm \sqrt{3} y_n = (4 \pm 2\sqrt{3})(2 \pm \sqrt{3})^{n-1}$

$$\Rightarrow \begin{cases} x_n + \sqrt{3} y_n = (4 + 2\sqrt{3})(2 + \sqrt{3})^{n-1} \\ x_n - \sqrt{3} y_n = (4 - 2\sqrt{3})(2 - \sqrt{3})^{n-1} \end{cases}$$

$$\Rightarrow \begin{cases} x_n = (2+\sqrt{3})^n + (2-\sqrt{3})^n \\ y_n = \dfrac{(2+\sqrt{3})^n - (2-\sqrt{3})^n}{\sqrt{3}}, n \in \mathbf{N}^+ \end{cases} \quad ⑬$$

$$\Rightarrow \begin{cases} a = a_n = x_n + 2y_n = \dfrac{1}{\sqrt{3}}\left[(2+\sqrt{3})^{n+1} - (2-\sqrt{3})^{n+1}\right] \\ b = b_n = y_n = \dfrac{1}{\sqrt{3}}\left[(2+\sqrt{3})^n - (2-\sqrt{3})^n\right] \end{cases} \quad ⑭$$

这就是当 $m=2$ 时方程 (A) 的通解.

取 $n=1$ 得初始解 $(a_1, b_1) = (2, 8)$(按 $a < b$ 交换).

另外,将 $m=2$ 代入前面的式 ⑧ 得

$$\begin{cases} x_1 = 2 + \sqrt{3} \\ x_2 = 2 - \sqrt{3} \end{cases} \quad \begin{cases} A = \dfrac{2+\sqrt{3}}{\sqrt{3}} \\ B = \dfrac{\sqrt{3}-2}{\sqrt{3}} \end{cases}$$

代入前面的公式 ⑨ 得

$$\begin{cases} a = a_n = \dfrac{1}{\sqrt{3}}\left[(2+\sqrt{3})^n - (2-\sqrt{3})^n\right] \\ b = a_{n+1} = \dfrac{1}{\sqrt{3}}\left[(2+\sqrt{3})^{n+1} - (2-\sqrt{3})^{n+1}\right] \end{cases} \quad ⑮$$

由于 a 与 b 是对称的,因此式 ⑭ 与式 ⑮ 是等价的.

(2)当我们回首反顾式 (A) 时,发现虽然 m 也许可取恰当的正整数,就能观察出式 (A) 的初解和基本解来,但为了使问题不太复杂困难我们让 m 取偶数更方便简洁,也更有希望,不妨令 $m = 2t(t \in \mathbf{N}^+)$ 得

$$(a - 2t^2 b)^2 - (4t^4 - 1)b^2 = 4t^2 \quad (B)$$

显然当 $t=1$ 时我们刚才已经解决,当 $t>1$ 时,式 (B) 代为

$$(a - 2t^2 b)^2 + b^2 = 4t^2(t^2 b + 1) \equiv 0 \pmod{4}$$
$$\Rightarrow a^2 + b^2 \equiv 0 \pmod{4}$$

因此 a, b 均为偶数,否则,若 a, b 不同为偶数,则 $a^2 + b^2 \equiv 1$ 或 $2 \pmod 4$ 矛盾.

再设 $a = 2a', b = 2b' (a', b' \in \mathbf{N}^+)$ 得

$$(a' - 2t^2 b')^2 - (4t^4 - 1)b'^2 = t^2 \quad (C)$$

我们再取 $t=2$ 得

$$(a' - 8b')^2 - 63 b'^2 = 4 \quad ⑯$$

令 $\begin{cases} x = a' - 8b' \\ y = b' \end{cases} \Rightarrow \begin{cases} a = 2(x+8y) \\ b = 2y \end{cases}$

且 $\qquad x^2 - 63y^2 = 4 \qquad$ ⑰

它有初始解 $(16,2) \Rightarrow (a_1, b_1) = (64, 4)$

且 $\qquad \dfrac{64^2 + 4^2}{64 \times 4 + 1} = \dfrac{4\ 112}{257} = 4^2$

而方程 $\qquad x^2 - 63y^2 = 1 \qquad$ ⑱

有基本解 $(8,1)$，于是通解

$$(x, y) = (x_n, y_n), n \in \mathbf{N}^+$$

满足 $x_n \pm \sqrt{63}\, y_n = (16 \pm 2\sqrt{63})(8 \pm \sqrt{63})^{n-1}$

$\Rightarrow \begin{cases} x_n + \sqrt{63}\, y_n = (16 + 2\sqrt{63})(8 + \sqrt{63})^{n-1} \\ x_n - \sqrt{63}\, y_n = (16 - 2\sqrt{63})(8 - \sqrt{63})^{n-1} \end{cases}$

$\Rightarrow \begin{cases} x_n = (8+\sqrt{63})^n + (8-\sqrt{63})^n \\ y_n = \dfrac{(8+\sqrt{63})^n - (8-\sqrt{63})^n}{\sqrt{63}} \end{cases}, n \in \mathbf{N}^+ \qquad$ ⑲

代入 $\begin{cases} a_n = 2(x_n + 8y_n) \\ b_n = 2y_n \end{cases}$

$\begin{cases} a_n = \dfrac{2}{\sqrt{63}}[(8+\sqrt{63})^{n+1} - (8-\sqrt{63})^{n+1}] \\ b_n = \dfrac{2}{\sqrt{63}}[(8+\sqrt{63})^n - (8-\sqrt{63})^n] \end{cases}, n \in \mathbf{N}^+ \qquad$ ⑳

特别地，当取 $m=3$ 为奇数时，我们在前面已求得 $(a, b) = (a_1, a_2) = (3, 27)$.

且 $\qquad \dfrac{a^2 + b^2}{ab+1} = \dfrac{3^2 + 27^2}{3 \times 27 + 1} = \dfrac{738}{82} = 3^2$

代入前面的式 ⑲，计算后得

$\begin{cases} a = a_n = \dfrac{3}{\sqrt{77}}\left[\left(\dfrac{9+\sqrt{77}}{2}\right)^n - \left(\dfrac{9-\sqrt{77}}{2}\right)^n\right] \\ b = a_{n+1} = \dfrac{3}{\sqrt{77}}\left[\left(\dfrac{9+\sqrt{77}}{2}\right)^{n+1} - \left(\dfrac{9-\sqrt{77}}{2}\right)^{n+1}\right] \end{cases} \qquad$ ㉑

$$n = 1, 2, \cdots$$

6 "鸳鸯配对[1]"

有许多美好的事物都不是天马行空，独来独往，而有其伴侣与她一路同行，比翼双飞，那么如此美妙的 IMO 妙题，自然不会孤单寂寞独守空房. 为了不让配对问题复杂了，我们约定 $a, b \in \mathbf{N}^+$.

配对 1 是否存在正整数 a,b,使得 $(ab-1) \mid (a^2+b^2)$,且 $\dfrac{a^2+b^2}{ab-1}$ 为完全平方数?

解 我们设 $k \in \mathbf{N}^+$ 使得
$$a^2+b^2 = k(ab-1) \tag{A_1}$$

若 $a=b$,则
$$k = \frac{2a^2}{a^2-1} = 2 + \frac{2}{a^2-1} \in \mathbf{N}^+$$
$$\Rightarrow (a^2-1) \mid 2 \Rightarrow a^2 = 2 \text{ 或 } 3, \text{矛盾}.$$

所以 $a \neq b$,由对称性可设 $a > b \geq 1 \Rightarrow a \geq 2$,若 $b=1$,则
$$k = \frac{a^2+1}{a-1} = a+1 + \frac{2}{a-1} \in \mathbf{N}^+$$
$$\Rightarrow (a-1) \mid 2 \Rightarrow a = 2 \text{ 或 } 3 \Rightarrow k = 5$$
不是平方数.

即当 $(a,b)=(2,1)$ 或 $(3,1)$ 时,均有
$$k = \frac{a^2+b^2}{ab-1} = 5 (\text{非平方数})$$

当 $b > 1$ 时,设 (a,b) 是所有二元数组中使 $a+b$ 达到最小的一组,由式 (A_1) 有
$$a^2 - kb \cdot a + (b^2+k) = 0$$
令 $a = x \in \mathbf{N}^+$ 得
$$x^2 - kb \cdot x + (b^2+k) = 0 \qquad ①$$

则方程 ① 有一个正在整数根 a,设它的另一个根为 a',由韦达定理知
$$a + a' = kb \Rightarrow a' = kb - a \in \mathbf{Z}$$
且
$$a' = \frac{b^2+k}{a} > 0 \Rightarrow a' = kb - a \in \mathbf{N}^+$$

由于 (b, a') 也满足方程 ①(因 a' 是方程 ① 的根),且 $a' \geq a$(即 $a' + b \geq a + b$),则
$$\begin{cases} \dfrac{(kb-a)^2 + b^2}{(kb-a)b - 1} = k \\ a + b \leq \dfrac{b^2+k}{a} + b \end{cases}$$
$$\Rightarrow a^2 - b^2 \leq k = \frac{a^2+b^2}{ab-1} < \frac{(a+b)^2}{ab-1}$$
$$\Rightarrow \frac{a+b}{ab-1} > a - b \geq 1$$
$$\Rightarrow a + b > ab - 1$$
$$\Rightarrow (a-1)(b-1) < 2$$

但 $a > b > 1 \Rightarrow \begin{cases} a \geq 3 \\ b \geq 2 \end{cases} \Rightarrow (a-1)(b-1) \geq 2$ 矛盾.

我们刚才施行的方法是比较巧妙的,如果仍然仿照我们在前面的方法,先将式(A_1)变为
$$(k^2-4)b^2-(2a-kb)^2=4k \quad ②$$
取特殊值$k=5$得
$$21b^2-(2a-5b)^2=20 \quad ③$$
确实,数对$(2,1)$与$(3,1)$均满足式③,那么试问,若令
$$\begin{cases} b=x \\ |2a-5b|=y \end{cases} \Rightarrow 21x^2-y^2=20 \quad ④$$
那么方程④自然有初始解$(x_1,y_1)=(1,1)$. 那它也存在无穷多组正整数解吗?

假设方程④有通解
$$(x,y)=(x_n,y_n), n\in \mathbf{N}^+$$
则
$$21x_n^2-y_n^2=20$$
$$21x_{n+1}^2-y_{n+1}^2=10$$

设p,q,λ,μ为待定整数,且正整数列$\{x_n\}$与$\{y_n\}$有线性递推关系
$$\begin{cases} x_{n+1}=px_n+qy_n \\ y_{n+1}=\lambda x_n+\mu y_n \end{cases}, n\in \mathbf{N}^+$$
$$\Rightarrow 21x_{n+1}^2-y_{n+1}^2=21(px_n+qy_n)^2-(\lambda x_n+\mu y_n)^2=20$$
$$\Rightarrow (21p^2-\lambda^2)x_n^2-(\mu^2-21q^2)y_n^2+$$
$$2(21pq-\lambda\mu)x_ny_n=20$$
$$\Rightarrow \begin{cases} \lambda\mu=21pq \\ \mu^2-21q^2=1 \Rightarrow (\mu,q)=(7,4) \\ 21p^2-\lambda^2=21 \end{cases}$$
$$\Rightarrow 7\lambda=21\times 4p \Rightarrow \lambda=12p$$
$$\Rightarrow 21p^2-(12p)^2=21 \Rightarrow p^2=-\frac{7}{41}<0$$

矛盾. 这充分说明只有唯一解$(x,y)=(1,1)$. 所以能使$(ab-1)|(a^2+b^2)$的正整数对(a,b)只有$(1,2)$与$(1,3)$($a<b$时)两对,这与前面的结论一致!

7 "鸳鸯配对[2]"

配对 2 是否存在正整数$a>b>1$,使得$\dfrac{a^2-b^2}{ab-b}$为完全平方数?

从表象上看,上面的结论和推证过程好像显得天衣无缝,无懈可击,给人千真万确的印象,事实果真如此吗?试看

$$\frac{2^2+9^2}{2\times 9-1}=\frac{85}{17}=5$$

$$\frac{3^2+14^2}{3\times 14-1}=\frac{205}{41}=5$$

这一结果说明了有些事物,我们耳听为虚,但眼见是也未必为实.

事实上,由前面[1]中的式 ① 取 $k=5$ 得

$$x^2-5bx+(b^2+5)=0 \qquad ①$$

一方面,由问题的对称性可设 $a<b$,另一方面,方程 ① 有一个根为 $a\in \mathbf{N}^+$,设另一个根为 $a'\in \mathbf{N}^+$(前面已证实),由韦达定理得

$$a'=5b-a \qquad ②$$

设方程 ① 的通解为

$$(a,b)=(a_n,b_n)=(a_n,a_{n+1}), n\in \mathbf{N}^+ \qquad ③$$

它也是方程

$$\frac{a^2+b^2}{ab-1}=5, a<b$$

的通解,则正整数列 $\{a_n\}$ 有递推关系

$$\begin{cases} a_1=1, a_2=2 \\ a_{n+2}=5a_{n+1}-a_n \end{cases} \quad \text{或} \quad \begin{cases} a_1=1, a_2=3 \\ a_{n+2}=5a_{n+1}-a_n \end{cases} \qquad ④$$

其特征方程为

$$t^2=5t-1 \Rightarrow \begin{cases} t_1=\dfrac{5+\sqrt{21}}{2} \\ t_2=\dfrac{5-\sqrt{21}}{2} \end{cases} \quad \text{(特征根)}$$

设 A,B 为待定系数,数列 $\{a_n\}$ 的通项为

$$a_n=At_1^{n-1}+Bt_2^{n-1}, n\in \mathbf{N}^+ \qquad ⑤$$

当 $a_2=2$ 时

$$\begin{cases} A+B=1 \\ t_1A+t_2B=2 \end{cases} \Rightarrow \begin{cases} A=\dfrac{\sqrt{21}-1}{2\sqrt{21}} \\ B=\dfrac{\sqrt{21}+1}{2\sqrt{2}} \end{cases}$$

$$\Rightarrow a_n=\frac{(\sqrt{21}-1)\left(\dfrac{5+\sqrt{21}}{2}\right)^{n-1}+(\sqrt{21}+1)\left(\dfrac{5-\sqrt{21}}{2}\right)^{n-1}}{2\sqrt{21}}$$

⑥

$$n\in \mathbf{N}^+$$

当 $a_2=3$ 时

$$\begin{cases} A+B=1 \\ t_1 A + t_2 B = 3 \end{cases} \Rightarrow \begin{cases} A = \dfrac{\sqrt{21}+1}{2\sqrt{21}} \\ B = \dfrac{\sqrt{21}-1}{2\sqrt{21}} \end{cases} \Rightarrow a_n =$$

$$\frac{1}{2\sqrt{21}}\left[(1+\sqrt{21})\left(\frac{5+\sqrt{21}}{2}\right)^{n-1} - (1-\sqrt{21})\left(\frac{5-\sqrt{21}}{2}\right)^{n-1}\right]$$

$$n = 1, 2, \cdots \qquad\qquad ⑦$$

现在,我们终于揭开了配对 1 那神秘的面纱,原来它有无穷多对正整数

$$(a,b) = (a_n, b_n) = (a_n, a_{n+1}), n \in \mathbf{N}^+$$

使得

$$\frac{a^2+b^2}{ab-1} = 5$$

但至今我们尚未求正整数对 (a,b),使得

$$\frac{a^2+b^2}{ab-1} = m^2, m \in \mathbf{N}^+$$

如果一旦寻找到 (a,b),那么有一对 (a,b). 它就必定有无穷多对 $(a,b) = (a_n, b_n)$.

如在前面 [1] 中的式 ②

$$(k^2-4)b^2 - (2a-kb)^2 = 4k \qquad\qquad ⑧$$

中令 $k = (2t)^2 (t \in \mathbf{N}^+)$ 得

$$(4t^4-1)b^2 - (a-2t^2 b)^2 = 4t^2$$

取 $t = 2$ 得

$$63 b^2 - (a-8b)^2 = 16$$

令 $a = 2a', b = 2b' (a', b' \in \mathbf{N}^+)$ 得

$$63 b'^2 - (a'-8b')^2 = 1$$

而从数论 Pell 方程表上知,只有方程

$$x^2 - 63 y^2 = 1$$

才有基本解,而方程

$$x^2 - 63 y^2 = -1$$

无基本解,即此种情况下 $(m=4)$ 不一定有解.

分析 显然配对 2 同样趣味迷人,我们设

$$\frac{a^2-b^2}{ab+1} = m^2 (m \in \mathbf{N}^+) \Rightarrow a^2 - b^2 = m(ab+1)$$

$$\Rightarrow 4a^2 - 4m^2 ab - 4b^2 = 4m^2$$

$$\Rightarrow (2a-m^2 b)^2 - (m^4+4)b^2 = 4m^2 \qquad (A_2)$$

观察方程 (A_2) 的外形结构,我们估计它有解,不妨举特例尝试:

(1) 令 $m = 1$,式 (A_2) 代为

$$(2a-b)^2 - 5b^2 = 4 \qquad ⑨$$

作代换,令

$$\begin{cases} x = 2a-b \\ y = b \end{cases} \Rightarrow \begin{cases} a = \dfrac{x+y}{2} \\ b = y \end{cases}$$

式 ⑨ 化为拓展了的 Pell 型方程

$$x^2 - 5y^2 = 4 \qquad ⑩$$

它有初始解 $(3,1)$(这时 $(a,b) = (2,1)$).

又 Pell 方程

$$x^2 - 5y^2 = 1 \qquad ⑪$$

有基本解 $(9,4)$,则通解 (x_n, y_n) 满足

$$x_n \pm \sqrt{5} y_n = (3 \pm \sqrt{5})(9 \pm 4\sqrt{5})^{n-1} =$$
$$(3 \pm \sqrt{5})(2 \pm \sqrt{5})^{2(n-1)}$$

$$\Rightarrow \begin{cases} x_n + \sqrt{5} y_n = (3+\sqrt{5})(2+\sqrt{5})^{2(n-1)} \\ x_n - \sqrt{5} y_n = (3-\sqrt{5})(2-\sqrt{5})^{2(n-1)} \end{cases}$$

$$\Rightarrow \begin{cases} x_n = \dfrac{(3+\sqrt{5})(2+\sqrt{5})^{2(n-1)} + (3-\sqrt{5})(2-\sqrt{5})^{2(n-1)}}{2} \\ y_n = \dfrac{(3+\sqrt{5})(2+\sqrt{5})^{2(n-1)} - (3-\sqrt{5})(2-\sqrt{5})^{2(n-1)}}{2\sqrt{5}} \end{cases}$$

代入 $a_n = \dfrac{x_n + y_n}{2}, b_n = y_n$ 得

$$\begin{cases} a_n = \dfrac{(2+\sqrt{5})^{2n-1} - (2-\sqrt{5})^{2n-1}}{\sqrt{5}} \\ b_n = \dfrac{(3+\sqrt{5})(2+\sqrt{5})^{2(n-1)} - (3-\sqrt{5})(2-\sqrt{5})^{2(n-1)}}{2\sqrt{5}} \end{cases}$$

$$n = 1, 2, \cdots$$

即当 $m=1$ 时有无穷多对正整数

$$(a,b) = (a_n, b_n), n = 1, 2, \cdots$$

满足问题.

(2) 在式 (A_2) 中若令 $m=3$ 得

$$(2a - 9b)^2 - 85 b^2 = 36 \qquad ⑫$$

令

$$\begin{cases} x = 2a - 9b \\ y = b \end{cases} \Rightarrow \begin{cases} a = \dfrac{x + 9y}{2} \\ b = y \end{cases}$$

式 ⑫ 化为

$$x^2 - 85 y^2 = 36 \qquad ⑬$$

其方程 ⑬ 有初始解 $(x,y) = (11,1)$. 此时 $(a,b) = (10,1)$,且

$$\dfrac{a^2 - b^2}{ab + 1} = \dfrac{10^2 - 1^2}{10 \times 1 + 1} = \dfrac{99}{11} = 3^2$$

但从数论教材表中可知,方程
$$x^2 - 85y^2 = -1$$
有基本解 $(378, 41)$,而方程
$$x^2 - 85y^2 = 1 \qquad ⑭$$
没有基本解. 这表明方程 ⑬ 只有一组解. 所以当 $m = 3$ 时, 方程 (A_2) 只有一组正整数解
$$(a, b) = (10, 1)$$

(3) 我们刚才对 m 取了两个奇数值 1 和 3. 现在我们考虑 m 为偶数时, 方程 (A_2) 是否有解. 为此, 我们令 $m = 2t (t \in \mathbf{N}^+)$ 得
$$(a - 2t^2 b)^2 - (4t^4 + 1)b^2 = 4t^2 \qquad ⑮$$
$$\Rightarrow a^2 - b^2 = (a+b)(a-b) \equiv 0 \pmod{4}$$
所以 a, b 同奇或同偶.

为了简便, 我们考虑 a 与 b 同偶数的情形, 令 $a = 2p, b = 2q (p, q \in \mathbf{N}^+)$, 得
$$(p - 2t^2 q)^2 - (4t^4 + 1)q^2 = t^2 \qquad ⑯$$
我们再取特例 $t = 1 (m = 2)$ 得
$$(p - 2q)^2 - 5q^2 = 1 \qquad ⑰$$
作代换,令
$$\begin{cases} x = p - 2q \\ y = q \end{cases} \Rightarrow \begin{cases} a = 2p = 2(x + 2y) \\ b = 2q = 2y \end{cases} \qquad ⑱$$
得
$$x^2 - 5y^2 = 1 \qquad ⑲$$
这是 Pell 方程,它有基本解 $(9, 4)$. 这时, $(a, b) = (34, 8)$, 且
$$\frac{34^2 - 8^2}{34 \times 8 + 1} = \frac{1\,092}{273} = 2^2$$

设方程 ⑲ 的通解为
$$(x, y) = (x_n, y_n), n \in \mathbf{N}^+$$
则 $\quad x_n \pm \sqrt{5} y_n = (9 \pm 4\sqrt{5})^n = (2 \pm \sqrt{5})^{2n}$
$$\Rightarrow \begin{cases} x_n + \sqrt{5} y_n = (2 + \sqrt{5})^{2n} \\ x_n - \sqrt{5} y_n = (2 - \sqrt{5})^{2n} \end{cases}$$
$$\Rightarrow \begin{cases} x_n = \dfrac{(2+\sqrt{5})^{2n} + (2-\sqrt{5})^{2n}}{2} \\ y_n = \dfrac{(2+\sqrt{5})^{2n} - (2-\sqrt{5})^{2n}}{2\sqrt{5}} \end{cases}, n \in \mathbf{N}^+$$
$$\Rightarrow \begin{cases} a = a_n = 2(x_n + 2y_n) = \dfrac{t}{\sqrt{5}} [(1+\sqrt{5})(2+\sqrt{5})^{2n} - \\ \quad (1-\sqrt{5})(2-\sqrt{5})^{2n}] \\ b = b_n = 2y_n = \dfrac{1}{\sqrt{5}} [(2+\sqrt{5})^{2n} - (2-\sqrt{5})^{2n}] \end{cases} \qquad ⑳$$

$$n = 1, 2, \cdots$$
这即为当 $m = 2$ 时配对 2 的通解，显然，它有无穷多组解
$$(a, b) = (a_n, b_n), n \in \mathbf{N}^+$$
又在式 ⑯ 中若取 $t = 2$ 得
$$(p - 8q)^2 - 65q^2 = 4 \qquad ㉑$$
令 $x = p - 8q, y = q$ 得
$$x^2 - 65y^2 = 4 \Rightarrow x^2 - y^2 \equiv 0 \pmod{4}$$
即 x 与 y 同奇偶．

若 x 与 y 同偶，设 $x = 2x', y = 2y'$
$$x'^2 - 65y'^2 = 1$$
此方程无正整数解，即当 x 与 y 同偶时无解．且 x, y 同奇时也无正整数解．

所以，当 $m = 4$ 时配对 2 无解．

8 "鸳鸯配对[3]"

配对 3 是否存在正整数 $a > b$，使 $(ab - 1) \mid (a^2 - b^2)$？又是否使 $\dfrac{a^2 - b^2}{ab - 1}$ 为完全平方数？

分析 如果我们设 $k \in \mathbf{N}^+$，使得存在
$$\frac{a^2 - b^2}{ab - 1} = k \Rightarrow b^2 + kab - a^2 = k \qquad ①$$
$$\Rightarrow 4b^2 + 4kab - 4a^2 = 4k$$
$$\Rightarrow (ka + 2b)^2 - (k^2 + 4)a^2 = 4k \qquad ②$$
若我们取特殊值 $k = 1^2$，得
$$(a + 2b)^2 - 5a^2 = 4$$
作代换，令
$$\begin{cases} x = a + 2b \\ y = a \end{cases} \Rightarrow \begin{cases} a = y \\ b = \dfrac{x - y}{2} \end{cases} \qquad ③$$
且
$$x^2 - 5y^2 = 4 \qquad ④$$
此方程有初始解 $(3, 1)$．

而方程
$$x^2 - 5y^2 = 1 \qquad ⑤$$
有基本解 $(9, 4)$，所以方程 ④ 有通解
$$(x, y) = (x_n, y_n), n \in \mathbf{N}^+$$
其中 $x_n \pm \sqrt{5} y_n = (3 \pm \sqrt{5})(9 \pm 4\sqrt{5})^{n-1} =$
$$(3 \pm \sqrt{5})(2 \pm \sqrt{5})^{2(n-1)}$$
$$\Rightarrow \begin{cases} x_n + \sqrt{5} y_n = (3 + \sqrt{5})(2 + \sqrt{5})^{2(n-1)} \\ x_n - \sqrt{5} y_n = (3 - \sqrt{5})(2 - \sqrt{5})^{2(n-1)} \end{cases}$$

$$\Rightarrow \begin{cases} x_n = \dfrac{(3+\sqrt{5})(2+\sqrt{5})^{2(n-1)} - (3-\sqrt{5})(2-\sqrt{5})^{2(n-1)}}{2\sqrt{5}} \\ y_n = \dfrac{(3+\sqrt{5})(2+\sqrt{5})^{2(n-1)} - (3-\sqrt{5})(2-\sqrt{5})^{2(n-1)}}{2\sqrt{5}} \end{cases}$$

⑥

$$n = 1, 2, \cdots$$

所以 $a = a_n = y_n =$

$$\dfrac{(3+\sqrt{5})(2+\sqrt{5})^{2(n-1)} - (3-\sqrt{5})(2-\sqrt{5})^{2(n-1)}}{2\sqrt{5}}$$

⑦

$$b = b_n = \dfrac{x_n - y_n}{2} =$$

$$\dfrac{1}{\sqrt{5}}\left[(1-\sqrt{5})(2+\sqrt{5})^{2(n-1)} - 2(2-\sqrt{5})(2-\sqrt{5})^{2(n-1)}\right]$$

⑧

但当 $n=1$ 时

$$(x_1, y_1) = (3,1) \Rightarrow (a_1, b_1) = (1,1) \Rightarrow \dfrac{a_1^2 - b_1^2}{a_1 b_1 - 1}$$

无意义.

当 $n=2$ 时,计算得 $(a_2, b_2) = (21, 13)$ 且

$$\dfrac{a_2^2 - b_2^2}{a_2 b_2 - 1} = \dfrac{21^2 - 13^2}{21 \times 13 - 1} = 1^2$$

9 "鸳鸯配对[4]"

下面,我们从新的角度构造原问题的配对问题:

配对 4   是否存在正整数 a, b 使 $(ab+1) \mid (a+b)^2$,且 $\dfrac{(a+b)^2}{ab+1}$ 是完全平方数?

此配对 4 问的是否存在正整数对 (a,b) 满足要求? 现在,我们尚不得而知,如果存在,又有多少对,我们也未知. 因此,下面我们从两个方向分析此问题:

分析 1   我们假设存在正整数对 $(a,b)(a<b)$ 满足

$$\dfrac{(a+b)^2}{ab+1} = m^2, m \in \mathbf{N}^+$$

显然,当 $a=1$ 时与 $m>1$ 时

$$b+1 = m^2 \Rightarrow b = m^2 - 1, m > 1$$

因此由对称性知,当 a 与 b 中有一个取 1 时,存在无穷多对正整数对

$$(a,b) = (1, m^2-1) \text{ 或 } (m^2-1, 1)$$

满足要求

当 a 与 b 均大于 1 时，由对称性可设 $a < b$，且存在 $p \in \mathbf{N}^+$，使得
$$a+b=mp, ab=p^2-1$$
即 a,b 为方程
$$x^2 - mpx + (p^2-1) = 0 \qquad ①$$
之两根，其判别式应为平方数，设
$$4x = (-mp)^2 - 4(p^2-1) = t^2, t \in \mathbf{N}^+$$
$$\Rightarrow t^2 - (m^2-4)p^2 = 4 \qquad ②$$
且
$$\begin{cases} a = x_1 = \dfrac{mp-t}{2} \\ b = x_2 = \dfrac{mp+t}{2} \end{cases} \qquad ③$$

当 $m=2$ 时，$t=2$。$(a,b) = (p-1, p+1)(p \geqslant 2)$ 这时有无穷多对 (a,b) 满足要求；

当 $m > 2$ 时，如取特殊值 $m=3$ 时，式 ② 化为
$$t^2 - 5p^2 = 4 \qquad ④$$
此方程有初始解 $(3,1)$.

又方程 $\qquad t^2 - 5p^2 = 1 \qquad ⑤$
有基本解 $(9,4)$。设方程 ④ 的通解为
$$(t,p) = (t_n, p_n), n \in \mathbf{N}^+$$
则 $\quad t_n \pm \sqrt{5} p_n = (3 \pm \sqrt{5})(9 - 4\sqrt{5})^{n-1} =$
$\quad (3 \pm \sqrt{5})(2 \pm \sqrt{5})^{2(n-1)}$
$$\Rightarrow \begin{cases} t_n + \sqrt{5} p_n = (3+\sqrt{5})(2+\sqrt{5})^{2(n-1)} \\ t_n - \sqrt{5} p_n = (3-\sqrt{5})(2-\sqrt{5})^{2(n-1)} \end{cases}$$
$$\Rightarrow \begin{cases} t_n = \dfrac{(3+\sqrt{5})(2+\sqrt{5})^{2(n-1)} + (3-\sqrt{5})(2-\sqrt{5})^{2(n-1)}}{2} \\ p_n = \dfrac{(3+\sqrt{5})(2+\sqrt{5})^{2(n-1)} - (3-\sqrt{5})(2-\sqrt{5})^{2(n-1)}}{2\sqrt{5}} \end{cases}$$
$$n = 1, 2, \cdots$$
代入 $\begin{cases} a_n = \dfrac{3p_n - t_n}{2} \\ b_n = \dfrac{3p_n + t_n}{2} \end{cases}$

$$\begin{cases} a_n = \dfrac{1}{\sqrt{5}}[(2+\sqrt{5})^{2(n-1)} - (2-\sqrt{5})^{2(n-1)}] \\ b_n = \dfrac{1}{2\sqrt{5}}[(7+3\sqrt{5})(2+\sqrt{5})^{2(n-1)} - \\ \qquad (7-3\sqrt{5})(2-\sqrt{5})^{2(n-1)}] \end{cases}, n = 1, 2, \cdots$$

同理,当取 $m=4$ 时,式 ② 化为
$$t^2 - 12p^2 = 4 \qquad ⑥$$
方程 ⑥ 有初始解 $(4,1)$,而方程
$$t^2 - 12p^2 = 1 \qquad ⑦$$
有基本解 $(7,2)$,因此方程 ⑥ 的通解
$$(t,p) = (t_n, p_n),\ n \in \mathbf{N}^+$$
满足
$$t_n \pm \sqrt{12}\, p_n = (4 \pm \sqrt{12})(7 \pm 2\sqrt{12})^{n-1} =$$
$$2(2 \pm \sqrt{3})(2 \pm \sqrt{3})^{2(n-1)}$$
$$\Rightarrow t_n \pm 2\sqrt{3}\, p_n = 2(2 \pm \sqrt{3})^{2n-1}$$
$$\Rightarrow \begin{cases} t_n = (2+\sqrt{3})^{2n-1} + (2-\sqrt{3})^{2n-1} \\ p_n = \dfrac{(2+\sqrt{3})^{2n-1} - (2-\sqrt{3})^{2n-1}}{2\sqrt{3}} \end{cases} \qquad ⑧$$

代入
$$\begin{cases} a_n = \dfrac{4p_n - t_n}{2} \\ b_n = \dfrac{4p_n + t_n}{2} \end{cases}$$

得
$$\begin{cases} a_n = \dfrac{(2+\sqrt{3})^{2(n-1)} - (2-\sqrt{3})^{2(n-1)}}{2\sqrt{3}} \\ b_n = \dfrac{(2+\sqrt{3})^{2n} - (2-\sqrt{3})^{2n}}{2\sqrt{3}} \end{cases},\ n \geqslant 2$$

所以,当 $m=4$ 时,也存在无穷多对正整数 (a,b) 满足问题要求.

其实对于 $m \geqslant 3$,只要方程
$$t^2 - (m^2 - 4)p^2 = 4$$
有初始解,而方程
$$t^2 - (m^2 - 4)p^2 = 1$$
有基本解,那么就存在无穷多对正整数 (a,b) 满足要求.

总之,满足要求的正整数对 (a,b) 有无穷多.

分析 2 我们先设 $K \in \mathbf{N}^+$ 满足
$$(a+b)^2 = k(ab+1) \qquad ⑨$$
$$\Rightarrow 4(a+b)^2 = 4k(ab+1)$$
$$\Rightarrow 4(a+b)^2 = k[(a+b)^2 - (a-b)^2 + 4]$$
$$\Rightarrow k(a+b)^2 - (k+4)(a-b)^2 = -4k$$
$$\Rightarrow (k+4)(a-b)^2 - k(a+b)^2 = 4k \qquad ⑩$$

此方程讨论起来比较复杂,略去.

10 "鸳鸯配对[5]"

从外形结构上讲,配对 4 的配对为:

配对 5　是否存在正整数 a,b 使 $(ab-1)\mid(a+b)^2$,且 $\dfrac{(a+b)^2}{ab-1}$ 为平方数?

分析　(1)若按照前面的方法,设
$$\begin{cases}a+b=pm\\ab=p^2+1\end{cases}\Rightarrow\dfrac{(a+b)^2}{ab-1}=m^2$$

且构造以 a,b 为根的二次方程
$$x^2-pmx+(p^2+1)=0 \qquad ①$$

其判别式必须为平方数,设
$$4x=(-pm)^2-4(p^2+1)=q^2$$
$$\Rightarrow(m^2-4)p^2-q^2=4 \qquad ②$$

由于形如②的不定方程讨论起来比较复杂,因此我们见风使舵,调整方向,设
$$(a+b)^2=m^2(ab-1) \qquad ③$$
$$\Rightarrow 4(a+b)^2=m^2[(a+b)^2-(a-b)^2-4]$$
$$\Rightarrow(m^2-4)(a+b)^2-m^2(a-b)^2=4m^2$$

观察式③知,当 $(a,b)=(1,2)$ 时,$m=3$.

事实上,若取 $a=1$ 有
$$\dfrac{(b+1)^2}{b-1}=b+3+\dfrac{4}{b-1}\in\mathbf{N}^+$$
$$\Rightarrow(b-1)\mid 4\Rightarrow b=2 \text{ 或 } 3,\text{或 } 5$$

只有当 $b=2$ 或 5 时,$\dfrac{(b+1)^2}{b-1}=3^2$.即当 $(a,b)=(1,2)$ 或 $(1,5)$ 时,均有
$$\dfrac{(a+b)^2}{ab-1}=3^2$$

(2)当 $m=3$ 时,由
$$(a^2+b)^2=m^2(ab-1)=q(ab-1)$$
$$\Rightarrow a^2-7ba+(b^2+q)=0 \qquad ④$$

令 $a=x\in\mathbf{N}^+$,得
$$x^2-7bx+(b^2+q)=0 \qquad ⑤$$

方程⑤有一个根为 a,设另一个根为 a',$a'=7b-a>b$(据对称性设 $a<b$)

设方程④的通解为
$$(a,b)=(a_n,a_{n+1}),n\in\mathbf{N}^+$$

则数列 $\{a_n\}$ 的递归关系为

$$a_{n+2} = 7a_{n+1} - a_n, n \in \mathbf{N}^+ \qquad ⑥$$

特征方程为
$$x^2 = 7x - 1 \Rightarrow \begin{cases} x_1 = \dfrac{7+\sqrt{53}}{2} \\ x_2 = \dfrac{7-\sqrt{53}}{2} \end{cases}$$

设 A,B 为待定系数, 数列 $\{a_n\}$ 的通项为
$$a_n = A x_1^{n-1} + B x_2^{n-1}, n \geqslant 1 \qquad ⑦$$
$$\Rightarrow \begin{cases} A + B = a_1 \\ x_1 A + x_2 B = a_2 \end{cases} \qquad ⑧$$

当 $(a_1, a_2) = (1, 2)$ 时
$$\begin{cases} A + B = 1 \\ x_1 A + x_2 B = 2 \end{cases} \Rightarrow \begin{cases} A = \dfrac{-3+\sqrt{53}}{2\sqrt{53}} \\ B = \dfrac{3+\sqrt{53}}{2\sqrt{53}} \end{cases}$$

$$\Rightarrow a_n = \dfrac{\sqrt{53}-3}{2\sqrt{53}} \left(\dfrac{7+\sqrt{53}}{2} \right)^{n-1} + \dfrac{\sqrt{53}+3}{2\sqrt{53}} \left(\dfrac{7-\sqrt{53}}{2} \right)^{n-1} =$$

$$\dfrac{(\sqrt{53}-3)\left(\dfrac{7+\sqrt{53}}{2}\right)^{n-1} + (\sqrt{53}+3)\left(\dfrac{7-\sqrt{53}}{2}\right)^{n-1}}{2\sqrt{53}} \qquad ⑨$$

当 $(a_1, a_2) = (1, 5)$ 时
$$\begin{cases} A + B = 1 \\ x_1 A + x_2 B = 5 \end{cases} \Rightarrow \begin{cases} A = \dfrac{\sqrt{53}+3}{2\sqrt{53}} \\ B = \dfrac{\sqrt{53}-3}{2\sqrt{53}} \end{cases}$$

$$\Rightarrow a_n = \dfrac{(\sqrt{53}+3)\left(\dfrac{7+\sqrt{53}}{2}\right)^{n-1} + (\sqrt{53}-3)\left(\dfrac{7-\sqrt{53}}{2}\right)^{n-1}}{2\sqrt{53}} \qquad ⑩$$

以上事实表明: 当 $m = 3$ 时, 存在两类 (a,b), 且每类均有无穷多对正整数组 (a,b), 满足
$$\dfrac{(a+b)^2}{ab-1} = 3^2$$

(3) 当 $m > 3$ 时, 我们尝试, 令
$$\begin{cases} a+b = 2mx \\ a-b = 2y \end{cases} \Rightarrow \begin{cases} a = mx+y \\ b = mx-y \end{cases} \qquad ⑪$$

代入式 ③ 得
$$y^2 - (m^2-4)x^2 = -1 \qquad ⑫$$

因此, 只要取恰当的 m, 使得方程 ⑫ 有无穷多组正整数解, 代入式

⑪,就得到相应的无穷多组数对(a,b).

11 "鸳鸯配对[6]"

配对 6 是否存在正整数 $a < b$,使得 $(ab+1) \mid (a-b)^2$,且使 $\dfrac{(a-b)^2}{ab+1}$ 为平方数?

分析 (1) 不妨设 $b > a \geqslant 1$. 当 $a = 1$ 时
$$\frac{(a-b)^2}{ab+1} = \frac{(b-1)^2}{b+1} = b - 3 + \frac{4}{b+1} \in \mathbf{N}^+$$
$\Rightarrow (b+1) \mid 4 \Rightarrow b = 3$ (因 $b > a$)
$$\Rightarrow \frac{(a-b)^2}{ab+1} = 1^2$$
即 $(a,b) = (1,3)$ 满足题意.

现设
$$\frac{(a-b)^2}{ab+1} = m^2, m \geqslant 1, 且 m \in \mathbf{N}^+ \qquad ①$$
$$a^2 - (m^2+2)ab + (b^2 - m^2) = 0 \qquad ②$$
视 ② 为关于 a 的二次方程,其判别式必须为平方数,设
$$\Delta_a = (m^2+2)^2 b^2 - 4(b^2 - m^2) =$$
$$m^2[(m^2+4)b^2 + 4] = (mp)^2 \qquad ③$$
其中
$$p^2 = (m^2+4)b^2 + 4$$
$$\Rightarrow p^2 - (m^2+4)b^2 = 4 \qquad ④$$
且方程 ② 两根为
$$a = \frac{m^2+2+pm}{2} \text{ 或 } a = \frac{m^2+2-pm}{2} \qquad ⑤$$
(显然,m 与 p 应同奇偶).

因此,只要对于适当的 m 的值,只要求出方程 ④ 有无穷多组正整数解
$$(p,b) = (p_n, b_n), n \in \mathbf{N}^+$$
代入式 ⑤ 就得到满足式 ① 的无穷多组正整数解 $(a,b) = (a_n, b_n)(n \in \mathbf{N}^+)$.

特别地,当我们取特殊值 $m = 1$ 时,有
$$p^2 - 5b^2 = 4 \qquad ⑥$$
由前面的结果知,方程 ⑥ 的通解是
$$\begin{cases} p_n = \dfrac{(3+\sqrt{5})(2+\sqrt{5})^{2(n-1)} + (3-\sqrt{5})(2-\sqrt{5})^{2(n-1)}}{2} \\ b_n = \dfrac{(3+\sqrt{5})(2+\sqrt{5})^{2(n-1)} - (3-\sqrt{5})(2-\sqrt{5})^{2(n-1)}}{2\sqrt{5}} \end{cases}$$

代入
$$a_n = \frac{3+p_n}{2} \quad \text{或} \quad a_n = \frac{3-p_n}{2} \qquad ⑦$$
立刻求得当 $m=1$ 时,方程 ① 的通解.

(2) 其实,由于方程 ① 中的 a 与 b 仍然对称,所以我们仍然可以应用传统方法方程 ① 的通解:

设方程 ② 的两根为 a 与 a',由韦达定理有
$$a' = (m^2+2)b - a > b \qquad ⑧$$
现设方程 ① 的通解为
$$(a,b) = (a_n, b_n) = (a_n, a_{n+1}), n \in \mathbf{N}^+$$
则数列 $\{a_n\}$ 的递归关系为
$$a_{n+2} = (m^2+2)a_{n+1} - a_n, n \in \mathbf{N}^+ \qquad ⑨$$
特征方程为
$$x^2 = (m^2+2)x - 1$$
特征根为
$$\begin{cases} x_1 = \dfrac{m^2+2+m\sqrt{m^2+4}}{2} \\ x_2 = \dfrac{m^2+2-m\sqrt{m^2+4}}{2} \end{cases} \qquad ⑩$$
再设 A, B 为待定系数,数列 $\{a_n\}$ 的通项为
$$a_n = Ax_1^{n-1} + Bx_2^{n-1}, n \geqslant 1 \qquad ⑪$$
于是 A, B 满足方程组
$$\begin{cases} A+B = a_1 \\ x_1 A + x_2 B = a_2 \end{cases} \Rightarrow \begin{cases} A = \dfrac{a_2 - a_1 x_2}{m\sqrt{m^2+4}} \\ B = \dfrac{a_1 x_1 - a_2}{m\sqrt{m^2+4}} \end{cases} \qquad ⑫$$

所以,只要对适当的 m,求出初始值 a_1, a_2,使得 $\dfrac{(a_1-a_2)^2}{a_1 a_2+1} = m^2 (a_1 < a_2, a_1, a_2 \in \mathbf{N}^+)$.代入式 ⑫,结合式 ⑩,再代入式 ⑪ 就得到数列 $\{a_n\}$ 的通项,从而求出了此时 m 的对于 (a,b) 无穷多组正整数对来.

如:我们刚才就得到当 $m=1$ 时,有初始值 $(a_1, a_2) = (1,3)$.于是
$$a_{n+2} = 3a_{n+1} - a_n, n \in \mathbf{N}^+$$
$$x_1 = \frac{3+\sqrt{5}}{2}, x_2 = \frac{3-\sqrt{5}}{2}$$
$$A = \frac{3+\sqrt{5}}{2\sqrt{5}}, B = \frac{-3+\sqrt{5}}{2\sqrt{5}}$$
$$a_n = \frac{1}{\sqrt{5}}\left[\left(\frac{3+\sqrt{5}}{2}\right)^n - \left(\frac{3-\sqrt{5}}{2}\right)^n\right], n \in \mathbf{N}^+ \qquad ⑬$$

顺便指出：由式 ② 有
$$4(a-b)^2 = m^2[(a+b)^2-(a-b)^2+4]$$
$$\Rightarrow (m^2+4)(a-b)^2 - m^2(a+b)^2 = 4m^2 \quad \text{⑭}$$

令 $\begin{cases}(a-b)=x\\a+b=y\end{cases} \Rightarrow \begin{cases}a=\dfrac{x+y}{2}\\b=\dfrac{-x+y}{2}\end{cases}$ ⑮

代入 ⑭ 得
$$(m^2+4)x^2 = m^2(y^2+4)$$
$$\Rightarrow \frac{y^2+4}{m^2+4} = \left(\frac{x}{m}\right)^2$$

令 $x=mt, t\in \mathbf{N}^+$
$$\Rightarrow y^2+4 = (m^2+4)t^2$$
$$\Rightarrow \begin{cases}x=mt\\y=\sqrt{(m^2+4)t^2-4}\end{cases} \quad \text{⑯}$$

利用式 ⑯，取适当的 t（要求最小的），使得 $y\in \mathbf{N}^+$ 时，代入式 ⑮，我们就得到了初始值 (a_1,b_1).

如当取 $m=2$ 时，$y=2\sqrt{2t^2-1}$

取 $t=1$ 时，虽然有 $y=2$，但这时 $x=2, b=0, a=2$，矛盾.

我们再取 $t=5$ 时，$y=2\times 7=14, x=mt=10, a_1=b=2$，$a_2=a=12, (a_1,a_2)=(2,12)$. 这时
$$\frac{(a_1-a_2)^2}{a_1 a_2+1} = \frac{(12-2)^2}{2\times 12+1} = 2^2$$

代入前面的式 ⑨—⑫ 得
$$a_{n+2} = 6a_{n+1} - a_n, n\in \mathbf{N}^+ \quad \text{⑰}$$

$\begin{cases}x_1=(1+\sqrt{2})^2\\x_2=(1-\sqrt{2})^2\end{cases}$ $\begin{cases}A=\dfrac{(1+\sqrt{2})^2}{2\sqrt{2}}\\B=-\dfrac{(1-\sqrt{2})^2}{2\sqrt{2}}\end{cases}$

$$a_n = \frac{(1+\sqrt{2})^{2n} - (1-\sqrt{2})^{2n}}{2\sqrt{2}}, n\in \mathbf{N}^+ \quad \text{⑱}$$

这是当 $m=2$ 时，数列 $\{a_n\}$ 的通项，这时，问题的通解为
$$(a,b) = (a_n, a_{n+1}), n\in \mathbf{N}^+$$

12 "鸳鸯配对[7]"

仔细思量，从外形结构上讲，原 IMO 妙题还有一个配对形式，它就是：

配对 7 是否存在正整数 $a<b$，使得 $(ab-1)\mid(a-b)^2$，且

$\dfrac{(a-b)^2}{ab-1}$ 为平方数?

分析 (1) 当 $a=1$ 时,由于此时
$$\dfrac{(a-b)^2}{ab-1}=b-1$$
因此,只要取 $b=k^2+1(k\in \mathbf{N}^+)$,即取 $(a,b)=(1,k^2+1)$ 就满足要求
$$\dfrac{(a-b)^2}{ab-1}=k^2, k\in \mathbf{N}^+$$

当 $m\in \mathbf{N}^+$ 时,设
$$\dfrac{(a-b)^2}{ab-1}=m^2 \qquad ①$$
$$\Rightarrow 4(a-b)^2=m^2[(a+b)^2-(a-b)^2-4]$$
$$\Rightarrow m^2(a+b)^2-(m^2+4)(a-b)^2=4m^2 \qquad ②$$

取 $m=1$,并令
$$\begin{cases}x=a+b\\y=a-b\end{cases}\Rightarrow\begin{cases}a=\dfrac{x+y}{2}\\b=\dfrac{x-y}{2}\end{cases} \qquad ③$$

得
$$x^2-5y^2=4 \qquad ④$$

而此方程我们在前面已求得通解.

(2) 我们要意识到,对于固定的正整数 k,如果我们定义初始值: $a_1=1, b_1=a_2=k^2+1$. 那么由
$$\dfrac{(a_1-b_1)^2}{a_1b_1-1}=k^2 \qquad ⑤$$

联想到
$$\dfrac{(a-b)^2}{ab-1}=k^2 \qquad ⑥$$
$$\Rightarrow a^2-(k^2+2)ab+(b^2+k^2)=0 \qquad ⑦$$

设方程 ⑦ 的两根为 a 与 a',那么
$$a'=(k^2+2)b-a>b(因 b>a) \qquad ⑧$$

且 $a'\in \mathbf{N}^+$,现设 ⑥ 的通解为
$$(a,b)=(a_n,a_{n+1}), n\in \mathbf{N}^+$$

初始项为 $a_1=1, a_2=k^2+1$,递推式为
$$a_{n+2}=(k^2+2)a_{n+1}-a_n, n\in \mathbf{N}^+ \qquad ⑨$$

特征方程为
$$x^2=(k^2+2)x-1$$

特征根为
$$\begin{cases}x_1=\dfrac{k^2+2+k\sqrt{k^2+4}}{2}\\x_2=\dfrac{k^2+2-k\sqrt{k^2+4}}{2}\end{cases}$$

设 A 与 B 为待定系数,数列 $\{a_n\}$ 的通项为
$$a_n = A x_1^{n-1} + B x_2^{n-1}, n \in \mathbf{N}^+ \qquad ⑩$$
$$\Rightarrow \begin{cases} A + B = 1 \\ x_1 A + x_2 B = k^2 + 1 \end{cases} \Rightarrow \begin{cases} A = \dfrac{k + \sqrt{k^2 + 4}}{2\sqrt{k^2 + 4}} \\ B = -\dfrac{k - \sqrt{k^2 + 4}}{2\sqrt{k^2 + 4}} \end{cases}$$

代入式 ⑩ 即得数列 $\{a_n\}$ 的通项为
$$a_n = \frac{1}{\sqrt{k^2 + 4}} \left[\left(\frac{k + \sqrt{k^2 + 4}}{2} \right)^{2n-1} - \left(\frac{k - \sqrt{k^2 + 4}}{2} \right)^{2n-1} \right]$$
$$n = 1, 2, \cdots \qquad ⑪$$

从数列 $\{a_n\}$ 的通项公式 ⑪ 知,每针对一个正整数 k,就确定一个无穷数列 $\{a_n\}$,由于 $k \in \mathbf{N}^+$ 有无限多个,所以就有无限多个无穷数列 $\{a_n\}$ 每相邻两项符合均配对 7,即
$$(a, b) = (a_n, a_{n+1}), n \in \mathbf{N}^+$$
均满足
$$\frac{(a_n - a_{n+1})^2}{a_n a_{n+1} - 1} = k^2, n \in \mathbf{N}^+$$

(3) 我们再取特例,取 $m = 2$,由前面的式 ② 得
$$(a + b)^2 - 2(a - b)^2 = 4 \Rightarrow 2 \mid (a + b)$$
令
$$\begin{cases} a + b = 2x \\ a - b = y \end{cases} \Rightarrow 2x^2 - y^2 = 2$$
$$\Rightarrow y^2 = 2(x^2 - 1)$$
令
$$x^2 - 1 = 2t^2 \Rightarrow x^2 - 2t^2 = 1 \qquad ⑫$$
且
$$\begin{cases} a + b = 2x \\ a - b = 2t \end{cases} \Rightarrow \begin{cases} a = x + t \\ b = x - t \end{cases}$$

由对称性,设 $a < b$,交换 a 与 b(仍然等价)得
$$\begin{cases} a = x - t \\ b = x + t \end{cases}, x > y, x, y \in \mathbf{N}^+ \qquad ⑬$$

方程 ⑫ 有基本解 $(3, 2)$,此时
$$(a, b) = (a_1, a_2) = (1, 5)$$
又方程 ⑫ 的通解
$$(x, t) = (x_n, t_n), n \in \mathbf{N}^+$$
满足
$$x_n \pm \sqrt{2} t_n = (3 \pm 2\sqrt{2})^n = (1 \pm \sqrt{2})^{2n}$$
$$\Rightarrow \begin{cases} x_n + \sqrt{2} t_n = (1 + \sqrt{2})^{2n} \\ x_n - \sqrt{2} t_n = (1 - \sqrt{2})^{2n} \end{cases}$$

$$\Rightarrow \begin{cases} x_n = \dfrac{(1+\sqrt{2})^{2n} + (1-\sqrt{2})^{2n}}{2} \\ t_n = \dfrac{(1+\sqrt{2})^{2n} - (1-\sqrt{2})^{2n}}{2\sqrt{2}} \end{cases} \qquad ⑭$$

代入 $\begin{cases} a_n = x_n - t_n \\ b_n = x_n + t_n \end{cases}, t \in \mathbf{N}^+$

得 $\begin{cases} a_n = \dfrac{(1+\sqrt{2})^{2n-1} - (1-\sqrt{2})^{2n-1}}{2\sqrt{2}} \\ b_n = \dfrac{(1+\sqrt{2})^{2n+1} - (1-\sqrt{2})^{2n+1}}{2\sqrt{2}} \end{cases}, n = 1, 2, \cdots \qquad ⑮$

(4) 如果想得到更多的正整数对 (a,b). 我们令

$$\begin{cases} a+b = 2x \\ a-b = 2my \end{cases} \Rightarrow \begin{cases} a = x + my \\ b = x - my \end{cases} \qquad ⑯$$

这时式 ②

$$m^2(a+b)^2 - (m^2+4)(a-b)^2 = 4m^2$$
$$\Rightarrow x^2 - (m^2+4)y^2 = 1 \qquad ⑰$$

这是 Pell 方程,对适当的正整数,它有无穷多组正整数解

$$(x,y) = (x_n, y_n), n \in \mathbf{N}^+$$

若方程(17)有基本解 (x_1, y_1),则

$$(a_1, b_1) = (x_1 + my_1, x_1 - my_1)$$

且 $x_n \pm \sqrt{m^2+4}\, y_n = (x_1 \pm \sqrt{m^2+4}\, y_1)^n$

$$\Rightarrow \begin{cases} x_n + \sqrt{m^2+4}\, y_n = (x_1 + \sqrt{m^2+4}\, y_1)^n \\ x_n - \sqrt{m^2+4}\, y_n = (x_1 - \sqrt{m^2+4}\, y_1)^n \end{cases}$$

$$\Rightarrow \begin{cases} x_n = \dfrac{(x_1 + \sqrt{m^2+4}\, y_1)^n + (x_1 - \sqrt{m^2+4}\, y_1)^n}{2} \\ y_n = \dfrac{(x_1 + \sqrt{m^2+4}\, y_1)^n - (x_1 - \sqrt{m^2+4}\, y_1)^n}{2\sqrt{m^2+4}} \end{cases} \qquad ⑱$$

至今,我们不辞艰辛,为 IMO 题意中的优美表达式

$$\frac{a^2 + b^2}{ab + 1} = m^2$$

从外形结构上给出了七个配对形式,并对每个配对形式作了初步探究,得出优美趣味的结论:每种配对都存在无穷多对正整数 (a,b),满足要求.

13 优美拓展

我们在最前面,证明了对于适当的正整数 m(常数),存在严格递增的正整数数列 $\{a_n\}$ 它的任意相邻两项 a_n 与 $a_{n+1}(n \in \mathbf{N}^+)$,

即
$$(a,b) = (a_n, a_{n+1}), n \in \mathbf{N}^+$$
满足
$$\frac{a^2 + b^2}{ab + 1} = m^2 \qquad ①$$
即
$$\frac{a_1^2 + a_2^2}{a_1 a_2 + 1} = \frac{a_2^2 + a_3^2}{a_2 a_3 + 1} = \cdots = \frac{a_n^2 + a_{n+1}^2}{a_n a_{n+1} + 1} = m^2 \qquad ②$$
于是有
$$\frac{a_n^2 + a_{n+1}^2}{a_n a_{n+1} + 1} = \frac{a_{n+1}^2 + a_{n+2}^2}{a_{n+1} a_{n+2} + 1} = m^2 \qquad ③$$

$$\Rightarrow \begin{cases} a_n^2 + a_{n+1}^2 = m^2(a_n a_{n+1} + 1) \\ a_{n+1}^2 + a_{n+2}^2 = m^2(a_{n+1} a_{n+2} + 1) \end{cases}$$

$$\Rightarrow a_{n+2}^2 - a_n^2 = m^2(a_{n+2} - a_n) a_{n+1}$$

$$\Rightarrow a_{n+2} + a_n = m^2 a_{m+1} (因 a_{n+2} > a_{n+1} > a_n)$$

$$\Rightarrow a_{n+2} = m^2 a_{n+1} - a_n, n \in \mathbf{N}^+ \qquad ④$$

可见，条条道路通北京，更新方法，我们仍然可推出数列 $\{a_n\}$ 的递推公式 ④ 来，这一思想新奇别致，它能帮助我们拓展 IMO 妙题吗？

拓展 1 是否存在正整数组 (a, b, c)，使得 $\dfrac{a^2 + b^2 + c^2}{ab + bc + ca + 1}$ 是完全平方数？

分析 (1) 名言道："进一步，山重水复；退一步，海阔天空"，我们先退一步降低拓展 1 中的限制条件，设自然数 $0 \leqslant a < b < c < d$，满足

$$\frac{a^2 + b^2 + c^2}{ab + bc + ca + 1} = \frac{b^2 + c^2 + d^2}{bc + cd + db + 1} = m^2 \qquad ⑤$$

（其中 $m \in \mathbf{N}^+$ 为常数）

$$\Rightarrow \begin{cases} a^2 + b^2 + c^2 = m^2(ab + bc + ca + 1) \\ b^2 + c^2 + d^2 = m^2(bc + cd + db + 1) \end{cases}$$

$$\Rightarrow d^2 - a^2 = m^2(d - a)(b + c)$$

$$\Rightarrow d + a = m^2(b + c)$$

$$\Rightarrow d = m^2(b + c) - a \qquad ⑥$$

式 ⑥ 很关键，也很利于要，它暗示我们：

如果满足拓展 1 中的自然数组 (a, b, c) 存在，那么就存在严格递增的某自然数数列 $\{a_n\}$ 满足 $(a, b, c) = (a_n, a_{n+1}, a_{n+2})$，使得

$$\frac{a_n^2 + a_{n+1}^2 + a_{n+2}^2}{a_n a_{n+1} + a_{n+1} a_{n+2} + a_{n+2} a_n + 1} = m^2 \qquad ⑦$$

且数列 $\{a_n\}$ 的递推关系式（公式）为

$$a_{n+3} = m^2(a_{n+2} + a_{n+1}) - a_n, n \in \mathbf{N} \qquad ⑧$$

特征方程为
$$x^3 = m^2(x^2+x) - 1$$
$$\Rightarrow (x+1)(x^2-x+1) = m^2 x(x+1)$$
$$\Rightarrow (x+1)[x^2 - (m^2+1)x + 1] = 0$$
$$\Rightarrow \begin{cases} x_1 = -1 \\ x_2 = \dfrac{1}{2}[m^2+1+\sqrt{(m^2+1)^2-4}] \\ x_3 = \dfrac{1}{2}[m^2+1-\sqrt{(m^2+1)^2-4}] \end{cases} \quad ⑨$$

再设 A, B, C 为待定系数，数列 $\{a_n\}$ 的通项为
$$a_n = A(-1)^{n-1} + B x_2^{n-1} + C x_3^{n-1} \quad ⑩$$
依次取 $n = 1, 2, 3$ 得到关于 A, B, C 的方程组
$$\begin{cases} A + B + C = a_1 \\ -A + B x_2 + C x_3 = a_2 \\ A + B x_2^2 + C x_3^2 = a_3 \end{cases} \quad ⑪$$

然后解出 A, B, C，代入式 ⑥ 即得数列 $\{a_n\}$ 的通项，从而求得拓展1的通解.
$$(a, b, c) = (a_n, a_{n+1}, a_{n+2}), n \in \mathbf{N} \quad ⑫$$

（2）回首反顾，我们知道，$\{a_n\}$ 是三阶线性递推（递归）数列，能求出它的通项 a_n 必须是备两个基本条件：第一，数列前三项 a_1, a_2, a_3；第二，递推公式. 可见，现在我们"万事俱备，只欠东风"，即只需知道 $\{a_n\}$ 的前三项，a_1, a_2, a_3. 但是，我们怎样求出这前三项呢？

其实，问题并不太难，只要我们的思维活跃奔放，就会自由放飞：注意到我们放宽了限制条件 $1 \leqslant a < b < c$，改为 $0 \leqslant a < b < c$，因此，只要我们约定 $a_0 = 0$. 且在表达式
$$\frac{a^2+b^2+c^2}{ab+bc+ca+1} = m^2$$
中首先取 $a = 0$. 得到
$$\frac{b^2+c^2}{bc+1} = m^2$$
而这个问题我们在前面已经解决
　　如当 $m = 2$ 时，$(b, c) = (2, 8)$.
　　如当 $m = 3$ 时，$(b, c) = (3, 27)$.
　　而当 $m = 2$ 时，由式 ⑧ 有递推式
$$a_{n+3} = 4(a_{n+2} + a_{n+1}) - a_n, n \in \mathbf{N} \quad ⑬$$
约定 $a_0 = 0, a_1 = 2, a_2 = 8$ 得
$$a_3 = 4(a_2 + a_1) - a_0 = 40$$
$$a_4 = 4(a_3 + a_2) - a_1 = 190$$

验证($a_5 = 912, a_6 = 1120$)

$$\frac{a_1^2 + a_2^2 + a_3^2}{a_1 a_2 + a_2 a_3 + a_3 a_1 + 1} = \frac{1668}{417} = 2^2$$

$$\frac{a_2^2 + a_3^2 + a_4^2}{a_2 a_3 + a_3 a_4 + a_4 a_2 + 1} = \frac{37764}{9441} = 2^2$$

验证通过:因此正整数列$\{a_n\}$的前三项此时为
$$(a_1, a_2, a_3) = (2, 8, 40)$$

将$m = 2$代入式⑨得特征根
$$x_1 = -1, x_2 = \frac{5 + \sqrt{21}}{2}, x_3 = \frac{5 - \sqrt{21}}{2}$$

代入式⑪可求出A, B, C,再代入式⑩就求出了当$m = 2$时,满足拓展1的一个通解:

当$m = 3$时,由式⑧有递推式
$$a_{n+3} = 9(a_{n+2} + a_{n+1}) - a_n, n \in \mathbf{N} \qquad ⑭$$

约定$a_0 = 0, a_1 = 3, a_2 = 27$.得
$$a_3 = 9(a_2 + a_1) - a_0 = 270$$
$$a_4 = 9(a_3 + a_2) - a_1 = 2670$$
$$a_5 = 26433, a_6 = 261657$$

验证
$$\frac{a_1^2 + a_2^2 + a_3^2}{a_1 a_2 + a_2 a_3 + a_3 a_1 + 1} = \frac{73638}{8182} = 3^2$$

$$\frac{a_2^2 + a_3^2 + a_4^2}{a_2 a_3 + a_3 a_4 + a_4 a_2 + 1} = \frac{7202529}{800281} = 3^2$$

验证通过:

因此此时正整数列$\{a_n\}$的前三项为
$$(a_1, a_2, a_3) = (3, 27, 270)$$

将$m = 3$代入式⑨得特征根为
$$x_1 = -1, x_2 = 5 + 2\sqrt{6}, x_3 = 5 - 2\sqrt{6}$$

同理代入式⑪可求出A, B, C,再代入式⑩就求出了当$m = 3$时满足拓展1的又一个通解
$$(a, b, c) = (a_n, a_{n+1}, a_{n+2}), n \in \mathbf{N}^+$$

并且,以上两种情况中,每种情况都有无穷多组正整数(a, b, c)满足拓展1.

可见,如果我们在原IMO妙题中每确定出一个适合的正整数m,那么此时的m也适合拓展1,于是这样就又增加了拓展1中的一种情况,从而又产生了无穷多组正整数(a, b, c).满足拓展1.

至于拓展1的三种配对形式
$$\frac{a_1^2 + a_2^2 + a_3^2}{a_1 a_2 + a_2 a_3 + a_3 a_1 - 1} = m^2$$

$$\frac{(a_1+a_2+a_3)^2}{a_1a_2+a_2a_3+a_3a_1+1}=m^2$$

$$\frac{(a_1+a_2+a_3)^2}{a_1a_2+a_2a_3+a_3a_1-1}=m^2$$

仿照上面的方法可求通解.

14　奇妙拓展

我们刚才更新了思维,提高了认识,建立了拓展 1,在拓展 1 的基础上,推而广之,我们就可顺理成章地建立拓展 2.

拓展 2　设 $k \geqslant 2$,则当 $m=2$ 或 3 时,不定方程

$$\sum_{i=1}^{k}x_i^2 = m^2(1+\sum_{i=1}^{k}x_ix_{i+1}) \tag{D}$$

(约定 $x_{K+1}=x_1$) 存在无穷多组正整数解 $(x_1,x_2,\cdots,x_K)$.

证明　(1) 当 $k=2$ 和 3 时,我们在前面已经解决,命题成立;

(2) 假设对于 $k-1$ 时命题成立,且这时方程(D)的初解为

$$(x_1,x_2,\cdots,x_{k-1})=(a_1,a_2,\cdots,a_{k-1}) \tag{*}$$

那么对 k 时,约定 $a_0=0$,将式(D)改写成

$$x_1^2-m^2(x_2+x_k)x_1-h=0 \tag{①}$$

其中

$$h=m^2(x_2x_3+\cdots+x_{k-1}x_k+1) \in \mathbf{N}^+$$

令 $x=x_1 \in \mathbf{N}^+$,得方程

$$x^2-m^2(x_2+x_k)x-h=0 \tag{②}$$

则 x_1 为方程②的一个根,设它的另一个根为 x'_1,并设 $x_1<x_2$,由韦达定理有

$$x'_1=m^2(x_2+x_k)-x_1>x_k$$

又设这时方程(D)的通解为

$$(x_1,x_2,\cdots,x_k)=(a_n,a_{n+1},\cdots,a_{n+k-1}),n=1,2,\cdots$$

则数列 $\{a_n\}$ 的递归关系为

$$a_{n+k}=m^2(a_{n+k-1}+a_{n+1})-a_n, n \in \mathbf{N} \tag{③}$$

在式③中取 $n=0$,得

$$a_k=m^2(a_{k-1}+a_1)-a_0=m^2(a_{k-1}+a_1)$$

进一步地,依次取 $n=1,2,\cdots$,得

$$a_{k+1}=m^2(a_k+a_2)-a_1$$
$$a_{k+2}=m^2(a_{k+1}+a_3)-a_2$$
$$\vdots$$

以上 $(a_1,a_2,\cdots,a_{k-1})$ 为式(*)中的值,这样,我们就求得了对于 k 时新数列 $\{a_n\}$ 的前 k 项:$a_1,a_2,\cdots,a_k$.

又从式③知,这时新数列 $\{a_n\}$ 的特征方程为

$$t^k=m^2(t^{k-1}+t)-1 \tag{④}$$

设方程 ④ 的 k 个根（实数，复数均可）为
$$t_1, t_2, \cdots, t_k$$
于是新数列 $\{a_n\}$ 的通项公式具有形式
$$a_n = A_1 t_1^{n-1} + A_2 t_2^{n-1} + \cdots + A_k t_k^{n-1}, n = 1, 2, \cdots \quad ⑤$$
其中 $A_1, A_2, \cdots, A_k$ 为待定系数，满足方程组
$$\{a_r = A_1 t_1^{r-1} + A_2 t_2^{r-1} + \cdots + A_k t_k^{r-1}\}, r = 1, 2, \cdots, k \quad ⑥$$
再解出 $A_1, A_2, \cdots, A_k$ 代入式 ⑤ 即得新数列 $\{a_n\}$ 的通项公式 a_n. 从而求出了对于 k 时方程 (D) 的通解为
$$(x_1, x_2, \cdots, x_k) = (a_n, a_{n+1}, \cdots, a_{n+k-1}), n = 1, 2, \cdots \quad ⑦$$

由于 $\{a_n\}$ 为无穷严格递增正整数数列，因此这时方程 (D) 有无穷多组正整数解.

综上所述，命题成立.

从上述证法可知，拓展 2 不仅具有一定的难度，而且还比较抽象，而且其证明书写，也需要具备一定的语文基本功，否则将茶壶装汤圆，有货难倒出.

此外，方程 (D) 的配对形式有
$$\sum_{i=1}^{k} x_i^2 = m^2 \left(-1 + \sum_{i=1}^{k} x_i x_{i+1} \right)$$
$$\left(\sum_{i=1}^{k} x_i \right)^2 = m^2 \left(\sum_{i=1}^{k} x_i x_{i+1} \pm 1 \right)$$
$$\sum_{i=1}^{k} x_i^2 = m^2 \left(\sum_{1 \leqslant i < j \leqslant k} x_i x_j \pm 1 \right)$$
$$\left(\sum_{i=1}^{k} x_i \right)^2 = m^2 \left(\sum_{1 \leqslant i < j \leqslant k} x_i x_j \pm 1 \right)$$

如对于方程
$$\sum_{i=1}^{k} x_i^2 = m^2 \left(\sum_{1 \leqslant i < j \leqslant k} x_i x_j + 1 \right)$$

对于 k 时相应地，新数列 $\{a_n\}$ 的递推公式为
$$a_{n+k} = m^2 (a_{n+k-1} + \cdots + a_{n+1}) - a_n, n = 1, 2, \cdots$$
特征方程为
$$t^k = m^2 (t^{k-1} + \cdots + t) - 1$$

15　新奇拓展

如果将前面的一系列问题表示成方程，那么它们均为二次型不定方程，我们能"欲穷千里目，更上一层楼"，提高它们的次数呢？显然，这样做困难重重，为了投石问路，我们将以下主元字母的定义范围，从正整数放宽到非零整数，以期找到突破口.

问题 1　是否存在非零整数 a, b, c 使得 $(abc+1) \mid (a^3 + b^3 +$

c^3)?

分析 (1)设非零整数 a,b,c 满足问题要求,且 $a<b<c$,如果这样的数组 (a,b,c) 至少有两组,则我们不妨设 $a<b<c<d$(d 为非零整数),且 (b,c,d) 也满足问题要求,那必存在 $k\in \mathbf{Z}$,使

$$\frac{a^3+b^3+c^3}{abc+1}=\frac{b^3+c^3+d^3}{bcd+1}=k \qquad ①$$

$$\Rightarrow \begin{cases} a^3+b^3+c^3=k(abc+1) \\ b^3+c^3+d^3=k(bcd+1) \end{cases}$$

$$\Rightarrow d^3-a^3=kbc(d-a)$$

$$\Rightarrow 4a^2+4ad+4d^2=4kbc$$

$$\Rightarrow 3a^2+(2d+a)^2=4kbc$$

$$\Rightarrow d=\frac{1}{2}(-a\pm\sqrt{4kbc-3a^2}) \qquad ②$$

从式 ① 知,当求出了 a,b,c 使

$$\frac{a^3+b^3+c^3}{abc+1}=k$$

那么从式 ② 知,欲求出第四个数 d 满足 ① 还必须要使 $4kbc-3a^2$ 是平方数才可以,不妨设 $\lambda\in \mathbf{N}^+$,且满足

$$4kbc-3a^2=(2\lambda+1)^2a^2 \qquad ③$$

$$\Rightarrow d=\lambda a \text{ 或 } -(\lambda+1)a$$

且式 ③ 又化为

$$2kbc=[2\lambda(\lambda+1)-1]a^2 \Rightarrow 2\mid a \qquad ④$$

令 $a=2a' \Rightarrow d=2\lambda a'$ 或 $-2(\lambda+1)a'$

于是式 ④ 化为

$$kbc=2[2\lambda(\lambda+1)-1]a'^2 \qquad ⑤$$

再往下走,情况就复杂了.

(2) 另一方面,由式 ① 有

$$a^3+b^3+c^3=k(abc+1) \qquad ⑥$$

$$\Rightarrow a^3+b^3+c^3-3abc=(k-3)abc+k$$

$$\Rightarrow (a+b+c)(a^2+b^2+c^2-ab-bc-ca)=$$
$$(k-3)abc+k \qquad ⑦$$

观察式 ⑦,为了简化问题,也许有一个机会,可设 $k=3\lambda$($\lambda\in \mathbf{Z}$, $\lambda\neq 0$),得

$$(a+b+c)[(a-b)^2+(b-c)^2+(c-a)^2]=$$
$$6[(\lambda-1)abc+\lambda] \qquad ⑧$$

我们多么希望式 ⑧ 能出现奇迹,能给我们带来转机,能起到抛砖引玉的作用!这就像玩游戏,又像在变魔术,但情况仍然扑朔迷离,我们可尝试令(并允许 $a=b=c$ 或 $a=b$).

或
$$\begin{cases} a+b+c = 3[(\lambda-1)abc+\lambda] \\ (a-b)^2+(b-c)^2+(c-a)^2 = 2 \end{cases}$$
$$\begin{cases} a+b-c = (\lambda-1)abc+\lambda \\ (a-b)^2+(b-c)^2+(c-a)^2 = 6 \end{cases}$$

(3) 其实,我们不必将问题想得太复杂,记
$$f = f(a,b,c) = \frac{a^3+b^3+c^3}{abc+1}$$

先取特殊值 $b=c=1$ 得
$$f(a,1,1) = \frac{a^3+2}{a+1} = \frac{(a^3+1)+1}{a+1} =$$
$$\frac{(a+1)(a^2-a+1)+1}{a+1} =$$
$$a^2-a+1+\frac{1}{a+1} \in \mathbf{Z}$$
$$\Rightarrow (a+1) \mid 1 \Rightarrow a = -2(因 a \neq 0)$$
$$\Rightarrow f = f(-2,1,1) = \frac{(-2)^3+2}{(-2)+1} = 6$$

我们再取特殊值 $b=1, c=-1$ 得
$$f(a,1,-1) = \frac{a^3}{1-a} = \frac{a^3-1}{1-a} + \frac{1}{1-a} =$$
$$-(a^2+a+1)+\frac{1}{1-a} \in \mathbf{Z}$$
$$\Rightarrow (1-a) \mid 1 \Rightarrow a = 2(因 a \neq 0)$$
$$\Rightarrow f(2,1,-1) = \frac{2^3}{1-2} = -8 = (-2)^3$$

这样,我们求出了两组 (a,b,c),使得 $f \in \mathbf{Z}$.

我们再取 $b=c=-1$ 得
$$f(a,-1,-1) = \frac{a^3-2}{a+1} = \frac{a^3+1}{a+1} - \frac{3}{a+1} =$$
$$a^2-a+1-\frac{3}{a+1} \in \mathbf{Z}$$
$$\Rightarrow (a+1) \mid 3 \Rightarrow a = 2,-2,-4(因 a \neq 0)$$
$$\Rightarrow f = 2,10,22$$

往下的工作是,将求出的数据 (f,a,b,c)(其中 $k=f$)排列后代入表达式
$$\Delta_d = 4Kbc - 3a^2$$

若算出某个 Δ_d 为平方数,记为 $\Delta_d = t^2$. 代入前面的式 ② 得
$$d = \frac{1}{2}(-a \pm t)$$

就得到第四个数 $d \in \mathbf{Z}$,使得第二组非零整数 (b,c,d) 满足
$$f(b,c,d) = \frac{b^3+c^3+d^3}{bcd+1} = k$$

从外形结构上讲,问题 1 的配对形式为:

问题 2 是否存在非零整数 a,b,c,使得 $(abc-1) \mid (a^3+b^3+c^3)$?

分析 我们考虑简单情况,取特殊值 $b=c=1$ 得
$$f = \frac{a^3+b^3+c^3}{abc-1} = \frac{a^3+2}{a-1} = \frac{a^3-1}{a-1} + \frac{3}{a-1} =$$
$$a^2+a+1+\frac{3}{a-1} \in \mathbf{Z}$$
$\Rightarrow (a-1) \mid 3 \Rightarrow a=2$ 或 4 或 -2(因 $a \neq 0$)
$\Rightarrow f = 10$ 或 22 或 2

再取 $b=c=-1$ 得
$$f = \frac{a^3-2}{a-1} = \frac{a^3-1}{a-1} - \frac{1}{a-1} =$$
$$a^2+a+1-\frac{1}{a-1} \in \mathbf{Z}$$
$\Rightarrow a=2 \Rightarrow f=6$

取 $b=1, c=-1$ 得
$$f = \frac{-a^3}{a+1} = -\left(\frac{a^3+1}{a+1}\right) + \frac{1}{a+1} =$$
$$-(a^2-a+1) + \frac{1}{a+1} \in \mathbf{Z}$$
$\Rightarrow a=-2$(因 $a \neq 0, a \neq -1$)
$\Rightarrow f=-8=(-2)^3$

16 可再拓展

前面的问题 1 与问题 2 是涉及到三个字母 a,b,c,能将它们再拓展到多个字母的情形吗?

问题 3 设 $n \geq 4$,是否存在 n 个非零整数 $x_1, x_2, \cdots, x_n$,使得
$$f = \frac{x_1^n + x_2^n + \cdots + x_n^n}{x_1 x_2 \cdots x_n + 1} \in \mathbf{Z}$$

提示 当 n 为偶数时,可取简单的特殊值
$$x_2 = x_3 = \cdots = x_n = 1$$
有
$$f = \frac{x_1^n + n - 1}{x_1 + 1} = \frac{x_1^n - 1}{x_1 + 1} + \frac{n}{x_1 + 1} \in \mathbf{Z}$$
设 $n = 2k (k \in \mathbf{N}^+)$ 有
$x_1^n - 1 = (x_1^2)^k - 1$
$\Rightarrow (x_1^2 - 1) \mid (x_1^n - 1) \Rightarrow (x_1+1) \mid (x_1^n - 1)$
$\Rightarrow (x_1+1) \mid n$

设 $n(r)$ 为 n 的一个因数, 如 $\pm 1, \pm 2, \pm \frac{n}{2}$ 等, 再取 $x_1 + 1 = \pm n(r)$ 就得
$$x_1 = \pm n(r) - 1$$
$$f = \frac{(\pm n(r) - 1)^n + n - 1}{\pm n(r)} \in \mathbf{Z}$$

注意到 $n \geqslant 4$ 为偶数, 则 $n-1$ 为奇数, 若在 $\{x_2, \cdots, x_n\}$ 这 $n-1$ 个非零整数中, 选奇数个 -1, 得到
$$f = \frac{x_1^n + n - 1}{-x_1 + 1} = -\left(\frac{x_1^n - 1}{x_1 - 1} + \frac{n}{x_1 - 1}\right) =$$
$$-\left(Q(t) + \frac{n}{x_1 - 1}\right) \in \mathbf{Z}$$

其中 $Q(t) = \frac{x_1^n - 1}{x_1 - 1} \in \mathbf{Z}$

故这时只需取 $x_1 = \pm n(r) + 1$ 得
$$f = \frac{(\pm n(r) + 1)^n + n - 1}{\mp n(r)} \in \mathbf{Z}$$

当 n 为奇数时, $n-1$ 为偶数.

取 $x_2 = \cdots = x_n = 1$ 时
$$f = \frac{x_1^n + n - 1}{x_1 + 1} = \frac{x_1^n + 1}{x_1 + 1} + \frac{n - 2}{x_1 + 1}$$

得 $x_1 + 1$ 取 $n - 2$ 的因数

取 $x_2 = \cdots = x_n = -1$ 得
$$f = \frac{x_1^n - (n-1)}{x_1 + 1} = \frac{x_1^n + 1}{x_1 + 1} - \frac{n}{x_1 + 1} (\in \mathbf{Z}) =$$
$$R(t) - \frac{n}{x_1 + 1}$$

其中 $R(t) = \frac{x_1^n + 1}{x_1 + 1} \in \mathbf{Z}$.

取 $x_1 = \pm n(r) - 1$ 得
$$f = \frac{(\pm n(r) - 1)^n - n + 1}{\pm n(r)}$$

又在 $n-1$ 个数 $\{x_2, \cdots, x_n\}$ 中, 设有 k 个取 -1, 则有 $n-1-k$ 个取 1 (其中 $1 \leqslant k \leqslant n - 2$) 这时
$$f = \frac{x_1^n + (n-1-k) - k}{(-1)^k x_1 + 1} = \frac{x_1^n + n - 2k - 1}{(-1)^k x_1 + 1}$$

当 $k > 1$ 为偶数时
$$f = \frac{(x_1^n + 1) + (n - 2k - 2)}{x_1 + 1} =$$
$$R(t) + \frac{n - 2k - 2}{x_1 + 1}$$

只需取 $(x_1 + 1) \mid (n - 2k - 2)$ 即可.

当 $k \geqslant 1$ 为奇数时
$$f = \frac{(x_1^n - 1) + (n - 2k)}{-(x_1 - 1)} = -Q(t) - \frac{n - 2k}{x_1 - 1}$$
只需取 $(x_1 - 1) \mid (n - 2k)$ 即可.

综合上述,存在无穷多组非零整数 $(x_1, x_2, \cdots, x_n)$,使得
$$(\prod_{i=1}^{n} x_i + 1) \mid (\sum_{i=1}^{n} x_i^n)$$
按照上述方法,同理可知,存在无穷多组非零整数 $(x_1, x_2, \cdots, x_n)$,使
$$(\prod_{i=1}^{n} x_i - 1) \mid (\sum_{i=1}^{n} x_i^n)$$

第五编
第30届国际数学奥林匹克

第 30 届国际数学奥林匹克

联邦德国,1989

1 求证:集合 $\{1,2,\cdots,1\,989\}$ 可以分为 117 个互不相交的子集 $A_i(i=1,2,\cdots,117)$,使得

(1) 每个 A_i 含有 17 个元素;

(2) 每个 A_i 中各元素之和相同.

菲律宾命题

证法 1 我们把问题提得更一般些. 设 s,n 是两个正整数. 证明集合 $A=\{1,2,\cdots,sn\}$ 可以分为 n 个互不相交的子集 $A_1,\cdots,A_n$,使得每个集合含有 s 个元素,且每个集合中各元素之和相同. 本题就是 $s=17,n=117$.

以 $S(A)$ 和 $S(A_i)$ 分别表示集合 A 和 A_i 中各元素之和. 我们有

$$S(A)=\frac{sn(sn+1)}{2} \qquad ①$$

由于这里要求 $S(A_1)=\cdots=S(A_n)$,所以

$$S(A_i)=\frac{s(sn+1)}{2}, i=1,2,\cdots,n \qquad ②$$

由式 ② 看出,当 s 为奇数,n 为偶数时,这种分法是不可能的. 所以我们只要讨论以下两种情形.

ⅰ s 为偶数;

ⅱ s,n 均为奇数.

我们的题目属于情形 ⅱ. 情形 ⅰ 是很容易解决的,ⅱ 要困难些.

ⅰ 我们把这 sn 个数用下面的方法自小至大依次排成一个 s 行且每行有 n 个数的表,即 s 行 n 列的表:第 1 行从 1 开始自左向右依次排到 n,然后排第 2 行,要注意的是把 $n+1$ 排在 n 的下面(即同一列),且和第 1 行排列的方向相反,自右向左排到 $2n$. 一般排好第 j 行的最后一个数 jn 后,再排第 $j+1$ 行,把 $jn+1$ 排在 jn 的下面,且和第 j 行的排列方向相反,依次排到 $(j+1)n$. 下表就给出了当 s 是偶数时这样的排列.

由排列的方法立即看出:任意相邻两行在同一列上的两数之

此解法属于徐明曜、罗华章等

和都相同. 由于现在 s 是偶数, 所以, 第 $1,2$ 行, 第 $3,4$ 行, $\cdots$, 第 $s-1, s$ 行都是相邻的两行, 且恰好把这 s 行分完. 因此推出: 这表中每一列中的元素之和都相同. 这样, 只要把第 i 列中的数组成的集合取作子集 A_i, 就证明了所要的结论.

A_1	A_2	A_3	$\cdots$	A_{n-2}	A_{n-1}	A_n
1	2	3	$\cdots$	$n-2$	$n-1$	n
$2n$	$2n-1$	$2n-2$	$\cdots$	$n+3$	$n+2$	$n+1$
$2n+1$	$2n+2$	$2n+3$	$\cdots$	$3n-2$	$3n-1$	$3n$
$4n$	$4n-1$	$4n-2$	$\cdots$	$3n+3$	$3n+2$	$3n+1$
$\vdots$	$\vdots$	$\vdots$	$\cdots$	$\vdots$	$\vdots$	$\vdots$
$(s-4)n+1$	$(s-4)n+2$	$(s-4)n+3$	$\cdots$	$(s-3)n-2$	$(s-3)n-1$	$(s-3)n$
$(s-2)n$	$(s-2)n-1$	$(s-2)n-2$	$\cdots$	$(s-3)n+3$	$(s-3)n+2$	$(s-3)n+1$
$(s-2)n+1$	$(s-2)n+2$	$(s-2)n+3$	$\cdots$	$(s-1)n-2$	$(s-1)n-1$	$(s-1)n$
sn	$sn-1$	$sn-2$	$\cdots$	$(s-1)n+3$	$(s-1)n+2$	$(s-1)n+1$

当 s 是奇数时, 虽然也可以这样列表, 但不能以相邻两行为一组把这 s 行分完, 所以这样的方法不能解决 s 是奇数的情形.

应该指出, 把集合 A 改为是由任意相邻的 sn 个整数组成的集合, 即取 $A = \{a+1, a+2, \cdots, a+sn\}$ 时 (这里 a 是任意给定的整数), 当 s 为偶数时结论也成立. 事实上只要在表中每个数加上 a 即可推出. 这一点在证情形 ⅱ 时要用到.

ⅱ 我们只要讨论 $s=3$ 的情形. 因为当奇数 $s>3$ 时, 可把集合 $A = \{1, 2, \cdots, sn\}$ 分为两个集合: $B = \{1, 2, \cdots, 3n\}$, $C = \{3n+1, 3n+2, \cdots, 3n+(s-3)n\}$. 集合 C 有 $(s-3)n$ 个数, $s-3$ 是偶数, 由情形 ⅰ 最后的说明知, 它可以分为互不相交的 n 个子集 $C_1, \cdots, C_n$, 每个子集有 $s-3$ 个数, 且每个子集中的数之和都相同. 如果我们把集合 B 也分成了互不相交的 n 个子集 $B_1, \cdots, B_n$, 每个子集有 3 个数, 且每个子集中的数之和都相同, 那么, 取 A_i 为 B_i 与 C_i 的和集 $(i=1, 2, \cdots, n)$, 这样得到的 $A_1, \cdots, A_n$ 就满足要求.

现在来考虑如何分集合 B, 这里 n 是奇数. 通过对具体数值例子 (如取 $n=3, 5, 7$ 等) 试验, 使我们会想到这样来分集合 B: 先把集合 B 分为子集 $E_1 = \{1, 2, \cdots, 2n\}$ 和 $E_2 = \{2n+1, \cdots, 3n\}$; 然后把集合 E_1 分为 n 个互不相交的子集 $E_{11}, \cdots, E_{1n}$, 每个 E_{1i} 有两个数, 且 $S(E_{11}), S(E_{12}), \cdots, S(E_{1n})$ 是 n 个相邻整数 (这里 $S(E_{1i})$ 表示集合 E_{1i} 的数之和). 如果这样的分法是可能的, 不妨假定

$$S(E_{1,i+1}) = S(E_{1i}) + 1 \qquad ③$$

那么, 取子集 B_i 为子集 E_{1i} 再添上 E_2 中的一个数 $3n-(i-1)$ 所组成, 这样集合 B 就分成了互不相交的 n 个集合 $B_1, \cdots, B_n$, 显见

它们满足要求.

那么,如何来实现集合 E_1 的满足式 ③ 的这种分法呢?先来看一个具体例子. $n=5$ 时, $E_1=\{1,2,\cdots,10\}$ 可这样来分,即

E_{11}	E_{14}	E_{12}	E_{15}	E_{13}
1	2	3	4	5
8	10	7	9	6

也可以这样分,即

E_{13}	E_{11}	E_{14}	E_{12}	E_{15}
1	2	3	4	5
10	7	9	6	8

由此得到启发,对一般的集合 E_1,按第一种分法可这样来分:先自左至右依次写下 $1,2,\cdots,n$;然后这样写第 2 行:在 n 下面写 $n+1$,再自右向左一隔一地依次写下 $n+2,\cdots$,直到在 1 的下面写 $n+\frac{n+1}{2}$(注意 n 是奇数),再回过来从 $n-1$ 下面的第 2 行的空格开始,自右向左依次在这些空格中写完余下的数.下表就给出了这样的分法.

G_1	G_2	G_3	G_4	$\cdots$	G_{n-3}	G_{n-2}	G_{n-1}	G_n
1	2	3	4	$\cdots$	$n-3$	$n-2$	$n-1$	n
$\vdots$	$\vdots$	$\vdots$	$\vdots$	$\vdots$	$\vdots$	$\vdots$	$\vdots$	
$n+\frac{n+1}{2}$	$2n$	$n+\frac{n-1}{2}$	$2n-1$	$\cdots$	$n+\frac{n+5}{2}$	$n+2$	$n+\frac{n+3}{2}$	$n+1$

若以 G_i 记上表中第 i 列数组成的集合,那么,依指标大小依次先写奇指标集合,写完后再写偶指标集合,得到 $G_1,G_3,\cdots,G_n$, $G_2,G_4,\cdots,G_{n-1}$.不改变这一列集合的次序,改写为 $E_{11},E_{12},\cdots, E_{1,n-1},E_{1,n}$,这就是我们所要的集合 E_1 的分法,且满足式 ③.因为 $S(G_1),S(G_3),\cdots,S(G_n)$ 是递增的相邻整数, $S(G_2)$, $S(G_4),\cdots,S(G_{n-1})$ 也是递增的相邻整数,这两点由表的写法可直接看出,再由写法知, $S(G_n)=2n+1,S(G_2)=2n+2$,也是相邻的.

综上所述,由情形 ⅱ 我们也可得到所要的结论.证毕.

最后,我们要指出:由两种情形的讨论可看出,除了显然情形外,集合 A 分为两两不相交的这种子集 $A_1,\cdots,A_n$ 的分法不是惟一的,讨论分法的个数应该是一个有趣的问题,可能并不容易.

证法 2 由于 $352=3\cdot 117+1, 1\,989=17\cdot 117$,所以 $\{352, 353,\cdots,1\,989\}$ 中每个数均可惟一表示为如下形式,即
$$q\cdot 117+r, 1\leqslant r\leqslant 117, 3\leqslant q\leqslant 16$$

我们先把这些数按以下方式分在各个子集 A_i 中,即
$$q \cdot 117 + t \in A_i, q \in 2k+1, k=0,1,2,\cdots$$
$$q \cdot 117 + (118-t) \in A_i, q \in 2k, k=0,1,2,\cdots$$

这样,已对每个子集 A_i 选定了 14 个元素,在每个 A_i 中,这 14 个数之和是

$$\sum_{k=1}^{7}((2k+1)117+i) + \sum_{k=1}^{7}((2k+2)117+(118-i)) = 16\,387$$

都是相等的. 下面再把剩下的数 $\{1,2,\cdots,351\}$ 来分到各个 A_i 中去. 我们用这样的办法来分:先把这些数中不被 3 整除的 2×117 个数按从小到大的顺序排列为 $\{x_1,x_2,\cdots,x_{117},y_1,y_2,\cdots,y_{117}\}$;再把其中 3 的倍数按从大到小的顺序排列为 $\{z_1,z_2,\cdots,z_{117}\}$;然后,把 x_i,y_i,z_i 这三个数分到子集 A_i. 我们来证明这样分成的 117 个互不相交的子集满足题目的要求. 从以上的讨论知,只要证明 $x_i+y_i+z_i$ 为定值.

当 $t=1$ 时,$x_1=1,y_1=176,z_1=351,x_1+y_1+z_1=528$. 假设当 $t=k$ 时,$x_k+y_k+z_k=528$,我们来证明当 $t=k+1$ 时,也一定有 $x_{k+1}+y_{k+1}+z_{k+1}=528$. 由于 z_k 是 3 的倍数,所以 x_k+y_k 也是 3 的倍数,因此,仅有以下两种情形.

ⅰ $x_k \equiv 1 (\bmod\ 3), y_k \equiv 2 (\bmod\ 3)$;

ⅱ $x_k \equiv 2 (\bmod\ 3), y_k \equiv 1 (\bmod\ 3)$.

在情形 ⅰ 将有
$$x_{k+1}=x_k+1, y_{k+1}=y_k+2, z_{k+1}=z_k-3$$

而在情形 ⅱ 将有
$$x_{k+1}=x_k+2, y_{k+1}=y_k+1, z_{k+1}=z_k-3$$

因此,总有
$$x_{k+1}+y_{k+1}+z_{k+1}=x_k+y_k+z_k=528$$

这就证明了对所有的 $1 \leqslant i \leqslant 117$,总有
$$x_i+y_i+z_i=528$$

证毕.

❷ 锐角 $\triangle ABC$ 中,$\angle A$ 的角平分线与三角形的外接圆交于点 A_1. 点 B_1,C_1 与此类似. 直线 AA_1 与 $\angle B,\angle C$ 的外角平分线相交于 A_0. 点 B_0,C_0 与此类似.

求证:(1) $\triangle A_0B_0C_0$ 的面积是六边形 $AC_1BA_1CB_1$ 面积的二倍;

(2) $\triangle A_0B_0C_0$ 的面积至少是 $\triangle ABC$ 面积的四倍.

澳大利亚命题

证法 1 记 $\triangle ABC$ 的内心为 I,外心为 O,外接圆半径为 R,三内角依次为 α,β,γ. 记六边形 $AC_1BA_1CB_1$ 的面积为 S^*,如图

30.1 所示.

注意到 $S_{\triangle A_1 OB} = \frac{1}{2}R^2 \cdot \sin \alpha$，以及有关 $\triangle BOC_1$, $\triangle C_1 OA$, $\triangle AOB_1$, $\triangle B_1 OC$ 和 $\triangle COA_1$ 的面积的类似等式，得出
$$S^* = \frac{1}{2}R^2(2\sin \alpha + 2\sin \beta + 2\sin \gamma)$$

注意到 $S_{\triangle COB} = \frac{1}{2}R^2 \cdot \sin 2\alpha$，以及有关 $\triangle BOA$ 和 $\triangle AOC$ 的面积的类似等式，得出
$$S_{\triangle ABC} = \frac{1}{2}R^2(\sin 2\alpha + \sin 2\beta + \sin 2\gamma)$$

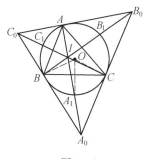

图 30.1

化简得 $\sin 2\alpha + \sin 2\beta = 2\sin(\alpha+\beta) \cdot \cos(\alpha-\beta) =$
$$2\sin \gamma \cdot \cos(\alpha-\beta)$$

于是
$$S_{\triangle ABC} = \frac{1}{2}R^2(\sin \gamma \cdot \cos(\alpha-\beta) + \sin \alpha \cdot \cos(\beta-\gamma) + \sin \beta \cdot \cos(\alpha-\gamma))$$

因此 $S^* \geqslant 2S_{\triangle ABC}$

我们看到 I 是 $\triangle A_0 B_0 C_0$ 的垂心. 因此，A_0, C, I, B 四点共圆. 下面证明 A_1 是圆心.
$$\angle A_1 CI = \frac{1}{2}(\overset{\frown}{A_1 B} + \overset{\frown}{BC_1}) = \frac{1}{2}(\alpha+\gamma)$$
$$\angle A_1 IC = \frac{1}{2}(\overset{\frown}{A_1 C} + \overset{\frown}{AC_1}) = \frac{1}{2}(\alpha+\gamma)$$

于是，$A_1 C = A_1 I$. 又有 $A_1 C = A_1 B$. 因此，A_1 是过 B, I, C 三点的圆的圆心，A_0 也在该圆上. 因为 A_1 是 IA_0 的中点，所以 $S_{A_0 CIB} = 2 \times S_{A_1 CIB}$，再对 $S_{B_0 AIC}$ 和 $S_{C_0 BIA}$ 作类似分析. 有
$$S_{\triangle A_0 B_0 C_0} = 2S^*$$
及
$$S_{\triangle A_0 B_0 C_0} \geqslant 4S_{\triangle ABC}$$

证法 2 (1) 记 $\triangle ABC$ 的内心为 I，外心为 O，如图 30.1 所示. 易见 $IB \perp A_0 B, IC \perp A_0 C$，于是 I, B, A_0, C 四点共圆. 因此
$$\angle BIA_0 = \angle BCA_0 = \frac{1}{2}(\pi - \angle ACB) =$$
$$\frac{1}{2}(\pi - \angle AA_1 B) = \frac{1}{2}(\angle BIA_0 + \angle IBA_1)$$

由此推出 $\angle BIA_0 = \angle IBA_1$
于是 $BA_1 = IA_1$. 又因
$$\angle BA_0 I = \frac{\pi}{2} - \angle BIA_0 = \frac{\pi}{2} - \angle IBA_1 = \angle A_0 BA_1$$

于是 $BA_1 = A_1 A_0$. 结合前式得到 $A_1 I = A_1 A_0$，因此四边形 $IBA_0 C$ 的面积

此证法属于罗华章

同理可证
$$S_{IBA_0C} = 2S_{IBA_1C}$$
$$S_{ICB_0A} = 2S_{ICB_1A}, S_{IAC_0B} = 2S_{IAC_1B}$$
把上面三式相加,知(1)成立.

(2) 设 $\triangle ABC$ 的三个内角分别为 α, β, γ. 显然有 $\angle B_0OA_1 = \angle A_1OC = \alpha$. 从而
$$S_{OBA_1C} = R^2 \cdot \sin \alpha, S_{\triangle OBC} = \frac{1}{2}R^2 \cdot \sin 2\alpha$$
其中, R 表示 $\triangle ABC$ 的外接圆半径. 同理可证
$$S_{OAB_1C} = R^2 \cdot \sin \beta, S_{\triangle OAC} = \frac{1}{2}R^2 \cdot \sin 2\beta$$
以及
$$S_{OAC_1B} = R^2 \cdot \sin \gamma, S_{\triangle OAB} = \frac{1}{2}R^2 \cdot \sin 2\gamma$$
由此推出
$$S_{\triangle ABC} = \frac{1}{2}R^2(\sin 2\alpha + \sin 2\beta + \sin 2\gamma)$$
及
$$S_{AC_1BA_1CB_1} = R^2(\sin \alpha + \sin \beta + \sin \gamma)$$
据(1)由后式又得
$$S_{\triangle A_0B_0C_0} = 2R^2(\sin \alpha + \sin \beta + \sin \gamma)$$
因为
$$\sin 2\alpha + \sin 2\beta = 2\sin(\alpha+\beta) \cdot \cos(\alpha-\beta) \leqslant$$
$$2\sin(\alpha+\beta) = 2\sin \gamma$$
同理又有
$$\sin 2\beta + \sin 2\gamma \leqslant 2\sin \alpha, \sin 2\gamma + \sin 2\alpha \leqslant 2\sin \beta$$
三式相加,得
$$\sin 2\alpha + \sin 2\beta + \sin 2\gamma \leqslant \sin \alpha + \sin \beta + \sin \gamma$$
由此得
$$S_{\triangle ABC} \leqslant \frac{1}{4}S_{\triangle A_0B_0C_0}$$
(2) 得证.

❸ 设 n 和 k 是正整数,S 是平面上 n 个点的集合,满足:

(1) S 中任何三点不共线;

(2) 对 S 中的每一个点 P,S 中至少存在 k 个点与 P 距离相等.

求证
$$k < \frac{1}{2} + \sqrt{2n}$$

荷兰命题

证法 1 由题意知对每点 $P_i \in S$,存在以 P_i 为圆心的一个 $\odot C_i$,使得 C_i 上至少有 S 中的 k 个点. 我们对每个点 P_i 都取定这样的 $\odot C_i$. 因 S 中一共有 n 个点,也一共取定了 n 个圆.

称 (P_i, C_j) 为一个"点圆对",如果 $P_i \in C_j$. 称 (P_i, C_j, C_k),$j \neq k$,为一个"点双圆组",如果 $P_i \in C_j \cap C_k$.

设过点 P_i 共有 x_i 个圆,又设共有 M 个"点圆对"和 N 个"点

双圆组". 则显然有
$$M = \sum_{i=1}^{n} x_i, N = \sum_{i=1}^{n} \frac{x_i(x_i-1)}{2}$$

又显然有
$$M \geqslant nk, N \leqslant n(n-1)$$

于是
$$2n(n-1) \geqslant 2N = \sum_{i=1}^{n}(x_i^2 - x_i) \geqslant \frac{1}{n}\Big(\sum_{i=1}^{n} x_i\Big)^2 - \sum_{i=1}^{n} x_i =$$
$$\frac{1}{n}M^2 - M = \frac{1}{n}\Big(M - \frac{n}{2}\Big)^2 - \frac{n}{4} \geqslant$$
$$\frac{1}{n}\Big(nk - \frac{n}{2}\Big)^2 - \frac{n}{4} = nk^2 - nk$$

由此得 $2n-2 \geqslant k^2 - k, 2n - \frac{7}{4} \geqslant \Big(k - \frac{1}{2}\Big)$

即 $k \leqslant \frac{1}{2} + \sqrt{2n - \frac{7}{4}} < \frac{1}{2} + \sqrt{2n}$

注 此题不用条件(1).

证法2 条件(1)是多余的. 对集合 S 中一点 P, 由条件(2)知 S 中至少有 k 个点与 P 等距, 我们取定这样的一组点, 设为 $P_1, \cdots, P_t, t \geqslant k$. 作向量 $\overrightarrow{PP_1}, \cdots, \overrightarrow{PP_t}$, 得到了这样一个有向图 G, P 为向量的起点, $P_j (1 \leqslant j \leqslant t)$ 为终点. 现在对 S 中的每个点 $V_i (i=1,2,\cdots,n)$ 作这样的有向图. 在所有这些有向图中, 以 V_i 为起点的向量个数设为 a_i, 以 V_i 为终点的向量个数设为 b_i. 显见, 必有等式

$$\sum_{i=1}^{n} a_i = \sum_{i=1}^{n} b_i$$

且由条件(2)知, $a_i \geqslant k (1 \leqslant i \leqslant n)$.

对每一点 V_i, 以它为圆心作圆, 半径为它的有向图中向量的长度. 这样得到的 n 个圆的交点按重数计(即一个点是两个圆的交点就算一次, 当它是 k 个圆的共同交点时就算 $\binom{k}{2}$ 次) 不会超过 $2\binom{n}{2}$. 再注意到对每个点 V_i, 它作为两圆的交点被计算了 $\binom{b_i}{2}$ 次. 所以必有

$$2\binom{n}{2} \geqslant \sum_{i=1}^{n} \binom{b_i}{2}$$

由前面的讨论知

$$\sum_{i=1}^{n} \binom{b_i}{2} = \frac{1}{2} \sum_{i=1}^{n} b_i^2 - \frac{1}{2} \sum_{i=1}^{n} b_i \geqslant \frac{1}{2n}\Big(\sum_{i=1}^{n} b_i\Big)^2 - \frac{1}{2} \sum_{i=1}^{n} b_i =$$

此证法属于罗华章

$$\frac{1}{2n}\Big(\sum_{i=1}^{n}a_i\Big)^2-\frac{1}{2}\sum_{i=1}^{n}a_i\geqslant \frac{1}{2n}(nk)^2-\frac{1}{2}(nk)$$

由以上两式得
$$2n-2\geqslant k^2-k$$
即
$$(k-\frac{1}{2})^2\leqslant 2n-\frac{7}{8}$$

这就推出所要结论.

❹ 设 $ABCD$ 是一个凸四边形,它的三个边 AB, AD, BC 满足 $AB=AD+BC$. 四边形内,距离 CD 为 h 的地方有一点 P,使得 $AP=h+AD, BP=h+BC$. 求证
$$\frac{1}{\sqrt{h}}\geqslant \frac{1}{\sqrt{AD}}+\frac{1}{\sqrt{BC}}$$

冰岛命题

证法 1 以点 A(点 B)为圆心,以 $a=AD$(以 $b=BC$)为半径作圆,如图 30.2 所示. 按题意,$AB=AD+BC$,故两圆相切于点 E.

先考虑特殊情形. 凸四边形 ABC_0D_0,边 C_0D_0 恰是 $\odot A$ 和 $\odot B$ 的公切线. 设以 P_0 为圆心,以 h_0 为半径的圆与 $\odot A$ 及 $\odot B$ 都外切,并且与 C_0D_0 相切于点 F_0,由此可得
$$C_0D_0^2=(a+b)^2-(a-b)^2=4ab$$
$$D_0F_0^2=(a+h_0)^2-(a-h_0)^2=4ah_0$$
类似地有
$$C_0F_0^2=4bh_0$$
由于 $C_0F_0+F_0D_0=C_0D_0$,有
$$2\sqrt{ah_0}+2\sqrt{bh_0}=2\sqrt{ab}$$
即
$$\sqrt{\frac{1}{h_0}}=\sqrt{\frac{1}{a}}+\sqrt{\frac{1}{b}}$$

再回到一般情形. 设边 CD 不是 $\odot A$ 和 $\odot B$ 的公切线,则 CD 一定在(或通过)四边形 ABC_0D_0 的内部.

设点 P 在四边形 ABC_0D_0 的内部,以 P 为圆心,以 h 为半径的圆与 $\odot A$ 及 $\odot B$ 都外切. 若 $h=h_0$,则点 P 就是 P_0;若 $h>h_0$,则点 P 在 $\angle B'P_0A'$ 的内部. 这表明,当 $h\geqslant h_0$ 时,$\odot P$ 一定不完全在四边形 $ABCD$ 的内部. 因此,若要求 $\odot P$ 完全在 $ABCD$ 的内部,且与 CD 相切,必有 $h<h_0$,即
$$\sqrt{\frac{1}{h}}>\sqrt{\frac{1}{a}}+\sqrt{\frac{1}{b}}$$

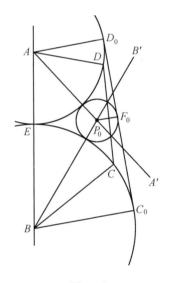

图 30.2

证法 2 以 A, B, P 为圆心,分别以 $R=AD, r=BC, h$ 为半径作圆,如图 30.3 所示,则三圆两两外切,且 $\odot P$ 与 CD 相切. 作 $AD_1\perp CD, BC_1\perp CD, PQ\perp CD$,其垂足分别为 D_1, C_1, Q. 并记 $AD_1=R', BC_1=r'$. 则有

此证法属于罗华章

$$C_1D_1 = \sqrt{(R+r)^2 - (R'-r')^2}$$
$$C_1Q = \sqrt{(r+h)^2 - (r'-h)^2}$$
$$D_1Q = \sqrt{(R+h)^2 - (R'-h)^2}$$

于是 $\sqrt{(R+r)^2 - (R'-r')^2} = \sqrt{(r+h)^2 - (r'-h)^2} + \sqrt{(R+h)^2 - (R'-h)^2}$

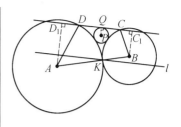

图 30.3

两边平方后整理得

$$(R-h)(r-h) + (R'-h)(r'-h) - 2h^2 = \sqrt{(r+h)^2 - (r'-h)^2} \sqrt{(R+h)^2 - (R'-h)^2} \quad \text{①}$$

过 $\odot A, \odot B$ 切点 K 作直线 $l \parallel CD$,易见 $\odot P$ 含于 l 与 CD 两直线之间,于是有 $R + R' \geqslant 2h, r + r' \geqslant 2h$($2h$ 为 $\odot P$ 的直径). 再由 $R' \leqslant R, r' \leqslant r$,得

$$(R'-h)(r'-h) \leqslant (R-h)(r-h)$$
$$(r+h)^2 - (r'-h)^2 \geqslant (r+h)^2 - (r-h)^2 = 4rh$$
$$(R+h)^2 - (R'-h)^2 \geqslant (R+h)^2 - (R-h)^2 = 4Rh$$

代入式 ① 得

$$2(R-h)(r-h) - 2h^2 \geqslant 4\sqrt{Rr} \cdot h$$

配方后即为 $Rr \geqslant (\sqrt{Rh} + \sqrt{rh})^2$

故 $\dfrac{1}{\sqrt{h}} \geqslant \dfrac{1}{\sqrt{R}} + \dfrac{1}{\sqrt{r}} = \dfrac{1}{\sqrt{AD}} + \dfrac{1}{\sqrt{BC}}$

> **❺** 求证:对任何正整数 n,存在 n 个相继的正整数,它们都不是素数的整数幂.

瑞典命题

证法 1 本题即是要找出这样的 n 个相邻正整数,每个都至少有两个不同的素因子,所以这是初等数论的一个整除问题. 我们用归纳法来证. $n=1$ 时结论显然成立. 假定结论对 $n=k(k \geqslant 1)$ 成立,即存在正整数 a 使得 k 个相邻正整数

$$a, a+1, \cdots, a+(k-1) \quad \text{①}$$

每个都有两个不同的素因子,不妨设 $a+i$ 的两个不同的素因子是 $p_i, q_i, i = 0, 1, \cdots, k-1$. 记 $P_k = p_0 q_0 p_1 q_1 \cdots p_{k-1} q_{k-1}$. 显见,对任意非负整数 t,k 个相邻正整数

$$a + tP_k, a + tP_k + 1, \cdots, a + tP_k + (k-1) \quad \text{②}$$

也满足所说的要求,因为 $a + tP_k + i$ 和 $a + i$ 一样也有素因子 p_i, q_i. 我们来证明结论对 $n = k+1$ 也成立,即存在正整数 x 使得 $k+1$ 个相邻正整数

$$x, x+1, \cdots, x+(k-1), x+k \quad \text{③}$$

每个都有两个不同的素因子. 很自然,希望从形如 $a + tP_k$ 的数中

去找这样的 x,因为这时由归纳假定和前面的说明知,对任意非负正整数 t,当 $x=a+tP_k$ 时,式 ③ 的前 k 个正整数都有两个不同的素因子,这样,就只要去决定 t,使得
$$x+k=a+tP_k+k$$
也有两个不同的素因子. 下面来求满足这样要求的 t.

假定 $x+k$ 有两个不同的素因子 p_k,q_k(待定),就有
$$x+k=sp_kq_k$$
这样,s 和 t 满足关系式
$$sp_kq_k-tP_k=a+k \qquad ④$$
这就是熟知的关于变数 s,t 的一次不定方程. 我们知道,只要 p_kq_k 和 P_k 互素,不定方程 ④ 一定有解. 由于素数有无穷多个,对已知的 P_k,一定可以找到不同的素数 p_k,q_k 使 p_kq_k 和 P_k 互素. 这样,对取定的这种 p_k,q_k 必有 t_0,s_0 是方程 ④ 的一组解,且对任意整数 u
$$t=t_0+up_kq_k,s=s_0+uP_k$$
也都是方程 ④ 的解. 所以,一定可以取到 u 使 t 为非负整数. 因此,结论对 $n=k+1$ 也成立. 证毕.

熟悉初等数论的读者,不难看出本题就是解一次同余方程组,利用孙子定理即可证明. 也就是对取定的 $2n$ 个不同的素数 $p_0,q_0,p_1,q_1,\cdots,p_{n-1},q_{n-1}$,求解一次同余方程组
$$x+i\equiv 0(\bmod\ p_{i-1}q_{i-1}),i=0,1,\cdots,n-1$$
的正整数解.

证法 2 取 $2n$ 个互不相同的素数 $p_1,q_1,p_2,q_2,\cdots,p_n,q_n$. 由孙子定理知同余方程组 此证法属于罗华章
$$x\equiv -j(\bmod\ p_jq_j),j=1,2,\cdots,n$$
有解,可取正整数 N 满足这同余方程组,这样,$N+1,N+2,\cdots,N+n$ 这 n 个相邻正整数就都不是素数的方幂,因为 $p_jq_j\mid N+j$.

---

❻ 设 n 是正整数. 我们说集合 $\{1,2,\cdots,2n\}$ 的一个排列 $(x_1,x_2,\cdots,x_{2n})$ 具有性质 P,如果在 $\{1,2,\cdots,2n-1\}$ 当中至少有一个 i 使 $|x_i-x_{i+1}|=n$ 成立. 求证:对于任何 n,具有性质 P 的排列比不具有性质 P 的排列个数多.

波兰命题

证法 1 在集合 $\{1,2,\cdots,2n\}$ 中,使差的绝对值等于 n 的数对是 $\{1,n+1\},\{2,n+2\},\cdots,\{n,2n\}$. 因此,具有性质 P 的排列就是这样的排列:它至少有两个相邻数是属于上述 n 个数对之一. 我们说一个排列 $(x_1,x_2,\cdots,x_{2n})$ 具有性质 $a_j(1\leqslant j\leqslant n)$,如果数对 $\{j,n+j\}$ 中的两个数是这个排列中的相邻数(不计次序). 这样就可用容斥原理来解本题.

以 S 记具有性质 P 的排列个数,以 S_j 记所有具有性质 a_j 的排列的集合及其个数,对取自集合 $\{1,2,\cdots,n\}$ 中的一组数 $j_1 < j_2 < \cdots < j_l$,以 $S_{j_1 j_2 \cdots j_l}$ 记同时具有性质 $a_{j_1}, a_{j_2}, \cdots, a_{j_l}$ 的所有排列的集合及其个数. 由容斥原理知

$$S = \sum_{1 \leq j_1 \leq n} S_{j_1} - \sum_{1 \leq j_1 < j_2 \leq n} S_{j_1 j_2} + \sum_{1 \leq j_1 < j_2 < j_3 \leq n} S_{j_1 j_2 j_3} - \cdots +$$
$$(-1)^{l-1} \sum_{1 \leq j_1 < j_2 < \cdots < j_l \leq n} S_{j_1 j_2 \cdots j_l} + \cdots + (-1)^{n-1} S_{12 \cdots n} \quad \text{①}$$

由于总的排列数为 $(2n)!$,所以本题就是要证明

$$S > \frac{(2n)!}{2} \quad \text{②}$$

下面来计算 $S_{j_1 \cdots j_l}$. S_{j_1} 中的每个排列必定是数 j_1 和 $n+j_1$ 是这排列中的相邻数(不计次序),因此,个数 S_{j_1} 就相当于把 j_1 和 $n+j_1$ 看做一个数,再和另外 $2l-2$ 个数一起任意排列的个数,由于 j_1, $n+j_1$ 不计次序,因此

$$S_{j_1} = 2 \cdot (2n-1)!$$

进而有

$$\sum_{1 \leq j_1 \leq n} S_{j_1} = 2 C_n^1 (2n-1)! \quad \text{③}$$

同理,$S_{j_1 \cdots j_l}$ 就相当于把 j_1 和 $n+j_1$ 看做一个数,j_2 和 $n+j_2$ 看做一个数,$\cdots\cdots$,j_l 和 $n+j_l$ 看做一个数,再和另外 $2n-2l$ 个数在一起任意排列的个数,由于 $j_t, n+j_t$ 不计次序 $(t=1,\cdots,l)$,所以

$$S_{j_1 \cdots j_2} = 2^l \cdot (2n-l)!$$

进而有

$$\sum_{1 \leq j_1 < \cdots < j_l \leq n} S_{j_1 \cdots j_l} = 2^l C_n^l (2n-l)! \quad \text{④}$$

由式 ①,③ 及 ④ 推出

$$S = 2 C_n^1 (2n-1)! - 2^2 C_n^2 (2n-2)! + \cdots +$$
$$(-1)^{l-1} 2^l C_n^l (2n-l)! + \cdots + (-1)^{n-1} 2^n C_n^n n! =$$
$$2 \cdot (2n-1)! \left(C_n^1 - \frac{2}{2n-1} C_n^2 \right) +$$
$$2^3 \cdot (2n-3)! \left(C_n^3 - \frac{2}{2n-3} C_n^4 \right) + \cdots +$$
$$2^{2t-1} \cdot (2n-2t+1)! \cdot$$
$$\left(C_n^{2t-1} - \frac{2}{2n-2t+1} C_n^{2t} \right) + \cdots \quad \text{⑤}$$

当 $1 \leq t < \dfrac{n}{2}$ 时

$$C_n^{2t-1} - \frac{2}{2n-2t+1} C_n^{2t} = C_n^{2t-1} \left(1 - \frac{2}{2n-2t+1} \cdot \frac{n-2t+1}{2t} \right) >$$
$$C_n^{2t-1} \left(1 - \frac{1}{2t} \right)$$

由以上两式立即推出,式 ⑤ 中每项均是正的,且有
$$S > 2 \cdot (2n-1)! \, C_n^1(\frac{1}{2}) +$$
$$2^3 \cdot (2n-3)! \, C_n^3(\frac{3}{4}) + \cdots > (\frac{1}{2}) \cdot (2n)!$$

这就证明了式 ②. 事实上,为了证明本题只要计算式 ① 的前两项,是很简单的.

证法 2 记具有性质 P 的排列个数为 H_n. 一般地,设 $1 \leqslant k \leqslant n$,集合 $\{1,2,\cdots,k,n+1,n+2,\cdots,n+k\}$ 的具有性质 P 的排列 —— 即 $(x_1,\cdots,x_{2k})$ 中至少有一个 $i(1 \leqslant i \leqslant 2k-1)$ 使 $|x_i - x_{i+1}| = n$ 成立的排列的个数记为 H_k. 我们来证明

$$H_k > \frac{(2k)!}{2}$$

由此即得所要结论. 当 $k=1$ 时,$H_1 = 2$ 结论显然成立. 假设对 $k=j, 1 \leqslant j \leqslant n-1$,结论成立,我们来推出结论对 $k=j+1$ 也成立.

首先注意到这样一个事实:对任一 x 属于集合 $\{1,2,\cdots,2n\}$,存在惟一的属于这集合的 y,使得 $|x-y|=n$.

(1) 在集合 $\{1,2,\cdots,j,n+1,\cdots,n+j\}$ 的每一个排列中,嵌入 $j+1, n+j+1$,且使这两数相邻,这样共可得到 $2(2j+1) \cdot (2j)!$ 个具有性质 P 的集合 $\{1,2,\cdots,j+1,n+1,\cdots,n+j+1\}$ 的排列.

(2) 对集合 $\{1,2,\cdots,j,n+1,\cdots,n+j\}$ 的每一个具有性质 P 的排列,嵌入 $j+1, n+j+1$,使得这两个数不相邻,但所得的集合 $\{1,2,\cdots,j+1,n+1,\cdots,n+j+1\}$ 的排列仍具有性质 P,这种嵌入至少有 $2j(2j-1)$ 种. 所以用这样的方法得到的集合 $\{1,2,\cdots,j+1,n+1,\cdots,n+j+1\}$ 的具有性质 P 的排列数大于等于 $2j(2j-1)H_j$. 综合 (1),(2) 得到

$$H_{j+1} \geqslant 2j(2j-1)H_j + 2(2j+1) \cdot (2j)!$$

由此及假设知

$$H_{j+1} > j(2j-1) \cdot (2j)! + 2(2j+1) \cdot (2j)! > \frac{(2j+2)!}{2}$$

这就证明了所要的结论.

此证法属于罗华章

第 30 届国际数学奥林匹克英文原题

The thirtieth International Mathematical Olympiad was held from July 13th to July 24th 1989 in Braunschweig, the native city of the famous mathematician K. F. Gauss (1777−1855).

❶ Prove that the set $\{1, 2, \cdots, 1989\}$ can be expressed as the disjoint union of subsets $A_i (i = 1, 2, \cdots, 117)$ such that

(i) Each A_i contains 17 elements;

(ii) The sum of all the elements in each A_i is the same.

(Philippines)

❷ In an acute-angled triangle ABC the internal bisector of angle A meets the circumcircle of the triangle again at A_1. Points B_1 and C_1 are defined similarly. Let A_0 be the point of intersection of the line AA_1 with the external bisectors of angles B and C. Points B_0 and C_0 are defined similarly. Prove that:

(i) the area of the triangle $A_0 B_0 C_0$ is twice the area of the hexagon $AC_1 BA_1 CB_1$.

(ii) the area of the triangle $A_0 B_0 C_0$ is at least four times the area of the trianble ABC.

(Australia)

❸ Let n and k be positive integers and let S be a set of n points in the plane such that:

(i) no three points of S are collinear, and

(ii) for every point P of S there are at least k points of S equidistant from P.

Prove that $k < \frac{1}{2} + \sqrt{2n}$.

(Netherlands)

❹ Let $ABCD$ be a convex quadrilateral such that
$$AB = AD + BC$$

It is supposed that there exists a point P inside the quadrilateral at a distance h from the side CD such that $AP = h + AD$ and $BP = h + BC$.

Show that
$$\frac{1}{\sqrt{h}} \geq \frac{1}{\sqrt{AD}} + \frac{1}{\sqrt{BC}}$$

(Iceland)

❺ Show that for any positive integer n there exist n consecutive positive integers such that none of them is the power of a prime number.

(Sweden)

❻ Let n be a positive integer. A permutation $(x_1, x_2, \cdots, x_{2n})$ of the set $\{1, 2, \cdots, 2n\}$ has the property P if $|x_i - x_{i+1}| = n$ for at lest one i. Show that for every $n, n \geq 1$, the number of permutations with the property P is greater than the number of permutations which don't have it.

(Poland)

第 30 届国际数学奥林匹克各国成绩表

1989,德意志联邦共和国

名次	国家或地区	分数	奖牌			参赛队
		(满分252)	金牌	银牌	铜牌	人数
1.	中国	237	4	2	—	6
2.	罗马尼亚	223	2	4	—	6
3.	苏联	217	3	2	1	6
4.	德意志民主共和国	216	3	2	1	6
5.	美国	207	1	4	1	6
6.	捷克斯洛伐克	202	2	1	3	6
7.	保加利亚	195	1	3	2	6
8.	德意志联邦共和国	187	1	3	2	6
9.	越南	183	2	1	3	6
10.	匈牙利	175	—	4	1	6
11.	南斯拉夫	170	1	3	1	6
12.	波兰	157	—	3	3	6
13.	法国	156	—	1	5	6
14.	伊朗	147	—	2	3	6
15.	新加坡	143	—	—	4	6
16.	土耳其	133	—	1	4	6
17.	中国香港	127	—	2	1	6
18.	意大利	124	—	1	2	6
19.	加拿大	123	—	1	3	6
20.	希腊	122	—	1	3	6
21.	英国	122	—	2	1	6
22.	澳大利亚	119	—	2	2	6
23.	哥伦比亚	119	—	1	2	6
24.	奥地利	111	—	2	1	6
25.	印度	107	—	—	4	6
26.	以色列	105	—	2	1	6
27.	比利时	104	—	—	3	6
28.	韩国	97	—	—	1	6
29.	荷兰	92	—	1	1	6
30.	突尼斯	81	—	—	1	6

续表

名次	国家或地区	分数（满分252）	金牌	银牌	铜牌	参赛队人数
31.	墨西哥	79	—	—	1	6
32.	瑞典	73	—	—	2	6
33.	古巴	69	—	—	1	6
34.	新西兰	69	—	—	2	6
35.	卢森堡	65	—	1	1	6
36.	巴西	64	—	—	3	6
37.	挪威	64	—	—	1	6
38.	摩洛哥	63	—	—	1	6
39.	西班牙	61	—	—	1	6
40.	芬兰	58	—	—	—	6
41.	泰国	54	—	—	1	6
42.	秘鲁	51	—	—	—	6
43.	菲律宾	45	—	1	—	6
44.	葡萄牙	39	—	—	—	6
45.	爱尔兰	37	—	—	—	6
46.	冰岛	33	—	—	—	4
47.	科威特	31	—	—	—	6
48.	塞浦路斯	24	—	—	—	6
49.	印尼	21	—	—	—	6
50.	委内瑞拉	6	—	—	—	4

第30届国际数学奥林匹克预选题

联邦德国,1989

> **❶** 在集 $S_n = \{1, 2, \cdots, n\}$ 中定义一种新乘法 $a * b$,具有如下性质:
> (1) 对任意的 $a \in S_n, b \in S_n$, 积 $c = a * b \in S_n$.
> (2) 若通常的乘积 $a \cdot b \leqslant n$,则 $a * b = a \cdot b$.
> (3) 对于 $*$,通常的乘法定律成立,即
> ⅰ $a * b = b * a$, （交换律）
> ⅱ $a * (b * c) = (a * b) * c$, （结合律）
> ⅲ 若 $a * b = a * c$,则 $b = c$. （消去律）
> 在 $n = 11$ 与 $n = 12$ 时,试对这种新乘法设计一个乘法表,使以上条件均能满足.

澳大利亚命题

解 首先考虑 $n = 12$.

为了计算 $c = a * b$,将 $a \cdot b \bmod 13$ 即可.即定义 c 为
$$a \cdot b = 13k + c, k \geqslant 0, 0 \leqslant c < 13$$
其中 $c = 0$ 是不会发生的(否则 $ab = 13k$,但 13 为质数,$1 \leqslant a, b \leqslant 12$),所以 $c \in S_{12}$.

运算性质(2),(3)显然均成立.

这一做法对于 $n + 1$ 为质数的情况均适用.

现在考虑 $n = 11$. 先定义映射 f 为:

a	1	2	3	4	5	6	7	8	9	10	11
$f(a)$	0	1	4	2	6	5	9	3	8	7	10

然后将 S_{11} 的乘法 $*$ 映为 $\{f(a) \mid a \in S_{11}\}$ 中 $\bmod 11$ 的加法,即为了计算 $c = a * b$,先求出 d
$$\begin{cases} f(a) + f(b), & \text{若 } f(a) + f(b) \leqslant 10 \\ f(a) + f(b) - 11, & \text{若 } f(a) + f(b) \geqslant 11 \end{cases}$$
然后定出 c,满足 $f(c) = d$(即 $c = f^{-1}(d)$).

映射 f 是这样构造的:为使 $1 * a = a$ 对所以 $a \in S$ 成立,需且只需 $f(1) + f(a) = f(a)$,即 $f(1) = 0$.

设 $f(2) = 1$,则
$$f(2 \times 2) = f(2) + f(2) = 2$$

$$f(8)=f(4\times 2)=f(4)+f(2)=2+1=3$$

再设 $f(3)=4$(尚未用到的最小值),则应有

$$f(6)=f(2)+f(3)=5, f(9)=f(3)+f(3)=8$$

继续取 $f(5)=6$,这时 $f(10)=7$. 最后取 $f(7)=9, f(11)=10$(取 $f(7)=10, f(11)=9$ 也可以).

上面 f 的取法可以保证(1)成立.(2),(3)成立是显然的.

> **❷** $\triangle ABC$ 的 $\angle A$ 的平分线交外接圆于 A_1,类似地定义 B_1,C_1. AA_1 与 B,C 处的外角平分线相交于 A_0. 类似地定义 B_0 与 C_0. 证明
> $$S_{A_0B_0C_0}=2S_{AC_1BA_1CB_1} \geq 4S_{ABC}$$

证明 如图 30.4 设 I 为 $\triangle ABC$ 的内心,则 I 为 AA_0, BB_0, CC_0 的交点

$$\angle BIA_1 = \alpha+\beta, \angle A_1BI = \beta+\angle A_1BC = \beta+\alpha$$

所以 $A_1B = A_1I$.

易知 $BB_1 \perp BA_0$,所以

$$\angle A_1BA_0 = 90° - \angle A_1BI = 90° - \angle BIA_1 = \angle A_1A_0B$$
$$AA_0 = A_1B = A_1I$$

于是

$$S_{\triangle A_0BI} = 2S_{\triangle A_1BI}$$

类似地还有其他五个等式. 这 6 个等式相加便得

$$S_{\triangle A_0B_0C_0} = 2S_{AC_1BA_1CB_1}$$

由于 A_1, C_1 分别为 A_0I, C_0I 的中点,所以 A_1C_1 是 $\triangle A_0C_0I$ 的中位线,平分 IB,从而

$$S_{\triangle IA_1C_1} = S_{\triangle BA_1C_1}$$

类似地,还有三个等式,将它们相加得

$$S_{\triangle A_1B_1C_1} = S_{\triangle BA_1C_1} + S_{\triangle AC_1B_1} + S_{\triangle CB_1A_1} = \frac{1}{2}S_{AC_1BA_1CB_1}$$

于是,要证明本题的第二个结论,只需证明

$$S_{\triangle A_1B_1C_1} \geq S_{\triangle ABC} \qquad ①$$

熟知 $\triangle ABC$ 的面积为

$$2R^2\sin A\sin B\sin C = 2R^2\sin 2\alpha\sin 2\beta\sin 2\gamma$$

(R 为外接圆半径).

$\triangle A_1B_1C_1$ 的内角分别为 $\alpha+\beta, \beta+\gamma, \gamma+\alpha$. 因此

$$S_{\triangle A_1B_1C_1} = 2R^2\sin(\alpha+\beta)\sin(\beta+\gamma)\sin(\gamma+\alpha) =$$
$$2R^2(\sin\alpha\cos\beta + \cos\alpha\sin\beta)(\sin\beta\cos\gamma +$$
$$\cos\beta\sin\gamma)(\sin\gamma\cos\alpha + \cos\gamma\sin\alpha) \geq$$
$$2R \cdot 2^3\sqrt{\sin\alpha\cos\beta\cos\alpha\sin\beta\sin\beta\cos\gamma\cos\beta} \times$$

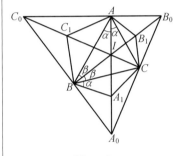

图 30.4

$$\sqrt{\sin\gamma\sin\gamma\cos\alpha\cos\gamma\sin\alpha} =$$
$$2R^2 \cdot 2^3 \sin\alpha\cos\alpha\sin\beta\cos\beta\sin\gamma\cos\gamma =$$
$$2R^2 \cdot \sin 2\alpha\sin 2\beta\sin 2\gamma =$$
$$S_{\triangle ABC}$$

则 ① 成立. 证毕.

本题尚有其他多种证法,第二部分即 1989 年加拿大提供的预选题.《几何不等式》(上海教育出版社,1980 年出版,单墫著) 的习题七第 26 题的解法给出了 ① 的另一种证明.

❸ 地毯商人阿里巴巴有一块长方形的地毯,其大小未知. 很糟糕,他的量尺坏了,而又没有其他的测量工具. 但他发现将这一地毯平铺在他两间店房的每一间中,地毯的每个角恰好与房间的不同的墙相遇. 如果两间房间的尺寸为 38 英尺 × 55 英尺与 50 英尺 × 55 英尺(1 英尺 = 0.304 8 米). 求地毯的尺寸.

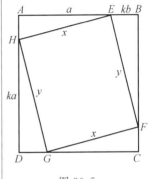

图 30.5

解 如图 30.5,设地毯的边长为 x,y,易知
$$\triangle AEH \cong \triangle CGF \sim \triangle BFE \cong \triangle DHG$$

设 $\dfrac{y}{x}=k$,则 k 是上述两组三角形的相似比. 设 $AE=a,AH=b$. 由相似,$BC=kb,DH=ka$. 于是
$$a=kb+50, ka+b=55$$

从而
$$a=\frac{55k-50}{k^2-1}, b=\frac{50k-55}{k^2-1}$$
$$x^2 = \left(\frac{55k-50}{k^2-1}\right)^2 + \left(\frac{50k-55}{k^2-1}\right)^2 =$$
$$\frac{3\,025k^2-5\,500k+2\,500+2\,500k^2-5\,500k+3\,025}{(k^2-1)^2}$$

化简为
$$x^2(k^2-1)^2 = 5\,525k^2 - 11\,000k + 5\,525$$

类似地,由另一间房子得
$$x^2 = \left(\frac{55k-38}{k^2-1}\right)^2 + \left(\frac{38k-55}{k^2-1}\right)^2$$

化简为
$$x^2(k^2-1)^2 = 3\,025k^2 - 4\,180k + 1\,444 +$$
$$1\,444k^2 - 4\,180k + 3\,025 =$$
$$4\,469k^2 - 8\,360k + 4\,469$$

比较以上两式得
$$5\,525^2 - 11\,000k + 5\,525 = 4\,469k^2 - 8\,360k + 4\,469$$

即
$$1\,056k^2 - 2\,640k + 1\,056 = 0$$
$$2k^2 - 5k + 2 = 0$$

$k = 2$ 或 $\dfrac{1}{2}$，也就是一条边长是另一条边长的两倍．不失一般性，设
$$y = 2x, a + 2b = 50, 2a + b = 55$$
于是
$$a = 20, b = 15, x^2 = a^2 + b^2 = 20^2 + 15^2 = 625$$
$$x = 25, y = 50$$

地毯的尺寸为 25 英尺 × 50 英尺．

❹ 地毯商人阿里巴巴有一块长方形的地毯，尺寸未知．很糟糕，他的量尺坏了，又没有其他测量工具．但他发现将地毯平铺在他两间店房的任一间，地毯的每一个角恰好与房间的不同的墙相遇．他知道地毯的长、宽均是整数英尺，两间房子有一边的长相同(不知多长)，另一边分别为 38 英尺与 50 英尺．求地毯的尺寸．

解 设房间未知的一边的长为 q 英尺，同上题可得
$$(kq - 50)^2 + (50k - q)^2 = (kq - 38)^2 + (38k - q)^2$$
即
$$k^2q^2 - 100kq + 2\,500 + 2\,500k^2 - 100kq + q^2 =$$
$$k^2q^2 - 76kq + 1\,444 + 1\,444k^2 - 76kq + q^2$$
于是
$$1\,056k^2 - 48kq + 1\,056 = 0$$
即
$$22k^2 - kq + 22 = 0$$
$$kq = 22(k^2 + 1)$$
$$q = 22\left(k + \dfrac{1}{k}\right)$$

由于 $k = \dfrac{y}{x}$ 是有理数，令 $k = \dfrac{c}{d}$，其中 c, d 是正整数，且 $(c, d) = 1$，则 $q = 22\left(\dfrac{c}{d} + \dfrac{d}{c}\right)$．于是 $22\left(c + \dfrac{d^2}{c}\right) = dq$ 是整数．从而 c 是 22 的约数．同样 d 也是 22 的约数．因而 $c, d \in \{1, 2, 11, 22\}$．

由于 $(c, d) = 1$，所以(不妨设 $c > d$)
$$k = 1, 2, 11, \dfrac{11}{2}$$

于是相应地
$$q = 44, 55, 244, 485.125$$

与上题类似
$$x^2(k^2-1)^2 = (k^2+1)(q^2-1\,900) \quad ①$$

$k=1$,导致 $0=72$ 矛盾;$k=2,q=55$,得出上题的解.

若 $k=11$,则 $61 \mid (k^2+1)$,$61^2 \nmid (k^2+1)$. $61 \mid q^2$,$61 \nmid 1\,900$. 所以 $61 \mid ①$ 的右边,$61^2 \nmid ①$ 的右边,这与 ① 左边为平方数矛盾.

若 $k=22$,同样可得 $97 \mid ①$ 的右边,而 $97^2 \nmid ①$ 的右边,仍导致矛盾.

若 $k=\dfrac{11}{2}$,$k^2+1=\dfrac{125}{4}$,$k^2-1=\dfrac{117}{4}$,$q=125$,则 5^5 整除上式右边而 5^6 不能,矛盾.

所以 $k=2$,$q=55$ 英尺,$x=25$ 英尺,$y=50$ 英尺.

❺ 数列 $a_0, a_1, \cdots$ 与 $b_0, b_1, \cdots$ 定义如下
$$a_0 = \frac{\sqrt{2}}{2},\ a_{n+1} = \frac{\sqrt{2}}{2}\sqrt{1-\sqrt{1-a_n^2}},\ n=0,1,2,\cdots$$
$$b_0 = 1,\ b_{n+1} = \frac{\sqrt{1+b_n^2}-1}{b_n},\ n=0,1,2,\cdots$$
证明对于每一个 $n=0,1,2,\cdots$,有不等式
$$2^{n+2} a_n < \pi < 2^{n+2} b_n$$

解 $a_0 = \sin\dfrac{\pi}{2^2}$. 设 $a_n = \sin\dfrac{\pi}{2^{n+2}}$,则
$$a_{n+1} = \frac{\sqrt{2}}{2}\sqrt{1-\cos\frac{\pi}{2^{n+2}}} = \sin\frac{\pi}{2^{n+3}}$$

同样用归纳法可以证明
$$b_n = \tan\frac{\pi}{2^{n+2}}$$

由于 $x \in \left(0, \dfrac{\pi}{2}\right)$ 时
$$\sin x < x < \tan x$$

所以
$$a_n < \frac{\pi}{2^{n+2}} < b_n$$

即题述不等式成立.

❻ 如图 30.6，$\odot O_1, \odot O_2$ 相切于点 A. 过 A 的直线 l 分别交 $\odot O_1, \odot O_2$ 于 C_1, C_2. 过点 C_1, C_2 的圆分别再交 $\odot O_1, \odot O_2$ 于 B_1, B_2. $\odot n$ 为 $\triangle AB_1B_2$ 的外接圆. $\odot k$ 与 $\odot n$ 相切于 A，分别交 $\odot O_1, \odot O_2$ 于 D_1, D_2. 证明

(1) 点 C_1, C_2, D_1, D_2 共圆或共线；

(2) 当且仅当 AC_1, AC_2 为 $\odot O_1, \odot O_2$ 的直径时，B_1, B_2, D_1, D_2 共圆.

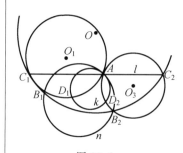

图 30.6

解 以 A 为心作反演变换. 将各点的象标以星号. 由于 $\odot O_1, \odot O_2$ 相切于 A, O_1^* 与 O_2^* 为平行线. 同样 n^* 与 k^* 为平行线. $B_1^* B_2^* D_2^* D_1^*$ 为平行四边形(图 30.7).

由于直线 $B_1^* B_2^* \parallel D_1^* D_2^*$，而 $\odot O^*$ 过点 $C_1^*, C_2^*, B_1^*, B_2^*$，所以 $C_1^*, C_2^*, D_1^*, D_2^*$ 共圆. 从而 C_1, C_2, D_1, D_2 共圆或共线.

B_1, B_2, D_1, D_2 共圆 $(\Leftrightarrow) B_1^*, B_2^*, D_2^*, D_1^*$ 共圆 $(\Leftrightarrow)$
$\square B_1^* B_2^* D_2^* D_1^*$ 为矩形 $(\Leftrightarrow) \angle C_1^* D_1^* D_2^* = 90° (\Leftrightarrow) \angle C_1^* C_2^* D_2^* = 90° (\Leftrightarrow) l^* \perp O_1^* (\Leftrightarrow) AC_1 AC_2$ 分别为 $\odot O_1, \odot O_2$ 的直径.

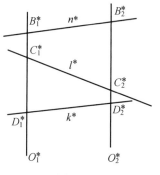

图 30.7

❼ 证明对每一整数 $n > 1$，方程
$$\frac{x^n}{n!} + \frac{x^{n-1}}{(n-1)!} + \cdots + \frac{x^2}{2!} + \frac{x}{1!} + 1 = 0$$
无有理根.

解 首先证明对每个整数 $k > 0$ 及每个素数 $p, p^k \nmid k!$.

设 $s \geq 0$ 为整数，满足 $p^s \leq k < p^{s+1}$，则满足 $p^r \mid k!$ 的最大整数

$$r = \left[\frac{k}{p}\right] + \left[\frac{k}{p^2}\right] + \cdots + \left[\frac{k}{p^s}\right] \leq$$
$$\frac{k}{p} + \frac{k}{p^2} + \cdots + \frac{k}{p^s} =$$
$$k \cdot \frac{1 - \frac{1}{p^s}}{p - 1} < k$$

所以
$$p^k \nmid k!$$

设有理数 α 为所给方程的根，则
$$\alpha^n + n\alpha^{n-1} + \cdots + \frac{n!}{k!}\alpha^k + \cdots + \frac{n!}{2!}\alpha^2 + \frac{n!}{1!}\alpha + n! = 0$$

由此易知 α 为整数 $\left(\text{设 } \alpha = \frac{c}{d}, c, d \text{ 为互质整数}\right)$，则

$$c^n + nc^{n-1}d + \cdots + \frac{n!}{1!}cd^{n-1} + n! \ d^n = 0$$

从而 $d \mid c, d$ 必须为 1.

设 p 为 n 的素因数,则由上面的方程,$p \mid \alpha^n$,从而 $p \mid \alpha$. 设 r 为满足 $p^r \mid n!$ 的最大整数. 由于 $p^k \mid \alpha^k, p^k \nmid k!$,所以

$$p^{r+1} \mid \frac{n!}{k!}\alpha^k, k = 1, 2, \cdots, n$$

从而由上面的方程得 $p^{r+1} \mid n!$. 矛盾!

❽ 考虑多项式
$$P(x) = x^n + nx^{n-1} + a_2 x^{n-2} + \cdots + a_n$$
$r_i (1 \leqslant i \leqslant n)$ 为 $P(x)$ 的全部根,并且
$$|r_1|^{16} + |r_2|^{16} + \cdots + |r_n|^{16} = n$$
求这些根.

解 设 $a_1, a_2, \cdots, a_n, b_1, b_2, \cdots, b_n$ 为复数,则有柯西不等式
$$\left|\sum_{i=1}^n a_i b_i\right|^2 \leqslant \sum_{i=1}^n |a_i|^2 \cdot \sum_{i=1}^n |b_i|^2$$
当且仅当有常数 $k \in \mathbf{C}$,使 $a_i = kb_i (i = 1, 2, \cdots, n)$ 时上面的等号成立.

应用这不等式得
$$n^2 = |r_1 + r_2 + \cdots + r_n|^2 \leqslant n(|r_1|^2 + |r_2|^2 + \cdots + |r_n|^2) \quad ①$$

$$n^4 = |r_1 + r_2 + \cdots + r_n|^4 \leqslant$$
$$n^2(|r_1|^2 + |r_2|^2 + \cdots + |r_n|^2)^2 \leqslant$$
$$n^3(|r_1|^4 + |r_2|^4 + \cdots + |r_n|^4) \quad ②$$

$$n^8 = |r_1 + r_2 + \cdots + r_n|^8 \leqslant$$
$$n^6(|r_1|^4 + |r_2|^4 + \cdots + |r_n|^4)^2 \leqslant$$
$$n^7(|r_1|^8 + |r_2|^8 + \cdots + |r_n|^8) \quad ③$$

$$n^{16} = |r_1 + r_2 + \cdots + r_n|^{16} \leqslant$$
$$n^{14}(|r_1|^8 + |r_2|^8 + \cdots + |r_n|^8)^2 \leqslant$$
$$n^{15}(|r_1|^{16} + |r_2|^{16} + \cdots + |r_n|^{16}) \quad ④$$

但 $|r_1|^{16} + |r_2|^{16} + \cdots + |r_n|^{16} = n$,所以在 ④ 中等号成立,从而
$$|r_1|^8 + |r_2|^8 + \cdots + |r_n|^8 = n$$
再由 ③ 同样导出
$$|r_1|^4 + |r_2|^4 + \cdots + |r_n|^4 = n$$
由 ② 得
$$|r_1|^2 + |r_2|^2 + \cdots + |r_n|^2 = n$$
最后,由 ① 中等号成立,得 $r_1 = r_2 = \cdots = r_n$,但由韦达定理,$r_1 +$

$r_2 + \cdots + r_n = -n$，所以
$$r_1 = r_2 = \cdots = r_n = -1$$
$$P(x) = (x+1)^n$$

❾ m 为正整数. 定义 $f(m)$ 为 $m!$ 中因数 2 的个数(即满足 $2^k \mid m!$ 的最大整数 k). 证明有无穷多个正整数 m，满足
$$m - f(m) = 1989$$

解 将 m 用二进制表示，即令
$$m = \sum_i 2^{r_j} = 2^{r_n} + 2^{r_{n-1}} + \cdots + 2^{r_1}$$
其中整数 $r_n > r_{n-1} > \cdots > r_1 \geqslant 0$. 这时
$$f(m) = \left[\frac{\sum_j 2^{r_j}}{2}\right] + \left[\frac{\sum_j 2^{r_j}}{2^2}\right] + \left[\frac{\sum_j 2^{r_j}}{2^3}\right] + \cdots =$$
$$\sum_j 2^{r_j-1} + \sum_j 2^{r_j-2} + \sum_j 2^{r_j-3} + \cdots =$$
（和号中只包括非负指数）
$$\sum_j (2^{r_j-1} + 2^{r_j-2} + \cdots + 1) =$$
$$\sum_j (2^{r_j} - 1) = m - n$$

所以 $m - f(m)$ 等于 m 在二进制中的非零数字的个数 n. 有无数多个 m 的二进制表示中恰有 1989 个非零数字，因此本题结论成立.

❿ 求方程
$$4x^3 + 4x^2y - 15xy^2 - 18y^3 - 12x^2 + 6xy +$$
$$36y^2 + 5x - 10y = 0$$
的所有正整数解.

解 $4x^3 + 4x^2y - 15xy^2 - 18y^3 - 12x^2 + 6xy +$
$36y^2 + 5x - 10y =$
$(x - 2y)(4x^2 + 12xy + 9y^2 - 12x - 18y + 5) =$
$(x - 2y)(2x + 3y - 5)(2x + 3y - 1)$

$2x + 3y - 1 = 0$ 无正整数解. $2x + 3y - 5 = 0$ 只有一组整数解 $(1,1)$. 于是全部解为
$$\{(1,1)\} \cup \{(2y, y), y \in \mathbf{N}\}$$

⑪ 求方程
$$y^4 + 4y^2 x - 11y^2 + 4xy - 8y + 8x^2 - 40x + 52 = 0$$
的所有实数解.

解 原方程可改写成
$$(y^2 + 2x - 6)^2 + (2x + y - 4)^2 = 0$$
其实数解满足
$$\begin{cases} y^2 + 2x - 6 = 0 \\ 2x + y - 4 = 0 \end{cases}$$
即
$$\begin{cases} x = 1 \\ y = 2 \end{cases}, \begin{cases} x = \dfrac{5}{2} \\ y = -1 \end{cases}$$

⑫ $P(x)$ 为实(系数)多项式,满足下列不等式
$$P(0) > 0, P(1) > P(0)$$
$$P(2) > 2P(1) - P(0)$$
$$P(3) > 3P(2) - 3P(1) + P(0)$$
并且对每一自然数 n.
$$P(n+4) > 4P(n+3) - 6P(n+2) + 4P(n+1) - P(n)$$
证明对每个自然数 $n, P(n)$ 为正.

解 令 $Q(n) = P(n+1) - P(n)$
$R(n) = Q(n+1) - Q(n)$
$S(n) = R(n+1) - R(n)$

则由已知条件
$$Q(n+3) > 3Q(n+2) - 3Q(n+1) + Q(n)$$
从而
$$R(n+2) > 2R(n+1) - R(n)$$
$$S(n+1) > S(n)$$
又已知 $P(0) > 0, Q(0) > 0, R(0) > 0, S(0) > 0$,所以 $S(n)$ 递增导出 $S(n) > 0$. 从而 $R(n)$ 递增, $R(n) > 0$. $R(n) > 0$ 导出 $Q(n)$ 递增, $Q(n) > 0$. 最后 $P(n)$ 递增, $P(n) > P(0) > 0$.

> **⑬** n 为自然数,不大于 44. 证明对每个定义在 N^2 上,值在集 $\{1,2,\cdots,n\}$ 中的函数 f,存在四个有序数对 $(i,j),(i,k),(l,j),(l,k)$,满足
> $$f(i,j)=f(i,k)=f(l,j)=f(l,k)$$
> 其中 i,j,l,k 是这样的自然数:存在自然数 m,p 使
> $$1\,989m \leqslant i < l < 1\,989 + 1\,989m$$
> $$1\,989p \leqslant j < k < 1\,989 + 1\,989p$$

解 将函数值为 $t(1 \leqslant t \leqslant n)$ 的点染上第 t 种颜色. 问题即将正方形
$$\{(x,y) \mid 1\,989m \leqslant x < 1\,989(m+1),$$
$$1\,989p \leqslant y < 1\,989(p+1)\}$$
中的整点染上颜色,证明在颜色种数小于等于 44 时,必有一个边与坐标轴平行的矩形,四个顶点是同一种颜色.

由于正方形中有 $1\,989^2$ 个整点,因而至少有 $\left[\dfrac{1\,989^2}{44}\right]+1 = q$ 个点涂上同一种颜色. 所以只需证明将正方形中 q 个点染上红色时,必有一个顶点为红色的矩形,它的边平行于坐标轴.

设第 i 列中有 a_i 个点染上红色,则
$$\sum_{i=1}^{1\,989} a_i = q = \left[\dfrac{1\,989^2}{44}\right]+1 \qquad ①$$

在第 i 列,有 $C_{a_i}^2$ 对点,每一对由两个红点组成. 如果
$$\sum_{i=1}^{1\,989} C_{a_i}^2 > C_{1\,989}^2 \qquad ②$$
那么必有两列,这两列中各有一对红点在相同的两行上,也就是四个点构成一个合乎要求的矩形.

由 Cauchy 不等式
$$\sum_{i=1}^{1\,989} C_{a_i}^2 = \dfrac{1}{2}\sum(a_i^2 - a_i) = \dfrac{1}{2}\left(\sum a_i^2 - q\right) \geqslant$$
$$\dfrac{1}{2}\left[\dfrac{(\sum a_i)^2}{1\,989} - q\right] = \dfrac{1}{2}\left(\dfrac{q^2}{1\,989} - q\right) =$$
$$\dfrac{q}{2 \times 1\,989}(q - 1\,989) \geqslant$$
$$\dfrac{1\,989}{2 \times 44}\left(\dfrac{1\,989^2}{44} - 1\,989\right) =$$
$$\dfrac{1\,989^2}{2 \times 44^2} \times 1\,945 > \dfrac{1\,989^2}{2} > C_{1\,989}^2$$

因此结论成立.

❶❹ $\triangle ABC$ 的外接 $\odot K$ 的半径为 R. 内角平分线分别交 $\odot K$ 于 A', B', C'. 证明不等式
$$16Q^3 \geqslant 27R^4 P$$
其中 Q, P 分别为 $\triangle A'B'C'$ 与 $\triangle ABC$ 的面积.

解 设 $\triangle ABC$ 的内角为 α, β, γ, 则
$$P = \frac{1}{2}R^2(\sin 2\alpha + \sin 2\beta + \sin 2\gamma)$$

由于 $\triangle A'B'C'$ 的内角为 $\frac{\beta+\gamma}{2}, \frac{\alpha+\gamma}{2}, \frac{\alpha+\beta}{2}$, 所以
$$Q = \frac{1}{2}R^2(\sin(\beta+\gamma) + \sin(\alpha+\gamma) + \sin(\alpha+\beta))$$

由算术平均－几何平均不等式
$16Q^3 = 2R^6(\sin(\beta+\gamma) + \sin(\alpha+\gamma) + \sin(\alpha+\beta))^3 \geqslant$
$2R^6 \cdot 27\sin(\alpha+\beta)\sin(\alpha+\gamma)\sin(\alpha+\beta) =$
$27R^6(\cos(\alpha-\beta) - \cos(\alpha+\beta+2\gamma))\sin(\alpha+\beta) =$
$27R^6(\cos(\alpha-\beta) + \cos\gamma)\sin(\alpha+\beta) =$
$\frac{27}{2}R^6(\sin(\alpha+\beta+\gamma) + \sin(\alpha+\beta-\gamma) +$
$\sin 2\alpha + \sin 2\beta) =$
$\frac{27}{2}R^6(\sin 2\alpha + \sin 2\beta + \sin 2\gamma) = 27R^4 P$

注 由于 $Q \leqslant \frac{3\sqrt{3}}{4}R^2$ (在半径为 R 的圆中, 内接三角形的面积以正三角形为最大), 所以
$$27R^4 P \leqslant 16Q^3 \leqslant 16Q \cdot \frac{27}{16}R^4$$

从而 $P \leqslant Q$. 这是加拿大给 29 届 IMO 提供的问题(第 4 题).

❶❺ 数列 $a_1, a_2, \cdots$ 由 $a_1 = 1$ 及递推关系
$$a_{2^k+j} = -a_j, j = 1, 2, \cdots, 2^k$$
给出. 证明这个数列不是周期的.

解 $a_2 = a_{2^0+1} = -a_1 = -1$. 由归纳法易知
$$a_{2^k} = (-1)^k, k = 0, 1, 2, \cdots$$
若这个数列以 l 为周期 ($l \in \mathbf{N}$), 即对所有 $m \in \mathbf{N}, a_{m+l} = a_m$. 取 $2^k \geqslant l$, 则
$$(-1)^k = a_{2^k} = a_{2^k+l} = -a_l$$

$$(-1)^{k+1} = a_{2^{k+1}} = a_{2^{k+1}+l} = -a_l$$

从而$(-1)^k = (-1)^{k+1}$,矛盾!这表明已知数列不是周期数列.

注 用归纳法不难证明:当
$$n = 2^{i_k} + 2^{i_{k-1}} + \cdots + 2^{i_0}, i_k > i_{k-1} > \cdots > i_0$$
时,$a_n = (-1)^{i_0+k}$.

> **❶❻** 证明在正 n 边形 E 中.任意两点可以用两条在 E 内的弧联结起来(译注:意指每条圆弧以已知的两点为端点),这两条弧的交角至少为 $\left(1 - \dfrac{2}{n}\right)\pi$.

解 设 P_1, P_2 为正多边形 E 内两点,直线 P_1P_2 交 E 的周界于 Q_1, Q_2.如果 Q_1, Q_2 两点可用两个合乎要求的圆弧 c_1, c_2 联结,则取

$$K \in P_1P_2, P_1K = \frac{Q_1P_1}{Q_1P_1 + P_2Q_2} \cdot P_1P_2$$
$$\left(KP_2 = \frac{P_2Q_2}{Q_1P_1 + P_2Q_2} \cdot P_1P_2\right)$$

以 K 为位似中心,可将 Q_1, Q_2 及过 Q_1, Q_2 的圆弧 c_1, c_2 变为 P_1, P_2 及过 P_1, P_2 的圆弧 c'_1, c'_2. c'_1, c'_2 在 P_1, P_2 处的交角与 c_1, c_2 在 Q_1, Q_2 处的交角相同.于是,只需讨论所给两点 P_1, P_2 在周界上的情况.

若 P_1, P_2 是 E 的两个顶点.设 V_1, V_2 是 E 的分别与 P_1, P_2 相邻的两个顶点,位于 P_1P_2 的同侧.直线 P_1V_1, P_2V_2 交于 K.以 K 为位似中心将 E 的内切 $\odot I$ 变为过 P_1, P_2 并且与 P_1V_1, P_2V_2 相切的 $\odot I'$(若 $P_1V_1 \parallel P_2V_2$,则 I 平移成为过 P_1, P_2 的 $\odot I'$).取 I' 的,与 V_1 在 P_1P_2 同侧的圆弧作为 c_1.同样可得位于 P_1P_2 另一侧的圆弧 c_2(若 P_1, P_2 为相邻顶点,则 c_1, c_2 中有一个为线段 P_1P_2). c_1, c_2 在 E 内,并且在 P_i 处的夹角与过 P_i 的两条边的夹角相等,即等于 $\left(1 - \dfrac{2}{n}\right)\pi$.

若 P_1 为 E 的一个顶点,P_2 在边 V_1V_2 的内部.设 a, b 是 E 的过 P_1 的两条边.作圆弧 c_1 过 P_2 且与 a 边相切于 P_1,这圆弧夹在过 V_1 且与 a 边相切于 P_1 及 V_2 且与 a 边相切于 P_1 的两条(同在 E 内的)圆弧之间,因而在 E 内.同样,作过 P_2 且与 b 边相切于 P_1 的圆弧 c_2. c_1 与 c_2 在 P_1 处(因而在 P_2 处)的夹角等于 $\left(1 - \dfrac{2}{n}\right)\pi$.

若 P_1, P_2 都不是 E 的顶点.设 $P_1 \in$ 边 V_1V_2,则 $P_2 \overline{\in} V_1V_2$(否则可用开始的方法将 P_1, P_2 化为 V_1, V_2).设 $P_i \in$

$V_i V_{i+1}$ ($i \neq 1$. 在 $i = n$ 时,约定 $V_{n+1} = V_1$).

在图 30.8(a) 中,如果 $\angle 1 \geqslant \dfrac{\pi}{n}$,那么

$$\angle 1' = \angle 3 - \angle 1 < \dfrac{2\pi}{n} - \dfrac{\pi}{n} = \dfrac{\pi}{n}$$

$$\angle 2' = (\angle 1 + \angle 2') - \angle 1 < \dfrac{2\pi}{n} - \dfrac{\pi}{n} = \dfrac{\pi}{n}$$

在 $\angle 2 \geqslant \dfrac{\pi}{n}$ 时也是如此. 因此,可以假定 $\angle 1, \angle 2$ 均小于 $\dfrac{\pi}{n}$,否则用 $\angle 1', \angle 2'$ 来代替它们.

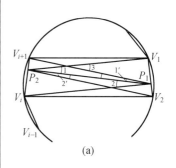

过 P_2 作 $\odot c_1$ 与 $V_n V_1$ 切于 V_1(若 $i = n$,则 c_1 退化为直线 $V_n V_1$),再以 P_2 为中心作位似变换,将 c_1 变为过 P_1 的圆,并取与 V_n 位于 $P_1 P_2$ 同侧的圆弧为 c_1'($i = n$ 时,c_1' 为直线 $P_2 P_1$). 同样,过 P_1 作 $\odot c_2$ 与 $V_i V_{i-1}$ 切于 V_i,再以 P_1 为中心作位似变换,将 c_2 变为过 P_2 的圆,并取与 V_{i-1} 位于 $P_1 P_2$ 同侧的圆弧为 c_2'.

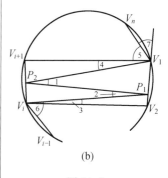

图 30.8

c_1', c_2' 的夹角 = c_1' 与 $P_1 P_2$ 的夹角 + c_2' 与 $P_1 P_2$ 的夹角 =

$\angle 1 + (\angle 4 + \angle 5) + \angle 2 + (\angle 3 + \angle 6) =$

(图 30.8(b))

$(\angle 4 + \angle 2) + (\angle 3 + \angle 1) + \angle 5 + \angle 6 >$

$\angle V_{i+1} V_2 V_1 + \angle V_i V_i V_2 + \angle 5 + \angle 6 =$

$\pi \left(1 - \dfrac{2}{n}\right)$

由于 c_1 与 $V_1 V_2$ 所成的(与 V_n 在 $V_1 V_2$ 同侧的)弓形完全在多边形 E 内,点 P_1 在 $\odot c_1$ 内(因为 $\angle V_1 P_1 P_2 = \angle V_n P_1 P_2 + \angle V_1 P_1 V_n > \angle 5 + \angle 4$),所以 c_1' 在多边形 E 内,除非它从线段 $V_1 P_1$ "溢出".

但 $\angle V_1 P_1 P_2 = \angle 4 + \angle 5 + \angle 7 - \angle 1 =$

$\angle 4 + \angle 5 + \dfrac{2\pi}{n} - \angle 1 >$

$\angle 4 + \angle 5 + 2\angle 1 - \angle 1 =$

$\angle 4 + \angle 5 + \angle 1$

所以圆弧 c_1' 的过点 P_1 的切线在 $\angle V_1 P_1 P_2$ 内,从而 c_1' 不会从 $V_1 P_1$ 溢出.

同样可证 c_2' 完全在 E 内. 因此 c_1', c_2' 就是所求的两条圆弧.

❶⓻ 设 a 为实数，$0 < a < 1$. f 为 $[0,1]$ 上的连续函数，满足 $f(0) = 0, f(1) = 1$，并且对所有 $x, y \in [0,1], x \leqslant y$，有
$$f\left(\frac{x+y}{2}\right) = (1-a)f(x) + af(y)$$
求 $f\left(\frac{1}{7}\right)$.

解
$$f\left(\frac{1}{2}\right) = f\left(\frac{0+1}{2}\right) = af(1) = a$$

$$f\left(\frac{1}{4}\right) = af\left(\frac{1}{2}\right) = a^2$$

$$f\left(\frac{3}{4}\right) = f\left(\frac{\frac{1}{2}+1}{2}\right) = (1-a)f\left(\frac{1}{2}\right) + af(1) = 2a - a^2$$

于是
$$a = f\left(\frac{1}{2}\right) = f\left(\frac{\frac{1}{4}+\frac{3}{4}}{2}\right) = (1-a)a^2 + a(2a-a^2)$$

从而
$$a(a-1)\left(a - \frac{1}{2}\right) = 0$$

求得 $a = \frac{1}{2}$. 从而
$$f\left(\frac{x+y}{2}\right) = \frac{1}{2}(f(x) + f(y))$$

特别地，取 $x = 0$ 得
$$f(y) = 2f\left(\frac{y}{2}\right)$$

于是
$$f\left(\frac{2}{7}\right) = 2f\left(\frac{1}{7}\right), f\left(\frac{4}{7}\right) = 2f\left(\frac{2}{7}\right) = 4f\left(\frac{1}{7}\right)$$

另一方面
$$f\left(\frac{4}{7}\right) = f\left(\frac{\frac{1}{7}+1}{2}\right) = \frac{1}{2}\left(f\left(\frac{1}{7}\right) + 1\right)$$

所以
$$8f\left(\frac{1}{7}\right) = f\left(\frac{1}{7}\right) + 1$$

$$f\left(\frac{1}{7}\right) = \frac{1}{7}$$

注 本题的条件"连续"是多余的. 我们可以证明 $f(x) = x$，

对一切 $x \in \mathbf{Q}$ 成立. 添上连续的条件,可以证明 $f(x)=x$, 对无理数 x 也成立.

原解答未能定出 a 的值.

> **❶⓼** 一些男孩与女孩组成一个 $n \times n$ 的方阵. 我们知道每一行、每一列及每一条与对角线平行的直线上女孩的数目. 对怎样的 n, 这些信息足以确定方阵中哪些位置为女孩? 对哪些位置, 我们可以断定那里有没有女孩?

解 $n=1,2,3$ 时信息是足够的(平行于对角线的直线告诉我们角上是否有女孩).

$n=4$ 时,信息未必足够. 如图 30.9, 将 1(表示 1 个女孩)与 0(表示 1 个男孩)对换则所有信息并未改变.

四角是否有女孩可以确定. 中央四个位置也可以确定:图中,a 的上方与右方两个数的和为已知(它们在一条平行于对角线的直线上), 第一行与第一列的和也已知. 因此,a 的右上方与左下方的两个数的和为已知. 而 a 与这两个数在一条平行于对角线的直线上, 所以 a 可以确定.

$n=5$ 时,四角可以确定. 中心也可以确定, 理由如下:设第 i 行第 j 列的女孩数为 a_{ij}, 则

$$3a_{33} = \sum_{j=1}^{5} a_{3j} - \sum_{j \neq 3}\sum_{i=1}^{5} a_{ij} + (a_{41}+a_{52}) + (a_{14}+a_{25}) +$$
$$(a_{12}+a_{21}) + (a_{45}+a_{54}) + \sum_{i=1}^{5} a_{ii} + \sum_{i+j=5} a_{ij}$$

其中每一括号及每一和号 $\sum$ 中的和均为已知, 所以 a_{33} 可以定出.

图 30.9

	1	0	
0	a		1
1		a	0
	0	1	

其余的 20 个位置无法定出. 事实上, 在图下边添一行, 右边添一列, 即可说明 8 个位置中 0 与 1 可以互换. 由对称性, 其他 12 个位置也是如此.

$n \geqslant 6$ 时, 仅仅四角可以确定, 因为 $n \times n$ 的阵中总可产生一个 5×5 的子阵, 使需要变更的位置不是这子阵的四角与中心.

> **❶⓽** 设 $a_1, a_2, \cdots, a_n$ 为 n 个不同的正整数, 其十进制表示中没有数字 9. 证明
> $$\frac{1}{a_1} + \frac{1}{a_2} + \cdots + \frac{1}{a_n} \leqslant 30$$

解 首位为 $j(1 \leqslant j \leqslant 8)$ 的 $l+1$ 位数 k 满足

$$j \times 10^l \leqslant k$$

从而

$$\frac{1}{k} \leqslant \frac{1}{j} \times 10^{-l}$$

设各位数字不为 9 的 $l+1$ 位数的集合为 $N_l, a_1, a_2, \cdots, a_n$ 中位数至多为 $P+1$，便有

$$\sum \frac{1}{a_i} \leqslant \sum_{l=0}^{P} \sum_{k \in N_l} \frac{1}{k} \leqslant$$
$$\sum_{l=0}^{P} \left(1 + \frac{1}{2} + \frac{1}{3} + \cdots + \frac{1}{8}\right) \cdot \left(\frac{9}{10}\right)^l \leqslant$$
$$\left(1 + \frac{1}{2} + \cdots + \frac{1}{8}\right) \cdot 10 \leqslant 30$$

❷⓿ R 为一长方形. 它是若干个长方形 $\{R_i, 1 \leqslant i \leqslant n\}$ 的并集，满足

(1) R_i 的边与 R 的边平行；

(2) R_i 互不重叠；

(3) 每个 R_i 都至少有一条边长为整数.

证明 R 至少有一条边长为整数.

解 以 A 为原点，AB 为 x 轴，AD 为 y 轴建立直角坐标系，只要证明 B, C, D 中至少有一个是整点.

每一个小矩形 R_i 至少有一条边长为整数并且边与坐标轴平行，所以它的顶点中，整点的个数为 0, 2 或 4，因而所有 R_i 的顶点中，整点的个数是偶数，这是一个顶点如果同时是 k 个 R_i 的顶点，则计算 k 次.

如图 30.10，A 是整点，并且只被计算 1 次，矩形 $ABCD$ 内部的整点 E 可被计算 4 次，也可能被计算 2 次. 于是内部的顶点中，整点的个数是偶数（按出现的重数计算）.

综合上面的讨论，B, C, D 中至少有一个是整点.

❷❶ n 为非负整数，将 $(1 + 4\sqrt[3]{2} - 4\sqrt[3]{4})$ 写成

$$(1 + 4\sqrt[3]{2} + 4\sqrt[3]{4})^n = a_n + b_n \sqrt[3]{2} + c_n \sqrt[3]{4}$$

其中 a_n, b_n, c_n 为整数. 证明：若 $c_n = 0$，则 $n = 0$.

解 由

$$(1 + 4\sqrt[3]{2} - 4\sqrt[3]{4})^{n+1} = (a_n + b_n \sqrt[3]{2} + c_n \sqrt[3]{4}) \times$$
$$(1 + 4\sqrt[3]{2} - 4\sqrt[3]{4})$$

得

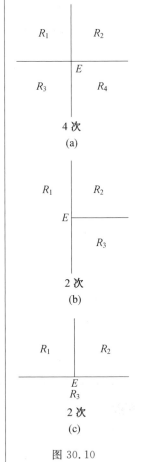

图 30.10

$$a_{n+1} = a_n - 8b_n + 8c_n$$

因为 $a_0 = 1$, 所以 a_n 全是奇数.

每一非零整数 k 可写成 $k = 2^l \cdot k'$, 其中 k' 是奇数, $l \geq 0$.

定义 $v(k) = l$, 令
$$\beta_n = v(b_n), \gamma_n = v(c_n)$$

(1) 对非负整数 $t, \beta_{2^t} = \gamma_{2^t} = t+2$.

证明: 当 $t=0$ 时 $b_1 = 4, c_1 = -4$, 上述断言成立. 设 $\beta_{2^i} = \gamma_{2^i} = t+2$, 则由于
$$(a + 2^{i+2}(b\sqrt[3]{2} + c\sqrt[3]{4}))^2 = a^2 + 2^{i+3}a(b\sqrt[3]{2} + c\sqrt[3]{4}) +$$
$$2^{2i+4}(b\sqrt[3]{2} + c\sqrt[3]{4})^2 =$$
$$A + 2^{i+3}(B\sqrt[3]{2} + C\sqrt[3]{4})$$

在 a, b, c 为奇数时, A, B, C 为奇数, 于是 $\beta_{2^{i+1}} = v_{2^{i+1}} = t+3$, 从而所述断言对一切非负整数 t 成立.

(2) 若 n, m 为整数, b_n, c_n, b_m, c_m 非零, $\beta_n = \gamma_n = \lambda, \beta_m = \gamma_m = \mu$, $\mu < \lambda$, 则 b_{n+m}, c_{n+m} 非零, 并且 $\beta_{m+n} = \gamma_{m+n} = \mu$.

证明: 由
$$(a' + 2^{\lambda}(b'\sqrt[3]{2} + c'\sqrt[3]{4}))(a'' + 2^{\mu}(b''\sqrt[3]{2} + c''\sqrt[3]{4})) =$$
$$A + 2^{\mu}(B\sqrt[3]{2} + c\sqrt[3]{2})$$

在 $a', a'', b', b'', c', c''$ 为奇数时, A, B, C 均为奇数.

(3) 对任一整数 $n \geq 1$, 设
$$n = 2^{t_r} + 2^{t_{r-1}} + \cdots + 2^{t_0}, 0 \leq t_0 < \cdots < t_r$$

则 c_n 非零, 并且 $\gamma_n = t_0 + 2$.

证明: 由(1),(2) 即得.

由(3) 即知本题结论成立.

注 b_{1989} 与 c_{1989} 被 4 整除, 不被 8 整除.

㉒ △ABC 为正三角形, 其边长为整数 N, 考虑满足
$$\overrightarrow{AM} = \frac{1}{N}(n\overrightarrow{AB} + m\overrightarrow{AC})$$

的点 M 的集合 S, 其中 n, m 为整数, $0 \leq n \leq N, 0 \leq m \leq N$, 并且 $n + m \leq N$.

S 中的点染上蓝色、白色或红色, 并满足条件:

(1) $S \cap AB$ 的点不染蓝色;
(2) $S \cap AC$ 的点不染白色;
(3) $S \cap BC$ 的点不染红色.

证明存在一个正三角形, 它的顶点属于 S, 边长为 1, 而顶点分别为红、蓝、白三色.

解 将 AB, AC, BC n 等分. 过分点引边的平行线. 这些平行线构成边长为 1 的正三角形. 设这些三角形的集合为 T. T 中有 N^2 个元, 每个元的顶点都属于 S.

对每个 $t \in T$, 定义 $f(t)$ 为它的两端异色的边的条数. 考虑
$$\sum_{t \in T} f(t) \qquad \text{①}$$
的奇偶性.

如果三角形 t 的边不在 AB, BC, CA 上, 那么这边还属于另一个三角形 $t' \in T (t, t'$ 关于这边对称), 因而它对和 ① 的贡献为偶数 0 或 2. AB 上的点染白色或红色, 并且 A 红、B 白, 所以 AB 上的边 (长为 1 的 N 条线段) 有奇数条两端异色 (即从 A 到 B, T 的顶点的颜色改变奇数次), 同样 BC, CA 上也有奇数条边两端异色. 于是和 ① 应当为奇数.

如果 $t \in T$ 的三个顶点不全异色, 那么 $f(t)$ 为 0 或 2, 对于和 ① 的贡献为偶数. 但和 ① 为奇数, 所以必有三角形 $t \in T$ 的三个顶点颜色全不相同. 这就是要证明的结论.

> **㉓** 证明在 $\triangle ABC$ 所在平面上, 有一个唯一的点 U 具有性质:
> 存在实数 $\lambda, \mu, \upsilon, \kappa$ 不全为零, 使得对这个平面上所有点 P
> $$\lambda PL^2 + \mu PM^2 + \upsilon PN^2 - \kappa UP^2$$
> 为常数. 这里 L, M, N 分别为 P 到 BC, CA, AB 的垂线的垂足.
> 试确定 U.

解 以 $\triangle ABC$ 的外心 O 为原点建立坐标系. 不失一般性, 设 $\triangle ABC$ 的外接圆半径为 1. A, B, C 三点的坐标为
$$(\cos\alpha, \sin\alpha), (\cos\beta, \sin\beta), (\cos\gamma, \sin\gamma)$$
因而 BC 的方程为
$$x\cos\frac{\beta+\gamma}{2} + y\sin\frac{\beta+\gamma}{2} = \cos\frac{\beta-\gamma}{2}$$
类似地有 CA, AB 的方程.

设 U 坐标为 (s, t), 又设 $P(x, y)$ 为平面内任意一点, 则应有关于 x, y 的恒等式
$$\sum \lambda \left(x\cos\frac{\beta+\gamma}{2} + y\sin\frac{\beta+\gamma}{2} - \cos\frac{\beta-\gamma}{2}\right)^2 - \kappa((x-s)^2 + (y-t)^2) = \text{常数}$$
由 x^2 与 y^2 的系数得
$$\sum \lambda \cos^2\frac{\beta+\gamma}{2} = \sum \lambda \sin^2\frac{\beta+\gamma}{2} = \kappa \qquad \text{①}$$

由 xy 的系数得
$$\sum \lambda \sin(\beta + \gamma) = 0 \qquad ②$$
由 ① 可得
$$\sum \lambda \cos(\beta + \gamma) = 0 \qquad ③$$
由 ②,③ 得
$$\frac{\lambda}{\begin{vmatrix} \sin(\gamma+\alpha) & \sin(\alpha+\beta) \\ \cos(\gamma+\alpha) & \cos(\alpha+\beta) \end{vmatrix}} = \frac{\mu}{\begin{vmatrix} \sin(\alpha+\beta) & \sin(\beta+\gamma) \\ \cos(\alpha+\beta) & \cos(\beta+\gamma) \end{vmatrix}} = \frac{\nu}{\begin{vmatrix} \sin(\beta+\gamma) & \sin(\gamma+\alpha) \\ \cos(\beta+\gamma) & \cos(\gamma+\alpha) \end{vmatrix}}$$

即
$$\frac{\lambda}{\sin(\beta-\gamma)} = \frac{\mu}{\sin(\gamma-\alpha)} = \frac{\nu}{\sin(\alpha-\beta)}$$

我们取
$$\lambda = \sin(\beta - \gamma) = \sin 2A$$
$$\mu = \sin(\gamma - \alpha) = \sin 2B$$
$$\nu = \sin(\alpha - \beta) = \sin 2C$$

由 ①
$$\kappa = \frac{1}{2} \sum \lambda = \frac{1}{2} \sum \sin(\beta - \gamma)$$

上述恒等式中 x 的系数给出
$$2\kappa s = 2 \sum \sin(\beta - \gamma) \cos \frac{\beta + \gamma}{2} \cos \frac{\beta - \gamma}{2} =$$
$$\sum \sin(\beta - \gamma)(\cos \beta + \cos \gamma) =$$
$$(\cos \alpha + \cos \beta + \cos \gamma) \sum \sin(\beta - \gamma) -$$
$$\sum \cos \alpha \sin(\beta - \gamma) =$$
$$(\cos \alpha + \cos \beta + \cos \gamma) \cdot 2\kappa -$$
$$\sum (\sin(\alpha + \beta - \gamma) - \sin(\gamma + \alpha - \beta)) =$$
$$(\cos \alpha + \cos \beta + \cos \gamma) \cdot 2n$$

由于 $2\kappa = \sum \sin 2A = 4 \sin A \sin B \sin C \neq 0$,所以
$$s = \cos \alpha + \cos \beta + \cos \gamma$$
同样
$$t = \sin \alpha + \sin \beta + \sin \gamma$$
因此 U 为 $\triangle ABC$ 的垂心.

㉔ 正整数 a,b,c,d 满足
$$ab=cd, a+b=c-d$$
证明存在一个直角三角形，各边的长为整数，面积为 ab.

解 $(a+d)(b+d)=ab+d(a+b+d)=ab+cd=2ab$
$$(a+d)^2+(b+d)^2=a^2+b^2+2d(a+b+d)=$$
$$a^2+b^2+2cd=(a+b)^2$$
所以以 $a+d, b+d$ 为直角边（这时斜边为 $a+b$）的直角三角形即为所求.

㉕ 整数 $C_{m,n}(m\geqslant 0, n\geqslant 0)$ 定义为
$$C_{m,0}=1, 对所有 m\geqslant 0$$
$$C_{0,n}=1, 对所有 n\geqslant 0$$
$$C_{m,n}=C_{m-1,n}-nC_{m-1,n-1}, 对所有 m>0, n>0$$
证明对所有 $m\geqslant 0, n\geqslant 0$
$$C_{m,n}=C_{n,m}$$

解法 1 设命题在 $m,n\leqslant k$ 时成立，经证
$$C_{k+1,n}=C_{n,k+1}, n\leqslant k+1 \quad \text{①}$$
$n=0$ 及 $n=k+1$ 时 ① 显然成立. 设对于 $n<k$ 时 ① 成立，要证
$$C_{k+1,n+1}=C_{n+1,k+1} \quad \text{②}$$
②$\Leftrightarrow C_{k,n+1}-(n+1)C_{k,n}=C_{n,k+1}-(k+1)C_{n,k}\Leftrightarrow$
$C_{n+1,k}-C_{n,k+1}=(n-k)C_{n,k}\Leftrightarrow$
$C_{n,k}-kC_{n,k-1}-C_{k+1,n}=(n-k)C_{n,k}\Leftrightarrow$
$C_{n,k}-kC_{n,k-1}-C_{k,n}+nC_{k,n-1}=(n-k)C_{n,k}\Leftrightarrow$
$n(C_{n,k}-C_{k,n-1})=k(C_{k,n}-C_{n,k-1})\Leftrightarrow$
$n(C_{n,k}-C_{n-1,k})=k(C_{k,n}-C_{k-1,n})\Leftrightarrow$
$n\cdot kC_{n-1,k-1}=k\cdot nC_{n-1,k-1}$

于是结论成立.

解法 2 $C_{m,n}-C_{m-1,n}=-nC_{m-1,n-1}$
用 $m-1, m-2, \cdots, 2, 1$ 代替上式中的 m, 再将这些等式相加得
$$C_{m,n}-C_{0,n}=-n(C_{m-1,n-1}+C_{m-2,n-1}+\cdots+C_{0,n-1})$$
特别地，令 $n=1$ 得
$$C_{m,1}=1-m$$
进而可得

$$C_{m,2} = 1 - 2m + m(m-1)$$
$$C_{m,3} = 1 - 3m + 3m(m-1) - m(m-1)(m-2)$$

因而猜测
$$C_{m,n} = \sum_{r \geqslant 0} (-1)^r r! \; C_m^r C_n^r \qquad ③$$

(约定 $r > s$ 时, $C_s^r = 0$).

假设 ③ 在 n 换作 $n-1$ 时成立,则
$$C_{m,n} = 1 - n \sum_{k=1}^{m} C_{m-k, n-1} =$$
$$1 - n \sum_{k=1}^{m} \sum_{r \geqslant 0} (-1)^r r! \; C_{m-k}^r C_{n-1}^r =$$
$$1 - \sum_{r \geqslant 0} (-1)^r r! \; C_n^r \cdot (n-r) \sum_{k=1}^{m} C_{m-k}^r =$$
$$1 - \sum_{r \geqslant 0} (-1)^r r! \; C_n^r (n-r) C_m^{r+1} =$$
$$1 + \sum_{r \geqslant 1} (-1)^r r! \; C_n^r C_m^r =$$
$$\sum_{r \geqslant 0} (-1)^r r! \; C_n^r C_m^r$$

故 ③ 对于一切 $m \geqslant 0, n \geqslant 0$ 均成立,从而本题结论成立.

㉖ $b_1, b_2, \cdots, b_{1989}$ 为正实数,使方程组
$$x_{r-1} - 2x_r + x_{r+1} + b_r x_r = 0, 1 \leqslant r \leqslant 1989$$
有解,其中 $x_0 = x_{1989} = 0$,但并非 $x_1, \cdots, x_{1989}$ 全为 0. 证明
$$b_1 + b_2 + \cdots + b_{1989} \geqslant \frac{2}{995}$$

解 令 $a_r = -b_r x_r$,改写原方程组为
$$-2x_1 + x_2 = a_1$$
$$x_1 - 2x_2 + x_3 = a_2$$
$$x_2 - 2x_3 + x_4 = a_3$$
$$\vdots$$
$$x_{n-1} - 2x_n = a_n$$

($n = 1989$) 从而
$$a_1 + 2a_2 + \cdots + r a_r = -(r+1)x_r + r x_{r+1} \qquad ①$$
$$a_n + 2a_{n-1} + \cdots + (n-r)a_{r+1} = (n-r)x_r - (n-r+1)x_{r+1}$$
$$\qquad ②$$

由 ①,② 消去 x_{r+1} 得
$$-(n+1)x_r = (n+1-r)(a_1 + 2a_2 + \cdots + r a_r) + r((n-r)a_{r+1} + \cdots + 2a_{n-1} + a_n)$$

由于 $(n+1-r)r \leqslant \left(\frac{n+1}{2}\right)^2$,所以

$$(n+1)|x_r| \leqslant \left(\frac{n+1}{2}\right)^2(|a_1|+|a_2|+\cdots+|a_n|)$$

即

$$|x_r| \leqslant \frac{n+1}{4}(b_1|x_1|+b_2|x_2|+\cdots+b_n|x_n|)$$

取 r 使 $|x_r| = \max\limits_{1 \leqslant i \leqslant n}|x_i| > 0$，则由上式得

$$b_1 + b_2 + \cdots + b_n \geqslant \frac{4}{n+1} = \frac{2}{995}$$

㉗ 设 L 为平面上所有格点（坐标为整数的点）的集合. 证明对 L 中任意三点 A,B,C,L 中有第四点 D，不同于 A,B,C，使得线段 AD,BD,CD 的内部不含 L 的点. 对于 L 中任意四点，结论是否成立？

解 联结格点 $A(a_1,a_2), B(b_1,b_2)$ 的线段内部无格点 $\Leftrightarrow \gcd(b_1-a_1, b_2-a_2) = 1$.

不妨设已知的三点为 $A(a_1,a_2), B(b_1,b_2), O(0,0)$.

设 $a_2 = a'_2 d, b_2 = b'_2 d, \gcd(a'_2, b'_2) = 1$. 由于 $\gcd(a'_2 - b'_2, b'_2) = 1$，可取整数 s 满足

$$sb'_2 \equiv 1 \pmod{a'_2 - b'_2}$$

令 $y = da'_2 b'_2 s + 1$，则

$$\gcd(y, y-a_2) = \gcd(y, y-b_2) = 1$$
$$\gcd(y-a_2, y-b_2) = \gcd(y-a_2, a_2-b_2) =$$
$$\gcd(1 + a'_2 d(b'_2 s - 1), a_2 - b_2) =$$
$$\gcd(1, a_2 - b_2) = 1$$

由中国剩余定理，有整数 x 满足

$$x \equiv 1 \pmod{y}$$
$$x \equiv a_1 + 1 \pmod{y - a_2}$$
$$x \equiv b_1 + 1 \pmod{y - b_2}$$

格点 (x,y) 满足

$$\gcd(x,y) = \gcd(x-a_1, y-a_2) = \gcd(x-b, y-b_2) = 1$$

它就是所要求的第四点 D.

取定 L 中的四个 $A(0,0), B(1,0), C(0,1), D(1,1)$. 对于任一点 $E(x,y) \in L$，(x,y) 的奇偶分布情况必与 A,B,C,D 中某一点完全相同，从而 E 与这点的对应的坐标的差均为偶数，联结 E 与这点的线段内部必有格点. 因此，对于 L 中任意四点，题中所述的结论不再成立.

㉘ 在 $\triangle ABC$ 中,已知
$$6(a+b+c)r^2 = abc$$
(r 为内切圆的半径). 考虑内切圆上的点 M,M 在 BC,AC,AB 上的射影分别为 D,E,F. S,S_1 分别表示 $\triangle ABC$ 与 $\triangle DEF$ 的面积. 求商 S_1/S 的最大值与最小值.

解 由公式 $abc = 4RS$,$\dfrac{r(a+b+c)}{2} = S$ 及已知条件可得 $R = 3r$(R 为外接圆半径).

设 O,I 分别为 $\triangle ABC$ 的外心与内心,由欧拉公式 $IO^2 = R(R-2r)$ 得 $IO = \sqrt{3}r > r$,因此外心在内切圆的外面. 设 K,L 为直线 IO 与内切圆的两个交点,K 在 I,O 之间,则
$$OK \leqslant OM \leqslant OL < R$$
由欧拉关于垂足三角形面积的公式
$$\frac{S_1}{S} = \frac{|R^2 - OM^2|}{4R^2}$$
得
$$\frac{R^2 - OL^2}{4R^2} \leqslant \frac{S_1}{S} \leqslant \frac{R^2 - OK^2}{4R^2}$$
现在 $OL = \sqrt{3}r + r$,$OK = \sqrt{3}r - r$,$R = 3r$,所以
$$\frac{5 - 2\sqrt{3}}{36} \leqslant \frac{S_1}{S} \leqslant \frac{5 + 2\sqrt{3}}{36}$$

㉙ 函数 $g:\mathbf{C} \to \mathbf{C}$. $\omega \in \mathbf{C}$,$\omega^3 = 1$ 但 $\omega \neq 1$,$a \in \mathbf{C}$. 证明有且仅有一个函数 $f:\mathbf{C} \to \mathbf{C}$,满足
$$f(z) + f(\omega z + a) = g(z), z \in \mathbf{C}$$
求出 f.

解 在函数方程中用 $\omega z + a$ 代替 z,得
$$f(\omega z + a) + f(\omega^2 z + \omega a + a) = g(\omega z + a) \qquad ①$$
重复这一做法得
$$f(z) + f(\omega^2 z + a\omega + a) = g(\omega^2 z + \omega a + a) \qquad ②$$
解由原方程及①,②组成的线性方程组,得
$$f(z) = \frac{1}{2}[g(z) + g(\omega^2 z + \omega a + a) - g(\omega z + a)]$$

㉚ 图 30.11 中 △ABC 为正三角形，D,E,F,M,N 与 P 分别为 BC,CA,AB,FD,FB 及 DC 的中点．

(1) 证明直线 AM,EN,FP 共点．

(2) 设 O 为 AM,EN,FP 的交点，求
$$OM:OF:ON:OE:OP:OA.$$

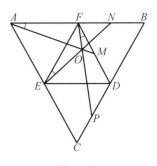

图 30.11

解 (1) 设 $AM \cap EN = O$. 联结 FO. 易知
$$\triangle AMF \cong \triangle ENF \cong \triangle FPD$$
于是 $\angle FAM = \angle FEN = \angle DFP, A,E,O,F$ 四点共圆，
$$\angle EAO = \angle EFO$$
$$\angle DFO = 60° - \angle EFO = 60° - \angle EAO = \angle FAM = \angle DFP$$
所以 FP 也过点 O.

(2) 由 $\angle OFD = \angle OAF$ 得 $\triangle OFM \sim \triangle FAM$，所以
$$OM:OF = FM:FA = 1:2$$
在 $\triangle OMF$ 中，由余弦定理
$$FM^2 = OM^2 + OF^2 - 2 \cdot OM \cdot OF \cdot \cos 120° = 7 \cdot OM^2$$
$$FM = \sqrt{7}\, OM$$
从而
$$FA = 2\sqrt{7}\, OM, AM = \frac{AF}{FO} \cdot FM = 7 \cdot OM$$
$$EN = FP = AM = 7 \cdot OM$$
$$OA = 6 \cdot OM, OP = 5 \cdot OM$$
又 $\angle OFE = \angle OAE = \angle OMF$，所以
$$\triangle OFE \sim \triangle OMF$$
$$OF:OE = OM:OF = 1:2$$
$$OE = 2 \cdot OF = 4 \cdot OM, ON = EN - OE = 3 \cdot OM$$
所以
$$OM:OF:ON:OE:OP:OA = 1:2:3:4:5:6$$

㉛ 设 n 为自然数，证明存在自然数 m，使
$$(\sqrt{2}+1)^n = \sqrt{m} + \sqrt{m-1}$$

解 设 $(\sqrt{2}+1)^n = a + b\sqrt{2}, a,b \in \mathbf{N}$
则取共轭得
$$(1-\sqrt{2})^n = a - b\sqrt{2}$$
相乘得

$$a^2 - 2b^2 = (-1)^n$$

从而
$$(\sqrt{2}+1)^n = \sqrt{m} + \sqrt{m-1}$$

其中
$$m = \begin{cases} a^2, n \text{ 为偶数} \\ 2b^2, n \text{ 为奇数} \end{cases}$$

32 已知一锐角三角形. 试在这三角形中求一点, 使这点到三个顶点的距离之和为最小.

解 在锐角三角形 ABC 中取一点 M, 使
$$\angle AMB = \angle BMC = \angle CMA = 120°$$
我们证明点 M 即为所求.

如图 30.12, 设 P 为 $\triangle ABC$ 中不同于 M 的任一点. 作正 $\triangle CFP$ 与 $\triangle CMD$, 使 F 与 B 在 PC 的异侧 D 与 B 在 MC 的异侧.

由于 $\angle BMC = 120°$, 所以 D 在直线 BM 上. 延长 BD 至 E, 使 $DE = MA$. 则易知
$$\triangle AMC \cong \triangle EDC$$
从而 $CE = CA, \angle ACM = \angle ECD, \angle ACE = \angle MCD = 60°$.

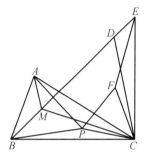

图 30.12

联结 FE, 则由于 $\angle ACP = \angle ECF = 60° - \angle ACF, CA = CE, CP = CF$, 所以 $\triangle ACP \cong \triangle ECF, PA = FE$
$$PA + PB + PC = PB + PF + FE > BE =$$
$$BM + MC + MA$$
因此 M 到三个顶点的距离之和为最小.

注 M 即是著名的费尔马点.

33 求出所有满足 $s_1 - s_2 = 1\,989$ 的平方数 s_1, s_2.

解 设 $s_1 = a^2, s_2 = b^2, a > b > 0$, 则
$$(a+b)(a-b) = 1\,989 = 3^2 \times 3 \times 17$$
于是
$$\begin{cases} a+b = m \\ a-b = n \end{cases}$$
其中 $mn = 1\,989$ 并且 $m > n$.

由上述方程组可得 $a = \dfrac{m+n}{2}, b = \dfrac{m-n}{2}$.

令
$$(m,n) = (1\,989, 1), (663, 3), (221, 9), (153, 13),$$
$$(117, 17), (51, 39)$$

得
$$(a,b)=(995,994),(333,330),(115,106),(83,70),$$
$$(67,50),(45,6)$$

❸❹ 证明
$$1+\frac{1}{2}-\frac{2}{3}+\frac{1}{4}+\frac{1}{5}-\frac{2}{6}+\cdots+\frac{1}{478}+\frac{1}{479}-\frac{2}{480}=$$
$$\sum_{k=0}^{59}\frac{641}{(160+k)(480-k)}$$

解 左边 $=\left(1+\frac{1}{2}+\frac{1}{3}+\cdots+\frac{1}{480}\right)-$
$$\left(\frac{3}{3}+\frac{3}{6}+\cdots+\frac{3}{480}\right)=$$
$$\left(1+\frac{1}{2}+\frac{1}{3}+\cdots+\frac{1}{480}\right)-$$
$$\left(1+\frac{1}{2}+\frac{1}{3}+\cdots+\frac{1}{160}\right)=$$
$$\frac{1}{161}+\frac{1}{162}+\cdots+\frac{1}{480}=$$
$$\left(\frac{1}{161}+\frac{1}{480}\right)+\left(\frac{1}{162}+\frac{1}{479}\right)+\cdots+$$
$$\left(\frac{1}{320}+\frac{1}{321}\right)=右边$$

❸❺ 数列 a_n 由等式 $\sum_{d\mid n}a_d=2^n$ 给出. 证明 $n\mid a_n$.

解 一个长为 n 的 0,1 序列 S,如果对某个 $d\mid n,S$ 可以分成 d 个恒等的块,那么 S 便称为循环的. 显然每一个长为 n 的 0,1 序列可以由它的唯一的、最长的第一个不循环的块重复若干次而得. 由于长为 n 的 0,1 序列共 2^n 个,因此设 b_n 为长为 n 的不循环的 0,1 序列的个数,则有
$$\sum_{d\mid n}b_d=2^n \qquad ①$$
① 对任一自然数 n 成立. 特别地,$b_1=2$. 于是 $b_1=a_1$,由已知条件 $\sum_{d\mid n}a_d=2^n$,易知对一切 $n,b_n=a_n$,即 a_n 为长为 n 的不循环的 0,1 序列的个数.

这样,由于从每个不循环的长为 n 的 0,1 序列,$n\mid a_n$.

匈牙利命题

㊱ 联结正 n 边形的顶点,获得一个闭的 $n-$ 折线.证明若 n 为偶数,则在连线中有两条平行线.若 n 为奇数,连线中不可能恰有两条平行线.

解 依逆时针顺序将顶点标上 $0,1,\cdots,n-1$.所述的闭折线可以用这 n 个数的一个排列 $a_0=a_n,a_1,a_2,\cdots,a_{n-1}$ 来唯一地表示.

显然
$$a_ia_{i+1} \ /\!/ \ a_ja_{j+1} \Leftrightarrow \overset{\frown}{a_{i+1}a_j}=\overset{\frown}{a_{j+1}a_i}\Leftrightarrow$$
$$a_i+a_{i+1}\equiv a_j+a_{j+1}(\bmod n)$$

若 n 为偶数,由于 $2\nmid(n-1)$,所以完系的和
$$0+1+2+\cdots+(n-1)=\frac{n(n-1)}{2}\not\equiv 0\ (\bmod\ n)$$
而
$$\sum_{i=0}^{n-1}(a_i+a_{i+1})=\sum_{i=0}^{n-1}a_i+\sum_{i=0}^{n-1}a_{i+1}=2\sum_{i=0}^{n-1}a_i=$$
$$2\times\frac{n(n-1)}{2}=n(n-1)\equiv 0\ (\bmod\ n) \quad ①$$

所以 $a_i+a_{i+1},i=0,1,\cdots,n-1$,并非 $\bmod\ n$ 的完全剩余系,也就是说必有 $i\neq j(0\leqslant i,j\leqslant n-1)$,使
$$a_i+a_{i+1}\equiv a_j+a_{j+1}(\bmod\ n)$$
因而必有一对边 $a_ia_{i+1}\ /\!/\ a_ja_{j+1}$.

若 n 为奇数,并且恰有一对边 $a_ia_{i+1}\ /\!/\ a_ja_{j+1}$,那么 a_0+a_1,$a_1+a_2,\cdots,a_{n-1}+a_0$ 中恰有一个剩余类 r 出现两次,因而也恰少了一个剩余类 s.从而(这时 $2\mid(n-1)$)
$$\sum_{i=0}^{n-1}(a_i+a_{i+1})\equiv 0+1+\cdots+(n-1)+r-s=$$
$$\frac{n(n-1)}{2}+r-s\equiv r-s(\bmod\ n)$$

结合 ① 得 $r\equiv s(\bmod\ n)$,矛盾.

这表明在 n 为奇数时,不可能恰有一对边平行.

㊲ 在圆形跑道上 n 个不同点处,有 n 辆汽车正准备出发.每辆车 1 小时跑一圈.听到信号后,它们各选一个方向立即出发.如果两辆车相遇,则同时改变方向并以原速前进。证明必有一时刻每一辆车回到原出发点。

解 设两辆车在相会时交换其编号,这样我们看到的是每一辆车,例如 1 号车,依同样速度和方向一圈一圈地绕圆周运动。所以在一小时后(经过若干次交换编号),每一个出发点被一辆与原先号码相同的车占据,并且它准备运行的方向与一小时前在那

里出发的车完全相同.

恢复每辆车原先的号码,就回到实际发生的状态,由于汽车的顺序不会改变,仅有的可能是将原先出发时的状态作了一个旋转(也可以就是原先的状态).于是对某个 $d\mid n$,经过 d 小时后,每辆车回到了出发点.

❸⓼ 实数数列 $x_0,x_1,x_2,\cdots$ 定义为
$$x_0=1\,989,\ x_n=-\frac{1\,989}{n}\sum_{k=0}^{n-1}x_k,\ n\geqslant 1$$
计算 $\sum_{n=0}^{1\,989}2^n x_n$ 的值.

解 记 $m=1\,989$,当 $n\geqslant 2$ 时,有
$$nx_n=-m\sum_{k=0}^{n-1}x_k$$
及
$$(n-1)x_{n-1}=-m\sum_{k=0}^{n-2}x_k$$
两式相减得
$$nx_n-(n-1)x_{n-1}=-mx_{n-1}$$
即
$$x_n=-\frac{m-n+1}{n}x_{n-1},\ n\geqslant 2$$
显然此式在 $n=1$ 时也成立.于是在 $0\leqslant n\leqslant m$ 时
$$x_n=-\frac{m-n+1}{n}x_{n-1}=\frac{(m-n+1)(m-n+2)}{n(n-1)}=\cdots=$$
$$(-1)^n\cdot\frac{(m-n+1)(m-n+2)\cdots(m-1)m}{n(n-1)\cdots 1}=$$
$$(-1)^n C_m^n m$$
因而由二项式定理
$$\sum_{n=0}^{m}2^n x_n=m\sum_{n=0}^{m}2^n\cdot(-1)^n C_m^n=$$
$$m(1-2)^m=-m=-1\,989$$

❸⓽ 阿丽丝有两只袋子,每只装 4 个球,每个球上写一个自然数.她从每只袋中随机地抽出一个球,记下两个球上所标数的和,然后将球放回各自的袋中.这样重复多次.比尔在观察这些记录时发现,每个和发现的频率与从 1 至 4 中随机抽出两个数(允许重复)构成同样的和的频率恰好相同.由此,对球上标的数能得出怎样的结论?

解 一种显然的可能是每只袋中含的数都是 $1,2,3,4$.我们

要找出其他的情况.

设一只袋中的数为 a_1, a_2, a_3, a_4,另一只袋中的数为 b_1, b_2, b_3, b_4.则和 s 出现的概率与多项式
$$(x^{a_1} + x^{a_2} + x^{a_3} + x^{a_4})(x^{b_1} + x^{b_2} + x^{b_3} + x^{b_4})$$
中 x^s 项的系数成正比.

根据题意,上述多项式恒等于
$$(x^1 + x^2 + x^3 + x^4)(x^1 + x^2 + x^3 + x^4) = x^2(x+1)^2(x^2+1)^2$$
因为 a_i, b_i 都是自然数,所以
$$x^{a_1} + x^{a_2} + x^{a_3} + x^{a_4} = x(x+1)^r(x^2+1)^\delta \qquad ①$$
$$x^{b_1} + x^{b_2} + x^{b_3} + x^{b_4} = x(x+1)^{2-r}(x^2+1)^{2-\delta} \qquad ②$$
这里 $r, \delta \in \{0, 1, 2\}$.

在 ① 中令 $x = 1$ 得
$$4 = 2^{r+\delta}$$
即 $r + \delta = 2$.将 r, δ 的所有可能值代入 ①,② 得
$$\{a_1, a_2, a_3, a_4\} = \{1,3,3,5\}, \{1,2,3,4\}, \{1,2,2,3\}$$
$$\{b_1, b_2, b_3, b_4\} = \{1,2,2,3\}, \{1,2,3,4\}, \{1,3,3,5\}$$
因此除了开头所说的情况外,还有另一种可能:一只袋中的数为 $1,3,3,5$,另一只袋中的数为 $1,2,2,3$.

❹⓿ 凸四边形 $ABCD$ 具有性质:

(1) $AB = AD + BC$;

(2) 在其内部有一点 P,P 到 CD 的距离为 h,并使 $AP = h + AD$,$BP = h + BC$.证明
$$\frac{1}{\sqrt{h}} \geq \frac{1}{\sqrt{AD}} + \frac{1}{\sqrt{BC}}$$

解法 1 如图 30.13 以 A 为圆心,AD 为半径,B 为圆心,BC 为半径,P 为圆心,h 为半径作圆,则这三个圆两两外切.并且直线 CD 与 $\odot B$,$\odot A$ 分别交于 C, D(不妨设 C, D 是与 $\odot P$ 较近的交点),而当 C, D 分别沿 $\odot B$,$\odot A$ 趋于 E, F(EF 是 $\odot A$,$\odot B$ 的外公切线)时,$\odot P$ 始终在这曲边三角形内.如果 $\odot P$ 不与 EF 相切,则可以将它这曲边三角形内移动一点再放大,仍然在这曲边三角形内,所以当 $\odot P$ 与 EF 相切时,h 最大.

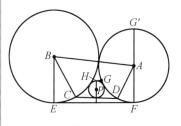

图 30.13

在 $\odot P$ 与 EF 相切时,我们将 AB, BP, PA 投影到 EF 上.由勾股定理,这三个投影的长分别为($R = BC$,$r = AD$,m 为 $\odot P$ 的半径)
$$\sqrt{(R+r)^2 - (R-r)^2}, \sqrt{(R+m)^2 - (R-m)^2}$$
$$\sqrt{(r+m)^2 - (r-m)^2}$$
于是

$$\sqrt{(R+r)^2-(R-r)^2} = \sqrt{(R+m)^2-(R-m)^2} + \sqrt{(r+m)^2-(r-m)^2}$$

即
$$\sqrt{Rr} = \sqrt{Rm} + \sqrt{rm}$$

从而
$$\frac{1}{\sqrt{m}} = \frac{1}{\sqrt{R}} + \frac{1}{\sqrt{r}}$$

由于 m 是 h 的最大值，所以有
$$\frac{1}{\sqrt{h}} \geq \frac{1}{\sqrt{R}} + \frac{1}{\sqrt{r}}$$

解法 2 设 P 到 EF 的距离为 h'，由于 $\odot P$ 在 EF 的一侧，所以 $h' \geq h$。注意 $h' + h$ 等于 $\odot P$ 上一点 $H(PH \perp EF)$ 到 EF 的距离，过 H 作 EF 的平行线交 $\odot A$ 于 G，则 $h' + h$ 也等于 G 到 EF 的距离。但 $\odot A$ 上的点到 EF 的最大距离为 $2r$，所以
$$h' + h \leq 2r \quad \text{①}$$

同样
$$h' + h \leq 2R$$

由 $h' \geq h$ 及 ① 推出 h, h' 中至少有一个小于等于 r，并且
$$|r - h'| \leq |r - h| \quad \text{②}$$

同样
$$|R - h'| \leq |R - h| \quad \text{③}$$

考虑 AB, BP, PA 在 EF 上的投影的长得
$$\sqrt{(R+r)^2-(R-r)^2} = \sqrt{(R+h)^2-(R-h)^2} + \sqrt{(r+h)^2-(r-h)^2} \quad \text{④}$$

由式 ①,②,③ 可导出
$$2\sqrt{Rr} \geq \sqrt{(R+h)^2-(R-h)^2} + \sqrt{(r+h)^2-(r-h)^2} = 2\sqrt{Rh} + 2\sqrt{rh}$$

从而
$$\frac{1}{\sqrt{h}} \geq \frac{1}{\sqrt{R}} + \frac{1}{\sqrt{r}}$$

注 $r \geq h'$ 并非永远成立，所以需要借助 ②,③ 才能将 ④ 改为希望得到的不等式。

❹① 设 A,B 为空间中两个不同的定点. X,P 为动点, k,n 均为正整数. 如果 $(n-k)\cdot|PA|+k\cdot|PB|\geqslant n\cdot|PX|$, 则称 (X,k,n,P) 为允许的. 如果对所有的 $P,(X,k,n,P)$ 都是允许的, 则称 (X,k,n) 为允许的. 如果对满足 $k<n$ 的某个 k, (X,k,n) 是允许的, 则称 (X,n) 为允许的. 最后, 若 (X,n) 对某个 $n(n>1)$ 是允许的, 则称 X 是允许的. 试确定

(1) 允许的 X 所成的集;

(2) 使 $(X,1\,989)$ 为允许的, 而对于 $n<1\,989,(X,n)$ 都不是允许的那些 X 所成的集.

解 (1) 线段 AB 上(不包括两个端点)满足 $\dfrac{AX}{XB}$ 为有理数的点 X 所成的集就是允许的 X 所成的集.

因为线段 AB 上满足 $\dfrac{|AX|}{|XB|}=\dfrac{k}{m},k,m\in\mathbf{N}$ 的点 X, 对于所有的 P, 均有

$$m|PA|+k|PB|\geqslant|m\overrightarrow{PA}+k\overrightarrow{PB}|=(m+k)|PX|$$

取 $n=m+k$ 即知 X 是允许的.

反过来, 如果 X 是允许的, 则有自然数 $n>k$, 使

$$(n-k)\cdot|PA|+k|PB|\geqslant n|PX|$$

对所有 P 均成立. 在线段 AB 内取点 X', 使

$$\frac{|AX'|}{|X'B|}=\frac{k}{n-k}$$

则有

$$n|AX'|=(n-k)\cdot|AA|+k\cdot|AB|\geqslant n|AX|$$

即

$$|AX'|\geqslant|AX|$$

又有

$$|BX'|\geqslant|BX|$$

因此 X 只能是以 A 为圆心、$|AX'|$ 为半径的圆与以 B 为圆心、$|BX'|$ 为半径的圆的切点.

(2) 所求的点集即线段 AB 上、使 $\dfrac{|AX|}{|AB|}=\dfrac{k}{1\,989}$ 的点 X 所成的集, 其中 $k\in\{1,2,\cdots,1\,989\}$ 并且与 $1\,989$ 互质. 这样的 X 共有 $\varphi(1\,989)=\varphi(17\times13\times3^2)=16\times12\times3\times(3-1)=1\,152$ 个.

❹② 双心四边形是指既有内切圆又有外接圆的四边形. 证明对这样的四边形, 两个心与对角线交点共线.

解 如图 30.14,设四边形 $ABCD$ 为双心四边形,其外接圆圆心为 O,内切圆圆心 I,对角线交点为 K.

引理 1:对圆外切四边形 $ABCD$,设切点为 P,Q,R,S,则 PR, QS 的交点就是对角线 AC,BD 的交点 K.

这是一个熟知的结论,证明略去.

引理 2:若 K 为 $\odot I$ 内一定点,则对点 K 张直角的弦 EF 的中点的轨迹是一个圆,圆心为 IK 的中点 M.

引理 3:在引理 1 中,如果 $ABCD$ 有外接圆,则 $PR \perp QS$.

引理 2,3 的证明均不难.

由引理 3,PQ,QR,RS,SP 对点 K 张直角,因而它们的中点 A',B',C',D' 均在以 IK 的中点 M 为圆心的一个圆上.

由于 IA 与 PQ 相交于 A',所以 A' 就是以 I 为反演中心,$\odot I$ 为反演圆时,A 经反演所得的象,同样 B',C',D' 分别为 B,C,D 的象. 因此 $\odot O$ 经这反演成为 $A'B'C'D'$ 的外接圆,从而 O 与这圆的圆心 M,反演中心 I 共线. 于是 O 在直线 IM 上,因此 O,M,K 共线.

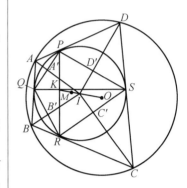

图 30.14

❹③ 设 $t(n)(n=3,4,5,\cdots)$ 表示互不全等的、边长为整数、周长为 $2n$ 的三角形的个数,例如 $t(3)=1$. 证明
$$t(2n-1)-t(2n)=\left[\frac{n}{6}\right] \text{ 或 } \left[\frac{n}{6}+1\right]$$

解 设 $a \leqslant b \leqslant c$ 为一个三角形的三条边,$a,b,c \in \mathbf{N}$ 并且 $a+b+c=2n$. 令映射
$$f_:(a,b,c) \to (a-1,b,c)$$

由于 $a-1 \geqslant c-b$,并且 $a-1$ 与 $c-b$ 的奇偶性不同,所以 $a-1 > c-b$. 从而 $(a-1,b,c)$ 可以构成边长为 $a-1,b,c$,周长为 $2n-1$ 的三角形.

显然,不同的 (a,b,c) 产生不同的 $(a-1,b,c)$. 并且只有边长为 (b,b,c),$2b+c=2n-1$,$b,c \in \mathbf{N}$ 的三角形没有原象. 由于这时
$$4b-1 \geqslant 2b+c=2n-1 \geqslant 3b$$
所以
$$\left[\frac{2n-1}{3}\right] \geqslant b \geqslant \frac{n}{2}$$

于是这种三角形的个数为
$$\left[\frac{2n-1}{3}\right] - \left[\frac{n+1}{2}\right] + 1 = \left[\frac{2(n+1)}{3}\right] - \left[\frac{n+1}{2}\right]$$

设 $n=6k+l-1(1 \leqslant l \leqslant 6)$,则上式为
$$k + \left[\frac{2l}{3}\right] - \left[\frac{l}{2}\right] = \begin{cases} k+1, l=3,5,6 \\ k, l=1,2,4 \end{cases}$$

$$t(2n-1)-t(2n)=\begin{cases}\left[\dfrac{n}{6}\right]+1,\text{若 }n=6k+2,6k+4,6k+5\\ \left[\dfrac{n}{6}\right],\text{若 }n=6k,6k+1,6k+3\end{cases}$$

❹❹ 设 a,b,c 为实数，
$$f(x)=a\sin^2 x+b\sin x+c$$
求使下列三个条件同时满足的 a,b,c 的所有值：

(1) 在 $\sin x=\dfrac{1}{2}$ 时，$f(x)=381$；

(2) $f(x)$ 的最大值为 444；

(3) $f(x)$ 的最小值为 364.

解 令 $t=\sin x$，$g(t)=at^2+bt+c(|t|\leqslant 1)$. 由(1)，$g\left(\dfrac{1}{2}\right)=381$ 即
$$a+2b+4c=1\,524 \qquad (*)$$
$g(t)$ 在 $[-1,1]$ 上的最大值为 444，最小值为 364.

情况 1：$\left|\dfrac{b}{2a}\right|\geqslant 1$. 这时 $g(t)$ 在 $[-1,1]$ 上单调.

ⅰ $b>0$，则
$$a+b+c=444$$
$$a-b+c=364$$
与(*)构成的方程组无解.

ⅱ $b<0$，则
$$a-b+c=444$$
$$a+b+c=364$$
与(*)取立得
$$a=4,b=-40,c=400$$

情况 2：$a>0$ 且 $\left|\dfrac{b}{2a}\right|<1$. 这时
$$\dfrac{4ac-b^2}{4a}=364$$
$$a+b+c=444 \text{ 或 } a-b+c=44$$
与(*)构成的方程组无解.

情况 3：$a<0$ 且 $\left|\dfrac{b}{2a}\right|<1$. 这时
$$\dfrac{4ac-b^2}{4a}=444$$
$$a+b+c=364 \text{ 或 } a-b+c=364$$
仍然无解.

综上所述，只有 $a=4,b=-40,c=400$ 一组解.

❹❺ 在平面直角坐标系中，x 轴上有两个与原点 $O(0,0)$ 不同的定点 A,B. 动点 C 在 y 轴上变动，直线 g 过 $O(0,0)$ 且与直线 AC 垂直. 求 g 与直线 BC 的交点的轨迹（给出其方程并描绘图形）.

解 设 A,B,C 的坐标分别为 $(a,0),(b,0),(0,c)$. 这里 $a \neq 0, b \neq 0, a \neq b$.

在 $c \neq 0$ 时，AC 斜率为 $-\dfrac{c}{a}$，g 的斜率为 $\dfrac{a}{c}$，所以 g 的方程为
$$y = \frac{a}{c}x \qquad ①$$

BC 的方程为
$$\frac{x}{b} + \frac{y}{c} = 1 \qquad ②$$

由 ①，② 消去 c 得轨迹方程
$$a(x^2 - bx) + by^2 = 0$$
即
$$\frac{\left(x - \dfrac{b}{2}\right)^2}{\dfrac{b^2}{4}} + \frac{y^2}{\dfrac{ab}{4}} = 1 \qquad ③$$

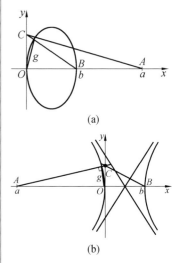

图 30.15

$c=0$ 时，g 与 BC 的交点为原点，也包括在 ③ 中. ③ 上的点 $(b,0)$ 可看作 C 趋于无穷时，g 与 BC 的交点的极限位置.

当 $ab > 0$ 时，轨迹为椭圆，$ab < 0$ 时，轨迹为双曲线，如图 30.15(a),(b) 所示.

❹❻ 表达式 $a+b+c, ab+bc+ca, abc$ 称为三个字母 a,b,c 的初等对称多项式. 各项的共同次数称为这个初等对称多项式的阶. 令 $S_k(n)$ 为 k 个不同字母的 n 阶初等对称多项式. 例如
$$S_4(3) = abc + abd + acd + bcd$$
$S_4(3)$ 中有四项. 问 $S_{9\,891}(1\,989)$ 中有多少项？（假定我们至少有 9 891 个不同字母）.

解 $S_{9\,891}(1\,989)$ 中的项数等于从 9 891 个不同元素中取 1 989 个的组合数，即
$$C_{9\,891}^{1\,989} = \frac{9\,891!}{7\,902!\ 1\,989!}$$

印度尼西亚命题

❹⓻ 给定两个不同的数,它们的积有两种不同的组成方式: $b_1 \times b_2$ 与 $b_2 \times b_1$. 给定三个不同的数 b_1, b_2, b_3, 有 12 种不同的方式组成它们的积:

$b_1 \times (b_2 \times b_3); (b_2 \times b_3) \times b_1; b_1 \times (b_3 \times b_2); (b_3 \times b_2) \times b_1;$
$b_2 \times (b_1 \times b_3); (b_1 \times b_3) \times b_2; b_2 \times (b_3 \times b_1); (b_3 \times b_1) \times b_2;$
$b_3 \times (b_1 \times b_2); (b_1 \times b_2) \times b_3; b_3 \times (b_2 \times b_1); (b_2 \times b_1) \times b_3;$

有多少种不同的方式来组成 n 个不同字母的积?

解 令 $f(n)$ 为 n 个不同字母组成的积的个数, 则 $f(1)=1$. 我们证明
$$f(n) = (4(n-1)+2)f(n-1) \qquad ①$$

设在 $n-1$ 个字母的一个积 l 中, 字母从左至右的顺序为 $a_1, a_2, \cdots, a_{n-1}$. 现在将第 n 个字母 a_n 加入. 这有很多方法. 一种是 $a_n \times l$, 一种是 $l \times a_n$. 此外, 设 l 中包含 $a_i (1 \leqslant i \leqslant n-2)$ 与 a_{i+1} 的最短的积为 $l^{\mathrm{I}} \times l^{\mathrm{II}}$. 则 a_n 加入后可产生
$$(a_n \times l^{\mathrm{I}}) \times l^{\mathrm{II}}, (l^{\mathrm{I}} \times a_n) \times l^{\mathrm{II}}$$
$$l^{\mathrm{I}} \times (a_n \times l^{\mathrm{II}}), l^{\mathrm{I}} \times (l^{\mathrm{II}} \times a_n)$$
等四种不同的积 (l 中其他部分不动). 于是共得出 $2+4(n-2)$ 种 n 个字母的积.

n 个字母的积均可通过这种方式由 $n-1$ 个字母的积产生, 并且这样产生的积互不相同. 所以式 ① 成立. 从而
$$f(n) = (4n-6)f(n-1) = (4n-6)(4n-10)f(n-2) = \cdots = \frac{(2n-2)!}{(n-1)!}$$

这就是所谓 Catalan 数.

❹⓼ 设
$$\log_2^2 x - 4(\log_2 x) - m^2 - 2m - 13 = 0$$
是 x 的方程. 证明

(1) 对 m 的任意实数值, 方程有两个不同的实根;

(2) 两根的积与 m 无关;

(3) 一根小于 1, 另一根大于 1.

求大根的最小值与小根的最大值.

解 令 $y = \log_2 x$, 则有
$$y^2 - 4y - (m^2+2m+13) = 0 \qquad ①$$
$$\Delta = 16 + 4(m^2+2m+13) = 4(m+1)^2 + 64 > 0$$
所以 ① 有两个不同的实根, 从而原方程也有两个不同的实根

$x_1 > x_2$. 由于
$$y_1 + y_2 = 4$$
所以
$$x_1 x_2 = 2^{y_1+y_2} = 16$$
与 m 无关
$$y_1 y_2 = -(m^2 + 2m + 13) = -(m+1)^2 - 12 < 0$$
所以 y_1, y_2 异号,从而 $x_1 = e^{y_1}, x_2 = e^{y_2}$ 中一个大于 1,一个小于 1.
由 ① 得
$$y_1 = 2 + \sqrt{(m+1)^2 + 16} \geqslant 2 + 4 = 6$$
$$y_2 = 2 - \sqrt{(m+1)^2 + 16} \leqslant 2 - 4 = -2$$
所以
$$x_1 \geqslant 2^6 = 64, x_2 \leqslant 2^{-2} = \frac{1}{4}$$
即原方程大根最小值为 64,小根的最大值为 $\frac{1}{4}$,均在 $m = -1$ 时达到.

> **㊾** S 为直线 $l_1: 7x + 5y + 8 = 0$ 与 $l_2: 3x + 4y - 13 = 0$ 的交点. 点 $P(3, 7), Q(11, 13)$ 所成的直线 PQ 上有两点 A, B, P 在 A, Q 之间,B 在 P, Q 之间,并且
> $$\frac{PA}{AQ} = \frac{PB}{BQ} = \frac{2}{3}$$
> 不求 S 的坐标,试求出直线 SA 与 SB 的方程.

解 根据题意有

SA $\quad 7x - 5y + 8 + \lambda(3x + 4y - 13) = 0 \quad$ ①

SB $\quad 7x - 5y + 8 + \mu(3x + 4y - 13) = 0 \quad$ ②

由 $\frac{PA}{AQ} = \frac{PB}{BQ} = \frac{2}{3}$ 及分点公式得 A, B 为
$$A(-13, -5), B\left(\frac{31}{5}, \frac{47}{5}\right)$$
它们分别适合 ①,②,代入后求出
$$\lambda = -\frac{29}{36}, \mu = -\frac{11}{108}$$
因此所求方程为

SA $\quad 165x - 296y + 665 = 0$

SB $\quad 723x - 584y + 1\ 007 = 0$

(50) 设 a,b,c,d,m,n 为正整数

$$a^2+b^2+c^2+d^2=1\ 989, a+b+c+d=m^2$$

并且 a,b,c,d 中最大的为 n^2. 确定(并予以证明)m,n 的值.

解 由柯西不等式

$$a+b+c+d\leqslant 2\sqrt{1\ 989}<90$$

由于 $a^2+b^2+c^2+d^2$ 为奇数,所以 $a+b+c+d$ 也是奇数,$m^2\in\{1,9,25,49,81\}$.

由 $(a+b+c+d)^2>a^2+b^2+c^2+d^2$,推出 $m^2=49$ 或 81.

不妨设 $a\leqslant b\leqslant c\leqslant d=n^2$. 若 $m^2=49$,则

$$(49-d)^2=(a+b+c)^2>a^2+b^2+c^2=1\ 989-d^2$$

从而

$$d^2-49d+206>0$$

$$d>44, \text{或 } d\leqslant 4$$

但

$$45^2>1\ 989>d^2\Leftrightarrow d<45$$

$$4d^2\geqslant a^2+b^2+c^2+d^2=1\ 989\Rightarrow d>22$$

所以 $m^2\neq 49$. 从而 $m^2=81, m=9$,并且 $d=n^2\in\{25,36\}$.

若 $d=n^2=25$,令 $a=25-p, b=25-q, c=25-r, p,q,r\geqslant 0$,则由已知条件导出

$$p+q+r=19$$

$$p^2+q^2+r^2=439$$

与 $(p+q+r)^2>p+q+r$ 矛盾. 所以 $n^2=36, n=6$.

注 不难推出 $a=12, b=15, c=18, d=36$.

(51) 设 $f(x)=(x-a_1)(x-a_2)\cdots(x-a_n)-2$,其中 $n\geqslant 3$,$a_1,a_2,\cdots,a_n$ 为不同的整数. 若 $f(x)=g(x)\cdot h(x)$,$g(x)$,$h(x)$ 都是整系数多项式,不是常数,证明 $n=3$.

解 设 $g(x),h(x)$ 都是最高次项系数为 1 的多项式,次数分别为 d,e. 不妨设 $d\geqslant e$.

将 a_i 代入 $f(x)=g(x)h(x)$,得

$$g(a_i)h(a_i)=-2, i=1,2,\cdots,n$$

由于 $g(a_i),h(a_i)$ 都是整数,它们的绝对值为 1 与 2,并且符号相反,所以对每一个 i,有

$$g(a_i)+h(a_i)=\pm 1$$

设其中 $g(a_i)+h(a_i)=1$ 对 $i=1,2,\cdots,k$ 成立. 不妨设 $k\geqslant \frac{n}{2}$(在 $k<\frac{n}{2}$ 时,考虑 $g(a_i)+h(a_i)=-1$). 这时

$$g(x)+h(x)-1=(x-a_1)(x-a_2)\cdots(x-a_k)w(x)$$

其中 $w(x)$ 为整系数多项式.

由于 $g(x),h(x)$ 都不是常数,所以 $d<n$,从而 $k<n$. 由于 $g(a_n)+h(a_n)=-1$,所以

$$(a_n-a_1)(a_n-a_2)\cdots(a_n-a_k)w(a_n)=-2$$

$a_n-a_1,a_n-a_2,\cdots,a_n-a_k$ 互不相同,它们的积整除 2,所以 $k\leqslant 3$.

(1) $k=3$.

若 $n>4$,由

$$(a_4-a_1)(a_4-a_2)(a_4-a_3)w(a_4)=-2$$

可知 $\{a_4+1,a_4-1\}\subset\{a_1,a_2,a_3\}$. 由于 $a_5\neq a_1,a_2,a_3,a_4$,所以 $|a_5-(a_4+1)|$ 与 $|a_5-(a_4-1)|$ 中至少有一个大于 2. 这与

$$(a_5-a_1)(a_5-a_2)(a_5-a_3)w(a_5)=-2$$

矛盾.

若 $n=4$. 由 $d+e=4$ 得 $d=k=3,e=1$. 故 $h(x)=x-b,b$ 为整数. 由于四个不同整数 $b-a_1,b-a_2,b-a_3,b-a_4$ 的积不为 2,这与

$$f(b)=g(b)h(b)=0$$

矛盾.

(2) $k=2$. 这时 $n\leqslant 2k=4$.

设 $n=4.h(x)$ 为一次多项式时,与上面一样导出矛盾. 所以 $h(x),g(x)$ 都是二次多项式. 由

$$g(x)+h(x)-1=(x-a_1)(x-a_2)w(x)$$

可知 $w(x)$ 为常数. 比较 x^2 的系数即知 $w(x)=2$. 从而

$$2(a_3-a_1)(a_3-a_2)=-2$$
$$2(a_4-a_1)(a_4-a_2)=-2$$

这两个等式分别导出 $\{a_1,a_2\}=\{a_3-1,a_3+1\}$ 与 $\{a_1,a_2\}=\{a_4-1,a_4+1\}$. 与 $a_3\neq a_4$ 矛盾.

综上所述, $n=3$.

㊾ 设 f 是一个实函数. $f(1)=1$. 对任意的 $a,b,f(a+b)=f(a)+f(b)$. 对任意的 $x\neq 0,f(x)f\left(\dfrac{1}{x}\right)=1$. 证明 $f(x)=x$.

解 因为 $1=f(1)=f(1+0)=f(1)+f(0)=1+f(0)$,所以 $f(0)=0$. 因为

$$f(x)+f(-x)=f(0)=0$$

所以

$$f(-x)=-f(x)$$

只需对正数 x,证明 $f(x)=x$.

由归纳法易知,对 $n\in \mathbf{N}$ 及正实数 x,
$$f(nx)=nf(x)$$
特别地,取 $x=\frac{1}{n}$ 得
$$f\left(\frac{1}{n}\right)=\left(\frac{1}{n}\right)f(1)=\frac{1}{n}$$
从而对任意正有理数 $\frac{m}{n}$,有
$$f\left(\frac{m}{n}\right)=mf\left(\frac{1}{n}\right)=\frac{m}{n}$$

为了证明 $f(x)=x$ 对于无理数 x 也.首先注意,对于 $y>2$ 必有 $x>0$,使 $x+\frac{1}{x}=y$,从而
$$|f(y)|=\left|f(x)+f\left(\frac{1}{x}\right)\right|\geqslant 2\sqrt{f(x)f\left(\frac{1}{x}\right)}=2$$
于是当 $y<\frac{1}{2}$ 时
$$|f(y)|=\left|\frac{1}{f\left(\frac{1}{y}\right)}\right|\leqslant\frac{1}{2}$$

其次注意 $f(x)$ 在 $x=0$ 连续.即对于任意 $\varepsilon>0$,当 $x<\frac{1}{2n}<\varepsilon(n\in\mathbf{N})$ 时
$$|f(x)|=\frac{1}{n}|f(nx)|\leqslant\frac{1}{2n}<\varepsilon$$
也就是 $\lim_{x\to 0}f(x)=0$.

对任一正无理数 x,存在有理数数列 $\frac{m}{n},\frac{m}{n}\to x$.于是
$$f(x)=f\left(\frac{m}{n}\right)+f\left(x-\frac{m}{n}\right)=\frac{m}{n}+f\left(x-\frac{m}{n}\right)$$
取极限即得
$$f(x)=\lim\frac{m}{n}=x$$

❺❸ $[x]$ 表示不大于 x 的最大整数. a 是方程
$$x^2-1989x-1=0 \qquad ①$$
的正根.证明存在无穷多个自然数 n,满足方程
$$[an+1989a[an]]=1989n+(1989^2+1)[an] \qquad ②$$

解 事实上,对每个自然数 n,② 均成立.

首先，$-\dfrac{1}{a}$ 也是 ① 的根，并且由韦达定理

$$a = 1\,989 + \dfrac{1}{a} > 1\,989$$

② $\Leftrightarrow \left[\left(1\,989 + \dfrac{1}{a}\right)n + 1\,989\left(1\,989 + \dfrac{1}{a}\right)[an]\right] = $
$1\,989n + (1\,989^2 + 1)[an] \Leftrightarrow$

$$\left[\dfrac{n}{a} + \dfrac{1\,989}{a}[an]\right] = [an]$$

令 $\{an\} = an - [an]$，则 $0 \leqslant \{an\} < 1$. ② 等价于

$$\left[\dfrac{n}{a} + \dfrac{1\,989}{a}(an - \{an\})\right] = [an] \Leftrightarrow$$

$$\left[n\left(\dfrac{1}{a} + 1\,989\right) - \dfrac{1\,989}{a}\{an\}\right] = [an] \Leftrightarrow$$

$$\left[na - \dfrac{1\,989}{a}\{an\}\right] = [an] \Leftrightarrow$$

$$\left[\{na\} - \dfrac{1\,989}{a}\{na\}\right] = 0$$

由于 $0 < \left(1 - \dfrac{1\,989}{a}\right)\{na\} < \{na\} < 1$，所以

$$\left[\{na\} - \dfrac{1\,989}{a}\{na\}\right] = 0$$

从而 ② 成立.

❺❹ 设 $n = 2k - 1, k \geqslant 6$ 为整数. T 为所有 n 元数组 $(x_1, x_2, \cdots, x_n)$ 的集，$x_i = 0$ 或 $1(i = 1, 2, \cdots, n)$. 对 T 中 $x = (x_1, x_2, \cdots, x_n)$ 与 $y = (y_1, y_2, \cdots, y_n)$，令 $d(x, y)$ 为满足 $x_j \neq y_j$, $1 \leqslant j \leqslant n$ 的 j 的个数（特别地，$d(x, x) = 0$）. 设有一个 T 的具有 2^k 个元素的子集 S，具有以下性质：对 T 中任一元素 x, S 中有一个唯一的元素 y 满足 $d(x, y) \leqslant 3$. 证明 $n = 23$.

解 由于 $d(x, x) = 0 < 3$, S 中每两个不同元素 x, y 的距离 $d(x, y) > 3$. 因此，将 S 中任一元素 x 的分量改变 1 个、2 个或 3 个，所得的数均在 $T \backslash S$ 中. 并且 S 中不同元素用这种方法所产生的数各不相同. 因为 T 中任一元素 x, S 中均有唯一元素 y 满足 $d(x, y) \leqslant 3$，所以 $T \backslash S$ 中每一元素均可由 S 中的元素用上述方法产生，从而

$$2^n = 2^k(C_n^0 + C_n^1 + C_n^2 + C_n^3)$$

由于 $n = 2k - 1$，上式可化为

$$3 \cdot 2^{k-2} = k(2k^2 - 3k + 4) \qquad ①$$

若 $3 \nmid k$，则 $k = 2^m$. 由于 $k \geqslant 6, m \geqslant 3$, 于是 $2k^2 - 3k + 4$ 是 4 的倍

数，不是 8 的倍数. 从而由 ① 得

$$2k^2-3k+4=12$$

这个方程无解. 于是必有 $k=3l=3\cdot 2^q, q\geqslant 1$. ① 成为

$$2^{3l-2}=l(18l^2-9l+4) \quad ②$$

若 $q\geqslant 3$，则 $18l^2-9l+4=4$，无解，所以 $q=1,2$. $l=2$ 或 4. 再代入 ② 可知

$$l=4, k=12, n=23$$

(55) 实数集 $\{a_0, a_1, \cdots, a_n\}$ 满足以下条件：

(1) $a_0=a_n=0$；

(2) 对 $1\leqslant k\leqslant n-1$，$a_k=c+\sum\limits_{i=k}^{n-1}a_{i-k}(a_i+a_{i+1})$.

证明 $c\leqslant \dfrac{1}{4n}$.

解 定义 $S_k=\sum\limits_{i=0}^{k}a_i, k=0,1,\cdots,n$，则

$$\begin{aligned}
S_n=\sum_{k=0}^{n}a_k=\sum_{k=0}^{n-1}a_k= \\
nc+\sum_{k=0}^{n-1}\sum_{i=k}^{n-1}a_{i-k}(a_i+a_{i+1})= \\
nc+\sum_{i=0}^{n-1}\sum_{k=0}^{i}a_{i-k}(a_i+a_{i+1})= \\
nc+\sum_{i=0}^{n-1}(a_i+a_{i+1})\sum_{k=0}^{i}a_{i-k}= \\
nc+\sum_{i=0}^{n-1}(a_i+a_{i+1})\sum_{t=0}^{i}a_t \quad (令\ t=i-k)= \\
nc+\sum_{i=0}^{n-1}(a_i+a_{i+1})S_i= \\
nc+\{S_1S_0+(S_2-S_0)S_1+(S_3-S_1)S_2+\cdots+ \\
(S_n-S_{n-2})S_{n-1}\}= \\
nc+S_n^2 \quad (由于\ S_{n-1}=S_n)
\end{aligned}$$

即

$$S_n^2-S_n+nc=0$$

但 S_n 为实数，所以 $1\leqslant 4nc$.

> **❺❻** $P_1(x), P_2(x), \cdots, P_n(x)$ 为实多项式,即实系数多项式.
> 证明存在实多项式 $A_r(x), B_r(x)(r=1,2,3)$,使
> $$\sum_{S=1}^n P_S^2(x) = A_1^2(x) + B_1^2(x) = A_2^2(x) + xB_2^2(x) = \\ A_3^2(x) - xB_3^2(x)$$

解 $P(x) = \sum_{S=1}^n P_S^2(x)$ 是实多项式,并且对所有实数 x,$P(x) \geq 0$.

每一实多项式可以分解为一次与二次实多项的积.设
$$P(x) = \lambda(x-\alpha)^a(x-\beta)^b \cdots (x^2+px+q) \cdots$$
其中 $\alpha, \beta, \cdots, p, q, \cdots, \lambda$ 均为实数,并且
$$p^2 - 4q < 0, \cdots$$
由于对所有实数 $x, P(x) \geq 0$,所以 $\lambda \geq 0, a, b, \cdots$ 均为正偶数.由于
$$(x-\alpha)^a = ((x-\alpha)^{\frac{a}{2}})^2 + 0^2, \cdots$$
$$x^2 + px + q = \left(x - \frac{p}{2}\right)^2 + \left(\frac{\sqrt{4q-p^2}}{2}\right)^2, \cdots$$
并且
$$(A^2+B^2)(C^2+D^2) = (AC+BD)^2 + (AD-BC)^2$$
所以 $P = A_1^2 + B_1^2$.

同样,由于
$$(x-d)^a = ((x-\alpha)^{\frac{a}{2}})^2 + x \cdot 0^2, \cdots$$
$$x^2 + px + q = (x-\sqrt{q})^2 + x(\sqrt{2\sqrt{q}+p})^2, \cdots$$
$$(A^2+xB^2)(C^2+xD^2) = (AC+xBD)^2 + x(AD-BC)^2$$
所以 $$P = A_2^2 + xB_2^2$$

最后,将上一段证明中 x 全换作 $-x$,即得
$$P = A_3^2 - xB_3^2$$

> **❺❼** $v_1, v_2, \cdots, v_{1989}$ 为一组共面向量,$|v| \leq 1 (1 \leq r \leq 1989)$.证明:可以找到 $\varepsilon_r (1 \leq r \leq 1989)$ 等于 ± 1,使
> $$\left|\sum_{r=1}^{1989} \varepsilon_r v_r\right| \leq \sqrt{3}.$$

解 更一般地,用 n 代替 1 989 并采用归纳法证明结论成立.
$n = 1, 2$ 是显然的.设命题对于 $n-1$ 成立($n \geq 3$).在向量 v_1, v_2, v_3 中,总可以找出一对向量 v_i, v_j 及 ε_j,使 $v_i + \varepsilon_j v_j$ 的长小于等于 1(因为自原点引出的 6 个向量 $\pm v_1, \pm v_2, \pm v_3$ 将 360° 分为 6

份,其中至少有一份小于等于 60°. 相应两个向量的差的长小于等于 1). 不失一般性,假定 $|v_1 + v_2| \leq 1$.

考虑 $n-1$ 个向量 $v_1 + v_2, v_3, \cdots, v_n$. 由归纳假设,存在 $\varepsilon_3, \varepsilon_4, \cdots, \varepsilon_n \in \{\pm 1\}$,使

$$|v_1 + v_2 + \varepsilon_3 v_3 + \cdots + \varepsilon_n v_n| \leq \sqrt{3}$$

注 $\sqrt{3}$ 可改为 $\sqrt{2}$, $\sqrt{2}$ 是最佳的上界.

❺❽ 设正 n 边形 $A_1 A_2 \cdots A_n$ 的外接圆半径为 R, S 为圆上任一点. 计算

$$T = SA_1^2 + SA_2^2 + \cdots + SA_n^2$$

解法 1 如图 30.16,设 $\angle A_n OS = \alpha$. $\angle A_n OA_1 = \dfrac{2\pi}{n} = \beta$

$$\angle SOA_1 = \beta - \alpha, \angle SOA_k = k\beta - \alpha$$

由余弦定理

$$SA_1^2 = R^2 + R^2 - 2R^2 \cos(\beta - \alpha) = 2R^2(1 - \cos(\beta - \alpha))$$

$$SA_2^2 = \cdots = 2R^2(1 - \cos(2\beta - \alpha))$$

$$\vdots$$

$$SA_n^2 = \cdots = 2R^2(1 - \cos(n\beta - \alpha))$$

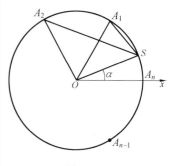

图 30.16

所以

$$T = 2nR^2 - 2R^2(\cos(\beta - \alpha) + \cos(2\beta - \alpha) + \cdots + \cos(n\beta - \alpha)) =$$

$$2nR^2 - 2R^2 \cdot \dfrac{1}{2\sin\dfrac{\beta}{2}} \left(\sin\left(\dfrac{3\beta}{2} - \alpha\right) - \sin\left(\dfrac{\beta}{2} - \alpha\right) + \right.$$

$$\sin\left(\dfrac{5\beta}{2} - \alpha\right) - \sin\left(\dfrac{3\beta}{2} - \alpha\right) + \cdots +$$

$$\left. \sin\left(\dfrac{2n+1}{2}\beta - \alpha\right) - \sin\left(\dfrac{2n-1}{2}\beta - \alpha\right) \right) =$$

$$2nR^2 - \dfrac{R^2}{\sin\dfrac{\beta}{2}} \left(\sin\left(\dfrac{2n+1}{2}\beta - \alpha\right) - \sin\left(\dfrac{\beta}{2} - \alpha\right) \right) =$$

$$2nR^2$$

解法 2 以 OA_n 为实轴,设点 S 的复数表示为 Z, A_k 的复数表示为 Z_k,则

$$SA_k^2 = |Z_k - Z|^2 = Z_k \overline{Z_k} + Z\overline{Z} - (Z\overline{Z_k} + \overline{Z} Z_k)$$

$$T = \sum_{k=1}^{n} SA_k^2 = 2nR^2 - \left(Z \sum_{k=1}^{n} \overline{Z_k} + \overline{Z} \sum_{k=1}^{n} Z_k \right)$$

由于此多边形是正多边形，所以
$$\sum_{k=1}^{n}\overline{Z}_k = \sum_{k=1}^{n} Z_k = 0$$
从而 $T = 2nR^2$.

> **❺❾** 平面上已给 7 个点，用一些线段联结它们，使得
> (1) 每三点中至少有两点相连；
> (2) 线段的条数最少.
> 问有多少条线段？给出一个这样的图.

解 如图 30.17，图表明 9 条线段已经足够了.

现在证明至少需要 9 条线段.

如果点 A 不作为线段的端点，则由于(1)，其他 6 点至少要连 $C_6^2 > 9$ 条线段.

如果点 A 只作为 1 条线段的端点，则由于(1)，不与 A 相连的 5 点之间至少要连 $C_5^2 > 9$ 条线段.

设每一点至少作为两条线段的端点. 则若点 A 只作为两条线段 AB, AC 的端点，由(1)，不与 A 相连的 4 点之间至少要连 $C_4^2 = 6$ 条线段. 自点 B 至少还要引出一条线段，所以这时至少有 $6 + 2 + 1 = 9$ 条线段.

若每一点至少作为 3 条线段端点，则至少有多于 $\left[\dfrac{3 \times 7}{2}\right] = 10$ 条线段.

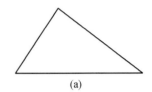
(a)

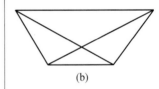
(b)

图 30.17

> **❻⓿** 已给一族集合 $A_1, A_2, \cdots, A_n$，具有性质：
> (1) 每个 A_i 含 30 个元素；
> (2) 对每一对 $i, j, 1 \leqslant i < j \leqslant n, A_i \cap A_j$ 恰含一个元素；
> (3) $A_1 \cap A_2 \cap \cdots \cap A_n = \varnothing$.
> 求使这些集合存在的最大的 n.

解 最大的 $n = 871$.

若 $n \geqslant 872$，则由 30 个元素组成的集 A_1 中，必有一个元素 a 至少属于除 A_1 外的 30 个集 (因为 $29 \times 30 + 1 = 871 < n$).

设 A_i 不含 a. 每个含 a 的集与 A_i 有一个公共元，这些公共元互不相同. A_i 与 A_1 又有一个公共元，与上述公共元也不相同. 这样 A_i 至少有 31 个元，矛盾.

现在我们构造 871 个集满足题中要求. 令
$$A = \{a_0, a_1, \cdots, a_{20}\}$$
$$B_i = \{a_0, a_{i,1}, a_{i,2}, \cdots, a_{i,29}\}, 1 \leqslant i \leqslant 29$$

$$A_{i,j} = \{a_l\} \bigcup \{a_{k,j+(k-1)(i-1)}, k=1,2,\cdots,29\}, 1 \leqslant i,j \leqslant 29$$

其中 $a_{k,s}$ 与 $a_{k,s+29}$ 是同一个元素.

这样的 871 个集 $A, B_i (1 \leqslant i \leqslant 29), A_{i,j} (1 \leqslant i,j \leqslant 29)$ 即为所求. 只需验证两两的交为单元素集. $A \cap B_i, A \cap A_{i,j}$ 为单元素集是显然的. 而

$$B_i \cap B_j = \{a_0\}, i \neq j$$
$$B_s \cap A_{i,j} = \{a_{s,j+(s-1)(i-1)}\}$$
$$A_{i,j} \cap A_{i,t} = \{a_i\}, j \neq t$$
$$A_{i,j} \cap A_{s,j} = \{a_{1,j}\}, i \neq s$$
$$A_{i,j} \cap A_{s,t} = \{a_{h,j+(h-1)(i-1)}\}, i \neq s, j \neq t$$

其中 $h-1$ 是 $(x-1)(i-s) \equiv t-j \pmod{29}$ 的唯一解.

❻❶ 设 $0 < k \leqslant 1, a_i (i=1,2,\cdots,n)$ 为正实数. 证明

$$\left(\frac{a_1}{a_2+\cdots+a_n}\right)^k + \cdots + \left(\frac{a_n}{a_1+\cdots+a_{n-1}}\right)^k \geqslant \frac{n}{(n-1)^k} \quad ①$$

解 本题及解答均不正确. 条件 $0 < k \leqslant 1$ 应改为 $k \geqslant 1$.

令 $s = a_1 + a_2 + \cdots + a_n$.

在 $k=1$ 时

$$\frac{a_1}{a_2+\cdots+a_n} + \cdots + \frac{a_n}{a_1+\cdots+a_{n-1}} = \frac{s}{s-a_1} + \cdots + \frac{s}{s-a_n} - n$$

而由柯西不等式

$$\left(\frac{s}{s-a_1} + \cdots + \frac{s}{s-a_n}\right)\left(\frac{s-a_1}{s} + \cdots + \frac{s-a_n}{s}\right) \geqslant n^2$$

即

$$\frac{s}{s-a_1} + \cdots + \frac{s}{s-a_n} \geqslant \frac{n^2}{n-1}$$

于是

$$\frac{a_1}{a_2+\cdots+a_n} + \cdots + \frac{a_n}{a_1+\cdots+a_{n-1}} \geqslant \frac{n^2}{n-1} - n = \frac{n}{n-1}$$

在 $k > 1$ 时, 令

$$x_i = \left(\frac{a_i}{s-a_i}\right)^k, i=1,2,\cdots,n$$

则

$$\sum_{i=1}^n x_i^{1/k} = \sum_{i=1}^n \frac{a_i}{s-a_i} \geqslant \frac{n}{n-1} \quad ②$$

又由幂平均不等式(因为 $k > 1$)

$$\left[\frac{\sum x_i^{1/k}}{n}\right]^k \leqslant \frac{x_1 + \cdots + x_n}{n} \quad ③$$

②, ③ 导出

$$x_1 + \cdots + x_k \geqslant \frac{1}{n^{k-1}}\Big(\sum_{k=1}^{n} x_i^{1/k}\Big)^k \geqslant$$
$$\Big(\frac{n}{n-1}\Big)^k \cdot \frac{1}{n^{k-1}} = \frac{n}{(n-1)^k}$$

即 ① 成立.

在 $k<1$ 时, ① 不成立. 例如令 $a_1 = a_2 = 1, a_3 = \cdots = a_n = n^{-1/k}$, 则

①的左边 $< 1 + 1 + (n-2) \cdot n^{-1} < 3$

而右边 $\to +\infty (n \to +\infty)$.

❻❷ 平面上有一凸多边形 $A_1 A_2 \cdots A_n$, 面积为 S, 又有一点 M, M 绕 A_i 旋转 α 角后得点 $M_i (i=1,2,\cdots,n)$. 求多边形 $M_1 M_2 \cdots M_n$ 的面积.

解 由于 $R_{A_i}^{\alpha}(M) = M_i$, 这里 $R_{A_i}^{\alpha}$ 表示绕 A_i 旋转 α 角的变换, 所以以 M 为位似中心, 相比为 $2\sin\frac{\alpha}{2}$, 作一位似变换 $H_M^{2\sin\frac{\alpha}{2}}$, 然后再绕 M 绕转 $\frac{\alpha}{2} - 90°$, 即 $R_M^{\alpha/2 - 90°}$, 便将 A_i 变为 M_i, 即

$$R_M^{\alpha/2-90°} \cdot H_M^{2\sin\frac{\alpha}{2}}(A_1 A_2 \cdots A_n) = M_1 M_2 \cdots M_n$$

$$S_{M_1 M_2 \cdots M_n} = \Big(4\sin^2\frac{\alpha}{2}\Big) S$$

❻❸ 平面上给定三条直线 $l_i (i=1,2,3)$, 组成一个非退化的三角形. 令变换 f_i 为关于 l_i 的反射 $(i=1,2,3)$. 证明对于平面上的每一点, 都存在由有限多个 f_i 组成的变换, 将这点映到 $l_i (i=1,2,3)$ 所组成的闭三角形中.

解 设 l_i 构成的三角形的顶点为 A, B, C.

$\triangle ABC$ 关于 l_2 (即 AC) 对称得 $\triangle ABC$; 四边形 $B'ABC$ 关于 l_3 (即 AB) 对称得四边形 $B''C'BA$; 四边形 $B''CBA$ 关于 l_2 对称得 $\cdots$. 如此继续下去可知到 A 的距离小于等于 $\triangle ABC$ 过 A 的高 h_a 的每一点都可由 $\triangle ABC$ 内的点经过有限多次 f_2, f_3 得到. 由于 $f_i^{-1} = f_i$, 所以到 A 距离小于等于 h_a 的每一点都可经过有限多次 f_2, f_3 变到 $\triangle ABC$ 的内部.

同样的 B 距离小于等于 h_b, 到 C 距离小于等于 h_0 的点也可经过有限多次 $f_i (i=1,2,3)$ 变到 $\triangle ABC$ 内部. 这里 h_b, h_c 分别为 $\triangle ABC$ 的过 B, C 的高.

设 $\triangle ABC$ 关于 l_1, l_2, l_3 对称分别得 $\triangle A'BC, \triangle AB'C$,

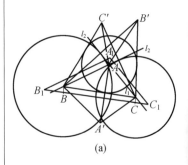

图 30.18

$\triangle ABC'$. 则这四个三角形及 $\odot(A, h_a)$, $\odot(B, h_b)$, $\odot(C, h_c)$ 必覆盖一个 $\triangle A_1 B_1 C_1$, 它的边分别与 $\triangle ABC$ 的边平行, 并且相距为 d, 这里 d 是一个正数. 在 $\triangle A_1 B_1 C_1$ 中的点可经有限多次 f_i ($i=1, 2, 3$) 变到 $\triangle ABC$ 内(图 30.18(a)).

用开头所说的方法, 经有限多次 f_2, f_3 可将任一点 X 变到 $\angle ABC$ 内. 若点 X 到 BC 的距离 $q > d$. 那么经过变换 f_1 后得到 X', 满足
$$AX^2 - AX'^2 = (q + h_a)^2 - (q - h_a)^2 = 4q h_a > 4d h_a$$
(图 30.18(b)).

再经有限次变换 f_2, f_3, 将 X' 变到 $\angle BAC$ 内. 为不使记号繁复起见, 仍称为 X. 现在的 AX^2, 已比原来至少少了 $4d h_a$. 如此继续下去, 总可使 X 到 BC 的距离小于等于 d, 即 X 落入 $\triangle A_1 B_1 C_1$ 内. 从而平面上每一点均可经有限多次变换 f_i ($i=1,2,3$) 变到 $\triangle ABC$ 内.

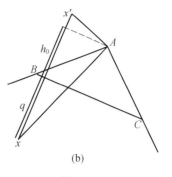

(b)

图 30.18

❻❹ 一个 $m \times n$ 的长方形表中填写了自然数. 可以将相邻方格中的两个数同时加上一个整数, 使所得的数为非负整数(有一条公共边的两个方格称为相邻的). 试确定充分必要条件, 使可以经过有限多次这种运算后, 表中各数为 0.

解 将 $m \times n$ 的表中相邻的方格涂上两种不同的颜色 ＊ 与 □. 两种方格中的数的和分别记为 S_*, $S_\square$, 令 $S = S_* - S_\square$. 由于每次运算 S 均保持不变, 所以 $S = 0$ 是经过若干次运算后, 表中各数为 0 的必要条件.

现在证明 $S = 0$ 也是充分条件. 从表中的第一列开始, 设第一列第一行的数为 a, 第一列第二行的数为 b, 第一列第三行的数为 c.

如果 $a > b$, 将 b, c 同时加上 $a - b$, 然后再将 a 与 $b + (a - b) = a$ 同时加上 $-a$.

如果 $a \leqslant b$, 将 a, b 同时加上 $-a$.

这样进行下去, 直至表成为:

 或

如果 $g \leqslant h$, 则将 g 与 h 同时加上 $-g$. 如果 $g > h$, 则将 r, h 同时加上 $g - h$, 然后将 g 与 $h + (g - h)$ 同时加上 $-g$. 总之, 我们

可以使第一列的数全变成 0. 如此继续下去, 可以使表中只有第 n 列的一个数可能非零, 其余各数都变成 0.

由于 $S=0$, 所以这时每一个数都是零.

㊻ 设四边形 $ABCD$ 内接于以 AB 为直径的半圆. $BC=a$, $CD=2a$, $DA=\dfrac{3\sqrt{5}-1}{2}a$. 点 M 在以 AB 为直径的、不含 C,D 的半圆上变动. M 到 BC,CD,DA 的距离分别为 h_1,h_2,h_3, 求 $h_1+h_2+h_3$ 的最大值.

解 如图 30.19, 设 O 为圆心, $OA=1$.

(1) 先确定 a. 令 $\alpha=\angle BOC, \beta=\angle COD, \gamma=\angle AOD$, 则

$$\sin\frac{\alpha}{2}=\frac{a}{2}$$

$$\sin\frac{\beta}{2}=a$$

$$\sin\frac{\gamma}{2}=\frac{3\sqrt{5}-1}{4}a$$

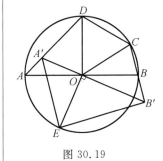

图 30.19

又 $\dfrac{\gamma}{2}=\dfrac{\pi}{2}-\left(\dfrac{\alpha}{2}+\dfrac{\beta}{2}\right)$, 所以

$$\frac{3\sqrt{5}-1}{4}a=\sin\frac{\gamma}{2}=\cos\left(\frac{\alpha}{2}+\frac{\beta}{2}\right)=$$

$$\cos\frac{\alpha}{2}\cos\frac{\beta}{2}-\sin\frac{\alpha}{2}\sin\frac{\beta}{2}$$

即

$$\frac{3\sqrt{5}-1}{4}a=\sqrt{1-\frac{a^2}{4}}\sqrt{1-a^2}-\frac{a^2}{2}$$

移项得

$$\frac{a^2}{2}+\frac{3\sqrt{5}-1}{4}a=\sqrt{1-\frac{a^2}{4}}\sqrt{1-a_2}$$

左边是 a 的增函数, 右边是 a 的减函数 ($a\in(0,1]$), 所以等式仅在 $a=\dfrac{1}{2}$ 时成立 (这时两边均等于 $\dfrac{3\sqrt{5}}{8}$).

(2) 在 AD 上取 A', 使 $DA'=1$, 在 CB 延长线上取 B', 使 $CB'=1$. 我们证明 A',O,B' 三点共线.

由于 $\triangle ODC$ 为正三角形, $\triangle A'DO$ 与 $\triangle OCB'$ 都是等腰三角形, 所以

$$\angle COD=\frac{\pi}{3}$$

$$\angle A'OD=\frac{\pi}{2}-\frac{1}{2}\angle ADO=\frac{\pi}{2}-\frac{1}{2}\angle A$$

$$\angle COB' = \frac{\pi}{2} - \frac{1}{2}\angle OCB = \frac{\pi}{2} - \frac{1}{2}\angle B$$

于是

$$\angle A'OD + \angle DOC + \angle COB' = \frac{4}{3}\pi - \frac{1}{2}(\angle A + \angle B) =$$

$$\frac{4}{3}\pi - \frac{1}{4}\left(2\pi - \frac{\pi}{3} - \frac{\pi}{3}\right) =$$

$$\pi$$

即 A', O, B' 三点共线.

(3) 设 S_1, S_2, S_3, S_4, S 分别为 $\triangle MB'C, \triangle MCD, \triangle MDA'$, $\triangle MA'B'$ 及四边形 $A'B'CD$ 的面积. 则

$$S_1 = \frac{1}{2}h_1, S_2 = \frac{1}{2}h_2, S_3 = \frac{1}{2}h_3$$

并且

$$h_1 + h_2 + h_3 = 2(S_1 + S_2 + S_3) = 2(S \pm S_4)$$

因此, $h_1 + h_2 + h_3$ 在 $M = E$ 时最大, 这里 E 是 $A'B'$ 在点 O 的垂线与不含点 C 的半圆 $\overset{\frown}{AB}$ 的交点(这时 S_4 最大, 因为它的底边 $A'B'$ 固定, 而高最大值1).

(4) 最后, 计算最大值 $2(S + S_4)$

$$S_{OB'C} = 2S_{OBC} = S_{ABC} = \frac{\sqrt{15}}{8}$$

$$S_{OCD} = \frac{\sqrt{3}}{4}$$

$$S_{ODA'} = \frac{1}{2} \times OD \times A'D \times \sin A =$$

$$\frac{\sqrt{18 + 6\sqrt{5}}}{16} = \frac{\sqrt{3} + \sqrt{15}}{16}$$

所以

$$S = \frac{\sqrt{15}}{8} + \frac{\sqrt{3}}{4} + \frac{\sqrt{15} + \sqrt{3}}{16} = \frac{3\sqrt{15} + 5\sqrt{3}}{16}$$

又

$$OB' = \sqrt{2 \times OB^2 + \frac{1}{2}CB'^2 - OC^2} = \frac{\sqrt{6}}{2}$$

$$OA' = \sqrt{OD^2 + DA'^2 - 2 \times OA' \times OD \times \cos A} =$$

$$\sqrt{\frac{9 - 3\sqrt{5}}{4}} = \frac{\sqrt{6}(\sqrt{5} - 1)}{4}$$

所以

$$S_4 = \frac{1}{2}(OA' + OB') \times OE = \frac{\sqrt{6}(\sqrt{5} + 1)}{8}$$

$$\max(h_1 + h_2 + h_3) = 2(S + S_4) =$$

$$\frac{3\sqrt{15}+5\sqrt{3}+\sqrt{30}+\sqrt{6}}{8}$$

❻❻ 已知平面上一个含 n 个点的集合 S 具有以下性质：

(1) S 中每三点不共线；

(2) 对 S 中每一点 P，S 中至少有 k 个点到 P 的距离相等。

证明不等式 $k<\frac{1}{2}+\sqrt{2n}$ 成立.

解法 1 对于 S 中任意两点 A_i, A_j，在 $A_i A_j$ 的垂直平分线上至多有 S 中的两个点（因为 S 中任何三点不共线），于是在这种线段的垂直平分线上至多有 S 中 $2C_n^2$ 个点（每一点按照出现的次数重复计数）. 于是应有

$$2C_n^2 \geqslant nC_k^2 \qquad ①$$

即

$$n-1 \geqslant \frac{k(k-1)}{2}$$

化为 k 的二次不等式

$$k^2-k-2(n-1) \leqslant 0$$

从而

$$k<\frac{1}{2}+\sqrt{2n} \qquad ②$$

解法 2 其实条件"S 中任何三点不共线"可以略去. 下面是不利用这个条件的一种证明：

作一个以 P 为圆心的圆，考虑以 S 中任意两点为端点的线段. 一方面，这种线段共 C_n^2 条. 另一方面，对每一个点 $A_i \in S (i=1, 2,\cdots, n)$，有一个以 A_i 为圆心的圆，这个圆上至少有 k 个点属于 S. 从而这个圆至少有 C_k^2 条弦，弦的端点均属于 S. n 个圆共 nC_k^2 条端点属于 S 的弦，由于每两个圆至多有一条公共弦，所以端点属于 S 的线段至少有 $nC_k^2 - C_n^2$ 条. 综合以上两个方面得：

$$C_n^2 \geqslant nC_k^2 - C_n^2$$

即 ① 成立. 于是 ② 成立.

❻❼ 证明平面与一个正四面体的交，可以是一个钝角三角形，而且任一个这样的钝角三角形中，钝角总小于 $120°$.

解 设平面截正四面体 $ABCD$ 的棱 AB 于 P，AC 于 Q，AD 于 R. 设 $AP=x$，$AQ=y$，$AR=z$. $\angle QPR=a$，则 PQ^2，PR^2，QR^2 分

别为
$$x^2+y^2-xy, x^2+z^2-xz, y^2+z^2-yz$$
并且
$$2\sqrt{(x^2+y^2-xy)(x^2+z^2-xz)}\cos\alpha =$$
$$(x^2+y^2-xy)+(x^2+z^2-xz)-(y^2+z^2-yz)=$$
$$2x^2-xy+yz-xz$$

当 z 很小,而 $y>2x$ 时,上式右边为负,这时 α 为钝角.

现在设 α 为钝角,则
$$2x^2-xy-xz+yz<0 \qquad ①$$

我们要证明
$$-\sqrt{(x^2+y^2-xy)(x^2+z^2-xz)}<2x^2-xy-xz+yz \qquad ②$$
即
$$(x^2+y^2-xy)(x^2+z^2-xz)<(2x^2-xy-xz+yz)^2$$

不妨设 $x=1$,上式即
$$1+y^2+z^2+y^2z^2-z-y^2z+yz-y-yz^2 >$$
$$4+y^2+z^2+y^2z^2-4y-4z+4yz+$$
$$2yz-2y^2z-2yz^2$$

等价于
$$y^2z+yz^2+3y+3z>3+5yz \qquad ③$$

而由 ①
$$3(y+z)>3(2+yz)$$

因此,③ 成立,从而 ② 也成立,$\alpha<120°$.

68 求证:集合 $\{1,2,\cdots,1989\}$ 可以分为 117 个互不相交的子集 $A_i(i=1,2,\cdots,117)$,使得

(1) 每个 A_i 含有 17 个元素;

(2) 每个 A_i 中各元素之和相同.

菲律宾命题

解 考虑更一般的考题:能否将 $1,2,\cdots,mn$ 这 mn 个正整数分为 m 组,每组 n 个数,并且各组的和相等,这里 m 是正整数,n 是大于 1 的整数.如果能,怎样分?

在 $n=2$ 时,只需将 $1,2,\cdots,2m$ 依大小顺序,先从左写到右连写 m 个作为第一行,再从右到左将后 m 个排在第二行,则每一列就是合乎要求的一组数,各组的和都是 $2m+1$:

$$1, \quad 2, \quad \cdots, \quad m-1, \quad m,$$
$$2m, \quad 2m-1, \quad \cdots, \quad m+2, \quad m+1$$

这一方法不仅适合于 $1,2,\cdots,2m$,也适合于任何 $2m$ 个连续的整数.

于是,在 $n=2k$ 时,只需将每 $2m$ 个数(1 至 m,$2m+1$ 至

$4m, \cdots, 2(k-1)m$ 至 $2km$),按照上面的方法排成两行,组成一个 $n \times m$ 的矩阵,每一列中的数的和均相等. 这 m 例就是 m 个子集 $A_1, A_2, \cdots, A_m$.

在 n 为大于 1 的奇数时,由于总和
$$1 + 2 + \cdots + mn = \frac{(1+mn)n}{2} \times m$$
被 m 整除的充分必要条件是 m 为奇数,所以仅在 m 为奇数时,才有满足要求的子集 $A_i (1 \leqslant i \leqslant m)$. 由于每 $2m$ 个连续数可以按照前面的方法排成两行使每列的和相等,我们只需将开始的 $3m$ 个数 $1, 2, \cdots, 3m$ 排成三行,使各列的和均为 $\frac{3(1+3m)}{2}$. 为此先将 $1, 2, \cdots, m$ 依次排成三行,再从右到左将 $m+1, m+2, \cdots$,逐一排在第一行的奇数下面,一直排到 $\frac{3m+1}{2}$(它在第一行的 1 的下面),最后从右到左将 $\frac{3m+3}{2}, \frac{3m+5}{2}, \cdots, 2m$ 逐一排在第一行的偶数下面(见下表),这样,各列的和恰好是从 $\frac{3m+3}{3}$ 至 $\frac{5m+1}{2}$ 的 m 个连续的整数(第 m 列的和为 $2m+1$,第 $m-2, m-4, \cdots, 1$ 列的和依次减少 1,一直减少到 $\frac{3m+3}{2}$. 第 $2, 4, \cdots, m-1$ 列的和依次增加,从 $2m+2$ 一直增加到 $\frac{5m+1}{2}$):

1,	2,	3,	$\cdots$,	$m-2$,	$m-1$,	m,
$\frac{3m+1}{2}$,	$2m$,	$\frac{3m-1}{2}$,	$\cdots$,	$m+2$,	$\frac{3m+3}{2}$,	$m+1$

将这些列按照列的和由小到大重新排列,然后将 $2m+1$ 至 $3m$ 这 m 个数依次由右到左在第三行,则各列的三个数的和均等于
$$\frac{3m+3}{2} + 3m = \frac{3(3m+1)}{2}$$

❽ 69 设 k 与 s 为正整数,对满足条件
$$\sum_{i=1}^{s} \alpha_i^j = \sum_{i=1}^{s} \beta_i^j, j = 1, 2, \cdots, k$$
的实数组 $(\alpha_1, \alpha_2, \cdots, \alpha_s)$ 与 $(\beta_1, \beta_2, \cdots, \beta_s)$,我们记为
$$(\alpha_1, \alpha_2, \cdots, \alpha_s) \stackrel{k}{=\!=\!=} (\beta_1, \beta_2, \cdots, \beta_s)$$
证明:若 $(\alpha_1, \alpha_2, \cdots, \alpha_s) \stackrel{k}{=\!=\!=} (\beta_1, \beta_2, \cdots, \beta_s)$,$s \leqslant k$,则存在 $(1, 2, \cdots, s)$ 的一个排列 π,使得
$$\beta_i = \alpha_{\pi(i)}, i = 1, 2, \cdots, s$$

解 考虑多项式
$$p(x) = \prod_{i=1}^{s}(x-\alpha_i), q(x) = \prod_{i=1}^{s}(x-\beta_i)$$
则
$$p(x) = x^s - \sigma_1 x^{s-1} + \sigma_2 x^{s-2} + \cdots + (-1)^s \sigma_s$$
$$q(x) = x^s - \sigma'_1 x^{s-1} + \sigma'_2 x^{s-2} + \cdots + (-1)^s \sigma'_s$$
其中
$$\sigma_1 = \sum \alpha_i, \sigma_2 = \sum_{i<j} \alpha_i \alpha_j, \cdots, \sigma_s = \alpha_1 \alpha_2 \cdots \alpha_s$$
$$\sigma'_1 = \sum \beta_i, \sigma'_2 = \sum_{i<j} \beta_i \beta_j, \cdots, \sigma'_s = \beta_1 \beta_2 \cdots \beta_s$$
令
$$S_j = \sum_{i=1}^{s} \alpha_i^j, S'_j = \sum_{j=1}^{s} \beta_i^j$$
则由牛顿公式
$$S_1 - \sigma_1 = 0$$
$$S_2 - \sigma_1 S_1 + 2\sigma_2 = 0$$
$$\vdots$$
$$S_s - \sigma_1 S_{s-1} + \sigma_2 S_{s-2} - \cdots + (-1)^s \sigma_s = 0$$
类似地有关于 σ'_i 与 S'_i 的等式.

由 $(\alpha_1, \alpha_2, \cdots, \alpha_s) \xrightarrow{k} (\beta_1, \beta_2, \cdots, \beta_s)$ 推出 $S_j = S'_j (j=1, 2, \cdots, s)$. 再由牛顿公式导出 $\sigma_i = \sigma'_i (i=1,2,\cdots,s)$. 因此 $p(x) = q(x)$,从而 $p(x)$ 的根的集合 $\{\alpha_1, \alpha_2, \cdots, \alpha_s\}$ 与 $q(x)$ 的根的集合 $\{\beta_1, \beta_2, \cdots, \beta_s\}$ 完全相同.

❼⓪ 已知
$$\frac{\cos x + \cos y + \cos z}{\cos(x+y+z)} = \frac{\sin x + \sin y + \sin z}{\sin(x+y+z)} = a$$
证明
$$\cos(y+z) + \cos(z+x) + \cos(x+y) = a$$

解 令 $s = x+y+z$,由已知得
$$e^{ix} + e^{iy} + e^{iz} = a e^{is}$$
取共轭得
$$e^{-ix} + e^{-iy} + e^{-iz} = a e^{-is}$$
从而
$$\sum e^{i(x+y)} = e^{is} \sum e^{-iz} = e^{is} \cdot a e^{-is} = a$$
因而结论成立.

71 设 n 为正整数. 我们说集合 $\{1,2,\cdots,2n\}$ 的一个排列 $(x_1,x_2,\cdots,x_{2n})$ 具有性质 P, 如果在 $\{1,2,\cdots,2n-1\}$ 中至少有一个 i 使 $|x_i-x_{i+1}|=n$ 成立. 求证: 对任何 n, 具有性质 P 的排列比不具有性质 P 的排列个数多.

解法 1 我们要计算或估计出具有性质 P 的排列个数 m, 证明它大于全部列个数的一半, 即 $\frac{1}{2}\times(2n)!$.

设 $(x_1,x_2,\cdots,x_{2n})$ 中 k 与 $k+n$ 相邻的排列的集合为 $N_k(1\leqslant k\leqslant n)$, 则

$$m\geqslant \sum_{k=1}^{n}|N_k|-\sum_{1\leqslant k<h\leqslant n}|N_k\cap N_h| \qquad ①$$

而 $|N_k|=2\times(2n-1)!$(将 k 与 $k+n$ 并为"一个数"), $|N_k\cap N_h|=2^2\times(2n-2)!$(将 k 与 $k+n$, h 与 $h+n$ 并在一起, $2n-2$ 个"数"有 $(2n-2)!$ 种排列, 其中 k 与 $k+n$, h 与 $h+n$ 并成的"数"可以将 $k+n$ 与 k, $h+n$ 与 h 的位置交换, 各有 2 种排列的可能), 所以

$$m\geqslant 2n\times(2n-1)!-C_n^2\times 2^2\times(2n-2)! =$$
$$(2n)!-2n\times(n-1)\times(2n-2)! =$$
$$2n\times(2n-2)!\times n >$$
$$(2n)!\times\frac{1}{2}$$

解法 2 设不具备性质 P 的排列的集合为 A, 恰有一个 i, 使 $|x_i+x_{i+1}|=n$ 的排列 $(x_1,x_2,\cdots,x_{2n})$ 的集合为 B, 对任一元素 $(x_1,x_2,\cdots,x_{2n})\in A$, 满足

$$|x_k-x_1|=n \qquad ②$$

的元素 x_k 决不是 x_2, 令对应 f 为

$(x_1,x_2,\cdots,x_{k-1},x_k,\cdots,x_{2n})\to(x_2,\cdots,x_{k-1},x_1,x_k,\cdots,x_{2n})$

由于满足 ② 的 x_k 是唯一确定的(即 x_1+n 或 x_1-n), 所以

$|x_{k-1}-x_1|\neq n, (x_2,\cdots,x_{k-1},x_1,x_k,\cdots,x_{2n})\in B$

不难看出 A 中不同的元素, 经过对应 f 后所得的象不同. 因此

$$|A|\leqslant|B|<m$$

❼❷ 对有限集 X 的每两个不同元素的有序对 (x,y)，有一个数 $f(x,y)=0$ 或 1 与之对应，并且对所有 $x,y(x\neq y)$，$f(x,y)\neq f(y,x)$. 证明以下两种情况恰有一种出现：

(1) X 是两个不相交的非空集合 U,V 的并，对于任意的 $u\in U, v\in V$ 均有 $f(u,v)=1$.

(2) X 的元素可标上 $x_1,x_2,\cdots,x_n$，使得
$$f(x_1,x_2)=f(x_2,x_3)=\cdots=f(x_{n-1},x_n)=f(x_n,x_1)=1$$

换一种说法：在 n 名选手的循环赛中，每两人比赛一次（无平局）. 证明以下情况恰有一种发生：

(1) 可将选手分为两个非空集合，使得一个集合中的任一名选手战胜另一个集合中的每一名选手.

(2) 所有选手可以标上 1 至 n，使得第 i 名选手战胜第 $i+1$ 名，而第 n 名战胜第 1 名.

解 在 $f(x,y)=1$ 时，画一条从点 x 至 y 的（有向）弧 $x\to y$. 在 $f(x,y)=0$ 时（这时 $f(y,x)=1$），画一条从 y 至 x 的弧 $y\to x$. 产生一个有向图（在第二种说法中，$x\to y$ 即选手 x 胜选手 y）.

(1),(2) 显然不可能同时出现（若图成为一个圈，则从 $v\in V$ 立即得出所有点均属于 V），只需证 (1),(2) 中至少有一种出现.

$n=2$ 时，(1) 显然成立. 在 $n\geq 3$ 时，设 x_1 胜得最多. 若 x_1 胜所有选手，则 (1) 成立（取 $U=\{x_1\}$）. 否则设 y 胜 x_1，被 x_1 战胜的选手中必有 z 胜 y（因为 x_1 胜得最多），这样图中就有圈存在.

设最长的圈为 $x_1\to x_2\to\cdots\to x_m\to x_1 (i\neq j$ 时，$x_i\neq x_j)$. 若 $m=n$, (2) 成立. 我们设 $m<n$.

令 $C=\{x_1,x_2,\cdots,x_m\}$. 对 $y\in C$，或者每一 i，均有 $x_i\to y$，或者每一 i，均有 $y\to x_i$. 否则将有某个 i，使 $x_i\to y$ 而 $y\to x_{i+1}$（约定 $x_{m+1}=x_1$），从而圈可以扩大为
$$x_1\to x_2\to\cdots\to x_i\to y\to x_{i+1}\to\cdots\to x_n\to x_1$$
矛盾. 令
$$A=\{y\in X\backslash C: y\to x_i, i=1,2,\cdots,m\}$$
$$B=\{y\in X\backslash C: x_i\to y, i=1,2,\cdots,m\}$$
则 $A\cup B=X\backslash C$，从而 A,B 至少有一个非空.

对任一对 $a\in A, b\in B$. 若有 $b\to a$，则
$$a\to x_1\to\cdots\to x_m\to b\to a$$
是更大的圈，矛盾. 因此恒有 $a\to b$. 令（若 B 非空）
$$U=A\cup C, V=B$$
或令（若 A 非空）
$$U=A, V=B\cup C$$
则 (1) 成立.

(73) 平面上给定一个由有限多条线段组成的集,线段总长为1.证明存在一条直线 l,使得已给线段在 l 上的射影之和小于 $\frac{2}{\pi}$.

解 取一条不与已给线段垂直的直线作 x 轴.将所给线段按照斜率的大小排成一列

$$l_{-n},l_{-n+1},\cdots,l_{-1},l_0,l_1,\cdots,l_m$$

(其中负的下标表示该线段的斜率为负,非负的下标则表示斜率非负).经过平移可以将这些线按照上面的次序一个接一个地首尾相连形成一条凸折线.设端点为 A,B,AB 中点为 O.关于 O 作中心对称,产生一个凸多边形,周长为 2,每一条边与一条"对边"平行.

这个多边形的最小宽度,也就是各对平行边之间的距离的最小值,设为 d.以 O 为心,d 为直径的圆一定完全在多边形内.否则,设 $\odot O$ 与某条边 l_i 相交于 X,那么 X 关于 O 的对称点 X' 是 $\odot O$ 与对边 l'_i 的交点.l_i 与 l'_i 的距离小于 XX',即小于 d.与 d 为最小宽度矛盾.

由于 $\odot O$ 的周长为 πd,所以 $\pi d<2$,即 $d<\frac{2}{\pi}$.

取直线 l 与距离最小的平行边垂直,则各已知线段在 l 上的射影之和小于等于 $d<\frac{2}{\pi}$.

(74) $A_1,\cdots,A_6$ 在半径为 1 的球上,$\min\limits_{1\leqslant i,j\leqslant 5}A_iA_j$ 的最大值是多少?确定所有取得最大值的情况.

解 我们可以用 $\angle A_iOA_j$ 的大小来代替距离 A_iA_j,这里 O 为球心.

存在一组点 $A_1,A_2,\cdots,A_5$,使

$$\min_{1\leqslant i,j\leqslant 5}\angle A_iOA_j\geqslant\frac{\pi}{2} \quad ①$$

例如取一个正八面体的 5 个顶点.

现在设 $A_1,A_2,\cdots,A_5$ 为任一组使 ① 成立的点,我们断言其中必有两个点为对径点.

首先设 A_5 为南极,这时 A_1,A_2,A_3,A_4 均在北半球(包括赤道).若无对径点,则北极没有点.由赤道的 $\frac{1}{4}$ 及两条互相垂直的径线所围成的,北半球的象限内如果含有两个 A_i,则由于 ①,其中一个必在"角落(即赤道与一条经线的交点),另一个必在它所对

的经线上. 于是 $A_1,\cdots,A_4$ 中每两个的经度之差不小于 $\frac{\pi}{2}$，从而它们在将北半球分为四个象限的四条经线上. 最后，如果有一个点不在赤道上，则它的两个"邻居"必须在赤道上(各在一个象限的"角落")，这两个点是对径点.

由于总有两个对径点 A_1,A_2，第三个点 A_3 不能使 $\angle A_1 OA_3 > \frac{\pi}{2}, \angle A_2 OA_3 > \frac{\pi}{2}$ 同时成立，所以 ① 中严格的不等号不可能成立，即 $\min \angle A_i OA_j$ 的最大值为 $\frac{\pi}{2}$. 在等号成立时，设 A_1,A_2 为两极，则 A_3,A_4,A_5 均在赤道上并且 OA_3,OA_4,OA_5 两两夹角不小于 $\frac{\pi}{2}$.

$\min A_i A_j$ 的最大值为 $\sqrt{2}$，在上述的情况中达到.

㊄ 求方程 $3x^3 - [x] = 3$ 的实数解.

解 若 $x \leqslant -1$，则
$$3x^3 - [x] \leqslant 3x - x + 1 < 0$$
若 $-1 < x \leqslant 0$，则
$$3x^3 - [x] = 3x^3 + 1 \leqslant 1$$
若 $x \geqslant 2$，则
$$3x^3 - [x] \geqslant 3x^3 - x > 3x - x \geqslant 4$$
若 $0 \leqslant x < 1$，则
$$3x^3 - [x] = 3x^3 < 3$$
最后，若 $1 \leqslant x < 2$，则
$$3x^3 - [x] = 3x^3 - 1$$
因此方程的解为
$$x = \sqrt[3]{\frac{4}{3}}$$

㊅ 波尔达维亚是一个奇特的国家，它的货币的单位是布尔巴基. 可是钱币只有两种：金币与银币. 每一金币等于 n 布尔巴基，每一银币等于 m 布尔巴基 $(n,m \in \mathbf{N})$. 用金币和银币可以组成 10 000 布尔巴基，1 875 布尔巴基，3 072 布尔巴基等等. 实际上，波尔达维亚的货币体系并没有粗看上去那样奇特.

(1) 证明：只要保证有钱可找，就能购买任何价值为整数布尔巴基的货物.

(2) 证明：任何超过 $(mn-2)$ 布尔巴基的货款均可支付，不需要找钱.

解 $10\,000, 1\,875, 3\,072$ 的最大公约数为 1，因此 m, n 的最大公约数为 1. 由 Bezout 定理，存在正整数 α, β，满足
$$\alpha n - \beta m = 1$$
于是要支付 k 布尔巴基，只需付出 $k\alpha$ 个金币，找回 $k\beta$ 个银币.

若 $k \geqslant mn - 1$，则区间 $[k\beta m, k\alpha n]$ 中含有
$$k\alpha n - k\beta m + 1 = k + 1 \geqslant mn$$
个连续整数，其中必有一个为 mn 的倍数. 设为 tmn，则 $tn - k\beta$，$k\alpha - tm$ 均非负. 用 $tn - k\beta$ 个银币，$k\alpha - tm$ 个金币即可支付 k 布尔巴基，无需找钱.

❼❼ 设 a, b, c, r 与 s 为实数. 证明若 r 为 $ax^2 + bx + c = 0$ 的根，s 为 $-ax^2 + bx + c = 0$ 的根，则 $\dfrac{a}{2}x^2 + bx + c = 0$ 有一个根在 r 与 s 之间.

解 令 $\varphi(x) = \dfrac{a}{2}x^2 + bx + c$，则
$$\varphi(r)\varphi(s) = \left(ar^2 + br + c - \dfrac{a}{2}r^2\right)\left(-as^2 + bs + c + \dfrac{3}{2}as^2\right) =$$
$$-\dfrac{3}{4}a^2 r^2 s^2 \leqslant 0$$
所以 $\varphi(x) = 0$ 有一根在 r 与 s 之间.

❼❽ 设 $P(x)$ 为整系数多项式，满足 $P(m_1) = P(m_2) = P(m_3) = P(m_4) = 7$. 这里 m_1, m_2, m_3, m_4 是给定的互不相同的整数. 证明没有整数 m，使 $P(m) = 14$.

解 令
$$P(x) - 7 = (x - m_1)(x - m_2)(x - m_3)(x - m_4)Q(x)$$
$Q(x)$ 是整系数多项式.

若有 m，使 $P(m) = 14$，则
$$P(m) - 7 = 7 = (m - m_1)(m - m_2)(m - m_3)(m - m_4)Q(m)$$
$m - m_1, m - m_2, m - m_3, m - m_4$ 是互不相同的整数，$Q(m)$ 也是整数，这与质数 7 至多只能表示成三个不同因数的积矛盾.

❼❾ 对于两个自然数 w, n, w 的 n 塔是指由
$$T_n(w) = w^{w \cdots w}(n \uparrow w)$$
定义的自然数 $T_n(w)$. 更确切地说,$T_1(w) = w, T_{n+1}(w) = w^{T_n(w)}$. 例如 $T_3(2) = 2^{2^2} = 16, T_4(2) = 2^{16} = 65\,536, T_2(3) = 3^3 = 27$. 求超过 2 的 1 989 塔的、最小的 3 的塔. 即求满足
$$T_n(3) > T_{1\,989}(2)$$
的最小的 n,并予以证明.

解 所求的最小整数为 1 983. 事实上,可以用归纳法证明对一切自然数 n
$$T_{n+1}(3) > T_{n+2}(2) > 4T_n(3)$$
奠基是显然的. 设上式对 n 成立,则
$$T_{n+3}(2) = 2^{T_{n+2}(2)} > 2^{4T_n(3)} = 2^{2T_n(3)} \cdot 4^{T_n(3)} >$$
$$2^6 \cdot 3^{T_n(3)} > 4T_{n+1}(3)$$
$$T_{n+2}(3) = 3^{T_{n+1}(3)} > 2^{T_{n+2}(2)} = T_{n+3}(2)$$
因此所述所论成立.

❽⓪ 一个天平有左、右两个盘及一指针. 指针沿一根量尺逐步变化. 与许多杂货店的天平类似,它的工作方式是:如果在左边放一重量 L,右边放一重量 R,则指针停在量尺上的 $R - L$ 处.

现在有 $n(\geqslant 3)$ 袋硬币,每袋含 $\dfrac{n(n+1)}{2} + 1$ 枚硬币,所有的硬币形状、颜色等均相同. $n - 1$ 袋含有真币,另一袋(不知是那一袋)是假币. 所有真币重量相同,所有假币重量也相同,真币与假币重量不同.

一次测试指将一些硬币放在一个盘中,一些硬币放在另一盘中,读出指针在量尺上的读数.

只用二次测试便可以断定哪一袋是假币. 试找出测试的方法并作解释。

解 先设 n 为偶数. 从每袋中各取一枚,将一半放在右盘,另一半放在左盘,所得读数便是一枚真币与一枚假币重量之差 x.

第二次测试将第一袋中的 $\dfrac{n(n+1)}{2}$ 枚放在右盘,从第 i 袋 $(1 \leqslant i \leqslant n)$ 中取 i 枚放在左盘. 设这时读数为 y,则 $y = mx, m \in \mathbf{N}$. 在 $m \leqslant n$ 时,第 m 袋为假币. 在 $m > n$ 时,第一袋为假.

在 n 为奇数时,撇开第 n 袋. 第一次测试与上面相同. 若两边相等,则第 n 袋为假币. 设两盘之差为 $x \neq 0$,则第 n 袋为真. 在

$n > 3$ 时,用上面的方法以前 $n-1$ 袋进行第二次测试便可判定哪一些为假币. 在 $n=3$ 时,自第一袋、第三袋中各取一枚分别放在左、右两盘. 不等时第一袋为假,相等时第二袋为假.

> **❽①** $\mathbf{Q}$ 上的实值函数 f 对所有 $\alpha, \beta \in \mathbf{Q}$,满足下列条件:
> (1) $f(0) = 0$;
> (2) 若 $a \neq 0$,则 $f(\alpha) > 0$;
> (3) $f(\alpha\beta) = f(\alpha)f(\beta)$;
> (4) $f(\alpha + \beta) \leqslant f(\alpha) + f(\beta)$;
> (5) 对所有 $m \in \mathbf{Z}, f(m) \leqslant 1\,989.$
> 证明:若 $f(\alpha) \neq f(\beta)$,则
> $$f(\alpha + \beta) = \max\{f(\alpha), f(\beta)\}$$

解法 1 若有 $m \in \mathbf{Z}$,使 $f(m) > 1$,则由(3),对于 $i \in \mathbf{N}$,有
$$f(m^t) = f^t(m) \to +\infty \, (t \to +\infty)$$
与(5)矛盾. 因此对所有 $m \in \mathbf{Z}, f(m) \leqslant 1$.

设 p, q 为不同的素数. 若 $f(p), f(q)$ 均小于 1,则取 $n, m \in \mathbf{N}$ 充分大,使
$$f^n(p) < \frac{1}{2}, f^m(q) < \frac{1}{2}$$

另一方面,由 Bezout 定理,有 $u, v \in \mathbf{Z}$ 使
$$up^n + vq^m = 1$$
于是
$$1 = f(1) = f(up^n + vq^m) \leqslant$$
$$f(up^n) + f(vq^m) =$$
$$f(u)f^n(p) + f(v)f^m(q) \leqslant$$
$$f^n(p) + f^m(q) < \frac{1}{2} + \frac{1}{2} = 1$$

矛盾!

因此,至多有一个素数 p,使 $f(p) < 1$.

若对所有素数 $p, f(p) = 1$. 由(1),(2),(3) 易知
$$f(\alpha) = \begin{cases} 1, \alpha \neq 0 \\ 0, \alpha = 0 \end{cases}$$

在 $f(\alpha) \neq f(\beta)$ 时,它显然满足
$$f(\alpha + \beta) = \max\{f(\alpha), f(\beta)\}$$

若恰有一个素数 p 满足 $f(p) = 1$,易知
$$f(\alpha) = \begin{cases} p^k, 若 \alpha = \dfrac{mp^k}{n}, k \in \mathbf{Z}, p \nmid m \\ 0, 若 \alpha = 0 \end{cases}$$

在 $f(\alpha)\neq f(\beta)$ 时,它也满足

$$f(\alpha+\beta)=\max\{f(\alpha),f(\beta)\}$$

解法 2 不妨设 $f(\alpha)>f(\beta)$. 对 $m\in\mathbf{N}$,

$$(f(\alpha+\beta))^m=f((\alpha+\beta)^m)=f\left(\sum_{r=0}^{m}C_m^r\alpha^{m-r}\beta^r\right)\leqslant\sum_{r=0}^{m}f(C_m^r)f(\alpha)^{m-r}f(\beta)^r\leqslant 1\ 989\sum_{r=0}^{m}f^m(\alpha)=1\ 989(m+1)f^m(\alpha)\quad(*)$$

若$\dfrac{f(\alpha+\beta)}{f(\alpha)}=\lambda>1$,则在 m 充分大时

$$\lambda^m=(1+(\lambda-1))^m>\frac{m(m-1)}{2}(\lambda-1)^2>1\ 989(m+1)$$

与$(*)$矛盾,所以

$$f(\alpha+\beta)\leqslant\max\{f(\alpha),f(\beta)\}\quad(**)$$

另一方面,由于 $f(1)=f(1.1)=f^2(1)$,所以 $f(1)=1$. 由于 $f^2(-1)=f(1)=1$,所以 $f(-1)=1$. 从而

$$f(-\beta)=f(-1)f(\beta)=f(\beta)$$

$$f(\alpha)=f(\alpha+\beta-\beta)\leqslant\max\{f(\alpha+\beta),f(\beta)\}$$

但 $f(\beta)<f(\alpha)$,所以 $f(\alpha)\leqslant f(\alpha+\beta)$. 结合$(**)$便得结论.

(82) 设 A 为正整数集,没有大于 1 的正整数能整除 A 中所有元素. 证明任一充分大的正整数可表为 A 的元素的和(每一元素可以在和中出现几次).

韩国命题

解 任取 $a_0\in A$. 设 a_0 的不同质因数为 $p_1,p_2,\cdots,p_t$. 则 A 中存在 a_i,满足 $p_i\nmid a_i(i=1,2,\cdots,r)$. 于是 $a_0,a_1,\cdots,a_r$ 的最大公约数为 1,因而有 $l_0,l_1,\cdots,l_r\in\mathbf{Z}$,使

$$l_0a_0+l_1a_1+\cdots+l_ra_r=1\quad①$$

我们证明在 $n\geqslant ra_0a_1\cdots a_r$ 时,n 可表示为 A 的元素之和.

首先,由 ① 得

$$n=x_0a_0+x_1a_1+\cdots+x_ra_r,x_i=l_in,0\leqslant i\leqslant r$$

不妨设其中 $x_0,x_1,\cdots,x_k$ 为非负,$x_{k+1},\cdots,x_r$ 为负. 这时

$$x_0a_0+x_1a_1+\cdots+x_ka_k>n\geqslant ra_0a_1\cdots a_r$$

因而 $x_0a_0,x_1a_1,\cdots,x_ka_k$ 中必有大于 $a_0a_1\cdots a_r$ 的,设为 x_ja_j. 将 x_j 减去$\dfrac{a_0a_1\cdots a_r}{a_j}$,$x_{k+1}$ 加上$\dfrac{a_0a_1\cdots a_r}{a_{k+1}}$.

如果继续下去,经过有限多步,一切 x_i 全变为正数.

注 (1)即 Bezout 定理.为了证明它,只需考虑集合
$$S = \{a_0 x_0 + a_1 x_1 + \cdots + a_r x_r > 0 + x_0, x_1, \cdots, x_r \in \mathbf{Z}\}$$
的最小元素 m.

S 中每个数 t 都是 m 的倍数,否则必有一个最小的 t 不是 m 的倍数,由于 $t > m$,从而 $t - m \in S$ 是 m 的倍数,t 也是 m 的倍数,矛盾.

由于 $a_0, a_1, \cdots, a_r$ 均在 S 中,所以 m 是它们的公约数. 从而 $m = S$,即有式 ① 成立.

❽❸ 设 a, b 为整数,不是完全平方.证明若
$$x^2 - ay^2 - bz^2 + abw^2 = 0$$
有非平凡的整数解(即不全为 0 的整数解),则
$$x^2 - ay^2 - bz^2 = 0$$
也是非平凡的整数解.

解 a, b 不可能均为负数,不失一般性,可设 $a > 0$(a, b 非完全平方数,当然都不为 0).

设 $(x_0, y_0, z_0, w_0) \neq (0, 0, 0, 0)$ 为
$$x^2 - ay^2 - bz^2 + abw^2 = 0$$
的解,则
$$x_0^2 - ay_0^2 - b(z_0^2 - aw_0^2) = 0$$
将上式乘以 $(z_0^2 - aw_0^2)$ 得
$$(x_0^2 - ay_0^2)(z_0^2 - aw_0^2) - b(z_0^2 - aw_0^2)^2 = 0$$
而
$$\begin{aligned}(x_0^2 - ay_0^2)(z_0^2 - aw_0^2) &= x_0^2 z_0^2 - ay_0^2 z_0^2 - ax_0^2 w_0^2 + a^2 y_0^2 w_0^2 \\ &= x_0^2 z_0^2 - 2ax_0 y_0 z_0 w_0 + a^2 y_0^2 w_0^2 - \\ & \quad a(y_0^2 z_0^2 - 2x_0 y_0 z_0 w_0 + x_0^2 w_0^2) \\ &= (x_0 z_0 - ay_0 w_0)^2 - a(y_0 z_0 - x_0 w_0)^2\end{aligned}$$
所以
$$(x_0 z_0 - ay_0 w_0)^2 - a(y_0 z_0 - x_0 w_0)^2 - b(z_0^2 - aw_0^2)^2 = 0$$
令 $x_1 = x_0 z_0 - ay_0 w_0, y_1 = y_0 z_0 - x_0 w_0, z_1 = z_0^2 - aw_0^2$.则 (x_1, y_1, z_1) 适合方程
$$x^2 - ay^2 - bz = 0$$
若 $z_1 = 0$,则 $z_0^2 = aw_0^2$,由于 a 不是完全平方,所以 $z_0 = w_0 = 0$.再由 ① 得 $x_0^2 = ay_0^2$.根据同样的理由 $x_0 = y_0 = 0$,这与 $(x_0, y_0, z_0, w_0) \neq (0, 0, 0, 0)$ 矛盾.所以 $z_1 \neq 0, (x_1, y_1, z_1) \neq (0, 0, 0)$.

84 n 为正整数. a, b 为给定实数, $x_0, x_1, \cdots, x_n$ 为实变数. 已知
$$\sum_{i=0}^{n} x_i = a, \sum_{i=0}^{n} x_i^2 = b$$
确定 x_0 的变化范围.

解 由柯西不等式
$$\left(\sum_{i=1}^{n} x_i\right)^2 \leqslant n \sum_{i=1}^{n} x_i^2$$
因此
$$(a - x_0)^2 \leqslant n(b - x_0^2)$$
即
$$(n+1)x_0^2 - 2ax_0 + a^2 - nb \leqslant 0$$
这个二次三项式的判别式
$$D = 4n(n+1)\left(b - \frac{a^2}{n+1}\right)$$

(1) 若 $b < \frac{a^2}{n+1}$,则 $D < 0$, x_0 不存在.

(2) 若 $b = \frac{a^2}{n+1}$,则 $D = 0$, $x_0 = \frac{a}{n+1}$.

(3) 若 $b > \frac{a^2}{n+1}$,则
$$\frac{a - \sqrt{\frac{D}{4}}}{n+1} \leqslant x_0 \leqslant \frac{a + \sqrt{\frac{D}{4}}}{n+1}$$

85 设正 $2n+1$ 边形内接于一个半径为 r 的圆. 考虑所有以这 $2n+1$ 边形的顶点为顶点的三角形.

(1) 其中有多少个三角形内部含圆心?

(2) 求所有内部含圆心的那些三角形的面积的和.

解 如图 30.20,先取定一个顶点 A,将其他顶点顺次标为 $1, 2, \cdots, 2n$.

设 $A, i (1 \leqslant i \leqslant n)$ 的对径点分别为 B, C,则 $\overset{\frown}{BC}(= \overset{\frown}{Ai})$ 上有 i 个顶点. 这些顶点而且也只有这些顶点与 A, i 构成的三角形内部含圆心. 于是以 A 及 $i (1 \leqslant i \leqslant n)$ 为顶点的、内部含圆心的三角形有
$$\sum_{i=1}^{n} i = \frac{n(n+1)}{2}$$
个.

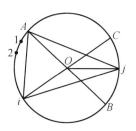

图 30.20

A 有 $2n+1$ 种取法. 在和 $(2n+1) \cdot \dfrac{n(n+1)}{2}$ 中每个三有形出现 3 次,所以共有
$$\frac{1}{6}n(n+1)(2n+1)$$
个三角形内部含圆心.

$\triangle OAi$ 的面积为 $\dfrac{r^2}{2}\sin\dfrac{2\pi i}{2n+1}$, 在 i 个 $\triangle Aij$ 中,均含有 $\triangle OAi$. 由于 A 有 $2n+1$ 种取法,每个 $\triangle Aij$ 在和 $(2n+1)\times \dfrac{n(n+1)}{2}$ 中出现 3 次,而每个 $\triangle Aij$ 可分成三个以 O 为顶点的等腰三角形,所以面积的和为
$$S = (2n+1) \cdot \sum_{i=1}^{n}\left(i \cdot \frac{r^2}{2}\sin\frac{2\pi i}{2n+1}\right) =$$
$$\frac{(2n+1)r^2}{2}\sum_{i=1}^{n} i\sin\frac{2\pi i}{2n+1}$$

由于 $\left(\theta = \dfrac{2\pi}{2n+1}\right)$
$$\sum_{i=1}^{n} i\sin i\theta = \frac{\sum\limits_{i=1}^{n} 2i\sin i\theta \sin\dfrac{\theta}{2}}{2\sin\dfrac{\theta}{2}} =$$
$$\frac{1}{2\sin\dfrac{\theta}{2}}\sum_{i=1}^{n}i\left(\cos\frac{2i-1}{2}\theta - \cos\frac{2i+1}{2}\theta\right) =$$
$$\frac{1}{2\sin\dfrac{\theta}{2}}\left(\sum_{k=1}^{n}\cos\frac{2i-1}{2}\theta + n\right)$$
$$\frac{1}{2\sin\dfrac{\theta}{2}}\left(\frac{\sin\theta}{2\sin\dfrac{\theta}{2}} + n\right) =$$
$$\frac{2n+1}{4\sin\dfrac{\theta}{2}}$$

所以
$$S = \frac{(2n+1)^2 r^2}{8\sin\dfrac{\pi}{2n+1}}$$

❽❻ 设 m 为正奇数且大于 2,求使 2^{1989} 整除 $m^n - 1$ 的最小的自然数 n.

解 表 n 为 $n = 2^s q$,其中 q 为奇数. 则

$$m^n - 1 = m^{2^s q} - 1 = (m^{2^s})^q - 1 =$$
$$(m^{2^s} - 1)((m^{2^s})^{q-1} + (m^{2^s})^{q-2} + \cdots + m^{2^s} + 1) =$$
$$(m^{2^s} - 1)A$$

其中 $A \equiv 1(\mod 2)$，于是
$$2^{1989} \mid m^n - 1 \Leftrightarrow 2^{1989} \mid m^{2^s} - 1$$

因此，可设 $n = 2^s$，这时有两种情况：

(1) 若 $m \equiv 1(\mod 4)$，则 m 的二进制表示为 $m = 1\cdots 1\underbrace{00\cdots 0}_{k \text{个数字}}1$，即 k 是使 $m \equiv 1(\mod 2^k)$ 的取大整数. 于是 $m^2 - 1 = (m+1)(m-1)$ 被 2^{k+1} 整除而不被 2^{k+2} 整除. 设 $m^{2^t} - 1$ 被 2^{k+t} 整除而不被 2^{k+t+1} 整除，则
$$m^{2^{t+1}} - 1 = (m^{2^t} + 1)(m^{2^t} - 1)$$
被 2^{k+t+1} 整除，而不被 2^{k+t+2} 整除. 所以对所有自然数 s，
$$2^{s+k} \mid m^{2^s} - 1, 2^{s+k+1} \nmid m^{2^s} - 1$$

(2) 若 $m \equiv 3(\mod 4)$，则 m 的二进制表示为 $m = 1\cdots 0\underbrace{11\cdots 1}_{k \text{个数字}}$，即 k 为使 $m \equiv -1(\mod 2^k)$ 成立的最大整数.

同样可证对所有自然数 s
$$2^{s+k} \mid m^{2^s} - 1, 2^{s+k+1} \nmid m^{2^s} - 1$$

于是，由 $2^{1989} \mid m^{2^s} - 1 \Rightarrow 1989 \leqslant s + t(k$ 的定义见上面$) \Rightarrow s \geqslant 1989 - k$.

因而，在 $k \leqslant 1989$ 时，最小的指数 $n = 2^{1989-k}$，在 $k > 1989$ 时，$n = 2^0 = 1$.

❽⓻ 考虑同一平面的点 O, A_1, A_2, A_3, A_4.
已知
$$S_{\triangle OA_i A_j} \geqslant 1, i, j = 1, 2, 3, 4, i \neq j$$
证明至少有一对 $i_0, j_0 \in \{1, 2, 3, 4\}$，满足
$$S_{\triangle OA_{i_0} A_{j_0}} \geqslant \sqrt{2}$$

解 如图 30.21，证 $OA_1 = a, OA_2 = b, OA_3 = c, OA_4 = d$. 则
$$S_1 = S_{\triangle OA_1 A_2} = \frac{1}{2} ab \mid \sin \alpha \mid$$
$$S_2 = S_{\triangle OA_1 A_3} = \frac{1}{2} ac \mid \sin(\alpha + \beta) \mid$$
$$S_3 = S_{\triangle OA_1 A_4} = \frac{1}{2} ad \mid \sin(\alpha + \beta + \gamma) \mid$$
$$S_4 = S_{\triangle OA_2 A_3} = \frac{1}{2} bc \mid \sin \beta \mid$$

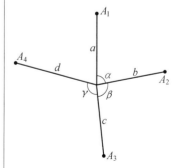

图 30.21

$$S_5 = S_{\triangle OA_2A_4} = \frac{1}{2}bd \mid \sin(\beta+\gamma) \mid$$

$$S_6 = S_{\triangle OA_3A_4} = \frac{1}{2}cd \mid \sin\gamma \mid$$

由于 $\sin(\alpha+\beta+\gamma)\sin\beta + \sin\alpha\sin\gamma = \sin(\alpha+\beta)\sin(\beta+\gamma)$，所以选择适当的 + 号与 − 号后有

$$S_3S_4 \pm S_1S_6 \pm S_2S_5 = 0$$

比如说
$$S_3S_4 = S_1S_6 + S_2S_5$$

则
$$(\max S_i)^2 \geqslant S_3S_4 = S_1S_6 + S_2S_5 \geqslant 1+1 = 2$$

即
$$\max S_i \geqslant \sqrt{2}$$

❽❽ 证明数列 $\{a_n\}_{n\geqslant 0}, a_n = [n\sqrt{2}]$，中含有无穷多个完全平方.

解 设 m 为正奇数，令
$$(\sqrt{2}+1)^m = \sqrt{2}x_m + y_m, x_m, y_m \in \mathbf{N}$$

则
$$(\sqrt{2}-1)^m = \sqrt{2}x_m - y_m$$

相乘得
$$2x_m^2 = y_m^2 + 1$$

因而
$$2(x_my_m)^2 = y_m^4 + y_m^2$$
$$y_m^2 < \sqrt{2}x_my_m < y_m^2 + 1$$

取 $n = x_my_m$，则
$$a_n = [\sqrt{2}x_my_m] = y_m^2$$

❽❾ 155 只鸟停在一个 $\odot C$ 上. 如果 $\widehat{P_iP_j} \leqslant 10°$，称鸟 P_i 与 P_j 是互相可见的. 求互相可见的鸟对的最小个数（可以假定一个位置同时有几只鸟）.

解 设 A 为 $\odot C$ 上一点，鸟 P_i 停在 A，从 A 可以看到在 B 处 ($B \neq A$) 的鸟 P_j. 设 k 为从 B 可以看到而从 A 看不到的鸟的个数，l 为从 A 可以看到而从 B 看不到的鸟的个数. 不妨设 $k \geqslant l$.

如果所有在 B 处的鸟都飞往 A 处，那么对其中的每一只来说，减少了 k 个可见时，同时增加了 l 个可见对. 因此互相可见的对数不会增加.

经过上述的运算，停鸟的位置减少 1. 重复若干次可能的运算（至多 154 次）可以使得每两只鸟只有在同一位置时才是互相可见的. 这时有鸟的位置至多 35 个（若有 36 个位置，则至少有一段

弧小于等于 $10°$,从而弧的两端的鸟还可以并到一处).

于是问题化为求
$$\min\left\{\sum_{j=1}^{35} C_{x_j}^2 \mid x_1+x_2+\cdots+x_{35}=155, x_j \in \mathbf{N} \cup \{0\}\right\}$$
(当 $x_j < 2$ 时,$C_{x_j}^2 = 0$).

设 $x_1 = \min x_j, x_2 = \max x_j$,若 $x_2 - x_1 \geq 2$,则令 $x'_1 = x_1+1, x'_2 = x_2-1$,这时 $\sum x_j$ 仍为 155,而

$$C_{x_1}^2 + C_{x_2}^2 - C_{x'_1}^2 - C_{x'_2}^2 =$$
$$\frac{x_1(x_1-1)}{2} + \frac{x_2(x_2-1)}{2} - \frac{(x_1+1)x_1}{2} - \frac{(x_1-1)(x_2-2)}{2} =$$
$$-x_1 + (x_2-1) \geq 1$$

即 $\sum C_{x_j}^2$ 较原来为小.

因此,可以令 $x_2 - x_1 \leq 1$,从而 x_j 中有 20 个为 4,15 个为 5,所求的最小值为
$$20C_4^2 + 15C_5^2 = 270$$
在 $\odot C$ 上取 35 个互相可见的位置,各位置上停 4 或 5 只鸟,则可以达到上述最小值.

> **❾⓿** 求具有以下性质的所有 $a \in \mathbf{R}$ 的集合. 对这种 a,不存在满足
> $$x_0 = a, x_{n+1} = \frac{x_n + \alpha}{\beta x_n + 1}, n = 0, 1, \cdots$$
> 的无穷数列,其中 $\alpha\beta > 0$.

解 不失一般性,可设 $\alpha, \beta > 0$(否则用 $-\alpha, -\beta, -x_n$ 代替 α, β, x_n).若无满足所述递推关系的无穷数列 $\{x_n\}$ 存在,则在 $k \in \mathbf{N} \cup \{0\}$,使 $x_k = -\frac{1}{\beta}$ 而 $x_i \neq -\frac{1}{\beta}, i = 0, 1, \cdots, k-1$.

令 $y_0 = -\frac{1}{\beta}(=x_k), y_{n+1} = \frac{y_n - \alpha}{1 - \beta y_n}, n = 0, 1, \cdots$(即 $y_n = x_{k-n}$),则应有 $y_k = a(=x_0)$,因此所求的集合即 $\{y_n\}_{n \geq 0}$.

由于 $b = \sqrt{\frac{\alpha}{\beta}}$ 满足 $b = \frac{b-a}{1-\beta b}$,所以 $y_n \neq b$(否则 $y_0 = y_1 = \cdots = y_n = b$ 与 $y_0 = -\frac{1}{\beta}$ 矛盾).

$$\frac{y_{n+1}+b}{y_{n+1}-b} = \frac{y_n - a + b(1-\beta y_n)}{y_n - a - b(1-\beta y_n)} = \frac{(1-b\beta)y_n + (b-a)}{(b\beta+1)y_n - (b+a)} =$$
$$\frac{(1-b\beta)(y_n+b)}{(1+b\beta)(y_n-b)} = \cdots = \left(\frac{1-b\beta}{1+b\beta}\right)^{n+1} \frac{y_0+b}{y_0-b} =$$
$$\left(\frac{1-b\beta}{1+b\beta}\right)^{n+2}$$

从而
$$y_n = \sqrt{\frac{\alpha}{\beta}} \cdot \frac{(1-\sqrt{2\beta})^{n+1} + (1+\sqrt{2\beta})^{n+1}}{(1-\sqrt{2\beta})^{n+1} - (1+\sqrt{2\beta})^{n+1}}$$
$$n = 0, 1, 2, \cdots \qquad ①$$

于是，在 $\alpha, \beta > 0$ 时，所求的集为 $\{y_n\}_{n \geq 0}$，y_n 由式 ① 给出（$\alpha\beta = 1$ 时，$\{y_n\}_{n \geq 0}$ 是单元素集 $\{-\alpha\}$. $\alpha\beta \neq 1$ 时，$\{y_n\}_{n>0}$ 是无穷集，① 中各项互不相同）. 在 $\alpha, \beta < 0$ 时，所求的集为 $\{-y_n\}_{n \geq 0}$，y_n 由 ① 给出.

❾❶ 对 $\varphi: \mathbf{N} \to \mathbf{N}$. 记
$$M_\varphi = \{f: \mathbf{N} \to \mathbf{Z}, f(x) > f(\varphi(x)), \forall x \in \mathbf{N}\}$$
(1) 证明：若 $M_{\varphi_1} = M_{\varphi_2} \neq 0$，则 $\varphi_1 = \varphi_2$.
(2) 若 $M_\varphi = \{f: \mathbf{N} \to \mathbf{N}, f(x) > f(\varphi(x)), \forall x \in \mathbf{N}\}$，上述性质是否仍然成立？

解 (1) 设 $f \in M_{\varphi_1}$. 记
$$\varphi_1^{(n)}(x) = \varphi_1(\varphi_1(\cdots \varphi_1(x) \cdots)) \quad (n \text{ 个 } \varphi_1)$$
易知对 $\forall n \in \mathbf{N}, \forall x \in \mathbf{N}$
$$f(\varphi_1^{(n)}(x)) < f(x)$$
所以 $x = \varphi_1^{(0)}(x)), \varphi^{(1)}(x), \varphi^{(2)}(x), \cdots$ 互不相同.

固定 $x_0 \in \mathbf{N}$. 令
$$M = \{\varphi_1^{(k)}(x_0), k \in \mathbf{N} \cup \{0\}\} \quad (x_0 \text{ 的 "轨道"})$$
$$f_n(x) = \begin{cases} f(x), x \overline{\in} M \\ f(x) - n, x \in M \end{cases}, n \in \mathbf{N}$$

我们证明 $f_n(x) \in M_{\varphi_1}$. 事实上，若 $x \overline{\in} M$
$$f_n(x) = f(x) > f(\varphi_1(x)) \geq f_n(\varphi_1(x))$$
若 $x \in M$
$$f_n(x) = f(x) - n > f(\varphi_1(x)) - n = f_n(\varphi_1(x))$$
由于 $M_{\varphi_1} = M_{\varphi_2}$，所以 $f_n \in M_{\varphi_2}$. 从而
$$f_n(\varphi_2(x)) < f_n(x)$$
若 $\varphi_2(x_0) \overline{\in} M$，则
$$f(\varphi_2(x_0)) = f_n(\varphi_2(x_0)) < f_n(x_0) = f(x_0) - n$$
但是 n 足够大时，上式不可能成立. 所以必有 $\varphi_2(x_0) \in M$，即存在 k，使 $\varphi_2(x_0) = \varphi_1^{(k)}(x_0)$，这里 $k \in \mathbf{N}$（由上面所说 $\varphi_2(x_0) \neq x_0$）.

于是，对每个 $x \in \mathbf{N}$，均有 $k \in \mathbf{N}$（k 依赖于 x），使
$$\varphi_2(x) = \varphi_1^{(k)}(x)$$
同样，对 $\forall x \in \mathbf{N}$，均有 $h \in \mathbf{N}$，使
$$\varphi_1(x) = \varphi_2^{(h)}(x)$$

于是在 $h>1$ 时,便有
$$\varphi_1(x)=\varphi_2^{(h)}(x)=\varphi_2^{(h-1)}(\varphi_1^{(k)}(x))=\varphi_2^{(h-2)}(\varphi_1^{(k+k_1)}(x))=\cdots=$$
$$\varphi_1^{(k+k_1+\cdots+k_{h-1})}(x)$$
其中 $k_i \in \mathbf{N}$,使
$$\varphi_2(\varphi_1^{(k+k_1+\cdots+k_{i-1})}(x))=\varphi_1^{(k_i)}(\varphi_1^{(k+\cdots+k_{i-1})}(x))$$
但 $\varphi_1(x),\varphi_1^{(2)}(x),\varphi_1^{(3)}(x),\cdots$ 互不相同,所以必须有 $h=1$, $k=1$,即 $\varphi_1=\varphi_2$.

(2) 这时 M_{φ_1} 一定是空集.事实上,若 $f \in M_{\varphi_1}$,则 f 的值集中必有一最小值 $a=f(x_0)$,这与 $f(x_0)>f(\varphi_1(x_0))$ 矛盾.

由于前提条件 $M_{\varphi_1}=M_{\varphi_2} \neq 0$ 不成立,所以(1)中性质"若 $M_{\varphi_1}=M_{\varphi_2} \neq 0$,则 $\varphi_1=\varphi_2$"仍然成立.

92 证明若 $a<b$,则
$$a^3-3a \leqslant b^3-3b+4 \qquad ①$$
等号何时成立?

解 设 $b=a+c, c>0$,则 ① 等价于
$$3ca^2+3c^2a+c^3-3c+4 \geqslant 0$$
上式左边 $=3c\left(a+\dfrac{c}{2}\right)^2+\dfrac{1}{4}(c-2)^2(c+4) \geqslant 0$

等号当且仅当 $c=2, a=-\dfrac{c}{2}=-1$,即 $a=-1, b=1$ 时成立.

93 求证对任何正整数 n,存在 n 个相继的正整数,它们都不是素数的整数幂.

解法 1 设 $a=(n+1)!$,则 $a^2+k(2 \leqslant k \leqslant n+1)$ 被 k 整除而不被 k^2 整除(因为 a^2 被 k^2 整除而 k 不被 k^2 整除).如果 a^2+k 是素数的整数幂 p^l,则 $k=p^j(l,j$ 都是正整数),但 a^2 被 p^{2j} 整除因而被 p^{j+1} 整除,所以 a^2+k 被 p^j 整除而不被 p^{j+1} 整除,于是 $a^2+k=p^j=k$,这与 $a^2+k>k$ 矛盾.因此,$a^2+k(2 \leqslant k \leqslant n+1)$ 这 n 个连续正整数不是素数的整数幂.

解法 2 由"孙子定理",用余方程组
$$x \equiv -1 \pmod{a_1}$$
$$x \equiv -2 \pmod{a_2}$$
$$\vdots$$
$$x \equiv -n \pmod{a_n}$$
在 $a_1, a_2, \cdots, a_n$ 两两互质时有正整数解.我们取

$$a_k = p_k q_k, k = 1, 2, \cdots, n$$

其中,$p_1, p_2, \cdots, p_n, q_1, q_2, \cdots, q_n$ 为 $2n$ 个不同的素数. 这时 $a_1, a_2, \cdots, a_n$ 两两互质,因此同余方程组有正整数解 x. $x+k$ 有不同的质因素 p_k, q_k,所以 $x+k$ 不是素数的整数幂. n 个连续的正整数 $x+1, x+2, \cdots, x+n$ 即为所求.

> **94** 设 $a_1 \geqslant a_2 \geqslant a_3$ 为已知正整数. $N_{(a_1, a_2, a_3)}$ 为方程
> $$\frac{a_1}{x_1} + \frac{a_2}{x_2} + \frac{a_3}{x_3} = 1$$
> 的解 (x_1, x_2, x_3) 的个数,这里 x_1, x_2, x_3 为正整数. 证明
> $$N_{(a_1, a_2, a_3)} \leqslant 6 a_1 a_2 (3 + \ln(2 a_1))$$

解 设 (i, j, k) 为 $(1,2,3)$ 的排列,$N_{i,j,k}$ 为满足 $\dfrac{a_i}{x_i} \geqslant \dfrac{a_j}{x_j} \geqslant \dfrac{a_k}{x_k}$ 的方程

$$\frac{a_1}{x_1} + \frac{a_2}{x_2} + \frac{a_3}{x_3} = 1 \qquad ①$$

的正整数解的个数. 于是

$$N_{(a_1, a_2, a_3)} \leqslant \sum_{(i,j,k)} N_{i,j,k} \leqslant 6 \max N_{i,j,k}$$

这里 $\sum$ 是对 $(1,2,3)$ 的所有排列 (i, j, k) 求和,$\max$ 也是对 $(1, 2, 3)$ 的所有排列求最大值.

设 $N_{p,q,r} = \max N_{i,j,k}$,并且 (x_1, x_2, x_3) 是方程 ① 的解,满足 $\dfrac{a_p}{x_p} \geqslant \dfrac{a_q}{x_q} \geqslant \dfrac{a_k}{x_k} > 0$,则

$$\frac{3 a_p}{x_p} \geqslant \frac{a_p}{x_p} + \frac{a_q}{x_q} + \frac{a_k}{x_k} = 1 \Rightarrow x_p \leqslant 3 a_p$$

$$\frac{a_p}{x_p} = 1 - \frac{a_q}{x_q} - \frac{a_k}{x_k} < 1 \Rightarrow x_p \geqslant a_p + 1$$

类似地,利用 $1 - \dfrac{a_p}{x_p} > 0$ 得

$$\frac{2 a_p}{x_p} \geqslant \frac{a_q}{x_q} + \frac{a_r}{x_r} = 1 - \frac{a_p}{x_p} \Rightarrow x_q \leqslant \frac{2 a_q}{1 - \dfrac{a_p}{x_p}}$$

及

$$\frac{a_q}{x_q} = 1 - \frac{a_p}{x_p} - \frac{a_r}{x_r} < 1 - \frac{a_p}{x_p} \Rightarrow x_q > \frac{a_p}{1 - \dfrac{a_p}{x_p}}$$

于是对给定的 x_p,至多有 $\dfrac{a_q}{1 - \dfrac{a_p}{x_p}}$ 个 x_q 的值,给定 x_p, x_q,则 x_r 唯

一确定,所以
$$N_{p,q,r} \leqslant \sum_{k=a_p+1}^{3a_p} \frac{a_p}{1-\frac{a_p}{k}} =$$
$$a_q \sum_{k=a_p+1}^{3a_p} \frac{k}{k-a_p} =$$
$$a_q \sum_{k=1}^{2a_p} \frac{h+a_p}{h} =$$
$$a_p a_q \left(2 + \sum_{h=1}^{2a_p} \frac{1}{h}\right) \leqslant$$
$$a_p a_q \left(3 + \sum_{h=2}^{2a_p} \int_{h-1}^{h} \frac{\mathrm{d}x}{x}\right) =$$
$$a_p a_q \left(3 + \sum_{h=2}^{2a_p} \ln \frac{h}{h-1}\right) =$$
$$a_p a_q (3 + \ln(2a_p)) \leqslant$$
$$a_p a_q (3 + \ln(2a_1))$$

从而
$$N_{(a_1,a_2,a_3)} \leqslant 6a_1 a_2 (3 + \ln(2a_1))$$

❾⓹ 设 n 为正整数,$X = \{1, 2, \cdots, n\}$,k 为正整数并满足 $\frac{n}{2} \leqslant k \leqslant n$. 求出满足下列条件的函数 $f: X \to X$ 的个数,并予以证明.

(1) $f^2 = f$;

(2) f 的象的个数为 k;

(3) 对 f 的象中每一个 y,使 $f(x) = y$ 的 $x \in X$ 至多有两个.

解 $f^2 = f \Leftrightarrow$ 对所有 $x \in X, f(f(x)) = f(x) \Leftrightarrow$
对所有 $y \in \mathrm{Im} f, f(y) = y$

$\mathrm{Im} f$ 为 f 的象的集合.

由 (2),$\mathrm{Im} f$ 有 C_n^k 种取法. 在 $\mathrm{Im} f$ 取定后,余下的 $n-k$ 个 X 中的元素,象互不相同((3)),从 $\mathrm{Im} f$ 中选 $n-k$ 个作为它们的象有 P_k^{n-k} 种方法,因此 f 的个数为
$$C_n^k \cdot P_k^{n-k} = \frac{n!}{(n-k)!(2k-n)!}$$

96 设 $f: \mathbf{N} \to \mathbf{N}$,满足:

(1) f 严格增;

(2) 对所有 $m, n \in \mathbf{N}$, $f(mn) = f(m)f(n)$;

(3) 若 $m \neq n$ 并且 $m^n = n^m$,则
$$f(m) = n \text{ 或 } f(n) = m$$

求 $f(30)$.

解 注意在 $m \neq n$ 时,仅有一对整数 $2, 4$ 适合 $m^n = n^m$. 因此 $f(2) = 4$ 或 $f(4) = 2$. 但 f 严格增,所以 $f(4) = 2$ 不可能成立,从而 $f(2) = 4$.

由于 $f(30) = f(2)f(3)f(5)$,我们来求 $f(3), f(5)$.

因为 $f^2(3) = f(9) > f(8) = f^3(2) = 64$,所以
$$f(3) > 8$$

又因为
$$f^5(3) = f(3^5) = f(243) < f(256) < f^8(2) = 65\,536 < 10^5$$

所以
$$f(3) < 10$$

从而 $f(3) = 9$.

因为
$$f^2(5) = f(25) > f(24) = f(3)f(8) = 9 \times 4^3 = 24^2$$
$$f^3(5) = f(125) < f(128) = f^7(2) = 16\,384 < 17\,576 = 26^3$$

所以 $f(5) = 25$. 从而
$$f(30) = 4 \times 9 \times 25 = 900$$

注 可以证明 $f(x) = x^2$. 设对于 $\leqslant n$ 的数 x 有 $f(x) = x^2$ ($n \geqslant 2$). 考虑 $f(n+1)$. 若 $n+1$ 为合数,设 $n+1 = ab$, $1 < a, b < n+1$,则
$$f(n+1) = f(a)f(b) = a^2 b^2 = (n+1)^2$$

若 $n+1$ 为质数,则 $n+2$ 为合数,从而 $f(n+2) = (n+2)^2$.

一方面
$$f^2(n+1) = f((n+1)^2) > f(n(n+2)) = n^2(n+2)^2$$

从而 $f(n+1) \geqslant (n+1)^2$. 另一方面,取整数 $k > (n+1)^4$,又设 $n^{h-1} < (n+1)^h < n^h$, $h \in \mathbf{N}$. 则 $f((n+1)^h) < f(n^h) = n^{2h}$,

而
$$((n+1)^2 + 1)^h > k \cdot (n+1)^{2(h-1)} > (n+1)^{2h+2} > n^{2h}$$

所以
$$f(n+1) < (n+1)^2 + 1$$

从而
$$f(n+1) = (n+1)^2$$

❾⓻ 定义域为正整数的实值函数称为数论函数. 数论函数 f, g 的卷积 $f*g$ 定义为 $(f*g)(n) = \sum\limits_{ij=n} f(i) \cdot g(j)$, $f^{*k} = \underbrace{f*f*\cdots*f}_{k\uparrow f}$. 如果有一个实系数的非零的二元多项式

$$P(x,y) = \sum_{i,j} a_{ij} x^i y^j$$

使

$$P(f,g) = \sum_{i,j} a_{ij} f^{*i} * g^{*j} = 0$$

则称 f,g 相关. 否则称 f,g 无关. 设 p,q 为不同质数.

$$f_1(n) = \begin{cases} 1, \text{若 } n=p \\ 0, \text{其他 } n \end{cases}$$

$$f_2(n) = \begin{cases} 1, \text{若 } n=q \\ 0, \text{其他 } n \end{cases}$$

证明 f_1 与 f_2 无关.

解 对正整数 k, 易知

$$f_1^{*k}(n) = \begin{cases} 1, \text{若 } n=p^k \\ 0, \text{其他 } n \end{cases}$$

$$f_2^{*k}(n) = \begin{cases} 1, \text{若 } n=q^k \\ 0, \text{其他 } n \end{cases}$$

若对所有 $n \in \mathbf{N}$, 有

$$\sum_{i,j} a_{ij} f_1^{*i} * f_2^{(*j)}(n) = 0$$

令 $n = p^u q^v (u,v \in \mathbf{N})$, 则上式左边成为 $a_{u,v}$. 于是 $a_{u,v} = 0$. 从而 $\sum\limits_{i,j} a_{ij} x^i y^j$ 为零多项式. 因此 f_1, f_2 无关.

❾⓼ A 为 $n \times n$ 矩阵, 其元素为非负实数. 若 A 满秩, A^{-1} 的元素都是非负实数, 证明 A 的每行每列均恰有一个非 0 元素.

解 由于 A 满秩, 每行至少有一个非零元素. 设第一行的 $a_{1s} \neq 0$. 由于 $A^{-1} = (b_{ij})$ 是 $A = (a_{ij})$ 的逆阵, 所以对 $j \neq 1$.

$$\sum_{i=1}^{n} a_{1i} b_{ij} = 0$$

已知 a_{ij}, b_{ij} 均非负, 所以上式表明对所有 i

$$a_{ij} b_{ij} = 0$$

由于 $a_{1s} \neq 0$, 所以 $b_{sj} = 0 (j \neq 1)$. 但 A^{-1} 的第 s 行至少有一个非零元素, 所以 $b_{s1} \neq 0$.

同样，在 $t \neq s$ 时 $\sum_{j=1}^{n} b_{sj} a_{ji} = 0$，于是 $b_{s1} a_{1i} = 0$ 导出 $a_{1i} = 0 (t \neq s)$，即 A 的第一行恰有一个非零元素 a_{1s}.

同理可知 A 的每行每列均是如此.

❾❾ 设 $\triangle ABC$ 为正三角形，Γ 为以 BC 为直径向外作的半圆. 证明若过 A 的直线三等分 BC，则它也三等分弧 Γ.

解 如图 30.22，设 E, F 为 BC 的三等分点. AE 的延长线交 Γ 于 U. 以 BC 为直径的圆交 AB 于 B 及另一点 K.

由于 $CK \perp BK$，所以 K 为 AB 中点. 从而 $KE \parallel AF$. 又 $AE = AF$，所以
$$\angle BEK = \angle AFE = \angle AEF = \angle BEU$$
K, U 关于直径 BC 对称，而从
$$\overset{\frown}{BU} = \overset{\frown}{BK} = 2\angle BCK = 60°$$
即 U 为 Γ 的三等分点.

同理直线 AF 与 Γ 的交点 V 也是 Γ 的三等分点.

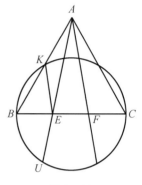

图 30.22

❶⓿⓿ 如图 30.23，凸四边形 $ABCD$ 中，BC, AD 的中点分别为 E, F. 证明
$$S_{EDA} + S_{FBC} = S_{ABCD}$$

解 E 到 AD 的距离 $= \dfrac{C \text{ 到 } AD \text{ 的距离} + B \text{ 到 } AD \text{ 的距离}}{2}$，所以
$$S_{EDA} = \frac{1}{2}(S_{CDA} + S_{BDA})$$
同理
$$S_{FBC} = \frac{1}{2}(S_{DBC} + S_{ABC})$$
两式相加即得.

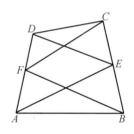

图 30.23

❶⓿❶ 一只精确的钟有一时针、一分针、一秒针. 在 $12:00$ 时，三者重合. 这三根针分别在 12 小时、1 小时与 1 分钟内转过一周. 熟知（不难证明）这三根针在任何时候都不能等距地分开，即每两个之间的角为 $\dfrac{2\pi}{3}$. 令 $f(t), g(t), h(t)$ 分别表示 12 点之后经过时间 t，三根针之间的夹角与 $\dfrac{2\pi}{3}$ 的差的绝对值，$\max\{f(t), h(t), g(t)\}$ 的最小值是什么？

解 设整个圆周为 1. 时间 t 后时针转动 r. 可以认为时针不动,而分针转过 $m=\{11r\}$,秒针转过 $\{719r\}=s$. 这里 $\{x\}=x-[x]$ 表示 x 的小数部分.

先设秒针在前,分针在后,即 $s \geqslant m$.

考虑偏差 $\max\{f(t),h(t),g(t)\}$ 的最小值. 当 $s \leqslant \frac{1}{3}$ 或 $m \geqslant \frac{2}{3}$ 时,偏差均 $> \frac{1}{3}$,显然不是最小. 我们分四种情况讨论.

(1) $m < \frac{1}{3} < s \leqslant \frac{2}{3}$. 这时又分两种情况:

ⅰ $s-m < \frac{1}{3}$. 差 $\frac{1}{3}-(s-m), \frac{1}{3}-m, \frac{2}{3}-s$ 中,$\frac{2}{3}-s$ 为最大. 它随 t 增加而减少,直至 $m=\frac{1}{3}$,化为下面的(2).

ⅱ $s-m \geqslant \frac{1}{3}$. 差 $s-m-\frac{1}{3}, \frac{1}{3}-m, \frac{2}{3}-s$ 中,$\frac{1}{3}-m$ 为最大. 它随 t 的增加而减少,直至 $s=\frac{2}{3}$. 这时设 $\theta = \frac{1}{3}-m$,则

$$719 \equiv \frac{2}{3} \pmod 1$$
$$11r \equiv \frac{1}{3} - \theta \pmod 1$$

消去 r 得

$$719\theta \equiv \frac{719}{3} - \frac{22}{3} \equiv \frac{2}{3} - \frac{1}{3} = \frac{1}{3} \pmod 1$$

θ 的最小值为 $\frac{1}{3 \times 719}$.

(2) $\frac{1}{3} \leqslant m < s \leqslant \frac{2}{3}$. 这时偏差为 $\frac{1}{3}-(s-m)$. 由于秒针转动快于分针,所以在 t 增加时,差 $s-m$ 增加,从而 $\frac{1}{3}-(s-m)$ 在 $s=\frac{2}{3}$ 时最小. 设这时 $\theta = m - \frac{1}{3}\left(=\frac{1}{3}-(s-m)\right)$,则与(1)ⅱ类似可得 θ 的最小值为 $\frac{2}{3 \times 719}$.

(3) $s > \frac{2}{3} > m > \frac{1}{3}$.

ⅰ $s-m > \frac{1}{3}$. 在 $m-\frac{1}{3}, s-m-\frac{1}{3}$ 与 $s-\frac{2}{3}$ 中,$s-\frac{2}{3}$ 最大,它随 t 的减少而减少. 化为(4).

ⅱ $s-m \leqslant \frac{1}{3}$. 在 $m-\frac{1}{3}, \frac{1}{3}-(s-m)$ 与 $s-\frac{2}{3}$ 中,$m-\frac{1}{3}$ 最大,它随 t 的减少而减少,化为(2).

(4) $s > \frac{2}{3}, \frac{1}{3} \geqslant m$. 在 $s - \frac{2}{3}, \frac{1}{3} - m$ 与 $s - m - \frac{1}{3}$ 中，$s - m - \frac{1}{3}$ 最大，随 t 的减少而减少，化为 (1) ⅱ.

综上所述，当 $s \geqslant m$ 时，所求最小值为 $\frac{1}{3 \times 719}$.

类似地可以得出 $s < m$ 时，最小值仍为 $\frac{1}{3 \times 719}$（实际上，关于时针作一对称即化为 $s > m$ 的情况）.

用弧度制表示时，最小值为 $\frac{2\pi}{3 \times 719}$.

这最小值约在 $9{:}05{:}25^+$（秒针在分针前）与 $12{:}00 - 9{:}05{:}25^+ = 2{:}54{:}35^-$（秒针在分针后）达到.

⑩② 对复数 z，令 $\arg z = t$ 为满足 $-\pi < t \leqslant \pi$ 及 $z = |z| \cdot (\cos t + \mathrm{i}\sin t)$ 的唯一实数. 对实数 $c > 0$，复数 $z \neq 0$，$\arg z \neq \pi$，定义
$$B(c, z) = \{b \in \mathbf{R}: |w - z| < b \Rightarrow |\arg w - \arg z| < c\}$$
试确定 $B(c, z)$ 有一极大元的充分必要条件（用 c 及 z 表出），并求出极大元.

解 条件为
$$c \leqslant c_1 = \max\{\pi - \arg z, \pi + \arg z\}$$

在 $c > c_1$ 时，$\{w: |\arg w - \arg z| < c\}$ 为整个复平面，因而 $B(c, z)$ 无界.

在 $c \leqslant c_1$ 时，根据 $\arg z$ 的值可以分为 4 种情况：

(1) z 在第一象限，$0 < \arg z \leqslant \frac{\pi}{2}$. 这时
$$c \leqslant \pi + \arg z$$
又有两种情况如图 30.24 所示.

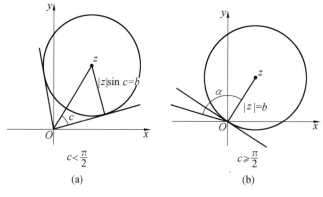

图 30.24

(2) z 在第二象限,$\frac{\pi}{2} < \arg z \leqslant \pi$. 这时
$$c \leqslant \pi + \arg z$$
又有两种情况如图 30.25 所示.

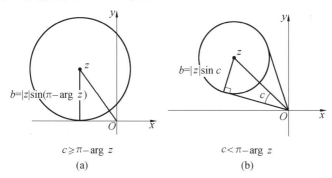

图 30.25

(3) z 在第四象限,$-\frac{\pi}{2} < \arg z \leqslant 0$. 这时
$$c \leqslant \pi - \arg z$$
情况如图 30.26 所示.

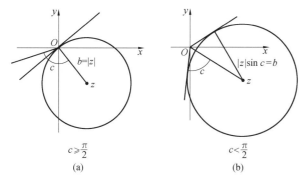

图 30.26

(4) z 在第三象限,$-\pi < \arg z \leqslant -\frac{\pi}{2}$. 这时
$$c \leqslant \pi - \arg z$$
情况如图 30.27 所示.

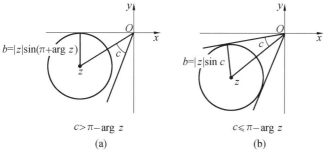

图 30.27

综上所述，在 $c \leqslant c_1$ 时，当且仅当
$$b \leqslant |z| \sin \theta$$
时，$b \in B(c, z)$. 其中
$$\theta = \min\left\{c, \frac{\pi}{2}, \pi - \arg z, \pi + \arg z\right\}$$
于是，在 $c \leqslant c_1$ 时，$B(c, z)$ 有极大元 $|z| \sin c$.

103 锐角 $\triangle ABC$ 的顶点 A 到外心 O 与垂心 H 的距离相等. 求 $\angle A$ 的所有可能的值.

解 如图 30.28. 设 CC' 为高，由于 $AH = R$（外接圆半径），所以
$$AC' = R \cdot \sin \angle AHC' = R \cdot \sin B$$
从而
$$CC' = R \cdot \sin B \tan A$$
又
$$CC' = BC \cdot \sin B = 2R \sin A \sin B$$
比较以上二式得 $2\sin A = \tan A$，从而 $A = 60°$.

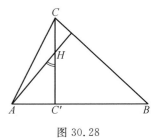

图 30.28

104 设 $n > 1$ 为固定整数，定义
$$f_0(x) = 0, f_1(x) = 1 - \cos x$$
$$f_{k+1}(x) = 2f_k(x) \cos x - f_{k-1}(x), k > 0$$
$$F_n(x) = f_1(x) + f_2(x) + \cdots + f_n(x)$$
证明

(1) 对 $0 < x < \dfrac{\pi}{n+1}$，$0 < F_n(x) < 1$；

(2) 对 $\dfrac{\pi}{n+1} < x < \dfrac{\pi}{n}$，$F_n(x) > 1$.

解 用归纳法易知 $f_k(x) = \dfrac{f_1(x) \sin kx}{\sin x}$，从而

$$F_n(x) = \frac{f_1(x)}{\sin x} \sum_{k=1}^{n} \sin kx = \frac{f_1(x)}{\sin x} \cdot \frac{\cos \dfrac{x}{2} - \cos\left(\dfrac{x}{2} + nx\right)}{\sin \dfrac{x}{2}} =$$

$$\frac{\cos \dfrac{x}{2} - \cos\left(\dfrac{x}{2} + nx\right)}{2\cos \dfrac{x}{2}} = \frac{1}{2} - \frac{\cos\left(\dfrac{x}{2} + nx\right)}{2\cos \dfrac{x}{2}}$$

在 $0 < x < \dfrac{\pi}{n+1}$ 时，$\sin kx > 0 (k = 1, 2, \cdots, n)$ 而

$$\cos\left(\frac{x}{2}+nx\right)+\cos\frac{x}{2}=2\cos\frac{(n+1)}{2}x\cos\frac{nx}{2}>0$$

所以 $0<F_n(x)<1$，即(1)成立.

在 $\frac{\pi}{n+1}<x<\frac{\pi}{n}$ 时，$\frac{nx}{2}<\frac{\pi}{2}<\frac{(n+1)x}{2}$，从而

$$\cos\left(\frac{x}{2}+nx\right)+\cos\frac{x}{2}=2\cos\frac{(n+1)x}{2}\cos\frac{nx}{2}<0$$

(2)成立.

105 试求出最大的正数 c，对于每个自然数 n，均有 $\{n\sqrt{2}\}\geqslant\frac{c}{n}$. 确定使 $\{n\sqrt{2}\}=\frac{c}{n}$ 的自然数 n（这里 $\{n\sqrt{2}\}=n\sqrt{2}-[n\sqrt{2}]$，$[x]$ 表示 x 的整数部分）.

解 $c=\frac{1}{2\sqrt{2}}$.

若 c 为正数，对 $n\in\mathbf{N}$ 恒有 $\{n\sqrt{2}\}\geqslant\frac{c}{n}$. 我们取

$$n_k=\frac{1}{2\sqrt{2}}((\sqrt{2}+1)^{4k+1}+(\sqrt{2}-1)^{4k+1})$$

则 n_k 为自然数并且

$$\sqrt{2}\,n_k=\frac{1}{2}((\sqrt{2}+1)^{4k+1}+(\sqrt{2}-1)^{4k+1})=$$
$$\frac{1}{2}((\sqrt{2}+1)^{4k+1}-(\sqrt{2}-1)^{4k+1})+$$
$$(\sqrt{2}-1)^{4k+1}$$

由于 $0<(\sqrt{2}-1)^{4k+1}<1$，所以

$$[\sqrt{2}\,n_k]=\frac{1}{2}((\sqrt{2}+1)^{4k+1}-(\sqrt{2}-1)^{4k+1})$$

$$\{\sqrt{2}\,n_k\}=(\sqrt{2}-1)^{4k+1}\cdot n_k\{\sqrt{2}\,n_k\}=$$
$$\frac{1}{2\sqrt{2}}((\sqrt{2}+1)^{4k+1}+(\sqrt{2}-1)^{4k+1})(\sqrt{2}-1)^{4k+1}=$$
$$\frac{1}{2\sqrt{2}}(1+(\sqrt{2}-1)^{2(4k+1)})\to\frac{1}{2\sqrt{2}},k\to+\infty$$

于是

$$c\leqslant\frac{1}{2\sqrt{2}}$$

另一方面，设 $m=[n\sqrt{2}]$，则

$$n\sqrt{2}>m>n\sqrt{2}-1$$

从而

$$1 \leqslant 2n^2 - m^2 = n^2\left(\sqrt{2} + \frac{m}{n}\right)\left(\sqrt{2} - \frac{m}{n}\right) <$$
$$n^2\left(\sqrt{2} - \frac{m}{n}\right) \cdot 2\sqrt{2}$$

于是对一切 n
$$\frac{1}{2\sqrt{2}n} < n\left(\sqrt{2} - \frac{m}{n}\right) = n\sqrt{2} - m = \{n\sqrt{2}\}$$

综合以上讨论即知 $c = \frac{1}{2\sqrt{2}}$，并且使 $\{n\sqrt{2}\} = \frac{1}{2\sqrt{2}n}$ 的 n 不存在．

❿ 是否存在两个实数数列 $\{a_i\}, \{b_i\}, i \in \mathbf{N}$，对每个 $i \in \mathbf{N}$ 及每个 $x, 0 < x < 1$，有
$$\frac{3\pi}{2} \leqslant a_i \leqslant b_i, \cos a_i x + \cos b_i x \geqslant -\frac{1}{i}$$

解 所述的数列不存在．若有 $\{a_i\}, \{b_i\}$ 具有所述性质．取 $x_i = \frac{\pi}{a_i}$，则 $x_i \in (0,1)$
$$\cos \frac{b_i \pi}{a_i} \geqslant 1 - \frac{1}{i}$$

从而
$$1 \leqslant \frac{b_i}{a_i} = \frac{1}{\pi}\arccos\left(1 - \frac{1}{i}\right) + 2k_i, k_i \in \mathbf{N}$$

再令 $x_i = \frac{2k_i + 1}{b_i}\pi$，则 $x_i \in (0,1)$
$$\cos \frac{a_i}{b_i}(2k_i + 1)\pi \geqslant 1 - \frac{1}{i} \qquad ①$$

如果 $\{k_i\}$ 无界，从中取出一个子数列趋于 $+\infty$，这时
$$\frac{1}{\pi}\arccos\left(1 - \frac{1}{i}\right) \to 0, \cos \frac{a_i}{b_i}(2k_i + 1)\pi \to -1$$

① 成为 $-1 \geqslant 1$，矛盾．

如果 $\{k_i\}$ 有界，其中必有一个值 k 出现无限多次．考虑那些等于 k 的 k_i，这时
$$\cos \frac{a_i}{b_i}(2k_i + 1)\pi \to \cos \frac{2k+1}{2k}\pi$$

① 成为 $\cos \frac{2k+1}{2k}\pi \geqslant 1$，仍为矛盾．

107 设 $s = (x_1, x_2, \cdots, x_n)$ 是前 n 个自然数 $1, 2, \cdots, n$ 依任意次序的排列. $f(s)$ 为 s 中每两个相邻元素的差的绝对值的最小值. 求 $f(s)$ 的最大值.

解 $\max f(s) = \left[\dfrac{n}{2}\right]$. 分两种情况证明.

(1) $n = 2k$ 为偶数.

k 与其相邻数之差的绝对值小于等于 k, 所以
$$f(s) \leqslant k = \left[\dfrac{n}{2}\right]$$
另一方面, 在
$$s = (k+1, 1, k+2, 2, \cdots, 2k, k)$$
时, $f(s) = k$. 所以结论成立.

(2) $n = 2k + 1$ 为奇数.

$k + 1$ 与其相邻数之差的绝对值小于等于 k. 而在
$$s = (k+1, 1, k+2, 2, \cdots, 2k, k, 2k+1)$$
时, $f(s) = k$. 所以仍有 $f(s) = k = \left[\dfrac{n}{2}\right]$.

108 设 AX 与 BY 为两条射线, 不共面, 并且都与 AB 垂直. 在 AX, BY 上分别取 M, N, 使 $AM + BN = MN$.

证明存在无限多个绕一不过 M 的固定轴 l 的旋转, 使 AX 旋转后与 MN 共面.

解 我们证明下述命题:

如图 30.29, 设 a, b 为两条相交直线, 则存在平面 α, 使得 a 绕平面 α 内任意一条直线 l 作旋转, 不论转到什么位置都与 b 共面.

事实上, a, b 夹角的平分面 α 就具有所述性质. 证明如下:

设 a, b 相交于 O, l 为平面 α 内任一直线. 若 $O \in l$, 命题显然成立. 设 $O \notin l$. 过 O 作平面 $\beta \perp l$, 交 l 于 E. 又过 l 上另一点 F 作平面 $\gamma \perp l$, 交 a 于 A, 交 b 于 B. 由对称性, 显然有 $FA = FB$.

在平面 γ 内以 F 为心, FA 为半径作 $\odot F$, 交平面 α 于 Q, 则 FQ 平分 $\angle AFB$. OQ 绕 l 旋转得一圆台, 上底是以 E 为心, EO 为半径的 $\odot E$, 下底为 $\odot F$.

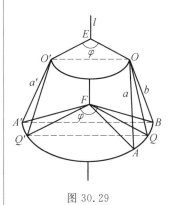

图 30.29

设 a 绕 l 旋转 φ 角成为 a', 则 O 成为 a' 与 $\odot E$ 的交点 O', A 成为 a' 与 $\odot F$ 的交点 A', 而 Q 成为 $\odot F$ 上的点 Q', 并且
$$\angle OEO' = \angle AFA' = \angle QFQ' = \varphi$$
由于 $\angle A'FQ' = \angle AFQ = \angle QFB$, 所以 $A'B \parallel Q'Q$.

又由于 OQ 与 $O'Q'$ 为同一圆中的母线,所以 $OO' \parallel QQ'$.
于是 $OO' \parallel A'B$,a' 与 b 共面.

109 E 是顶点为整点(在一空间直角坐标系中),内部及边上没有其他整点的三角形的集合. 求三角形的面积所成的集合 $f(E)$.

解 设 $\triangle OAB$ 为 E 中一个三角形,其中 O 为原点. 易知平面 OAB 的方程

$$\begin{vmatrix} x & x_A & x_B \\ y & y_A & y_B \\ z & z_A & z_B \end{vmatrix} = 0 \qquad ①$$

其中 (x_A, y_A, z_A),(x_B, y_B, z_B) 分别为 A,B 的坐标. 将行列式展开并约去公约数,可设平面 AOB 的方程为

$$ax + by + cz = 0 \qquad ②$$

其中 a,b,c 为整数,并且 a,b,c 的最大公约数为 1.

在平行平面 $ax + by + cz = 0$ 与 $ax + by + cz = 1$ 之间(不包括这两个平面)显然没有整点(整点使 $ax + by + cz$ 的值为整数).

由于 a,b,c 的最大公约数为 1,所以存在一组整数 x_C, y_C, z_C,使

$$ax_C + by_C + cz_C = 1$$

即整点 $C(x_C, y_C, z_C)$ 在平面 $ax + by + cz = 1$ 上.

以 OA, OB, OC 为棱可以作一个平行六面体. 由于 $\triangle OAB$ 内部及边上无整点(顶点除外),所以以 OA, OB 为边的平行四边形也是如此. 从而所作的平行六面体除去顶点外,内部及各面无其他整点.

由这个基本的平行六面体出发可以构成空间的六面体内,每一个整点都是某些六面体的顶点,但决不在六面体的内部(或六面体的面、棱的内部)出现.

这也就是说,对于任意一组整数 (x,y,z),方程组

$$\begin{cases} lx_A + mx_B + nx_C = x \\ ly_A + my_B + ny_C = y \\ lz_A + mz_B + nz_C = z \end{cases}$$

有整数解 l,m,n. 所以必有[注]

$$\begin{vmatrix} x_A & x_B & x_C \\ y_A & y_B & y_C \\ z_A & z_B & z_C \end{vmatrix} = \pm 1$$

即基于平行六面体的体积为 1. 由于 $ax + by + cz = 0$ 与 $ax + $

$by+cz=1$ 的距离为 $\dfrac{1}{\sqrt{a^2+b^2+c^2}}$,所以 $\triangle OAB$ 的面积为 $\dfrac{1}{2}\sqrt{a^2+b^2+c^2}$. 于是
$$f(E)=\left\{\dfrac{1}{2}\sqrt{a^2+b^2+c^2}, a,b,c \text{ 为整数},\text{它们的最大公约数为}1\right\}$$

注 用 $(x,y,z)=(1,0,0)$ 代入即知 $\begin{vmatrix} y_B & y_C \\ z_B & z_C \end{vmatrix}$ 能被 $d=\begin{vmatrix} x_A & x_B & x_C \\ y_A & y_B & y_C \\ z_A & z_B & z_C \end{vmatrix}$ 整除. 同样其他二阶子式亦被 d 整除. 于是矩阵 $\boldsymbol{S}=\begin{bmatrix} x_A & x_B & x_C \\ y_A & y_B & y_C \\ z_A & z_B & z_C \end{bmatrix}$ 的逆矩阵也是元素为整数的矩阵. 由 $|\boldsymbol{S}|\times|\boldsymbol{S}^{-1}|=1$ 得 $d=\pm 1$.

相关链接

蒋茂森

第 30 届 IMO 第 6 题是：

设 n 是正整数，我们说集合 $\{1,2,\cdots,2n\}$ 的一个排列 $\{x_1, x_2,\cdots,x_{2n}\}$ 具有性质 P，如果在 $\{1,2,\cdots,2n-1\}$ 当中至少有一个 i 使得 $|x_i - x_{i+1}| = n$. 求证：对于任何 n，具有性质 P 的排列比不具有性质 P 的排列多.

在文[1]中介绍了本题的两种不同的证明方法，文[2]中也有对这两种证明方法的评析. 在数学竞赛中胡光宗的文章"无穷下降法与 IMO 试题"中作为无穷下降法的应用举例，作者试图用概率的方法给出另一种证明. 在该文中作者将满足 $|x-y|=n$ 的 (x,y) 称为"配对"，并记 $y = \overline{x}$，然后以 $P(m)$ 表任取一个 $\{1, 2,\cdots,2n\}$ 的全排列 $x_1 x_2 \cdots x_{2n}$，其中前 m 个元中任何二邻元皆不配对的概率.

作者证明了

$$P(m) \leqslant \frac{2n-m}{2n-1}, 2 \leqslant m \leqslant n+1 \qquad ①$$

于是

$$P(n+1) \leqslant \frac{2n-(n+1)}{2n-1} < \frac{1}{2} \qquad ②$$

更有

$$P(2n) \leqslant P(n+1) < \frac{1}{2}$$

但是，该文对 $P(m)$ 的递推公式推导有误，因而结论①，②不能成立. 下面我们用另外的办法推导出 $P(m)$ 的计算公式.

以性质 Q_i 表示在排列 $(x_1, x_2, \cdots, x_{2n})$ 中有 $|x_i - x_{i+1}| = n(i=1,2,\cdots,2n-1)$；以 G_i 表示具有性质 Q_i 的排列的集合. 对任何 $2 \leqslant m \leqslant 2n-1$，令

$$F(m) = \left|\bigcup_{i=1}^{m-1} G_i\right|$$

则 $F(m)$ 就是在前 m 个元中至少存在一对邻元是配对的排列的总数，应用容斥原理

$$F(m) = \sum_{k=1}^{m-1}(-1)^{k-1} \sum_{1 \leqslant i_1 < i_2 < \cdots < i_k \leqslant m-1} |G_{i_1} G_{i_2} \cdots G_{i_k}|$$

对任何 i，明显地有

$$|G_i| = 2n \cdot (2n-2)!$$

又由于 $|G_i G_{i+1}| = 0$，所以

$$\sum_{1 \leqslant i_1 < i_2 < \cdots < i_k \leqslant m-1} |G_{i_1} G_{i_2} \cdots G_{i_k}| = C_{m-k}^k 2^k P_m^k (2n-2k)!$$

(这是因为从 $1, 2, \cdots, m-1$ 这 $m-1$ 个数中取出 k 个互不相邻的数 $i_1 < i_2 < \cdots < i_k$ 的取法数是 C_{m-k}^k，证明可参见常庚哲、齐东旭的《中学数学竞赛专题讲座(续一)》) 代入上式即得

$$F(m) = (m-1)2n \cdot (2n-2)! + \sum_{k=2}^{m-1} (-1)^{k-1} C_{m-k}^k 2^k P_n^k (2n-2k)!$$

于是

$$P(m) = 1 - \frac{F(m)}{(2n)!}$$

本题显然也可以改述成这样：n 对夫妇任意地排成一横排照相，则在照得的相片中至少有一对夫妇相邻比任何一对夫妇都不相邻的概率为大．

此处所求的 $F(m)$ 即是在前 m 个人中至少有一对夫妇相邻的排列数．特别

$$F(2n) = \sum_{k=1}^{n} (-1)^{k-1} C_{2n-k}^k 2^k P_n^k (2n-2k)!$$

就是 $2n$ 个人作全排列，而至少有一对夫妇相邻的排列数．

如果设性质 P_i 是在排列中有第 i 对夫妇恰好相邻，按这种去分类，再用容斥原理，所得到的公式将是

$$F(2n) = \sum_{k=1}^{n} (-1)^{k-1} C_n^k 2^k (2n-2k)!$$

经过简单的计算即知这与上面的公式实质上是同一个公式．

当然，如同文[1]所说，对于证明本题来讲，要算出 $F(2n)$ 的明显表达式是没有必要的，只需用和中的前两项去估计它就够了．

下面的问题，是我受到 30 届 IMO 第 6 题的启发而编拟的，可供数学竞赛的爱好者作训练之用．

问题 n 对夫妻 $(n \geqslant 2)$ 排成一个圆圈跳舞，按顺时针方向看去完全相同的两种排法认为是同一种．如果在一种排法中至少有一对夫妻是相邻的，则称此排法具有性质 P．试求具有性质 P 的排法数．能否断言具有性质 P 的排法数恒大于不具有性质 P 的排法数？

解 n 对夫妻分别记作 $(a_1, b_1), (a_2, b_2), \cdots, (a_n, b_n)$ 共有 $2n$ 个人．将这 $2n$ 个人所作成的不同的圆排列的集合记为 E，则 $|E| = (2n-1)!$．对某个 $\sigma \in E$，若在此 σ 中有第 i 对夫妻 (a_i, b_i) 是相邻的，则称 σ 具有性质 P_i．将具有性质 P_i 的圆排列的集合记为 E_i．以 $f(n)$ 表示至少有一对夫妻相邻的圆排列数，则

$$f(n) = \Big| \bigcup_{i=1}^{n} E_i \Big|$$

应用容斥原理

$$f(n) = \sum_{k=1}^{n}(-1)^{k-1}\sum_{1\leqslant i_1<i_2<\cdots<i_k\leqslant m-1}|E_{i1}E_{i2}E_{ik}|$$

显然有

$$|E_i| = 2\cdot(2n-2)!$$

(将第 i 对夫妻捆在一起看成一个人,与其他 $2n-2$ 个人(共 $2n-1$ 个)作圆排列,共有 $(2n-2)!$ 种排列,但因在捆时 a_i,b_i 也有次序关系,故再乘 2).

$$|E_{i1}\ E_{i2}\ \cdots\ E_{ik}| = 2^k(2n-k-1)!$$

代入上式得

$$f(n) = \sum_{k=1}^{n}(-1)^{k-1}C_n^k 2^k(2n-k-1) \quad (\text{注 } 1)$$

以 $g(n)$ 表 n 对夫妻不具有性质 P 的圆排列数,则

$$g(n) = (2n-1)! - f(n)$$

由于

$$f(n) \geqslant 2n(2n-2)! - C_n^2 2^2 (2n-3)! =$$
$$n(2n-2)! > \frac{(2n-1)!}{2} \quad (\text{注 } 2)$$

从而 $\qquad f(n) \geqslant g(n)$

我们确实可以断言:对 $n \geqslant 2$,恒有具有性质 P 的圆排列数大于不具有性质 P 的圆排列数.

注 1 如图 1,n 对夫妻具有性质 P 的圆排列数 $f(n)$ 还可以用另外一种办法来求,以下的讨论还可使我们对圆排列和直线排列之间的关系有所认识.

对任何一个具有性质 P 的圆排列 σ,将此圆排列从 a_1(比如第 1 号男人)开始,令所有人按顺时针方向走成一个直线排列(这是一一对应),这个直线排列或者它本身就是一个以 a_1 打头的具有性质 P 的 n 对夫妻的直排(这种直排数目为 $\frac{1}{2n}F(2n)$,这里 $F(2n)$ 的公式在前文中求过,由对称性,以 a_1 打头的占 $\frac{1}{2n}$);或者是 $x_{2n} = b_1$ 且 $x_2 x_3 \cdots x_{2n-1}$ 中无任何一对夫妻相邻,这种排列数为 $(2n-2)! - F(2n-2)$.这样,我们又有

$$f(n) = \frac{1}{2n}F(2n) + (2n-2)! - F(2n-2) =$$
$$\frac{1}{2n}\sum_{k=1}^{n}(-1)^{k-1}C_n^k 2^k(2n-k)! + (2n-2)! -$$

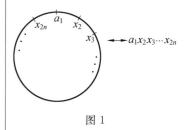

图 1

$$\sum_{k=1}^{n-1}(-1)^{k-1}C_{n-1}^k 2^k(2n-2-k)!$$

尽管从形式上看它与文中所得到的关于 $f(n)$ 的公式有很大不同，但有趣的是经过简单的运算即可证明它们完全是一致.

注 2 这里我们用到了一个简单的事实，对任何 $n \geq 2$，及集合 $E_1, \cdots, E_n$ 恒有

$$\left|\bigcup_{i=1}^n E_i\right| \geq \sum_{i=1}^n |E_i| - \sum_{i<j} |E_i E_j|$$

证明可以这样做：对任何 $x \in \bigcup_{i=1}^n E_i$，它在不等式左端都被计算恰好一次；当 x 仅属于某一个 E_i，而不属于任何其他的 E_j 时，则它在右端第一个和中被计算一次，而在第二个和中被计算 0 次，因此它在右端被计算的总次数也是一次. 若 x 仅属于两个 E_i 与 E_j（即 $x \in E_i E_j$，而对 $k \neq i, j, x \notin E_k$）则它在第一个和中被计算两次，而在第二个和中被减一次，因此在右端被计算的总次数也是一次. 但若 x 仅属于 E_k 中的 m 个集合，$m \geq 3$，则它在右端第一和中被算 $C_m^1 = m$ 次，而在第二和中算 C_m^2 次，总的被算 $C_m^1 - C_m^2 \leq 0$ 次，因此左端大于等于右端.

完全类似地可以证明，和式

$$\sum_{k=1}^l (-1)^{k-1} \sum_{1 \leq i_1 < i_2 < \cdots < i_k \leq n} |E_{i_1} E_{i_2} \cdots E_{i_k}|$$

当 l 为偶数时小于等于 $\left|\bigcup_{i=1}^n E_i\right|$，当 l 为奇数时大于等于 $\left|\bigcup_{i=1}^n E_i\right|$.

明白了这种不等式的道理，在需要对 $\left|\bigcup_{i=1}^n E_i\right|$ 进行估值时，便可以灵活地用它.

参考文献

[1] 第 30 届 IMO 试题及解答[J]. 中等数学，1989(5)：2-5.
[2] 马希文. 第 30 届 IMO 试题评价[J]. 数学竞赛，1989(4)：1-10.

附 录
IMO 背景介绍

第 1 章 引 言

第 1 节 国际数学奥林匹克

国际数学奥林匹克(IMO)是高中学生最重要和最有威望的数学竞赛。它在全面提高高中学生的数学兴趣和发现他们之中的数学尖子方面起了重要作用.

在开始时,IMO 是(范围和规模)要比今天小得多的竞赛. 在 1959 年,只有 7 个国家参加第一届 IMO,它们是:保加利亚,捷克斯洛伐克,民主德国,匈牙利,波兰,罗马尼亚和苏联. 从此之后,这一竞赛就每年举行一次. 渐渐的,东方国家,西欧国家,直至各大洲的世界各地许多国家都加入进来(唯一的一次未能举办竞赛的年份是 1980 年,那一年由于财政原因,没有一个国家有意主持这一竞赛. 今天这已不算一个问题,而且主办国要提前好几年排队). 到第 45 届在雅典举办 IMO 时,已有不少于 85 个国家参加.

竞赛的形式很快就稳定下来并且以后就不变了. 每个国家可派出 6 个参赛队员,每个队员都单独参赛(即没有任何队友协助或合作). 每个国家也派出一位领队,他参加试题筛选并和其队员隔离直到竞赛结束,而副领队则负责照看队员.

IMO 的竞赛共持续两天. 每天学生们用四个半小时解题,两天总共要做 6 道题. 通常每天的第一道题是最容易的而最后一道题是最难的,虽然有许多著名的例外(IMO1996—5 是奥林匹克竞赛题中最难的问题之一,在 700 个学生中,仅有 6 人做出来了这道题!). 每题 7 分,最高分是 42 分.

每个参赛者的每道题的得分是激烈争论的结果,并且,最终,判卷人所达成的协议由主办国签名,而各国的领队和副领队则捍卫本国队员的得分公平和利益不受损失. 这一评分体系保证得出的成绩是相对客观的,分数的误差极少超过 2 或 3 点.

各国自然地比较彼此的比分,只设个人奖,即奖牌和荣誉奖,在 IMO 中仅有少于 $\frac{1}{12}$ 的参赛者被授予金牌,少于 $\frac{1}{4}$ 的参赛者被授予金牌或银牌以及少于 $\frac{1}{2}$ 的参赛者被授予金牌,银牌或者铜牌. 在没被授予奖牌的学生之中,对至少有一个问题得满分的那些人授予荣誉奖. 这一确定得奖的系统运行的相当完好. 一方面它保证有严格的标准并且对参赛者分出适当的层次使得每个参赛者有某种可以尽力争取的目标. 另一方面,它也保证竞赛有不依赖于竞赛题的难易差别的很大程度的宽容度.

根据统计,最难的奥林匹克竞赛是 1971 年,然后依次是 1996 年,1993 年和 1999 年. 得分最低的是 1977 年,然后依次是 1960 年和 1999 年.

竞赛题的筛选分几步进行. 首先参赛国向 IMO 的主办国提交他们提出的供选择用的候选题,这些问题必须是以前未使用过的,且不是众所周知的新鲜问题. 主办国不提出备选问题. 命题委员会从所收到的问题(称为长问题单,即第一轮预选题)中选出一些问题(称为短问题单)提交由各国领队组成的 IMO 裁判团,裁判团再从第二轮预选题中选出 6 道题作为 IMO 的竞赛题.

除了数学竞赛外,IMO 也是一次非常大型的社交活动.在竞赛之后,学生们有三天时间享受主办国组织的游览活动以及与世界各地的 IMO 参加者们互动和交往.所有这些都确实是令人难忘的体验.

第 2 节　IMO 竞赛

已出版了很多 IMO 竞赛题的书[65].然而除此之外的第一轮预选题和第二轮预选题尚未被系统加以收集整理和出版,因此这一领域中的专家们对其中很多问题尚不知道.在参考文献中可以找到部分预选题,不过收集的通常是单独某年的预选题.参考文献[1],[30],[41],[60]包括了一些多年的问题.大体上,这些书包括了本书的大约 50% 的问题.

本书的目的是把我们全面收集的 IMO 预选题收在一本书中.它由所有的预选题组成,包括从第 10 届以及第 12 届到第 44 届的第二轮预选题和第 19 届竞赛中的第一轮预选题.我们没有第 9 届和第 11 届的第二轮预选题,并且我们也未能发现那两届 IMO 竞赛题是否是从第一轮预选题选出的或是否存在未被保存的第二轮预选题.由于 IMO 的组织者通常不向参赛国的代表提供第一轮预选题,因此我们收集的题目是不全的.在 1989 年题目的末尾收集了许多分散的第一轮预选题,以后有效的第一轮预选题的收集活动就结束了.前八届的问题选取自参考文献[60].

本书的结构如下:如果可能的话,在每一年的问题中,和第一轮预选题或第二轮预选题一起,都单独列出了 IMO 竞赛题.对所有的第二轮预选题都给出了解答.IMO 竞赛题的解答被包括在第二轮预选题的解答中.除了在南斯拉夫举行的两届 IMO(由于爱国原因)之外,对第一轮预选题未给出解答,由于那将使得本书的篇幅不合理的加长.由所收集的问题所决定,本书对奥林匹克训练营的教授和辅导教练是有益的和适用的.对每个问题,我们都用一组三个字母的编码指出了出题的国家.在附录中给出了全部的对应国的编码.我们也指出了第二轮预选题中有哪些题被选择作了竞赛题.我们在解答中有时也偶尔直接地对其他问题做一些参考和注解.通过在题号上附加 LL,SL,IMO 我们指出了题目的年号,是属于第一轮预选题,第二轮预选题还是竞赛题,例如(SL89—15)表示这道题是 1989 年第二轮预选题的第 15 题.

我们也给出了一个在我们的证明中没有明显地引用和导出的所有公式和定理一个概略的列表.由于我们主要关注仅用于本书证明中的定理,我们相信这个列表中所收入的都是解决 IMO 问题时最有用的定理.

在一本书中收集如此之多的问题需要大量的编辑工作,我们对原来叙述不够确切和清楚的问题作了重新叙述,对原来不是用英语表达的问题做了翻译.某些解答是来自作者和其他资源,而另一些解是本书作者所做.

许多非原始的解答显然在收入本书之前已被编辑.我们不能保证本书的问题完全地对应于实际的第一轮预选题或第二轮预选题的名单.然而我们相信本书的编辑已尽可能接近于原来的名单.

第 2 章 基本概念和事实

下面是本书中经常用到的概念和定理的一个列表. 我们推荐读者在(也许)进一步阅读其他文献前首先阅读这一列表并熟悉它们.

第 1 节 代数

2.1.1 多项式

定理 2.1 二次方程 $ax^2+bx+c=0 (a,b,c\in \mathbf{R}, a\neq 0)$ 有解
$$x_{1,2}=\frac{-b\pm\sqrt{b^2-4ac}}{2}$$

二次方程的判别式 D 定义为 $D^2=b^2-4ac$, 当 $D<0$ 时, 解是复数, 并且是共轭的, 当 $D=0$ 时, 解退化成一个实数解, 当 $D>0$ 时, 方程有两个不同的实数解.

定义 2.2 二项式系数 $\binom{n}{k}, n,k\in \mathbf{N}_0, k\leqslant n$ 定义为
$$\binom{n}{k}=\frac{n!}{i!(n-i)!}$$

对 $i>0$, 它们满足
$$\binom{n}{i}+\binom{n}{i-1}=\binom{n+1}{i}$$

以及
$$\binom{n}{0}+\binom{n}{1}+\cdots+\binom{n}{n}=2^n$$

$$\binom{n}{0}-\binom{n}{1}+\cdots+(-1)^n\binom{n}{n}=0$$

$$\binom{n+m}{k}=\sum_{i=0}^{k}\binom{n}{i}\binom{m}{k-i}$$

定理 2.3 ((Newton) 二项式公式) 对 $x,y\in \mathbf{C}$ 和 $n\in \mathbf{N}$
$$(x+y)^n=\sum_{i=0}^{n}\binom{n}{i}x^{n-i}y^i$$

定理 2.4 (Bezout(裴蜀)定理) 多项式 $P(x)$ 可被二项式 $x-a(a\in \mathbf{C})$ 整除的充分必要条件是 $P(a)=0$.

定理 2.5 (有理根定理) 如果 $x=\dfrac{p}{q}$ 是整系数多项式 $P(x)=a_nx^n+\cdots+a_0$ 的根, 且 $(p,q)=1$, 则 $p\mid a_0, q\mid a_n$.

定理 2.6 (代数基本定理) 每个非常数的复系数多项式有一个复根.

定理 2.7 (Eisenstein(爱森斯坦)判据) 设 $P(x)=a_nx^n+\cdots+a_1x+a_0$ 是一个整系数多项式,如果存在一个素数 p 和一个整数 $k\in\{0,1,\cdots,n-1\}$,使得 $p\mid a_0,a_1,\cdots,a_k,p\nmid a_{k+1}$ 以及 $p^2\nmid a_0$,那么存在 $P(x)$ 的不可约因子 $Q(x)$,其次数至少是 k. 特别,如果 $k=n-1$,则 $P(x)$ 是不可约的.

定义 2.8 $x_1,\cdots,x_n$ 的对称多项式是一个在 $x_1,\cdots,x_n$ 的任意排列下不变的多项式,初等对称多项式是 $\sigma_k(x_1,\cdots,x_k)=\sum x_{i_1,\cdots,i_n}$ (分别对 $\{1,2,\cdots,n\}$ 的 k-元素子集 $\{i_1,i_2,\cdots,i_k\}$ 求和).

定理 2.9 (对称多项式定理) 每个 $x_1,\cdots,x_n$ 的对称多项式都可用初等对称多项式 $\sigma_1,\cdots,\sigma_n$ 表出.

定理 2.10 (Vieta(韦达)公式) 设 $\alpha_1,\cdots,\alpha_n$ 和 $c_1,\cdots,c_n$ 都是复数,使得
$$(x-\alpha_1)(x-\alpha_2)\cdots(x-\alpha_n)=x^n+c_1x^{n-1}+c_2x^{n-2}+\cdots+c_n$$
那么对 $k=1,2,\cdots,n$
$$c_k=(-1)^k\sigma_k(\alpha_1,\cdots,\alpha_n)$$

定理 2.11 (Newton 对称多项式公式) 设 $\sigma_k=\sigma_k(x_1,\cdots,x_k)$ 以及 $s_k=x_1^k+x_2^k+\cdots+x_n^k$,其中 $x_1,\cdots,x_n$ 是复数,那么
$$k\sigma_k=s_1\sigma_{k-1}+s_2\sigma_{k-2}+\cdots+(-1)^ks_{k-1}\sigma_1+(-1)^ks_k$$

2.1.2 递推关系

定义 2.12 一个递推关系是指一个由序列 $x_n,n\in\mathbf{N}$ 的前面的元素的函数确定的如下的关系
$$x_n+a_1x_{n-1}+\cdots+a_kx_{n-k}=0\ (n\geqslant k)$$
如果其中的系数 $a_1,\cdots,a_k$ 都是不依赖于 n 的常数,则上述关系称为 k 阶的线性齐次递推关系. 定义此关系的特征多项式为 $P(x)=x^k+a_1x^{k-1}+\cdots+a_k$.

定理 2.13 利用上述定义中的记号,设 $P(x)$ 的标准因子分解式为
$$P(x)=(x-\alpha_1)^{k_1}(x-\alpha_2)^{k_2}\cdots(x-\alpha_r)^{k_r}$$
其中 $\alpha_1,\cdots,\alpha_r$ 是不同的复数,而 $k_1,\cdots,k_r$ 是正整数,那么这个递推关系的一般解由公式
$$x_n=p_1(n)\alpha_1^n+p_2(n)\alpha_2^n+\cdots+p_r(n)\alpha_r^n$$
给出,其中 p_i 是次数为 k_i 的多项式. 特别,如果 $P(x)$ 有 k 个不同的根,那么所有的 p_i 都是常数.

如果 $x_0,\cdots,x_{k-1}$ 已被设定,那么多项式的系数是唯一确定的.

2.1.3 不等式

定理 2.14 平方函数总是正的,即 $x^2\geqslant 0(\forall x\in\mathbf{R})$. 把 x 换成不同的表达式,可以得出以下的不等式.

定理 2.15 (Bernoulli(伯努利)不等式)

1. 如果 $n\geqslant 1$ 是一个整数,$x>-1$ 是实数,那么 $(1+x)^n\geqslant 1+nx$;
2. 如果 $\alpha>1$ 或 $\alpha<0$,那么对 $x>-1$ 成立不等式:$(1+x)^\alpha\geqslant 1+\alpha x$;
3. 如果 $\alpha\in(0,1)$,那么对 $x>-1$ 成立不等式:$(1+x)^\alpha\leqslant 1+\alpha x$.

定理 2.16 （平均不等式）对正实数 $x_1,\cdots,x_n$，成立 $QM \geqslant AM \geqslant GM \geqslant HM$，其中

$$QM = \sqrt{\frac{x_1^2+\cdots+x_n^2}{n}}, \quad AM = \frac{x_1+\cdots+x_n}{n}$$

$$GM = \sqrt[n]{x_1\cdots x_n}, \quad HM = \frac{n}{\frac{1}{x_1}+\cdots+\frac{1}{x_n}}$$

所有不等式的等号都当且仅当 $x_1=x_2=\cdots=x_n$，数 QM,AM,GM 和 HM 分别被称为平方平均，算术平均，几何平均以及调和平均.

定理 2.17 （一般的平均不等式）. 设 $x_1,\cdots,x_n$ 是正实数，对 $p \in \mathbf{R}$，定义 $x_1,\cdots,x_n$ 的 p 阶平均为

$$M_p = \left(\frac{x_1^p+\cdots+x_n^p}{n}\right)^{\frac{1}{p}}, \quad 如果\ p \neq 0$$

以及

$$M_q = \lim_{p \to q} M_p, \quad 如果\ q \in \{\pm\infty, 0\}$$

特别，$\max x_i, QM, AM, GM, HM$ 和 $\min x_i$ 分别是 $M_\infty, M_2, M_1, M_0, M_{-1}$ 和 $M_{-\infty}$，那么

$$M_p \leqslant M_q, \quad 只要\ p \leqslant q$$

定理 2.18 （Cauchy-Schwarz(柯西－许瓦兹)不等式）. 设 $a_i, b_i, i=1,2,\cdots,n$ 是实数，则

$$\left(\sum_{i=1}^n a_i b_i\right)^2 \leqslant \left(\sum_{i=1}^n a_i^2\right)\left(\sum_{i=1}^n b_i^2\right)$$

当且仅当存在 $c \in \mathbf{R}$ 使得 $b_i = ca_i, i=1,\cdots,n$ 时，等号成立.

定理 2.19 （Hölder(和尔窦)不等式）设 $a_i, b_i, i=1,2,\cdots,n$ 是非负实数，p,q 是使得 $\frac{1}{p}+\frac{1}{q}=1$ 的正实数，则

$$\sum_{i=1}^n a_i b_i \leqslant \left(\sum_{i=1}^n a_i^p\right)^{\frac{1}{p}} \left(\sum_{i=1}^n b_i^q\right)^{\frac{1}{q}}$$

当且仅当存在 $c \in \mathbf{R}$ 使得 $b_i = ca_i, i=1,\cdots,n$ 时，等号成立. Cauchy-Schwarz(柯西－许瓦兹)不等式是 Hölder(和尔窦)不等式在 $p=q=2$ 时的特殊情况.

定理 2.20 （Minkovski(闵科夫斯基)不等式）设 $a_i, b_i, i=1,2,\cdots,n$ 是非负实数，p 是任意不小于 1 的实数，则

$$\left(\sum_{i=1}^n (a_i+b_i)^p\right)^{\frac{1}{p}} \leqslant \left(\sum_{i=1}^n a_i^p\right)^{\frac{1}{p}} + \left(\sum_{i=1}^n b_i^p\right)^{\frac{1}{p}}$$

当 $p>1$ 时，当且仅当存在 $c \in \mathbf{R}$ 使得 $b_i = ca_i, i=1,\cdots,n$ 时，等号成立，当 $p=1$ 时，等号总是成立.

定理 2.21 （Chebyshev(切比雪夫)不等式）. 设 $a_1 \geqslant a_2 \geqslant \cdots \geqslant a_n$ 以及 $b_1 \geqslant b_2 \geqslant \cdots \geqslant b_n$ 是实数，则

$$n\sum_{i=1}^n a_i b_i \geqslant \left(\sum_{i=1}^n a_i\right)\left(\sum_{i=1}^n b_i\right) \geqslant n\sum_{i=1}^n a_i b_{n+1-i}$$

当 $a_1=a_2=\cdots=a_n$ 或 $b_1=b_2=\cdots=b_n$ 时，上面的两个不等式的等号同时成立.

定义 2.22 定义在区间 I 上的实函数 f 称为是凸的，如果对所有的 $x,y \in I$ 和所有使得 $\alpha+\beta=1$ 的 $\alpha,\beta>0$，都有 $f(\alpha x+\beta y) \leqslant \alpha f(x) + \beta f(y)$，函数 f 称为是凹的，如果成立

相反的不等式，即如果 $-f$ 是凸的.

定理 2.23 如果 f 在区间 I 上连续，那么 f 在区间 I 是凸函数的充分必要条件是对所有 $x,y \in I$，成立

$$f\left(\frac{x+y}{2}\right) \leqslant \frac{f(x)+f(y)}{2}$$

定理 2.24 如果 f 是可微的，那么 f 是凸函数的充分必要条件是它的导函数 f' 是不减的. 类似的，可微函数 f 是凹函数的充分必要条件是它的导函数 f' 是不增的.

定理 2.25 (Jenson(琴生)不等式) 如果 $f: I \to R$ 是凸函数，那么对所有的 $\alpha_i \geqslant 0$，$\alpha_1 + \cdots + \alpha_n = 1$ 和所有的 $x_i \in I$ 成立不等式

$$f(\alpha_1 x_1 + \cdots + \alpha_n x_n) \leqslant \alpha_1 f(x_1) + \cdots + \alpha_n f(x_n)$$

对于凹函数，成立相反的不等式.

定理 2.26 (Muirhead(穆黑)不等式) 设 $x_1, x_2, \cdots, x_n \in \mathbf{R}^+$，对正实数的 n 元组 $a = (a_1, a_2, \cdots, a_n)$，定义

$$T_a(x_1, \cdots, x_n) = \sum y_1^{a_1} \cdots y_n^{a_n}$$

是对 $x_1, x_2, \cdots, x_n$ 的所有排列 $y_1, y_2, \cdots, y_n$ 求和. 称 n 元组 a 是优超 n 元组 b 的，如果

$$a_1 + a_2 + \cdots + a_n = b_1 + b_2 + \cdots + b_n$$

并且对 $k = 1, \cdots, n-1$

$$a_1 + \cdots + a_k \geqslant b_1 + \cdots + b_k$$

如果不增的 n 元组 a 优超不增的 n 元组 b，那么成立以下不等式

$$T_a(x_1, \cdots, x_n) \geqslant T_b(x_1, \cdots, x_n)$$

等号当且仅当 $x_1 = x_2 = \cdots = x_n$ 时成立.

定理 2.27 (Schur(舒尔)不等式) 利用对 Muirhead(穆黑)不等式使用的记号

$$T_{\lambda+2\mu,0,0}(x_1, x_2, x_3) + T_{\lambda,\mu,\mu}(x_1, x_2, x_3) \geqslant 2T_{\lambda+\mu,\mu,0}(x_1, x_2, x_3)$$

其中 $\lambda, \mu \in \mathbf{R}^+$，等号当且仅当 $x_1 = x_2 = x_3$ 或 $x_1 = x_2, x_3 = 0$(以及类似情况)时成立.

2.1.4 群和域

定义 2.28 群是一个具有满足以下条件的运算 $*$ 的非空集合 G：
(1) 对所有的 $a, b, c \in G, a*(b*c) = (a*b)*c$；
(2) 存在一个唯一的加法元 $e \in G$ 使得对所有的 $a \in G$ 有 $e*a = a*e = a$；
(3) 对每一个 $a \in G$，存在一个唯一的逆元 $a^{-1} = b \in G$ 使得 $a*b = b*a = e$.

如果 $n \in \mathbf{Z}$，则当 $n \geqslant 0$ 时，定义 a^n 为 $a*a*\cdots*a$(n 次)，否则定义为 $(a^{-1})^{-n}$.

定义 2.29 群 $\Gamma = (G, *)$ 称为是交换的或阿贝尔群，如果对任意 $a, b \in G, a*b = b*a$.

定义 2.30 集合 A 生成群 $(G, *)$，如果 G 的每个元用 A 的元素的幂和运算 $*$ 得出. 换句话说，如果 A 是群 G 的生成子，那么每个元素 $g \in G$ 就可被写成 $a_1^{i_1} * \cdots * a_n^{i_n}$，其中对 $j = 1, 2, \cdots, n a_j \in A$ 而 $i_j \in \mathbf{Z}$.

定义 2.31 当存在使得 $a^n = e$ 的 n 时，$a \in G$ 的阶是使得 $a^n = e$ 成立的最小的 $n \in \mathbf{N}$. 一个群的阶是指其元素的个数，如果群的每个元素的阶都是有限的，则称其为有限阶的.

定义 2.32 (Lagrange(拉格朗日)定理) 在有限群中，元素的阶必整除群的阶.

定义 2.33　一个环是一个具有两种运算+和·的非空集合R使得$(R,+)$是阿贝尔群,并且对任意$a,b,c \in R$,有

(1) $(a \cdot b) \cdot c = a \cdot (b \cdot c)$;

(2) $(a+b) \cdot c = a \cdot c + b \cdot c$ 以及 $c \cdot (a+b) = c \cdot a + c \cdot b$.

一个环称为是交换的,如果对任意$a,b \in R, a \cdot b = b \cdot a$,并且具有乘法单位元$i \in R$,使得对所有的$a \in R, i \cdot a = a \cdot i$.

定义 2.34　一个域是一个具有单位元的交换环,在这种环中,每个不是加法单位元的元素a有乘法逆a^{-1},使得$a \cdot a^{-1} = a^{-1} \cdot a = i$.

定理 2.35　下面是一些群,环和域的通常的例子:

群:$(\mathbf{Z}_n, +), (\mathbf{Z}_p \backslash \{0\}, \cdot), (\mathbf{Q}, +), (\mathbf{R}, +), (\mathbf{R} \backslash \{0\}, \cdot)$;

环:$(\mathbf{Z}_n, +, \cdot), (\mathbf{Z}, +, \cdot), (\mathbf{Z}[x], +, \cdot), (\mathbf{R}[x], +, \cdot)$;

域:$(\mathbf{Z}_p, +, \cdot), (\mathbf{Q}, +, \cdot), (\mathbf{Q}(\sqrt{2}), +, \cdot), (\mathbf{R}, +, \cdot), (\mathbf{C}, +, \cdot)$.

第 2 节　分析

定义 2.36　说序列$\{a_n\}_{n=1}^{\infty}$有极限$a = \lim\limits_{n \to \infty} a_n$(也记为$a_n \to a$),如果对任意$\varepsilon > 0$,都存在$n_\varepsilon \in \mathbf{N}$,使得当$n \geqslant n_\varepsilon$时,成立$|a_n - a| < \varepsilon$.

说函数$f:(a,b) \to \mathbf{R}$有极限$y = \lim\limits_{x \to c} f(x)$,如果对任意$\varepsilon > 0$,都存在$\delta > 0$,使得对任意$x \in (a,b), 0 < |x - c| < \delta$,都有$|f(x) - y| < \varepsilon$.

定义 2.37　称序列x_n收敛到$x \in \mathbf{R}$,如果$\lim\limits_{n \to \infty} x_n = x$,级数$\sum\limits_{n=1}^{\infty} x_n$收敛到$s \in \mathbf{R}$的含义为$\lim\limits_{m \to \infty} \sum\limits_{n=1}^{m} x_n = s$. 一个不收敛的序列或级数称为是发散的.

定理 2.38　如果序列a_n单调并且有界,则它必是收敛的.

定义 2.39　称函数f在区间$[a,b]$上是连续的,如果对每个$x_0 \in [a,b], \lim\limits_{x \to x_0} f(x) = f(x_0)$.

定义 2.40　称函数$f:(a,b) \to \mathbf{R}$在点$x_0 \in (a,b)$是可微的,如果以下极限存在
$$f'(x_0) = \lim_{x \to x_0} \frac{f(x) - f(x_0)}{x - x_0}$$
称函数在(a,b)上是可微的,如果它在每一点$x_0 \in (a,b)$都是可微的. 函数f'称为是函数f的导数,类似的,可定义f'的导数f'',它称为函数f的二阶导数,等等.

定理 2.41　可微函数是连续的. 如果f和g都是可微的,那么$fg, \alpha f + \beta g (\alpha, \beta \in \mathbf{R})$,$f \circ g, \dfrac{1}{f}$(如果$f \neq 0$),$f^{-1}$(如果它可被有意义的定义)都是可微的. 并且成立

$$(\alpha f + \beta g)' = \alpha f' + \beta g'$$
$$(fg)' = f'g + fg'$$
$$(f \circ g)' = (f' \circ g) \cdot g'$$
$$\left(\frac{1}{f}\right)' = -\frac{f'}{f^2}$$

$$\left(\frac{f}{g}\right)' = \frac{f'g - fg'}{g^2}$$

$$(f^{-1})' = \frac{1}{(f' \circ f^{-1})}$$

定理 2.42　以下是一些初等函数的导数(a 表示实常数)

$$(x^a)' = ax^{a-1}$$

$$(\ln x)' = \frac{1}{x}$$

$$(a^x)' = a^x \ln a$$

$$(\sin x)' = \cos x$$

$$(\cos x)' = -\sin x$$

定理 2.43　(Fermat(费马)定理) 设 $f:[a,b] \to \mathbf{R}$ 是可微函数,且函数 f 在此区间内达到其极大值或极小值. 如果 $x_0 \in (a,b)$ 是一个极值点(即函数在此点达到极大值或极小值),那么 $f'(x_0) = 0$.

定理 2.44　(Roll(罗尔)定理) 设 $f(x)$ 是定义在 $[a,b]$ 上的连续可微函数,且 $f(a) = f(b) = 0$,则存在 $c \in (a,b)$,使得 $f'(c) = 0$.

定义 2.45　定义在 $\mathbf{R}^n$ 的开子集 D 上的可微函数 $f_1, f_2, \cdots, f_k$ 称为是相关的,如果存在非零的可微函数 $F:\mathbf{R}^k \to \mathbf{R}$ 使得 $F(f_1, \cdots, f_k)$ 在 D 的某个开子集上恒同于 0.

定义 2.46　函数 $f_1, \cdots, f_k:D \to \mathbf{R}$ 是独立的充分必要条件为 $k \times n$ 矩阵 $\left[\frac{\partial f_i}{\partial x_j}\right]_{i,j}$ 的秩为 k,即在某个点,它有 k 行是线性无关的.

定理 2.47　(Lagrange(拉格朗日)乘数) 设 D 是 $\mathbf{R}^n$ 的开子集,且 $f, f_1, \cdots, f_k:D \to \mathbf{R}$ 是独立无关的可微函数. 设点 a 是函数 f 在 D 内的一个极值点,使得 $f_1 = f_2 = \cdots = f_n = 0$,则存在实数 $\lambda_1, \cdots, \lambda_k$ (所谓的拉格朗日乘数)使得 a 是函数 $F = f + \lambda_1 f_1 + \cdots + \lambda_k f_k$ 的平衡点,即在点 a 使得 F 的偏导数为 0 的点.

定义 2.48　设 f 是定义在 $[a,b]$ 上的实函数,且设 $a = x_0 \leqslant x_1 \leqslant \cdots \leqslant x_n = b$ 以及 $\xi_k \in [x_{k-1}, x_k]$,和 $S = \sum_{k=1}^{n}(x_k - x_{k-1})f(\xi_k)$ 称为 Darboux(达布)和,如果 $I = \lim_{\delta \to 0} S$ 存在(其中 $\delta = \max_k(x_k - x_{k-1})$),则称 f 是可积的,并称 I 是它的积分. 每个连续函数在有限区间上都是可积的.

第 3 节　几何

2.3.1　三角形的几何

定义 2.49　三角形的垂心是其高线的交点.

定义 2.50　三角形的外心是其外接圆的圆心,它是三角形各边的垂直平分线的交点.

定义 2.51　三角形的内心是其内切圆的圆心,它是其各角的角平分线的交点.

定义 2.52　三角形的重心是其各边中线的交点.

定理 2.53　对每个非退化的三角形,垂心,外心,内心,重心都是良定义的.

定理 2.54 (Euler(欧拉)线) 任意三角形的垂心 H,重心 G 和外心 O 位于一条直线上(欧拉线),且满足 $\overrightarrow{HG} = 2\overrightarrow{GO}$.

定理 2.55 (9 点圆). 三角形从顶点 A,B,C 向对边所引的垂足,AB,BC,CA,AH,BH,CH 各线段的中点位于一个圆上(9 点圆).

定理 2.56 (Feuerbach(费尔巴哈)定理) 三角形的 9 点圆和其内切圆和三个外切圆相切.

定理 2.57 给了 $\triangle ABC$,设 $\triangle ABC'$,$\triangle AB'C$ 和 $\triangle A'BC$ 是向外的等边三角形,则 AA',BB',CC' 交于一点,称为 Torricelli(托里拆利)点.

定义 2.58 设 ABC 是一个三角形,P 是一点,而 X,Y,Z 分别是从 P 向 BC,AC,AB 所引垂线的垂足,则 $\triangle XYZ$ 称为 $\triangle ABC$ 的对应于点 P 的 Pedal(佩多)三角形.

定理 2.59 (Simson(西姆松)线) 当且仅当点 P 位于 ABC 的外接圆上时, Pedal(佩多)三角形是退化的,即 X,Y,Z 共线,点 X,Y,Z 共线时,它们所在的直线称为 Simson(西姆松)线.

定理 2.60 (Carnot(卡农)定理) 从 X,Y,Z 分别向 BC,CA,AB 所作的垂线共点的充分必要条件是
$$BX^2 - XC^2 + CY^2 - YA^2 + AZ^2 - ZB^2 = 0$$

定理 2.61 (Desargue(戴沙格)定理) 设 $A_1B_1C_1$ 和 $A_2B_2C_2$ 是两个三角形. 直线 A_1A_2,B_1B_2,C_1C_2 共点或互相平行的充分必要条件是 $A = B_1C_2 \cap B_2C_1, B = C_1A_2 \cap A_1C_2, C = A_1B_2 \cap A_2B_1$ 共线.

2.3.2 向量几何

定义 2.62 对任意两个空间中的向量 $\boldsymbol{a},\boldsymbol{b}$,定义其数量积(又称点积)为 $\boldsymbol{a} \cdot \boldsymbol{b} = |\boldsymbol{a}||\boldsymbol{b}| \cdot \cos\varphi$,而其向量积为 $\boldsymbol{a} \times \boldsymbol{b} = \boldsymbol{p}$,其中 $\varphi = \angle(\boldsymbol{a},\boldsymbol{b})$,而 $\boldsymbol{p}$ 是一个长度为 $|\boldsymbol{p}| = |\boldsymbol{a}||\boldsymbol{b}| \cdot |\sin\varphi|$ 的向量,它垂直于由 $\boldsymbol{a}$ 和 $\boldsymbol{b}$ 所确定的平面,并使得有顺序的三个向量 $\boldsymbol{a}$,$\boldsymbol{b}$,$\boldsymbol{p}$ 是正定向的(注意如果 $\boldsymbol{a}$ 和 $\boldsymbol{b}$ 共线,则 $\boldsymbol{a} \times \boldsymbol{b} = \boldsymbol{0}$). 这些积关于两个向量都是线性的. 数量积是交换的,而向量积是反交换的,即 $\boldsymbol{a} \times \boldsymbol{b} = -\boldsymbol{b} \times \boldsymbol{a}$. 我们也定义三个向量 $\boldsymbol{a},\boldsymbol{b},\boldsymbol{c}$ 的混合积为 $[\boldsymbol{a},\boldsymbol{b},\boldsymbol{c}] = (\boldsymbol{a} \times \boldsymbol{b}) \cdot \boldsymbol{c}$.

原书注:向量 $\boldsymbol{a}$ 和 $\boldsymbol{b}$ 的数量积有时也表示成 $\langle \boldsymbol{a},\boldsymbol{b} \rangle$.

定理 2.63 (Thale(泰勒斯)定理) 设直线 AA' 和 BB' 交于点 $O, A' \neq O \neq B'$. 那么 $AB \parallel A'B' \Leftrightarrow \dfrac{\overrightarrow{OA}}{\overrightarrow{OA'}} = \dfrac{\overrightarrow{OB}}{\overrightarrow{OB'}}$, (其中 $\dfrac{a}{b}$ 表示两个非零的共线向量的比例).

定理 2.64 (Ceva(塞瓦)定理) 设 ABC 是一个三角形,而 X,Y,Z 分别是直线 BC,CA,AB 上不同于 A,B,C 的点,那么直线 AX,BY,CZ 共点的充分必要条件是
$$\frac{\overrightarrow{BX}}{\overrightarrow{XC}} \cdot \frac{\overrightarrow{CY}}{\overrightarrow{YA}} \cdot \frac{\overrightarrow{AZ}}{\overrightarrow{ZB}} = 1$$

或等价的
$$\frac{\sin\angle BAX}{\sin\angle XAC} \cdot \frac{\sin\angle CBY}{\sin\angle YBA} \cdot \frac{\sin\angle ACZ}{\sin\angle ZCB} = 1$$

(最后的表达式称为三角形式的 Ceva(塞瓦)定理).

定理 2.65 （Menelaus（梅尼劳斯）定理）利用 Ceva（塞瓦）定理中的记号，点 X,Y,Z 共线的充分必要条件是
$$\frac{\overrightarrow{BX}}{\overrightarrow{XC}} \cdot \frac{\overrightarrow{CY}}{\overrightarrow{YA}} \cdot \frac{\overrightarrow{AZ}}{\overrightarrow{ZB}} = -1$$

定理 2.66 （Stewart（斯特瓦尔特）定理）设 D 是直线 BC 上任意一点，则
$$AD^2 = \frac{\overrightarrow{DC}}{\overrightarrow{BC}}BD^2 + \frac{\overrightarrow{BD}}{\overrightarrow{BC}}CD^2 - \overrightarrow{BD} \cdot \overrightarrow{DC}$$

特别，如果 D 是 BC 的中点，则
$$4AD^2 = 2AB^2 + 2AC^2 - BC^2$$

2.3.3 重心

定义 2.67 一个质点 (A,m) 是指一个具有质量 $m>0$ 的点 A.

定义 2.68 质点系 $(A_i,m_i), i=1,2,\cdots,n$ 的质心（重心）是指一个使得 $\sum_i m_i \overrightarrow{TA_i} = 0$ 的点.

定理 2.69 （Leibniz（莱布尼兹）定理）设 T 是总质量为 $m = m_1 + \cdots + m_n$ 的质点系 $\{(A_i,m_i) \mid i=1,2,\cdots,n\}$ 的质心，并设 X 是任意一个点，那么
$$\sum_{i=1}^n m_i XA_i^2 = \sum_{i=1}^n m_i TA_i^2 + mXT^2$$

特别，如果 T 是 $\triangle ABC$ 的重心，而 X 是任意一个点，那么
$$AX^2 + BX^2 + CX^2 = AT^2 + BT^2 + CT^2 + 3XT^2$$

2.3.4 四边形

定理 2.70 四边形 $ABCD$ 是共圆的（即 $ABCD$ 存在一个外接圆）的充分必要条件是
$$\angle ACB = \angle ADB$$
或
$$\angle ADC + \angle ABC = 180°$$

定理 2.71 （Ptolemy（托勒玫）定理）凸四边形 $ABCD$ 共圆的充分必要条件是
$$AC \cdot BD = AB \cdot CD + AD \cdot BC$$
对任意四边形 $ABCD$ 则成立 Ptolemy（托勒玫）不等式（见 2.3.7 几何不等式）.

定理 2.72 （Casey（开世）定理）设四个圆 k_1,k_2,k_3,k_4 都和圆 k 相切. 如果圆 k_i 和 k_j 都和圆 k 内切或外切，那么设 t_{ij} 表示由圆 k_i 和 $k_j (i,j \in \{1,2,3,4\})$ 所确定的外公切线的长度，否则设 t_{ij} 表示内公切线的长度. 那么乘积 $t_{12}t_{34}, t_{13}t_{24}$ 以及 $t_{14}t_{23}$ 之一是其余二者之和.

圆 k_1,k_2,k_3,k_4 中的某些圆可能退化成一个点，特别设 A,B,C 是圆 k 上的三个点，圆 k 和圆 k' 在一个不包含点 B 的 AC 弧上相切，那么我们有 $AC \cdot b = AB \cdot c + BC \cdot a$，其中 a,b 和 c 分别是从点 A,B 和 C 向 AC 所作的切线的长度. Ptolemy（托勒玫）定理是 Casey（开世）定理在四个圆都退化时的特殊情况.

定理 2.73 凸四边形 $ABCD$ 相切（即 $ABCD$ 存在一个内切圆）的充分必要条件是
$$AB + CD = BC + DA$$

定理 2.74 对空间中任意四点 A,B,C,D，$AC \perp BD$ 的充分必要条件是

$$AB^2 + CD^2 = BC^2 + DA^2$$

定理 2.75 （Newton（牛顿）定理）设 $ABCD$ 是四边形，$AD \cap BC = E$，$AB \cap DC = F$（那种点 A, B, C, D, E, F 构成一个完全四边形）. 那么 AC, BD 和 EF 的中点是共线的. 如果 $ABCD$ 相切，那么其内心也在这条直线上.

定理 2.76 （Brocard（布罗卡）定理）设 $ABCD$ 是圆心为 O 的圆内接四边形，并设 $P = AB \cap CD$，$Q = AD \cap BC$，$R = AC \cap BD$，那么 O 是 $\triangle PQR$ 的垂心.

2.3.5 圆的几何

定理 2.77 （Pascal（帕斯卡）定理）如果 $A_1, A_2, A_3, B_1, B_2, B_3$ 是圆 γ 上不同的点，那么点 $X_1 = A_2 B_3 \cap A_3 B_2$，$X_2 = A_1 B_3 \cap A_3 B_1$ 和 $X_3 = A_1 B_2 \cap A_2 B_1$ 是共线的. 在 γ 是两条直线的特殊情况下，这一结果称为 Pappus（帕普斯）定理.

定理 2.78 （Brianchon（布里安桑）定理）设 $ABCDEF$ 是任意圆内接凸六边形，那么 AD, BE 和 CF 交于一点.

定理 2.79 （蝴蝶定理）设 AB 是圆 k 上的一条线段，C 是它的中点. 设 p 和 q 是通过 C 的两条不同的直线，分别与圆 k 在 AB 的一侧交于 P 和 Q，而在另一侧交于 P' 和 Q'，设 E 和 F 分别是 PQ' 和 $P'Q$ 与 AB 的交点，那么 $CE = CF$.

定义 2.80 点 X 关于圆 $k(O, r)$ 的幂定义为 $P(X) = OX^2 - r^2$. 设 l 是任一条通过 X 并交圆 k 于 A 和 B 的线（当 l 是切线时，$A = B$），有 $P(X) = \overrightarrow{XA} \cdot \overrightarrow{XB}$.

定义 2.81 两个圆的根轴是关于这两个圆的幂相同的点的轨迹. 圆 $k_1(O_1, r_1)$ 和 $k_2(O_2, r_2)$ 的根轴垂直于 $O_1 O_2$. 三个不同的圆的根轴是共点的或互相平行的. 如果根轴是共点的，则它们的交点称为根心.

定义 2.82 一条不通过点 O 的直线 l 关于圆 $k(O, r)$ 的极点是一个位于 l 的与 O 相反一侧的使得 $OA \perp l$，且 $d(O, l) \cdot OA = r^2$ 的点 A. 特别，如果 l 和 k 交于两点，则它的极点就是过这两个点的切线的交点.

定义 2.83 用上面的定义中的记号，称点 A 的极线是 l，特别，如果 A 是 k 外面的一点，而 AM, AN 是 k 的切线（$M, N \in k$），那么 MN 就是 A 的极线.

可以对一般的圆锥曲线类似的定义极点和极线的概念.

定理 2.84 如果点 A 属于点 B 的极线，则点 B 也属于点 A 的极线.

2.3.6 反演

定义 2.85 一个平面 π 围绕圆 $k(O, r)$（圆属于 π）的反演是一个从集合 $\pi \setminus \{O\}$ 到自身的变换，它把每个点 P 变为一个在 $\pi \setminus \{O\}$ 上使得 $OP \cdot OP' = r^2$ 的点. 在下面的叙述中，我们将默认排除点 O.

定理 2.86 在反演下，圆 k 上的点不动，圆内的点变为圆外的点，反之亦然.

定理 2.87 如果 A, B 两点在反演下变为 A', B' 两点，那么 $\angle OAB = \angle OB'A'$，$ABB'A'$ 共圆且此圆垂直于 k. 一个垂直于 k 的圆变为自身，反演保持连续曲线（包括直线和圆）之间的角度不变.

定理 2.88 反演把一条不包含 O 的直线变为一个包含 O 的圆，包含 O 的直线变成自身. 不包含 O 的圆变为不包含 O 的圆，包含 O 的圆变为不包含 O 的直线.

2.3.7 几何不等式

定理 2.89 (三角不等式) 对平面上的任意三个点 A, B, C
$$AB + BC \geqslant AC$$
当等号成立时 A, B, C 共线,且按照这一次序从左到右排列时,等号成立.

定理 2.90 (Ptolemy(托勒玫) 不等式) 对任意四个点 A, B, C, D 成立
$$AC \cdot BD \leqslant AB \cdot CD + AD \cdot BC$$

定理 2.91 (平行四边形不等式) 对任意四个点 A, B, C, D 成立
$$AB^2 + BC^2 + CD^2 + DA^2 \geqslant AC^2 + BD^2$$
当且仅当 $ABCD$ 是一个平行四边形时等号成立.

定理 2.92 如果 $\triangle ABC$ 的所有的角都小于或等于 $120°$ 时,那么当 X 是 Torricelli(托里拆利) 点时, $AX + BX + CX$ 最小,在相反的情况下, X 是钝角的顶点. 使得 $AX^2 + BX^2 + CX^2$ 最小的点 X_2 是重心(见 Leibniz(莱布尼兹) 定理).

定理 2.93 (Erdös-Mordell(爱尔多斯－摩德尔不等式). 设 P 是 $\triangle ABC$ 内一点,而 P 在 BC, AC, AB 上的投影分别是 X, Y, Z,那么
$$PA + PB + PC \geqslant 2(PX + PY + PZ)$$
当且仅当 $\triangle ABC$ 是等边三角形以及 P 是其中心时等号成立.

2.3.8 三角

定义 2.94 三角圆是圆心在坐标平面的原点的单位圆. 设 A 是点 $(1, 0)$ 而 $P(x, y)$ 是三角圆上使得 $\angle AOP = \alpha$ 的点. 那么我们定义
$$\sin \alpha = y, \cos \alpha = x, \tan \alpha = \frac{y}{x}, \cot \alpha = \frac{x}{y}$$

定理 2.95 函数 sin 和 cos 是周期为 2π 的周期函数,函数 tan 和 cot 是周期为 π 的周期函数,成立以下简单公式
$$\sin^2 x + \cos^2 x = 1, \sin 0 = \sin \pi = 0$$
$$\sin(-x) = -\sin x, \cos(-x) = \cos x$$
$$\sin\left(\frac{\pi}{2}\right) = 1, \sin\left(\frac{\pi}{4}\right) = \frac{\sqrt{2}}{2}, \sin\left(\frac{\pi}{6}\right) = \frac{1}{2}$$
$$\cos x = \sin\left(\frac{\pi}{2} - x\right)$$
从这些公式易于导出其他的公式.

定理 2.96 对三角函数成立以下加法公式
$$\sin(\alpha \pm \beta) = \sin \alpha \cos \beta \pm \cos \alpha \sin \beta$$
$$\cos(\alpha \pm \beta) = \cos \alpha \cos \beta \mp \sin \alpha \sin \beta$$
$$\tan(\alpha \pm \beta) = \frac{\tan \alpha \pm \tan \beta}{1 \mp \tan \alpha \tan \beta}$$
$$\cot(\alpha \pm \beta) = \frac{\cot \alpha \cot \beta \mp 1}{\cot \beta \pm \cot \alpha}$$

定理 2.97 对三角函数成立以下倍角公式

$$\sin 2x = 2\sin x\cos x, \sin 3x = 3\sin x - 4\sin^3 x$$
$$\cos 2x = 2\cos^2 x - 1, \cos 3x = 4\cos^3 x - 3\cos x$$
$$\tan 2x = \frac{2\tan x}{1-\tan^2 x}, \tan 3x = \frac{3\tan x - \tan^3 x}{1 - 3\tan^2 x}$$

定理 2.98 对任意 $x \in \mathbf{R}, \sin x = \frac{2t}{1+t^2}, \cos x = \frac{1-t^2}{1+t^2}$,其中 $t = \tan \frac{x}{2}$.

定理 2.99 积化和差公式
$$2\cos\alpha\cos\beta = \cos(\alpha+\beta) + \cos(\alpha-\beta)$$
$$2\sin\alpha\cos\beta = \sin(\alpha+\beta) + \sin(\alpha-\beta)$$
$$2\sin\alpha\sin\beta = \cos(\alpha-\beta) - \cos(\alpha-\beta)$$

定理 2.100 三角形的角 α, β, γ 满足
$$\cos^2\alpha + \cos^2\beta + \cos^2\gamma + 2\cos\alpha\cos\beta\cos\gamma = 1$$
$$\tan\alpha + \tan\beta + \tan\gamma = \tan\alpha\tan\beta\tan\gamma$$

定理 2.101 (De Moivre(棣(译者注:音立)模佛公式)
$$(\cos x + \mathrm{i}\sin x)^n = \cos nx + \mathrm{i}\sin nx$$

其中 $\mathrm{i}^2 = -1$.

2.3.9 几何公式

定理 2.102 (Heron(海伦)公式)设三角形的边长为 a, b, c,半周长为 s,则它的面积可用这些量表成
$$S = \sqrt{s(s-a)(s-b)(s-c)} = \frac{1}{4}\sqrt{2a^2b^2 + 2a^2c^2 + 2b^2c^2 - a^4 - b^4 - c^4}$$

定理 2.103 (正弦定理)三角形的边 a, b, c 和角 α, β, γ 满足
$$\frac{a}{\sin\alpha} = \frac{b}{\sin\beta} = \frac{c}{\sin\gamma} = 2R$$

其中 R 是 $\triangle ABC$ 的外接圆半径.

定理 2.104 (余弦定理)三角形的边和角满足
$$c^2 = a^2 + b^2 - 2ab\cos\gamma$$

定理 2.105 $\triangle ABC$ 的外接圆半径 R 和内切圆半径 r 满足
$$R = \frac{abc}{4S}$$

和
$$r = \frac{2S}{a+b+c} = R(\cos\alpha + \cos\beta + \cos\gamma - 1)$$

如果 x, y, z 表示一个锐角三角形的外心到各边的距离,则
$$x + y + z = R + r$$

定理 2.106 (Euler(欧拉)公式)设 O 和 I 分别是 $\triangle ABC$ 的外心和内心,则
$$OI^2 = R(R - 2r)$$

其中 R 和 r 分别是 $\triangle ABC$ 的外接圆半径和内切圆半径,因此 $R \geqslant 2r$.

定理 2.107 设四边形的边长为 a, b, c, d,半周长为 p,在顶点 A, C 处的内角分别为 α, γ,则其面积为

$$S = \sqrt{(p-a)(p-b)(p-c)(p-d) - abcd\cos^2\frac{\alpha+\gamma}{2}}$$

如果 $ABCD$ 是共圆的,则上述公式成为

$$S = \sqrt{(p-a)(p-b)(p-c)(p-d)}$$

定理 2.108 (pedal(匹多)三角形的 Euler(欧拉)定理) 设 X,Y,Z 是从点 P 向 $\triangle ABC$ 的各边所引的垂足. 又设 O 是 $\triangle ABC$ 的外接圆的圆心,R 是其半径,则

$$S_{\triangle XYZ} = \frac{1}{4}\left|1 - \frac{OP^2}{R^2}\right|S_{\triangle ABC}$$

此外,当且仅当 P 位于 $\triangle ABC$ 的外接圆(见 Simson(西姆松)线)上时,$S_{\triangle XYZ} = 0$.

定理 2.109 设 $\boldsymbol{a} = (a_1,a_2,a_3), \boldsymbol{b} = (b_1,b_2,b_3), \boldsymbol{c} = (c_1,c_2,c_3)$ 是坐标空间中的三个向量,那么

$$\boldsymbol{a} \cdot \boldsymbol{b} = a_1b_1 + a_2b_2 + a_3b_3$$

$$\boldsymbol{a} \times \boldsymbol{b} = (a_1b_2 - a_2b_1, a_2b_3 - a_3b_2, a_3b_1 - a_1b_3)$$

$$[\boldsymbol{a},\boldsymbol{b},\boldsymbol{c}] = \left|\begin{array}{ccc} a_1 & a_2 & a_3 \\ b_1 & b_2 & b_3 \\ c_1 & c_2 & c_3 \end{array}\right|$$

定理 2.110 $\triangle ABC$ 的面积和四面体 $ABCD$ 的体积分别等于

$$|\overrightarrow{AB} \times \overrightarrow{AC}|$$

和

$$|[\overrightarrow{AB},\overrightarrow{AC},\overrightarrow{AD}]|$$

定理 2.111 (Cavalieri(卡瓦列里)原理) 如果两个立体被同一个平面所截的截面的面积总是相等的,则这两个立体的体积相等.

第 4 节 数 论

2.4.1 可除性和同余

定义 2.112 $a,b \in \mathbf{N}$ 的最大公因数 $(a,b) = \gcd(a,b)$ 是可以整除 a 和 b 的最大整数. 如果 $(a,b) = 1$,则称正整数 a 和 b 是互素的. $a,b \in \mathbf{N}$ 的最小公倍数 $[a,b] = \mathrm{lcm}(a,b)$ 是可以被 a 和 b 整除的最小整数. 成立

$$[a,b](a,b) = ab$$

上面的概念容易推广到两个数以上的情况,即我们也可以定义 $(a_1,a_2,\cdots,a_n)$ 和 $[a_1,a_2,\cdots,a_n]$.

定理 2.113 (Euclid(欧几里得)算法) 由于 $(a,b) = (|a-b|,a) = (|a-b|,b)$,由此通过每次把 a 和 b 换成 $|a-b|$ 和 $\min\{a,b\}$ 而得出一条从正整数 a 和 b 获得 (a,b) 的链,直到最后两个数成为相等的数. 这一算法可被推广到两个数以上的情况.

定理 2.114 (Euclid(欧几里得)算法的推论). 对每对 $a,b \in \mathbf{N}$,存在 $x,y \in \mathbf{Z}$ 使得 $ax + by = (a,b)$,(a,b) 是使得这个式子成立的最小正整数.

定理 2.115 (Euclid(欧几里得)算法的第二个推论). 设 $a,m,n \in \mathbf{N}, a > 1$,则成立

$$(a^m - 1, a^n - 1) = a^{(m,n)} - 1$$

定理 2.116 (算数基本定理) 每个正整数当不计素数的次序时都可以用唯一的方式被表成素数的乘积.

定理 2.117 算数基本定理对某些其他的数环也成立,例如 $\mathbf{Z}[i]=\{a+bi \mid a,b\in \mathbf{Z}\}$, $\mathbf{Z}[\sqrt{2}]$, $\mathbf{Z}[\sqrt{-2}]$, $\mathbf{Z}[\omega]$(其中 ω 是 1 的 3 次复根). 在这些情况下,因数分解当不计次序和 1 的因子时是唯一的.

定义 2.118 称整数 a,b 在模 n 下同余,如果 $n \mid a-b$,我们把这一事实记为 $a\equiv b \pmod{n}$.

定理 2.119 (中国剩余定理) 如果 $m_1,m_2,\cdots,m_k$ 是两两互素的正整数,而 $a_1,a_2,\cdots,a_k$ 和 $c_1,c_2,\cdots,c_k$ 是使得 $(a_i,m_i)=1(i=1,2,\cdots,k)$ 的整数,那么同余式组

$$a_i x \equiv c_i \pmod{m_i}, i=1,2,\cdots,k$$

在模 $m_1 m_2 \cdots m_k$ 下有唯一解.

2.4.2 指数同余

定理 2.120 (Wilson(威尔逊)定理) 如果 p 是素数,则 $p \mid (p-1)!+1$.

定理 2.121 (Fermat(费尔马)小定理) 设 p 是一个素数,而 a 是一个使得 $(a,p)=1$ 的整数,则

$$a^{p-1} \equiv 1 \pmod{p}$$

这个定理是 Euler(欧拉)定理的特殊情况.

定义 2.122 对 $n \in \mathbf{N}$,定义 Euler(欧拉)函数是在所有小于 n 的整数中与 n 互素的整数的个数. 成立以下公式

$$\varphi(n)=n\left(1-\frac{1}{p_1}\right)\cdots\left(1-\frac{1}{p_k}\right)$$

其中 $n=p_1^{a_1}\cdots p_k^{a_k}$ 是 n 的素因子分解式.

定理 2.113 (Euler(欧拉)定理) 设 n 是自然数,而 a 是一个使得 $(a,n)=1$ 的整数,那么

$$a^{\varphi(n)} \equiv 1 \pmod{n}$$

定理 2.114 (元根的存在性). 设 p 是一个素数,则存在一个 $g \in \{1,2,\cdots p-1\}$(称为模 p 的元根)使得在模 p 下,集合 $\{1,g,g^2,\cdots,g^{p-2}\}$ 与集合 $\{1,2,\cdots p-1\}$ 重合.

定义 2.115 设 p 是一个素数,而 α 是一个非负整数,称 p^α 是 p 的可整除 a 的恰好的幂(而 α 是一个恰好的指数),如果 $p^\alpha \mid a$,而 $p^{\alpha+1} \nmid a$.

定理 2.16 设 a,n 是正整数,而 p 是一个奇素数,如果 $p^\alpha(\alpha \in \mathbf{N})$ 是 p 的可整除 $a-1$ 的恰好的幂,那么对任意整数 $\beta \geqslant 0$,当且仅当 $p^\beta \mid n$ 时,$p^{\alpha+\beta} \mid a^n-1$(见 SL1997—14).

对 $p=2$ 成立类似的命题. 如果 $2^\alpha(\alpha \in \mathbf{N})$ 是 p 的可整除 a^2-1 的恰好的幂,那么对任意整数 $\beta \geqslant 0$,当且仅当 $2^{\beta+1} \mid n$ 时,$2^{\alpha+\beta} \mid a^n-1$(见 SL1989—27).

2.4.2 二次 Diophantine(丢番图)方程

定理 2.127 $a^2+b^2=c^2$ 的整数解由 $a=t(m^2-n^2)$,$b=2tmn$,$c=t(m^2+n^2)$ 给出(假设 b 是偶数),其中 $t,m,n \in \mathbf{Z}$. 三元组 (a,b,c) 称为毕达哥拉斯数(译者注:在我国称为勾股数)(如果 $(a,b,c)=1$,则称为本原的毕达哥拉斯数(勾股数)).

定义 2.128　设 $D \in \mathbf{N}$ 是一个非完全平方数,则称不定方程
$$x^2 - Dy^2 = 1$$
是 Pell(贝尔)方程,其中 $x, y \in \mathbf{Z}$.

定理 2.129　如果 (x_0, y_0) 是 Pell(贝尔)方程 $x^2 - Dy^2 = 1$ 在 $\mathbf{N}$ 中的最小解,则其所有的整数解 (x, y) 由 $x + y\sqrt{D} = \pm(x_0 + y_0\sqrt{D})^n, n \in \mathbf{Z}$ 给出.

定义 2.130　整数 a 称为是模 p 的平方剩余,如果存在 $x \in \mathbf{Z}$,使得 $x^2 \equiv a \pmod{p}$,否则称为模 p 的非平方剩余.

定义 2.131　对整数 a 和素数 p 定义 Legendre(勒让德)符号为
$$\left(\frac{a}{p}\right) = \begin{cases} 1, & \text{如果 } a \text{ 是模 } p \text{ 的二次剩余,且 } p \nmid a \\ 0, & \text{如果 } p \mid a \\ -1, & \text{其他情况} \end{cases}$$

显然如果 $p \nmid a$ 则
$$\left(\frac{a}{p}\right) = \left(\frac{a+p}{p}\right), \left(\frac{a^2}{p}\right) = 1$$

Legendre(勒让德)符号是积性的,即
$$\left(\frac{a}{p}\right)\left(\frac{b}{p}\right) = \left(\frac{ab}{p}\right)$$

定理 2.132　(Euler(欧拉)判据) 对奇素数 p 和不能被 p 整除的整数 a
$$\left(\frac{a}{p}\right) \equiv a^{\frac{p-1}{2}} \pmod{p}$$

定理 2.133　对素数 $p > 3$,$\left(\frac{-1}{p}\right)$,$\left(\frac{2}{p}\right)$ 和 $\left(\frac{-3}{p}\right)$ 等于 1 的充分必要条件分别为 $p \equiv 1 \pmod{4}$,$p \equiv \pm 1 \pmod{8}$ 和 $p \equiv 1 \pmod{6}$.

定理 2.134　(Gauss(高斯)互反律) 对任意两个不同的奇素数 p 和 q,成立
$$\left(\frac{p}{q}\right)\left(\frac{q}{p}\right) = (-1)^{\frac{p-1}{2} \cdot \frac{q-1}{2}}$$

定义 2.135　对整数 a 和奇的正整数 b,定义 Jacobi(雅可比)符号如下
$$\left(\frac{a}{b}\right) = \left(\frac{a}{p_1}\right)^{a_1} \cdots \left(\frac{a}{p_k}\right)^{a_k}$$

其中 $b = p_1^{a_1} \cdots p_k^{a_k}$ 是 b 的素因子分解式.

定理 2.136　如果 $\left(\frac{a}{b}\right) = -1$,那么 a 是模 b 的非二次剩余,但是逆命题不成立.对 Jacobi(雅可比)符号来说,除了 Euler(欧拉)判据之外,Legendre(勒让德)符号的所有其余性质都保留成立.

2.4.4　Farey(法雷)序列

定义 2.137　设 n 是任意正整数,Farey(法雷)序列 F_n 是由满足 $0 \leqslant a \leqslant b \leqslant n$,$(a, b) = 1$ 的所有从小到大排列的有理数 $\frac{a}{b}$ 所形成的序列.例如 $F_3 = \left\{\frac{0}{1}, \frac{1}{3}, \frac{1}{2}, \frac{2}{3}, \frac{1}{1}\right\}$.

定理 2.138　如果 $\frac{p_1}{q_1}, \frac{p_2}{q_2}$ 和 $\frac{p_3}{q_3}$ 是 Farey(法雷)序列中三个相继的项,则

$$p_2 q_1 - p_1 q_2 = 1$$
$$\frac{p_1 + p_3}{q_1 + q_3} = \frac{p_2}{q_2}$$

第 5 节　组　合

2.5.1　对象的计数

许多组合问题涉及对满足某种性质的集合中的对象计数，这些性质可以归结为以下概念的应用.

定义 2.139　k 个元素的阶为 n 的选排列是一个从 $\{1,2,\cdots,k\}$ 到 $\{1,2,\cdots,n\}$ 的映射. 对给定的 n 和 k，不同的选排列的数目是 $V_n^k = \dfrac{n!}{(n-k)!}$.

定义 2.140　k 个元素的阶为 n 的可重复的选排列是一个从 $\{1,2,\cdots,k\}$ 到 $\{1,2,\cdots,n\}$ 的任意的映射. 对给定的 n 和 k，不同的可重复的选排列的数目是 $\overline{V}_n^k = k^n$.

定义 2.141　阶为 n 的全排列是 $\{1,2,\cdots,n\}$ 到自身的一个一对一映射（即当 $k=n$ 时的选排列的特殊情况），对给定的 n，不同的全排列的数目是 $P_n = n!$.

定义 2.142　k 个元素的阶为 n 的组合是 $\{1,2,\cdots,n\}$ 的一个 k 元素的子集，对给定的 n 和 k，不同的组合数是 $C_n^k = \binom{n}{k}$.

定义 2.143　一个阶为 n 可重复的全排列是一个 $\{1,2,\cdots,n\}$ 到 n 个元素的积集的一个一对一映射. 一个积集是一个其中的某些元素被允许是不可区分的集合，（例如，$\{1,1,2,3\}$.

如果 $\{1,2,\cdots,s\}$ 表示积集中不同的元素组成的集合，并且在积集中元素 i 出现 α_i 次，那么不同的可重复的全排列的数目是

$$P_{n, \alpha_1, \cdots, \alpha_s} = \frac{n!}{\alpha_1! \; \alpha_2! \cdots \alpha_s!}$$

组合是积集有两个不同元素的可重复的全排列的特殊情况.

定理 2.144　（鸽笼原理）如果把元素数目为 $kn+1$ 的集合分成 n 个互不相交的子集，则其中至少有一个子集至少要包含 $k+1$ 个元素.

定理 2.145　（容斥原理）设 $S_1, S_2, \cdots, S_n$ 是集合 S 的一族子集，那么 S 中那些不属于所给子集族的元素的数目由以下公式给出

$$|S \backslash (S_1 \cup \cdots \cup S_n)| = |S| - \sum_{k=1}^{n} \sum_{1 \leqslant i_1 < \cdots < i_k \leqslant n} (-1)^k |S_{i_1} \cap \cdots \cap S_{i_k}|$$

2.5.2　图论

定义 2.146　一个图 $G = (V, E)$ 是一个顶点 V 和 V 中某些元素对，即边的积集 E 所组成的集合. 对 $x, y \in V$，当 $(x, y) \in E$ 时，称顶点 x 和 y 被一条边所连接，或称这一对顶点是这条边的端点.

一个积集为 E 的图可归结为一个真集合（即其顶点至多被一条边所连接），一个其中没

有一个定点是被自身所连接的图称为是一个真图.

有限图是一个 $|E|$ 和 $|V|$ 都有限的图.

定义 2.147 一个有向图是一个 E 中的有方向的图.

定义 2.148 一个包含了 n 个顶点并且每个顶点都有边与其连接的真图称为是一个完全图.

定义 2.149 k 分图(当 $k=2$ 时,称为 $2-$ 分图)$K_{i_1,i_2,\cdots,i_k}$ 是那样一个图,其顶点 V 可分成 k 个非空的互不相交的,元素个数分别为 $i_1,i_2,\cdots,i_k$ 的子集,使得 V 的子集 W 中的每个顶点 x 仅和不在 W 中的顶点相连接.

定义 2.150 顶点 x 的阶 $d(x)$ 是 x 作为一条边的端点的次数(那样,自连接的边中就要数两次). 孤立的顶点是阶为 0 的顶点.

定理 2.151 对图 $G=(V,E)$,成立等式
$$\sum_{x\in V}d(x)=2\mid E\mid$$
作为一个推论,有奇数阶的顶点的个数是偶数.

定义 2.152 图的一条路径是一个顶点的有限序列,使得其中每一个顶点都与其前一个顶点相连. 路径的长度是它通过的边的数目. 一条回路是一条终点与起点重合的路径. 一个环是一条在其中没有一个顶点出现两次(除了起点/终点之外)的回路.

定义 2.153 图 $G=(V,E)$ 的子图 $G'=(V',E')$ 是那样一个图,在其中 $V'\subset V$ 而 E' 仅包含 E 的连接 V' 中的点的边. 图的一个连通分支是一个连通的子图,其中没有一个顶点与此分之外的顶点相连.

定义 2.154 一个树是一个在其中没有环的连通图.

定理 2.155 一个有 n 个顶点的树恰有 $n-1$ 条边且至少有两个阶为 2 的顶点.

定义 2.156 Euler(欧拉)路是其中每条边恰出现一次的路径. 与此类似,Euler(欧拉)环是环形的 Euler(欧拉)路.

定理 2.157 有限连通图 G 有一条 Euler(欧拉)路的充分必要条件是:

(1) 如果每个顶点的阶数是偶数,那么 G 包含一条 Euler(欧拉)环;

(2) 如果除了两个顶点之外,所有顶点的阶数都是偶数,那么 G 包含一条不是环路的 Euler(欧拉)路(其起点和终点就是那两个奇数阶的顶点).

定义 2.158 Hamilton(哈密尔顿)环是一个图 G 的每个顶点恰被包含一次的回路(一个平凡的事实是,这个回路也是一个环).

目前还没有发现判定一个图是否是 Hamilton(哈密尔顿)环的简单法则.

定理 2.159 设 G 是一个有 n 个顶点的图,如果 G 的任何两个不相邻顶点的阶数之和都大于 n,则 G 有一个 Hamilton(哈密尔顿)回路.

定理 2.160 (Ramsey(雷姆塞)定理). 设 $r\geqslant 1$ 而 $q_1,q_2,\cdots,q_s\geqslant r$. 如果 K_n 的所有子图 K_r 都分成了 s 个不同的集合,记为 $A_1,A_2,\cdots,A_s$,那么存在一个最小的正整数 $N(q_1,q_2,\cdots,q_s;r)$ 使得当 $n>N$ 时,对某个 i,存在一个 K_{q_i} 的完全子图,它的子图 K_r 都属于 A_i. 对 $r=2$,这对应于把 K_n 的边用 s 种不同的颜色染色,并寻求子图 K_{q_i} 的第 i 种颜色的单色子图[73].

定理 2.161 利用上面定理的记号,有

$$N(p,q;r) \leqslant N(N(p-1,q;r),N(p,q-1;r);r-1)+1$$

特别
$$N(p,q,2) \leqslant N(p-1,q;2)+N(p,q-1;2)$$

已知 N 的以下值

$$N(p,q;1) = p+q-1$$

$$N(2,p;2) = p$$

$$N(3,3;2)=6, N(3,4;2)=9, N(3,5;2)=14, N(3,6;2)=18$$

$$N(3,7;)=23, N(3,8;2)=28, N(3,9;2)=36$$

$$N(4,4;2)=18, N(4,5;2)=25^{[73]}$$

定理 2.162 （Turan（图灵）定理）如果一个有 $n=t(p-1)+r$ 个顶点的简单图的边多于 $f(n,p)$ 条，其中 $f(n,p) = \dfrac{(p-1)n^2 - r(p-1-r)}{2(p-1)}$，那么它包含子图 K_p. 有 $f(n,p)$ 个顶点而不含 K_p 的图是一个完全的多重图，它有 r 个元素个数为 $t+1$ 的子集和 $p-1-r$ 个元素个数为 t 的子集[73].

定义 2.163 平面图是一个可被嵌入一个平面的图，使得它的顶点可用平面上的点表示，而边可用平面上连接顶点的的线（不一定是直的）来表示，而各边互不相交.

定理 2.164 一个有 n 个顶点的平面图至多有 $3n-6$ 条边.

定理 2.165 （Kuratowski（库拉托夫斯基）定理）K_5 和 $K_{3,3}$ 都不是平面图. 每个非平面图都包含一个和这两个图之一同胚的子图.

定理 2.166 （Euler（欧拉公式））设 E 是凸多面体的边数，F 是它的面数，而 V 是它的顶点数，则

$$E+2 = F+V$$

对平面图成立同样的公式（这时 F 代表平面图中的区域数）.

参 考 文 献

[1] 洛桑斯基 E，鲁索 C.制胜数学奥林匹克[M].候文华,张连芳,译.刘嘉焜,校.北京:科学出版社,2003.

[2] 王向东,苏化明,王方汉.不等式·理论·方法[M].郑州:河南教育出版社,1994.

[3] 中国科协青少年工作部,中国数学会.1978～1986 年国际奥林匹克数学竞赛题及解答[M].北京:科学普及出版社,1989.

[4] 单墫,等.数学奥林匹克竞赛题解精编[M].南京:南京大学出版社;上海:学林出版社,2001.

[5] 顾可敬.1979～1980 中学国际数学竞赛题解[M].长沙:湖南科学技术出版社,1981.

[6] 顾可敬.1981 年国内外数学竞赛题解选集[M].长沙:湖南科学技术出版社,1982.

[7] 石华,卫成.80 年代国际中学生数学竞赛试题详解[M].长沙:湖南教育出版社,1990.

[8] 梅向明.国际数学奥林匹克 30 年[M].北京:中国计量出版社,1989.

[9] 单墫,葛军.国际数学竞赛解题方法[M].北京:中国少年儿童出版社,1990.

[10] 丁石孙.乘电梯·翻硬币·游迷宫·下象棋[M].北京:北京大学出版社,1993.

[11] 丁石孙.登山·赝币·红绿灯[M].北京:北京大学出版社,1997.

[12] 黄宣国.数学奥林匹克大集[M].上海:上海教育出版社,1997.

[13] 常庚哲.国际数学奥林匹克三十年[M].北京:中国展望出版社,1989.

[14] 丁石孙.归纳·递推·无字证明·坐标·复数[M].北京:北京大学出版社,1995.

[15] 裘宗沪.数学奥林匹克试题集锦[M].上海:华东师范大学出版社,2005.

[16] 裘宗沪.数学奥林匹克试题集锦[M].上海:华东师范大学出版社,2004.

[17] 数学奥林匹克工作室.最新竞赛试题选编及解析(高中数学卷)[M].北京:首都师范大学出版社,2001.

[18] 第 31 届 IMO 选题委员会.第 31 届国际数学奥林匹克试题、备选题及解答[M].济南:山东教育出版社,1990.

[19] 常庚哲.数学竞赛(2)[M].长沙:湖南教育出版社,1989.

[20] 常庚哲.数学竞赛(20)[M].长沙:湖南教育出版社,1994.

[21] 杨森茂,陈圣德.第一届至第二十二届国际中学生数学竞赛题解[M].福州:福建科学技术出版社,1983.

[22] 江苏师范学院数学系.国际数学奥林匹克[M].南京:江苏科学技术出版社,1980.

[23] 恩格尔 A.解决问题的策略[M].舒五昌,冯志刚,译.上海:上海教育出版社,2005.

[24] 王连笑.解数学竞赛题的常用策略[M].上海:上海教育出版社,2005.

[25] 江仁俊,应成琭,蔡训武.国际数学竞赛试题讲解[M].武汉:湖北人民出版社,1980.

[26] 单墫.第二十五届国际数学竞赛[J].数学通讯,1985(3).

[27] 付玉章.第二十九届 IMO 试题及解答[J].中学数学,1988(10).

[28] 苏亚贵.正则组合包含连续自然数的个数[J].数学通报,1982(8).

[29] 王根章.一道IMO试题的嵌入证法[J].中学数学教学.1999(5).

[30] 舒五昌.第37届IMO试题解答[J].中等数学,1996(5).

[31] 杨卫平,王卫华.第42届IMO第2题的再探究[J].中学数学研究,2005(5).

[32] 陈永高.第45届IMO试题解答[J].中等数学,2004(5).

[33] 周金峰,谷焕春.IMO42-2的进一步推广[J].数学通讯,2004(9).

[34] 魏维.第42届国际数学奥林匹克试题解答集锦[J].中学数学,2002(2).

[35] 程华.42届IMO两道几何题另解[J].福建中学数学,2001(6).

[36] 张国清.第39届IMO试题第一题充分性的证明[J].中等数学,1999(2).

[37] 傅善林.第42届IMO第五题的推广[J].中等数学,2003(6).

[38] 龚浩生,宋庆.IMO42-2的推广[J].中学数学,2002(1).

[39] 厉倩.一道IMO试题的推广[J].中学数学研究,2002(10).

[40] 邹明.第40届IMO一赛题的简解[J].中等数学,2001(3).

[41] 许以超.第39届国际数学奥林匹克试题及解答[J].数学通报,1999(3).

[42] 余茂迪,宫宋家.用解析法巧解一道IMO试题[J].中学数学教学,1997(4).

[43] 宋庆.IMO5-5的推广[J].中学数学教学,1997(5).

[44] 余世平.从IMO试题谈公式$C_{2n}^{n} = \sum_{i=0}^{n}(C_n^i)^2$之应用[J].数学通讯,1997(12).

[45] 徐彦明.第42届IMO第2题的另一种推广[J].中学教研(数学).2002(10).

[46] 张伟军.第41届IMO两赛题的证明与评注[J].中学数学月刊,2000(11).

[47] 许静,孔令恩.第41届IMO第6题的解析证法[J].数学通讯,2001(7).

[48] 魏亚清.一道IMO赛题的九种证法[J].中学教研(数学),2002(6).

[49] 陈四川.IMO-38试题2的纯几何解法[J].福建中学数学,1997(6).

[50] 常庚哲,单墫,程龙.第二十二届国际数学竞赛试题及解答[J].数学通报,1981(9).

[51] 李长明.一道IMO试题的背景及证法讨论[J].中学数学教学,2000(1).

[52] 王凤春.一道IMO试题的简证[J].中学数学研究,1998(10).

[53] 罗增儒.IMO42-2的探索过程[J].中学数学教学参考,2002(7).

[54] 嵇仲韶.第39届IMO一道预选题的推广[J].中学数学杂志(高中),1999(6).

[55] 王杰.第40届IMO试题解答[J].中等数学,1999(5).

[56] 舒五昌.第三十七届IMO试题及解答(上)[J].数学通报,1997(2).

[57] 舒五昌.第三十七届IMO试题及解答(下)[J].数学通报,1997(3).

[58] 黄志全.一道IMO试题的纯平几证法研究[J].数学教学通讯,2000(5).

[59] 段智毅,秦永.IMO-41第2题另证[J].中学数学教学参考,2000(11).

[60] 杨仁宽.一道IMO试题的简证[J].数学教学通讯,1998(3).

[61] 相生亚,裘良.第42届IMO试题第2题的推广、证明及其它[J].中学数学研究,2002(2).

[62] 熊斌.第46届IMO试题解答[J].中等数学,2005(9).

[63] 谢峰,谢宏华.第34届IMO第2题的解答与推广[J].中等数学,1994(1).

[64] 熊斌,冯志刚.第39届国际数学奥林匹克[J].数学通讯,1998(12).

[65] 朱恒杰. 一道 IMO 试题的推广[J]. 中学数学杂志,1996(4).

[66] 肖果能,袁平之. 第 39 届 IMO 一道试题的研究(I)[J]. 湖南数学通讯,1998(5).

[67] 肖果能,袁平之. 第 39 届 IMO 一道试题的研究(Ⅱ)[J]. 湖南数学通讯,1998(6).

[68] 杨克昌. 一个数列不等式——IMO23-3 的推广[J]. 湖南数学通讯,1998(3).

[69] 吴长明,胡根宝. 一道第 40 届 IMO 试题的探究[J]. 中学数学研究,2000(6).

[70] 仲翔. 第二十六届国际数学奥林匹克(续)[J]. 数学通讯,1985(11).

[71] 程善明. 一道 IMO 赛题的纯几何证法与推广[J]. 中学数学教学,1998(4).

[72] 刘元树. 一道 IMO 试题解法的再探讨[J]. 中学数学研究,1998(12).

[73] 刘连顺,仝瑞平. 一道 IMO 试题解法新探[J]. 中学数学研究,1998(8).

[74] 王凤春. 一道 IMO 试题的简证[J]. 中学数学研究,1998(10).

[75] 李长明. 一道 IMO 试题的背景及证法讨论[J]. 中学数学教学,2000(1).

[76] 方廷刚. 综合法简证一道 IMO 预选题[J]. 中学生数学,1999(2).

[77] 吴伟朝. 对函数方程 $f(x^l \cdot f^{[m]}(y)+x^n)=x^l \cdot y+f^n(x)$ 的研究[M]//湖南教育出版社编. 数学竞赛(22). 长沙:湖南教育出版社,1994.

[78] 湘普. 第 31 届国际数学奥林匹克试题解答[M]//湖南教育出版社编. 数学竞赛(6~9). 长沙:湖南教育出版社,1991.

[79] 陈永高. 第 45 届 IMO 试题解答[J]. 中等数学,2004(5).

[80] 程俊. 一道 IMO 试题的推广及简证[J]. 中等数学,2004(5).

[81] 蒋茂森. $2k$ 阶银矩阵的存在性和构造法[J]. 中等数学,1998(3).

[82] 单墫. 散步问题与银矩阵[J]. 中等数学,1999(3).

[83] 张必胜. 初等数论在 IMO 中应用研究[D]. 西安:西北大学研究生院,2010.

[84] 刘宝成,刘卫利. 国际奥林匹克数学竞赛题与费马小定理[J]. 河北北方学院学报;自然科学版,2008,24(1):13-15,20.

[85] 卓成海. 抓住"关键" 把握"异同"——对一道国际奥赛题的再探究[J]. 中学数学;高中版,2013(11):77-78.

[86] 李耀文. 均值代换在解竞赛题中的应用[J]. 中等数学;2010(8):2-5.

[87] 吴军. 妙用广义权方和不等式证明 IMO 试题[J]. 数理化解体研究;高中版,2014(8).16.

[88] 王庆金. 一道 IMO 平面几何题溯源[J]. 中学数学研究;2014(1):50.

[89] 秦建华. 一道 IMO 试题的另解与探究[J]. 中学教学参考;2014(8):40.

[90] 张上伟,陈华梅,吴康. 一道取整函数 IMO 试题的推广[J]. 中学数学研究;华南师范大学版,2013(23):42-43

[91] 尹广金. 一道美国数学奥林匹克试题的引申[J]. 中学数学研究.2013(11):50.

[92] 熊斌,李秋生. 第 54 届 IMO 试题解答[J]. 中等数学.2013(9):20-27.

[93] 杨同伟. 一道 IMO 试题的向量解法及推广[J]. 中学生数学.2012(23):30.

[94] 李凤清,徐志军. 第 42 届 IMO 第二题的证明与加强[J] 四川职业技术学院学报.2012(5):153-154.

[95] 熊斌. 第 52 届 IMO 试题解答[J]. 中等数学.2011(9):16-20.

[96] 董志明. 多元变量 局部调整——一道 IMO 试题的新解与推广[J]. 中等数学.2011

(9):96-98.

[97] 李建潮.一道 IMO 试题的再加强与猜想的加强[J].河北理科教学研究.2011(1):43-44.

[98] 边欣.一道 IMO 试题的加强[J].数学通讯.下半月,2012.(22):59-60.

[99] 郑日锋.一个优美不等式与一道 IMO 试题同出一辙[J] 中等数学.2011(3):18-19.

[100] 李建潮.一道 IMO 试题的再加强与猜想的加强[J] 河北理科教学研究.2011(1):43-44.

[101] 李长朴.一道国际数学奥林匹克试题的拓展[J].数学学习与研究.2010(23):95.

[102] 李歆.对一道 IMO 试题的探究[J].数学教学.2010(11):47-48.

[103] 王森生.对一道 IMO 试题猜想的再加强及证明[J].福建中学数学.2010(10):48.

[104] 郝志刚.一道国际数学竞赛题的探究[J].数学通讯.2010(Z2):117-118.

[105] 王业和.一道 IMO 试题的证明与推广[J].中学教研(数学).2010(10):46-47.

[106] 张蕾.一道 IMO 试题的商榷与猜想[J].青春岁月.2010(18):121.

[107] 张俊.一道 IMO 试题的又一漂亮推广[J].中学数学月刊.2010(8):43.

[108] 秦庆雄,范花妹.一道第 42 届 IMO 试题加强的另一简证[J].数学通讯.2010(14):59.

[109] 李建潮.一道 IMO 试题的引申与瓦西列夫不等式[J] 河北理科教学研究 2010(3):1-3.

[110] 边欣.一道第 46 届 IMO 试题的加强[J].数学教学.2010(5):41-43.

[111] 杨万芳.对一道 IMO 试题的探究[J] 福建中学数学.2010(4):49.

[112] 熊睿.对一道 IMO 试题的探究[J].中等数学.2010(4):23.

[113] 徐国辉,舒红霞.一道第 42 届 IMO 试题的再加强[J].数学通讯.2010(8):61.

[114] 周峻民,郑慧娟.一道 IMO 试题的证明及其推广[J].中学教研.数学,2011(12):41-43.

[115] 陈鸿斌.一道 IMO 试题的加强与推广[J].中学数学研究.2011(11):49-50.

[116] 袁安全.一道 IMO 试题的巧证[J].中学生数学.2010(8):35.

[117] 边欣.一道第 50 届 IMO 试题的探究[J].数学教学.2010(3):10-12.

[118] 陈智国.关于 IMO25-1 的推广[J].人力资源管理.2010(2):112-113.

[119] 薛相林.一道 IMO 试题的类比拓广及简解[J].中学数学研究.2010(1):49.

[120] 王增强.一道第 42 届 IMO 试题加强的简证[J].数学通讯.2010(2):61.

[121] 邵广钱.一道 IMO 试题的另解[J].中学数学月刊.2009(10):43-44.

[122] 侯典峰.一道 IMO 试题的加强与推广[J] 中学数学.2009(23):22-23.

[123] 朱华伟,付云皓.第 50 届 IMO 试题解答[J].中等数学.2009(9):18-21.

[124] 边欣.一道 IMO 试题的推广及简证[J].数学教学.2009(9):27,29.

[125] 朱华伟.第 50 届 IMO 试题[J].中等数学.2009(8):50.

[126] 刘凯峰,龚浩生.一道 IMO 试题的隔离与推广[J].中等数学.2009(7):19-20.

[127] 宋庆.一道第 42 届 IMO 试题的加强[J].数学通讯.2009(10):43.

[128] 李建潮.偶得一道 IMO 试题的指数推广[J].数学通讯.2009(10):44.

[129] 吴立宝,李长会.一道 IMO 竞赛试题的证明[J].数学教学通讯.2009(12):64.

[130] 徐章韬. 一道 30 届 IMO 试题的别解[J]. 中学数学杂志. 2009(3):45.

[131] 张俊. 一道 IMO 试题引发的探索[J]. 数学通讯. 2009(4):31.

[132] 曹程锦. 一道第 49 届 IMO 试题的解题分析[J]. 数学通讯. 2008(23):41.

[133] 刘松华,孙明辉,刘凯年. "化蝶"——一道 IMO 试题证明的探索[J]. 中学数学杂志. 2008(12):54-55.

[134] 安振平. 两道数学竞赛试题的链接[J]. 中小学数学. 高中版. 2008(10):45.

[135] 李建潮. 一道 IMO 试题引发的思索[J]. 中小学数学. 高中版,2008(9):44-45.

[136] 熊斌,冯志刚. 第 49 届 IMO 试题解答[J] 中等数学. 2008(9):封底.

[137] 边欣. 一道 IMO 试题结果的加强及应用[J]. 中学数学月刊. 2008(9):29-30.

[138] 熊斌,冯志刚. 第 49 届 IMO 试题[J] 中等数学. 2008(8):封底.

[139] 沈毅. 一道 IMO 试题的推广[J]. 中学数学月刊. 2008(8):49.

[140] 令标. 一道 48 届 IMO 试题引申的别证[J]. 中学数学杂志. 2008(8):44-45.

[141] 吕建恒. 第 48 届 IMO 试题 4 的简证[J]. 中学数学月刊. 2008(7):40.

[142] 熊光汉. 对一道 IMO 试题的探究[J]. 中学数学杂志. 2008(6):56.

[143] 沈毅,罗元建. 对一道 IMO 赛题的探析[J]. 中学教研. 数学,2008(5):42-43

[144] 厉倩. 两道 IMO 试题探秘[J] 数理天地. 高中版,2008(4):21-22.

[145] 徐章韬. 从方差的角度解析一道 IMO 试题[J]. 中学数学杂志. 2008(3):29.

[146] 令标. 一道 IMO 试题的别证[J]. 中学数学教学. 2008(2):63-64.

[147] 李耀文. 一道 IMO 试题的别证[J]. 中学数学月刊. 2008(2):52.

[148] 张伟新. 一道 IMO 试题的两种纯几何解法[J]. 中学数学月刊. 2007(11):48.

[149] 朱华伟. 第 48 届 IMO 试题解答[J]. 中等数学. 2007(9):20-22.

[150] 朱华伟. 第 48 届 IMO 试题 [J]. 中等数学. 2007(8):封底.

[151] 边欣. 一道 IMO 试题结果的加强[J]. 数学教学. 2007(3):49.

[152] 丁兴春. 一道 IMO 试题的推广[J]. 中学数学研究. 2006(10):49-50.

[153] 李胜宏. 第 47 届 IMO 试题解答[J]. 中等数学 .2006(9):22-24.

[154] 李胜宏. 第 47 届 IMO 试题 [J]. 中等数学 .2006(8):封底.

[155] 傅启铭. 一道美国 IMO 试题变形后的推广[J]. 遵义师范学院学报 .2006(1):74-75.

[156] 熊斌. 第 46 届 IMO 试题[J] 中等数学 .2005(8):50

[157] 文开庭. 一道 IMO 赛题的新隔离推广及其应用[J]. 毕节师范高等专科学校学报. 综合版,2005(2):59-62.

[158] 熊斌,李建泉. 第 53 届 IMO 预选题(四)[J]. 中等数学;2013(12):21-25.

[159] 熊斌,李建泉. 第 53 届 IMO 预选题(三)[J]. 中等数学;2013(11):22-27.

[160] 熊斌,李建泉. 第 53 届 IMO 预选题(二)[J]. 中等数学;2013(10):18-23

[161] 熊斌,李建泉. 第 53 届 IMO 预选题(一)[J]. 中等数学;2013(9):28-32.

[162] 王建荣,王旭. 简证一道 IMO 预选题[J]. 中等数学;2012(2):16-17.

[163] 熊斌,李建泉. 第 52 届 IMO 预选题(四)[J]. 中等数学;2012(12):18-22.

[164] 熊斌,李建泉. 第 52 届 IMO 预选题(三)[J]. 中等数学;2012(11):18-22.

[165] 李建泉. 第 51 届 IMO 预选题(四)[J]. 中等数学;2011(11):17-20.

[166] 李建泉. 第 51 届 IMO 预选题(三)[J]. 中等数学;2011(10):16-19.

[167] 李建泉. 第51届IMO预选题(二)[J]. 中等数学;2011(9):20-27.
[168] 李建泉. 第51届IMO预选题(一)[J]. 中等数学;2011(8):17-20.
[169] 高凯. 浅析一道IMO预选题[J]. 中等数学;2011(3):.16-18.
[170] 娄姗姗. 利用等价形式证明一道IMO预选题[J]. 中等数学;2011(1):13,封底.
[171] 李奋平. 从最小数入手证明一道IMO预选题[J]. 中等数学;2011(1):14.
[172] 李赛. 一道IMO预选题的另证[J]. 中等数学;2011(1):15.
[173] 李建泉. 第50届IMO预选题(四)[J]. 中等数学;2010(11):19-22.
[174] 李建泉. 第50届IMO预选题(三)[J]. 中等数学;2010(10):19-22.
[175] 李建泉. 第50届IMO预选题(二)[J]. 中等数学;2010(9):21-27.
[176] 李建泉. 第50届IMO预选题(一)[J]. 中等数学;2010(8):19-22.
[177] 沈毅. 一道49届IMO预选题的推广[J]. 中学数学月刊.2010(04):45.
[178] 宋强. 一道第47届IMO预选题的简证[J]. 中等数学 2009(11):12.
[179] 李建泉. 第49届IMO预选题(四)[J]. 中等数学 2009(11):19-23.
[180] 李建泉. 第49届IMO预选题(三)[J]. 中等数学;2009(10):19-23.
[181] 李建泉. 第49届IMO预选题(二)[J]. 中等数学;2009(9):22-25.
[182] 李建泉. 第49届IMO预选题(一)[J]. 中等数学;2009(8):18-22.
[183] 李慧,郭璋. 一道IMO预选题的证明与推广[J]. 数学通讯;2009(22):45-47.
[184] 杨学枝. 一道IMO预选题的拓展与推广[J]. 中等数学;2009(7):18-19.
[185] 吴光耀,李世杰. 一道IMO预选题的推广[J]. 上海中学数学;2009(05):48.
[186] 李建泉. 第48届IMO预选题(四)[J]. 中等数学 2008(11):18-24.
[187] 李建泉. 第48届IMO预选题(三)[J]. 中等数学;2008(10):18-23.
[188] 李建泉. 第48届IMO预选题(二)[J]. 中等数学;2008(9):21-24.
[189] 李建泉. 第48届IMO预选题(一)[J]. 中等数学;2008(8):22-26.
[190] 苏化明. 一道IMO预选题的探讨[J]. 中等数学;2007(9):46-48.
[191] 李建泉. 第47届IMO预选题(下)[J]. 中等数学;2007(11):17-22.
[192] 李建泉. 第47届IMO预选题(中)[J]. 中等数学;2007(10):18-23.
[193] 李建泉. 第47届IMO预选题(上)[J]. 中等数学;2007(9):24-27.
[194] 沈毅. 一道IMO预选题的再探索[J]. 中学数学教学;2008(1):58-60;
[195] 刘才华. 一道IMO预选题的简证[J]. 中等数学;2007(8):24.
[196] 苏化明. 一道IMO预选题的探讨[J]. 中等数学;2007(9):19-20.
[197] 李建泉. 第46届IMO预选题(下)[J]. 中等数学;2006(11):19-24.
[198] 李建泉. 第46届IMO预选题(中)[J]. 中等数学;2006(10):22-25.
[199] 李建泉. 第46届IMO预选题(上)[J]. 中等数学;2006(9):25-28.
[200] 贯福春. 吴娃双舞醉芙蓉——一道IMO预选题赏析[J]. 中学生数学;2006(18):21,18.
[201] 杨学枝. 一道IMO预选题的推广[J]. 中等数学;2006(5):17.
[202] 邹宇,沈文选. 一道IMO预选题的再推广[J]. 中学数学研究;2006(4):49-50.
[203] 苏炜杰. 一道IMO预选题的简证[J]. 中等数学;2006(2):21.
[204] 李建泉. 第45届IMO预选题(下)[J]. 中等数学;2005(11):28-30.

[205] 李建泉. 第45届 IMO 预选题(中)[J]. 中等数学;2005(10);32-36.

[206] 李建泉. 第45届 IMO 预选题(上)[J]. 中等数学;2005(9);23-29.

[207] 苏化明. 一道 IMO 预选题的探索[J]. 中等数学;2005(9);9-10.

[208] 谷焕春,周金峰. 一道 IMO 预选题的推广[J]. 中等数学;2005(2);20.

[209] 李建泉. 第44届 IMO 预选题(下)[J]. 中等数学;2004(6);25-30.

[210] 李建泉. 第44届 IMO 预选题(上)[J]. 中等数学;2004(5);27-32.

[211] 方廷刚. 复数法简证一道 IMO 预选题[J]. 中学数学月刊;2004(11);42.

[212] 李建泉. 第43届 IMO 预选题(下)[J]. 中等数学;2003(6);28-30.

[213] 李建泉. 第43届 IMO 预选题(上)[J]. 中等数学;2003(5);25-31.

[214] 孙毅. 一道 IMO 预选题的简解[J]. 中等数学;2003(5);19.

[215] 宿晓阳. 一道 IMO 预选题的推广[J]. 中学数学月刊;2002(12);40.

[216] 李建泉. 第42届 IMO 预选题(下)[J]. 中等数学;2002(6);32-36.

[217] 李建泉. 第42届 IMO 预选题(上)[J]. 中等数学;2002(5);24-29.

[218] 宋庆,黄伟民. 一道 IMO 预选题的推广[J]. 中等数学;2002(6);43.

[219] 李建泉. 第41届 IMO 预选题(下)[J]. 中等数学;2002(1);33-39.

[220] 李建泉. 第41届 IMO 预选题(中)[J]. 中等数学;2001(6);34-37.

[221] 李建泉. 第41届 IMO 预选题(上)[J]. 中等数学;2001(5);32-36.

[222] 方廷刚. 一道 IMO 预选题再解[J]. 中学数学月刊;2002(05);43.

[223] 蒋太煌. 第39届 IMO 预选题8 的简证[J]. 中等数学;2001(5);22-23.

[224] 张赟. 一道 IMO 预选题的推广[J]. 中等数学;2001(2);26.

[225] 林运成. 第39届 IMO 预选题8 别证[J]. 中等数学;2001(1);22.

[226] 李建泉. 第40届 IMO 预选题(上)[J]. 中等数学;2000(5);33-36.

[227] 李建泉. 第40届 IMO 预选题(中)[J]. 中等数学;2000(6);35-37.

[228] 李建泉. 第41届 IMO 预选题(下)[J]. 中等数学;2001(1);35-39.

[229] 李来敏. 一道 IMO 预选题的三种初等证法及推广[J]. 中学数学教学;2000(3);38-39.

[230] 李来敏. 一道 IMO 预选题的两种证法[J]. 中学数学月刊;2000(3);48.

[231] 张善立. 一道 IMO 预选题的指数推广[J]. 中等数学;1999(5);24.

[232] 云保奇. 一道 IMO 预选题的另一个结论[J]. 中等数学;1999(4);21.

[233] 辛慧. 第38届 IMO 预选题解答(上)[J]. 中等数学;1998(5);28-31.

[234] 李直. 第38届 IMO 预选题解答(中)[J]. 中等数学;1998(6);31-35.

[235] 冼声. 第38届 IMO 预选题解答(中)[J]. 中等数学;1999(1);32-38.

[236] 石卫国. 一道 IMO 预选题的推广[J]. 陕西教育学院学报;1998(4); 72-73.

[237] 张赟. 一道 IMO 预选题的引申[J]. 中等数学;1998(3);22-23.

[238] 安金鹏,李宝毅. 第37届 IMO 预选题及解答(上)[J]. 中等数学;1997(6); 33-37.

[239] 安金鹏,李宝毅. 第37届 IMO 预选题及解答(下)[J]. 中等数学;1998(1); 34-40.

[240] 刘江枫,李学武. 第37届 IMO 预选题[J]. 中等数学;1997(5); 30-32.

[241] 党庆寿. 一道 IMO 预选题的简解[J]. 中学数学月刊;1997(8);43-44.

[242] 黄汉生. 一道 IMO 预选题的加强[J]. 中等数学;1997(3);17.

[243] 贝嘉禄.一道国际竞赛预选题的加强[J].中学数学月刊;1997(6);26-27.
[244] 王富英.一道IMO预选题的推广及其应用[J].中学数学教学参;1997(8~9):74-75.
[245] 孙哲.一道IMO预选题的简证与加强[J].中等数学;1996(3):18.
[246] 李学武.第36届IMO预选题及解答(下)[J].中等数学;1996(6):26-29,37.
[247] 张善立.一道IMO预选题的简证[J].中等数学;1996(10):36.
[248] 李建泉.利用根轴的性质解一道IMO预选题[J].中等数学;1996(4):14.
[249] 黄虎.一道IMO预选题妙解及推广[J].中等数学;1996(4):15.
[250] 严鹏.一道IMO预选题探讨[J].中等数学;1996(2):16.
[251] 杨桂芝.第34届IMO预选题解答(上)[J].中等数学;1995(6):28-31.
[252] 杨桂芝.第34届IMO预选题解答(中)[J].中等数学;1996(1):29-31.
[253] 杨桂芝.第34届IMO预选题解答(下)[J].中等数学;1996(2):21-23.
[254] 舒金银.一道IMO预选题简证[J].中等数学;1995(1):16-17.
[255] 黄宣国,夏兴国.第35届IMO预选题[J].中等数学;1994(5):19-20.
[256] 苏淳,严镇军.第33届IMO预选题[J].中等数学;1993(2):19-20.
[257] 耿立顺.一道IMO预选题的简单解法[J].中学教研;1992(05):26.
[258] 苏化明.谈一道IMO预选题[J].中学教研;1992(05):28-30.
[259] 黄玉民.第32届IMO预选题及解答[J].中等数学;1992(1):22-34.
[260] 朱华伟.一道IMO预选题的溯源及推广[J].中学数学;1991(03):45-46.
[261] 蔡玉书.一道IMO预选题的推广[J].中等数学;1990(6):9.
[262] 第31届IMO选题委员会.第31届IMO预选题解答[J].中等数学;1990(5):7-22,封底.
[263] 单墫,刘亚强.第30届IMO预选题解答[J].中等数学;1989(5):6-17.
[264] 苏化明.一道IMO预选题的推广及应用[J].中等数学;1989(4):16-19.

后记 | Postscript

行为的背后是动机,编一套洋洋百万言的丛书一定要有很强的动机才行,借后记不妨和盘托出.

首先,这是一本源于"匮乏"的书.1976年编者初中一年级,时值"文化大革命"刚刚结束,物质产品与精神产品极度匮乏,学校里薄薄的数学教科书只有几个极简单的习题,根本满足不了学习的需要.当时全国书荒,偌大的书店无书可寻,学生无题可做,在这种情况下,笔者的班主任郭清泉老师便组织学生自编习题集.如果说忠诚党的教育事业不仅仅是一个口号的话,那么郭老师确实做到了.在其个人生活极为困顿的岁月里,他拿出多年珍藏的数学课外书领着一批初中学生开始选题、刻钢板、推油辊.很快一本本散发着油墨清香的习题集便发到了每个同学的手中,喜悦之情难以名状,正如高尔基所说:"像饥饿的人扑到了面包上."当时电力紧张经常停电,晚上写作业时常点蜡烛,冬夜,烛光如豆,寒气逼人,伏案演算着自己编的数学题,沉醉其中,物我两忘.30多年后同样的冬夜,灯光如昼,温暖如夏,坐拥书城,竟茫然不知所措,此时方觉匮乏原来也是一种美(想想西南联大当时在山洞里、在防空洞中,学数学学成了多少大师级人物.日本战后恢复期产生了三位物理学诺贝尔奖获得者,如汤川秀树等,以及高木贞治、小平邦彦、广中平佑的成长都证明了这一点),可惜现在的学生永远也体验不到那种意境了(中国人也许是世界上最讲究意境的,所谓"雪夜闭门读禁书",也是一种意境),所以编此书颇有怀旧之感.有趣的是后来这次经历竟在笔者身上产生了

后记
Postscript

"异化",抄习题的乐趣多于做习题,比为买椟还珠不以为过,四处收集含有习题的数学著作,从吉米多维奇到菲赫金哥尔茨,从斯米尔诺夫到维诺格拉朵夫,从笹部贞市郎到哈尔莫斯,乐此不疲.凡30余年几近偏执,朋友戏称:"这是一种不需治疗的精神病."虽然如此,毕竟染此"病症"后容易忽视生活中那些原本的乐趣.这有些像葛朗台用金币碰撞的叮当声取代了花金币的真实快感一样.匮乏带给人的除了美感之外,更多的是恐惧.中国科学院数学研究所数论室主任徐广善先生来哈尔滨工业大学讲课,课余时曾透露过陈景润先生生前的一个小秘密(曹珍富教授转述,编者未加核实).陈先生的一只抽屉中存有多只快生锈的上海牌手表.这个不可思议的现象源于当年陈先生所经历过的可怕的匮乏.大学刚毕业,分到北京四中,后被迫离开,衣食无着,生活窘迫,后虽好转,但那次经历给陈先生留下了深刻记忆,为防止以后再次陷于匮乏,就买了当时陈先生认为在中国最能保值增值的上海牌手表,以备不测.像经历过饥饿的田鼠会疯狂地往洞里搬运食物一样,经历过如饥似渴却无题可做的编者在潜意识中总是觉得题少,只有手中有大量习题集,心里才觉安稳.所以很多时候表面看是一种热爱,但更深层次却是恐惧,是缺少富足感的体现.

其次,这是一本源于"传承"的书.哈尔滨作为全国解放最早的城市,开展数学竞赛活动也是很早的,早期哈尔滨工业大学的吴从炘教授、黑龙江大学的颜秉海教授、船舶工程学院(现哈尔滨工程大学)的戴遗山教授、哈尔滨师范大学的吕庆祝教授作为先行者为哈尔滨的数学竞赛活动打下了基础,定下了格调.中期哈尔滨市教育学院王翠满教授、王万祥教授、时承权教授,哈尔滨师专的冯宝琦教授、陆子采教授,哈尔滨师范大学的贾广聚教授,黑龙江大学的王路群教授、曹重光教授,哈三中的周建成老师,哈一中的尚杰老师,哈师大附中的沙洪泽校长,哈六中的董乃培老师,为此作出了长期的努力.20世纪80年代中期开始,一批中青年数学工作者开始加入,主要有哈尔滨工业大学的曹珍富教授、哈师大附中的李修福老师及笔者.90年代中期,哈尔滨的数学奥林匹克活动渐入佳境,又有像哈师大附中刘利益等老师加入进来,但在高等学校中由于搞数学竞赛研究既不算科研又不计入工作量,所以再坚持难免会被边缘化,于是研究人员逐渐以中学教师为主,在高校中近乎绝迹.2008年 **CMO** 即将在哈尔滨举行,振兴迫在眉睫,本书算是一个序曲,后面会有大型专业杂志《数学奥林匹克与数学文化》创刊,定会好戏连台,让哈尔滨的数学竞赛事业再度辉煌.

第三,这是一本源于"氛围"的书.很难想象速滑运动员产生于非洲,也无法相信深山古刹之外会有高僧.环境与氛围至关重要.在整个社会日益功利化、世俗化、利益化、平面化的大背景下,编者师友们所营造的小的氛围影响着其中每个人的道路选择,以学有专长为荣,不学无术为耻的价值观点互相感染、共同坚守,用韩波博士的话讲,这已是我们这台计算机上的硬件.赖于此,本书的出炉便在情理之中,所以理应致以敬意,借此向王忠玉博士、张本祥博士、郭梦书博士、吕书臣博士、康大臣博士、刘孝廷博士、刘晓燕博士、王延青博士、钟德寿博士、薛小平博士、韩波博士、李龙锁博士、刘绍武博士对笔者多年的关心与鼓励致以诚挚的谢意,特别是尚琥教授在编者即将放弃之际给予的坚定的支持.

第四,这是一个"蝴蝶效应"的产物.如果说人的成长过程具有一点动力系统迭代的特征的话,那么其方程一定是非线性的,即对初始条件具有敏感依赖的,俗称"蝴蝶效应".简单说就是一个微小的"扰动"会改变人生的轨迹,如著名拓扑学家,纽结大师王诗宬1977年时还是一个喜欢中国文学史的插队知青,一次他到北京去游玩,坐332路车去颐和园,看见"北京大学"四个字,就跳下车进入校门,当时他的脑子中正在想一个简单的数学问题(大多数时候他都是在推敲几句诗),就是六个人的聚会上总有三个人认识或三个人不认识(用数学术语说就是6阶2色完全图中必有单色3阶子图存在),然后碰到一个老师,就问他,他说你去问姜伯驹老师(我国著名数学家姜亮夫之子),姜伯驹老师的办公室就在我办公室对面.而当他找到姜伯驹教授时,姜伯驹说为什么不来试试学数学,于是一句话,一辈子,有了今天北京大学数学所的王诗宬副所长(《世纪大讲堂》,第2辑,辽宁人民出版社,2003:128-149).可以设想假如他遇到的是季羡林或俞平伯,今天该会是怎样.同样可以设想,如果编者初中的班主任老师是一位体育老师,足球健将的话,那么今天可能会多一位超级球迷"罗西",少一位执着的业余数学爱好者,也绝不会有本书的出现.

第五,这也是一本源于"尴尬"的书.编者高中就读于一所具有数学竞赛传统的学校,班主任是学校主抓数学竞赛的沙洪泽老师.当时成立数学兴趣小组时,同学们非常踊跃,但名额有限,可能是沙老师早已发现编者并无数学天分所以不被选中,再次申请并请姐姐(在同校高二年级)去求情均未果.遂产生逆反心理,后来坚持以数学谋生,果真由于天资不足,屡战屡败,虽自我鼓励,屡败再屡战,但其结果仍如寒山子诗所说:"用力磨碌砖,那堪将作镜."直至而立之年,幡然悔悟,但

"贼船"既上,回头已晚,彻底告别又心有不甘,于是以业余身份尴尬地游走于业界20余年,才有今天此书问世.

看来如果当初沙老师增加一个名额让编者尝试一下,后再知难而退,结果可能会皆大欢喜.但有趣的是当年竞赛小组的人竟无一人学数学专业,也无一人从事数学工作.看来教育是很值得研究的,"欲擒故纵"也不失为一种好方法.沙老师后来也放弃了数学教学工作,从事领导工作,转而研究教育,颇有所得,还出版了专著《教育——为了人的幸福》(教育科学出版社,2005),对此进行了深入研究.

最后,这也是一本源于"信心"的书.近几年,一些媒体为了吸引眼球,不惜把中国在国际上处于领先地位的数学奥林匹克妖魔化且多方打压,此时编写这本题集是有一定经济风险的.但编者坚信中国人对数学是热爱的.利玛窦、金尼阁指出:"多少世纪以来,上帝表现了不只用一种方法把人们吸引到他身边.垂钓人类的渔人以自己特殊的方法吸引人们的灵魂落入他的网中,也就不足为奇了.任何可能认为伦理学、物理学和数学在教会工作中并不重要的人,都是不知道中国人的口味的,他们缓慢地服用有益的精神药物,除非它有知识的佐料增添味道."(利玛窦,金尼阁,著.《利玛窦中国札记》.何高济,王遵仲,李申,译.何兆武,校.中华书局,1983,347).中国的广大中学生对数学竞赛活动是热爱的,是能够被数学所吸引的,对此我们有充分的信心.而且,奥林匹克之于中国就像围棋之于日本,足球之于巴西,瑜伽之于印度一样,在世界上有品牌优势.2001年笔者去新西兰探亲,在奥克兰的一份中文报纸上看到一则广告,赫然写着中国内地教练专教奥数,打电话过去询问,对方声音甜美,颇富乐感,原来是毕业于沈阳音乐学院的女学生,在新西兰找工作四处碰壁后,想起在大学念书期间勤工俭学时曾辅导过小学生奥数,所以,便想一试身手,果真有家长把小孩送来,她便也以教练自居,可见数学奥林匹克已经成为一种类似于中国制造的品牌.出版这样的书,担心何来呢!

数学无国界,它是人类最共性的语言.数学超理性多呈冰冷状,所以一个个性化的,充满个体真情实感的后记是需要的,虽然难免有自恋之嫌,但毕竟带来一丝人气.

刘培杰
2014年9月

哈尔滨工业大学出版社刘培杰数学工作室
已出版(即将出版)图书目录

书　　名	出版时间	定　价	编号
新编中学数学解题方法全书(高中版)上卷	2007—09	38.00	7
新编中学数学解题方法全书(高中版)中卷	2007—09	48.00	8
新编中学数学解题方法全书(高中版)下卷(一)	2007—09	42.00	17
新编中学数学解题方法全书(高中版)下卷(二)	2007—09	38.00	18
新编中学数学解题方法全书(高中版)下卷(三)	2010—06	58.00	73
新编中学数学解题方法全书(初中版)上卷	2008—01	28.00	29
新编中学数学解题方法全书(初中版)中卷	2010—07	38.00	75
新编中学数学解题方法全书(高考复习卷)	2010—01	48.00	67
新编中学数学解题方法全书(高考真题卷)	2010—01	38.00	62
新编中学数学解题方法全书(高考精华卷)	2011—03	68.00	118
新编平面解析几何解题方法全书(专题讲座卷)	2010—01	18.00	61
新编中学数学解题方法全书(自主招生卷)	2013—08	88.00	261

书　　名	出版时间	定　价	编号
数学眼光透视	2008—01	38.00	24
数学思想领悟	2008—01	38.00	25
数学应用展观	2008—01	38.00	26
数学建模导引	2008—01	28.00	23
数学方法溯源	2008—01	38.00	27
数学史话览胜	2017—01	48.00	741
数学思维技术	2013—09	38.00	260

书　　名	出版时间	定　价	编号
从毕达哥拉斯到怀尔斯	2007—10	48.00	9
从迪利克雷到维斯卡尔迪	2008—01	48.00	21
从哥德巴赫到陈景润	2008—05	98.00	35
从庞加莱到佩雷尔曼	2011—08	138.00	136

书　　名	出版时间	定　价	编号
数学奥林匹克与数学文化(第一辑)	2006—05	48.00	4
数学奥林匹克与数学文化(第二辑)(竞赛卷)	2008—01	48.00	19
数学奥林匹克与数学文化(第二辑)(文化卷)	2008—07	58.00	36′
数学奥林匹克与数学文化(第三辑)(竞赛卷)	2010—01	48.00	59
数学奥林匹克与数学文化(第四辑)(竞赛卷)	2011—08	58.00	87
数学奥林匹克与数学文化(第五辑)	2015—06	98.00	370

哈尔滨工业大学出版社刘培杰数学工作室
已出版（即将出版）图书目录

书　　名	出版时间	定　价	编号
世界著名平面几何经典著作钩沉——几何作图专题卷（上）	2009—06	48.00	49
世界著名平面几何经典著作钩沉——几何作图专题卷（下）	2011—01	88.00	80
世界著名平面几何经典著作钩沉（民国平面几何老课本）	2011—03	38.00	113
世界著名平面几何经典著作钩沉（建国初期平面三角老课本）	2015—08	38.00	507
世界著名解析几何经典著作钩沉——平面解析几何卷	2014—01	38.00	264
世界著名数论经典著作钩沉（算术卷）	2012—01	28.00	125
世界著名数学经典著作钩沉——立体几何卷	2011—02	28.00	88
世界著名三角学经典著作钩沉（平面三角卷Ⅰ）	2010—06	28.00	69
世界著名三角学经典著作钩沉（平面三角卷Ⅱ）	2011—01	38.00	78
世界著名初等数论经典著作钩沉（理论和实用算术卷）	2011—07	38.00	126
发展空间想象力	2010—01	38.00	57
走向国际数学奥林匹克的平面几何试题诠释（上、下）（第1版）	2007—01	68.00	11,12
走向国际数学奥林匹克的平面几何试题诠释（上、下）（第2版）	2010—02	98.00	63,64
平面几何证明方法全书	2007—08	35.00	1
平面几何证明方法全书习题解答（第1版）	2005—10	18.00	2
平面几何证明方法全书习题解答（第2版）	2006—12	18.00	10
平面几何天天练上卷·基础篇（直线型）	2013—01	58.00	208
平面几何天天练中卷·基础篇（涉及圆）	2013—01	28.00	234
平面几何天天练下卷·提高篇	2013—01	58.00	237
平面几何专题研究	2013—07	98.00	258
最新世界各国数学奥林匹克中的平面几何试题	2007—09	38.00	14
数学竞赛平面几何典型题及新颖解	2010—07	48.00	74
初等数学复习及研究（平面几何）	2008—09	58.00	38
初等数学复习及研究（立体几何）	2010—06	38.00	71
初等数学复习及研究（平面几何）习题解答	2009—01	48.00	42
几何学教程（平面几何卷）	2011—03	68.00	90
几何学教程（立体几何卷）	2011—07	68.00	130
几何变换与几何证题	2010—06	88.00	70
计算方法与几何证题	2011—06	28.00	129
立体几何技巧与方法	2014—04	88.00	293
几何瑰宝——平面几何500名题暨1000条定理（上、下）	2010—07	138.00	76,77
三角形的解法与应用	2012—07	18.00	183
近代的三角形几何学	2012—07	48.00	184
一般折线几何学	2015—08	48.00	503
三角形的五心	2009—06	28.00	51
三角形的六心及其应用	2015—10	68.00	542
三角形趣谈	2012—08	28.00	212
解三角形	2014—01	28.00	265
三角学专门教程	2014—09	28.00	387
距离几何分析导引	2015—02	68.00	446
图天下几何新题试卷.初中	2017—01	58.00	714

哈尔滨工业大学出版社刘培杰数学工作室
已出版（即将出版）图书目录

书　名	出版时间	定　价	编号
圆锥曲线习题集（上册）	2013—06	68.00	255
圆锥曲线习题集（中册）	2015—01	78.00	434
圆锥曲线习题集（下册·第1卷）	2016—10	78.00	683
论九点圆	2015—05	88.00	645
近代欧氏几何学	2012—03	48.00	162
罗巴切夫斯基几何学及几何基础概要	2012—07	28.00	188
罗巴切夫斯基几何学初步	2015—06	28.00	474
用三角、解析几何、复数、向量计算解数学竞赛几何题	2015—03	48.00	455
美国中学几何教程	2015—04	88.00	458
三线坐标与三角形特征点	2015—04	98.00	460
平面解析几何方法与研究（第1卷）	2015—05	18.00	471
平面解析几何方法与研究（第2卷）	2015—06	18.00	472
平面解析几何方法与研究（第3卷）	2015—07	18.00	473
解析几何研究	2015—01	38.00	425
解析几何学教程.上	2016—01	38.00	574
解析几何学教程.下	2016—01	38.00	575
几何学基础	2016—01	58.00	581
初等几何研究	2015—02	58.00	444
大学几何学	2017—01	78.00	688
关于曲面的一般研究	2016—11	48.00	690
十九和二十世纪欧氏几何学中的片段	2017—01	58.00	696
近世纯粹几何学初论	2017—01	58.00	711
拓扑学与几何学基础讲义	2017—04	58.00	756
俄罗斯平面几何问题集	2009—08	88.00	55
俄罗斯立体几何问题集	2014—03	58.00	283
俄罗斯几何大师——沙雷金论数学及其他	2014—01	48.00	271
来自俄罗斯的5000道几何习题及解答	2011—03	58.00	89
俄罗斯初等数学问题集	2012—05	38.00	177
俄罗斯函数问题集	2011—03	38.00	103
俄罗斯组合分析问题集	2011—01	48.00	79
俄罗斯初等数学万题选——三角卷	2012—11	38.00	222
俄罗斯初等数学万题选——代数卷	2013—08	68.00	225
俄罗斯初等数学万题选——几何卷	2014—01	68.00	226
463个俄罗斯几何老问题	2012—01	28.00	152
超越吉米多维奇.数列的极限	2009—11	48.00	58
超越普里瓦洛夫.留数卷	2015—01	28.00	437
超越普里瓦洛夫.无穷乘积与它对解析函数的应用卷	2015—05	28.00	477
超越普里瓦洛夫.积分卷	2015—06	18.00	481
超越普里瓦洛夫.基础知识卷	2015—06	28.00	482
超越普里瓦洛夫.数项级数卷	2015—07	38.00	489
初等数论难题集（第一卷）	2009—05	68.00	44
初等数论难题集（第二卷）（上、下）	2011—02	128.00	82,83
数论概貌	2011—03	18.00	93
代数数论（第二版）	2013—08	58.00	94
代数多项式	2014—06	38.00	289
初等数论的知识与问题	2011—02	28.00	95
超越数论基础	2011—03	28.00	96
数论初等教程	2011—03	28.00	97
数论基础	2011—03	18.00	98
数论基础与维诺格拉多夫	2014—03	18.00	292

哈尔滨工业大学出版社刘培杰数学工作室
已出版(即将出版)图书目录

书 名	出版时间	定 价	编号
解析数论基础	2012—08	28.00	216
解析数论基础(第二版)	2014—01	48.00	287
解析数论问题集(第二版)(原版引进)	2014—05	88.00	343
解析数论问题集(第二版)(中译本)	2016—04	88.00	607
解析数论基础(潘承洞,潘承彪著)	2016—07	98.00	673
解析数论导引	2016—07	58.00	674
数论入门	2011—03	38.00	99
代数数论入门	2015—03	38.00	448
数论开篇	2012—07	28.00	194
解析数论引论	2011—03	48.00	100
Barban Davenport Halberstam 均值和	2009—01	40.00	33
基础数论	2011—03	28.00	101
初等数论 100 例	2011—05	18.00	122
初等数论经典例题	2012—07	18.00	204
最新世界各国数学奥林匹克中的初等数论试题(上、下)	2012—01	138.00	144,145
初等数论(Ⅰ)	2012—01	18.00	156
初等数论(Ⅱ)	2012—01	18.00	157
初等数论(Ⅲ)	2012—01	28.00	158
平面几何与数论中未解决的新老问题	2013—01	68.00	229
代数数论简史	2014—11	28.00	408
代数数论	2015—09	88.00	532
代数、数论及分析习题集	2016—11	98.00	695
数论导引提要及习题解答	2016—01	48.00	559
素数定理的初等证明.第 2 版	2016—09	48.00	686
谈谈素数	2011—03	18.00	91
平方和	2011—03	18.00	92
复变函数引论	2013—10	68.00	269
伸缩变换与抛物旋转	2015—01	38.00	449
无穷分析引论(上)	2013—04	88.00	247
无穷分析引论(下)	2013—04	98.00	245
数学分析	2014—04	28.00	338
数学分析中的一个新方法及其应用	2013—01	38.00	231
数学分析例选:通过范例学技巧	2013—01	88.00	243
高等代数例选:通过范例学技巧	2015—06	88.00	475
三角级数论(上册)(陈建功)	2013—01	38.00	232
三角级数论(下册)(陈建功)	2013—01	48.00	233
三角级数论(哈代)	2013—06	48.00	254
三角级数	2015—07	28.00	263
超越数	2011—03	18.00	109
三角和方法	2011—03	18.00	112
整数论	2011—05	38.00	120
从整数谈起	2015—10	28.00	538
随机过程(Ⅰ)	2014—01	78.00	224
随机过程(Ⅱ)	2014—01	68.00	235
算术探索	2011—12	158.00	148
组合数学	2012—04	28.00	178
组合数学浅谈	2012—03	28.00	159
丢番图方程引论	2012—03	48.00	172
拉普拉斯变换及其应用	2015—02	38.00	447
高等代数.上	2016—01	38.00	548
高等代数.下	2016—01	38.00	549

哈尔滨工业大学出版社刘培杰数学工作室
已出版(即将出版)图书目录

书　名	出版时间	定　价	编号
高等代数教程	2016—01	58.00	579
数学解析教程.上卷.1	2016—01	58.00	546
数学解析教程.上卷.2	2016—01	38.00	553
函数构造论.上	2016—01	38.00	554
函数构造论.中	即将出版		555
函数构造论.下	2016—09	48.00	680
数与多项式	2016—01	38.00	558
概周期函数	2016—01	48.00	572
变叙的项的极限分布律	2016—01	18.00	573
整函数	2012—08	18.00	161
近代拓扑学研究	2013—04	38.00	239
多项式和无理数	2008—01	68.00	22
模糊数据统计学	2008—03	48.00	31
模糊分析学与特殊泛函空间	2013—01	68.00	241
谈谈不定方程	2011—05	28.00	119
常微分方程	2016—01	58.00	586
平稳随机函数导论	2016—03	48.00	587
量子力学原理・上	2016—01	38.00	588
图与矩阵	2014—08	40.00	644
钢丝绳原理:第二版	2017—01	78.00	745

受控理论与解析不等式	2012—05	78.00	165
解析不等式新论	2009—06	68.00	48
建立不等式的方法	2011—03	98.00	104
数学奥林匹克不等式研究	2009—08	68.00	56
不等式研究(第二辑)	2012—02	68.00	153
不等式的秘密(第一卷)(第2版)	2012—02	28.00	154
不等式的秘密(第一卷)(第2版)	2014—02	38.00	286
不等式的秘密(第二卷)	2014—01	38.00	268
初等不等式的证明方法	2010—06	38.00	123
初等不等式的证明方法(第二版)	2014—11	38.00	407
不等式・理论・方法(基础卷)	2015—07	38.00	496
不等式・理论・方法(经典不等式卷)	2015—07	38.00	497
不等式・理论・方法(特殊类型不等式卷)	2015—07	48.00	498
不等式的分拆降维降幂方法与可读证明	2016—01	68.00	591
不等式探究	2016—03	38.00	582
不等式探秘	2017—01	58.00	689
四面体不等式	2017—01	68.00	715

同余理论	2012—05	38.00	163
$[x]$ 与 $\{x\}$	2015—04	48.00	476
极值与最值.上卷	2015—06	28.00	486
极值与最值.中卷	2015—06	38.00	487
极值与最值.下卷	2015—06	28.00	488
整数的性质	2012—11	38.00	192
完全平方数及其应用	2015—08	78.00	506
多项式理论	2015—10	88.00	541

历届美国中学生数学竞赛试题及解答(第一卷)1950—1954	2014—07	18.00	277
历届美国中学生数学竞赛试题及解答(第二卷)1955—1959	2014—04	18.00	278
历届美国中学生数学竞赛试题及解答(第三卷)1960—1964	2014—06	18.00	279
历届美国中学生数学竞赛试题及解答(第四卷)1965—1969	2014—04	28.00	280
历届美国中学生数学竞赛试题及解答(第五卷)1970—1972	2014—06	18.00	281
历届美国中学生数学竞赛试题及解答(第七卷)1981—1986	2015—01	18.00	424

V

哈尔滨工业大学出版社刘培杰数学工作室
已出版(即将出版)图书目录

书　　名	出版时间	定　价	编号
历届 IMO 试题集(1959—2005)	2006—05	58.00	5
历届 CMO 试题集	2008—09	28.00	40
历届中国数学奥林匹克试题集(第2版)	2017—03	38.00	757
历届加拿大数学奥林匹克试题集	2012—08	38.00	215
历届美国数学奥林匹克试题集：多解推广加强	2012—08	38.00	209
历届美国数学奥林匹克试题集：多解推广加强(第2版)	2016—03	48.00	592
历届波兰数学竞赛试题集.第1卷,1949~1963	2015—03	18.00	453
历届波兰数学竞赛试题集.第2卷,1964~1976	2015—03	18.00	454
历届巴尔干数学奥林匹克试题集	2015—05	38.00	466
保加利亚数学奥林匹克	2014—10	38.00	393
圣彼得堡数学奥林匹克试题集	2015—01	38.00	429
匈牙利奥林匹克数学竞赛题解.第1卷	2016—05	28.00	593
匈牙利奥林匹克数学竞赛题解.第2卷	2016—05	28.00	594
历届国际大学生数学竞赛试题集(1994—2010)	2012—01	28.00	143
全国大学生数学夏令营数学竞赛试题及解答	2007—03	28.00	15
全国大学生数学竞赛辅导教程	2012—07	28.00	189
全国大学生数学竞赛复习全书	2014—04	48.00	340
历届美国大学生数学竞赛试题集	2009—03	88.00	43
前苏联大学生数学奥林匹克竞赛题解(上编)	2012—04	28.00	169
前苏联大学生数学奥林匹克竞赛题解(下编)	2012—04	38.00	170
历届美国数学邀请赛试题集	2014—01	48.00	270
全国高中数学竞赛试题及解答.第1卷	2014—07	38.00	331
大学生数学竞赛讲义	2014—09	28.00	371
普林斯顿大学数学竞赛	2016—06	38.00	669
亚太地区数学奥林匹克竞赛题	2015—07	18.00	492
日本历届(初级)广中杯数学竞赛试题及解答.第1卷(2000~2007)	2016—05	28.00	641
日本历届(初级)广中杯数学竞赛试题及解答.第2卷(2008~2015)	2016—05	38.00	642
360 个数学竞赛问题	2016—08	58.00	677
哈尔滨市早期中学数学竞赛试题汇编	2016—07	28.00	672
全国高中数学联赛试题及解答：1981—2015	2016—08	98.00	676

高考数学临门一脚(含密押三套卷)(理科版)	2017—01	45.00	743
高考数学临门一脚(含密押三套卷)(文科版)	2017—01	45.00	744
新课标高考数学题型全归纳(文科版)	2015—05	72.00	467
新课标高考数学题型全归纳(理科版)	2015—05	82.00	468
洞穿高考数学解答题核心考点(理科版)	2015—11	49.80	550
洞穿高考数学解答题核心考点(文科版)	2015—11	46.80	551
高考数学题型全归纳：文科版.上	2016—05	53.00	663
高考数学题型全归纳：文科版.下	2016—05	53.00	664
高考数学题型全归纳：理科版.上	2016—05	58.00	665
高考数学题型全归纳：理科版.下	2016—05	58.00	666
王连笑教你怎样学数学：高考选择题解题策略与客观题实用训练	2014—01	48.00	262
王连笑教你怎样学数学：高考数学高层次讲座	2015—02	48.00	432
高考数学的理论与实践	2009—08	38.00	53
高考数学核心题型解题方法与技巧	2010—01	28.00	86
高考思维新平台	2014—03	38.00	259
30 分钟拿下高考数学选择题、填空题(理科版)	2016—10	39.80	720
30 分钟拿下高考数学选择题、填空题(文科版)	2016—10	39.80	721
高考数学压轴题解题诀窍(上)	2012—02	78.00	166
高考数学压轴题解题诀窍(下)	2012—03	28.00	167
北京市五区文科数学三年高考模拟题详解：2013~2015	2015—08	48.00	500
北京市五区理科数学三年高考模拟题详解：2013~2015	2015—09	68.00	505

哈尔滨工业大学出版社刘培杰数学工作室
已出版(即将出版)图书目录

书　　名	出版时间	定　价	编号
向量法巧解数学高考题	2009—08	28.00	54
高考数学万能解题法(第2版)	即将出版	38.00	691
高考物理万能解题法(第2版)	即将出版	38.00	692
高考化学万能解题法(第2版)	即将出版	28.00	693
高考生物万能解题法(第2版)	即将出版	28.00	694
高考数学解题金典(第2版)	2017—01	78.00	716
高考物理解题金典(第2版)	即将出版	68.00	717
高考化学解题金典(第2版)	即将出版	58.00	718
我一定要赚分:高中物理	2016—01	38.00	580
数学高考参考	2016—01	78.00	589
2011～2015年全国及各省市高考数学文科精品试题审题要津与解法研究	2015—10	68.00	539
2011～2015年全国及各省市高考数学理科精品试题审题要津与解法研究	2015—10	88.00	540
最新全国及各省市高考数学试卷解法研究及点拨评析	2009—02	38.00	41
2011年全国及各省市高考数学试题审题要津与解法研究	2011—10	48.00	139
2013年全国及各省市高考数学试题解析与点评	2014—01	48.00	282
全国及各省市高考数学试题审题要津与解法研究	2015—02	48.00	450
新课标高考数学——五年试题分章详解(2007～2011)(上、下)	2011—10	78.00	140,141
全国中考数学压轴题审题要津与解法研究	2013—04	78.00	248
新编全国及各省市中考数学压轴题审题要津与解法研究	2014—05	58.00	342
全国及各省市5年中考数学压轴题审题要津与解法研究(2015版)	2015—04	58.00	462
中考数学专题总复习	2007—04	28.00	6
中考数学较难题、难题常考题型解题方法与技巧.上	2016—01	48.00	584
中考数学较难题、难题常考题型解题方法与技巧.下	2016—01	58.00	585
中考数学较难题常考题型解题方法与技巧	2016—09	48.00	681
中考数学难题常考题型解题方法与技巧	2016—09	48.00	682
北京中考数学压轴题解题方法突破(第2版)	2017—03	48.00	753
助你高考成功的数学解题智慧:知识是智慧的基础	2016—01	58.00	596
助你高考成功的数学解题智慧:错误是智慧的试金石	2016—04	58.00	643
助你高考成功的数学解题智慧:方法是智慧的推手	2016—04	68.00	657
高考数学奇思妙解	2016—04	38.00	610
高考数学解题策略	2016—05	48.00	670
数学解题泄天机	2016—06	48.00	668
高考物理压轴题全解	2017—04	48.00	746
2016年高考文科数学真题研究	2017—04	58.00	754
2016年高考理科数学真题研究	2017—04	78.00	755

书　　名	出版时间	定　价	编号
新编640个世界著名数学智力趣题	2014—01	88.00	242
500个最新世界著名数学智力趣题	2008—06	48.00	3
400个最新世界著名数学最值问题	2008—09	48.00	36
500个世界著名数学征解问题	2009—06	48.00	52
400个中国最佳初等数学征解老问题	2010—01	48.00	60
500个俄罗斯数学经典老题	2011—01	28.00	81
1000个国外中学物理好题	2012—04	48.00	174
300个日本高考数学题	2012—05	38.00	142
700个早期日本高考数学试题	2017—02	88.00	752
500个前苏联早期高考数学试题及解答	2012—05	28.00	185
546个早期俄罗斯大学生数学竞赛题	2014—03	38.00	285
548个来自美苏的数学好问题	2014—11	28.00	396
20所苏联著名大学早期入学试题	2015—02	18.00	452
161道德国工科大学生必做的微分方程习题	2015—05	28.00	469
500个德国工科大学生必做的高数习题	2015—06	28.00	478
360个数学竞赛问题	2015—08	58.00	677
德国讲义日本考题.微积分卷	2015—04	48.00	456
德国讲义日本考题.微分方程卷	2015—04	38.00	457

哈尔滨工业大学出版社刘培杰数学工作室
已出版(即将出版)图书目录

书　　名	出版时间	定　价	编号
中国初等数学研究　2009卷(第1辑)	2009—05	20.00	45
中国初等数学研究　2010卷(第2辑)	2010—05	30.00	68
中国初等数学研究　2011卷(第3辑)	2011—07	60.00	127
中国初等数学研究　2012卷(第4辑)	2012—07	48.00	190
中国初等数学研究　2014卷(第5辑)	2014—02	48.00	288
中国初等数学研究　2015卷(第6辑)	2015—06	68.00	493
中国初等数学研究　2016卷(第7辑)	2016—04	68.00	609
中国初等数学研究　2017卷(第8辑)	2017—01	98.00	712
几何变换(Ⅰ)	2014—07	28.00	353
几何变换(Ⅱ)	2015—06	28.00	354
几何变换(Ⅲ)	2015—01	38.00	355
几何变换(Ⅳ)	2015—12	38.00	356
博弈论精粹	2008—03	58.00	30
博弈论精粹.第二版(精装)	2015—01	88.00	461
数学 我爱你	2008—01	28.00	20
精神的圣徒 别样的人生——60位中国数学家成长的历程	2008—09	48.00	39
数学史概论	2009—06	78.00	50
数学史概论(精装)	2013—03	158.00	272
数学史选讲	2016—01	48.00	544
斐波那契数列	2010—02	28.00	65
数学拼盘和斐波那契魔方	2010—07	38.00	72
斐波那契数列欣赏	2011—01	28.00	160
数学的创造	2011—02	48.00	85
数学美与创造力	2016—01	48.00	595
数海拾贝	2016—01	48.00	590
数学中的美	2011—02	38.00	84
数论中的美学	2014—12	38.00	351
数学王者　科学巨人——高斯	2015—01	28.00	428
振兴祖国数学的圆梦之旅:中国初等数学研究史话	2015—06	98.00	490
二十世纪中国数学史料研究	2015—10	48.00	536
数字谜、数阵图与棋盘覆盖	2016—01	58.00	298
时间的形状	2016—01	38.00	556
数学发现的艺术:数学探索中的合情推理	2016—07	58.00	671
活跃在数学中的参数	2016—07	48.00	675
数学解题——靠数学思想给力(上)	2011—07	38.00	131
数学解题——靠数学思想给力(中)	2011—07	48.00	132
数学解题——靠数学思想给力(下)	2011—07	38.00	133
我怎样解题	2013—01	48.00	227
数学解题中的物理方法	2011—06	28.00	114
数学解题的特殊方法	2011—06	48.00	115
中学数学计算技巧	2012—01	48.00	116
中学数学证明方法	2012—01	58.00	117
数学趣题巧解	2012—03	28.00	128
高中数学教学通鉴	2015—05	58.00	479
和高中生漫谈:数学与哲学的故事	2014—08	28.00	369
自主招生考试中的参数方程问题	2015—01	28.00	435
自主招生考试中的极坐标问题	2015—04	28.00	463
近年全国重点大学自主招生数学试题全解及研究.华约卷	2015—02	38.00	441
近年全国重点大学自主招生数学试题全解及研究.北约卷	2016—05	38.00	619
自主招生数学解证宝典	2015—09	48.00	535

哈尔滨工业大学出版社刘培杰数学工作室 已出版(即将出版)图书目录

书 名	出版时间	定 价	编号
格点和面积	2012—07	18.00	191
射影几何趣谈	2012—04	28.00	175
斯潘纳尔引理——从一道加拿大数学奥林匹克试题谈起	2014—01	28.00	228
李普希兹条件——从几道近年高考数学试题谈起	2012—10	18.00	221
拉格朗日中值定理——从一道北京高考试题的解法谈起	2015—10	18.00	197
闵科夫斯基定理——从一道清华大学自主招生试题谈起	2014—01	28.00	198
哈尔测度——从一道冬令营试题的背景谈起	2012—08	28.00	202
切比雪夫逼近问题——从一道中国台北数学奥林匹克试题谈起	2013—04	38.00	238
伯恩斯坦多项式与贝齐尔曲面——从一道全国高中数学联赛试题谈起	2013—03	38.00	236
卡塔兰猜想——从一道普特南竞赛试题谈起	2013—06	18.00	256
麦卡锡函数和阿克曼函数——从一道前南斯拉夫数学奥林匹克试题谈起	2012—08	18.00	201
贝蒂定理与拉姆贝克莫斯尔定理——从一个拣石子游戏谈起	2012—08	18.00	217
皮亚诺曲线和豪斯道夫分球定理——从无限集谈起	2012—08	18.00	211
平面凸图形与凸多面体	2012—10	28.00	218
斯坦因豪斯问题——从一道二十五省市自治区中学数学竞赛试题谈起	2012—07	18.00	196
纽结理论中的亚历山大多项式与琼斯多项式——从一道北京市高一数学竞赛试题谈起	2012—07	28.00	195
原则与策略——从波利亚"解题表"谈起	2013—04	38.00	244
转化与化归——从三大尺规作图不能问题谈起	2012—08	28.00	214
代数几何中的贝祖定理(第一版)——从一道IMO试题的解法谈起	2013—08	18.00	193
成功连贯理论与约当块理论——从一道比利时数学竞赛试题谈起	2012—04	18.00	180
素数判定与大数分解	2014—08	18.00	199
置换多项式及其应用	2012—10	18.00	220
椭圆函数与模函数——从一道美国加州大学洛杉矶分校(UCLA)博士资格考题谈起	2012—10	28.00	219
差分方程的拉格朗日方法——从一道2011年全国高考理科试题的解法谈起	2012—08	28.00	200
力学在几何中的一些应用	2013—01	38.00	240
高斯散度定理、斯托克斯定理和平面格林定理——从一道国际大学生数学竞赛试题谈起	即将出版		
康托洛维奇不等式——从一道全国高中联赛试题谈起	2013—03	28.00	337
西格尔引理——从一道第18届IMO试题的解法谈起	即将出版		
罗斯定理——从一道前苏联数学竞赛试题谈起	即将出版		
拉克斯定理和阿廷定理——从一道IMO试题的解法谈起	2014—01	58.00	246
毕卡大定理——从一道美国大学数学竞赛试题谈起	2014—07	18.00	350
贝齐尔曲线——从一道全国高中联赛试题谈起	即将出版		
拉格朗日乘子定理——从一道2005年全国高中联赛试题的高等数学解法谈起	2015—05	28.00	480
雅可比定理——从一道日本数学奥林匹克试题谈起	2013—04	48.00	249
李天岩—约克定理——从一道波兰数学竞赛试题谈起	2014—06	28.00	349
整系数多项式因式分解的一般方法——从克朗耐克算法谈起	即将出版		
布劳维不动点定理——从一道前苏联数学奥林匹克试题谈起	2014—01	38.00	273
伯恩赛德定理——从一道英国数学奥林匹克试题谈起	即将出版		
布查特—莫斯特定理——从一道上海市初中竞赛试题谈起	即将出版		

哈尔滨工业大学出版社刘培杰数学工作室
已出版（即将出版）图书目录

书　名	出版时间	定　价	编号
数论中的同余数问题——从一道普特南竞赛试题谈起	即将出版		
范·德蒙行列式——从一道美国数学奥林匹克试题谈起	即将出版		
中国剩余定理：总数法构建中国历史年表	2015—01	28.00	430
牛顿程序与方程求根——从一道全国高考试题解法谈起	即将出版		
库默尔定理——从一道IMO预选试题谈起	即将出版		
卢丁定理——从一道冬令营试题的解法谈起	即将出版		
沃斯滕霍姆定理——从一道IMO预选试题谈起	即将出版		
卡尔松不等式——从一道莫斯科数学奥林匹克试题谈起	即将出版		
信息论中的香农熵——从一道近年高考压轴题谈起	即将出版		
约当不等式——从一道希望杯竞赛试题谈起	即将出版		
拉比诺维奇定理	即将出版		
刘维尔定理——从一道《美国数学月刊》征解问题的解法谈起	即将出版		
卡塔兰恒等式与级数求和——从一道IMO试题的解法谈起	即将出版		
勒让德猜想与素数分布——从一道爱尔兰竞赛试题谈起	即将出版		
天平称重与信息论——从一道基辅市数学奥林匹克试题谈起	即将出版		
哈密尔顿—凯莱定理：从一道高中数学联赛试题的解法谈起	2014—09	18.00	376
艾思特曼定理——从一道CMO试题的解法谈起	即将出版		
一个爱尔特希问题——从一道西德数学奥林匹克试题谈起	即将出版		
有限群中的爱丁格尔问题——从一道北京市初中二年级数学竞赛试题谈起	即将出版		
贝克码与编码理论——从一道全国高中联赛试题谈起	即将出版		
帕斯卡三角形	2014—03	18.00	294
蒲丰投针问题——从2009年清华大学的一道自主招生试题谈起	2014—01	38.00	295
斯图姆定理——从一道"华约"自主招生试题的解法谈起	2014—01	18.00	296
许瓦兹引理——从一道加利福尼亚大学伯克利分校数学系博士生试题谈起	2014—08	18.00	297
拉姆塞定理——从王诗宬院士的一个问题谈起	2016—04	48.00	299
坐标法	2013—12	28.00	332
数论三角形	2014—04	38.00	341
毕克定理	2014—07	18.00	352
数林掠影	2014—09	48.00	389
我们周围的概率	2014—10	38.00	390
凸函数最值定理：从一道华约自主招生题的解法谈起	2014—10	28.00	391
易学与数学奥林匹克	2014—10	38.00	392
生物数学趣谈	2015—01	18.00	409
反演	2015—01	28.00	420
因式分解与圆锥曲线	2015—01	18.00	426
轨迹	2015—01	28.00	427
面积原理：从常庚哲命的一道CMO试题的积分解法谈起	2015—01	48.00	431
形形色色的不动点定理：从一道28届IMO试题谈起	2015—01	38.00	439
柯西函数方程：从一道上海交大自主招生的试题谈起	2015—02	28.00	440
三角恒等式	2015—02	28.00	442
无理性判定：从一道2014年"北约"自主招生试题谈起	2015—01	38.00	443
数学归纳法	2015—03	18.00	451
极端原理与解题	2015—04	28.00	464
法雷级数	2014—08	18.00	367
摆线族	2015—01	38.00	438
函数方程及其解法	2015—05	38.00	470
含参数的方程和不等式	2012—09	28.00	213
希尔伯特第十问题	2016—01	38.00	543
无穷小量的求和	2016—01	28.00	545
切比雪夫多项式：从一道清华大学金秋营试题谈起	2016—01	38.00	583

哈尔滨工业大学出版社刘培杰数学工作室
已出版(即将出版)图书目录

书 名	出版时间	定 价	编号
泽肯多夫定理	2016—03	38.00	599
代数等式证题法	2016—01	28.00	600
三角等式证题法	2016—01	28.00	601
吴大任教授藏书中的一个因式分解公式:从一道美国数学邀请赛试题的解法谈起	2016—06	28.00	656
中等数学英语阅读文选	2006—12	38.00	13
统计学专业英语	2007—03	28.00	16
统计学专业英语(第二版)	2012—07	48.00	176
统计学专业英语(第三版)	2015—04	68.00	465
幻方和魔方(第一卷)	2012—05	68.00	173
尘封的经典——初等数学经典文献选读(第一卷)	2012—07	48.00	205
尘封的经典——初等数学经典文献选读(第二卷)	2012—07	38.00	206
代换分析:英文	2015—07	38.00	499
实变函数论	2012—06	78.00	181
复变函数论	2015—08	38.00	504
非光滑优化及其变分分析	2014—01	48.00	230
疏散的马尔科夫链	2014—01	58.00	266
马尔科夫过程论基础	2015—01	28.00	433
初等微分拓扑学	2012—07	18.00	182
方程式论	2011—03	38.00	105
初级方程式论	2011—03	28.00	106
Galois 理论	2011—03	18.00	107
古典数学难题与伽罗瓦理论	2012—11	58.00	223
伽罗华与群论	2014—01	28.00	290
代数方程的根式解及伽罗瓦理论	2011—03	28.00	108
代数方程的根式解及伽罗瓦理论(第二版)	2015—01	28.00	423
线性偏微分方程讲义	2011—03	18.00	110
几类微分方程数值方法的研究	2015—05	38.00	485
N 体问题的周期解	2011—03	28.00	111
代数方程式论	2011—05	18.00	121
线性代数与几何:英文	2016—06	58.00	578
动力系统的不变量与函数方程	2011—07	48.00	137
基于短语评价的翻译知识获取	2012—02	48.00	168
应用随机过程	2012—04	48.00	187
概率论导引	2012—04	18.00	179
矩阵论(上)	2013—06	58.00	250
矩阵论(下)	2013—06	48.00	251
对称锥互补问题的内点法:理论分析与算法实现	2014—08	68.00	368
抽象代数:方法导引	2013—06	38.00	257
集论	2016—01	48.00	576
多项式理论研究综述	2016—01	38.00	577
函数论	2014—11	78.00	395
反问题的计算方法及应用	2011—11	28.00	147
初等数学研究(Ⅰ)	2008—09	68.00	37
初等数学研究(Ⅱ)(上、下)	2009—05	118.00	46,47
数阵及其应用	2012—02	28.00	164
绝对值方程—折边与组合图形的解析研究	2012—07	48.00	186
代数函数论(上)	2015—07	38.00	494
代数函数论(下)	2015—07	38.00	495
偏微分方程论:法文	2015—10	48.00	533
时标动力学方程的指数型二分性与周期解	2016—04	48.00	606
重刚体绕不动点运动方程的积分法	2016—05	68.00	608
水轮机水力稳定性	2016—05	48.00	620
Lévy 噪音驱动的传染病模型的动力学行为	2016—05	48.00	667
铣加工动力学系统稳定性研究的数学方法	2016—11	28.00	710

哈尔滨工业大学出版社刘培杰数学工作室
已出版（即将出版）图书目录

书　名	出版时间	定　价	编号
趣味初等方程妙题集锦	2014—09	48.00	388
趣味初等数论选美与欣赏	2015—02	48.00	445
耕读笔记（上卷）：一位农民数学爱好者的初数探索	2015—04	28.00	459
耕读笔记（中卷）：一位农民数学爱好者的初数探索	2015—05	28.00	483
耕读笔记（下卷）：一位农民数学爱好者的初数探索	2015—05	28.00	484
几何不等式研究与欣赏.上卷	2016—01	88.00	547
几何不等式研究与欣赏.下卷	2016—01	48.00	552
初等数列研究与欣赏·上	2016—01	48.00	570
初等数列研究与欣赏·下	2016—01	48.00	571
趣味初等函数研究与欣赏.上	2016—09	48.00	684
趣味初等函数研究与欣赏.下	即将出版		685

火柴游戏	2016—05	38.00	612
异曲同工	即将出版		613
智力解谜	即将出版		614
故事智力	2016—07	48.00	615
名人们喜欢的智力问题	即将出版		616
数学大师的发现、创造与失误	即将出版		617
数学的味道	即将出版		618

数贝偶拾——高考数学题研究	2014—04	28.00	274
数贝偶拾——初等数学研究	2014—04	38.00	275
数贝偶拾——奥数题研究	2014—04	48.00	276

集合、函数与方程	2014—01	28.00	300
数列与不等式	2014—01	38.00	301
三角与平面向量	2014—01	28.00	302
平面解析几何	2014—01	38.00	303
立体几何与组合	2014—01	28.00	304
极限与导数、数学归纳法	2014—01	38.00	305
趣味数学	2014—03	28.00	306
教材教法	2014—04	68.00	307
自主招生	2014—05	58.00	308
高考压轴题（上）	2015—01	48.00	309
高考压轴题（下）	2014—10	68.00	310

从费马到怀尔斯——费马大定理的历史	2013—10	198.00	I
从庞加莱到佩雷尔曼——庞加莱猜想的历史	2013—10	298.00	II
从切比雪夫到爱尔特希（上）——素数定理的初等证明	2013—07	48.00	III
从切比雪夫到爱尔特希（下）——素数定理100年	2012—12	98.00	III
从高斯到盖尔方特——二次域的高斯猜想	2013—10	198.00	IV
从库默尔到朗兰兹——朗兰兹猜想的历史	2014—01	98.00	V
从比勃巴赫到德布朗斯——比勃巴赫猜想的历史	2014—02	298.00	VI
从麦比乌斯到陈省身——麦比乌斯变换与麦比乌斯带	2014—02	298.00	VII
从布尔到豪斯道夫——布尔方程与格论漫谈	2013—10	198.00	VIII
从开普勒到阿诺德——三体问题的历史	2014—05	298.00	IX
从华林到华罗庚——华林问题的历史	2013—10	298.00	X

哈尔滨工业大学出版社刘培杰数学工作室
已出版(即将出版)图书目录

书 名	出版时间	定 价	编号
吴振奎高等数学解题真经(概率统计卷)	2012—01	38.00	149
吴振奎高等数学解题真经(微积分卷)	2012—01	68.00	150
吴振奎高等数学解题真经(线性代数卷)	2012—01	58.00	151
钱昌本教你快乐学数学(上)	2011—12	48.00	155
钱昌本教你快乐学数学(下)	2012—03	58.00	171
高等数学解题全攻略(上卷)	2013—06	58.00	252
高等数学解题全攻略(下卷)	2013—06	58.00	253
高等数学复习纲要	2014—01	18.00	384
三角函数	2014—01	38.00	311
不等式	2014—01	38.00	312
数列	2014—01	38.00	313
方程	2014—01	28.00	314
排列和组合	2014—01	28.00	315
极限与导数	2014—01	28.00	316
向量	2014—09	38.00	317
复数及其应用	2014—08	28.00	318
函数	2014—01	38.00	319
集合	即将出版		320
直线与平面	2014—01	28.00	321
立体几何	2014—04	28.00	322
解三角形	即将出版		323
直线与圆	2014—01	28.00	324
圆锥曲线	2014—01	38.00	325
解题通法(一)	2014—07	38.00	326
解题通法(二)	2014—07	38.00	327
解题通法(三)	2014—05	38.00	328
概率与统计	2014—01	28.00	329
信息迁移与算法	即将出版		330
方程(第2版)	2017—04	38.00	624
三角函数(第2版)	即将出版		626
向量(第2版)	即将出版		627
立体几何(第2版)	2016—04	38.00	629
直线与圆(第2版)	2016—11	38.00	631
圆锥曲线(第2版)	2016—09	48.00	632
极限与导数(第2版)	2016—04	38.00	635
美国高中数学竞赛五十讲.第1卷(英文)	2014—08	28.00	357
美国高中数学竞赛五十讲.第2卷(英文)	2014—08	28.00	358
美国高中数学竞赛五十讲.第3卷(英文)	2014—09	28.00	359
美国高中数学竞赛五十讲.第4卷(英文)	2014—09	28.00	360
美国高中数学竞赛五十讲.第5卷(英文)	2014—10	28.00	361
美国高中数学竞赛五十讲.第6卷(英文)	2014—11	28.00	362
美国高中数学竞赛五十讲.第7卷(英文)	2014—12	28.00	363
美国高中数学竞赛五十讲.第8卷(英文)	2015—01	28.00	364
美国高中数学竞赛五十讲.第9卷(英文)	2015—01	28.00	365
美国高中数学竞赛五十讲.第10卷(英文)	2015—02	38.00	366

哈尔滨工业大学出版社刘培杰数学工作室
已出版(即将出版)图书目录

书　名	出版时间	定价	编号
IMO 50 年.第 1 卷(1959—1963)	2014—11	28.00	377
IMO 50 年.第 2 卷(1964—1968)	2014—11	28.00	378
IMO 50 年.第 3 卷(1969—1973)	2014—09	28.00	379
IMO 50 年.第 4 卷(1974—1978)	2016—04	38.00	380
IMO 50 年.第 5 卷(1979—1984)	2015—04	38.00	381
IMO 50 年.第 6 卷(1985—1989)	2015—04	58.00	382
IMO 50 年.第 7 卷(1990—1994)	2016—01	48.00	383
IMO 50 年.第 8 卷(1995—1999)	2016—06	38.00	384
IMO 50 年.第 9 卷(2000—2004)	2015—04	58.00	385
IMO 50 年.第 10 卷(2005—2009)	2016—01	48.00	386
IMO 50 年.第 11 卷(2010—2015)	2017—03	48.00	646
历届美国大学生数学竞赛试题集.第一卷(1938—1949)	2015—01	28.00	397
历届美国大学生数学竞赛试题集.第二卷(1950—1959)	2015—01	28.00	398
历届美国大学生数学竞赛试题集.第三卷(1960—1969)	2015—01	28.00	399
历届美国大学生数学竞赛试题集.第四卷(1970—1979)	2015—01	18.00	400
历届美国大学生数学竞赛试题集.第五卷(1980—1989)	2015—01	28.00	401
历届美国大学生数学竞赛试题集.第六卷(1990—1999)	2015—01	28.00	402
历届美国大学生数学竞赛试题集.第七卷(2000—2009)	2015—08	18.00	403
历届美国大学生数学竞赛试题集.第八卷(2010—2012)	2015—01	18.00	404
新课标高考数学创新题解题诀窍:总论	2014—09	28.00	372
新课标高考数学创新题解题诀窍:必修 1～5 分册	2014—08	38.00	373
新课标高考数学创新题解题诀窍:选修 2—1,2—2,1—1,1—2 分册	2014—09	38.00	374
新课标高考数学创新题解题诀窍:选修 2—3,4—4,4—5 分册	2014—09	18.00	375
全国重点大学自主招生英文数学试题全攻略:词汇卷	2015—07	48.00	410
全国重点大学自主招生英文数学试题全攻略:概念卷	2015—01	28.00	411
全国重点大学自主招生英文数学试题全攻略:文章选读卷(上)	2016—09	38.00	412
全国重点大学自主招生英文数学试题全攻略:文章选读卷(下)	2017—01	58.00	413
全国重点大学自主招生英文数学试题全攻略:试题卷	2015—07	38.00	414
全国重点大学自主招生英文数学试题全攻略:名著欣赏卷	2017—03	48.00	415
数学物理大百科全书.第 1 卷	2016—01	418.00	508
数学物理大百科全书.第 2 卷	2016—01	408.00	509
数学物理大百科全书.第 3 卷	2016—01	396.00	510
数学物理大百科全书.第 4 卷	2016—01	408.00	511
数学物理大百科全书.第 5 卷	2016—01	368.00	512
劳埃德数学趣题大全.题目卷.1:英文	2016—01	18.00	516
劳埃德数学趣题大全.题目卷.2:英文	2016—01	18.00	517
劳埃德数学趣题大全.题目卷.3:英文	2016—01	18.00	518
劳埃德数学趣题大全.题目卷.4:英文	2016—01	18.00	519
劳埃德数学趣题大全.题目卷.5:英文	2016—01	18.00	520
劳埃德数学趣题大全.答案卷:英文	2016—01	18.00	521

哈尔滨工业大学出版社刘培杰数学工作室
已出版(即将出版)图书目录

书　名	出版时间	定　价	编号
李成章教练奥数笔记.第1卷	2016—01	48.00	522
李成章教练奥数笔记.第2卷	2016—01	48.00	523
李成章教练奥数笔记.第3卷	2016—01	38.00	524
李成章教练奥数笔记.第4卷	2016—01	38.00	525
李成章教练奥数笔记.第5卷	2016—01	38.00	526
李成章教练奥数笔记.第6卷	2016—01	38.00	527
李成章教练奥数笔记.第7卷	2016—01	38.00	528
李成章教练奥数笔记.第8卷	2016—01	48.00	529
李成章教练奥数笔记.第9卷	2016—01	28.00	530
朱德祥代数与几何讲义.第1卷	2017—01	38.00	697
朱德祥代数与几何讲义.第2卷	2017—01	28.00	698
朱德祥代数与几何讲义.第3卷	2017—01	28.00	699
zeta函数,q-zeta函数,相伴级数与积分	2015—08	88.00	513
微分形式:理论与练习	2015—08	58.00	514
离散与微分包含的逼近和优化	2015—08	58.00	515
艾伦·图灵:他的工作与影响	2016—01	98.00	560
测度理论概率导论,第2版	2016—01	88.00	561
带有潜在故障恢复系统的半马尔柯夫模型控制	2016—01	98.00	562
数学分析原理	2016—01	88.00	563
随机偏微分方程的有效动力学	2016—01	88.00	564
图的谱半径	2016—01	58.00	565
量子机器学习中数据挖掘的量子计算方法	2016—01	98.00	566
量子物理的非常规方法	2016—01	118.00	567
运输过程的统一非局部理论:广义波尔兹曼物理动力学,第2版	2016—01	198.00	568
量子力学与经典力学之间的联系在原子、分子及电动力学系统建模中的应用	2016—01	58.00	569
第19～23届"希望杯"全国数学邀请赛试题审题要津详细评注(初一版)	2014—03	28.00	333
第19～23届"希望杯"全国数学邀请赛试题审题要津详细评注(初二、初三版)	2014—03	38.00	334
第19～23届"希望杯"全国数学邀请赛试题审题要津详细评注(高一版)	2014—03	28.00	335
第19～23届"希望杯"全国数学邀请赛试题审题要津详细评注(高二版)	2014—03	38.00	336
第19～25届"希望杯"全国数学邀请赛试题审题要津详细评注(初一版)	2015—01	38.00	416
第19～25届"希望杯"全国数学邀请赛试题审题要津详细评注(初二、初三版)	2015—01	58.00	417
第19～25届"希望杯"全国数学邀请赛试题审题要津详细评注(高一版)	2015—01	48.00	418
第19～25届"希望杯"全国数学邀请赛试题审题要津详细评注(高二版)	2015—01	48.00	419
闵嗣鹤文集	2011—03	98.00	102
吴从炘数学活动三十年(1951～1980)	2010—07	99.00	32
吴从炘数学活动又三十年(1981～2010)	2015—07	98.00	491
物理奥林匹克竞赛大题典——力学卷	2014—11	48.00	405
物理奥林匹克竞赛大题典——热学卷	2014—04	28.00	339
物理奥林匹克竞赛大题典——电磁学卷	2015—07	48.00	406
物理奥林匹克竞赛大题典——光学与近代物理卷	2014—06	28.00	345

哈尔滨工业大学出版社刘培杰数学工作室
已出版(即将出版)图书目录

书　名	出版时间	定　价	编号
历届中国东南地区数学奥林匹克试题集(2004～2012)	2014—06	18.00	346
历届中国西部地区数学奥林匹克试题集(2001～2012)	2014—07	18.00	347
历届中国女子数学奥林匹克试题集(2002～2012)	2014—08	18.00	348
数学奥林匹克在中国	2014—06	98.00	344
数学奥林匹克问题集	2014—01	38.00	267
数学奥林匹克不等式散论	2010—06	38.00	124
数学奥林匹克不等式欣赏	2011—09	38.00	138
数学奥林匹克超级题库(初中卷上)	2010—01	58.00	66
数学奥林匹克不等式证明方法和技巧(上、下)	2011—08	158.00	134,135
他们学什么:原民主德国中学数学课本	2016—09	38.00	658
他们学什么:英国中学数学课本	2016—09	38.00	659
他们学什么:法国中学数学课本.1	2016—09	38.00	660
他们学什么:法国中学数学课本.2	2016—09	28.00	661
他们学什么:法国中学数学课本.3	2016—09	38.00	662
他们学什么:苏联中学数学课本	2016—09	28.00	679
高中数学题典——集合与简易逻辑·函数	2016—07	48.00	647
高中数学题典——导数	2016—07	48.00	648
高中数学题典——三角函数·平面向量	2016—07	48.00	649
高中数学题典——数列	2016—07	58.00	650
高中数学题典——不等式·推理与证明	2016—07	38.00	651
高中数学题典——立体几何	2016—07	48.00	652
高中数学题典——平面解析几何	2016—07	78.00	653
高中数学题典——计数原理·统计·概率·复数	2016—07	48.00	654
高中数学题典——算法·平面几何·初等数论·组合数学·其他	2016—07	68.00	655
台湾地区奥林匹克数学竞赛试题.小学一年级	2017—03	38.00	722
台湾地区奥林匹克数学竞赛试题.小学二年级	2017—03	38.00	723
台湾地区奥林匹克数学竞赛试题.小学三年级	2017—03	38.00	724
台湾地区奥林匹克数学竞赛试题.小学四年级	2017—03	38.00	725
台湾地区奥林匹克数学竞赛试题.小学五年级	2017—03	38.00	726
台湾地区奥林匹克数学竞赛试题.小学六年级	2017—03	38.00	727
台湾地区奥林匹克数学竞赛试题.初中一年级	2017—03	38.00	728
台湾地区奥林匹克数学竞赛试题.初中二年级	2017—03	38.00	729
台湾地区奥林匹克数学竞赛试题.初中三年级	2017—03	28.00	730
不等式证题法	2017—04	28.00	747
平面几何培优教程	即将出版		748
奥数鼎级培优教程.高一分册	即将出版		749
奥数鼎级培优教程.高二分册	即将出版		750
高中数学竞赛冲刺宝典	即将出版		751

联系地址:哈尔滨市南岗区复华四道街 10 号　哈尔滨工业大学出版社刘培杰数学工作室
网　　址:http://lpj.hit.edu.cn/
邮　　编:150006
联系电话:0451—86281378　　　13904613167
E-mail:lpj1378@163.com